추천의 글

목회자들에게 성경해석법과 강해설교를 가르치고 나면 좋은 주석을 추천해달라는 부탁을 종종 받곤 한다. 그런 질문을 받으면 마음이 아팠다. 왜냐하면 우리말로 번역된 주석 가운데 선뜻 추천할 만한 것이 떠오르지 않았기 때문이다. 그런데 이번에 디모데를 통해 『존더반 신약주석』이 번역된다는 소식을 듣고 여간 기쁘지 않았다. 이 주석 시리즈야말로 목회자들을 위한 최고의 주석 중 하나가 될 것이기 때문이다.

그동안 여타의 주석들은 매우 학문적이거나 아니면 지나치게 적용에만 치우친 것으로 그 종류가 나뉘어 설교자들은 여러 권의 주석을 한꺼번에 참조해야 했다. 또한 그것을 다시 종합하는 쉽지 않은 과정을 거쳐야 했다. 시간에 쫓기는 목회자에게 이러한 작업은 결코 쉽지 않은 것이다.

『존더반 신약주석』은 성경 각각의 구절을 어느 학문적 주석 못지않게 깊고 정확하게 연구해놓았을 뿐만 아니라, 그 연구 결과를 바탕으로 신학적 진리를 알기 쉽게 추출해놓았다. 책에서는 '석의적 개요'라고 지칭했지만 실제로는 '강해적 개요'에 가깝게 본문의 의미를 잘 강해해놓아 설교자가 곧바로 그 개요를 자신의 설교에 사용할 수 있도록 배려하였다. 거기에 더하여 따로 부문을 할애해 적용까지 충실하게 다루어주었다.

설교자가 반드시 알아야 할 전후 문맥을 잘 연구해놓은 것과 본문의 흐름을 명확하게 알 수 있도록 도표로 본문을 배열해놓은 점 그리고 헬라어에 능숙하지 않아도 충분히 의미를 이해할 수 있도록 배려한 점이 돋보인다. 만일 어느 설교자가 현존하는 우리말 주석 가운데 오직 한 권만 구입해야 한다면 나는 이 주석 시리즈가 될 것이라 확신한다. 신약을 깊고 올바르게 설교하려는 모든 설교자에게 이 시리즈를 추천한다. 설교자라면 반드시 서재에 비치하고 두고두고 보아야 할 주석이다.

박정근 _ 부산 영안침례교회 담임목사

나는 사람들과 나의 서가를 공유하는 것을 마다하지 않는다. 어떤 책이든 좋으니 다 꺼내 읽으라고 초대한다. 그럼에도 주석서만큼은 입장을 허용하지 않는다. 그만큼 설교자에게 주석서는 중요하다. 그럼에도 주석서를 탐구하며 말씀을 바르게 전하기 위해 노력하는 것보다 더욱 중요하게 생각하는 것이 있는데, 그것은 바로 하나님의 마음을 앞서지 않도록 머리가 지식으로 가득 차기 전에 멈추는 것이다. 이번에 한국에 소개되는 『존더반 신약주석』은 이런 염려에서 놓여날 수 있도록 해주었던 매우 탁월한 책이다.

주석서들은 보통 단어 해석이 탁월하거나, 배경 설명을 중점으로 하거나, 다양한 해석에 초점이 맞춰져 있는 등 어느 한쪽에 강점이 있기 마련이다. 때문에 준비하는 입장에서는 한 본문을 놓고도 많은 주석서를 참고해야 한다. 하지만 이 책은 관찰, 해석, 적용 이 세 가지 중 어느 하나도 놓치지 않고 있으며, 특히 적용까지 균형을 잃지 않고 담아놓았다. 무엇보다 찾기 쉽고 깔끔한 편집으로 핵심이 무엇인지 한눈에 파악할 수 있도록 배려했다.

통찰력 있지만 단순한 심령에 주님의 마음이 더 잘 담길 수 있다고 생각하는 이들에게 꼭 필요한 단 한 권의 주석서가 무엇인지 묻는다면, 나는 이 책이라고 생각한다. 최소한, 준비의 시작은 이 책이라고 권하고 싶다.

서정인 _ 한국컴패션 대표

교육가로서, 특히 어린이 사역자로서, 또 말씀을 선포하는 설교자로서 주석을 선정하는 기준은 두 가지다. 이 주석은 본문이 의미하는 바를 충분하고 명확한 그림으로 설명해주는가? 이 주석은 그 진리가 오늘 내 문제에 의미하는 바를 볼 수 있도록 분명하게 비추어주는가?

『존더반 신약주석』은 내가 원하는 내 스타일의 주석이다. 보배를 발견한 나의 가슴이 뛴다. 이 주석이 보배인 이유는 다음과 같다.

첫째, 정확한 그림을 보게 해주기 때문이다. 그 본문이 기록된 역사적 배경, 그 본문이 위치한 맥락과 각 단어의 종속관계 등을 면밀하게 살피는 문법적 분석, 성경이 하나님의 말씀이라는 복음주의 신학의 렌즈를 통해 본문이 독자에게 의미하는 바가 무엇인지를 정확히 드러내준다.

둘째, 큰 그림을 보게 해주기 때문이다. 본문을 통해 성경 저자가 말하려는 중심 사상을 한두 문장으로 좁여줌으로써 이 본문을 통해 내가 들어야 할 성령의 음성을 정확하게 붙들 수 있도록 도와준다.

셋째, 시각적으로 보여주기 때문이다. 성경은 평평한 지면에 검은 잉크로 인쇄되었기 때문에 거기에 사용된 어구의 높낮이나 의미상의 크기가 잘 구분되어 보이지 않는다. 그러나 이 주석은 그것을 입체적으로 시각화해주고 있다. 각 본문의 '번역' 부분은 헬라어의 문법적 구조에 따라 각 단어나 구가 어떻게 연결되고 종속되는지를 보여주는 멋진 그림이다.

단어나 문장의 위치를 통해 그리고 주동사 문장을 굵은 폰트로 강조함으로써, 한눈에 보아도 저자가 말하려는 중심 의도가 강조되고 있다.

넷째, 어떻게 적용해야 할지를 보여주기 때문이다. 성경을 연구하는 이유는 지적 유희를 위해서가 아니다. 그것은 순종하기 위해서다. 바른 진리를 알아야 하는 이유는 바른 삶을 살기 위해서다. 이 주석은 양쪽 언덕을 확고하게 이어주는 다리처럼 우리가 발견한 진리가 어떻게 우리 삶과 연결되는지까지 친절하게 연결해주고 있다. 더욱이 설교 구성이 서툰 설교자나 교사가 자신의 회중이나 학생들의 필요에 맞게 약간 조정만 하면 한 편의 설교안이나 교안이 될 개요까지 친절하게 제공해주고 있다.

『존더반 신약주석』을 통해 한국교회에 말씀의 능력으로 힘을 얻는 축복이 임하길 기대하며 기도한다.

양승헌 _ 세대로교회 담임목사, 파이디온 공동설립자 및 전(前) 대표,
한국해외선교회(GMF) 이사장

『존더반 신약주석』은 하나님이 본문에서 의도하신 뜻을 정확하게 찾아내 청중에게 전달하기 위해 본문을 진지하게 공부하는 이들에게 진정 복음과 같다. 이 시리즈는 주석이 갖추어야 할 모든 요소를 포함하고 있는 탁월한 석의적 주석이다. 철저한 단어 연구, 문법적 세부 사항, 역사적, 문화적 배경, 전후 문맥, 본문 비평적 문제 등의 연구를 통해 본문의 의미를 정확하게 설명하고 있다. 뿐만 아니라 중요한 해석적 쟁점들을 최고의 복음주의 학자들과 최근의 학문적 연구들을 기초로 하여 균형을 추구하면서 본문이 의도하는 뜻을 찾기 위해 최대한의 노력을 기울인다.

주석의 구조 또한 명료하다. 각 장마다 저자가 사고하는 연결성을 강조하는 전후 문맥으로 시작하여 본문의 전체 흐름을 한눈에 볼 수 있는 도해 그리고 본문의 메인 아이디어(주요 개념), 본문의 사고의 흐름을 볼 수 있는 석의적 개요, 세부적인 본문 설명 그리고 적용에서의 신학으로 장을 마치는 자연스러운 구조로 지루하지 않게 본문의 내용을 따라가게 한다. 특히 각 장의 마지막 부분에서 다루는 '적용에서의 신학'은 현 시대를 살아가는 청중에게 본문의 핵심 메시지를 삶에 실제로 적용할 수 있게 다룸으로써 언제나 적용을 고민해야 하는 설교자들에게 큰 유익이 된다.

『존더반 신약주석』은 하나님의 말씀을 정확하고 올바르게 전하기를 소원하는 성경교사나 설교자가 절대로 놓쳐서는 안 될 귀중한 자산이 될 것이다. 정확하게 해석된 말씀으로 성도를 올바로 세울 때 한국교회가 건강하게 세워질 것을 믿음의 눈으로 바라보며, 모든 설교자에게 탁월한 길잡이가 될 『존더반 신약주석』을 강력하게 추천한다.

이재학 _ 디모데성경연구원 원장

존더반 신약주석

강해로 푸는 데살로니가전·후서

옮긴이 **한화룡** 합동신학대학원대학교에서 신학을 공부하고(M. Div.), 웨스트민스터신학대학원(D. Min.)과 풀러신학대학원(Th. M.)에서 선교학을 전공했다. 2002년부터 현재까지 백석대학교 기독교학부 교수로 활동하고 있다. 저서로는 『전쟁의 그늘: 1950년, 황해도 신천학살 사건의 진실』(포앤북스), 『4대 신화를 알면 북한이 보인다』, 『도시선교』(이상 IVP)가 있으며, 역서로는 『기독교는 타종교로부터 무엇을 배울 수 있는가?』, 『시대를 사는 그리스도인』, 『온전한 그리스도인』(이상 IVP), 『신약을 선교적으로 어떻게 읽을 것인가』, 『영적 전쟁의 정석』(이상 대서), 『영적 전쟁 어떻게 할 것인가』(부흥과개혁사) 등 다수가 있다.

ZONDERVAN
Exegetical Commentary on the New Testament 1 and 2 Thessalonians

© 2012 by Gary S. Shogren
Originally published in English as *1 and 2 Thessalonians* (Zondervan Exegetical Commentary on the New Testament) by Zondervan, Nashville, TN, USA.
All rights reserved.

This Korean translation edition © 2019 by Timothy Publishing House, Inc., Seoul, Republic of Korea
Published by arrangement with Zondervan, a division of HarperCollins Christian Publishing, Inc. through rMaeng2, Seoul, Republic of Korea.

이 한국어판의 저작권은 알맹2 에이전시를 통하여 Zondervan과 독점 계약한 (주)도서출판 디모데에 있습니다.
신 저작권법에 의하여 한국 내에서 보호받는 저작물이므로 무단 전재와 무단 복제를 금합니다.

존더반 ZONDERVAN 신약주석
강해로 푸는 데살로니가전·후서

1쇄 발행 2019년 2월 20일

지은이 게리 S. 쇼그렌
책임편집 클린턴 E. 아놀드
펴낸이 고종율
옮긴이 한화룡

펴낸곳 주)도서출판 디모데 〈파이디온 선교회 출판 사역 기관〉
등록 2005년 6월 16일 제 319-2005-24호
주소 서울특별시 서초구 서초대로 141-25(방배동, 세일빌딩)
전화 마케팅실 070) 4018-4141
팩스 마케팅실 031) 902-7795
홈페이지 www.timothybook.com

값 45,000원
ISBN 978-89-388-1645-0 04230
ISBN 978-89-388-1578-1 (세트)

ⓒ 주)도서출판 디모데 2019 〈Printed in Korea〉

존더반 ZONDERVAN 신약주석

강해로 푸는
데살로니가전·후서

게리 S. 쇼그렌 지음

클린턴 E. 아놀드 책임편집 | 한화룡 옮김

선을 행하면서 낙심하지 않는
캐런에게 이 책을 바칩니다.
οὐκ ἐγκακεῖ καλοποιοῦσα
데살로니가후서 3:13

차례

시리즈 서론 11
저자 서문 15
약어표 17
데살로니가전·후서 서론 21
참고문헌 47
데살로니가전·후서 주석 55
데살로니가전·후서의 신학 375
성구 찾아보기 387

시리즈 서론

복되게도 이 세대에는 탁월한 주석이 많다. 어떤 주석은 전문적인 것으로, 평론가들이 제기한 쟁점들을 잘 다룬다. 또 어떤 주석은 단어 용례에 대한 광범위한 정보를 제공하고, 다양한 해석적 문제들에 대한 거의 모든 견해를 나열한다. 또 어떤 주석은 문화적·역사적 배경 지식을 제공하는 데 초점을 맞춘다. 또한 적용을 위한 많은 통찰들을 끄집어내려는 주석도 있다.

문제는 당신이 주석에서 무엇을 찾고 있는가 하는 것이다. 당신이 다음 중 어느 하나에라도 해당된다면 이 주석 시리즈는 당신을 위한 것이다.

- 헬라어를 배웠으며, 자신이 잘 훈련받은 학자라고 생각하지는 않지만 배운 것을 적용하도록 도와줄 주석을 원한다.
- 주석가가 각 본문의 주된 요점으로 제시하는 간결한 한두 문장짜리 진술이 도움이 된다고 생각한다.
- 교회 생활과 관련이 없는 것처럼 보이는 학문적 문제에 얽히지 않으면서 성경에 나오는 말씀을 해석하는 데 도움을 얻고 싶다.
- 각 본문에서 사고의 흐름에 대한 시각적 설명(도해적 표시)을 보고 싶다.
- 원문의 의미를 가능한 명확하게 설명하고 중요한 해석적 쟁점들을 잘 헤쳐나가도록 돕는 견실한 복음주의 학자들의 전문적인 인도를 원한다.
- 본문의 의미를 조명하는 데 도움이 될 만한 최고이자 최근의 학문적 연구 결과와 역사적 정보에서 유익을 얻고 싶다.
- 각 본문에서 수집할 수 있는 핵심적인 신학적 통찰과 이러한 통찰이 오늘날 그리스도인들에게 적절한 것인가에 대한 논의의 요약을 얻기 원한다.

위의 사항들은 이 신약 주석 시리즈의 특징 중 몇 가지만 꼽은 것이다. 이 시리즈에 대한 아이디어는 편집국에서 목사와 교사들이 헬라어 본문에 기초한 주석 시리즈에서 원하는 것이 무엇인지 조사한 후 오랜 시간에 걸쳐 다듬어진 것이다. 이 일에 참여한 사람으로는 필자, 조지 거스리(George H. Guthrie), 윌리엄 마운스(William D. Mounce), 토마스 슈라이너(Thomas

R. Schreiner), 마크 스트라우스(Mark L. Strauss)와 존더반 전체 편집차장 벌린 버브루그(Verlyn Verbrugge)와 전(前) 존더반 원고 검토 편집차장 잭 쿠하섹(Jack Kuhatschek) 등이다. 우리는 또한 교회에 도움이 될 만한 주석 시리즈를 계획하는 과정에서 도움을 받기 위해 목회를 하고 있는 목사, 사역 지도자, 신학교 교수들로 구성된 자문 편집진을 모집했다. 존더반 원고 검토 편집차장 데이비드 프리스(David Frees)가 지금까지 그 과정을 이끌어왔다. 존더반 선임 도서 편집자 카트야 코브렛(Katya Covrett)이 이제 그 과정을 완성까지 이끌어왔으며, 콘스턴틴 캠벨(Constantine R. Campbell)이 위원회에서 섬기고 있다.

이제 각 성경 본문을 다루기 위한 일곱 가지 구성 요소가 포함된 설계도를 보자. 다음은 이 주요 요소들에 대한 간략한 안내다.

문학적 전후 문맥

이 부분에는 본문이 그 책의 광범위한 문학적 전후 문맥 안에서 어떤 역할을 하는지에 대한 간결한 논의가 나온다. 주석가는 그 책에서 앞에 나오는 자료 및 뒤에 나오는 자료와의 연결들을 강조하고, 이 본문의 핵심적 특징들을 관찰한다.

주요 개념

많은 독자는 이것이 이 주석 시리즈에서 대단히 유용한 특징임을 알게 될 것이다. 각 본문에 대해, 주석가는 본문의 큰 개념 혹은 중심 취지를 한두 문장으로 주의 깊게 기술한다.

번역과 도해식 레이아웃

이 시리즈의 또 다른 독특한 특징은 헬라어 본문에 대한 각 주석가의 번역을 도해로 제시한다는 것이다. 이 도해의 목적은 독자들이 본문 안에 나오는 사고의 흐름을 시각화해서 더 잘 이해하도록 돕는 것이다. 번역 자체는 이 주석의 '설명' 부분에서 각 주석가가 내린 해석적 결정들을 반영한다. 다음은 이 책의 구성 방식이다.

1. 구절을 나타내는 숫자 바로 옆에는 성경 본문의 각 절이나 문구의 기능을 나타내는 해석적 분류 표시가 나온다. 본문에서 그에 해당되는 부분은 분류 표시 바로 옆에 배치되었다. 쉽게 이해할 수 있도록 전문적인 특수 용어는 사용하지 않았다.

2. 일반적으로 모든 절(주어와 술어를 포함하는 단어들의 무리)을 별도의 행으로 잡으며, 그것이 어떻게 본문의 주요 주장을 뒷받침하는지 밝힌다(즉, 그것은 언제 행동이 일어났다고, 어떻게 그것이 일어났다고, 혹은 왜 그것이 일어났다고 말하고 있는가). 때로 더 긴 문구나 일련의 항목은 별도의 행으로 놓기도 했다.
3. 종속(혹은 독립)절과 문구들은 들여 써서 그것이 수식하는 단어 바로 밑에 둔다. 이것은 독자들이 본문의 흐름에서 절과 구의 관계의 특질을 더 쉽게 볼 수 있도록 돕는다.
4. 모든 주요 절은 굵은 활자로 되어 있으며, 분명히 알아볼 수 있도록 왼쪽 끝으로 밀어놓았다.
5. 때로 종속되는 말들이 너무 오른쪽에 놓이게 될 때 – 바울의 길고 복잡한 이야기가 종종 그렇듯이! – 이어지는 말들의 위치를 왼쪽으로 옮겨놓았다. 하지만 그렇게 했다는 것을 나타내기 위해 화살표를 사용했다.
6. 우리가 따른 전반적인 과정은 담화 분석 원리 및 이야기 비평(복음서와 사도행전에 대해서는) 원리에서 배운 것이다.

구조

번역 바로 다음에, 주석가는 본문에 나오는 사고의 흐름에 대해 말하고 어떻게 본문에서 각 절의 관계에 관한 해석적 결정들이 이루어졌는지 설명한다.

석의적 개요

상세한 석의적 개요에서는 본문의 전반적 구조를 묘사했다. 이것은 성경을 가르치거나 설교할 때, 본문에 나오는 사고의 흐름을 간결하게 설명할 수 있는 방식을 찾고 있는 사람들에게 특히 도움이 될 것이다.

본문 설명

이 책은 석의적 주석이므로, 본문의 의미를 해석하기 위해 헬라어를 사용한다. 당신의 헬라어가 다소 서툴다 해도(혹은 심지어 어느 정도 제한되어 있다 해도) 너무 염려하지 마라. 모든 헬라어 단어는 우리말 번역 다음에 괄호 안에 인용되어 있다. 우리는 이 주석이 비전문가들에게도 가능한 한 읽기 쉽고 유용한 것이 되도록 최선을 다했다.

이 주석에서 가장 도움을 받을 사람은 대학이나 신학교에서 2년 정도 헬라어 교육을 받은 사람일 것이다. 혹은 한두 학기 정도 중급 문법(Wallace, Porter, Brooks and Winberry 혹은 Dana and Mantey 같은)을 공부한 사람도 포함될 것이다. 저자들은 이 문법서들에 나오는 문법적 용어들을 사용한다. 하지만 본문의 문법에 관한 상세한 사항들은 본문 해석과 관련이 있을 때만 논한다.

본문의 이 부분을 강조하는 것은 의미를 전달하기 위해서다. 주석가들은 단어와 이미지, 문법적 세부 사항, 특정한 개념과 관련된 구약적·유대적 배경, 역사적·문화적 전후 문맥, 중요한 본문 비평적 문제, 표면에 부상하는 다양한 해석적 문제들을 검토한다.

적용에서의 신학

이것 역시 석의 주석 시리즈만의 독특한 특징이다. 우리는 본문이 다양한 세부 사항 속에서 무엇을 의미했는지 묘사하기 위해서뿐 아니라, 또한 그것이 신학적으로 기여하는 바를 성찰하기 위해서도 각 저자에게 이것이 중요하다고 생각했다. 이 부분에서는 본문의 신학적 메시지를 요약한다. 저자들은 본문의 신학을 그 책 안에서 그리고 더 광범위한 성경적-신학적 맥락에서 그것이 차지하는 위치에 비추어 논한다. 마지막으로, 각 주석가들은 본문의 메시지가 오늘날의 교회를 위해 무엇을 말하는지에 대해 몇 가지 제안을 한다. 이 시리즈 각 권 끝부분에는 이 책에서 다룬 신학적 주제 전체에 대한 요약이 나온다.

우리는 이 시리즈가 독자 스스로 신약 본문을 이해하기 위해서뿐 아니라, 하나님의 진리에 굶주린 사람들에게 그 말씀을 가르치고 설교하는 일에도 도움이 되기를 진심으로 바라고 기도한다.

클린턴 E. 아놀드(Clinton E. Arnold), 책임편집자

저자 서문

데살로니가전후서는 최근에 주목을 받기 시작했는데, 지난 몇 년 사이에 여러 중요한 작품이 출간되었기 때문이다. 더 자세한 정보를 원하는 독자는 이 책의 참고 도서를 살펴보기 바란다. 특히 나는 에이브러햄 말허비(Abraham Malherbe), 진 그린(Gene Green), 고든 피(Gordon Fee)의 주석을 추천하고 싶다. 또한 레이먼드 콜린스(Raymond F. Collins)가 편집한 논문 모음집 『데살로니가 서신』(Thessalonian Correspondence)도 소중한 자료이다.

특별히 나는 이 두 서신에 나타난 기독교 선교와 목회 사역에 관심이 높아지고 있는 현상에 기뻐한다. 그동안 연구에 전념하면서 깨달은 것이 있다면, 그것은 잠시 책들을 옆에 내려놓고 다음과 같이 사도 바울을 본받아야 한다는 점이다.

- 규모에 상관없이, 모임들을 대상으로 강연할 시간을 더 많이 확보하기
- 소수의 형제를 찾아 멘토로 섬기기
- 개인 전도를 더 적극적으로 하기
- 그리스도의 사랑을 가시적으로 나타내는 일에 참여하기
- 무엇보다도, 복음의 진보를 위해 기도하기

이 주석 시리즈에 기고한 사람들 중에는 모교 동문이 몇 명 있다. 나는 그들 중 하나가 된 것에 감사한다. 그들은 사도 바울처럼 주님을 탁월함으로 섬기도록 나에게 계속 압력을 행사한다.

유익한 제안을 해준 지미 스노든(Jimmy Snowden), 프레드 자스펠(Fred Zaspel), 빌 이슬리(Bill Isley), 스티브 다이슨(Steve Dyson), 브렌트 맥나마라(Brent McNamara), 데이비드 매캐리오(David Macario), 프레드 퍼트남(Fred Putnam)에게 큰 감사를 표한다. 또한 책임 편집을 맡은 클린턴 아놀드(Clinton Arnold)와 원고 검토 담당 편집자 카티야 코브렛(Katya Covrett) 그리고 제작 담당 편집자 벌린 버브루그(Verlyn D. Verbrugge)에게도 감사한다.

월드 벤처(WorldVenture)에 속한 동료 선교사, 후원자, 그리고 코스타리카의 Seminario

ESEPA에서 수고하는 친구이자 동료에게 감사를 표한다. 그들은 내가 책을 쓰는 동안 많은 격려와 지지를 보내주었다.

끝으로, 인생과 사역의 동반자로 함께하는 아내 캐런(Karen)에게 이 책을 바친다.

하나님께 영광을!

2011년 여름

게리 S. 쇼그렌

약어표

AB	Anchor Bible
ABD	*Anchor Bible Dictionary*. Ed. D. N. Freedman. 6 vols. New York, 1992.
ACCS	Ancient Christian Commentary on Scripture
AnBib	Analecta biblica
ANF	*Ante-Nicene Fathers*
ASV	American Standard Version
BA1CS	The Book of Acts in Its First Century Setting. Ed. Bruce W. Winter. 5 vols. Grand Rapids, 1993 – .
BBR	*Bulletin for Biblical Research*
BDAG	Bauer, W., F. W. Danker, W. F. Arndt, and F. W. Gingrich. *Greek-English Lexicon of the New Testament and Other Early Christian Literature*. 3rd ed. Chicago, 2000.
BDF	Blass, F., A. Debrunner, and R. W. Funk. *A Greek Grammar of the New Testament and Other Early Christian Literature*. Chicago, 1961.
BETL	Bibliotheca ephemeridum theologicarum lovaniensium
Bib	*Biblica*
CBET	Contributions to Biblical Exegesis and Theology
CBQ	*Catholic Biblical Quarterly*
CEV	Contemporary English Version
DLNT	*Dictionary of the Later New Testament and Its Developments*. Ed. R. P. Martin and P. H. Davids. Downers Grove, IL, 1997.
DPL	*Dictionary of Paul and His Letters*. Ed. G. F. Hawthorne, R. P. Martin, and D. G. Reid. Downers Grove, IL, 1993.
EBib	Études bibliques
EDNT	*Exegetical Dictionary of the New Testament*. Ed. H. Balz and G. Schneider. 3 vols. Grand Rapids, 1990 – 93.
EKKNT	Evangelisch-Katholischer Kommentar zum Neuen Testament
ESV	English Standard Version
EvQ	*Evangelical Quarterly*

ExpTim	*Expository Times*
FF	Foundations and Facets
GNB	Good News Bible
HCSB	Holman Christian Standard Bible
HTR	*Harvard Theological Review*
ICC	International Critical Commentary
IVPNTC	InterVarsity Press New Testament Commentary
JB	Jerusalem Bible
JBL	*Journal of Biblical Literature*
JETS	*Journal of the Evangelical Theological Society*
JSJSup	Journal for the Study of Judaism Supplements
JSNT	*Journal for the Study of the New Testament*
JSNTSup	Journal for the Study of the New Testament Supplement Series
JSPSup	Journal for the Study of Pseudepigrapha Supplement Series
KJV	King James Version
L&N	*Greek-English Lexicon of the New Testament: Based on Semantic Domains*. Ed. J. P. Louw and E. A. Nida. 2nd ed. New York, 1989.
LCL	Loeb Classical Library
LEH	Lust, Johan, Erik Eynikel, and Katrin Hauspie, eds. *Greek-English Lexicon of the Septuagint*. Stuttgart, 2003.
LNTS	Library of New Testament Studies
LSJ	Liddell, H. G., R. Scott, H. S. Jones, eds. *A Greek-English Lexicon*. 9th ed. with revised supplement. Oxford, 1996.
LXX	Septuagint
MM	Moulton, J. H., and G. Milligan, eds. *The Vocabulary of the Greek Testament*. London, 1930.
MNTC	Moffatt New Testament Commentary
MSJ	*The Master's Seminary Journal*
NA	Nestle-Aland, *Novum Testamentum Graece*
NAB	New American Bible
NASB	New American Standard Bible
NCB	New Century Bible
NDBT	*New Dictionary of Biblical Theology*. Ed. Brian S. Rosner et al. Downers Grove, IL, 2000.
NEB	New English Bible
NET	New English Translation (online Bible translation)
NETS	NET Bible translation of the LXX
NICNT	New International Commentary on the New Testament
NIDNTT	*New International Dictionary of New Testament Theology*. Ed. C. Brown. 4 vols. Grand Rapids, 1975–1985.
NIGTC	New International Greek Testament Commentary

NIV	New International Version
NIVAC	NIV Application Commentary
NJB	New Jerusalem Bible
NKJV	New King James Version
NLT	New Living Translation
NovT	*Novum Testamentum*
NPNF¹	*Nicene and Post-Nicene Fathers*, Series 1
NPNF²	*Nicene and Post-Nicene Fathers*, Series 2
NRSV	New Revised Standard Version
NTS	*New Testament Studies*
OED	*Oxford English Dictionary*
PG	*Patrologia Graeca*, ed. J.-P. Migne.
PNTC	Pillar New Testament Commentary
REB	Revised English Bible
RevExp	*Review and Expositor*
RSV	Revised Standard Version
SBLDS	SBL Dissertation Series
SBT	Studies in Biblical Theology
SC	Sources chretiennes, Paris, 1943-
SNTSMS	Society for New Testament Studies Monograph Series
SP	Sacra pagina
TDNT	*Theological Dictionary of the New Testament.* Edited by G. Kittel and G. Friedrich. Translated by G. W. Bromiley. 10 vols. Grand Rapids, 1964–1976.
TEV	Today's English Version
TJ	*Trinity Journal*
TLG	*Thesaurus Linguae Graecae*
TLNT	*Theological Lexicon of the New Testament.* Ed. Ceslas Spicq. Trans. and ed. James D. Ernest. 3 vols. Peabody, MA, 1994.
TNIV	Today's New International Version
TNTC	Tyndale New Testament Commentary
TR	Textus Receptus
TS	*Theological Studies*
TynBul	*Tyndale Bulletin*
UBS	United Bible Societies' *Greek New Testament*
WBC	Word Biblical Commentary
WTJ	*Westminster Theological Journal*
WUNT	Wissenschaftliche Untersuchungen zum Neuen Testament
WW	*Word and World*
ZNW	*Zeitschrift für die neutestamentliche Wissenschaft und die Kunde der älteren Kirche*

데살로니가전·후서 서론

데살로니가전후서는 심각한 곤경에 맞서는 혁신적 방안이었다. 사도들은 데살로니가에서 쫓겨난 후 그곳으로 다시 돌아가는 것이 금지되어 있었다. 그들은 직선거리로 300킬로미터 떨어진 곳에 있었다. 이제 사도들은 어떻게 자신들이 새로 개척한 교회와 연락할 수 있을까? 이 서신들의 경우에는 극히 예외적인 상황이 있었다. 교회는 생긴 지 몇 달밖에 되지 않았고, 심각한 공격을 당하고 있었으며, 박해로 말미암아 사도들과 연락이 두절되어 있었다. 그리고 사탄은 음모를 꾸며 사도들과 교회가 만나지 못하게 했다. 데살로니가 교회에 긴급하게 필요했던 것은 그 교회의 개척자들에게서 격려의 말을 듣는 것이었다.

이런 위기의 와중에 바울과 실라는 참신한 전략을 선택했다. 그들은 선교사 팀에 속한 젊은 선교사를 파송해서 자신들을 대표하게 했다. 지나고 나서 보니 이 방법이 전형적으로 바울의 방법 같지만(참고. 행 19:22), 바울이 처음으로 그 방법을 시도할 때는 확실한 선택이 아니었을 수도 있다. 요컨대, 디모데는 이 사역이 처음이었다. 그럼에도 디모데는 위험을 무릅쓰고 북쪽으로 여행해서 데살로니가에, 한 번도 아니고 세 번씩이나 들어갔다(교회가 세워진 후 한 번 방문하고, 이어서 두 서신을 전달하기 위해 방문했다). 거기에 있는 동안 디모데는 '바울과 실라라면 무엇을 할 것인가'에 따라서 행동했을 것이다. 디모데의 임무에는 듣고 관찰하는 일도 포함되어 있었다. 디모데는 바울과 실라에게 무사히 돌아와서, 데살로니가 교회가 묻는 말들을 전해야 했다. 중요한 첫 번째 왕복 여행의 결과로 데살로니가전서가 기록되었다.

바울과 실라는, 디모데가 첫 번째 대리 여행에서 돌아와 데살로니가 교회가 건재하다고 전해준 소식을 듣고 크게 안도했다. 데살로니가 교회는 지옥의 맹공격을 견뎌냈을 뿐 아니라 크게 번성하고 있었다. "지금은 디모데가 너희에게로부터 와서 너희 믿음과 사랑의 기쁜 소식을 우리에게 전하고…"(살전 3:6). 데살로니가전서는, 하나님이 데살로니가 교인들을 보호해주신 것에 대해 그들이 안도하고 감사하는 마음으로 쓴 서신이다.

디모데는 두 번째와 세 번째 데살로니가 여행 때 자신의 가방에 작은 두루마리를 넣어

갔다.¹ 두 개의 데살로니가 서신은 짧은 글이고 한 시간도 안 되어 다 읽을 수 있다. 특히 첫 번째 서신은 생명이 넘친다. 그 서신을 헬라어로 크게 읽으면, 듣는 사람은 바울이 사용한 두운법과 다른 장치들을 파악할 수 있다. 예를 들어, 바울은 데살로니가전서 1:2에서 π를 반복적으로 사용한다. 또한 바울은 트라이어드(triad)를 선호했는데, 세 단어를 한 묶음으로 사용해서 한 주제를 두드러진 방식으로 표현하는 것이었다(참고. 1:5, "말로만 이른 것이 아니라 또한 능력과 성령과 큰 확신으로 된 것임이라"). 이 서신들은 그 시역의 모든 형제자매가 늘도록 낭독해야 했다(5:27). 몇 년 안에 이 서신들은 필사되고 수집되어, 원래의 수신자들과 공간적, 시간적으로 멀리 떨어져 있는 모든 그리스도인에게 교훈으로 사용되었다. 이와 같이, 초기에 사도들이 먼 거리에서 소통하기 위해 작성한 서신들은 정경의 일부가 되었다.

바울의 조력자들이 전달하고 해석한 서신들은, 사도 바울이 세운 교회가 (그가 다른 지역에 있더라도) 그에게 질문하고 몇 주 안에 대답을 들을 수 있는 수단이었다. 주후 150년쯤부터 비로소 교회가 연락을 주고받는 속도가 바울이 데살로니가전서를 보냈을 때를 능가하게 되었다.

교회

도시 데살로니가

교차로에 있는 도시 데살로니가: 주후 44년 이후 데살로니가는 마게도냐 지방의 수도 역할을 했다. 바울이 사역한 여러 거점 도시가 그러했듯, 데살로니가는 교차로에 위치했고 인구가 많은 도시였다. 이 도시는 로마의 도로인 비아 에그나티아(Via Egnatia)에 있는 정류 지점이었는데, 이 도로는 비잔티움(이스탄불)에서 서쪽으로 이어진, 최종적으로 이탈리아와 로마로 가는 배를 타는 지점에서 끝났다. 데살로니가는 빌립보에서 비아 에그나티아를 따라 서쪽으로 144킬로미터 떨어진 곳에 위치했다. 또한 이 도시는 북남 교역로에 걸쳐 있었다. 데살로니가는 자연 항구였으며 지금도 여전히 그렇다. 이 도시에서 만을 가로질러 남서쪽을 바라보면 놀라운 장면이 펼쳐지는데, 제우스를 비롯한 만신전이 자리한 올림포스산이 있다.

---

1. 데살로니가전서는 최초의 기독교 서신은 아니다. 적어도 예루살렘 공의회의 의장이었던 야고보가 쓴 짧은 서신이 데살로니가전서보다 여러 달 앞섰다(행 15:23-29). 야고보의 서신은 이후의 서신들을 특징짓는 양식을 따랐는데, 그 메시지를 또한 제안하고 적용할 수 있었던 사절들이 전달한 기록 문서라는 점이다(참고. 행 15:25-27, 30-35; 16:4-5). 그 밖에도 아마 바울이 마게도냐에 도착했을 때 이미 15년의 사역 경험이 있었고, 따라서 다른 서신들을 썼을 것이다. 또한 다음을 보라. Abraham J. Malherbe, *The Letters to the Thessalonians: A New Translation with Introduction and Commentary* (AB 32B; New York: Doubleday, 2000), 13. 심지어 Malherbe는 바울이 (지금은 잃어버린) 서신 하나를 데살로니가인들에게 썼다고 추측하면서, 데살로니가인들이 그 서신에 대한 답장을 바울이 데살로니가전서를 작성하기 전에 썼을 가능성이 있다고 말한다. 참고. Abraham J. Malherbe, "Did the Thessalonians Write to Paul?," in *The Conversation Continues: Studies in Paul and John in Honor of J. Louis Martyn* (ed. Robert T. Fortna and Beverly R. Gaventa; Nashville: Abingdon, 1990), 255.

'자유 도시'인 데살로니가는 상당한 자율성이 보장되었고, 이 도시의 지도자들은 그 자격을 계속 유지하기 위해 애썼다. 바로 이것이 왜 특별히 이 지역의 관리들이 정치적 소란에 신경질적으로 반응했는지를 설명해줄 것이다. 데살로니가는 로마 황제 숭배의 중심지로 유명했다.

데살로니가 유대인들: 유대인들은 로마 제국의 허락을 받아 땅을 구입하고 회당을 세우며, 정기적으로 예배를 드리고, 기금을 모아 예루살렘에 보낼 수 있었다. 유대인의 법적 지위에도 불구하고, 그들의 이웃 대다수는 유대인 민족을 싫어했다(참고. 살전 2:14-16에 대한 설명). 예를 들어, 로마 역사가 타키투스(Tacitus)는 "유대인의 개종, 인간 혐오, 분리주의, 황제 숭배 거부를 비판한다."[2]

사도행전 17:1-2은 빌립보 유대인과 달리 데살로니가 유대인이 자신만의 회당 건물을 소유하고 있었음을 보여준다.[3] 유대인들은 안식일에 모여서 신조를 진술한 글을 낭송하고, 기도하며, 성경 낭독을 듣고, 해설하고 권면하는 말씀을 들으며, 노래를 불렀을 것이다. 이방인이 성경을 배우고자 할 경우, 그들은 예배를 드리는 유대인에게서 떨어져 서 있어야 했을 것이다. 아마도 그들은 다음과 같은 메시지를 들었을 것이다.

그러므로 첫째 계명을 모든 계명 중 가장 거룩한 것으로 깊이 받아들여서 지극히 높으신 하나님 한 분만 존재하심을 생각하고 오직 그분께만 영광을 돌리며, 순수하고 신실한 마음으로 진리를 추구하는 일에 힘쓰는 사람의 귀에 다신론적 교리가 안 들리도록 합시다.[4]

데살로니가 이방인들: 대부분의 서양인은 헤라클레스의 공적이나 다른 고전 신화 및 전설에 익숙하다. 그렇지만 단순히 어떤 종교를 형성한 이야기를 읽는다고 해서 그 종교를 이해할 수는 없는 법이다. 그리스 종교는 하늘을 지향하는 의식의 체계였다. 의식은 대중의 사고에서 중요했다. 예배자는 눈에 보이는 행동을 수행해야 했는데, 신들이 사람의 마음을 읽을 수 없고 오직 그들의 행동을 통해서만 그 동기를 이해할 수 있었기 때문이다.

종교는 두 가지 수준에서 존재했다. 하나는 시민적 수준이고 다른 하나는 가정의 수준이다. 좋은 시민이 된다는 것은 수호신들에게 경의를 표하는 것을 의미했다. 여기에는 축제, 제사, 기념행사, 경기 그리고 다른 공적 행사에 참여하는 것이 포함되었다. 모든 행사에는 종교적 순서가 있었는데, 연회부터 시작해 경기와 사업 거래에 이르는 것이었다.

---

2. S. T. Carroll, "Tacitus," *ABD*, 6:306.
3. 데살로니가의 발굴지나 비문에 1세기 회당에 대한 직접적 증거는 존재하지 않는다. 거기에 있는 회당에 대한 가장 이른 언급은 빨라도 주후 4세기부터 시작되며, 그것도 유대인의 회당이 아니고 사마리아인의 회당이다. 참고. Helmut Koester, "Archäologie und Paulus im Thessalonike," in *Frühchristliches Thessaloniki* (ed. Cilliers Breytenbach and Ingrid Behrmann; Studien und Texte zu Antike und Christentum 44; Tübingen: Mohr Siebeck, 2007), 1-9; 또한 H. L. Hendrix, "Thessalonica," *ABD*, 6:527. 이렇듯 증거가 부족하지만, 가장 좋은 결론은 데살로니가에 그 규모를 확실히 알 수 없는 회당이 있었으며, 또 그 회당이 주전 2세기 후반이나 1세기 초반부터 거기에 있었다고 보는 것이다. 참고. Christoph vom Brocke, *Thessaloniki–Stadt des Kassander und Gemeinde des Paulus* (WUNT 2: 125; Tübingen: Mohr Siebeck, 2001), 217-33.
4. 바울과 동시대 사람인 Philo의 *Decalogue* 65 (trans. Jonge)에서 인용.

가정의 종교에는 공적 종교의 경우보다 여성이 관여된 부분이 더 컸다. 남자 가장이 명목상의 제사장이었지만, 가정은 여자의 성전이었다. 난로의 여신인 헤스티아에게 바치는 사당이 있었고, 신들에게 바치기 위한 연회가 열렸다. 출생, 결혼, 통과 의례, 장례 등 모든 일에 종교적 요소가 관련되어 있었다. 복점과 점성술은 삶의 중요한 측면이었다. 신탁 성지로 순례를 가는 것도 중요했다(델피의 유명한 장소 같은 곳). 사람들은 사랑, 사업의 성공, 건강 문제에 대한 해답을 찾고자 했다.

데살로니가에 있는 유대인은 모세 율법을 따라 살라는 가르침을 받았다. 반면, 이방인은 전혀 다른 관습을 따라 살았다. 올림포스산의 신들은 사람들이 마술적 능력을 갖게 되면 건강하게 살 것이라고 말했다. 더 세련된 마게도냐 사람들은, 신들의 성적 모험을 철학적 진리를 가르치기 위한 은유로 여겼다.

데살로니가는 북적거리는 교역 도시답게 온갖 악덕이 만연했다. 연극은 매우 폭력적이고 성적으로 몹시 상스러웠다. 해로나 육로로 도착한 사람들은 술, 도박, 섹스를 찾았고, 데살로니가 경제의 일부는 방문객을 만족시켜 주면서 유지되었다. 특히 젊은 남자들은 노예, 매춘부 또는 연인과 함께 활발한 성생활을 누릴 것으로 기대되었다. 지나치게 많은 섹스는 방종과 경제적 낭비를 나타내는 징후로 여겨졌지만, 하나님이나 신들을 거스르는 죄로 간주되지는 않았다. 마게도냐와 아가야에서는 로마 제국의 다른 지역들보다 양성애가 더 흔했는데, 특히 결혼할 수 있는 여성들이 부족했기 때문이었다.[5] 심지어 남자들의 우정이 성적 관계로 강화될 수도 있었다. 강제적 동성 성교는 '여성'의 역할을 하는 쪽에만 수치스러운 일로 여겨졌다. 여자들은 남편에 대해 정조를 지켜야 했는데, 그래야만 적법한 자녀를 낳을 수 있기 때문이었다. 하지만 모든 여자가 정조를 지킨 것은 아니었다. 남자는 자신의 행동으로 생긴 민망한 결과를 아내들에게 계속 숨겨야 했다. 적법하지 않은 아이들을 둔 아버지가 되는 것은 아내를 수치스럽게 하는 확실한 방법이었다.[6]

몇몇 사람은 특히 데살로니가인들이 타락한 성생활을 했다고 제안했다. 이른바 카비리 의식(Cabiri cult)이 지역 문화에 침투해 들어오면서 그렇게 되었다는 것이다.[7] 그것은 두 형제가 셋째 형제를 죽인 신화에 근거한 신비 종교였다. 그들이 실행하는 관례의 본질이 무엇인지는

---

5. 데살로니가전서 4:1-12에 대한 설명을 보라. 우리는 동성애에 대한 바울의 글이 두 구절, 곧 고린도에서 보낸 서신(롬 1:18-32)과 고린도에 보낸 서신(고전 6:9-10)에 나오는 것이 우연의 일치인지 잘 모른다.

6. 다음의 훌륭한 논문을 보라. G. W. Peterman, "Marriage and Sexual Fidelity in the Papyri, Plutarch and Paul," *TynBul* 50.2 (1999): 163-72.

7. Karl Paul Donfried, "The Cults of Thessalonica and the Thessalonian Correspondence," *NTS* 31 (1985): 336-56. 또한 Robert Jewett, *The Thessalonian Correspondence: Pauline Rhetoric and Millenarian Piety* (FF; Philadelphia: Fortress, 1986), 127-32. Jewett는 적은 양의 증거에 근거해서 다소 기상천외한 결론을 내린다. 예를 들어, 카비리 의식이 바울의 복음과 유사점들이 많으며 따라서 복음을 긍정적으로 받아들일 수 있는 길을 닦았다는 것이다. Vom Brocke, *Thessaloniki*, 117-21은 이 의식을 연구하면 할수록 그에 대한 우리의 이해는 빈약해 보인다고 대응한다. 다음의 최근 연구는 로마가 데살로니가에 끼친 영향을 보여준다. Christopher Steimle, *Religion im römischen Thessaloniki: Sakraltopographie, Kult und Gesellschaft 168 v. Chr.-324 n. Chr.* (Studien und Texte zu Antike und Christentum 47; Tübingen: Mohr Siebeck, 2008). 다음의 논문은 더 오래되었지만 여전히 어느 정도 가치가 있다. Charles Edson, "Cults of Thessalonica (Macedonia III)," *HTR* 41.3 (1948): 153-204.

분명하지 않은데, 고대 도시를 발굴하는 일이 어렵기 때문이다. 몇몇 사람은 데살로니가에 남자의 성기를 강조하는 역겨운 섹스 의식이 있었다고 제안했다. 그렇다면 이 의식이 바울이 데살로니가전서 4:4에서 σκεῦος(문자적으로 '그릇')라는 단어를 남성의 생식기를 가리켜 사용한 배경일 수도 있다. 코스터(Koester)는 다음과 같이 현명하게 요약한다. 카비리 의식이 실재한 것은 사실이지만, 우리는 그것이 어떤 종교인지 거의 알지 못하고, 바울이 데살로니가전서 4장에서 그 종교를 반대해 글을 썼는지도 알 도리가 없다.[8] 현재로서는 어떤 특정한 설명을 뒷받침하기 위해 카비리 의식을 근거로 들지 않는 것이 가장 좋아 보인다.

제2차 선교 여행

바울의 제2차 선교 여행으로 불리는 여정은 주후 49년 무렵 시작되었다. 그때는 예루살렘 공의회가 이방인도 온전한 그리스도인이며 모세 언약을 지킬 의무가 없다는 점을 단언한 후였다(행 15:1-29). 바울의 선교사 팀은 안디옥에서 출발했고(15:40), 처음에는 바울과 실라가 전부였는데 중간에 젊은 디모데가 합류했다(16:1-3). 이 여행은 바울과 바나바가 갈라디아 지방에 세운 교회들을 돌아보기 위해 시작되었다. 분명히 이 팀은 소아시아 서부 지역에 복음을 전하려는 계획이 있었지만(16:6-8), 그들은 마게도냐에 가서 복음을 전하라는 하나님의 명령을 받았다(16:9-10). 그들은 도시 빌립보에서 선교 활동을 시작했는데, 거기에 교회를 세웠고 로마 당국으로부터 심한 채찍질을 당하기도 했다(16:11-40).[9] 그들은 그곳을 떠나 비아 에그나티아를 따라 서쪽에 있는 데살로니가로 갔다.

데살로니가에 도보로 가는 것은, 만일 바울과 실라가 빌립보에서 매를 맞은 후 보통 속도로 걸어갔다면 4일 정도 걸렸을 것이다. 데살로니가에서 이루어진 사역과 관련해 언급되는 사람은 바울과 실라와 디모데뿐이다. 또한 이 세 사람은 그후 고린도에서도 함께 사역한 것 같다(고후 1:19).

데살로니가에서 첫 번째 안식일을 맞는 바울을 만났던 사람들은, 그와 그의 동료에게서 권면의 말을 들었다. 그들은 누가 보아도 크게 부상을 당한 상태였다. 소문에 따르면 그들은 치욕을 당했다. 사람들을 선동했다고 고소당하고, 사람들이 보는 곳에서 옷이 벗겨진 채 채찍으로 매를 맞은 다음 감옥에 던져졌다(참고. 살전 2:2). 바울은 자신의 권리를 이용해 데살로니가 회당에서 연설했는데, 언제나 성경에 근거해서 예수라고 하는 남자가 메시아라는 점을 설명하는 데 주력했다(행 17:2-3).

사도행전의 저자는 바울이 데살로니가에서 "세 안식일"을 보냈다고 말한다(행 17:2). 누가가

---

8. Helmut Koester, "Archäologie und Paulus im Thessalonike," 2.

9. 사도행전 저자는 자신이 드로아에서 그들과 함께 있었으며 함께 빌립보로 건너갔지만, 그 후 몇 년 동안 그 팀을 만나지 않았음을 암시하는 것일 수 있다. 이것은 사도행전 16:10-17에서 시작하는 이른바 "우리" 본문에 대한 가장 논리적 독법이다. 그 후 "우리"라는 표현이 나오지 않다가 20:5에서 새롭게 시작된다.

바울이 데살로니가에서 체류했던 전체 기간이 아니라 초기만 언급하는 것은 거의 확실하다. (1) 누가는 작은 세부 사항들을 밝히기보다, 더 큰 신학적 관심사에 초점을 맞추기 위해 사건들을 묶어 짧게 만드는 경향이 있다. (2) 데살로니가전후서는 그들의 교리적 이해 수준이 몇 주만의 방문을 통해 도달할 수 있는 수준을 능가한다는 점을 보여준다. (3) 선교사의 팀이 육체노동의 모범을 보이는 데는 어느 정도 시간이 걸렸을 것이다(살전 2:9; 살후 3:6-9). (4) 또한 이방인이 이교에서 빠져나와 회심하는 데도 어느 정도 시간이 걸렸을 것이다(살전 1:9). 다른 사람들보다 그들을 제자로 만드는 데 더 많은 시간이 들었을 것이다. (5) 빌립보인들은 바울이 데살로니가에 있을 때 여러 번 재정적으로 도와주었다(빌 4:16). (6) 교회의 지도자들을 세우는 데도 어느 정도 시간이 필요했을 것이다(살전 5:12).[10]

야손은 새로운 제자의 무리를 접대한 주인으로 보인다(행 17:7). 그런 관대한 행위로 말미암아 야손은 곧 곤란에 처하게 되었다. 짧은 시간 안에 그리스도인 설교자들이 도시 전역에서 화젯거리가 되었다. 일부 유대인이 폭동을 일으켰으며 지역 건달들이 그 일을 거들었다(17:5). 야손은 몇몇 다른 그리스도인과 함께 도시 지도자들 앞에 끌려 나왔다(17:6).[11] 바울을 대적한 유대인들은, 산헤드린이 빌라도 앞에서 한 것처럼 바울의 메시지를 왜곡해서 예수님이 가이사의 보좌를 노렸다고 주장했다(17:7). 야손은 평화를 깨지 않겠다는 약조로 보석금을 내고 겨우 풀려났다.[12]

바울과 실라는 어쩔 수 없이 데살로니가를 떠나야만 했다. 계속해서 비아 에그나티아를 따라가지 않고 그들은 주요 도로를 벗어나 남쪽으로 80킬로미터를 가서 상대적으로 작은 도시인 베뢰아에 복음을 전했다. 이곳은 그들이 원래 목표했던 목적지가 아니었을 수도 있다. 그들이 비아 에그나티아를 따라 서쪽으로 계속 갔다면 디라키움에 도달했을 텐데, 거기에서 아드리아해를 건너 이탈리아로 가는 배를 탈 수 있었을 것이다. 로마서 1:13은 로마가 수년 동안 바울의 목표였음을 암시한다. 베뢰아에 잠시 들른 것은, 선교팀이 야손이나 다른 사람들을 위태롭게 하지 않으면서 데살로니가와 빌립보를 지켜보기 위해 갑자기 이루어진 일이었는가?[13]

그 계획이 무엇이었든 간에, 데살로니가 유대인들은 베뢰아까지 그들을 쫓아와서 군중을 선동해 훼방했다(행 17:10-15). 그 후 무슨 일이 일어났는지에 대해서는 데살로니가전서 2-3장과 사도행전 17장을 근거로 추론할 수밖에 없다. 바울은 해로를 이용해 아덴으로 갔고

---

10. 이 점에 대해서 다음을 보라. Malherbe, *Letters to the Thessalonians*, 60-61; Gordon Fee, *The First and Second Letters to the Thessalonians* (NICNT; Grand Rapids: Eerdmans, 2009), 6.

11. 데살로니가 및 마게도냐의 다른 곳에 있던 "읍장" 또는 도시 당국에 대한 정보를 알기 원하는 사람은 다음의 논문을 참조하라. G. H. R. Horsley, "Politarchs," *ABD*, 5:384-89. 그들은 큰 도시들에서 대략 5명의 회원으로 구성되었다.

12. 이 모든 일에서 야손이 담당한 역할과 관련해 다음을 보라. F. M. Gillman, "Jason," *ABD*, 3:649. 많은 디아스포라 유대인이 "야손"을 히브리어 이름 여호수아의 헬라어 형태로 사용했는데, 이는 아마도 야손이 사도행전 17:4에 언급된 유대인 회심자들 중 하나였음을 암시한다.

13. F. F. Bruce, *1 & 2 Thessalonians* (WBC 45; Waco, TX: Word, 1982), xxvi.

(행 17:14), 그를 인도한 사람들에게 "실라와 디모데를 자기에게로 속히 오게 하라"는 명령을 내렸다(17:15). 실라와 디모데는 실제로 아덴에서 바울과 합류한 것 같다. 여전히 "사탄이 우리를 막았다"(살전 2:18c). 즉, 바울과 실라가 데살로니가에 돌아가지 못하게 방해했다. 그래서 "우리" 대신 디모데를 보냈다(살전 3:1-2). 실라도 마게도냐에 갔지만, 데살로니가에는 가지 못한 것 같다(사도행전이나 데살로니가전후서에 그에 대한 언급이 없다).[14]

마침내 디모데와 실라는 고린도에서 바울을 다시 만났다. 그때 디모데는 데살로니가 신자들에 대한 좋은 소식을 전해주었다(행 18:1, 5; 살전 3:6). 디모데에게는 충분히 휴식할 수 있는 시간이 없었다. 데살로니가전서를 가지고 데살로니가로 곧바로 돌아가야 했기 때문이다. 데살로니가전서에는 세 사람의 이름이 다 나오는데, 이는 서신을 작성할 때 그들이 고린도에 함께 있었음을 나타낸다. 아덴에서 마게도냐를 왕복으로 여행하는 데는, 여행자가 교회에 머무는 시간을 제외하고 3-4주가 걸렸을 것이다.

데살로니가전서는 본질적으로 사도들이 하나님께 감사하는 마음을 기록한 것이다. 그들의 감사는 서신의 '골자'(살전 4:1)를 쓰기 앞서 하는 형식적인 인사로 치부해서는 안 된다. 감사를 표하고 그들이 기도한 사실을 보고하는 것은 실제로 데살로니가전서 핵심의 큰 부분을 차지한다. 그다음으로 그들은 교회가 어떻게 살아야 하는지 그 모범을 제공한다. 데살로니가인들은 사도와(1:6; 2:1-12) 유대 교회를 본받아야 한다(2:14-16).[15] 신약에서 가장 유사한 내용은 사도행전 20:17-35에서 찾아볼 수 있다. 거기에서 바울은 에베소 장로들에게 자신이 그들에게 본을 보이고, 그들에게 "자기를 위하여 또는 온 양떼를 위하여 삼가라"고 가르쳤던 사실을 상기시킨다(행 20:28, 35). 바울은 그들이 그가 제시한 모범을 따라야 한다고 암시한다. 마찬가지로, 데살로니가인들은 흠이 없는 성품을 지니고, 열심히 일하며, 그들이 책임진 일을 부지런히 수행하고, 박해를 견뎌내야 한다. 그런 다음 바울은 그들에게 성도의 부활을 가르친다. 성도의 부활은 그들이 잊어버리거나 제대로 적용하지 못한 교리인 것 같다(뒤에 나오는 '데살로니가의 종말론'을 보라).

디모데는 고린도에 돌아오자마자 교회가 추가로 질문한 것을 전달한다. 이에 따라 첫 번째 서신에 이어 바로 두 번째 서신이 작성되었다. 데살로니가 교회는 주의 날이 임박했다는 소식에 흔들렸던 것 같다. 그 문제에 대해 바울은 다음과 같은 해결책을 제시한다. 그날이 오기 전에 마지막 배교가 일어나고 "불법의 사람"이 나타나야만 한다. 그 밖에 데살로니가후서의 일반적 주제는 복음서에 계시된 하나님의 공의이다. 그리스도가 오셔서 그분의 백성을 구원하시고 그분을 거부한 자들을 말살하실 것이다. 데살로니가인들은 대환란의 때에 하나님이 그들을 보호하시고, 미래에 그분이 모든 일을 바로잡으실 것이라는 보장을 받는다.

---

14. 이 기간에 실라의 행방은 묘연하다. Allan Wainwright는 그가 예루살렘 공의회의 결정에 대해 어떤 점들을 분명히 하기 위해 갈라디아로 돌아가야 했다고 제안한다. 하지만 그의 주장은 그저 가설일 뿐이다. 참고. "Where Did Silas Go? (And What Was His Connection with *Galatians*?)," *JSNT* 8 (1980): 66-70.

15. Malherbe, *Letters to the Thessalonians*, 130-31은 그렇게 말한다.

유대 묵시록은 종종 신정론, 즉 세상에 존재하는 악의 문제를 다루었다. 특히 그들은 사악한 자가 성도를 핍박하는 이유와 의로우신 하나님이 그 일을 어떻게 처리하실 것인가 하는 문제를 궁금해했다. 한 예로 에녹 1서 62:11을 들 수 있다. 주님이 지상의 통치자들을 "천사들에게 넘겨서 그분의 자녀와 그분이 선택하신 자들을 억압한 자들에게 복수하게" 하실 것이다. 바울은 다른 서신에서 교회를 학대하는 자를 향한 하나님의 복수의 때인 파루시아(parousia)를 깊이 다루지 않는다. 하지만 그것은 바울이 다니엘서와 감람산 강화(마 24:41-46)에서 빌려 온 것이고, 훗날 요한계시록에서 발전된 주제이다.

데살로니가 교회의 생활

교회의 구성: 사도행전 17:4은 "어떤" 데살로니가 유대인들이 믿음을 갖게 되고, 또 "경건한 헬라인의 큰 무리와 적지 않은 귀부인"이 그리스도인이 되었다고 설명한다. 하지만 데살로니가전서는 다른 측면을 제시한다. 바울은 그 무리 전체에 대해 말할 때, 그들이 "우상을 버리고 하나님께로 돌아[왔다]"라고 진술한다(살전 1:9). 즉, 그들은 회당을 거치지 않고 이교도 생활을 하던 중에 회심한 것 같다.

복음이 새로운 도시에 퍼져나간 과정을 살펴보면 이런 긴장이 무엇인지 알 수 있다. 바울은 유대인과 하나님을 경외하는 자와 몇몇 이방인으로 이루어진 교회들을 세웠다. 그 후 이방인 가운데서 급속한 성장이 일어났다. 반면, 수가 적은 유대인들 중에서는 별로 성장이 일어나지 않았다. 바울이 데살로니가전서를 썼을 때, 교회의 다수는 이미 이방인 그리스도인이었다.

데살로니가전서가 작성되었을 무렵 전형적인 데살로니가 그리스도인은 어떤 사람이었는가? 그는 이방인 배경을 갖고 있고, 제1언어로 코이네 헬라어를 말하며, 글을 읽거나 쓸 수 없고, 집안일을 하거나 육체노동자 또는 노예였으며,[16] 회당 안에 발을 들여놓은 적이 없고, 지역 환경의 윤리와 전혀 다른 윤리에 새롭게 맹세했으며, 비신자들에게 자신의 신앙을 전하고, 가족과 사회에게 심각한 학대를 당하며, 신앙 때문에 육체적으로 처벌받고, 감옥에 투옥되거나 아니면 죽임당한 누군가를 알고 있었다.

모임: 데살로니가전서가 작성되었을 때, 그 교회는 여러 개의 모임으로 이루어졌을 것이다. 각각의 모임은 수십 명의 교인으로 구성되어 있으며, 데살로니가 도시 지역 곳곳에 흩어져 있었을 것이다. 데살로니가 출신의 아리스다고와 세군도는 예루살렘 헌금의 관리자로 섬길 수 있었다(행 20:4을 보라). 아마 그들이 재산가였기 때문일 것이다. 그들은 야손과 함께 가정 교회들을 돌보는 후원자 역할을 했을 것이다. 교회 모임들은 신전, 신당, 극장이 아니라 가정에 모였다.[17] "로마 시대의 종교 생활에 비추어보면, 가장 초기의 기독교 예배는 그리 대단하지 않

---

16. 바울은 데살로니가전서 4:11에서 그렇게 추정한다. 그것은 데살로니가전서 2:9과 데살로니가후서 3:6-13에서도 암시된다.

17. Richard Ascough는 데살로니가의 상황을 재구성하려고 시도한다. 거기에서 바울은 다른 가죽 세공인들에게 복음을 전하고 그들과 함

은, 심지어 평범한 일처럼 보였을 것이다."[18] 그런데도 낮은 계층 출신의 그리스도인은 틀림없이 감동받았을 것이다. 그들은 부유한 환경에서 종이 아니라 한 가족의 일원으로 받아들여졌기 때문이다.

'가정 교회': 유대인과 헬라인은 친족 관계를 통해 자신을 규정했다. 데살로니가 교회는 혈연이나 계급 구조와 상관없는 새로운 종류의 가족 사랑(φιλαδελφία, 살전 4:9)으로 유명했다. 데살로니가 신자들이 가족, 친구, 도시로부터 멀어지고 유대인, 회당, 국가에 가까워졌기 때문에, 그 사랑은 그들에게 큰 위로가 되었을 것이다. 이 트라우마는 현대 서양 세계에서 경험하는 것보다 더 심각했다. 오늘날 서양에서는 부족과 도시를 바탕으로 형성되는 관계가 그렇게까지 강하지 않기 때문이다. '가상 가족' 또는 '가상 친족'이라고 불리는 사회 과학적 범주가 존재하는데, 그 안에서는 다른 사람들을 새로운 가족의 일원인 것처럼 대한다. 기독교 복음은 이런 범주들을 최대로 확장한다. 즉, 하나님은 참으로 그들의 아버지가 되시기 때문에, 신자들은 다른 그리스도인들을 더 심오한 의미에서, 심지어는 문자적 의미에서 형제자매로 여겼다.[19] 그리스도인이 아닌 외부자는 복음이 인간관계에 끼치는 평등화 효과가 놀랄 정도로 크다는 점을 발견했을 것이다. 적어도 이론상으로, 매우 부유하거나, 영향력이 있거나, 연줄이 든든한 사람보다 덜 중요한 그리스도인은 없다. 아무도 하나님의 진리를 배울 수 없을 만큼 우둔한 사람으로 여겨지지 않았다.[20] 여성에게 종교는 더 이상 가정에만 국한되지 않았다. '자매들'은 함께 믿고 함께 예배를 드리는 사람으로서 남자들과 나란히 섰기 때문이다.[21]

성경: 새로운 그리스도인들, 특히 헬라 배경을 가진 사람은 구어(口語)를 높이 평가하는 문화에서 활동했다. 그들은 시나 문학을 읽는 낭독회에 참석하고, 헬라 연극을 관람하거나, 웅변가의 이야기를 귀 기울여 들었다. 몇몇 사람은 철학자의 이야기를 경청했을 수도 있다. 데살로니가 교회도 낭독회를 소중히 여겼다. 거기에서 읽는 말씀이 하나님에게서 나온 것이기 때문이었다(딤전 4:14). 신자는 자신이 경험한 하나님을 유대 성경에 관련시키는 방법을 배웠고, 그들이 새 언약의 수혜자라는 신앙을 축하했다(살전 3:13; 살후 2:6-7에 대한 설명을 보라). 반면, 데살로니가의 다른 장소에서는 유대인이 회당에 모여 똑같은 성경을 공부했다. 그런데 그리스

께 모였다. 즉, 교회가 장인 조합 가운데서 생겨났다. 이것은 바울이 육체노동에 대해 매우 자주 말한 이유를 설명해 준다. Ascough는 그의 결론에 도달하기 위해 많은 논리의 비약을 한다. Richard S. Ascough, *Paul's Macedonian Associations* (WUNT, Series 2, 161; Tübingen: Mohr Siebeck, 2003), 165–76을 보라.

18. Larry W. Hurtado, *At the Origins of Christian Worship: The Context and Character of Earliest Christian Devotion* (Grand Rapids: Eerdmans, 2000), 40.

19. 본격적인 연구로 Trevor J. Burke, *Family Matters: A Socio-Historical Study of Kinship Metaphors in 1 Thessalonians* (JSNTSup 247; London: T&T Clark, 2003)를 보라. 그는 주후 3세기에 Minucius Felix (174)가 불평하면서 언급한 말을 인용한다. 그리스도인들은 "서로 형제자매라고 마구잡이로 부른다."

20. 낮은 계층 출신의 사람들, 즉 장인 계층의 아래쪽부터는 철학을 인식할 수 없는 존재로 여겨졌다. "열심히 장사를 하는 것은 우정을 쌓거나 미덕을 개발할 시간이 없는 것으로 폄하되었다. 따라서 장인들은 미덕을 획득할 수 없거나 무지한 존재로 여겨졌다" (Ascough, *Paul's Macedonian Associations*, 172).

21. 이런 이유로 그리스도인 여성은 나중에 Plutarch에 기록된 원리를 버렸을 것이다. "아내는 자신의 친구를 만들지 말고, 남편의 친구를 함께 즐겨야 한다. 신들은 우선 가장 중요한 친구들이다. 그런 까닭에 아내는 남편이 믿는 신들만을 경배하고 알아간다" (Plutarch, *Mor* 140D; trans. Babbitt [LCL]).

도인은 유대인이 선지서에서 약속한 메시아를 거부했다는 사실을 알았다(살전 2:15).

서신: 사도들의 사절인 디모데는 데살로니가 신자들에게 제일 먼저 데살로니가 서신을 읽어 준 사람이었을 것이다. 그곳에 있는 대부분의 사람이 글을 읽을 수 없었기 때문이다. 디모데가 서신을 큰 소리로 읽었다면, 다 읽는 데 30분도 채 걸리지 않았을 것이다. 우리가 신약 성경에서 읽는 데살로니가 서신은, 본래 주석을 위해 작성된 문서나 도서관에 보유하도록 만들어진 자료가 아니었다. 데살로니가전서를 마치 바울과 실라와 디모데가 그 자리에 있는 것처럼, 디모데가 큰 소리로 읽는 원고라고 생각하는 것이 더 좋다. 바울이 그 서신을 구술하는 것을 직접 들었기 때문에, 디모데는 들은 대로 생생하게 표현할 수 있었을 것이다. 이와 같이 초대교회에서 사도가 쓴 문서를 읽는 것이 구약을 읽는 것을 보충하기 시작했다.[22]

가르침: 사도들은 주로 교사로 알려졌고, 디모데도 나름대로 교회에서 가르치는 일을 담당했다(살전 3:2). 고린도전서 14:26은 어떤 모임 안에 여러 명의 교사가 있었음을 암시한다. 데살로니가에 고정적으로 임명받은 지도자가 있었는지 여부는 확실히 알 수 없다. 하지만 그런 존재가 데살로니가전서에 언급되어 있다고 볼 여지는 있다. "너희 가운데서 수고하고 주 안에서 너희를 다스리며 권하는 자들을 너희가 알고"(살전 5:12).

은사: 데살로니가 교회는 은사가 풍성한 교회였다. 데살로니가인들의 성령 체험에서 바울이 발견한 흠이 있다면, 그것은 그들이 예언의 은사에 약간 소극적이었다는 점이다. 바울은 그들에게 초자연적인 발언과 분별하는 일에 신경을 쓰라고 권면한다(살전 5:19–21).

전도: 바울은 데살로니가인들이 활발하게 전도 활동을 했다고 암시한다. 이런 활동은 일대일 전도였을 수도 있고, 광범위한 선교 사역이었을 수도 있다. 데살로니가인들의 전도와 관련된 문제는 데살로니가전서를 해석하는 더 큰 문제들 중 하나이다. 데살로니가전서 1:8에 대한 설명에서 '심층 연구: 데살로니가 신자들은 열심히 전도를 했는가?'를 보라.

박해: 데살로니가 교회들은 그리스도를 따르다보면 곤란한 일을 당하게 된다는 것을 처음부터 알았다. 그중 일부는 폭력과 관련되었다(살전 1:6; 3:3–5; 살후 1:6–7; 또한 살전 2:14을 보라). 박해는 경제적, 가족적, 사회적 또는 육체적이었을 수 있다. 박해는 야손이 붙잡히면서 시작되어서(행 17:6) 그 후 계속 진행된 것으로 보인다. 데살로니가의 어느 그리스도인이 박해를 받아 죽었는지는 확실히 알 수 없다(살전 4:13). 하지만 데살로니가전서 2:15은 그런 일이 일어났음을 암시한다. 그러나 그들의 비교적 높은 사망률을 고려할 때, 데살로니가인들이 고령, 질병, 사고로 죽거나 또는 출산 중에 죽었다고 볼 수도 있다.

---

22. 데살로니가전서가 작성된 후 약 1세기가 지나서, Justin Martyr는 다음과 같이 썼다. "일요일이라고 부르는 날에, 도시나 시골에 사는 모든 사람이 한 장소에 함께 모인다. 그리고 시간이 허락하는 한 사도들의 회고록이나 선지자들의 글을 읽는다. 읽기가 끝난 다음에 곧바로 주재자가 말로 가르치고, 이런 좋은 것들을 본받도록 권고한다"(*1 Apol.* 67, *ANF* 1:186, 강조체 저자).

데살로니가 교회와 나머지 이야기

바울은 주후 55-56년 무렵 3차 선교 여행을 하는 동안 마침내 데살로니가를 다시 방문할 수 있었다. 바울은 그의 사역 근거지인 에베소를 떠나 마게도냐로 갔다(행 20:1). 그 후 아가야에 가서 세 달 동안 머물렀다(행 20:2-3). 바울은 고린도후서 7:5에서 "우리가 마게도냐에 이르렀을 때에도 우리 육체가 편하지 못하였고 사방으로 환난을 당하여 밖으로는 다툼이요 안으로는 두려움이었노라"고 언급한다. 바울은 주후 58년에 북쪽으로 돌아가서 빌립보에서 배를 타고(행 20:6) 예루살렘으로 갔을 것이다(행 20:3).

바울은 고린도후서 8:1-5에서 마게도냐 그리스도인들이 '극심한 가난' 속에서도 예루살렘 교회를 돕기 위한 헌금에 적극적으로 참여한 일을 서술한다. 이것은 데살로니가 교회와 빌립보 교회를 언급하는 말이라고 볼 수 있다. 바울은, 각 교회가 대표자 한두 사람을 임명해서 헌금이 예루살렘 교회에 제대로 전달되는지 확인하게 하려 한 것 같다. 데살로니가 교회는 아리스다고와 세군도를 선택했다. 우리는 세군도에 대해 아는 바가 없다.[23] 아리스다고는 유대인 신자였다(골 4:10-11). 그는 바울이 에베소 폭동에 휘말렸을 때 그 자리에 있었다(행 19:29). 그는 바울이 배를 타고 로마로 가는 길에 동행했으며(행 27:2), 바울과 함께 투옥된 것 같다(골 4:10; 몬 1:24).

데마는 바울을 떠난 후 데살로니가로 갔다(딤후 4:10). 데살로니가는 그리스도인의 눈을 피해 살기에 적절한 큰 도시였다. 바울이 세운 대부분의 교회처럼 데살로니가는 신약의 내러티브에서 사라진다. 하지만 두 가지 사항을 덧붙여 언급하는 것이 적절하다. 첫째, 5세기 동안 터키의 통치를 받은 기간을 포함해서 거의 2천 년이 지난 후에도, 데살로니가 도시에는 여전히 교회가 남아 있다. 그 도시의 유대인은 더 끔찍한 일을 당했다. 주후 1500-1700년 경부터 데살로니가에는 세계에서 가장 큰 유대인 거주지가 있었다. 하지만 1943년 나치의 지배 아래 거의 전 유대인이 강제로 추방당하고 처형되었다.[24]

중요한 문제들

데살로니가전서의 진정성

소수의 사람은 데살로니가 서신 중 하나 또는 둘 모두가 '합성물'이라고 제안했다. 즉, 후대의 몇몇 서기관이 여러 개의 짧은 바울 서신을 모아서 긴 서신으로 만들었다는 것이다. 예를 들

---

23. J. F. Watson, "Secundus," *ABD*, 5:1065를 보라. Watson은 세군도가 이방인이었다고 말하지만, 그에 대한 증거를 제공하지 않는다.

24. Vom Brocke, *Thessaloniki*, 232-33.

어, 발터 슈미탈스(Walter Schmithals)는 데살로니가전후서를 네 개의 본래의 서신으로 나누었다. 그러고 나서 그는 이 네 개의 서신을 연대기적 순서로 다시 배열해서, 바울이 데살로니가 사람들을 어떻게 다루어 나갔는지 밝히려 했다. 추측건대 그 서신들은 영지주의의 영향을 받았던 교회의 모습을 나타낼 것이다.[25] 하지만 그런 복원은 추측에 근거한 것이다. 그것은 영지주의가 1세기 중반에 존재했고, 바울이 영지주의에 맞서 치열하게 싸웠다고 판단하는 슈미탈스의 증명되지 않은 전제에 근거한다.

이런 재구성에 나타나는 일반적인 전제는, 바울이 데살로니가전서처럼 주제를 이것저것 바꾸는 서신을 쓸 수 없었다는 것이다. 예를 들어, 한 편지에 감사를 표현하는 부분이 왜 두 개가 필요한가?[26] 바울이 수사학 교수로서 편지를 쓴 것이 아니라, 목사로서 편지를 썼다는 점을 기억하면 어느 정도 이해가 될 것이다. 데살로니가전서에 나타난 생동감은, 그가 세운 교회가 재난을 피했다는 소식을 듣고 바울이 안도했기 때문일 것이다. 신학교에서 설교학 교수는 모든 설교에는 한 가지 주된 주제가 담겨 있어야 한다고 가르친다. 결국, 매주 새로운 주제를 다루어야 한다는 것이다. 하지만 서신은 설교가 아니다. 서신은 손으로 전달하는 데 여러 주가 걸리고, 완전히 이해하는 데 몇 주가 걸리며, 답신을 받는 데 또 여러 주가 걸리는 공보(communiqué)이다. 그러므로 고린도에서 데살로니가로 보내는 서신을 쓰는 사도는 한 주제만 다루는 사치를 부릴 수 없었다. 그는 당면한 모든 주제를 다루어야만 했다.

한 이론에 따르면, 데살로니가전서 2:13(14)-16은 '삽입된 어구'로 바울이 죽은 후 얼마 안 지나 끼워 넣은 반(反)유대인 메시지이다. 피어슨(Pearson)이 1971년에 쓴 글은 최근 수십 년 동안 진행된 논의를 위한 시금석이 되어왔다.[27] 그는 필사본이 전달되던 초기에 본문에 글이 삽입되는 바람에 원문을 찾을 수 없게 되었다고 주장한다. 그는 진술된 내용을 주후 70년에 예루살렘이 파괴된 사건에 대한 몇몇 서기관의 생각으로 받아들인다.[28]

피어슨의 주장과 달리 여러 가지 사항이 고려되어야 한다. 첫째, 그 단락의 구문론은 문맥에 적합하다.[29] 둘째, 피어슨은 신적 '진노'가 바울의 생애에 일어난 어떤 사건이나 종말론적 심판이 아니라, 주후 70년을 언급한다고 추정해야만 한다. 셋째, 피어슨은 그 구절이 전체 서신에 어울리는 방식을 (박해 및 모방의 주제와 더불어) 무시한다.[30] 넷째, 피어슨은 모든 고대 필

---

25. Walter Schmithals, *Paul and the Gnostics* (trans. John E. Steely; Nashville: Abingdon, 1972), 123–218.

26. Earl J. Richard, *First and Second Thessalonians* (SP; Collegeville, MN: Liturgical, 1995), 11. 그는 데살로니가전서를 "앞서 쓴 편지"(2:13-4:2, 그중 2:14-16은 제외), "나중에 쓴 편지"(1:1-2:12 + 4:3-5:28), 그리고 바울이 아닌 다른 사람이 써넣은 것(2:14-16)으로 나눈다.

27. Birger A. Pearson, "1 Thessalonians 2:13-16: A Deutero-Pauline Interpolation," *HTR* 64 (1971): 79-94.

28. 같은 책, 82-83. 2:14-16의 진정성을 부인하는 최근 중요한 주

석가는 Richard, *First and Second Thessalonians*, 17-19이다. 그는 바울의 것이 아닌 것으로 추정되는 어휘와 생각을 지적한다. 예를 들어(17), 그는 2:14의 "본받음은 적절하게 사용된 것이 아니"라고 말한다. 그의 주석은 이 구절을 데살로니가전서에서 삭제하는 것이 얼마나 어려운지 드러내는, 의도하지 않은 결과를 낳는다.

29. Jon A. Weatherly, "The Authenticity of 1 Thessalonians 2,13-16: Additional Evidence," *JSNT* 42 (1991): 79-98.

30. 또한 Ben Witherington III, *1 and 2 Thessalonians: A Socio-Rhetorical Commentary* (Grand Rapids: Eerdmans, 2006), 82-83; Karl P. Donfried, *Paul, Thessalonica, and Early Christianity* (Grand Rapids:

사본과 역본이 이 단락을 포함하고 있다는 사실을 해명하지 못한다.[31] 바울이 데살로니가전서 2:13-16을 직접 쓰지 않았다고 주장할 만한 확실한 증거가 없다. 따라서 우리는 다른 난해한 글을 해석할 때처럼 그 의미를 밝혀내려고 애써야 할 것이다.

데살로니가후서의 저자

바울이 데살로니가전서를 썼다는 점에 대해서는 큰 논란이 없다. 하지만 데살로니가후서는 다르다. 현재 일부 진영에서 데살로니가후서는 바울 이후에 또는 심지어 바울을 반대하는 자들이 작성한 것으로 여겨진다.[32] 이것은 전적으로 현대에 와서 불거진 문제이며, 특히 볼프강 트릴링(Wolfgang Trilling)이 이런 주장을 주도적으로 펼쳤다.[33] 마르시온(Marcion)의 목록을 비롯해서 가장 이른 시기의 신약 목록에는 데살로니가 서신 두 개가 포함되어 있었다. 예를 들어, 무라토리아 정경은 바울이 고린도와 데살로니가에 한 번씩 편지를 썼으며, 또 "그가 책망할 목적으로 고린도인들과 데살로니가인들에게 다시 한번 편지를 썼다"라고 주장한다. 이레니우스는 그 편지를 "데살로니가후서"로 언급한다(Irenaeus, *Haer*. 3.7.2).

데살로니가후서를 반대하는 근거는 두 가지 범주로 분류할 수 있다. (1) 먼저는 문학적 반대로서, 서신의 양식이 데살로니가전서와 아주 비슷해 보이므로 몇몇 사람은 그것이 진짜 서신을 어설프게 모방한 것이라고 생각한다. 또는 두 번째 서신에는 첫 번째 서신이 나타내는 따뜻함이 없다는 것을 근거로 든다. (2) 그리고 신학적 반대로서 종말론적 배교와 불법의 사람이 나타나지 않았기 때문에, 데살로니가후서는 주의 날이 임박할 수가 없음을 나타낸다. 반면 데살로니가전서 5:2은 파루시아를 모든 사람을 놀라게 할 '밤도둑'으로 묘사한다.

저자가 데살로니가후서 3:17을 친필로 썼다고 진술했어도, 모든 사람이 바울이 그런 표시를 했다고 받아들이지는 않는다. 어쩌면 그것은 데살로니가전서의 신빙성을 무너뜨리고 그것을 대체하기 위해 은밀히 보낸 '비밀' 편지였을 수 있다. 마찬가지로, 거짓 편지에 대한 경고(살후 2:2)는 저자가 데살로니가전서를 가짜라고 비난하고("우리에게서 받았다 하는 편지로나"), 그가 제시하는 묵시론적 종말론이 진짜라고 주장하는 것으로 해석되었다. 이 문제와 관련하여, 뒤에 나오는 '데살로니가의 종말론'에서 두 서신이 감람산 담화에 확고한 근거를 두고 있음을 다룰 것이다. 즉, 복음서 전통은 파루시아의 갑작스러운 도래와 종말 전에 묵시론적 징조가 나타남을 가르친다.

Eerdmans, 2002), 200.

[31] 삽입 이론은 어떤 외적 증거도 제시할 수 없다. 데살로니가전서의 모든 사본은 이 절들을 포함하고 있다. 주목할 가치가 있는 유일한 이문(異文)은, 라틴어 불가타 성경의 몇몇 사본이 2:16의 끝부분(하나님의 "노하심이 끝까지 그들에게 임하였느니라")을 누락했다는 것이다.

[32] 우리는 이 논쟁을 자세히 다루지 않을 것이다. 관심이 있는 독자는 다음을 보라. Malherbe, *Letters to the Thessalonians*, 364-70; D. A. Carson and Douglas J. Moo, *An Introduction to the New Testament* (2nd ed.; Grand Rapids: Zondervan, 2005), 536-42.

[33] Wolfgang Trilling, *Untersuchungen zum zweite Thessalonicherbrief* (Leipzig: St. Benno, 1972).

비슷한 언어와 관련해 언급하자면, 바울 서신 중 이 두 서신만이 몇 달 또는 더 가능성이 큰 것으로 몇 주 사이에 작성되었고, 교회에 대한 그의 태도가 변하지 않았음을 보여준다. 그리고 첫 번째 서신과 달리, 바울이 여유로운 마음을 갖고 썼기 때문에 두 번째 서신의 어조는 더 차분하다.

연대

바울의 제2차 선교 여행과 관련해 두 가지 관점이 있다. 대다수 학자가 주장하는 견해는 바울과 그 팀이 글라우디오 황제의 통치 시기에(주후 41-54년, 행 11:28을 보라) 마게도냐에 도착했다고 주장한다. 바울이 고린도에 도착한 연대는 델피에서 발견된 이른바 '갈리오 비문'(Gallio inscription) 덕분에 쉽게 추정할 수 있다. 그 비문은 갈리오 총독의 통치가 51년이나 52년에 시작되었음을 보여준다. 사도행전은 바울이 이미 고린도에 1년 반 동안 머물고 있을 때 갈리오가 총독이었다고 진술한다(행 18:11-12을 보라). 따라서 바울은 주후 50년에 고린도에 도착했고, 그가 데살로니가에서 사역한 것으로 보이는 해의 앞선 시기로 추정된다. 두 번째 자료는 아굴라와 브리스길라가 고린도에 온 것이다. 그들은 로마에서 추방당한 후 고린도에 와서 자리를 잡았다(행 18:2). 그 일이 정확히 언제 일어났는지 말하기는 어렵지만, 아마도 주후 49년에 일어났을 것이다.

대부분의 학자는 데살로니가전서와 (진정한 편지라면) 데살로니가후서가 작성된 연대를 바울이 고린도에 머물러 있던 초기로 추정한다. 아마 갈리오 총독이 도착하기 전일 것이다. 따라서 다음과 같이 사건을 재구성할 수 있다.[34]

48년 또는 49년	예루살렘 공의회
49년 또는 50년	바울과 그의 팀이 마게도냐에 와서 데살로니가에 복음을 전하다.
50년	바울이 고린도에 오다. 아굴라와 브리스길라가 로마에서 오다.
50년 또는 51년	바울이 데살로니가전서와 후서를 연이어 쓰다.

다른 주된 관점은 독일의 신약학자 게르트 뤼데만(Gerd Lüdemann)이 널리 알렸다. 그는 존 녹스(John Knox)가 수행한 연구 조사에 근거해 자신의 주장을 펼쳐나갔다. 그는 흔히 추정되는 대로 아굴라와 브리스길라가 주후 49년이 아니라 주후 41년에 로마에서 추방되었다고 주장한다. 바울은 고린도에서 그들을 만나기 전에 이미 마게도냐에 복음을 전했다. 그렇다면

---

34. 권위 있는 입문서들을 참조해야 한다. Robert Jewett, *A Chronology of Paul's Life* (Philadelphia: Fortress, 1979), 38-40; Malherbe, *Letters to the Thessalonians*, 71-74; 그리고 특히 Rainer Riesner, *Paul's Early Period: Chronology, Mission Strategy, Theology* (trans. Doug Stott; Grand Rapids: Eerdmans, 1998), 157-211.

마게도냐의 복음화는 30년대 후반에 이루어지고, 데살로니가전서는 41년에 작성되었을 것이다.[35] 그러므로 뤼데만은 갈라디아 지방 사역이 헬라 지방 사역보다 앞선 것으로 기록한 사도행전이 틀렸고, 바울이 갈리오 총독 시대보다 한참 전에 데살로니가전서를 썼다고 결론을 내린다. 하지만 대다수 학자는 녹스와 뤼데만이 주장한 논지를 옹호할 수 없다고 거부했다. 그들은 유대인이 추방당한 연대를 바꾸고, 사도행전을 매우 회의적인 시각으로 읽는다.

서신의 연대기적 순서

수 세기 동안 소수의 학자는 두 서신이 진짜지만, 그것들의 정경 내 순서가 뒤바뀌었다고 주장해왔다. 초대교회 정경의 순서가 틀렸다면, 그것은 그 정경들이 길이가 긴 서신을 앞에 놓는 경향 때문이었을 것이다(예를 들어, 고린도전후서). 가장 최근에 저술된 찰스 워너메이커(Charles Wanamaker)의 주석은, 데살로니가후서가 먼저 작성되었다고 주장한다. 그의 논거는 복잡하며 내적 증거에 의존한다. 예를 들어, 바울이 두 번째 서신보다는 먼저 쓴 서신에 서명을 했을 가능성이 더 크다는 것이다(살후 3:17). 그는 서신의 순서를 뒤바꿀 경우 몇 가지 해석적 문제를 해결하는 데 도움이 된다고 주장한다.[36] 하지만 이 이론은 대부분의 학자를 설득하지 못했다. 그리고 그가 추정하는 증거도 데살로니가전서가 먼저 작성되었음을 지지하는 것으로도 해석될 수 있다.[37]

데살로니가의 종말론

몇몇 사람은 데살로니가전후서의 종말론이 마가복음 13장과 매우 유사하다고 생각한다. 모두 그리스도인 1세대 때 작성되었기 때문이다. 특히 비슬리 머레이(Beasley-Murray)는 그가 쓴 영향력 있는 논문에서 데살로니가 서신을 주로 마가복음과 비교했다.[38]

더 나은 방법은 두 서신을 세 공관 복음의 묵시록 전부와 비교하는 것이다. 그런 식으로 연구하면, 마가복음이나 누가복음이 두 서신에 나오는 모든 자료와 유사한 내용을 포함하지 않음을 알 수 있다. 오직 마태복음만이 (1) 두 서신에 담긴 바울의 모든 종말론적 가르침과 유

---

35. Gerd Lüdemann, *Paul Apostle to the Gentiles: Studies in Chronology* (trans. F. Stanley Jones; Philadelphia: Fortress, 1984), 238.

36. Charles A. Wanamaker, *The Epistles to the Thessalonians: A Commentary on the Greek Text* (NIGTC; Grand Rapids: Eerdmans, 1990), 37–45.

37. 특히 Malherbe, *Letters to the Thessalonians*, 361–64를 보라.

38. George R. Beasley-Murray, *Jesus and the Future: An Examination of the Criticism of the Eschatological Discourse, Mark 13, with Special Reference to the Little Apocalypse Theory* (London: Macmillan, 1954), 232–34. 그의 연구는 Béda Rigaux, *Saint Paul: Les épîtres aux Thessaloniciens* (EBib; Paris: Gabalda, 1956), 98–101에 수록된 상세한 표와 비교해보아야 한다. 하지만 Beasley-Murray의 접근법에는 본질적인 결함이 있다. 즉, 그는 마태복음이나 누가복음에서 찾아볼 수 있는 평행 구절들보다 마가복음의 평행 구절들을 선호했다. 심지어 다른 복음서들이 바울에 더 가까운 것처럼 보일 때조차도 그렇다. 그는 바울의 종말론적 자료는 "Q 자료에 도움을 받은" 마가에게서 나온다고 결론을 내릴 수밖에 없다(234).

사한 내용을 제공하며, (2) 바울이 사용하는 방식과 똑같이 전문적인 어휘를 사용한다. 본문을 고려해보면, 바울은 마태의 전통과 비슷한 것을 알고 가르쳤다고 추정할 수 있다.[39]

마태의 특별 자료와 데살로니가 서신에는, 마가복음에 나오지 않는 네 가지 요소가 담겨 있다. (1) 마태복음 24:12의 "많은 사람의 사랑이 식어지리라"(이 말씀은 마가복음이나 누가복음에는 없다. 살전 3:12; 5:13; 살후 1:3, 그리고 다른 구절에서 그리스도의 오심에 비추어 바울이 사랑에 대해 염려하는 것을 보라). (2) 마태복음 24:10의 많은 사람이 "실족하게 되어." (3) 마태복음 24:43의 "만일 집주인이 도둑이 어느 시각에 올 줄을 알았더라면"(이 말씀은 누가복음에는 있고, 마가복음에는 없다). (4) 마태복음 24:49의 세상 사람들은 술을 마신다(이 말씀은 누가복음에는 있고, 마가복음에는 없다). 바울의 종말론적 용어와 비슷한 가르침이 담긴 복음서는 마태복음이다.[40]

바울의 가르침에 영향을 미치는 그 밖의 다른 공관 복음 전통이 있는데, 그 모든 것을 마태복음에서 찾아볼 수 있다. 또한 그중 많은 부분을 마가복음이나 누가복음에서 찾아볼 수 있다.

데살로니가전서

- 마 10:17-18(살전 2:15-16에서 유대 그리스도인이 경험한 학대)
- 마 24:8("재난의 시작", 살전 5:3을 보라)
- 마 24:13("끝까지 견디는 자는 구원을 얻으리라", 살전 3:5을 보라)
- 마 24:31(천사들이 택함 받은 자들을 모음, 살전 3:13; 4:16-17을 보라)
- 마 24:33["문 앞에", 뒤의 내용을 보라. 또한 "영접"(ἀπάντησις)과 관련해서 살전 4:17에 대한 설명을 보라]
- 마 24:36("그날과 그때는 아무도 모르나니", 살전 5:2을 보라)
- 마 24:42("깨어 있으라", 참고. 살전 5:6-7)
- 마 24:49(술에 취한 것은 준비가 되지 않은 상태를 상징한다. 살전 5:6-8을 보라)

데살로니가후서

- 마 24:6(제자들은 "두려워하지" 말아야 한다. 살후 2:2을 보라. 데살로니가인들은 '마음이 흔들리지' 말아야 한다. 두 본문은 θροέω를 사용한다)
- 마 24:4-5, 11(종말론적 미혹과 거짓 선지자들, 살후 2:2, 9-12을 보라)
- 마 24:15("멸망의 가증한 것", 살후 2:3-12을 보라)
- 마 24:30(인자가 "능력과 큰 영광으로" 오실 것이다. 살후 1:7-10을 보라)

---

39. 이 책의 관점은 마태복음에 최종적으로 공표된 날짜에 의존하지 않는다. 마태의 영향을 받았다는 견해를 지지하는 사람으로 J. B. Orchard, "Thessalonians and the Synoptic Gospels," *Bib* 19 (1938): 19-42, 특히 37-38을 보라.

40. 이 서신들에 담긴 바울의 신학에 영향을 미쳤을 수 있는 또 다른 마태복음 구절은 10:23; 13:20-21이다.

- 마 24:31(성도들을 모음, 참고. 살후 2:1)

데살로니가전후서
- 마 24:9-12(그리스도인은 환난을 겪을 것이다. 살전 2:14; 3:3, 7; 살후 1:4-8을 보라)

바울과 마태는 반(半)전문적인 단어들을 아주 비슷하게 사용한다. 바울은 $ἀπάντησις$를 사용하는데, 그 단어는 주님을 "영접"하러 나가는 것으로 바꾸어 표현할 수 있다(살전 4:17에 대한 설명을 보라). 마태도 마태복음 25:6에서 "맞으러 나[감]"($ἀπάντησις$)을 이야기하고, 마태복음 25:1에서 어원이 같은 단어($ὑπάντησις$)를 사용한다. 즉, 오직 마태가 기록한 감람산 담화와 바울만이 이런 단어군을 사용해서 그리스도가 재림하실 때 그분을 만나러 나가는 교회를 언급한다. 마가나 누가 그리고 다른 신약 저자들은 그 단어를 종말론적으로 사용하지 않는다.

공관 복음서의 감람산 전통에 없는 한 가지 요점이 있다. 그것은 성도의 부활이다. 실제로 예수님이 공표하신 "끝까지 견디는 자는 구원을 얻으리라"(마 24:13; 또한 10:22을 보라)는 말씀은 '구원은 그리스도가 돌아오시기 전에 죽지 않고 살아남는 자들에게 임할 것이다'와 같은 말로 들렸을 수 있다.

데살로니가전서에서 바울은 누락된 자료를 제공한다. '부활절 이후'(post-Easter)의 관점에서 감람산 담화를 이해하는 열쇠는 다음과 같다. "우리가 예수께서 죽으셨다가 다시 살아나심을 믿을진대 이와 같이 예수 안에서 자는 자들도 하나님이 그와 함께 데리고 오시리라"(살전 4:14). 다음의 표는 마태의 감람산 담화와 데살로니가 서신에 나타난 바울의 가르침을 비교한 것이다.

마 24:30-31	살전 4:16-17	살후 1:7
인자의 징조가	주께서 친히	주 예수께서 나타나실 때에
하늘에서 보이겠고	하늘로부터 강림하시리니	하늘로부터
그때에 땅의 모든 족속들이 통곡하며 그들의 인자가 구름을 타고 능력과 큰 영광으로 오는 것을 보리라		자기의 능력의 천사들과 함께 불꽃 가운데에
그가 천사들을 보내리니	호령과 천사장의 소리와	
큰 나팔소리와 함께	하나님의 나팔 소리로	
	새로운 정보: 그리스도 안에서 죽은 자들이 먼저 일어나고	
그들이 그의 택하신 자들을 하늘 이 끝에서 저 끝까지 사방에서 모으리라("처녀"들이 신랑을 맞으러 나가는 25:1, 6도 주목하라)	그 후에 우리 살아남은 자들도 그들과 함께 구름 속으로 끌어 올려 공중에서 주를 영접하게 하시리니 그리하여 우리가 항상 주와 함께 있으리라	

마태의 이 자료에 부활이 언급되지 않는다는 사실 외에도(예를 들어, 마태복음 22:30과 달리), 데살로니가인들이 그 교리를 어떻게 놓치게 되었는지 확실하지 않다. 바울은 보통 데살로니가 서신의 다른 곳에서 어떤 문제를 다룰 때, 말을 하게 된 이유를 설명한다. 하지만 데살로니가 전서 4:13-18에는 이 특이한 수수께끼를 풀 수 있는 답이 없는 듯 보인다. 바울은 어떤 상황 때문에 그들에게 성도의 부활을 이야기해야 했는가? 무슨 일로 데살로니가인들은 바울의 서신을 대충 읽어보아도 알 수 있고, 바울 신학의 중심인 이 교리를 제대로 파악하지 못했는가? 이 문제에 대해서는 다음과 같이 몇 가지로 답할 수 있다.

(1) 가장 가능성이 작은 설명은 발터 슈미탈스의 견해이다. 그는 바울이 세운 교회들을 괴롭힌 대부분의 문제 이면에 영지주의가 있다고 본다. 이러한 경우, 몇몇 외부인이 데살로니가인들에게 부활이 육체적 경험이 아닌 영적 경험이라고 가르쳤다.[41] 하지만 이 이론에는 여러 가지 난점이 있다. 특히 곤란한 점은 바울이 영지주의의 가르침을 정면으로 반박하지 않고, 죽은 자가 육체적으로 다시 살아날 것이라고 단호히 선언한 이유가 무엇인가 하는 것이다.

(2) 성도의 부활에 대한 교리가 아직 기독교 교리의 일부가 되지 않았기 때문에, 데살로니가인들이 그 교리를 배우지 못했다는 견해도 마찬가지로 가능성이 없다. 메언즈(Mearns)는 가장 이른 시기의 교회가 부활이 미래에 일어나는 것이 아니라, '실현된' 것으로 믿었다고 주장했다. 그 후 20년 사이에 신자들이 죽기 시작하면서, 바울이 남은 신자를 위로하기 위해 미래 부활이라는 생각을 만들어냈다.[42] 메언즈는 바울이 잘 알고 있었듯이(행 8:1; 9:1) 많은 그리스도인이 주후 50년 이전에 죽은 사실을 설명하지 못한다. 또한 사도행전 23:6 및 24:15과 바울 서신에 기록된 증언, 즉 바울이 바리새인이었고, 따라서 그가 예수님을 믿기 오래전부터 성도의 부활을 믿었다는 견해도 버리게 한다. 예수 전통도 최종적 부활이 기독교 교리의 핵심 요소였음을 보여준다. 게다가 바울이 지금 그 교리를 처음으로 만들어내는 것이었다면, 신약 정경에 속한 다른 저자들이 쓴 책에 그 교리가 나온 것을 어떻게 설명할 수 있는가?

(3) 데이비스(Davies)는 교회의 혼란이 바울 때문에 일어났다고 주장한다. 바울은 그들에게 로마서 6장에 기록된 것처럼 영적 부활에 대해 가르쳤다. 또한 바울은 그들에게 육체적 죽음이 고린도전서 11:27-32에서 말한 것처럼 영적 실패의 신호라고 말했다.[43] 따라서 데살로니가인들은 여러 내용을 종합하여 추론해서, 죽은 동료들은 아마도 은밀하게 지은 죄 때문에 하나님의 심판을 받은 것이라고 생각했다. 데이비스의 견해에 관하여, 바울이 로마서를 작성할 때까지 그것을 자세히 글로 써놓지 않았다 할지라도 바울이 그들에게 영적 부활을 가르쳤을 가능성이 있다. 하지만 데살로니가의 슬픔은 죽은 사람들의 도덕적 실패에서 비롯된 것 같지

---

41. Schmithals, *Paul & the Gnostics*, 163-64.

42. C. L. Mearns, "Early Eschatological Development in Paul: The Evidence of 1 Corinthians," *JSNT* 22 (1984): 20을 보라. Wanamaker, *Thessalonians*, 164-65에 수록된 간단한 논의를 보라. Mearns의 수정주의 해석은 또 다른 이론, 즉 바울의 관점이 종말론적 부활에서 신비적인 부활로 진화했다고 보는 이론과 상반된다. 추가 정보를 원하는 사람은 Ben F. Meyer, "Did Paul's View of the Resurrection Undergo Development?" *TS* 47 (1986): 363-87을 보라.

43. W. D. Davies, *Paul and Rabbinic Judaism: Some Rabbinic Elements in Pauline Theology* (4th ed.; Philadelphia: Fortress, 1980), 291.

않다. 또한 바울은 죽은 사람이 살아 있는 사람보다 덜 의롭다고 지적하지도 않는다. 이 점은 분명히 더 직접적인 반론이 되었을 것이다.

(4) 그들이 '알지 못한' 이유는 아마도 상황과 관련이 있었을 것이다. 사도들은 데살로니가에서 급히 쫓겨 나온 바람에 부활 교리를 가르칠 수 있는 기회가 없었다. 이 견해에 대해, 바울이 그들에게 배교, "불법의 사람" 그리고 막는 자와 같은 문제를 자세히 가르칠 시간은 있었지만, 그리스도인의 부활에 대해서는 언급하지 못했다는 주장은 매우 받아들이기 어렵다. 이것은 예수님의 부활, 교회와 그분의 연합 그리고 인류에 대한 최종적 심판이 기본적인 복음의 구성 요소라는 점을 고려할 때 특히 그렇다. 이것들은 나중에 '종말에 일어날 일'이라는 주제로 교회를 교육하기 위해 남겨둔 주제가 아니다.

(5) 훨씬 신뢰할 수 있는 견해는, 조셉 플레브닉(Joseph Plevnik)과 여러 학자가 주장한 것으로 데살로니가전서 4장의 배경을 구약과 묵시론 사상으로 보는 것이다.[44] 이 이론에 따르면, 바울은 그들에게 살아 있는 그리스도인이 하늘로 '승천할' 것이라고 가르쳤다. 사도들이 데살로니가를 떠난 후 신자들이 죽기 시작하자, 데살로니가인들은 죽은 자가 영원히 불이익을 당할 것이라고 추측했다. 이 관점은 실제로 존재한 전통이라는 이점이 있는 반면 약점도 있다. 이것은 바울이 그들에게 최종적 부활을 가르치지 않은 이유를 여전히 설명하지 못한다. 최종적 부활은 우리가 살펴본 대로 기본적인 교리였다. 바울이 신자의 승천을 예언한 복음서 전통만을 따랐다고 주장하려면, 그가 그렇게 한 이유를 타당하게 설명할 수 있어야 한다. 또한 그리스도인의 소망을 묘사하면서 바울이 그것을 '승천' 모델과 대비하지 않고 부활이 없는 이교와 대비하는 점도 중요하다.

(6) 부활 교리가 알려지기는 했지만, 신자의 내면에 있는 가정을 변화시키지 못했다고 볼 수도 있다.[45] 이 오래된 견해는 여전히 설득력이 있다. 이 책과 같은 주석 시리즈에 담긴 목회 신학의 통찰은, 데살로니가인들의 종말론이 어떻게 정도를 벗어나 탈선하게 되었는지 밝혀줄 수 있다. 학계에 한 번 등장한 지식은 사라지지 않을 것이고, 새롭게 재발견될 수 있다. 예를 들어, 주석가는 영지주의에 대한 발터 슈미탈스의 견해가 무엇인지 알고 적용할 수 있어야 한다. 그와 대조적으로, 목회 신학의 자명한 이치에 따르면 양떼는 한 번 어떤 것을 배웠다 해도 그 순간부터 그것을 그대로 유지하고 있다고 추정할 수 없다. 교회는 역동적이고, 자라며, 변화하는 그룹이다. 교인의 수는 늘기도 하고 줄기도 한다. 최고의 상황에서도 교회의 일부나 전체는 한때 알았던 것을 잊어버릴 수도 있다. 지식을 잃어버리거나, 그 지식을 적용하는 것을 잊어버리거나, 혹은 그 지식을 잘못 적용함으로써 그럴 수 있다. 양떼에게 교리를 '영원히'

---

44. Joseph Plevnik, "The Taking Up of the Faithful and the Resurrection of the Dead in 1 Thessalonians 4:13–18," *CBQ* 60 (1984): 274–83; "The Destination of the Apostle and the Faithful: Second Corinthians 4:13b–14 and First Thessalonians 4:14," *CBQ* 62 (2000): 83–95; Wanamaker, Thessalonians, 166.

45. I. Howard Marshall, *1 and 2 Thessalonians* (NCB; Grand Rapids: Eerdmans, 1983), 120–22; Gene L. Green, *The Letters to the Thessalonians* (PNTC; Grand Rapids: Eerdmans, 2002), 213–15; 김세윤, "The Jesus Tradition in 1 Thess 4.13–5.11," *NTS* 48 (2002): 225–42를 보라.

잊지 않게 가르치는 방법은 없다.

이런 관점에서, 바울이 본문에서 강조하는 것을 고려해 이 여섯 번째 견해를 살펴보겠다.

- 데살로니가인들은 '알지 못했다'(살전 4:13). 이 말은 문맥을 고려해볼 때 완전히 알지 못했다는 뜻은 아닐 것이다. 바울이 이 단락을 4:1-12과 대비하기 때문에, 그는 단지 '여러분은 이런 다른 자료를 이해하는 것처럼 부활 교리를 완전히 이해하지 못한다' 또는 '여러분은 그것을 실행에 옮기는 방법을 알지 못한다'는 뜻으로 말하는 것일 수 있다. 그 진술을 현대 학습 분류법을 통해 본다면, 바울은 데살로니가인들이 부활 교리를 상기할 수는 있었지만, 그 지식을 '충분히 이해하지' 못하거나 새로운 상황에 '적용하지' 못했다는 의미로 말했을 수 있다.
- 데살로니가의 주된 문제는 슬픔이었다. 바울은 그 슬픔과 사랑하는 사람을 잃은 후 이방인이 전통적으로 느끼는 슬픔을 비교한다. 데살로니가인들은 이교적 배경에서 나온 추정 때문에 그들이 동료를 다시 볼 수 없을 것이라고 슬퍼했다. 그렇기 때문에 바울은 그들에게 먼저 죽은 그리스도인들을 만나게 될 것이라고 약속했다(4:17). 앞에서 진술한 다섯 번째 관점과 달리, 부활할 사람의 죽음 앞에서 이방인의 관습을 쫓아 슬퍼하는 것은 적절한 반응이 아닌 것 같다.
- 바울의 해결책은 예수님의 죽음과 부활의 필연적인 결과로 죽은 자의 부활이 있다는 것이다(4:14-15). 바울은 사후 세계나, 예수님이 재림하실 때 성도의 모임이나, 예수님이 재림하신다는 사실 자체를 증명하려 하지 않는다. 제대로 이해하지 못한 요점은 부활 하나뿐이다. 그리고 이교에서 빠져나온 그리스도인에게 장애물이 된 것이 바로 이 부활 교리이다.
- 바울이 그 서신의 다른 곳에서 암시한 것을 주목하는 것은 도움이 된다. 선교팀이 데살로니가에 도착한 이후 데살로니가 교회는 마태 전통의 렌즈를 통해 그들의 이야기를 볼 수 있었다. 유대인 신자들은 매를 맞고 회당에서 쫓겨났었다. 지방 정부에게 박해를 받기도 했다. 복음을 받아들인 결과로 가정이 산산조각나기도 했다. 기근이 찾아왔을 수도 있다. 유대에 있는 자매 교회들도 오랜 세월 동안 핍박당했다. 데살로니가후서 2:1-2에서 분명해지는 것처럼, 누군가가 '주의 날이 임박했다' 혹은 '주의 날이 이르렀다'고 말함으로써 소란해졌다.

모든 사람이 죽음을 가까이 두고 살고, 공동체 안의 동료가 목숨을 빼앗길지도 모르는 극심한 스트레스 아래 사는 그들은 매우 혼란스러웠을 것이다. 우리는 슬퍼하는 사람들이 흔히 집중력 부족과 건망증 때문에 고통을 겪는다는 점을 어느 때보다 오늘날 더 잘 안다. 아직 부활 교리에 의해 깊이 형성되지 않은 데살로니가인들의 사고는, 그 교리를 적절하게 적용할 능력이 없었을 수 있다. "너희가 알지 못함을 우리가 원하지 아니하노니"(살전 4:13)라는 말은, 부활 교리를 소개하거나 다시 전하면서 꺼내기 좋은 말이었을 것이다.

앞에서 진술한 관점 중 하나가 옳다고 확정할 만큼 충분한 증거는 없을 것이다. 그렇지만 다음과 같이 결론짓는 것이 가장 적은 가정을 요구하고, 알려진 자료를 공정하게 대하는 것이다. 데살로니가전서 4장 및 다른 구절에 나타난 것처럼 데살로니가인들이 더 이른 시기에 부활을 배웠고, 압력에 못 이겨 몇몇 사람이 부활 교리를 적절하게 적용하지 못했으며, 또 다른 사람은 그 교리를 완전히 '잊어버렸다'는 것이다.

데살로니가전서 5:2은 그날이 밤도둑같이 온다고 말한다. 하지만 데살로니가후서 2장에 따르면, 신자는 그날이 임박하지 않은 것을 알 수 있다. 몇몇 학자는 어떻게 바울이 불일치하는 것이 분명한 두 가지 계획을 가르칠 수 있었는지 궁금해했다. 첫째, 주의 날은 갑자기 와서 모든 사람을 놀라게 한다. 둘째, 주의 날은 지금 올 수 없다. 왜냐하면 먼저 일어나야 하는 징조가 있기 때문이다.[46]

먼저 교회의 지식과 관련해서 용어를 규정하는 것이 도움이 된다. 교회는 주님의 날이 언제인지를 정확히 알 수 없다(살전 5:2). 하지만 부정적으로, 교회는 일어나지 않은 종말론적 사건에 근거해서(살후 2:3) 주님의 날이 매우 임박했다는 것을 배제할 수 있다. 교회가 모르는 것은 사실이지만 절대적으로 모르는 것은 아니다.

둘째, "갑자기"(살전 5:3)는 무슨 뜻인가? 신자가 빛 가운데 행한다면 알아채지 못하는 일이 없을 것이다. 비신자는 어둠 가운데 행하고, 그리스도가 오실 것을 기대하지 않기 때문에 알아채지 못할 것이다. 세상에 갑자기 임하는 그날은 "빛의 아들"에게 갑자기 임하는 그날과 본질적으로 다르다.

셋째, 그 사이에 일어나는 징조에 대한 문제이다. 마태복음 24장에 따르면, 이 시대 전체에는 사탄이 역사하는 증거가 가득하다. 그리스도의 재림 전에 온갖 종류의 징조가 나타나야 한다. 거기에는 특히 필수적인 하나님의 사역, 즉 복음이 온 세계에 전파되는 일이 포함된다(마 24:14). 이 전통에 강력한 영향을 받은 바울이 종말이 (놀랍게) 오기 전에 일어날 많은 징조에 대한 예수님의 예언을 버렸다는 암시가 없다.

넷째, 임박의 의미는 무엇인가? 복음주의자는 그리스도의 재림이 임박한 것이 무엇인지에 대해 의견이 분분하다. 예를 들어, 한 주석가는 성경에서 그리스도의 재림이 임박했다는 결론을 추론해낸다. 그리고 나서 그는 '임박하다'라는 단어를 규정하는데, 그 작업을 관련된 분문에 근거해서 하지 않는다. 그는 그 정의에 입각해서 신약을 다시 읽고 그리스도의 귀환이 임박했고(환난 전 휴거), 몇 년 후 그리스도의 재림이 일어날 것이라고 결론 내린다.[47] 이 방법론

---

[46]. 몇몇 사람은 예루살렘이 파괴되고 파루시아가 실현되지 않으면서, 교회는 그 사이의 기간을 이해하기 위해 유대 묵시론적 상징에 손을 뻗었으며, 데살로니가후서(위서?)는 그 기간에 만들어졌다고 말한다. L. J. Lietaert Peerbolte, "The KATEXON/KATÉXΩN of 2 Thess 2:6-7," *NovT* 39/2 (1997): 138-50은 이 서신을 허위로 만든 저자는 그가 누구인지 밝히지 않은 채 알려지지 않은 "막는 자"를 가리킨다고 진술한다. Peerbolte에 따르면 그 저자는 막는 자가 누구인지 모르기 때문이다.

[47]. Robert L. Thomas, "Imminence in the NT, Especially Paul's Thessalonian Epistles," *MSJ* 13/2 (2002): 191-214를 보라. Thomas

은 건전하지 않다. 신약의 어휘는 우리의 방식이 아닌, 그 자체의 방식대로 규정되어야 한다. 감람산 담화나 바울 서신은, 그리스도의 재림 전에 여러 징조가 일어날 것임을 부인하는 임박을 말하지 않는다.[48]

마태복음 24-25장과 이 두 서신의 본문이 서로 강력하게 연관되어 있다는 점에 주목해야 한다.[49] 종합적으로 고려해볼 때, 두 서신은 마태의 전통에서 찾아볼 수 있는 거의 모든 자료를 공동으로 철저히 다룬다. 바울은 데살로니가인들에게 필요한 것을 두 가지 해석적 핵심에 근거해 다룬다(죽은 자의 부활과 종말의 징조). 그런데 바울이 데살로니가전후서에서 가르치는 더 광범위한 패러다임도 마태의 전통에서 나온 것이다. 바울이 참조한 원자료는 '밤도둑'이 올 것을 예상하는 것과 종말의 징조에 대한 경고가 나란히 공존하는 것을 가능하게 한다.

19세기 중반 이후 많은 성경 연구자는, 데살로니가전서 4:13-17과 데살로니가후서 2:1을 연구하여 교회의 모임이 일어나는 것이 마지막 환난과 불법의 사람이 나타나기 전인지 혹은 후인지 질문했다. 앞에서 제시한 평행 구절들이 보여주는 것처럼, 바울은 종말에 인자가 오실 때 일어나는 모임 외에 다른 모임을 묘사하지 않는다. 마태복음 24:30-31의 종말론적 개요는, 데살로니가전서 4장에 기록된 성도의 부활에 대한 추가 자료를 제외하고 데살로니가전후서의 개요와 매우 비슷하다. 따라서 이미 감람산 담화를 잘 알고 있던 데살로니가인들은, 바울이 부활, 휴거를 묘사하는 것을 마태복음 24:31에 나오는 인자의 오심 및 성도의 모임과 똑같은 사건으로 이해했을 것이다. 오늘날의 독자가 데살로니가 서신을 살펴보면서 환난 전에 휴거가 일어나지 않을지 질문한다면 그들은 두 서신이 말하지 않는 내용을 묻는 것이다.[50]

처럼, 몇몇 사람은 "임박하다"(imminent)라는 용어를 "사전에 나타나는 징조 없이 언제 어느 때나 일어날 수 있다"는 의미로 사용한다. "하지만, 그것은 즉시 또는 천 년을 의미할 수 있다." 그럼에도 "임박하다"에 대한 이런 정의는 영어 단어에서 일반적으로 인정된 의미가 아니다. 그것은 "위협적으로 금방이라도 일어나려 하는 것, 사람의 머리 위에 감도는 것, 사람에게 곧 닥치려고 하는 것, 눈앞에 곧 발생할 것, 머지않아 시작될 것"이다(OED). 우리는 그 단어를 "그것은 반드시 곧 일어날 것이 아니라, 언제 어느 때나 일어날 수 있고, 또 그 사이에 일어나는 사건들이 없어야만 한다"는 뜻으로 정당하게 사용할 수 없다.

48. 바울은 어느 곳에서도 데살로니가후서 3:6-15의 '일 중단'을 종말론과 연결하지 않는다. 이와 관련된 구절을 살펴볼 때, 이 책은 일의 문제가 어떤 종말론적 오해와 아무런 관계가 없었다는 점을 입증하려고 할 것이다.

49. Ben Witherington III, *Jesus, Paul and the End of the World: A Comparative Study in New Testament Eschatology* (Downers Grove, IL: InterVarsity Press, 1992)는 예수님의 종말론과 바울의 종말론을 탁월한 솜씨로 비교하고 있다.

50. 다음과 같은 유용한 책을 참조해야 한다. Richard R. Reiter, ed., *Three Views on the Rapture: Pre-, Mid-, or Post-tribulation* (Grand Rapids: Zondervan, 1984). D. Edmond Hiebert, *The Thessalonian Epistles: A Call to Readiness* (Chicago: Moody Press, 1971), 200-203은 환난 전 휴거설을 강력하게 주장한다. 우리는 19세기 전에 누가 환난 전 휴거를 가르쳤는가 하는 문제를 한쪽에 제쳐놓아야 한다. 내가 아는 한, 누군가가 그 교리를 가르쳤다 해도, 그들은 역사적 기록에 흔적을 남길 만한 영향력이 없었다. 나는 시리아의 에프라임(Ephraem of Syria)의 것으로 잘못 알려진 언급을 고려하고 있는데, 몇몇 사람은 그것이 환난 전 휴거를 가르치는 것으로 생각한다.

개요

데살로니가전서

    I. 서언(1:1)

    II. 하나님의 구원하시는 개입을 감사함(1:2–10)

        A. 사도팀이 그들로 말미암아 자주 감사를 드림(1:2)

        B. 사도들이 하나님 앞에서 감사하며 그들의 구원을 단언함(1:3–5)

        C. 사도들이 신자들의 믿음이 자란 것을 인정함(1:6–10)

    III. 데살로니가인들의 모범이 되는 사도팀(2:1–12)

        A. 사도팀은 맹렬한 공격을 받았는데도 사역에 성공함(2:1–2)

        B. 사도팀은 모범적인 태도로 하나님을 섬김(2:3–12)

    IV. 요점을 되풀이함: 그들이 데살로니가인들로 인해 자주 감사를 드리는 이유(2:13–16, 1:2과 인클루시오)

        A. 데살로니가인들이 복음을 하나님의 메시지로 받아들임(2:13a–d)

        B. 그 메시지는 그들 가운데서 역사했음(2:13e)

        C. 그들은 먼저 세워진 유대 교회를 본받은 자가 됨(2:14–16)

    V. 바울과 실라의 여행 계획의 좌절과 그 해결책(2:17–3:13)

        A. 바울과 실라가 데살로니가를 다시 방문하고자 했으나, 사탄이 그들을 방해함(2:17–20)

        B. 디모데는 데살로니가 교회를 살피고 오는 임무를 수행함(3:1–5)

        C. 디모데가 돌아옴(3:6a)

        D. 디모데가 교회의 상태에 관해 좋은 소식을 전함(3:6b–10)

        E. 새로운 소식을 듣고 바울과 실라가 더욱 기도하게 됨(3:11–13)

    VI. 권면: 이방인의 환경 속의 복음 윤리(4:1–12)

        A. 데살로니가인들은 계속 복음 윤리를 따라 살아야 함(4:1–2)

        B. 그들을 향한 하나님의 뜻에는 성적 거룩함이 포함됨(4:3–8)

        C. 하나님의 뜻에는 또한 각 신자가 사랑하며 사는 것이 포함됨(4:9–12)

            1. 데살로니가인들은 이미 그리스도인 가족에게 넘치는 사랑을 베풀고 있다(4:9–10)

            2. 사랑의 한 가지 표현은 특히 기독교적인 사회적 에토스다(4:11–12)

    VII. 그리스도의 다시 오심에 대한 가르침(4:13–5:11)

        A. 죽은 그리스도인은 살아 있는 사람보다 먼저 예수님과 함께 다시 살아날 것이다(4:13–18)

        B. 그리스도인은 종말의 때를 알지 못할지라도 거룩하게 살아야 한다(5:1–11)

    VIII. 마지막 권고(5:12–22)

        A. 사도들이 모든 교인에게 말함(5:12–13)

        B. 사도들이 지도자들에게 특별한 지시를 내림(5:14–15)

        C. 사도들이 다시 교인들에게 일반적으로 말함(5:16–22)

    IX. 결어(5:23–28)

      A. 그리스도가 다시 오실 때 데살로니가인들의 온전한 성화를 위해 사도들이 기도함(5:23–24)
      B. 데살로니가인들에게 사도들의 사역을 위해 기도해달라고 요청함(5:25)
      C. 사도들이 회중에게 또 다른 행동을 하라고 지시함(5:26–27)
      D. 사도들이 데살로니가인들에게 축도함(5:28)

데살로니가후서

I. 서언(1:1–2)

II. 환난을 겪고 있는 신자들을 위한 감사와 기도(1:3–12)
    A. 사도팀이 데살로니가인들의 믿음과 그들이 서로 사랑하는 것 때문에 감사함(1:3)
    B. 사도들은 그들이 박해를 잘 견디며 사는 것에 대해 만족함(1:4–10)
    C. 사도들은 어려운 환경에 처해 있는 데살로니가인들을 위해 기도함(1:11–12)

III. 종말에 대한 가르침(2:1–12)
    A. 데살로니가인들은 종말에 대해 혼란스러워 하지 말아야 함(2:1–3a)
    B. 끝까지 올바른 신앙을 지키는 데 필요한 정보를 이미 알고 있다는 점을 상기시킴(2:3b–12)

IV. 두 번째 감사, 권고 및 데살로니가인들을 위한 기도(2:13–17)
    A. 사도들은 하나님의 택하심과 부르심 때문에 감사함(2:13–14)
    B. 사도들은 데살로니가인들이 사도적 교리를 굳게 지켜야 할 책임이 있음을 상기시킴(2:15)
    C. 사도들은 구원의 하나님이 데살로니가인들을 격려하시고 강건하게 만들어주시기를 기도함(2:16–17)

V. 데살로니가인들에게 요청하는 기도(3:1–5)
    A. 사도들이 데살로니가인들에게 바울의 팀이 현재 수행하는 전도 사역에 성공할 수 있도록 기도를 요청함(3:1)
    B. 사도들이 악한 사람들에게서 선교팀이 구조될 수 있도록 기도를 요청함(3:2)
    C. 사도들이 주님이 신실하셔서 데살로니가인들을 보호해주실 것이라고 단언함(3:3)
    D. 사도들이 주님의 신실하심을 통해 데살로니가인들이 사도적 명령을 수행할 것이라고 확신함(3:4)
    E. 사도들이 특히 사랑 및 인내와 관련해 데살로니가인들이 자랄 수 있도록 기도함(3:5)

VI. 권면: 무질서한 데살로니가 제자들의 문제(3:6–15)
    A. 교회는 혼란시키는 삶을 사는 교인과 거리를 두어야 함(3:6)
    B. 교회는 그리스도인이 자립하기 위해 일해야 한다는 점을 매우 잘 알고 있음(3:7–10)
    C. 일부 그리스도인이 일은 하지 않고 남의 일에 간섭하면서 혼란시키는 삶을 살고 있음(3:11)
    D. 사도들이 이런 무질서한 사람들에게 생계를 위해 일하고, 문제를 일으키는 행동을 그만두라고 명령함(3:12)
    E. 교회는 이런 새로운 골칫거리들 때문에 선행을 포기하지 말아야 함(3:13)
    F. 교회는 무질서한 교인과 거리를 두어야 하지만, 그들을 교회의 교제에서 배제하지 말아야 함(3:14–15)

VII. 결어(3:16–18)

    A. 사도들이 데살로니가인들에게 평강의 복을 빌어줌(3:16)

    B. 바울이 서신이 진짜임을 증명하기 위해 친필로 문안함(3:17)

    C. 사도들이 데살로니가인들에게 축도함(3:18)

참고문헌

Commentaries on Thessalonians

Ambrosiaster. *Commentaries on Galatians-Philemon*. Translated and edited by Gerald L. Bray. Ancient Christian Texts. Downers Grove, IL: InterVarsity Press, 2009.

Beale, G. K. *1-2 Thessalonians*. IVPNTC. Downers Grove, IL: InterVarsity Press, 2003.

Best, Ernest. *A Commentary on the First and Second Epistles to the Thessalonians*. Reprint, Peabody, MA: Hendrickson, 2003.

Bruce, F. F. *1 & 2 Thessalonians*. WBC 45. Waco, TX: Word, 1982.

Calvin, John. *Commentaries on the Epistles of Paul the Apostle to the Philippians, Colossians, and Thessalonians*. Translated and edited by John Pringle. Reprint, Grand Rapids: Eerdmans, 1948.

Chrysostom, John. *Homilies on First Thessalonians*. In vol. 13 of *NPNF¹*. Edited by Philip Schaff. Reprint, Grand Rapids: Eerdmans, 1979.

———. *Homilies on Second Thessalonians*. In vol. 13 of *NPNF¹*. Edited by Philip Schaff. Reprint, Grand Rapids: Eerdmans, 1979.

Elias, Jacob. *1 and 2 Thessalonians*. Believers Church Bible Commentary Series. Scottdale, PA: Herald, 1995.

Fee, Gordon D. *The First and Second Letters to the Thessalonians*. NICNT. Grand Rapids: Eerdmans, 2009.

Frame, James E. *A Critical and Exegetical Commentary on the Epistles of St. Paul to the Thessalonians*. ICC. Edinburgh: T&T Clark, 1912.

Gaventa, Beverly Roberts. *First and Second Thessalonians*. Interpretation. Louisville: John Knox, 1998.

Gorday, Peter, ed. *Colossians, 1-2 Thessalonians, 1-2 Timothy, Titus, Philemon*. ACCS. Downers Grove, IL: InterVarsity Press, 2000.

Green, Gene L. *The Letters to the Thessalonians*. PNTC. Grand Rapids: Eerdmans, 2002.

Hendriksen, William. *Exposition of I-II Thessalonians*. Grand Rapids: Baker, 1955.

Hiebert, D. Edmond. *The Thessalonian Epistles: A Call to Readiness*. Chicago: Moody Press, 1971.

Holmes, Michael W. *1 & 2 Thessalonians*. NIVAC. Grand Rapids: Zondervan, 1998.

Holtz, Traugott. *Der Erste Brief an die Thessalonicher*. EKKNT 13. Zürich: Benziger/Neukirchen-Vluyn: Neukirchener, 1986.

Malherbe, Abraham J. *The Letters to the Thessalonians: A New Translation with Introduction and Commentary*. AB 32B. New York: Doubleday, 2000.

Marshall, I. Howard. *1 and 2 Thessalonians*. NCB. Grand Rapids: Eerdmans, 1983.

Milligan, George. *St. Paul's Epistles to the Thessalonians*. London: MacMillan, 1908.

Morris, Leon. *The Epistles of Paul to the Thessalonians: An Introduction and Commentary.* TNTC. Revised ed. Grand Rapids: Eerdmans, 1984.

———. *The First and Second Epistles to the Thessalonians.* NICNT. Revised ed.; Grand Rapids: Eerdmans, 1991.

Plummer, Alfred. *A Commentary on St. Paul's First Epistle to the Thessalonians.* London: Robert Scott, 1918.

Richard, Earl J. *First and Second Thessalonians.* SP 11. Collegeville, MN: Liturgical, 1995.

Rigaux, Béda. *Saint Paul: Les épîtres aux Thessaloniciens.* EBib. Paris: Gabalda, 1956.

Theodoret of Cyrus. *Interpretatio in xiv epistulas sancti Pauli.* In vol. 82 of PG. Paris: Migne, 1857–66.

Trilling, Wolfgang. *Der Zweite Brief an die Thessalonicher.* EKKNT 14. Zürich: Benziger/Neukirchen-Vluyn: Neukirchener, 1980.

Wanamaker, Charles A. *The Epistles to the Thessalonians: A Commentary on the Greek Text.* NIGTC. Grand Rapids: Eerdmans, 1990.

Weima, Jeffrey A. D. "1 and 2 Thessalonians." Pages 404–43 in *Zondervan Illustrated Bible Backgrounds Commentary: New Testament*, vol. 3 (ed. Clinton E. Arnold; Grand Rapids: Zondervan, 2002).

Witherington, Ben, III. *1 and 2 Thessalonians: A Socio-Rhetorical Commentary.* Grand Rapids: Eerdmans, 2006.

Books and Articles on Thessalonians

Aune, David E. *Prophecy in Early Christianity and the Ancient Mediterranean World.* Grand Rapids: Eerdmans, 1983.

Barclay, John M. G. "Conflict in Thessalonica." *CBQ* 55 (1993): 512–30.

Beale, G. K., and D. A. Carson, eds. *Commentary on the New Testament Use of the Old Testament.* Grand Rapids: Baker, 2007.

Beasley-Murray, George R. *Jesus and the Future: An Examination of the Criticism of the Eschatological Discourse, Mark 13, with Special Reference to the Little Apocalypse Theory.* London: Macmillan, 1954.

———. *Jesus and the Last Days: the Interpretation of the Olivet Discourse.* Peabody, MA: Hendrickson, 1993.

Bockmuehl, Markus. "1 Thessalonians 2:14–16 and the Church in Jerusalem." *TynBul* 52 (2001): 1–31.

Boring, M. Eugene, Klaus Berger, and Carsten Colpe, eds. *Hellenistic Commentary to the New Testament.* Nashville: Abingdon, 1995.

Bousset, Wilhelm. *The Antichrist Legend: A Chapter in Christian and Jewish Folklore.* Translated by A. H. Keane. Reprint, Atlanta: Scholars, 1999.

Brant, Jo-Ann. "The Place of *Mimēsis* in Paul's Thought." *Studies in Religion* 22 (1993): 285–300.

Brundage, James A. *Law, Sex, and Christian Society in Medieval Europe.* Reprint, Chicago: University of Chicago Press, 1990.

Burke, Trevor J. *Family Matters: A Socio-Historical Study of Kinship Metaphors in 1 Thessalonians.* JSNTSup 247. London: T&T Clark, 2003.

Byskorg, Samuel. "Co-Senders, Co-Authors and Paul's Use of the First Person Plural." *ZNW* 87 (1996): 230–50.

Cahill, Lisa Sowle. "Sexual Ethics, Marriage, and Divorce." *TS* 47 (1986): 102–17.

Carson, D. A. *A Call to Spiritual Reformation: Priorities from Paul and His Prayers*. Reprint, Grand Rapids: Baker, 1992.

Cerfaux, Lucien. *Christ in the Theology of St. Paul*. Translated by Geoffrey Webb and Adrian Walker. New York: Herder and Herder, 1959.

Clarke, Andrew D. *Called to Serve: A Pauline Theology of Church Leadership*. LNTS. Edinburgh: T&T Clark, 2008.

———. *Serve the Community of the Church: Christians as Leaders and Ministers*. First-Century Christians in the Graeco-Roman World. Grand Rapids: Eerdmans, 2000.

Collins, Raymond F., ed. *Studies on the First Letter to the Thessalonians*. BETL 66. Leuven: Leuven University Press, 1984.

———. *The Thessalonian Correspondence*. BETL 87. Leuven: Leuven University Press, 1990.

Copan, Victor A. *Saint Paul as Spiritual Director: An Analysis of the Concept of the Imitation of Paul with Implications and Applications to the Practice of Spiritual Direction*. Paternoster Biblical Monographs. Eugene, OR: Wipf & Stock, 2008.

Cosby, Michael B. "Hellenistic Formal Receptions and Paul's Use of APANTĒSIS in 1 Thessalonians 4:17." *BBR* 4 (1994): 15–34.

Cullmann, Oscar. *Christ and Time: The Primitive Christian Conception of Time and History*. Philadelphia: Westminster, 1950.

Davies, W. D. *Paul and Rabbinic Judaism: Some Rabbinic Elements in Pauline Theology*. 4th ed. Philadelphia: Fortress, 1980.

Deidun, T. J. *New Covenant Morality in Paul*. AnBib 89. Rome: Pontifical, 1981.

De Jonge, Marinus. "Light on Paul from the Testaments of the XII Patriarchs." Pages 100–115 in *The Social World of the First Christians: Essays in Honor of Wayne A. Meeks*. Edited by L. Michael White and O. Larry Yarbrough. Minneapolis: Fortress, 1995.

Dickson, John P. *Mission-Commitment in Ancient Judaism and in the Pauline Communities*. WUNT 2/159. Tübingen: Mohr Siebeck, 2003.

Dixon, Paul S. "The Evil Restraint in 2 Thess 2:6." *JETS* 33/4 (1990): 445–49.

Donfried, Karl P. "The Cults of Thessalonica and the Thessalonian Correspondence." *NTS* 31 (1985): 336–56.

———. "Paul and Judaism: 1 Thessalonians 2:13–16 as a Test Case." *Interpretation* 38 (1984): 242–53.

———. *Paul, Thessalonica, and Early Christianity*. Grand Rapids: Eerdmans, 2002.

Donfried, Karl P., and I. Howard Marshall. *The Theology of the Shorter Pauline Epistles*. New Testament Theology. Cambridge: Cambridge University Press, 1993.

Dunn, James D. G. *The Theology of Paul the Apostle*. Grand Rapids: Eerdmans, 1998.

Edson, Charles. "Cults of Thessalonica (Macedonia III)." *HTR* 41/3 (1948): 153–204.

Elgvin, Torleif. "'To Master His Own Vessel.' 1 Thess 4.4 in Light of New Qumran Evidence." *NTS* 43 (1997): 604–19.

Ellis, J. Edward. *Paul and Ancient Views of Sexual Desire: Paul's Sexual Ethic in 1 Thessalonians 4, 1 Corinthians 7 and Romans 1*. LNTS. Edinburgh: T&T Clark, 2007.

Fee, Gordon D. *God's Empowering Presence: The Holy Spirit in the Letters of Paul*. Peabody, MA: Hendrickson, 1994.

———. *Pauline Christology: An Exegetical-Theological Study*. Peabody, MA: Hendrickson, 2007.

Fowl, Stephen E. "A Metaphor in Distress: A Reading of ΝΗΠΙΟΙ in 1 Thessalonians 2.7." *NTS* 36 (1990): 469–73.

Furnish, Victor Paul. *Theology and Ethics in Paul*. Nashville: Abingdon, 1968.

Gaventa, Beverly Roberts. "Apostles as Babes and Nurses in 1 Thessalonians 2:7." Pages 193–207 in *Faith and History: Essays in Honor of Paul W. Meyer*. Edited by J. T. Carroll et al. Atlanta: Scholars, 1991.

Gilliard, Frank D. "Paul and the Killing of the Prophets in 1 Thess. 2:15." *NovT* 36 (1994): 259–70.

———. "The Problem of the Antisemitic Comma between 1 Thessalonians 2.14 and 15." *NTS* 35 (1989): 481–502.

Gilliland, Dean S. *Pauline Theology & Mission Practice*. Grand Rapids: Baker, 1983.

Gundry, Stanley N., ed. *Five Views on Sanctification*. Grand Rapids: Zondervan, 1987.

Harrison, J. R. "Paul and the Imperial Gospel at Thessaloniki." *JSNT* 25/1 (2002): 71–96.

Haufe, Günter. "Reich Gottes bei Paulus und in der Jesustradition." *NTS* 31 (1985): 467–72.

Hock, Ronald F. *The Social Context of Paul's Ministry: Tentmaking and Apostleship*. Philadelphia: Fortress, 1980.

Jewett, Robert. *A Chronology of Paul's Life*. Philadelphia: Fortress, 1979.

———. *The Thessalonian Correspondence: Pauline Rhetoric and Millenarian Piety*. FF. Philadelphia: Fortress, 1986.

Johnson, Stephen C. "The 'Future' of Preaching Apocalyptic Eschatology and Christian Proclamation." *Restoration Quarterly* 49 (2007): 129–41.

Johnston, George. "'Kingdom of God' Sayings in Paul's Letters." Pages 143–56 in *From Jesus to Paul: Studies in Honor of Francis Wright Beare*. Ed. P. Richardson and J. C. Hurd. Waterloo, Ont.: Wilfrid Laurier, 1984.

Kim, Seyoon. *Christ and Caesar: The Gospel and the Roman Empire in the Writings of Paul and Luke*. Grand Rapids: Eerdmans, 2008.

———. "The Jesus Tradition in 1 Thess 4.13–5.11." *NTS* 48 (2002): 225–42.

———. "Paul's Entry (εἴσοδος) and the Thessalonians' Faith (1 Thessalonians 1–3)." *NTS* 51 (2005): 519–42.

Klijn, A. F. J. "1 Thessalonians 4:13–18 and its Background in Apocalyptic Literature." Pages 67–73 in *Paul and Paulinism: Essays in Honour of C. K. Barrett*. Edited by M. D. Hooker and S. G. Wilson. London: SPCK, 1982.

Ladd, George Eldon. *A Theology of the New Testament*. Revised ed. Grand Rapids: Eerdmans, 1993.

Lambrecht, Jan. *Pauline Studies: Collected Essays*. Leuven: Leuven University Press, 1994.

Longenecker, Richard N., ed. *Life in the Face of Death: The Resurrection Message of the New Testament*. Grand Rapids: Eerdmans, 1998.

Lövestam, Evald. *Spiritual Wakefulness in the New Testament*. Translated by W. F. Salisbury. Lund: Gleerup, 1963.

Lührmann, Dieter. "The Beginnings of the Church at Thessalonica." In *Greeks, Romans, and Christians*. Edited by David L. Balch, Everett Ferguson, and Wayne A. Meeks. Minneapolis: Fortress, 1990.

Lyons, George. *Pauline Autobiography: Toward a New Understanding*. SBLDS 73. Atlanta: Scholars, 1985.

Malherbe, Abraham J. "'Gentle as a Nurse': The Cynic Background of 1 Thessalonians ii." *NovT* 12 (1970): 203–17.

———. "God's New Family in Thessalonica." Pages 115–25 in *The Social World of the First Christians: Essays in Honor of Wayne A. Meeks*. Edited by L. Michael White and O. Larry Yarbrough. Minneapolis: Fortress, 1995.

———. *Paul and the Popular Philosophers*. Minneapolis: Fortress, 1989.

———. *Paul and the Thessalonians: The Philosophic Tradition of Pastoral Care*. Philadelphia: Fortress, 1987.

Marshall, I. Howard. *Kept By the Power of God: A Study of Perseverance and Falling Away.* Reprint, Minneapolis: Bethany, 1974.

———. *New Testament Theology: Many Witnesses, One Gospel.* Downers Grove, IL: InterVarsity Press, 2004.

Martin, Dale B. *The Corinthian Body.* New Haven, CT: Yale University Press, 1995.

Mearns, C. L. "Early Eschatological Development in Paul: The Evidence of I and II Thessalonians." *NTS* 27 (1981): 137–57.

———. "Early Eschatological Development in Paul: The Evidence of 1 Corinthians." *JSNT* 22 (1984): 19–35.

Meeks, Wayne A. *The First Urban Christians: The Social World of the Apostle Paul.* 2nd ed. New Haven, CT: Yale University Press, 2003.

Morris, Leon. *Word Biblical Themes.* Dallas, TX: Word, 1989.

Munck, Johannes. "1 Thess. I. 9–10 and the Missionary Preaching of Paul: Textual Exegesis and Hermeutic Reflections." *NTS* 9 (1962–63): 95–110.

Nicholl, Colin R. *From Hope to Despair in Thessalonica: Situating 1 and 2 Thessalonians.* SNTMS 126. Cambridge: Cambridge University Press, 2004.

O'Brien, P. T. *Gospel and Mission in the Writings of Paul: An Exegetical and Theological Analysis.* Grand Rapids: Baker, 1995.

Orchard, J. Bernard. "Thessalonians and the Synoptic Gospels." *Bib* 19 (1938): 19–42.

Oropeza, B. J. *Paul and Apostasy: Eschatology, Perseverance, Falling Away in the Corinthian Congregation.* WUNT 2/115. Tübingen: Mohr Siebeck, 2000.

Paddison, Angus. *Theological Hermeneutics and 1 Thessalonians.* SNTSMS 133. Cambridge: Cambridge University Press, 2005.

Pate, C. Marvin, and Douglas W. Kennard. *Deliverance Now and Not Yet: The New Testament and the Great Tribulation.* Studies in Biblical Literature 54. New York: Peter Lang, 2003.

Pearson, Birger A. "1 Thessalonians 2:13–16: A Deutero-Pauline Interpolation." *HTR* 64 (1971): 79–94.

Peerbolte, L. J. Lietaert. "The KATÉXON/KATÉXΩN of 2 Thess 2:6–7," *NovT* 39/2 (1997): 138–50.

Peterman, G. W. "Marriage and Sexual Fidelity in the Papyri, Plutarch and Paul." *TynBul* 50/2 (1999): 163–72.

Pitre, Brant. *Jesus, the Tribulation and the End of the Exile: Restoration Eschatology and the Origin of the Atonement.* WUNT 2/204. Tübingen: Mohr Siebeck, 2005.

Plevnik, Joseph. "The Destination of the Apostle and of the Faithful: Second Corinthians 4:13b–14 and First Thessalonians 4:14." *CBQ* 60 (2000): 83–95.

———. "The Taking Up of the Faithful and the Resurrection of the Dead in 1 Thessalonians 4:13–18." *CBQ* 60 (1984): 274–83.

Plummer, Robert L. *Paul's Understanding of the Church's Mission: Did the Apostle Paul Expect the Early Christian Communities to Evangelize?* Paternoster Biblical Monographs. Eugene, OR: Wipf & Stock, 2006.

Ridderbos, Herman. *Paul: An Outline of His Theology.* Translated by J. R. DeWitt. Grand Rapids: Eerdmans, 1975.

Riesner, Rainer. *Paul's Early Period: Chronology, Mission Strategy, Theology.* Translated by Doug Stott. Grand Rapids: Eerdmans, 1998.

Russell, R. "The Idle in 2 Thess 3.6–12: An Eschatological or a Social Problem?" *NTS* 34 (1988): 105–19.

Sailors, Timothy. "Wedding Textual and Rhetorical Criticism to Understand the Text of 1 Thessalonians 2.7." *JSNT* 80 (2000): 81–98.

Schippers, R. "The Pre-Synoptic Tradition in 1 Thessalonians II:13–16." *NovT* 8 (1966): 223–34.

Schlueter, Carol J. *Filling Up the Measure: Polemical Hyperbole in 1 Thessalonians 2:14–16.* JSNTSup 98. Sheffield: JSOT, 1994.

Schmithals, Walter. *Paul & the Gnostics.* Translated by John E. Steely. Nashville: Abingdon, 1972.

Schnabel, Eckhard J. *Paul the Missionary: Realities, Strategies and Methods.* Downers Grove, IL: InterVarsity Press, 2008.

Schreiner, Thomas R. *New Testament Theology: Magnifying God in Christ.* Grand Rapids: Baker, 2008.

Schreiner, Thomas R., and Ardel B. Caneday. *The Race Set Before Us: A Biblical Theology of Perseverance & Assurance.* Downers Grove, IL: InterVarsity Press, 2001.

Shelton, Jo-Ann. *As the Romans Did: A Sourcebook in Roman Social History.* 2nd ed. Oxford: Oxford University Press, 1998.

Spicq, C. "Les Thessaloniciens 'inquiets' étaient-ils des paresseux?" *Studia Teologica* 10 (1956): 1–13.

Stanley, Christopher D. "Who's Afraid of a Thief in the Night?" *NTS* 48 (2002): 468–86.

Stanley, David. *Christ's Resurrection in Pauline Theology.* AnBib 13. Rome: Pontifical Biblical Institute, 1961.

———. "Imitation in Paul's Letters: Its Significance for his Relationship to Jesus and to His Own Christian Foundations." Pages 127–41 in *From Jesus to Paul: Studies in Honor of Francis Wright Beare.* Edited by P. Richardson and J. C. Hurd. Waterloo, Ont.: Wilfrid Laurier, 1984.

Stauffer, Ethelbert. *New Testament Theology.* Translated by John Marsh. New York: Macmillan, 1955.

Steimle, Christopher. *Religion im römischen Thessaloniki: Sakraltopographie, Kult und Gesellschaft 168 v. Chr. — 324 n. Chr.* Studien und Texte zu Antike und Christentum 47. Tübingen: Mohr Siebeck, 2008.

Still, Todd D. *Conflict at Thessalonica: A Pauline Church and Its Neighbors.* JSNTSup 183. Sheffield: JSOT, 1999.

———. "Eschatology in the Thessalonian Letters." *RevExp* 96 (1999): 195–210.

Strecker, Georg. *Theology of the New Testament.* Translated by M. E. Boring. Louisville: Westminster John Knox, 2000.

Trilling, Wolfgang. *Untersuchungen zum zweite Thessalonicherbrief.* Leipzig: St. Benno, 1972.

Turner, Seth. "The Interim, Earthly Messianic Kingdom in Paul." *JSNT* 25/3 (2003): 323–42.

Vom Brocke, Christoph. *Thessaloniki — Stadt des Kassander und Gemeinde des Paulus.* WUNT 2/125. Tübingen: Mohr Siebeck, 2001.

Wallace, Daniel B. *Greek Grammar beyond the Basics: An Exegetical Syntax of the New Testament.* Grand Rapids: Zondervan, 1996.

Walton, Steve. *Leadership and Lifestyle: The Portrait of Paul in the Miletus Speech and 1 Thessalonians.* SNTSMS 108. New York: Cambridge University Press, 2000.

———. "What Has Aristotle to Do with Paul? Rhetorical Criticism and 1 Thessalonians." *TynBul* 46 (1995): 229–50.

Ware, James. "The Thessalonians as a Missionary Congregation: 1 Thessalonians 1,5–8." *ZNW* 83 (1992): 126–31.

Weatherly, Jon A. "The Authenticity of 1 Thessalonians 2.13–16: Additional Evidence." *JSNT* 42 (1991): 79–98.

Weima, Jeffrey A. D. "An Apology for the Apologetic Function of 1 Thessalonians 2.1–12." *JSNT* 68 (1997): 73–99.

———. "'But We Became Infants Among You': The Case for ΝΗΠΙΟΙ in 1 Thess 2.7." *NTS* 46 (2000): 547–64.

Wengst, Klaus. *Pax Romana and the Peace of Jesus Christ.* Philadelphia: Fortress, 1987.

Wenham, David. *Paul: Follower of Jesus or Founder of Christianity?* Grand Rapids: Eerdmans, 1995.

Wiles, Gordon P. *Paul's Intercessory Prayers: The Significance of the Intercessory Prayer Passages in the Letters of St. Paul.* SNTSMS 24. Cambridge: Cambridge University Press, 1974.

Winter, Bruce W. "The Entries and Ethics of Orators and Paul (1 Thessalonians 2:1–12)." *TynBul* 44 (1993): 55–74.

———. "'If a Man Does not Wish to Work …': A Cultural and Historical Setting for 2 Thessalonians 3:6–16." *TynBul* 40 (1989): 303–15.

———. *Seek the Welfare of the City: Christians as Benefactors and Citizens.* First-Century Christians in the Graeco-Roman World. Grand Rapids: Eerdmans, 1994.

Witherington, Ben, III. *The Acts of the Apostles: A Socio-Rhetorical Commentary.* Grand Rapids: Eerdmans, 1998.

———. *Jesus, Paul and the End of the World: A Comparative Study in New Testament Eschatology.* Downers Grove, IL: InterVarsity Press, 1992.

Witmer, Stephen E. *Divine Instruction in Early Christianity.* WUNT 2/246. Tübingen: Mohr Siebeck, 2008.

Wright, N. T. *Paul in Fresh Perspective.* Minneapolis: Fortress, 2005.

———. *The Resurrection of the Son of God.* Minneapolis: Fortress, 2003.

Yarbrough, O. Larry. *Not Like the Gentiles: Marriage Rules in the Letters of Paul.* SBLDS 80. Atlanta: Scholars, 1985.

데살로니가전서 1:1-10

문학적 전후 문맥

서신들은 항상 관례적인 양식을 따랐다. 따라서 독자는 특별히 해석하려고 애쓰지 않아도 그 메시지를 자연스럽게 이해할 수 있다. 바울이 이 서신에서 독자에게 처음으로 하는 말(1:1)은 일반적인 그리스-로마 양식과 비슷하다. 동시에 우리는 바울이 글을 쓰는 방식에 대해서도 살펴볼 수 있다. 바울은 일반적인 양식에 신학적인 의미를 담아서 그것을 '기독교화한다.' 교회는 "하나님 아버지와 주 예수 그리스도 안에"(1:1b) 존재한다. 그 당시의 많은 서신처럼, 바울 사도는 그들에게 인사말을 건넨다. 그러나 그는 다시 "은혜"와 "평강" 같은 익숙한 복음 용어를 사용하여 자신의 생각을 표현한다(1:1d).

현존하는 귀중한 고대 서신을 보면, 저자는 본론으로 들어가기 전에 신들에게 간단히 감사를 표한다. 바울은 데살로니가전서 1:2-10에서 하나님과 데살로니가인들의 관계 때문에 그리고 하나님이 그리스도를 통해 그들 가운데 역사하시는 것 때문에 하나님께 감사를 드린다. 감사는 그저 형식적인 일이 아니라, 메시지의 핵심이다.

이렇게 확장된 감사는 또한 엑소디움(*exodium*, 서론)의 역할을 한다.[1] 엑소디움은 고대 수사학에서 짧거나 적당한 길이로 이루어진 부분으로, 저자가 그들의 돈독한 상호 관계를 상기시키는 데 활용했다. 시간과 거리 때문에 우정을 유지하기가 쉽지 않았던 시대에, 저자는 새로운 문제를 다루기 전에 긴밀한 관계를 강조하는 데 집중했다. 바울에게 엑소디움은 서신의 기조를 정하는 기능을 했다(데살로니가전서의 경우에는 감사와 고마움). 또한 이 엑소디움은 새로운 제자들이 이전에 하던 이방인의 행위를 어떻게 그만두었는지 그리고 그들이 이제 주님의 재림을 어떻게 소망하는지 예시한다. 이 서신에서 엑소디움의 범위가 1:2-5인지 혹은 1:2-10인지를 두고 약간의 논쟁이 있다.[2] 그러나 오늘날의 독자에게 중요한 것은 엑소디움의 정확한

---

[1] R. P. Martin, "Worship," *DPL*, 985를 보라.
[2] Wanamaker, *Thessalonians*, 72-73을 참조하라. Witherington, *1 and 2 Thessalonians*, 52는 1:2-3을 선택한다.

경계가 아니라 그 내용이다.

전형적인 바울 서신과 달리 데살로니가전서는 '안쪽에서부터' 읽어야 한다. 즉, 현대 독자는 사도들이 깊이 감사하는 이유를 발견하기 위해 2:17-3:13을 먼저 읽기 시작해야 한다. "지금은 디모데가 너희에게로부터 와서 너희 믿음과 사랑의 기쁜 소식을 우리에게 전하고"(3:6). 물론 원 독자들은 이 서신을 펼쳐보기 전에 이미 디모데의 사명이 무엇인지 알고 있었다. 바울은 서신의 본문에 해당하는 몇 단락에 이를 때까지 기쁨을 준 사건들을 상세히 이야기하지 않기 때문에, 데살로니가전서는 훨씬 더 효과적이다.[3] 즉, 기록된 서신 안에서는 결과(우리의 기쁨)가 원인(너희가 건재해 있다)보다 앞선다.

이 단락에는 바울의 감사가 넘쳐흐른다. "항상", "때에", "끊임없이." 바울은 감사하기 위해 하나님의 임재 가운데 서둘러 들어가고자 하는 마음을 묘사하면서 진실한 감정을 솔직하게 거듭 드러낸다. 이 열정은 어떻게 생겨난 것인가? 그리고 두 번째 서신에서는 그들의 감사가 줄어든 것처럼 보이는 이유는 무엇인가(살후 1:3-4)? 그것은 몇 주 또는 몇 달 동안 소식을 주고받지 못하다가 첫 번째 서신을 쓰게 될 무렵, 데살로니가와 연락할 길이 막 다시 열렸기 때문이다. 그들은 그동안 쏟은 수고가 허사가 되었을까 봐 두려워했었기 때문에(살전 3:5) 더 크게 감사한다. 결국 그들의 수고는 헛되지 않았고, 그들은 하나님께 감사한다.

다른 서신에서(예를 들어, 데살로니가후서, 로마서, 에베소서) 바울은 감사에서 주요한 주제로 곧바로 옮겨간다. 그리고 거기에서 엑소디움은, 데살로니가전서에서처럼 사도팀에 대한 가르침을 연결하는 다리 역할을 한다(살전 2:1-12). 그러나 감사는 데살로니가전서 1장에서 끝나지 않는다. 감사는 이 서신의 독특한 특징으로 바울은 세 번 더 감사의 말을 언급한다(2:13; 2:19-20; 3:9-10; 또한 5:16, 18을 보라).

 I. 서언 (1:1)
II. 하나님의 구원하시는 개입을 감사함(1:2-10)
   A. 사도팀이 그들로 말미암아 자주 감사를 드림(1:2)
   B. 사도들이 하나님 앞에서 감사하며 그들의 구원을 단언함(1:3-5)
   C. 사도들이 신자들의 믿음이 자란 것을 인정함(1:6-10)
III. 데살로니가인들의 모범이 되는 사도팀(2:1-12)

---

3. 그리스-로마 서신에서, 어떤 저자는 주제 진술(*narratio*)로 알려진 수사적 장치를 사용하기로 선택했을 수 있다. 그것은 저자로 하여금 서신을 쓰게 한 사건들을 이야기한다. 바울은 갈라디아서 1:11-2:14에서 그 방식을 사용한다.

4. 롬 1:8; 엡 1:15; 골 1:4; 몬 1:4-7과 비슷하다.

주요 개념

바울과 실라와 디모데는 데살로니가인들에게 인사하고 나서, 그들이 데살로니가인들로 말미암아 하나님께 자주 열렬히 감사한다고 선언한다. 선교팀의 감사는, 새로운 제자들이 하나님의 택함을 받은 백성에 속해 있다는 확신에 근거한다. 이 확신은, 첫째 그들이 직접 목격한 증거 그리고 둘째 그들의 행동이 변화되었다는 이야기가 마게도냐와 아가야와 "각처"에 퍼져나간 사실에 근거한다.[4]

번역

데살로니가전서 1:1-10

1a	발신자	바울과 실루아노와 디모데는	
b	신분	하나님 아버지와 주 예수 그리스도 안에 있는	
c	수신자	데살로니가인의 교회에 편지하노니	
d	인사	은혜와 평강이 너희에게 있을지어다	
2a	기도	**우리가…하나님께 감사하며**	
b	언급 대상	너희 모두로 말미암아	
c	시간	항상	
d	동시	기도할 때에	
e	재언급	너희를 기억함은	
3a	목록		[1] 너희의 믿음의 역사와
b	목록		[2] 사랑의 수고와
c	기원		[1] 우리 주 예수 그리스도에 대한
d	목록		[3] 소망의 인내를
e			[2] 우리 하나님 아버지 앞에서
f	2a, b절의 내용 1	[1] 끊임없이 기억함이니	
4a	2a, b절의 내용 2	[2] 하나님의 사랑하심을 받은 형제들아…아노라	
b	내용	너희를 택하심을	
5a	4절의 원인	이는 우리 복음이 너희에게	
b	태도/목록		[1] 말로만 이른 것이 아니라
c	목록		[2] 또한 능력과
d	목록		[3] 성령과

e	목록	[4] 큰 확신으로 된 것임이라
f	상기시키는 말	[5] 우리가 너희 가운데서 너희를 위하여 어떤 사람이 된 것은 너희가 아는 바와 같으니라
6a	5ʃ절과 비교	또
b	주장	**너희는…본받은 자가 되었으니**
c	환경/목록	[1] 많은 환난 가운데서
d	환경	[2] 성령의 기쁨으로
e	6b절의 태도	말씀을 받아
f	목록 기원	[1] 우리와
g	목록	[2] 주를
7a	6c–e절의 결과	그러므로 너희가…본이 되었느니라
b	유리한 점	마게도냐와 아가야에 있는 모든 믿는 자의
8a	설명	주의 말씀이 너희에게로부터…들릴 뿐 아니라
b	장소/목록	[1] 마게도냐와 아가야에만
c	설명	하나님을 향하는 너희 믿음의 소문이…퍼졌으므로
d	장소/목록	[2] 각처에
e	결과	우리는 아무 말도 할 것이 없노라
9a	설명	그들이 우리에 대하여 스스로 말하기를
b	내용/목록	[1] 우리가 어떻게 너희 가운데에 들어갔는지와
c	내용	[2] 너희가 어떻게 우상을 버리고 하나님께로 돌아와서
d	결과/목록	[1] 살아 계시고 참되신 하나님을 섬기는지와
10a	서술	또 죽은 자들 가운데서 다시 살리신
b	결과	[2] 그의 아들이 하늘로부터 강림하실 것을 너희가 어떻게 기다리는지를 말하니
c		이는 장래의 노하심에서
d	동격	우리를 건지시는 예수시니라

구조

데살로니가전서는 일반적인 그리스-로마 양식의 서론, 곧 발신자와 수신자의 이름 그리고 인사로 시작된다(또한 살후 1:1-2을 보라). 바울의 방식은 이 서신에서 가장 엉성하다. 다른 바울 서신의 서론은 더 상세히 서술된다.

"우리가…하나님께 감사하며"(1:2)라는 말은 1장 나머지 본문의 감정적 기조를 결정한다. 바울은 1:2, 3f에서 그들이 어떻게 감사하고 기도하는지 설명한다. 먼저 "항상"(πάντοτε)이라는 부사가 사용된다. 그다음에는 "너희 모두로 말미암아" 그리고 1:2e에 부사적 분사 "[감사하며] 너희를 기억함은"이라는 표현이 나온다. NA²⁷의 구두법에 따라, 1:2의 끝에 나오는 부사(ἀδιαλείπτως)는 1:3의 분사와 연결된다. "우리 하나님 아버지 앞에서 끊임없이 기억함이니." 급하게 마음에 떠오른 생각을 썼기 때문에 이 구문은 체계적으로 정리되어 있지 않다. 줄지어 나오는 이 단어들은 바울, 실루아노, 디모데의 고조된 감정을 나타낸다.

그리고 나서 바울은, 에베소서 1:16과 빌레몬서 1:4처럼 처음에 나오는 "우리가…감사하며"를 풀어 설명하는 분사들을 사용하여 그들이 기도하는 내용으로 넘어간다(1:3-5). 먼저 "기억함이니"(1:3)는 데살로니가인들이 현재 하고 있는 세 가지 기독교 활동, 곧 역사, 수고, 인내를 묘사하는 것으로 이어진다. 그것들은 믿음, 사랑, 소망의 세 가지 신적 은혜로 고무된다.

바울은 다른 분사를 사용하여 데살로니가 그리스도인들 가운데 계시는 하나님과 그분의 역사로 시선을 돌린다. 사도팀은 하나님이 그들을 택하셨음을 '안다'(1:4). 그들은 데살로니가에서 본 것 '때문에'(ὅτι의 임시적 용법) 하나님의 택하심을 감지할 수 있다. 바울은 고린도전서 4:20 및 다른 곳에서 사용하는 것처럼 대구법으로 알려진 수사학적 장치를 사용한다. "복음은 말로만 이른 것이 아니라(οὐκ) 또한(ἀλλὰ) 능력과(καὶ) 성령과(καὶ) 큰 확신으로 된 것임이라." 이 단락의 마지막 절에서는 상기시키는 말("너희가 아는 바와 같으니라")로 데살로니가에서 이루어진 선교사들의 행동을 나타낸다. 이와 같이 바울은 하나님이 인정하시지 않는 사람들을 통해 역사하시지 않을 것이라는 진리를 예시한다(살전 2:4).

1:6에서는 바울이 데살로니가인들에게 초점을 맞추는 것이 강조된다. "또 너희는"(καὶ ὑμεῖς). 6절은 데살로니가에서 복음이 처음에 끼친 영향을 개략적으로 묘사한다. 그들은 바울과 주 예수님을 "본받은 자"가 되었고, 환난 가운데 성령의 기쁨으로 메시지를 받아들였다. 그 다음 바울은 1:7-10에서 그 메시지를 받아들인 후 그들이 어떻게 곧바로 다른 사람들이 본받을 만한 그리스도인의 모범이 되었는지 보여준다. 그들은 그 지역에 있는 다른 신자들의 '본이 되었다.' 참으로 복음을 받아들였다면, 데살로니가인들이 복음적 삶의 모범이 되는 것은 당연했다. 그리고 이 절은 "그러므로"(ὥστε)로 구분된다.

하지만 바울은 거기에서 끝내지 않는다. 데살로니가인들이 또한 전도자로서 복음을 전파했기 때문이다. 바울은 설명을 나타내는 표현 '왜냐하면'(γάρ)으로 1:7의 내용을 확대한다. 이에 대해 뒤의 '본문 설명'에서 사도들이 제자들이 열심히 전도할 것을 기대했고, 그것이 바로 데살로니가인들이 하고 있던 일이라고 주장할 것이다. 바울은 이 부분을 결과절로 종결한다. "[그러므로(ὥστε)] 우리는 아무 말도 할 것이 없노라."

바울은 계속해서 사도들이 아무 말도 하지 않는 이유를 설명하는데, 이것은 '왜냐하면'(γάρ)이라는 표지로 강조된다. 그들은 사도들이 그 지역에 어떻게 들어갔는지 그리고 데살로니가인들이 어떻게 반응했는지 말한다. 데살로니가인들은 하나님께 돌아왔다. 그들의 회심은 두 개의 부정사로 표현된다. 그들은 하나님을 '섬기고', 그분의 아들이 하늘로부터 강림하시기를 '기다린다.' 바울은 단순히 그들의 회심을 묘사하는 것을 넘어선다. 그는 사도적 케리그마에 대해 이야기하면서 기독론적, 종말론적 요소들을 강조하는데, 그것은 서신의 나머지에 등장할 가르침을 기대하게 한다.

석의적 개요

→ I. 서언(1:1)
   II. 하나님의 구원하시는 개입을 감사함(1:2–10)
      A. 사도팀이 그들로 말미암아 자주 감사를 드림(1:2)
      B. 사도들이 하나님 앞에서 감사하며 그들의 구원을 단언함(1:3–5)
         1. 그들의 믿음, 사랑, 소망이 행동 가운데 나타난다(1:3)
         2. 복음은 단지 말이 아닌 하나님의 권능을 드러내는 수단이었다(1:4a)
         3. 하나님의 사랑과 선택은 성령의 기적과 사도들의 복음에 대한 확신으로 입증된다(1:5c–e)
         4. 신자들은 사도팀을 모범으로 삼는다(1:5f)
      C. 사도들이 신자들의 믿음이 자란 것을 인정함(1:6–10)
         1. 그들은 사도팀을 본받은 자가 되었다(1:6)
         2. 그들은 복음의 본보기가 되었다(1:7–10)
            a. 각처에서 사람들이 그들에 대해 이야기하고 있다(1:7–9a)
            b. 그들의 회심은 모범적이다(1:9b–10)
               i. 그들은 사도팀을 환영했다(1:9b)
               ii. 그들은 이교에서 돌아섰다(1:9c)
               iii. 그들은 참된 하나님께 돌아왔으며 이제 종말론적 구원을 기다린다(1:10)

본문 설명

1:1 바울과 실루아노와 디모데는 하나님 아버지와 주 예수 그리스도 안에 있는 데살로니가인의 교회에 편지하노니 은혜와 평강이 너희에게 있을지어다(Παῦλος καὶ Σιλουανὸς καὶ Τιμόθεος τῇ ἐκκλησίᾳ Θεσσαλονικέων ἐν θεῷ πατρὶ καὶ κυρίῳ Ἰησοῦ Χριστῷ· χάρις ὑμῖν καὶ εἰρήνη). 바울은 발신자를 주격으로, 수신자를 여격으로 명명한 다음, 축복 또는 인사를 하는 일반적인 공식을 따른다. 바울과 실루아노는 로마 시민이고(행 16:37-38) 로마식 이름이 있었다. 그 이름은 히브리 이름인 사울 및 실라와 똑같은 역할을 했다. 실루아노는 선지자요 예루살렘 교회의 지도자였다(행 15:27, 30, 32, 40). 디모데는 루스드라 교회의 교인이었으며, 아마도 바울이 1차 선교 여행을 하는 동안 그리스도를 믿게 되었을 것이다. 디모데가 바울 및 실라와 함께한 순간부터(행 16:1-3), 그는 사도행전과 바울 서신(갈라디아서나 에베소서를 제외하고)에서 빠지지 않고 등장하는 인물이 되었다. 히브리서 13:23은 말할 것도 없다. "우리 형제 디모데가 놓인 것을 너희가 알라."

바울이 공동 저자를 의미하지 않으면서 다른 사람들을 서신의 발신자로 언급하는 것은 흔한 일이다. 그런데 이 첫 번째 서신에서는 "우리가", "우리들을", "우리의"라는 1인칭 복수가 매우 자주 사용된다(그러나 2:18; 3:5; 5:27을 주목하라. 바울은 2:18; 3:5에서 일어난 사건들에 대해 개인적 반응을 언급한다). 바울은 2:17-3:6에서 "우리"와 "나"를 번갈아 사용한다. 여기에서 "우리"는 바울과 실라(디모데가 아니라)를 말한다.

말허비(Malherbe)에 따르면, 바울이 "편집상의 우리"(editorial we)를 사용하고 있으므로 바울만 저자로 간주되어야 한다.[5] 하지만 이 이론은 어떻게 "내"가 바울을 가리킬 수 있는지 만족스럽게 설명하지 못한다. 바울은 자신과 다른 동료들을 구체적으로 가리키기 위해 골로새서에서처럼(골 1:3, 4, 9; 4:8) "우리"를 사용한다. 실루아노와 디모데는 고린도에서 바울과 함께 있었고, 그 메시지를 같이 보낸 발신자이다. 우리는 지금 실루아노(또는 디모데)가 그 서신을 작성하는 데 어느 정도 관여했는지 알 수 없다.[6] 바울이 "나"에 대해 이야기하고 두 번째 서신에 서명을 한 사실은, 그가 서신 작성에 지배적인 역할을 했음을 보여준다.

보통 바울은 '어느 도시에 있는 교회나 성도들'을 언급한다. 오직 이 본문과 데살로니가후서 1:1에서 바울은 도시(로마에 있는 사람들, 골로새에 있는 사람들)보다 사람들("데살로니가인의 교회")을 이야기한다. 바울은 그들이 "하나님 아버지와 주 예수 그리스도 안에(ἐν)" 있다고 언급한다. 그것은 교회가 어떤 관계 속에서 사는지를 나타낸다.

"은혜와 평강이 너희에게 있을지어다"는 바울의 전형적인 인사로, 디모데전후서를 제외하고 바울의 모든 서신에서 찾아볼 수 있는 한 쌍의 단어이다(디모데전후서에서는 요한서 1:3처럼 "은혜와 긍휼과 평강"으로 기록되어 있다). 신적 "은혜"(χάρις)는 헬라적 개념으로 바울은 그 용어를 이방의 배경에서 차용했을 것이다. 이를 근거로 많은 사람은 바울이 헬라 용어를 히브리어 샬롬과 결합했다고 제안했다. 하지만 이런 설명은 증거를 공정하게 다루지 못한다. 바울의 인사와 더 유사한 말은 히브리어 *ḥesed*("자비, 인자", 출 34:6을 보라. 여호와는 "인자와 진실"이 많으시다)를 헬라어로 번역한 것이다. 즉, "은혜" 역시 구약을 기반으로 한다. 바울 및 다른 그리스도인 저자들은 하나님의 은혜를 구하는 기도를 전형적으로 서신의 끝부분에 배치한다(모든 바울 서신에 해당함. 히 13:25;

---

5. Malherbe, *Letters to the Thessalonians*, 86-89. 다른 한편으로, Bruce, *1 & 2 Thessalonians*, 11은 "우리"가 세 명의 발신자를 언급한다고 믿는다.
6. Fee, *Thessalonians*, 4를 보라.

1 Clem. 65.2; 또한 계 22:21).

"평강"이라는 인사는 히브리 인사에서 유래한다(삼상 1:17, 헬라 유대 문헌에서도 찾아볼 수 있음. 예를 들어, Jdt 8:35, "평강 가운데 가라"). 선지자들도 '평화의 좋은 소식'이 올 것을 선포했다(사 52:7; 나 1:15). "은혜와 평강"은 가장 초기의 기독교 교회에서 두드러지게 많이 사용하는 어휘가 되었다(예를 들어, 벧전 1:2; 벧후 1:2; 계 1:5; *1 Clement inscr*.의 "전능하신 하나님과 예수 그리스도로 말미암아 은혜와 평강이 너희에게 더욱 많을지어다").

공인 본문(Textus Receptus)과 따라서 KJV는 "평강" 다음에 "하나님 아버지와 주 예수 그리스도로부터"를 덧붙인다. 이 구절은 몇몇 사본의 지지를 받지만, 데살로니가후서 1:2을 염두에 둔 몇몇 초기 서기관이 덧붙인 것으로 보는 것이 가장 좋다.

1:2 우리가 너희 모두로 말미암아 항상 하나님께 감사하며 기도할 때에 너희를 기억함은(Εὐχαριστοῦμεν τῷ θεῷ πάντοτε περὶ πάντων ὑμῶν, μνείαν ποιούμενοι ἐπὶ τῶν προσευχῶν ἡμῶν). 바울과 실라와 디모데는 데살로니가인들을 위해 자주 기도하면서 하나님께 감사한다. 이 기도 보고는 그리스도인들이 쉽게 사용하는 것으로, 예의를 갖추기 위해 쓰는 종교적 용어가 아니다(예를 들어, '당신을 위해 기도할게요'). 오히려 이것은 사도팀이 하나님의 임재 아래서 어떻게 말하는지를 사실적으로 강력하게 묘사한 것이다.[7] 그리스도인의 기도는 그것을 듣고 응답하시는 분이 살아 계신 하나님이기 때문에 효과가 있다. 하나님이 하신 일에 대해 그분께 정기적으로 감사하고, 하나님이 더 개입하시기를 바라며 기도하는 것이 합당하기 때문에 그리스도인은 자주 기도한다.

1:2의 언어는 데살로니가후서 1:3과 비슷하다[후자에는 "모두"(πάντων)라는 단어가 없다]. 이것은 데살로니가전서에 나오는 여러 감사 중 첫 번째이다. 그것은 바울 서신에 흔히 쓰이는 동사인 '감사하다'(εὐχαριστέω)에 근거한다.[8] 이 동사는 '기도하다'를 뜻할 수도 있지만, 여기에서 바울의 의도는 하나님이 과거와 현재에 데살로니가인들 가운데서 하신 일에 대해 감사하는 것이다. 데살로니가전후서는 시간을 많이 언급하는데, "항상"(πάντοτε)이 그중 처음으로 나오는 표현이다. 이 단어는 1:3의 끝에서 곡언법 "끊임없이"가 전달하는 것과 똑같은 진리를 긍정적으로 표현한다.[9]

전치사구 "너희 모두로 말미암아"(περὶ πάντων ὑμῶν)는 "우리가…감사하며"에 딸려 나온다. 또는 그 전치사구는 뒤이어 나오는 것에 붙어서, '우리가 기도할 때마다 우리가 말하는 너희 모두로 말미암아'라는 의미가 될 수도 있다. 둘 중 첫 번째 해석('우리가 너희 모두로 말미암아 감사하며')이 더 나은 이유는 두 가지를 들 수 있다. 첫째, 많은 사본이 '기억하다'(μνείαν) 뒤에 "너희"를 삽입한다. 따라서 그것이 원문의 일부가 아니었을 수 있지만, 코이네(*koinē*) 헬라어를 사용하는 사람들은 "너희 모두로 말미암아"가 "우리가…감사하며"와 더 자연스럽게 어울리는 것으로 생각했다. 둘째, 데살로니가후서 1:3에 나오는 평행 구절은 전자의 방안이 옳다는 것을 암시한다.[10]

복수 "너희"는 '집단으로서의 너희'가 아니라 '개별적

---

7. 바울의 감사에 대해 전문적으로 분석한 글로, Peter Arzt-Grabner, "Paul's Letter Thanksgivings," in *Paul and the Ancient Letter Form* (ed. Stanley E. Porter and Sean A. Adams; Pauline Studies 6; Leiden: Brill, 2010), 129-58을 보라.

8. 이 동사는 헬레니즘과 LXX의 제2정경 문헌에서 잘 알려져 있었다. 그럼에도 불구하고, LXX의 정경에서, "감사하다"(ἐξομολογέομαι)와 같은 동의어들이 두드러진다. 2 Macc 1:11에 기록된 평행 구절을 보라. "심각한 위험에서 하나님께 구원을 받은 우리는 하나님께 큰 감사를 드린다…."

9. 곡언법은 때때로 풍자를 위해, 정반대의 것을 부정함으로써 긍정적인 진리를 표현하는 수사적 표현이다. 영어에서는 "나쁘지 않아," "쉬운 일이 아니었어!"를 들 수 있다. 곡언법은 사도행전에서 자주 쓰는 장치이다. 예를 들어, "사람들이 살아난 청년을 데리고 가서 적지 않게 위로를 받더라"(20:12).

10. Wanamaker, *Thessalonians*, 73-74가 그렇게 생각한다. 그는 또 다른 평행 구절로 고전 1:4을 인용한다. 마찬가지로, Rigaux, *Thessalo-*

인 너희 모두'를 나타낸다. 로마서 1:8에 나오는 감사는 이 부분과 매우 비슷하다. "먼저 내가 예수 그리스도로 말미암아 너희 모든 사람에 관하여 내 하나님께 감사함은 너희 믿음이 온 세상에 전파됨이로다." 로마서는 바울이 개인적으로 알고 있고(롬 16:3-15), 이름을 불러가며 기도할 수 있었던 그리스도인 동료가 많이 있는 도시에 보낸 편지였다.

이 책에서는 '너희를 말함은'(we speak concerning you, μνείαν ποιούμενοι)으로 확대해서 번역했는데, 이는 동사 '…하다, 만들다'(ποιέω)의 중간태를 사용한 좋은 사례이다. 독자는 이것을 극히 문자적으로, 즉 "너희를 기억함은"으로 번역하고 싶을 수 있다. 그렇지만 이 경우에는 용법이 의미를 결정하므로, 이 구절은 제삼자에게 '누군가를 상기시키다'로 매끄럽게 다듬어져야 한다. 혹은 '누군가를 언급하다'나 '누군가에게 다른 사람에 대해 말하다'로 번역하는 것이 훨씬 더 낫다. 신약에는 이런 문장 구조가 기도 언어로 사용되는 사례가 여러 번 등장한다(롬 1:9; 엡 1:16; 몬 1:4을 보라).[11]

이 책에서는 두 번째 구에 '감사하며'(with gratitude)를 추가한다['기도할 때 (감사하며) 너희를 말함은']. 동사적 분사(예를 들어, '우리가 말하다', ποιούμενοι)가 '감사하다'(εὐχαριστοῦμεν)와 연결되고, 그것을 더 발전시키기 때문이다. 헬라어는 대부분의 번역에서 찾아볼 수 있는 '언급하다'보다 강한 언어를 요구한다. 이것은 사도들이 독자에 대해 무심코 말한다는 느낌을 줄 수 있는 번역이다. 이 구절이 열정적인 기도를 적절히 묘사한다는 것을 보여주는 한 사례인 *1 Clem.* 56.1은, 고린도인들이 반역적인 그리스도인이 회개하도록 열심히 기도해야 한다고 말한다. 현재 본문에서 "때에"(ἐπί)는 그들이 기도하는 시간을 가리킨다.[12]

1:(2d), 3f [하나님 앞에서] **끊임없이 기억함이니**(ἀδιαλείπτως μνημονεύοντες). 바울은 자신과 동료들이 데살로니가인들을 위해 어떻게 기도하는지 묘사한다. 감사는 그들의 교회 사역을 지배하는 주제이다. 몇몇 해석자는 1:2에서 '우리가 말함'(μνείαν ποιούμενοι)에 "끊임없이"(부사 ἀδιαλείπτως)를 덧붙인다('우리가 기도할 때에 끊임없이 너희를 말함은').[13] 하지만 그것을 1:3에서 "기억함이니"(μνημονεύοντες)와 연결하는 NA²⁷ 본문을 따르는 것이 더 낫다. 첫째, 로마서 1:9에 나오는 평행 구절은 바울이 동사 앞에 그 부사를 놓는 것을 선호했음을 보여준다. 둘째, 헬라어의 리듬은 그 부사가 1:3에 덧붙여질 경우 더 매끄럽다.[14] 이것은 이 책에서 채택하는 견해이다.

영어 성경에서 1:3과 5:17은 전통적으로 "쉬지 말고 기도하라"로 번역된다. 그러나 일상생활에서 해야 하는 일을 고려할 때, 이것이 정말로 끊임없이 계속되는 중보기도를 의미할 수 있는가? 기도는 사람이 깨어 있는 시간 내내 이루어져야 하는가? 다행스럽게도 그 구절의 명확한 의미를 파악하게 해주는 고대의 유대 기독교적 자료가 있다. 마카베오 3서 6:33에는 끊임없이 하늘에 감사를 드리는 잔치에 대한 기록이 나온다.[15] 이 경우, 저자는 긴 기도 시간을 언급하는 것일 수 있다. 따라서

---

niciens, 359.

11. BDAG, μνεία 2를 보라. 또한 BDAG, ποιέω 7.
12. BDAG, ἐπί 18. a., 시간적 연관성의 표지. 바울이 정기적으로 기도하는 때를 언급하는 것일 수도 있지만, 그럴 가능성이 크지는 않다. 예를 들어, 사도행전 3:1과 10:9에서 사도 베드로와 요한은 전통적인 유대인의 일주기(日週期)를 준수했다. 다른 번역은 "우리 기도 시간에"가 될 것이다.
13. Wanamaker, *Thessalonians*, 74; Fee, *Thessalonians*, 21; Green, *Thessalonians*, 87이 그렇게 한다.
14. Bruce, *1 & 2 Thessalonians*, 11-12가 그렇게 생각한다. 코이네 설교자인 Chrysostom조차 이 문장의 구문으로 애를 먹었다는 사실을 알면 안심이 될 것이다. *Homilies on First Thessalonians* 1 (*NPNF*¹ 13:324)을 보라.
15. 이것이 끊임없는 기침을 언급하는 주전 1세기 비문에서 그 형용사가 유사하게 사용된 사례에서 우리가 얻어낼 수 있는 의미이다 (MM, 9). 또 흥미로운 용법을 위서 *T. Levi* 13.2 (ed. Charlesworth)에서 찾아볼 수 있다. "또 너희 자녀들에게 글자를 가르치라. 그래서 그들이 끊임없이 하나님의 율법을 읽고 일생 동안 분별 있는 삶

1:2d, 3f을 '우리가 자주 그리고 시간에 구애받지 않고 기도할 때'로 이해하는 것이 좋다.

바울 서신 자체는 여기에서 이 의미가 무엇인지에 대해 암시를 준다. 특히 주목할 만한 구절은 고린도후서 11:28이다. 많은 주석가는 이 구절이 기도를 언급한다고 본다. "날마다 내 속에 눌리는 일이 있으니 곧 모든 교회를 위하여 염려하는 것이라." 더 분명한 구절은 골로새서 2:1과 4:12이다. 여기에서 바울이 신자들을 위해 하는 기도는 힘쓰는 것 또는 애쓰는 것이다. 이것은 예수님이 동이 트기 전 일어나 기도하시거나(막 1:35), 밤이 지나도록 오래 기도하신(마 14:23) 우리 주님의 기도 생활을 아주 잘 보여준다. 예수님은 그분을 따르는 자들에게 기도하고 포기하지 말라고 가르치셨다(눅 18:1). 또 이스라엘에게 다음과 같이 말한 모세의 모범을 반드시 배워야 한다. "그때에 여호와께서 너희를 멸하겠다 하셨으므로 내가 여전히 사십 주 사십 야를 여호와 앞에 엎드리고"(신 9:25).

'밤낮으로' 기도하는 것은 시편에서도 찾아볼 수 있다. 시편 본문에서 이 표현은 '저녁과 아침 기도'가 아니라 하나님의 도움을 구하는 필사적이고도 끊임없는 기도를 의미한다. "여호와 내 구원의 하나님이여 내가 주야로 주 앞에서 부르짖었사오니 나의 기도가 주 앞에 이르게 하시며 나의 부르짖음에 주의 귀를 기울여주소서"(시 88:1-2). 마카베오 전쟁 동안 사람들은 여호와께 밤낮으로 부르짖으라는 요청을 받았다(Macc 2 13:10-12). 그것은 "쉬지 않고" 삼 일을 연속해서 기도하고, 통곡하며, 금식하는 것이었다.

이와 관련해서 속사도 시대에 작성된 문헌이 조금 도움이 될 수 있다. 그 문헌은 1세기의 사도적 관례에 충실하기 때문이다. 그 책들에 나오는 "쉬지 않고 하는 기도"는 마카베오 3서 6:33에 기록된 끊임없는 감사 기도와 아주 비슷하다. Ign. *Eph.* 10.1은 데살로니가전서 5:17을 인용해서 그것을 정기적인 기도 사역에 적용하는 것 같다. 이그나티우스(Ignatius) 그리고 Pol. *Phil.* 4.3에서 폴리캅(Polycarp)은 부사 "끊임없이"(ἀδιαλείπτως)를 사용한다. 하지만 그들은 기도를 지속하는 시간에 대해 상세히 말하지 않는다. 하지만 2세기 Herm. *Sim.* 9.11.7에서 "끊임없이"(ἀδιαλείπτως)는 철야 기도를 가리킨다. 마찬가지로 Ign. *Pol.* 1.3은 잠을 자지 않는 것을 언급한다. 폴리캅은 "밤낮으로 모든 사람을 위해 그리고 세계 교회를 위해 기도하는 것 외에는 다른 아무 일도 하지 않았다. 이것이 그의 변함없는 습관이었다"(*Mart. Pol.* 5.1). 체포되기 직전에도 폴리캅은 "작든 크든, 유명하든 무명이든 자신을 만났던 모든 사람을 위해 그리고 세계에 있는 보편적 교회를 위해" 두 시간을 꼬박 기도했다(*Mart. Pol.* 7.3–8.1). 다시 말해, 사도적 교부들은 그리스도인들이 매일 장시간 기도해야 한다는 것과, 이런 관례가 사도들이 가르친 것이라고 믿었다.

바울과 그의 팀이 정기적으로, 장시간, 열심히 기도했다고 결론을 내리는 것이 가장 좋다. "(끊임없이 기도하는 것)과 오늘날 '기도의 영'으로 불리는 것, 즉 하나님의 임재 가운데 들어가려는 준비된 마음을 동일시하는 것은 적절하지 않다."[16] 끊임없는 기도는 "기도할 때에 이방인과 같이 중언부언하지 말라"(마 6:7)는 주님의 명령을 결코 넘어서지 않는다. 예수님 당시의 이방인은 '능력'과 관련된 많은 단어를 반복하면 기도의 효과가 커진다고 생각했다. 이로써 어떤 식으로든 우주에 변화를 일으킬 것이라고 여겼다. 그와 대조적으로, 기독교적 기도는 강력하신 하나님께 향한다는 점에서 강력하다. 오늘날 어떤 그리스도인들은 반복적인 기도가 한 사람의

을 살 수 있게 하라." 즉, 글을 읽고 쓸 줄 아는 아들은 일생 동안 정기적으로 자주 읽을 수 있을 것이다. 그러나 물론 끊임없이는 아니다. *T. Levi*가 진정으로 유사한 내용을 말하는 것이라면, 그리스도

인의 기도는 정기적이어야 한다. 하지만 끊임없이는 아니다.

16. Spicq, "ἀδιαλείπτως," *TLNT*, 1:34. 그것이 드문 단어만 아니라면, 나는 바울이 근면성실하게(assiduously) 기도했다고 제안하고 싶다.

믿음이 부족함을 나타낸다고 판단하기도 한다. 실제로 강단에서나 일상의 대화 속에서 그리스도인은 하나님께 필요한 것을 한 번만 말하고, 그다음에는 그저 '그분께 내맡기는' 법을 배워야 한다고 말하기도 한다. 분명 몇몇 특별한 경우 성령이 그런 방향으로 인도하실 수 있다. 그러나 이런 관례는 구약, 예수님, 사도나 초대교회 교부가 가르친 기도에 관한 교리에서 찾아볼 수 없다.

앞에서 말한 모든 점에도 불구하고, 이 책에서는 그들의 중보 기도와 감사의 방법을 제대로 표현하기 위해 "끊임없이"(without fail)로 번역했다. NLT도 "우리는 너희를 위해 지속적으로 기도한다"(we…pray for you constantly)로 잘 번역했다(또한 살전 2:13; 롬 1:9; 딤후 1:3을 보라). 바울이 독자에게 5:17에 기록된 규율을 따르라고 명령하기 때문에, 그는 그것을 사도가 아니어도 순종해서 실행할 수 있는 것으로 여겼음에 틀림없다. 다른 본문에서 바울, 이그나티우스, 폴리캅은 그것이 평신도뿐만 아니라 감독과 과부에게도 타당한 표준이라고 생각했다.[17]

'기억하다'(μνημονεύοντες)라는 동사는 Ign. Magn. 14.1에서 기도를 언급한다. "기도할 때 나를 기억해주시기 바랍니다." 1:2에서 '우리가 말한다'(μνείαν ποιούμενοι)의 경우와 같이, 분사는 앞에 나오는 동사 "우리가…감사하며"를 풀어 설명한다. 이 동사적 분사는 인과 관계('우리가 기억하기 때문에') 혹은 시간적['우리가 기억할 때(마다)'] 의미로 해석될 수 있다. 하지만 이런 해석 중 하나를 선택해야 할 특별한 이유가 없기 때문에, 그것을 부대 상황으로 남겨두는 규칙에 따라 '우리가 감사하고 기억한다'로 읽는 것이 가장 좋다.[18]

1:3a-b, d 너희의 믿음의 역사와 사랑의 수고와…소망의 인내를(ὑμῶν τοῦ ἔργου τῆς πίστεως καὶ τοῦ κόπου τῆς ἀγάπης καὶ τῆς ὑπομονῆς τῆς ἐλπίδος). 데살로니가의 제자들은 그들이 경험한 내적 변화를 확인해주는 활동을 한다. 여기에 두 서신 곳곳에 등장하는 '3인조'(셋으로 이루어진 양식, 때로 바울은 둘로 이루어진 2인조 양식을 사용하기도 함)가 나온다. 2인조와 3인조는 바울이 끔찍한 상황에 처한 데살로니가인들의 반응을 생각하면서 느끼는 감정을 생생하게 전달하는 효과가 있다. 믿음, 사랑, 소망이라는 세 가지 덕목은 데살로니가전서 3:5-6, 5:8과 고린도전서 13:13에서 기본 원칙으로 제시된다.[19]

각 덕목(믿음, 사랑, 소망)은 소유격 형태이다. 번역자들은 이런 소유격 단어를 번역할 수 있는 여러 가지 방안을 제시하면서 바울이 의도한 바를 파악하려 했다. 그 해결책 중 가장 설득력 있는 것 하나는 한정적 소유격이다. "너희의 신실한 사역, 사랑하는 행위, 너희가 지닌 인내하는 소망"(your faithful work, your loving deeds, and the enduring hope you have, NLT).[20] 한편 NIV는 생산, 생산자의 소유격으로 해석한다.[21] "믿음에서 나온 너희의 사역, 사랑으로 촉발된 너희의 수고, 소망에 영감받은 인내"(your work produced by faith, your labor prompted by

---

17. 딤전 5:5; Ign. *Eph.* 10.1; Pol. *Phil.* 4.3.
18. Daniel B. Wallace, *Greek Grammar Beyond the Basics: An Exegetical Syntax of the New Testament* (Grand Rapids: Zondervan, 1996), 640-45; Green, *Thessalonians*, 87을 보라.
19. Karl P. Donfried and I. Howard Marshall, *The Theology of the Shorter Pauline Epistles* (New Testament Theology; Cambridge: Cambridge Univ. Press, 1993), 53-58은 "믿음, 소망, 사랑의 복음"을 훌륭하게 분석한다.
20. Wallace, *Grammar*, 86-88을 보라.
21. Wallace, *Grammar*, 104-6. 세 개를 주어적 소유격으로 분류하는 주석가들은 Wallace와 같은 방향을 가리키고 있다. 그럼에도 불구하고, Wallace는 생산/생산자의 소유격과 주어적 소유격을 구별한다. Wallace, *Grammar*, 105, n. 89. "주어적 소유격으로, 주명사는 동사로 변화된다. 생산자의 소유격으로, 주명사는 '생산하는' 동사의 직접 목적어로 변화된다." 한정적 소유격과 생산, 생산자의 소유격(또는 몇몇 사람이 선호하는 대로, 주어적 소유격) 외에도 선택할 수 있는 다른 방안이 있다. 예를 들어, Rigaux, *Thessaloniciens*, 362-63은 첫 번째 구절을 "the act of having faith in Christ" 같은, 설명적 보족 소유격으로 번역하려고 한다. 하지만 그의 해석은 자연스럽지 못하다. 예를 들어, "labor that is love"는 독자에게 "labor of love"라는 명백한 의미를 전달하지 못할 것이다.

love, and your endurance inspired by hope).

한 방안이 다른 것보다 더 신뢰할 만한가? 세 가지 소유격("믿음", "사랑", "소망")을 한 번에 하나씩 고려하기보다 함께 고려하기 시작하면 특히 더 그렇다. 3인조에 나오는 모든 소유격을 똑같은 유형으로 보아야 한다는 문법 규칙은 없지만, 그렇게 보는 것이 논리적이다. "소망의 인내"(τῆς ὑπομονῆς τῆς ἐλπίδος), "소망"(ἐλπίδος)을 생산, 생산자의 소유격으로 보면 의미가 가장 잘 통한다. '너희의 소망이 만들어내는 인내.' 그리고 그것은 NIV처럼, 나머지 두 개를 그와 같은 유형의 소유격으로 매끄럽게 읽을 수 있게 한다. 이것은 또한 크리소스톰(Chrysostom)이 코이네 헬라어를 사용하는 회중에게 한 설교에서 제시한 해석이기도 하다.[22] 또한 이 책에서도 그러한 견해를 반영했다.

"믿음", "사랑", "소망"은 실제 세계와 아무 관련이 없는 불가시적인 특성이 아니다. 이 세 요소는 눈에 보이게 나타나는 생생한 현실이다. 이 문맥에서 "믿음"(πίστεως)은 신조가 아니라 역사(役事)를 낳는 믿음의 행동이다(1:8에 대한 설명을 보라; 또한 3:5을 보라). 마찬가지로, 사랑은 "수고"로 혹은 그린(Green)이 표현한 것처럼, "힘들고 진을 빼는 수고"로 나타난다.[23] 하지만 그들의 사랑은 누구를 향하는가? "믿음"과 "소망"은 하나님을 향하지만, 이 절에서 "사랑"은 사람들 사이의 사랑인 것 같다. 예를 들어, 바울은 서로 사랑하는 것에 대해 자주 말하는데(3:12; 4:9-10; 5:13), 이 사랑은 그들이 잘 실행하고 있는 서로를 향한 사랑인 것 같다(3:6; 또한 살후 1:3).

데살로니가인들은 바울이 데살로니가에 있을 때도 극심한 시험을 겪었다(행 17:5-9). 야손 및 다른 사람들이 더 이상 소란을 일으키지 않겠다는 약속으로 보석금을 내야 했다. 그들이 그리스도께 헌신했기 때문에 그 보석금을 몰수당하거나 그들의 소득을 잃는다면, 일부 신자는 생계를 위해 노동을 해야 했을 것이다.

사랑은 이 서신에서 거듭 등장하는 주제인데, 그럴 만할 이유가 충분하다. 바울은 감람산 담화에 근거하여 가르침을 전한다('데살로니가전후서 서론'을 보라). 우리는 오늘날 종말의 특별한 징조에 대한 설교를 거의 듣지 못한다. 그 징조 중 하나는 "많은 사람의 사랑이 식어지리라"는 것이다(마 24:12; 또한 딤후 3:2-3에 기록된 예언을 보라. 사람들에게서 '사랑이 사라질' 것이다). 그것은 '다른 사람들을 향한 사랑'이라고 번역할 수 있다. 그것이 그리스도인 가정을 넘어 확장될 수 있고, 복음 전도로 이끄는 사랑을 포함할 수 있기 때문이다.

"소망의 인내"는 신약의 일반적인 주제이다. 마찬가지로, 예수님이 말씀하신 대로 "끝까지 견디는 자는 구원을 받[을 것이다]"(막 13:13). 데살로니가후서 1:4에서 믿음과 인내의 특성은 환난 동안 더 극명하게 드러난다(또한 살후 3:5; 고후 1:6). 요한계시록에서도 마찬가지인데, 에베소 교회는 인내로 유명하다(계 2:2-3; 또한 3:10; 13:10을 보라). 데살로니가후서 3:5에서 바울은 데살로니가인들이 인내할 수 있도록 기도한다. 그들이 장차 일어날 일을 알고 있기 때문이다. 그와 대조적으로, 이방인은 부활에 대한 소망이 없는 자들로 알려져 있다(살전 4:13에 대한 설명을 보라). 그렇기 때문에 그들은 친구들이 죽었을 때 애처롭게 슬퍼한다.

1:3c, e 우리 주 예수 그리스도에 대한…우리 하나님 아버지 앞에서(τοῦ κυρίου ἡμῶν Ἰησοῦ Χριστοῦ ἔμπροσθεν τοῦ θεοῦ καὶ πατρὸς ἡμῶν). 데살로니가인들은 성부 및 성자와 관련하여 그리고 성령과 관련하여(1:5) 자신을 규정해야 한다. 이 구절을 앞에 나오는 문맥과 연결하는 두

---

22. Chrysostom, *Homilies on First Thessalonians* 1 (*NPNF*[1] 13:324)을 보라. 마찬가지로 Leon Morris, *The First and Second Epistles to the Thessalonians* (NICNT; rev. ed.; Grand Rapids: Eerdmans, 1991), 39-43.

23. Green, *Thessalonians*, 90.

가지 방법이 있다. (1) 그것은 3인조의 세 번째 요소, 즉 소망만을 언급한다.²⁴ (2) 그것은 세 요소를 다 언급한다. 몇몇 번역본은 그것을 일부러 모호하게 남겨둔다. 이 중 두 번째 방안이 더 좋다. 바울이 3인조로 말하고 있기 때문에, 그가 3인조 다음에 세 부분 모두를 수식하는 표현을 덧붙였다고 보는 것이 자연스럽다(2:10, 12에 이와 같은 방식의 예가 두 개 더 나온다). 이런 이유로 이 책에서는 3인조를 괄호 안에 넣는다[예수 그리스도에 대한 (믿음, 사랑, 소망)]. 세 개 모두 "우리 주 예수 그리스도" 안에서 기원한다.

"우리 하나님 아버지 앞에서"라는 구절은 그 뜻을 곧바로 알 수 없다. 데살로니가전서에는 몇 개의 평행 구절이 나온다. (1) 3:9처럼 이 구절은 기도의 언어일 수 있다. 이것은 "하나님…앞"이 사도들이 기도하고 감사하는 자리이고, 바울이 1:4를 내다보고 있음을 나타낼 수 있다. (2) 그것은 종말론적 언어로 2:19과 3:13에 기록된 파루시아 이후 그리스도 앞이나 하나님 앞에 있는 것을 언급할 수 있다. (3) 가장 좋은 해석은, 그 앞에 나오는 "우리 주 예수 그리스도"에 나타난 대로 그것을 관계적 언어로 보는 것이다. 바울은 데살로니가인들이 믿음, 사랑, 소망을 경험하는 영역이 그리스도 안에, 즉 은혜로우신 하나님 앞에 있다고 묘사한다.²⁵

1:4 **하나님의 사랑하심을 받은 형제들아 너희를 택하심을 아노라**(εἰδότες, ἀδελφοὶ ἠγαπημένοι ὑπὸ [τοῦ] θεοῦ, τὴν ἐκλογὴν ὑμῶν). 바울과 실라와 디모데의 기도는 감사로 이루어져 있다. 그들의 감사는 데살로니가인들이 하나님 앞에서 지닌 신분에 대한 추정에 근거한다. "[우리가] 아노라"(εἰδότες는 οἶδα에 근거함)는 "상기하다" 또는 "인정하다"는 뜻이다.²⁶ 확신에 찬 감사는 그들이 뒤이어 나오는 정보를 갖고 있는 데서 기인한다. 칠십인역에서 동사 '알다'(γινώσκω)는 '인정하다' 또는 '고백하다'라는 뜻으로 사용된다. 예를 들어, "내가 알거니와 여호와께서는 위대하시며 우리 주는 모든 신들보다 위대하시도다"[시 134:5 LXX(NETS)(135:5 MT)]. 따라서 어떤 형태의 '알다'(οἶδα 또는 그것의 동의어 γινώσκω)이든 데살로니가전서 1:4에서도 똑같이 사용할 수 있었다. 헬라어 동의어와 관련하여, 특히 시대에 뒤쳐진 단어 학습 도구를 사용함으로써 오해가 생길 수 있다. 최근의 예를 하나 들면, "Oida(horaō의 완료형)는 마음의 눈으로 보는 것(즉, '성찰해서 아는 것')인 반면, ginōskō는 관찰해서 아는 것이다."²⁷ 이런 종류의 구별은 1:4 같은 구절을 이해하는 데 도움을 주지 못한다. 설교자는 청중이 전에 이런 시대에 뒤쳐진 신화들을 들었을 수도 있음을 예상하고, 이 점에 주의를 기울여야 한다.

그런 다음 바울은 그들이 하나님의 가족에 속해 있음을 단언한다. 그들은 "형제들"(ἀδελφοί)이다. 기독교에서 사용하는 "형제들"이라는 단어는, 그들이 하나님 아버지께 양자로 입양된 사실과 아브라함의 상속자가 되는 그들의 지위에 근거한다(갈 3:26-29). GNB, NRSV, NLT, NIV처럼 1:4의 그 표현을 "형제들과 자매들"로 번역하는 것이 옳다. 그것은 그 명사를 현대적으로 충실하게 번역한 것으로, "형제들"(NASB, HCSB, ESV, NKJV)보다 더 정확하다.²⁸ "형제들과 자매들"은 또 중립적인

---

24. CEV, GNB, NIV, NJB; Witherington, *1 and 2 Thessalonians*, 59; Bruce, *1 & 2 Thessalonians*, 12가 그렇게 한다.
25. Wanamaker, *Thessalonians*, 76의 분석을 보라. 그는 "하나님 앞에서"를 기도와 연결한다.
26. L&N 29,6을 보라.
27. 이것은 잘못된 가정으로, Linda L. Belleville, *2 Corinthians* (IVPNTC; Downers Grove, IL: InterVarsity Press, 1996), 153에서 찾아볼 수 있다.
28. NRSV는 데살로니가전서 1:4과 데살로니가후서 1:3 등에 "Gk brothers"라고 각주를 달아 놓았다. 따라서 편집자들은 그들이 "형제자매들"을 받아들일 만한 의역으로 인정하는 반면, 헬라어는 문자적으로 "형제들"을 뜻한다고 암시하는 것이다. 하지만 이것은 오해를 불러일으킨다. 그 문맥에 따라 ἀδελφοί는 모든 남성, "형제들" 또는 "형제자매들" 또는 "동기"를 똑같이 언급할 수도 있다. 훨씬 더 이상한 것은 ESV의 번역이다. 그 본문에서 ESV는 ἀδελφοί를

"사랑하는 교우들"(CEV)보다 훨씬 낫다. 바울은 그 용어를 약 130번 사용한다. 바울 및 다른 신약 저자는, 선택받은 민족에 함께 참여하게 된다는 유대적 생각을 넘어서는 의미를 그 단어에 부여한다.[29] 또한 신약 개념은 우정에 대한 그리스-로마의 이상을 대체한다.[30] 친족 언어가 자주 사용되는 것은 데살로니가전서의 독특한 특징 중 하나이다.

완료 분사 "하나님의 사랑하심을 받은"(ἠγαπημένοι) 은 하나님의 사랑이 과거에 시작되었음을 나타낸다. 이 절에서 바울은 일반적으로 인류를 향한 하나님의 사랑이 아닌, 특별히 그분의 구속받은 백성을 향한 사랑을 말하고 있다(또한 살후 2:13, 16; 골 3:12를 보라). 신적 사랑은 당연히 신적 '선택'(ἐκλογήν)과 짝을 이루고, 그 선택은 과거에 일어난 사건을 언급한다(엡 1:4; 골 3:12). "너희의"(ὑμῶν)는 기술적으로 그 행동의 주어나 목적어 둘 다를 나타낼 수 있다. 그것은 주격 소유격으로 '너희가 무언가를 선택한 것'을 의미할 수 있다. 하지만 이 문맥에서는 목적격 소유격으로 "누군가가 너를 선택했다"는 뜻을 함축한다.[31] 유대 기독교의 하나님 언어에서 종종 그랬던 것처럼 신의 이름이 생략되어 있지만, 이곳에는 '신적 수동태'가 함축되어 있다.

똑같은 종류의 구문을 베드로후서 1:10에서 찾아볼 수 있다. "그러므로 형제들아 더욱 힘써 너희 부르심과 택하심을 굳게 하라." 즉, 하나님이 정말로 너희를 부르시고 선택하셨다는 사실을 확실히 하라는 것이다. "택하심"은 로마서 9:11과 11:5에서도 하나님이 자기 백성을 택하신 것에 사용된다. 데살로니가후서 2:13에 기록된 평행 구절은 동의어 '택하다'(αἱρέω)를 사용한다. 바울은 로마서 11:28-29에서 사랑과 선택의 어휘를 결합한다. 이스라엘이 마음이 굳어 복음을 받아들이지 못했는데도, "[이스라엘 사람들의] 택하심으로 하면 조상들로 말미암아 사랑을 입은 자라 하나님의 은사와 부르심에는 후회하심이 없[다]." 이와 같이, 사도 바울은 이 짧은 진술에서 두 가지 근본적인 성경적 특성을 데살로니가 교회에 적용한다. 그들은 옛날 이스라엘처럼 사랑을 받고 선택을 받은 존재이다(바울의 선택 교리에 대해서는 데살로니가후서 2:13-17의 '적용에서의 신학'을 보라). 데살로니가전서 2:16에서 복음이 열방에 전파되는 것을 방해해서 하나님의 진노를 받는 것은 교회가 아니라 회당이다.

1:5a-e 이는 우리 복음이 너희에게 말로만 이른 것이 아니라 또한 능력과 성령과 큰 확신으로 된 것임이라(ὅτι τὸ εὐαγγέλιον ἡμῶν οὐκ ἐγενήθη εἰς ὑμᾶς ἐν λόγῳ μόνον ἀλλὰ

"형제들"("형제자매들"이 아니다)로 번역한다. 따라서 각 서신에서 그 용어가 처음 사용될 때에 데살로니가전서 1:4처럼 각주를 접하게 된다. "또는 형제자매들. 헬라어 복수형 adelphoi('형제들'로 번역됨)는 가족 내 동기를 언급한다. 신약에서 adelphoi는 그 문맥에 따라 남자들을 언급할 수도 있고 또 하나님의 가족인 교회 내 동기(형제자매들)인 남자들과 여자들을 언급할 수도 있다." 다시 말해서, ESV 편집자들은 이 문맥에서 ἀδελφοί를 "형제자매들"로 번역하는 것이 더 정확하고 문자적인 번역이 된다는 점을 인정했다. 실제로, 전통주의 입장의 Colorado Springs Guidelines조차 "형제자매들"이라는 번역에 이의를 제기하지 않을 것이다. 그것은 "그 문맥이 저자가 남자들과 여자들을 언급하는 것을 분명히 하는 곳에서 복수형 adelphoi는 '형제자매들'로 번역될 수 있다고 진술하기 때문이다." "Colorado Springs Guidelines," www.bibleresearcher.com/csguidelines.html을 보라.

29. 렘 22:18; Jdt 7:30; *2 Bar.* 78:4 (ed. Charlesworth)의 "우리는 또한 한 아버지의 후손인 것처럼, 한 포로로 묶인 열두 지파가 아니냐?"; 행 2:37; 23:1, 6. "자매"(누이)는 또한 애정을 나타내는 용어로 쓸 수 있다(아 4:10 등; Tob 8:4).

30. W. Günther, "Brother, Neighbor, Friend," *NIDNTT*, 1:254-60에 수록된 유익한 논의를 보라. Ernest Best, *A Commentary on the First and Second Epistles to the Thessalonians* (repr.; Peabody, MA: Hendrickson, 2003), 71은 유대인과 헬라인이 그들의 동료에 대해 "형제"라는 말을 사용했다고 주장한다. 유대인이 형제들을 이런 식으로 사용한 증거가 약간 있지만, 헬레니즘에서 그런 식으로 사용한 증거는 전혀 없다.

31. Wallace, *Grammar*, 116-19. George Eldon Ladd, *A Theology of the New Testament* (rev. ed; Grand Rapids: Eerdmans, 1993), 589를 보라. 선택에 대해 자세하게 논의한 글로, Witherington, *1 and 2 Thessalonians*, 65-70을 참고하라.

καὶ ἐν δυνάμει καὶ ἐν πνεύματι ἁγίῳ καὶ [ἐν] πληροφορίᾳ πολλῇ). 바울은 이제 그들이 회심한 뚜렷한 증거를 가리킨다. 바울은 먼저 사도들의 사역을 묘사한다. "이는"(ὅτι)이라고 번역된 단어는 여러 가지 방식으로 이해할 수 있다(독자는 BDAG를 찾아보아야 한다). (1) 1:4에 기록된 분사 "아노라"(εἰδότες)에 근거하고 있는 간접적인 담화. 이 경우 그것은 다음과 같이 번역된다. '우리는 너희가 선택받은 것과…복음이 너희에게 이른 것을 안다.' (2) 설명하기 위한 구절. '복음이 너희에게 이르렀다는 점에서…우리는 너희가 선택받은 것을 안다.' (3) 원인을 나타내는 구절. '우리는 복음이 너희에게 이르렀기 때문에, 또는 그것에 근거해서…안다.' 이 중에서 (2)번의 견해는 신학적으로 부자연스럽다고 볼 수 있다. 그것이 선택과 복음이 전파된 방식을 동일하게 여기기 때문이다. (1)번의 견해는 구문론적으로나 신학적으로 더 낫지만, 그것은 바울 및 다른 사람들이 기도할 때 5절의 언어를 사용하는 것을 나타내게 된다. 마치 그들이 하나님께 복음이 데살로니가에 어떻게 들어갔는지 알리고 있던 것처럼 말이다.

가장 만족스러운 것은 (3)번의 해석이다. 사도팀은 하나님이 데살로니가인들을 선택하신 사실을 알 수 있는 타당한 이유를 알고 있다. 그 이유는 하나님이 그들을 통해 효과적인 방식으로 역사하셨다는 것이다. 이 책에서는 (3)번의 해석을 선택하면서 다수의 영어 성경 번역본을 지지한다.[32] "바울은 여기에서 경험이 기독교를 믿는 계기가 될 수 있다는 주장에 대해 현대 서양 교회가 품은 염려를 전혀 드러내지 않는다."[33]

'너희에게 이르다'는, 다른 방식으로도 해석할 수 있는 헬라어(γίνομαι εἰς)를 가장 잘 번역한 것이다. '성령 안에서'(ἐν πνεύματι ἁγίῳ) 앞에는 정관사가 없지만, 문맥을 살펴보면 그 지시 대상이 성령이라는 점이 분명하다.[34]

바울은 일반적으로 긍정적인 선언을 부정적인 선언과 대비한다(또한 살전 2:4, 13을 보라).[35] 여기에서 바울은 3인조 '능력…성령…확신' 앞에 "말로만 이른 것이 아니라"(οὐκ…ἐν λόγῳ μόνον)는 표현을 배치한다. 바울은 1:6, 7에서 2:13과 마찬가지로 그 사역이 "말씀" 사역이었다는 점을 보여준다. 아주 유사한 구절은 로마서 10:17에서 찾아볼 수 있다. 믿음은 들음(살전 2:13처럼 ἀκοή)에서 나고, 들음은 그리스도에 대한 말씀(ῥῆμα)으로 말미암는다. 기본적으로 언어, 곧 말하고, 글을 쓰며, 심지어는 여기에서처럼 기도로 사역하는 사람이었던 바울은 거창한 말이나 단지 말로만 추진되는 일을 경멸했다. 바울의 혐오는 고린도전서 4:20에 가장 분명하게 나타난다. 거기에서 바울은 고린도 교회의 사이비 지식인들에게서 나오는 지원을 거절한다. 하나님의 나라는 단순히 "말"의 문제가 아니라 "능력"의 문제이다. 이 대조는 데살로니가전서 1:5에 예시되는데, 여기에서 그것은 "…로만 이른 것이 아니라 또한"이라는 말을 덧붙여서 덜 거칠게 표현된다. 바울은 구두로 의사를 전달하는 것이 좋다고 말한다. 하지만 그것이 성령의 능력을 받는 한에서만 그렇다.

"능력" 또는 이 책에서 번역한 것처럼 '기적'(miracle, δύναμις)은 두 가지 방향을 가리킬 수 있다. 바울은 효과적인 메시지, 즉 삶을 강력하게 변화시킨 복음 메시지를 말하는 것일 수 있다. 또한 바울은 그 메시지를 확증한 강력한 기적의 행위를 말하는 것일 수 있다.[36] 둘 다 의미론적으로나 신학적으로 가능하다. 첫 번째 경우, 데살로니가인들의 변화된 삶은 성령이 그들 가운

---

32. ESV, NASB, NIV, NJB, NKJV, NRSV를 보라. Wanamaker, *Thessalonians*, 78도 그렇게 생각한다.
33. Fee, *Thessalonians*, 29.
34. James Moulton, *A Grammar of New Testament Greek*, Vol. III: *Syntax*, by Nigel Turner (Edinburgh: T&T Clark, 1963), 175-76에 수록된 논의를 보라.
35. Rigaux, *Thessaloniciens*, 374.
36. Ambrosiaster, *Commentaries on Galatians-Philemon* (trans. and ed. by Gerald L. Bray; Ancient Christian Texts; Downers Grove, IL: InterVarsity Press, 2009), 101-2는 신유의 기적을 제안한다.

데 역사하신다는 가장 실질적인 증거이다. 누구도 성령을 보지 못했지만 그분의 임재가 끼치는 영향은 명백하다(요 3:8; 롬 1:16을 보라). 그런데 두 번째 해석을 지지하는 증거가 더 강력하다. 초대교회는 복음의 진정한 선포와 인상적인 기적들을 자주 연결했다. 마가복음 16:20은 "제자들이 나가 두루 전파할새 주께서 함께 역사하사 그 따르는 표적으로 말씀을 확실히 증언하시니라"고 말한다. 히브리서 2:4도 비슷하다. "하나님도 표적들과 기사들과 여러 가지 능력과 및 자기의 뜻을 따라 성령이 나누어주신 것으로써 그들과 함께 증언하셨느니라."[37]

바울은 똑같은 언어를 다른 곳에서 덜 모호한 방식으로 사용한다. 바울이 지중해 북동부에서 한 사역은 "표적과 기사의 능력으로 성령의 능력으로 이루어졌[다]"(롬 15:19; 또한 갈 3:5). 데살로니가전서 1:5은 바울이 "성령" 앞에 '그리고'(and)를 덧붙여 능력과 성령과 확신이라는 특유의 3인조를 만들어내는 점에서 로마서 15:19과 다르다.[38] 데살로니가의 새로운 제자들은 살아계시고 참되신 하나님과 연합했다(1:9). 그분은 그들이 과거에 섬기던 무력하고 죽어 있는 우상과 달리 기적을 행하시는 하나님이시다(1:9).

오늘날 그리스도인은 성령이 교회 안에서 역사하신다는 사실을 확신한다. 하지만 바울이 그분의 사역이 성령의 능력으로 이루어졌다고 선언하던 주후 50년에 그 패러다임은 엄청난 혁명이었다. 몇몇 예외를 제외하고 유대인은 자신을 성령의 백성으로 여기지 않았다.

20년 앞서, 젊은 랍비 사울은 가르침, 대화, 논쟁과 반론, 전통의 인용 등 주로 언어를 사용해 종교적 행위를 했다. 하지만 바울은 새 언약의 사도가 되어 비로소 자신이 옛사람들이 예언했던 성령의 능력을 받은 것을 깨달았다(예를 들어, 겔 36:22-32; 욜 2:28-29을 보라). 1세기 에세네파가 그들의 신도 일부를 선지자로 생각했다는 말이 있지만, 그들의 관점은 기독교 신학과 비교될 수가 없다(살전 5:19-20에 대한 설명을 보라). "나사렛파는 하나님의 영을 새롭고 이례적인 방식으로 받았다고 주장함으로써 1세기 유대교 내에서 두각을 드러냈다."[39] 그리고 요점을 더 확장해 말하면, 지금 그 성령이 주로 이방인으로 이루어진 마게도냐 회중 가운데 역사하고 계신다. 그 신자들은 하나님의 선택받은 백성으로 여겨지고, 그들은 성령의 역사 그리고 요엘과 에스겔이 예견한 표적과 예언적 은사들을 경험한다.

바울은 성령과 능력 외에 하나님의 역사하심의 세 번째 표현을 인식한다. 그것은 "큰 확신"(πληροφορία πολλῇ)으로 번역된다.[40] 대부분의 어휘 참고서는 그 구절을 우리처럼 복음 메시지가 참되다는 깊은 확신으로 이해한다. 소수의 학자는 그것이 주관적 감정이 아니라 "모든 종류의 부요함"이라고 제안한다.[41] 스피크(Spicq)는 다음과 같이 주장한다. "바울이 (완전한 자신감)을 의도했다면, 그는 *en pasē parrēsia*(빌 1:20; 참고. 고후 3:12; 7:4; 딤전 3:13; *meta pasēs parrēsias*, 행 28:31)라고 썼을 것이다. 어쨌든 사도가 자신의 개인적 확신을 강조하는

---

37. 히브리서 2:3-4에 대한 한 가지 해석은 "들은 자들"(사도들)만이 기적을 행했다는 것이다. 하지만 이것은 잘못된 논리를 보여주는 교과서적 예다. 성경이 X를 특정한 그룹 A의 것이라고 말하면, 속성 X는 정말 그룹 A에만 속한다. 히브리서 2:4에서 기적적 표적은 그 저자가 그렇게 명시했을 때만, 예를 들어, 그 절이 "…만"(only)이라는 단어를 포함했을 때에만, 사도들로 제한될 수 있다. 기적이 지속되는가 아니면 중단되는가 하는 것은 히브리서 2:3-4에서 추론할 수 없다.

38. Green, *Thessalonians*, 96을 보라. G. H. Twelftree, "Signs, Wonders, Miracles," *DPL*, 875-77에 훌륭한 개요가 수록되어 있다.

39. James D. G. Dunn, *The Theology of Paul the Apostle* (Grand Rapids: Eerdmans, 1998), 417; 416-19를 보라.

40. MM, 519-20에 따르면 "확신"(πληροφορία)이라는 단어는 "고전 저자들이나 LXX에 나타나지 않는다." 주요한 참고 사전들과 주석들도 그 점에 동의한다. 그럼에도 불구하고 TLG는 그것이 고전 헬라어에 분명히 존재했다는 점을 확인해준다. 주전 6세기에, 단 하나 현존하는 그리스도 전 시대의 언급이 있다. Aesop, *Fab.* 69.3에서 "확신하는 일"(πληροφορίας ἔργον)이라는 구절을 보라.

41. Ceslas Spicq, "πληροφορέω, πληροφορία," *TLNT*, 3:120; Green, *Thessalonians*, 96; 특히 Rigaux, *Thessaloniciens*, 377-79를 보라.

것은 이상하다."

하지만 스피크의 주장은 설득력이 부족하다. (1) 그의 주장은 저자가 생각을 나타내야 하는 방식에 대한 그의 추정에 근거하는데, 그런 추정은 언제나 다루기 어렵다. (2) 그는 '담대함'(παρρησία)이 바울이 확신을 말할 때 쓰는 유일한 표현이라고 주장한다(하지만 그렇지 않다. πείθω와 πεποίθησις를 보라). (3) 그는 πληροφορία를 '충만함'으로 이해하는 것이 다른 신약 용법과 가장 잘 맞을 것이라고 말한다(앞으로 살펴보겠지만, 그렇지 않다). (4) 바울이 일곱 절 뒤에서 "우리 하나님을 힘입어"(2:2) 데살로니가인들에게 말했다는 사실에 비추어볼 때, 바울이 개인적 확신을 언급하는 것이 정말 드문 일이라고 할 수 있는가?

이 구절에 대한 더 일반적인 해석은 그것이 사람의 내적 확신을 언급한다는 것이다(골 2:2; 히 6:11; 10:22에서 그렇다). 이것은 단순히 어떤 인간적 성향이 아니다. 바울은 그것을 초자연적인 것의 현시로 능력 및 성령과 나란히 놓음으로써, 하나님이 데살로니가 전도 활동에 관여하신다는 증거로 생각한다.

바울은 누가 이런 내적 확신을 경험했는지 명시하지 않는다. 그것은 데살로니가 독자들인가,[42] 아니면 확신에 찬 설교자들인가?[43] 전자를 지지하면서, 바울은 분명히 그들의 삶에 일어난 변화에 감동을 받는다. 바울의 메시지는 단순한 말이 아니라, 그들 가운데서 성령이 역사하시는 수단으로 판명되었다. 이런 이유로 NLT는 "성령이 여러분에게 우리가 말한 것이 참되다는 전적인 확신을 주셨다"라고 해석한다. 이것은 우리가 골로새서 2:2에서 볼 수 있는 의미이다. 거기에서 바울은 모든 그리스도인이 "완전한 확신"(NLT; 또한 히 6:11; 10:22을 보라)을 갖도록 골로새인들을 위해 힘을 쓰며 성령 안에 (기도하면서?) 거한다.

그렇지만 다른 본문에서 사도들이 하나님과 그분의 복음 메시지에 대해 "완전한 확신"을 가지고 행동했다는 강력한 증거를 발견할 수 있다. 사도행전에서 성령의 역사로 나타난 초자연적 표적 중 하나는 사도들이 환난에 직면해서 확신을 갖고 공개적으로 말하는 것이다[행 4:13, 29, 31에서 '담대함'(παρρησία)의 용법을 보라. 또한 '담대히 말하다'(παρρησιάζομαι)의 용법을 보라]. 3인조의 처음 두 요소가 메시지가 전달된 방식을 언급하기 때문에, 3인조의 세 번째 요소도 전례를 따를 가능성이 더 크다. 따라서 "큰 확신"은 복음의 사자들을 가리키는 언급일 것이다. 바울은 1:6에서 데살로니가인들이 어떻게 반응했는지 보여준다. 여기에서 "또"라는 말은 초점의 변화를 나타내는 것이 분명하다. 이와 같이 문맥은 우리에게 GNB의 번역을 따르도록 인도한다. "우리는 그 진리를 완전히 확신하면서…너희에게 좋은 소식을 전했다."

이런 해석을 뒷받침하고 그것을 상세히 논하는 다른 본문이 있다. 첫째, 바울은 마태 전통을 참조하는 것으로 보인다('데살로니가전후서 서론'을 보라). "너희를 넘겨줄 때에 어떻게 또는 무엇을 말할까 염려하지 말라 그때에 너희에게 할 말을 주시리니"(마 10:19-20).

둘째, 몇십 년 후 로마의 클레멘트(Clement of Rome)가 이 구절을 염두에 두고 글을 쓴 듯 보인다. "그러므로 그들의 명령을 받고, 우리 주 예수 그리스도의 부활로 말미암아 완전한 확신을 가지고(어원이 같은 동사 πληροφορέω에서 유래), 하나님의 말씀에 대해 믿음으로 충만해진 다음, 그들은 성령이 주시는 견고한 확신(πληροφορία)을 가지고 나가서 하나님의 나라가 도래했

---

42. NLT가 이것을 지지한다. Bruce, *1 & 2 Thessalonians*, 14를 보라.
43. Best, *Thessalonians*, 76; Malherbe, *Letters to the Thessalonians*, 112; Morris, *Thessalonians* (NICNT), 47; Wanamaker, *Thessalonians*, 79를 보라. Fee는 그것이 두 그룹을 다 언급한다고 생각한다 (Fee, *Thessalonians*, 35); 같은 저자, *God's Empowering Presence: The Holy Spirit in the Letters of Paul* (Peabody, MA: Hendrickson, 1994), 45. 하지만 이런 종류의 "둘 다" 해석은 종종 만족스럽지 못하다. 특히 이 경우처럼 한 가지 견해를 선택하는 것이 가능할 경우에 그렇다. 대다수 번역본은 그 점을 모호하게 처리한다. KJV, NIV, NASB, CEV, HCSB.

다는 좋은 소식을 선포했다"(1 Clem. 42.3).

마지막으로, 고린도전서에 유사한 구절이 나오는데, 그 구절도 바울이 새로운 도시에 도착한 것을 묘사한다. 고린도전서 2:3은 바울이 마게도냐에서 보여준 용기가 "약하고 두려워하고 심히 떠[는]" 자세로 바뀌었다는 의미로 읽을 수 있다. 히지만 고린도전서 2장과 데살로니가전서 1-2장이 극명한 차이가 나는 것 같아 보이지 않는다. 고린도전서는 계속해서 데살로니가전서의 요점과 유사한 언급을 한다. 즉, 성령이 그 드라마에서 눈에 보이지 않는 행위자였다는 것이다. "내 말과 내 전도함이 설득력 있는 지혜의 말로 하지 아니하고 다만 성령의 나타나심과 능력으로 하여 너희 믿음이 사람의 지혜에 있지 아니하고 다만 하나님의 능력에 있게 하려 하였노라"(고전 2:4-5).

1:5f 우리가 너희 가운데서 너희를 위하여 어떤 사람이 된 것은 너희가 아는 바와 같으니라(καθὼς οἴδατε οἷοι ἐγενήθημεν [ἐν] ὑμῖν δι᾽ ὑμᾶς). 바울은 이제 사도들의 사역에 대한 묘사를 마무리한다. 2:1-12에서 그 주제를 다시 자세히 다룰 것이다. 이 절에는 '상기시키는 말'이 처음으로 등장하는데, 바울은 그 표현으로 진리를 진술한 뒤 데살로니가인들에게 그들이 이미 그 진리를 알고 있다고 말한다. 데살로니가전서에는 '상기시키는 말'이 많이 쓰인다. 반면 데살로니가후서에는 그 표현이 보다 적게 나온다.[44] 바울은 전형적으로 '알다'(οἶδα), '기억하다'(μνημονεύω), '증언하다'(μαρτύρομαι)를 사용한다.

바울은 마치 데살로니가인들이 전에 듣거나 본 일을 무심코 언급하는 것처럼, 목적 없이 상기시키는 말을 사용하는 것이 아니다. 또 데살로니가전후서에서 그것은 다른 문맥에서처럼 책망을 하는 방법도 아니다(고전 6:2-3, "너희가 알지 못하느냐"). 오히려 바울은 그의 청중과 함께한 경험을 환기하고 있는 것이다. 바울은 데살로니가전서 2:1-12에서 상기시키는 말을 여섯 번 사용한다. 이 사실은 그가 지금 말하는 것을 그들이 이미 아는 것과 연결해서, 그 진술이 그들의 마음에 굳게 뿌리를 내리게 노력한다는 점을 보여준다.

바울이 여기서 사용하는 동사는 신약에서 가장 흔한 동사 중 하나이다. '…이 되다'(γίνομαι). 그것은 때로 행위를 나타내는 데 사용된다(NIV의 번역인 "how we lived"를 보라). 그러나 1:5에서 바울의 주제는 그들이 데살로니가에서 한 사역의 초자연적 특징이다. 즉, 사역 윤리가 아니라 사역 방식에 관한 것이다.

1:6a-b, f-g 또 너희는…우리와 주를 본받은 자가 되었으니 (καὶ ὑμεῖς μιμηταὶ ἡμῶν ἐγενήθητε καὶ τοῦ κυρίου). 데살로니가인들은 복음에 대해 회심을 하고 또 전도자가 되었다('심층 연구: 데살로니가 신자들은 열심히 전도를 했는가?'를 보라). 사도들은 그들 가운데 특정한 방식으로 '있었고', 데살로니가인들은 본받은 자들이 '되었다.' "또 너희는"(καὶ ὑμεῖς)은 강조형이며, "우리와 주를"(ἡμῶν…καὶ τοῦ κυρίου)은 "본받은 자"와 연관된 목적어적 소유격이다.[45] 이 구절 뒤에서 바울은 데살로니가인들이 어떻게 사도 팀의 행동을 본받았는지 보여준다. 또한 그들은 유대 교회의 모범을 따랐다(2:14). 데살로니가후서에서 바울은 그들에게 사도들의 노동관을 본받으라고 말한다(살후 3:16-13). '본받음'에 대한 더 자세한 논의는 '적용에서의 신학'을 보라.

파울(Fowl)은 본받는 것이라는 언어를 연구하고 다음

---

44. 상기시키는 말은 살전 1:5, 2:1, 2:2, 2:5, 2:9, 2:10, 2:11, 3:3, 3:4, 5:1, 5:2; 살후 2:5, 2:6, 3:7에서 찾아볼 수 있다.
45. John Calvin, *Commentaries on the Epistles of Paul the Apostle to the Philippians, Colossians, and Thessalonians* (trans. and ed. by John Pringle; repr. Grand Rapids: Eerdmans, 1948), 243은 이 절에 대해 주석하면서 두 개의 작은 오류를 범한다. 그는 출애굽기 14:13에 나오는 평행 구절을 인용하면서, "주"를 예수님이 아니라 "하나님"으로 읽는다(sic, 14:31이 되어야 한다).

과 같이 말한다. "서신이 밝히는 것처럼, (독자가 보기에) 데살로니가인들은 그들이 한때 확고했던 것보다 약해진 것 같다…바울은 데살로니가인들의 믿음이 굳건해지기를 바란다."[46] 그의 분석은 서신에 나오는 어떤 긍정적인 권고가 교회 안에 실재하는 부정적인 상황을 바로잡기 위함이라고 주장하는, 잘못된 해석학의 약점을 드러낸다. 즉, 사도가 '서로 사랑하라'고 말하는 것은, 수신자가 사랑하고 있지 않음을 나타낸다는 것이다. 이 서신의 경우, 그런 종류의 접근법은 특히 설득력이 없다. 그것은 시종일관 나타나는 바울의 긍정적인 어조를 제대로 평가하지 못한다.

1:6c, e 많은 환난 가운데서…말씀을 받아(δεξάμενοι τὸν λόγον ἐν θλίψει πολλῇ). 바울은 예수님의 가르침을 따르는 모든 사람처럼, 기독교 복음이 본질적으로 박해와 연결되어 있음을 안다. 이런 관련성은 바울 서신 중 데살로니가전후서에서 가장 명백하게 나타난다. "말씀을 받아"(δεξάμενοι τὸν λόγον)는 복음을 받아들이는 것을 말할 때 흔히 사용하는 용어이다[47](또한 2:13을 보라). "받아"(δεξάμενοι)는 주동사 "되었으니"(ἐγενήθητε)에 대한 부사적 어구이다. 이 분사에 대한 구문론은 정확히 밝히기가 어렵다. 몇몇 견해는 다음과 같다.

너희는 우리와 예수님을 본받은 자가 되었다.
- 매우 고통스러운 환경에서 메시지를 받아들임으로써(수단 또는 원인의 분사)
- 너희가 메시지를 받아들인 결과로(결과의 분사)
- 너희가 메시지를 받아들인 때 또는 그 후에(시간적 분사)
- 그리고 너희가 메시지를 받아들였다(부대 상황 분사)

몇몇 신약 학자는 부정과거 분사가 사용된 것은, '받는 것이 먼저 일어나고 본받은 자가 된' 것이 그다음에 일어났음을 의미한다고 추정한다. 그럴 수도 있지만, 월리스가 언급한 대로, 이 행동들은 동시에 일어났을 가능성이 크다. "부정과거 분사가 부정과거 주동사와 관련될 때, 그 분사는 종종 주동사의 행동과 동시에 일어날 것이다."[48]

네 가지 견해 각각은 어느 정도 타당하다. 난점은 '매우 고통스러운 환경'이 앞에 나오는 행동과 어떻게 조화를 이루는가 하는 것이다. 데살로니가인들은 환난 가운데 말씀을 받아들이고, 따라서 예수님과 바울팀의 모범을 본받았는가? 예수님이 복음을 '받아들이시지' 않았기 때문에 첫 번째 견해는 가능성이 없다. 두 번째 견해에는, 세 번째 견해가 지닌 문제는 없다. 문제 해결의 열쇠는 '받아들이다'라는 분사를 첫 번째 견해보다 주동사와 덜 강하게 연결된 것으로 보는 데 있는 듯하다. 네 번째 견해('그리고 너희가 메시지를 받아들였다')가 가장 좋다. 이것은 두 행동을 느슨한 관계로 본다. 따라서 우리는 다음과 같이 다른 말로 바꾸어 표현할 수 있다. "너희가 많은 환난 가운데 복음을 받아들였을 때, 너희는 예수님과 그분의 사도들을 본받는 제자도의 길을 걷기 시작했다."[49]

'매우 고통스러운 환경'이라는 표현은 종말론적 환난(마 24:21, 이 구절은 LXX 다니엘서 12:1에 근거한 것이다)이나, 1:6처럼 일반적인 시련과 환난(데살로니가전서 3:3-4과 데살로니가후서 1:4을 포함해서 θλίψις와 θλίβω에 대한 바

---

46. S. E. Fowl, "Imitation of Paul/Christ," *DPL*, 429.
47. 눅 8:13; 또한 행 8:14; 11:1; 17:11에서 "말씀을 받다"를 보라. G. P. Benson, "Note on 1 Thessalonians 1:6," *Exp Tim* 107/5 (1996): 143-44를 보라.
48. Wallace, *Grammar*, 624. 또한 BDF §339.
49. NIV는 한 절을 다른 곳으로 옮김으로써 그 문제를 피한다. "You became imitators of us and of the Lord, for you welcomed the message in midst of severe suffering with the joy given by the Holy Spirit."

울의 다른 모든 언급)을 언급하는 것일 수 있다. 바울은 주의 날이 임박하지 않았음을 알고 있고, 그리스도인들은 종말이 왔다고 두려워하지 말아야 하기 때문에(살후 2:3) 두 번째 견해가 옳다. 이 시대의 시련에 대한 바울의 가르침은 사도행전 14:22에 잘 요약되어 있다. "우리가 하나님의 나라에 들어가려면 많은 환난을 겪어야 할 것이라." 데살로니가의 사례에서 주목할 만한 점은, 그들이 그리스도인 제자로서 첫 걸음을 떼기 전에 극심한 환난을 당했다는 점이다('데살로니가전후서 서론'을 보라).[50]

1:6d 성령의 기쁨으로(μετὰ χαρᾶς πνεύματος ἁγίου). 사도들의 복음에 대한 확신처럼, 데살로니가인들의 기쁨은 초자연적 현상이다. 기쁨이 존재한다는 놀라운 사실은 하나님이 그들 가운데 역사하신다는 증거이다. "성령의"(πνεύματος)라는 단어는 기원의 소유격으로 이해하는 것이 가장 좋다.[51] 로마서 14:17에 유사한 표현이 나온다. "성령 안에(ἐν πνεύματι ἁγίῳ) 있는…희락이라." 또한 갈라디아서 5:22에 기록된 성령의 열매 목록에서도 찾아볼 수 있다. 데살로니가전서에 담긴 바울 신학은 갈라디아서 5장에 나타난 바울 신학과 비슷하다. 데살로니가인들이 하나님께 택하심을 받고, 그분께 사랑을 받은 자라는 사실을 우리가 어떻게 아는가? 그들이 성령을 받았기 때문이다. 그런데 그들이 성령을 받은 사실을 우리가 어떻게 아는가? 바로 그들이 행실로 나타내는 증거를 통해서이다. 이 본문의 경우, 제자들은 그들이 처한 환경에도 불구하고 기쁨으로 충만하다.

여기에 중요한 목회적 원리가 담겨 있다. 바울은(또는 어떤 목사는) 어떤 운동에 새롭게 회심한 사람에게 나타나는 특유의 고양된 상태를 그들이 경험하고 있지 못하다는 사실을 어떻게 아는가? 그것은 주님이 다음과 같이 경고하신 적이 있기 때문이다. "돌밭에 뿌려졌다는 것은 말씀을 듣고 즉시 기쁨으로(μετὰ χαρᾶς) 받되 그 속에 뿌리가 없어 잠시 견디다가 말씀으로 말미암아 환난(θλίψις)이나 박해가 일어날 때에는 곧 넘어지는 자요"(마 13:20-21, 이것은 바울이 마태 전통과 교류하는 또 다른 사례인가?). 그들의 '열매'(행실)를 제외하면, 그들이 참된 신자라는 것을 알 수 있는 다른 방법은 없다. 아마도 충분한 시간이 지났을 것이다. 그리고 처음 닥쳐온 환난의 기간이 지난 후에도 그들은 여전히 기뻐하고 있다. 어쨌든 시간은 바울의 확신이 옳음을 증명해줄 것이다. 마게도냐 교회들은 7년이 지난 뒤에도 여전히 환난 가운데 기뻐하고 있다는 평판을 얻고 있었다. 그래서 바울은 고린도후서 8:2에서 고린도인들에게 담대하게 호소할 수 있었다. "환난의 많은 시련 가운데서 그들의 넘치는 기쁨과 극심한 가난이 그들의 풍성한 연보를 넘치도록 하게 하였느니라."

1:7 그러므로 너희가 마게도냐와 아가야에 있는 모든 믿는 자의 본이 되었느니라(ὥστε γενέσθαι ὑμᾶς τύπον πᾶσιν τοῖς πιστεύουσιν ἐν τῇ Μακεδονίᾳ καὶ ἐν τῇ Ἀχαΐᾳ). 데살로니가인들은 사도들과 예수님을 본받았을 뿐만 아니라, 다른 그리스도인들의 모범이 되었다.[52] 바울과 그의 팀은 모범적인 역할을 했고(1:6; 살후 3:7), 그리스도인 지도자들도 똑같은 역할을 하기를 기대했다(빌 3:17;

---

50. "환난"이라는 어휘에 대해 연구한 글로, R. Schippers, "θλίψις," *NIDNTT*, 2:807-9를 보라.
51. 바티칸 사본과 라틴어 불가타 성경의 몇몇 사본은 "성령"(πνεύματος) 앞에 "…과"(καί)를 덧붙여서, 그것을 "기쁨과 성령으로부터"로 만든다. NA[27]과 더불어 이 책은 가능성이 없는 이런 독법을 거부한다. 그것은 사본의 지지가 약하며, "…과 성령으로부터"의 소유격이 어색하기 때문이다.
52. 수많은 중대한 사본이 복수로 읽는 것을 지지한다. "너희가 본보기들이 되었다." 이 책은 단수로 이해하는 B, D 그리고 다른 사본들 및 NA[27]을 따른다. 바울이 "본보기"라고 썼든 아니면 "본보기들"이라고 썼든 그 문맥에서 별 차이가 없다. 단수가 집단이 될 것이기 때문이다. Ignatius도 마찬가지로 Magnesia in Ign. *Magn.* 6.2에서 단수를 사용해서 모든 제자에 대해 이야기한다.

딤전 4:12; 딛 2:7). 또한 베드로도 "본"(τύπος, 벧전 5:3을 보라)이라는 단어를 이런 전문적인 의미로 사용했다. 그런데 바울은 데살로니가전서에서 데살로니가 교회의 지도자들뿐만 아니라, 일반 신자도 다른 사람들의 모범이 된다고 말한다.

"모든 믿는 자의"(πᾶσιν τοῖς πιστεύουσιν)라는 구절에서 여격은 데살로니가인들이 다른 사람들을 어떻게 이롭게 했는지 보여준다.[53] 그 분사에 의미를 부여할 수 있는 두 가지 방향이 있다. (1) 데살로니가인들에 대한 이야기를 들었을 때 이미 신자였던 모든 사람. 이 신자들은 어떻게 살아야 마땅한지 배울 수 있는 유익을 얻는다. (2) 이런 그리스도인들이 나타내 보인 삶에 대해 들은 결과로 믿음을 갖게 된 모든 사람. 헬라어로 그 뜻이 명확하지 않으므로, 모호한 채로 남겨두겠다.

지리적 언급도 한 마디 해야겠다. 최북단에 있는 데살로니가인들은, 아가야 같은 남쪽 지역 사람들에게까지 영향을 끼쳤다. 아가야는 육로나 해로로 몇 주나 걸리는 지역이다. 그리고 바울은 데살로니가인들이 있는 곳에서 수개월 이상 걸릴 만큼 멀리 떨어져 있지는 않았을 것이다. 바울이 데살로니가전서를 받아쓰게 하기 전에 그들에 대한 평판이 아덴과 고린도에 도달했는가? 바울이 데살로니가전서 1:9에서 제삼자에 대해 말하는 것을 고려해보면, 그런 일이 일어난 것은 거의 확실하다. 이름을 알지 못하는 사람들이 등장하여 데살로니가에서 일어난 사건들에 대해 그들이 아는 것을 말한다. 이것은 놀랄 정도로 빠르게 일어난 일이지만, 믿을 수 없는 일은 아니다. 데살로니가와 고린도는 항구였고, 교회가 세워진 다른 도시들도 주요 육로를 따라 이어져 있었다.

1:8a–d 주의 말씀이 너희에게로부터 마게도냐와 아가야에만 들릴 뿐 아니라 하나님을 향하는 너희 믿음의 소문이 각처에 퍼졌으므로(ἀφ᾽ ὑμῶν γὰρ ἐξήχηται ὁ λόγος τοῦ κυρίου οὐ μόνον ἐν τῇ Μακεδονίᾳ καὶ [ἐν τῇ] Ἀχαΐᾳ, ἀλλ᾽ ἐν παντὶ τόπῳ ἡ πίστις ὑμῶν ἡ πρὸς τὸν θεὸν ἐξελήλυθεν). 여기서 데살로니가인들이 전도에 관여한 사실을 알 수 있다. 1:7에 나온 주장에 대한 증거가 제시되고, 설명의 표지인 γάρ가 나오기 때문이다.[54] 이 문맥에서 "주의 말씀"은 복음 메시지를 가리키는 전통적인 표시이다(또한 살후 3:1을 보라). "주"(κύριος)는 데살로니가전후서에서 보통 언급하는 것처럼, 주 예수 그리스도를 가리킨다. "주의"의 소유격은 예수님에 대한 메시지를 언급하는 것일 수도 있고, 아니면 그분에게서 나오는 메시지를 나타내는 것일 수도 있다. 문맥은 바울이 언급하는 것이 예수님에 대한 메시지임을 나타낸다.

'들리다'(ἐξήχηται)는 신약에서 오직 이곳에서만 발견되는 동사(ἐξηχέω)의 완료 시제이다. 이 동사는 크고 분명한 소리라는 뜻이다. 최근 이 동사가 '문자적으로' 천둥소리를 뜻한다고 말하거나(Sir 40:13에서 언급됨), '문자적으로' 데살로니가인들이 복음을 '이야기했다'는 뜻이라고 하는(그것은 3 Macc 3:2에서 소문이 퍼져나가는 것을 가리킨다) 설교를 자주 들어볼 수 있다. 하지만 이것은 어떤 단어가 다른 곳에서 취할 수 있는 모든 의미를 한 문맥에 적용하는 오류이다. 여기에서 그것은 단순히 '소리가 나다'를 의미한다.

"하나님을 향하는…믿음"(ἡ πίστις ὑμῶν ἡ πρὸς τὸν θεὸν)이라는 구절은 비유적 표현으로, 부분이 전체를 위해 사용된다(제유법). 바울은 부분("너희 믿음")을 사용하여 전체(바울팀이 전파한 복음과 데살로니가인들이 그 복음을 받아들인 것)를 나타낸다. 이 절은 교차 대구법으로 이루어져 있다.

---

53. Wallace, *Grammar*, 142–44.

54. BDAG, γάρ 2를 보라.

A 주의 말씀이 너희에게로부터
  B 마게도냐와 아가야에만 들릴 뿐 아니라
  B′ 각처에 퍼졌으므로
A′ 하나님을 향하는 너희 믿음의 소문이

바울 사도는 1:7의 특정한 지리적 언급을 마게도냐와 아가야의 두 지역뿐만 아니라, "각처"로 확장한다. 과장법은 데살로니가전후서의 전형적인 특징 중 하나인데, 거기에는 지리적 과장도 포함된다(살후 3:1; 롬 16:19의 "너희의 순종함이 모든 사람에게 들리는지라"를 보라). 하지만 마게도냐와 아가야를 넘어선 지역에서 소식이 들려왔다고 상상하는 것은 이상하지 않다. 아마도 그런 소식이 데살로니가전서가 작성될 당시 이미 소아시아나 로마에서 오고 있었을 수 있다(브리스길라와 아굴라가 보고한 대로? 행 18:2).

바울이 칠십인역 이사야서 66장의 문학적 영향을 받아서 데살로니가전서 1:7-8을 썼다는 암시가 있다. 칠십인역 헬라어 성경은 히브리어 성경과 상당히 다르다.

"때가 이르면 뭇 나라와 언어가 다른 민족들을 모으리니 그들이 와서 나의 영광을 볼 것이며 내가 그들 가운데에서 징조를 세워서 그들 가운데에서 도피한 자를 여러 나라 곧 다시스와 뿔과 활을 당기는 룻과 및 두발[55]과 야완[56](Greece, Ἑλλάς)과 또 나의 명성을 듣지도 못하고 나의 영광을 보지도 못한 먼 섬들로 보내리니 그들이 나의 영광을 뭇 나라에 전파하리라"(사 66:18b-19).

첫째, 구원받은 남은 자들은(이사야서 66장에서 그들은 이스라엘의 남은 자들이다) 이방인 나라들로 '나갈 것이다.'[57] 바울은 데살로니가후서 1:7-8에서 이사야서 66장(사 66:15-16)을 넌지시 언급하면서, 그가 그 구절을 자주 사용한다는 인상을 남긴다.[58] 따라서 그리스도를 믿음으로써 데살로니가 헬라인들은 예언을 성취했다. 야완(그리스)이 하나님께 돌아왔다. 게다가 마지막 구절을 해석하는 방식에 따라, 그들이 나아가 열방 가운데서 하나님의 영광을 선포하는 일을 한다고 볼 수도 있다. 아래의 '심층 연구'를 보라.

심층 연구   데살로니가 신자들은 열심히 전도를 했는가?

마게도냐 그리스도인들이 알고 있었던 바와 같이 "교회의 첫 번째 과제는 말씀을 선포하는 것이다."[59] 그런데 그리스도인들은 데살로니가인의 '선교'를 두 가지 광범위한 방식으로 해석해왔다. 바울은 그들이 의도적으로 전도함으로써 "복음이 너희에게로부터 들리고 있다"는 뜻으로 말하는가?[60] 아니면 그들

---

55. 더 잘 알려진 이름을 사용하면 다음과 같다. 다르싯(지브롤터? 스페인?); 풋트(북아프리카?); 룻(루드; 북아프리카? 소아시아 서부?); 모섹(메섹; 소아시아 동부?; 메섹은 히브리 본문에서 찾아볼 수 없다); 두발(소아시아 동부). 뒤에 나오는 두 지명이 모스크바 및 토볼스크와 관계가 있다는 생각을 지지하는 증거는 거의 없다.
56. 히브리어 본문의 "야반"은 Ἑλλάς가 된다. 후자는 마게도냐, 마게도냐와 아가야, 또는 단지 로마 제국의 아가야 지방을 의미할 수 있다. LSJ를 보라.
57. 히브리어 본문은 šlḥ를 사용한다. 반면에 LXX는 ἐξαποστέλλω를 사용한다. 이 둘은 사도들의 "보냄"을 표현하기에 적절한 용어이다.
58. Bruce, *1 & 2 Thessalonians*, 151을 보라.
59. Ethelbert Stauffer, *New Testament Theology* (trans. John Marsh; New York: Macmillan, 1955), 157.
60. 이런 견해를 지지하는 저자는 다음과 같다. Green, *Thessalonians*,

의 "개인 간증"이 퍼져 나가면서 결국 다른 사람들이 그리스도께 돌아오고 있다고 말하는가?[61] 어떤 사람들은 '원심적' 선교(신자가 다른 사람에게 가서 복음을 전하는 것)와 '구심적' 선교(교회의 선한 증거를 통해 사람들이 끌려와 믿음을 갖게 되는 것)라는 용어를 사용한다. 첫 번째 해석이 바울이 의도한 바라는 증거가 있다. 즉, 바울은 데살로니가인들이 전도에 참여하기를 기대했고, 그들은 그 과제를 성공적으로 수행했다.

'주의 말씀이 너희에게로부터 들렸다'는 표현은 의도적인 노력을 뜻한다.[62] 제임스 웨어(James Ware)는 신약의 다른 곳에서 사용되는 "주의 말씀", "말씀", "하나님의 말씀"을 검토하고 이런 구절들이 복음의 적극적인 전파를 언급한다고 주장한다. 주의 말씀이 들린다는 것은 "단순히 데살로니가인들이 회심한 것에 대한 보고를 가리킬 수 없다."[63]

다시 말해, 마게도냐와 아가야 사람들은 데살로니가인들이 복음에 대해 회심한 소식을 듣는 것이다(1:8-9a). 하지만 이것은 혼란스러운 소문이 아니다. 그들은 자세한 내용을 알고 있다. 즉, 그들은 데살로니가인들의 증언에 대해 알고 있는 것을 사도적 케리그마의 기본적 개요로 조직화할 수 있었다(1:9-10). 이것은 누군가가 의도적으로 데살로니가인들의 경험에 담긴 신학적 의미를 알리고 있음을 뜻한다.

데살로니가인들은 사도들이 회심자를 사랑한 것을 본받아 비그리스도인을 사랑해야 한다(3:12). 그러한 경우, 데살로니가인들은 바울과 그의 팀이 보였던 것과 똑같은 관심을 이방인 이웃에게 보여야 한다. '다른 사람들을 위한 사랑'은 복음을 전하는 결과를 낳는, 외부인을 향한 사랑일 가능성이 있다.

데살로니가인들은 사랑 때문에 기꺼이 힘든 노동을 해서 스스로 생계를 꾸리려 했다(1:3). 바울은 유사한 언어를 사용하여 사도들이 마찬가지로 어떻게 일했는지 묘사한다(2:9).[64] 데살로니가후서 3:6-16을 설명하면서 바울이 데살로니가전서 1:3에서 데살로니가인 전도자들에 대해 무엇을 말하는지 살펴볼 것이다. 더욱이 다른 바울 서신에서 그가 전도하는 교회를 세웠다는 점을 보여주는 또 다른 본문을 볼 수 있다.[65]

101-2; Bruce, *1 & 2 Thessalonians*, 16; Malherbe, *Letters to the Thessalonians*, 117-18, 124, 130-31; G. K. Beale, *1-2 Thessalonians* (IVPNTC; Downers Grove, IL: InterVarsity Press, 2003), 59-60; Michael W. Holmes, *1 & 2 Thessalonians* (NIVAC; Grand Rapids: Zondervan, 1998), 54; Marshall, *1 and 2 Thessalonians*, 56; Robert L. Plummer, *Paul's Understanding of the Church's Mission: Did the Apostle Paul Expect the Early Christian Communities to Evangelize?* (Paternoster Biblical Monographs; Eugene, OR: Wipf & Stock, 2006), 135-38.

61. Fee, *Thessalonians*, 43-45; Wanamaker, *Thessalonians*, 83; John P. Dickson, *Mission-Commitment in Ancient Judaism and in the Pauline Communities* (WUNT 2/159; Tübingen: Mohr Siebeck, 2003), 94-103. Victor Copan은 바울이 제자들에게 전도자가 되라고 가르친 것이 아니라, 복음을 나타내는 삶을 살라고 가르쳤다고 주장한다. Victor A. Copan, *Saint Paul as Spiritual Director: An Analysis of the Concept of the Imitation of Paul with Implications and Applications to the Practice of Spiritual Direction* (Paternoster Biblical Monographs;

Eugene, OR: Wipf & Stock, 2008), 223-26을 보라. 또 여러 가지 해석을 훌륭하게 개관한 글로 Plummer, *Paul's Understanding of the Church's Mission*, 1-42를 보라.

62. Fee, *Thessalonians*, 43은 이것이 그 문장의 문법이 말하지 않는 무언가를 말하도록 강요한다고 주장하지만, 그는 누가복음 24:47의 선교적 본문에 나오는 유사한 말을 고려하지 않는다.

63. James Ware, "The Thessalonians as a Missionary Congregation," *ZNW* 83 (1992): 127 n. 8. 자료는 Ware가 내린 결론 전부를 지지하지는 않는다(특히 살전 4:15를 보라). 하지만 사도행전과 신약 서신에서 "주의 말씀"이 일반적으로 복음을 적극적으로 선포하는 사람을 언급한다고 지적한 것은 옳다(행 8:25; 13:44, 48, 49; 15:35, 36; 16:32; 19:10, 20; 살후 3:1).

64. Malherbe, *Letters to the Thessalonians*, 108-9.

65. 특히 Plummer, *Paul's Understanding of the Church's Mission*; P. T. O'Brien, *Gospel and Mission in the Writings of Paul: An Exegetical and Theological Analysis* (Grand Rapids: Baker, 1995)를 보라.

> 초신자가 선생을 본받는 것이 기독교 제자도의 핵심이다. 데살로니가의 경우, 그들은 예수님과 바울의 팀을 본받고, 그렇게 함으로써 다른 그리스도인에게 모범이 된다. 그런데 데살로니가인들은 단순히 기독교 윤리를 따르기로 결심한 것이 아니었다. 그들은 바울, 실라, 디모데같이 전도하는 그리스도인이 하는 일을 본받았다.[66]
>
> 이에 대한 결론은 다음과 같다. 데살로니가인들은 완전히 한 바퀴 돌아서 '전도를 받은 전도자들'이 되었다. 이것은 선교팀이 세운 모든 교회에 대해 그들이 품고 있던 바람이었을 것이다. 대개 바울 사도는 그가 세운 교회가 전도하도록 독려할 필요가 없었다. "바울은 그가 복음을 선포할 때 역사하신 하나님의 능력이 그 메시지를 받아들인 사람들 가운데 계속 활동하셨던 것처럼, 회중이 그의 선교 활동을 이어갈 것이라고 확신했다."[67] 그렇다면, 바울이 데살로니가전서에서 굳이 그 점을 언급하는 이유는 무엇인가? 첫째, 바울은 심각한 박해를 받으며 진통을 겪은 교회가 믿음을 굳게 지키는 모습을 보고 기뻐하는 듯 보인다. 그들은 무슨 소식이라도 듣기를 간절히 바라던 바울에게 메시지를 전할 수조차 없었다. 하지만 그들은 어떻게 해서든 그리스 주변 지역에 복음을 전할 수 있었다. 둘째, 바울은 그들이 성공한 수준이 곧 성령이 역사하신 사실을 명백히 드러내기 때문에 전도를 언급한다. 그들은 바울을 본받아 하나님께 인정받는 삶을 살았고(살전 2:4), 하늘의 능력을 받아 그분의 복음을 전했다.

1:8e 우리는 아무 말도 할 것이 없노라(ὥστε μὴ χρείαν ἔχειν ἡμᾶς λαλεῖν τι). 바울은 과장법을 더 사용하는데, 이것은 정당하다. 데살로니가인들이 회심한 증거는 사람들의 이목을 크게 끌고, 반박할 여지가 없을 정도로 확실하다.

1:9a-b 그들이 우리에 대하여 스스로 말하기를 우리가 어떻게 너희 가운데에 들어갔는지와(αὐτοὶ γὰρ περὶ ἡμῶν ἀπαγγέλλουσιν ὁποίαν εἴσοδον ἔσχομεν πρὸς ὑμᾶς). 주목할 정도로 사람들에게 큰 인상을 준 것은, 사도들이 데살로니가인들을 처음 만났을 때 그들이 보여준 '환영'이었다. 그들은 "우리에 대하여"(περὶ ἡμῶν), 즉 사도팀에 대해 이야기하고 있다.[68] 그런데 이야기하는 사람들은 누구인가? 첫째, 마게도냐인들(1:8)이다. 빌립보와 베뢰아와 다른 지역에 있는 이웃이 데살로니가에서 일어난 놀라운 일을 이야기하는 것이다. 데살로니가에서 일어난 매우 심각한 환난으로 교회가 서로 연락하기가 심히 곤란해졌다. 그 때문에 바울은 평소에 선호하던 네트워크, 즉 개인적 보고(고전 1:11)와 공보(고전 7:1)를 사용할 수 없었다. 이야기가 도처에 전해졌는데, 그 이야기는

---

66. Ware, "The Thessalonians as a Missionary Congregation," 127은 1:6-8에 기록된 본받음의 역할을 추적해서, 그들이 사도들을 본받아 전도자가 된 사실을 보여준다.
67. 같은 책, 131.
68. 누군가 사람들이 "너희", 즉 데살로니가인들에 대해 이야기하고 있었다고 예상할 것이다. 그런 이유로 서기관이 ἡμῶν을 ὑμῶν으로 바꿈으로써 (복수 "너희"에 대해 이야기함) 이것을 매끈하게 만들었을 수 있다. 바티칸 사본과 몇몇 다른 사본이 그런 식으로 수정했다. 수정을 한 또 다른 가능한 이유는 수세기 동안 모음의 발음에 변화를 주는 "이타시즘"(itacism)이다. 두 대명사 "너희"와 "우리"는 '히-모안'처럼 들렸으며, 몇몇 초기 사본이 필사본이었을 때 운이 맞았다. 따라서 서기관이 그가 들은 것을 오해할 수 있는 여지가 있었다.

그 교회 자체에서 나온 것은 아니었다. 바울은 디모데가 직접적인 보고를 가지고 그에게 언제 돌아올지 궁금해했다(3:1-2).

"우리가…들어갔는지"(εἴσοδον ἔσχομεν)는 '우리가 환영을 받았다'로 바꾸어 표현할 수 있다.[69] 바울은 데살로니가에서 선교팀이 '환영받은 것'을 복음 전통에 비추어 해석한다. 바울은 예수님이 제자들에게 부여하신 임무를 기록한 마가의 전통을 떠오르게 한다. 그것은 마태복음 10:11-14에 확대되어 있다.

"어떤 성이나 마을에 들어가든지 그중에 합당한 자를 찾아내어 너희가 떠나기까지 거기서 머물라 또 그 집에 들어가면서 평안하기를 빌라 그 집이 이에 합당하면 너희 빈 평안이 거기 임할 것이요 만일 합당하지 아니하면 그 평안이 너희에게 돌아올 것이니라 누구든지 너희를 영접하지도 아니하고 너희 말을 듣지도 아니하거든 그 집이나 성에서 나가 너희 발의 먼지를 떨어버리라."

뒤에서는 바울이 마태복음 10:17-18의 관점에서 그의 마게도냐 경험을 해석한다고 주장할 것이다. 예수님은 그 구절에서 유대인이 회당에서 제자들을 채찍질할 것이라고 예언하신다. 그러나 바울과 그의 팀은 마게도냐 도시들에서 적어도 복음에 귀를 기울이는 몇몇 사람을 만났다. 그들은 새로운 회심자 루디아의 환대를 받았다. 그녀는 "강권하여" 손님들을 맞이할 정도였다(행 16:14-15). 야손도 환대를 베풀었다(17:7). 그리고 베뢰아에도 복음을 선뜻 받아들이는 유대인 청중이 있었다(17:11).

1:9c 너희가 어떻게 우상을 버리고 하나님께로 돌아와서(καὶ πῶς ἐπεστρέψατε πρὸς τὸν θεὸν ἀπὸ τῶν εἰδώλων). 바울은 1:9b-10에서 복음 메시지의 개요를 제시한다. 이것은 운율적인 특성이 있는 것으로, 관용 표현이었을 수 있다. 다른 구절에서 바울은 '상기시키는 말'로 독자들의 관심을 끌 것이다. 여기에서 바울은 그들이 알고 있으며 암기한 가르침을 반복함으로써, 같은 목적을 성취한다. 사도행전 26:20은 데살로니가전서 1:9과 비슷하다. '내가 회개하고 하나님께로 돌아오라고 전했다.'[70] 아마도 바울은 명령형 동사 형태(여러분이여, 우상을 버리시오)를 부정사로 바꿔서 1:9-10을 썼을 것이다. 그래서 이 본문은 1장에서 바울이 강조하고자 하는 요점과 구문론적으로 잘 맞는다.

'돌아오다', '섬기다', "살아 계시고 참되신 하나님"과 같은 표현은 구약에서 유래한다.[71] 칠십인역을 살펴보면 이런 식으로 '돌아오다'(ἐπιστρέφω)를 종교적으로 사용하는 것은 하나님께 회심하거나, 부정적으로 하나님을 배신하는 것을 나타낸다. 이 표현은 바울 서신에 단 세 번 나오지만(살전 1:9; 고후 3:16; 갈 4:9), 사도행전에서 바울이 두 번 더 언급한다(14:15; 26:18). 예수님은 바울을 이방인에게 보내셔서 "그 눈을 뜨게 하여 어둠에서 빛으로, 사탄의 권세에서 하나님께로 돌아오게 하고 죄 사함과 나를 믿어 거룩하게 된 무리 가운데서 기업을 얻게"(행 26:18; 또한 행 15:19에 기록된 야고보의 말을 보라) 하실 것이다.

이 언어가 칠십인역과 매우 비슷하다는 이유로, 몇 몇 사람은 그리스도인이나 바울이 아닌 헬라 유대인 개종자가 1:9b-10을 작성했다고 주장했다. 추측건대 그들은 이방인에게 우상 숭배가 어리석은 일임을 확신시

---

69. 더 자세히 연구한 글로 John Gillman, "Paul's εἴσοδος: The Proclaimed and the Proclaimer (1 Thes 2,8)," in *The Thessalonian Correspondence* (ed. Raymond F. Collins; BETL 87; Leuven: Leuven Univ. Press, 1990), 62–70을 보라.

70. G. Bertram, "ἐπιστρέφω, ἐπιστροφή," *TDNT*, 7:727–28을 보라.

71. Jeffrey A. D. Weima, "1 and 2 Thessalonians," in *Commentary on the New Testament Use of the Old Testament* (ed. G. K. Beale and D. A. Carson; Grand Rapids: Baker, 2007), 872.

키기 위해 이런 행을 썼을 것이다.[72] 예를 들어, 브루스(Bruce)는 예수님의 죽음을 언급조차 하지 않는 이런 진술이 어떻게 그리스도인이 작성한 것일 수 있는지 의아해한다. 그는 고린도전서 15:3-8에 기록된 케리그마에서 예수님의 죽음에 부여된 비중을 지적한다. 그는 그것이 유대인의 진술로 시작되었으며, 교회가 나중에 그것을 기독교화하기 위해 1:10에 예수님의 부활과 미래 강림에 대한 언급을 덧붙였다고 결론을 내린다.[73]

더 나은 설명은, 이것을 이방인 회심자에게 기독교를 적절하게 설명한 전도의 관용 표현으로 보는 것이다. 다섯 개 중 세 개의 행(C, B′, A′)은 특별히 기독교적 가르침으로 볼 때만 의미가 통할 수 있다.

A 우상을 버리고 하나님께로 돌아와서
 B 살아 계시고 참되신 하나님을 섬기는지와
  C 그의 아들이 하늘로부터 강림하실 것을 어떻게 기다리는지
 B′ 죽은 자들 가운데서 다시 살리신 그분
A′ 장래의 노하심에서 우리를 건지시는 예수님

여기에서 "우상"(εἴδωλον)으로 번역된 단어는 일찍이 호메로스(Homeros)의 글에 나타나는데, 그것은 "그림자, 모습"을 뜻한다.[74] 이교도 중 아무도 그들이 숭배하는 형상을 "우상"이라고 부르지 않을 것이다. 그 말은 그 신이 가짜라는 사실을 의미할 것이기 때문이다. 여기에서 우상은 유대인과 나중에 그리스도인이 사용한 대로 그것을 경멸하는 의미를 띤다. "심지어 이스라엘 출신의 많은 사람조차 기꺼이 (안티오쿠스의) 종교를 받아들였다. 그들은 우상에게 제사를 드리고 안식일을 더럽혔다"(1 Macc 1:43, 강조체 저자).[75] 바울은 가는 모든 곳에서 우상을 보았다. 아덴에 들어간 지 얼마 되지 않아 '바울은 그 성에 우상이 가득한 것을 보고 마음에 격분했다'(행 17:16).

바울이 말하는 데살로니가 우상이 무엇인지 결정하기는 현재로서는 불가능하다. 우상의 목록을 작성할 경우 서신의 대부분을 차지할 만큼 데살로니가에 많은 남신과 여신이 있었기 때문이다.[76] 중요한 것은 데살로니가인들이 그리스도를 섬기기 위해 그들이 숭배하는 형상에서 돌아섰다는 것이다. 그렇게 함으로써 이방인 회심자는 암묵적으로 조각상이 신을 가시적으로 나타낸 것이 아니라는 점을 받아들였다.

이 서신을 쓸 당시 바울은 고린도에 있었다. 역설적이게도 그 도시의 신자들 중 일부는 훗날 우상이 "아무것도 아니라"는 점을 이해하지 못할 것이다. 그런 제자들은 기독교 신앙이 '약했다'(고전 8:4-13을 보라).

1:9d 살아 계시고 참되신 하나님을 섬기는지와(δουλεύειν θεῷ ζῶντι καὶ ἀληθινῷ). 우상을 버리는 일은 우상 숭배자가 창조주를 섬기지 않는다면 아무런 소용이 없다. 바울은 이 문맥에서 종교적 섬김을 나타내는 용어를 사용한다. 바울이 "종"(δοῦλος)이라는 단어를 자주 사용하는 데서 알 수 있는 것처럼, '섬기다(δουλεύω)'는 바울이 자신의 소명을 어떻게 이해하는지 보여준다. 이 동사는 이교, 유대교, 기독교 문헌에서 신을 '섬기거나' '숭배하는' 것을 말할 때 사용된다.

'살아 계신 하나님'은 회당에서 전형적으로 사용하는 언어였다.[77] 그와 대조적으로, 이사야가 지적한 대로(사 40:18-24; 41:21-24; 44:9-20; 46:5-7), 우상은 죽은 것이

---

72. 예를 들어, Wis 14:12은 "우상을 만든다는 생각은 간음의 시작이었으며, 우상을 발명하는 것은 삶의 부패였다"라고 시작한다. 또한 Sir 30:19은 이렇게 말한다. "우상에게 제사를 드리는 것이 무슨 소용이 있는가? 그것은 먹을 수도 냄새를 맡을 수도 없다."
73. Bruce, *1 & 2 Thessalonians*, 18.
74. *Iliad* 5.541에서 그것은 지하 세계에 있는 영혼들인 "그림자"를 언급한다.
75. εἴδωλον은 LXX에서 88번 나타난다(예를 들어, 4 Kgdms 17:12을 보라). 또한 Philo와 Josephus의 글에도 나타난다.
76. Vom Brocke, *Thessaloniki*, 116-17.

고 거짓된 것이다. 그리고 헬라 유대인도 똑같은 용어를 사용했다. "참되시고 살아 계시는 하나님이라고 묘사하면서, 바울 사도는 간접적으로 우상은 죽은 것이고 인간이 만들어낸 무가치한 것이며, 그것들을 신이라고 부르는 것은 잘못이라고 비난한다."[78] 훗날 기독교 변증가는 이교도 청중에게 똑같은 메시지를 전했다.

만물을 보존하시고 통치하시는 한 분 하나님의 장엄하심은 잊혔다. 그 결과 유일하게 적합한 경배 대상이, 다른 무엇보다도, 특히 무시당하신다. 사람들은 몹시 무지해져서 참되시고 살아 계시는 하나님보다 죽은 것을 더 좋아한다. 이 땅 자체를 만드신 창조주보다 이 땅에서 살다가 이 땅에 묻히는 자들을 더 좋아한다.[79]

1:10b 그의 아들이 하늘로부터 강림하실 것을 너희가 어떻게 기다리는지를 말하니(καὶ ἀναμένειν τὸν υἱὸν αὐτοῦ ἐκ τῶν οὐρανῶν). 복음 메시지는 본질적으로 종말론적이다. 신자는 하나님이 아들을 통해 미래에 개입하실 것을 기다린다. 기독교적 소망은 때로 천상적 또는 공간적 용어로 묘사되기도 하고("우리의 시민권은 하늘에 있는지라", 빌 3:20), 때로는 미래적 용어로 묘사되기도 한다("거기로부터 구원하는 자…를 기다리노니", 빌 3:20).[80] 데살로니가전서 1:10은 그리스도인들이 파루시아를 기다린 사실을 공식화한 것으로 현존하는 자료 중 가장 이른 시기에 쓰인 것이다. 그것은 단순히 미래의 소망뿐만 아니라, '천상적' 측면도 지닌다. 하나님의 아들이 재림하실 때까지 지금 하늘에 계시기 때문이다.[81] 초기 신약 문헌에 나타난 이런 시간적, 수직적인 이중적 성향은 사도행전 3:20-21a에서 베드로가 한 말의 진정성을 입증한다. "또 주께서 너희를 위하여 예정하신 그리스도 곧 예수를 보내시리니 하나님이 영원 전부터 거룩한 선지자들의 입을 통하여 말씀하신 바 만물을 회복하실 때까지는 하늘이 마땅히 그를 받아 두리라."

'기다리다'(ἀναμένω)라는 희귀 동사는 신약에서 단 한 번 나오는 단어이다. 칠십인역에서 그 단어는 하나님의 개입을 기다리는 것을 가리킨다(Jdt 8:17; 참고. Ign. *Phld.* 5.2). 데살로니가인들은 단일신론으로 회심했을 뿐만 아니라, 기독론적 종말론 신앙으로도 회심했다. 즉, 그들은 하나님의 아들을 기다린다. 1:10에 기록된 신조는 본질적으로 그리스도적이다. 바울은 이 서신 전체에 걸쳐 데살로니가인들을 그리스도의 재림을 기대하며 사는 사람으로 그리고 그들의 삶을 그 사건에 맞추는 사람으로 묘사한다.

1:10a 또 죽은 자들 가운데서 다시 살리신(ὃν ἤγειρεν ἐκ [τῶν] νεκρῶν). 예수님의 부활은 복음의 핵심에 해당한다. 여기에서 이 언급은 4:13-18에 기록된 종말론적 소망을 미리 보여준다. 그 본문에서 신자의 운명은 예수님의 부활로 결정된다. '그'(ὅν)는 선행사로 "아들"(τὸν υἱόν)을

---

77. Rigaux, *Thessaloniciens*, 391을 보라.
78. Calvin, *Thessalonians*, 245.
79. Lactantius, *Inst.* 2.1 (*ANF* 7:40), 4세기 초반.
80. Lincoln은 두 관점이 다 철저하게 유대교적이고 초대 기독교적이라는 점과, 또 '수직적' 언어는 헬라 교회가 나중에 새롭게 만들어낸 것이 아니라는 점을 입증했다. A. T. Lincoln, *Paradise Now and Not Yet: Studies in the Role of the Heavenly Dimension in Paul's Thought with Special Reference to his Eschatology* (SNTSMS 43; Cambridge: Cambridge Univ. Press, 1981)를 보라.
81. 반대 의견으로 Christopher L. Mearns, "Early Eschatological Development in Paul: The Evidence of 1 and 2 Thessalonians," *NTS* 27 (1980-81): 137-57을 보라. Mearns는 데살로니가전서 이전에, 바울이 예수님의 파루시아가 그분이 부활하셨을 때 일어난 것으로 추정했다고 제안한다. 그리고 나서 그는 이런 서신에 담겨 있는 바울의 종말론적 진술이 부분적으로 데살로니가 신자들의 예기치 않은 죽음에 대응하기 위해 새롭게 만들어졌다고 주장한다. 하지만 이것은 대단히 불안정한 논리이다. 우리가 갖고 있는 가장 이른 시기의 증거(데살로니가전후서)는 강한 종말론적 성향을 지닌 교회를 보여주며, 바울은 여기에서 처음으로 신자들에게 그 종말론을 불쑥 말하는 것이 아니다.

취한다. '그분이 예수님을 죽은 자들 가운데서 다시 살리셨다'(ἤγειρεν τὸν Ἰησοῦν ἐκ νεκρῶν)는 정형화된 구절은 바울 서신에 자주 나온다. 특히 로마서와 고린도전서에서 그렇다. 그리스도인은 당연히 예수님의 부활에 대한 믿음을 고백한다(롬 10:9; 고전 15:4).[82] 또한 데살로니가전서 1:10은 바울이 전형적으로 사용하는 다른 언어가 나온다. 아들은 '죽은 상태'에서가 아니라 "죽은 자들 가운데서(ἐκ)" 다시 살아나셨다(예를 들어, 고린도전서 15장과 로마서 6장에서 그 구절이 중심축으로 사용되는 것을 보라).

바울은 1:9d, 10a에서 참된 하나님의 능력을 강조한다. "살아 계시고 참되신 하나님을 섬기는 [것]"(1:9d)은 "[하나님이] 죽은 자들 가운데서 다시 살리신 [그분]"과 짝을 이룬다. 즉, 살아 계신 하나님 한 분만이 생명을 주실 수 있다. 아덴 사람들이 믿기 어려웠던 것이 바로 이런 생각들의 조합이었다(행 17:22-32). 하나님은 창조주이시고, 우상으로 나타낼 수 없는 분이시며, 생명을 주시는 분이다. 그리고 그분은 예수님을 죽은 자들 가운데서 다시 살리셨고, 심판의 날을 정해 놓으셨다. 바울은 최근에 데살로니가에서 선포한 기본 메시지를 아덴에서 선포했다. 그리고 하나님이 정말로 존재하시고 생명을 주시기 때문에, 데살로니가인은 삶을 변화시키시는 그분의 능력을 경험했다.

1:10c-d 이는 장래의 노하심에서 우리를 건지시는 예수시니라(Ἰησοῦν τὸν ῥυόμενον ἡμᾶς ἐκ τῆς ὀργῆς τῆς ἐρχομένης). 구원은 종말론적이다. 즉, 구원은 불신자를 처벌하시기 위해 혹은 신자를 구출하시기 위해 예수님이 미래에 오신다는 말로 표현할 수 있다(특히 살후 1:5-10을 보라). 바울은 "예수"에 대해 이야기한다. 구세주는 유대 땅을 걸으시고(살전 2:14-15), 죽으셨다가 다시 살아나신 바로 그 예수님이시다. 바울은 훗날 오류를 범한 자들(요일 2:22을 보라)과 달리, 예수님을 하나님의 아들 혹은 그리스도와 구별하지 않는다. 예수님은 1:10에서 하나님의 "아들"이라고 불리신다. 또한 2:19과 3:13에서는 "우리 주 예수"로, 4:13-17에서는 "예수"와 "주"와 "그리스도"로, 5:2에서는 "주"로 그리고 5:9에서는 "우리 주 예수 그리스도"로 불리신다.

분사 '구출하다' 또는 '구원하다'(ῥυόμενον)가 한정적 용법으로 쓰였기 때문에, 그것은 '우리를 구원하시는 예수', '우리를 구원하실 예수', 심지어 '우리를 구원하신 예수'로 번역할 수 있다. '우리 구세주 예수'가 가장 좋은 번역이다. 헬라어처럼, 그것은 과거, 현재, 미래의 구출 중 어느 것을 의미하는지 모호한 채로 둔다.[83] 이 동사는 "심각하고 중대한 위험에서 구출하는 것"을 의미할 수 있다.[84] 이사야는 어떤 우상도 '구원할' 수 없다는 점을 강조했다(사 44:17, 20). 하지만 그는 살아 계신 하나님

---

82. 이 절들이 "종말론적 복음"의 개요를 서술한다고 보는 이론이 있다. 즉, 고린도전서 15:3-5에 묘사된 메시지보다 더 원시적이고 묵시론적인 메시지라는 주장이다. 하지만 더 나은 설명은 바울이 하나의 복음을 데살로니가인들의 특별한 필요, 즉 고난, 회당의 거부, 동료의 죽음에 맞추어 조정하고 있다고 보는 것이다. 데살로니가전서 1:9-10을 쓰고 있을 때 바울이 고린도인들에게 고린도전서 15:3-5를 가르치고 있었다는 사실은 강조할 가치가 있다. 즉, 대체로 같은 시기에(주후 50년), 신경이 두 상황에서 선포되었다(데살로니가와 고린도). I. H. Marshall, *New Testament Theology: Many Witnesses, One Gospel* (Downers Grove, IL: InterVarsity Press, 2004), 240의 논의를 보라. 또 D. M. Stanley, *Christ's Resurrection in Pauline Theology* (AnBib 13; Rome: Pontifical Biblical Institute, 1961), 82.

83. 반대 의견으로 Morris, *Thessalonians* (NICNT), 54를 보라. Morris는 '구원하다'(ῥυόμενον)가 "끝이 없는 현재"라고 말한다. 하지만 그의 해석이 지닌 난점은 분사가 일반적으로 시간적 언급을 하지 않는다는 사실에 있다. 즉, 이 현재 분사는 현재 자체에 대해 말하지 않는다. 지난 수십 년 동안, 문법 학자는 직설법일 때만 동사가 시간을 언급한다는 점을 증명했다. 이와 같은 이유로, 1:10의 "장래의(ἐρχομένης) 노하심"은 오로지 "장래"의 미래적 본질 때문에 미래 시간으로 알려져 있다.

84. L&N, 21.23. '건지다'(ῥύομαι)는 베드로후서 2:7에서 롯이 소돔에서 구출되는 것과 주기도문에서 사용된다. "우리를 악에서 구하시옵소서"(마 6:13). 여러 구절에서(예를 들어, 롬 15:31; 살후 3:2; 딤후 3:11; 4:18) 그것은 바울이 인간에게 박해받는 것에서 구출되는 것을 언급한다. 예수님은 로마서 11:26에서 종말론적으로 ὁ ῥυόμενος

은 구원하실 수 있다고 선언한다(사 45:17). 그리고 바울은 그 가르침을 다시 단언한다.

데살로니가 서신은 이 세상에서 신자에게 닥치는 환난, 미래에 이루어질 구출 그리고 신자를 괴롭히는 사람과 악한 자에게 임할 신적 파멸이라는 패턴을 강조한다. 데살로니가인들은 믿음의 세계에 들어감으로써 박해를 당하는 문을 열었다. "우리가 이것을 위하여 세움 받은 줄을 너희가 친히 알리라 우리가 너희와 함께 있을 때에 장차 받을 환난을 너희에게 미리 말하였는데"(살전 3:3b-4b).

또한 제자들은 자신이 세상에서 이루어지는 하나님의 구원 사역의 일부라는 점을 안다. 예수님은 장래의 노하심에서 그들을 구하기 위해 오실 것이다. 10절은 5:9과 아주 유사하다. "하나님이 우리를 세우심은 노하심(ὀργή)에 이르게 하심이 아니요 오직 우리 주 예수 그리스도로 말미암아 구원(σωτηρία)을 받게 하심이라"(또한 히 9:28을 보라). 바울은 계속해서 신적 응징에 대해 가르칠 것이다(데살로니가전서 2:16d의 그럴듯한 해석처럼, 또한 5:1-10; 살후 1:5-9; 2:8; 2:12). 그는 두 서신에서 하나님의 구원을 심사숙고하는 만큼 그분의 진노를 깊이 고찰한다.

하나님의 구원과 같이 미래적인 하나님의 진노는 '오고'(ἐρχομένης) 있다. 바울의 언어는 히브리어 habbā'('오다', bô'에서 유래)를 반영한다. 그것은 중요한 유대 구절인 hā'ôlām habbā'('장차 올 시대', 바울은 에베소서 1:21에서 이 구절의 헬라어 형태를 사용한다)처럼, 종말론적 시기의 일반적인 속성이었다.

이 책은 4:15-17에서 그리스도가 오셔서 교회를 '끌어 올리는 것'이 마태복음 24:30-31에서 인자가 오셔서 택한 자들을 모으는 것과 동시에 일어난다는 견해를 취한다. 어떤 학자들은 교회가 하나님의 진노를 받지 않으려면(살전 1:10; 5:9) 그리고 당연히 그 환난이 하나님의 진노라면, 교회는 환난이 시작할 때 이미 "이 세상을 떠나 있어야" 한다고 주장한다.[85] 하지만 이 논리는 취약하다. 마태복음 24장과 요한계시록 전체에서 하나님의 백성은 종말의 환난 동안 이 땅에 있을 것이라고 말하지만, 하나님의 진노를 받는 대상은 아니다. 바울이 마지막 환난을 당하고 있다고 두려워하는 데살로니가인들의 생각을 바로잡아줄 때(살후 2:1-12), 그는 '너희가 아는 대로, 그리스도인은 당연히 하나님의 진노를 받지 않으므로, 환난에 들어가지 않을 것이라'고 말하지 않는다. 오히려 그는 큰 배교와 불법의 사람이 아직 나타나지 않았다고 주장한다.

'진노'(ὀργή) 외에 진노 혹은 화(θυμός)를 나타내는 두 번째 성경적 용어가 있다. 두 용어를 다 사용할 수 있었는데도, 바울은 왜 하나는 사용하고 다른 하나는 사용하지 않는가? 오래된 주석들은 진노, 사랑, 생명 등을 나타내는 여러 가지 동의어에 집중하는 경향이 있다. 하지만 그들이 사용한 자료의 일부는 이제 구식이 되었다. 예를 들어, 한 신약 저자가 특별한 헬라어 용어를 만들어냈는지, 혹은 고전 헬라어에서 뚜렷이 다른 의미를 지녔던 두 용어가 코이네 시대에 와서 서로 교체하여 사용할 수 있게 되었는지를 이제는 알 수 있게 되었다.[86] '진노'의 경우, 두 동의어 사이에 미세한 뉘앙스의 차이는 없다. 둘 다 칠십인역과 신약에서 인간적 또는 신적 분노를 가리킬 수 있고, 그 의미는 대략적으로 겹친다.

신구약은 하나님의 진노를 단순히 '신인 동형 동성론'으로 축소해서는 안 된다는 점을 보여준다. 가장 유명한 견해로서 도드(Dodd)는 이런 환원주의적 접근법을 채택하여 연구한 로마서 1:18에 대한 주석에서 하나님의 진노를 "대단히 낡은 생각"이라고 말했다. 진노는 "우리를 향한 하나님의 어떤 감정이나 태도"를 의미하는 것

이시다. 그것은 이사야서 59:20을 다른 말로 바꾸어 표현한 것이다.
85. 특히 Paul D. Feinberg in Reiter, ed., *Three Views on the Rapture*, 50-71을 주목하라. 그는 이 생각을 크게 강조한다.
86. H. C. Hahn, "ὀργή," *NIDNTT*, 1:105-13에 실린 글을 보라.

이 아니라, "객관적 사실의 영역에서 이루어지는 어떤 과정 또는 영향"을 의미한다.[87] 즉, 신적 역사는 인간 분노에 유추한 원초적인 인간 마음으로만 파악될 수 있다. "하나님은 화가 난 사람이 다루는 것처럼 당신의 죄를 다루실 것이다." 그러나 도드는 실제로 하나님은 화를 내지 않으신다고 믿었다. 오히려 하나님은 죄가 필연적으로 파멸로 이끈다는 점을 우리에게 보여주고 계신다는 것이다.

도드의 해석은 성경을 철저하게 읽은 결과라기보다, 그의 철학적 추정에 더 영향을 받은 것 같다. 1:10에서 하나님의 진노가 무엇을 뜻하는지 알고자 하는 주석가에게 데살로니가 서신의 나머지보다 더 훌륭한 교사는 없다. 사람들은 그 진노에서 '구원받아야' 한다(살전 1:10; 5:9). 그분의 진노는 '예기치 않은 멸망'(5:3), "환난", "맹렬한 불", "응징", "영원한 멸망", '주의 임재로부터 분리'(살후 1:6-9), "멸망"(2:10)이다. 성경은 하나님의 진노를 개인적 태도로 묘사하는데, 거기에는 하나님의 사랑이나 자비를 묘사할 때 내포된 진정성이 담겨 있다(참고. 출 32:11-12).

바울은 이방인에게 하나님의 진노에 대해 이야기할 때 조심스럽게 논지를 펼쳐나가야 했다. 대중은 한편으로 신들은 변덕이 심하고 불 같은 성질을 갖고 있다고 생각했다. 베르길리우스(Vergilius)는 주노(Juno)의 분노에 근거해서 『아이네이스』(*Aeneid*, 주전 1세기 후반)의 줄거리를 썼다.

나는 전쟁과 영웅…주노의 음울한 분노 때문에 위에 있는 권세에 의해 바다와 육지로 수많은 여행을 한 남자(아이네아스)에 대해 말하노라…신적 존재가 그렇게 악착같이 화를 낼 수 있는가(*Aeneid* 1,1-10)?

대중 종교에서 신들은 변덕스럽고, 짜증을 내며, 쉽게 화를 냈다. 인간이 어떤 행동을 하거나 어떤 의무를 소홀히 할 때 신이 짜증을 낸다는 것을 인간은 어떻게 아는가?

다른 한편으로, 철학자는 이런 사람들의 생각을 어리석은 신화로 간주하고 거부했다. 신은 격정을 지닐 수 없었다. 격정은 변화를 함축하기 때문이다. 신은 일정불변하고, 완전히 분리된 상태에서 영원히 존재한다. 이에 근거해서 2세기의 켈수스(Celsus)는 기독교의 하나님을 조롱했다. 그분이 진노 같은 '격정'을 지니셨기 때문이다. 오리게네스(Origenes)는 장엄한 『켈수스 반박』(*Contra Celsum*)에서 켈수스의 주장을 논박한다. 유감스럽게도, 켈수스에 대한 오리게네스의 응답은 철학자의 입장에 대한 요약으로 이루어져 있다. 그것은 도드의 견해와 비슷하다.

우리는 정말 하나님의 '진노'에 대해 이야기한다. 하지만 우리는 그것이 하나님의 어떤 '격정'을 나타낸다고 주장하지 않는다. 그것은 많은 중대한 죄를 범한 죄인들을 단호한 수단으로 훈육하기 위해 취해지는 것이다.[88]

즉, 오리게네스와 켈수스는 '하나님의 비피동성 혹은 불가고난성'(impassibility of God)에 대한 헬라 교리를 선호했다. 수세기에 걸쳐 많은 신학자가 그런 사상을 선호했지만, 그것은 거룩한 격정의 하나님에 대한 성경적 계시를 제대로 이해하지 못한 비성경적 생각이다.

이 데살로니가인들은 이방인으로서 그들이 지난날 인류에 하나님의 심판을 불러올 행위를 했을지라도, 하

---

[87] C. H. Dodd, *The Epistle of Paul to the Romans* (MNTC; New York: Harper and Brothers, 1932), 21-24. 놀랍게도, Fee, *Thessalonians*, 196-97은 그런 해석에 동의하는 것처럼 보인다. 이 주제에 대해 설명하면서 Dodd의 견해를 반박한 글로 G. L. Borchert, "Wrath, Destruction," *DPL*, 991-93을 보라. 또한 Best, *Thessalonians*, 84-85; Ladd, *Theology of the New Testament*, 447.

[88] Origen, *Cels*. 4.72 (*ANF* 4:529). Origen, *Cels*. 4.71 (*ANF* 4:529)에 따르면, 아버지가 어린 자녀에게 말하듯이 하나님은 사람들에게 말씀하신다. 그는 이것을 '신인 동감 동정설'의 언어라고 부른다. 하나님이 인간 감정을 가지신 것처럼 말씀하신다는 것이다.

나님의 진노를 피하게 될 것임을 알았다. 그들의 회심은 이미 이 시대 속에서 그분의 뜻을 세상에 이루시는 하나님의 권능을 두드러지게 나타내 보이는 것이었다. 유대교에 따르면, 세상은 하나님이 이방인과 관련된 죄들, 특히 우상 숭배와 성적 죄를 제거하시기 전에 임할 종말론적 나라를 기다려야 한다.

그런 종류의 보편적 변화는 스가랴서 14:9에 예언되어 있다. "여호와께서 천하의 왕이 되시리니 그날에는 여호와께서 홀로 한 분이실 것이요 그의 이름이 홀로 하나이실 것이라." 스가랴는 하나님의 이름에 대한 쉐마의 고백(신 6:4)이 마침내 세상에서 어떻게 실현될 것인지 보여준다. 그러나 마게도냐에 이미 이루어진 상황은 무엇인가? 종말이 오기 전에 마게도냐 이방인은 우상 숭배 및 그와 연관된 간음의 행위를 버리고(살전 4:1-8), 우리가 볼 것처럼 미래의 나라로 들어가고 있으며, 이 시대 속에서 그 나라에 합당한 삶을 살아가고 있다(2:12; 살후 1:5). 하나님은 성령을 통해 강력한 회심을 일으키실 수 있는, 실제로 살아 계신 분이다.

이와 같이 바울은 다시 원점으로 돌아온다. 데살로니가인들은 환난 가운데서도 신앙생활을 잘 하고 있다. 하나님이 그들을 보호하셨다. 그들이 믿는 하나님은 예수님을 통해 최종적인 종말의 공포에서 그들을 구출하실 분이다.

적용에서의 신학

기독교 신앙으로 회심한 이방인들은 유일하신 하나님의 존재를 받아들였을 때, 근본적인 패러다임의 전환을 경험했다. 그들은 이 새로운 하나님이 죽을 운명에 처한 분을 부활하게 하셔서 운명을 어떻게든 '이기셨다'는 사실에 감동받았을 것이다. 그렇다면 사도들은 그들에게 주권적이고도 강력하신 하나님께 기도하는 법을 어떻게 가르쳤는가? 데살로니가전서는 여러 교리를 찾아볼 수 있는 자료이다. 1장에는 두 가지 특별한 의견이 서로 얽혀서 제시된다. 하나는 기도의 신학이고, 또 다른 하나는 모방을 통해 가르치고 배우는 것이다. 여기에서 우리는 모방을 통해 기도하는 법을 배울 수 있다.

1. 기도의 신학

데살로니가전후서는 바울의 기도에 대한 기록 보관소와 같다. 또한 두 서신은 기도하는 그 순간 기도를 기록한 '자필문'이다.[89] 두 서신은 목회자에게 도전한다. 목회자는 사도들을 본받음으로써 커다란 유익을 얻을 수 있다. 카슨(Carson)은 『바울의 기도』(*A Call to Spiritual Reformation*, 복있는 사람 역간)에서 바울이 기도한 구절을 직접 찾아서 그것을 오늘날의 그리스도인을 위한

---

89. 살전 1:2-5; 2:13-16; 3:11-13; 5:23-25, 28; 살후 1:2-5, 11-12; 2:13-17; 3:16, 18.

안내서로 사용한다. 유감스럽게도, 카슨은 "대체로 우리의 감사는 물질적 복지와 안락에 단단히 묶여 있는 것 같다"라고 말한다.[90] 우리는 잃어버린 양을 찾은 것과 잃어버린 자동차 열쇠를 찾은 것 중 어느 것에 더 감사하는가? 카슨이 제안하는 것처럼, 우리가 바울 사도를 보고 그의 기도에 나타난 우선순위에 입각해 우리의 기도를 판단한다면, 자신의 가치관이 어떠한지 알 수 있을 것이다. 다시 말해, 우리의 '감사' 목록은 자동차의 오일 계량봉과 같다. 그것은 마음속에 감추어져 있는 것을 보여주는 측정기이다.

한 가지 분명한 요점은 바울이 많이 기도했다는 것이다. 아마도 우리는 사도처럼 심각하게 기도를 대하지 않을 것이다. 우리는 사도들이 사도행전 6:4에서 기도를 중대하게 여긴 만큼 기도를 중시하지 않는다. 사도들은 "오로지 기도하는 일과 말씀 사역에 힘쓰리라"고 주장했다. 여기에서 몇 가지 제안을 하고자 한다.

1. 항상 모든 신자를 위해 기도하고 감사하라. 몇 년 전, 나는 125명의 성도로 이루어진 교회의 목사로서 교인들의 이름을 적은 카드 목록을 만들었다. 교회 규모가 어떠하든, 이름을 불러가면서 그리고 "항상" 양떼를 위해 기도하는 계획을 세워야 한다.
2. '시간이 날 때마다' 기도하고 감사하라. 신호등에 걸렸다고 불평하는 시간에 또는 전화 자동응답기가 우리를 기다리게 할 때, 그 틈을 이용해 기도하라. 그리고 방해받지 않고 온전히 집중해서 기도할 수 있는 공간을 확보하라.
3. 무엇보다도, 성경의 내용에 주의하여 기도하고 감사하라. 하나님이 지금 하고 계신 일을 생각하면서 감사하는 마음으로 기도하라. 은연중에 양떼에게 원망하는 마음을 품고 지내는 경우가 많다. 하나님께 각 사람을 위해 그리고 구체적인 복음적 이유로 감사하며 기도해서 그 구름을 없애라.
4. 마지막으로, 하나님께 말씀드린 것들을 '드러내라.' 바울은 교회로 하여금 그가 하는 기도를 엿들을 수 있게 했다. 어떤 가정을 심방하거나 주일학교 어린이들을 만나서 "여러분을 위해 기도합니다"라고 말할 수 있는 것은 기쁜 일이다.

2. '본받음'을 통해 가르치고 배우기

사도들의 교수 학습 방법을 기본적으로 이해하지 않고서는 데살로니가 서신의 독특한 기여를 제대로 알 수 없다. 미메시스(Mimesis)는 문자적으로 '본보기' 또는 "모범"(τύπος, 1:7을 보라)이 되는 선생을 '본받는 것'이다. 예를 들어, 요한삼서 1:9-12은 진심으로 본받으라고 요구한다. 거기에서 사도 요한은 데메드리오를 적절한 본보기로 그리고 디오드레베를 부정적인 본보기

---

90. D. A. Carson, *A Call to Spiritual Reformation: Priorities from Paul and His Prayers* (repr.; Grand Rapids: Baker, 1992), 41.

로 제시한다. "사랑하는 자여 악한 것을 본받지 말고 선한 것을 본받으라"(요삼 1:11).[91] 물론 궁극적인 모범은 예수님이 보여주시는 모습이다. 모든 신실한 사람은 그분을 바라보아야 한다(히 12:2).

미메시스는 특히 글을 읽고 쓸 수 있는 사람이 적은 문화에 적합했다. 그 당시 목회자는 교인에게 제자도 안내서를 읽으라고 할 수 없었다. 가르치는 자는 전인격을 갖춘 제자의 특성을 삶으로 나타내서, 성품과 행동과 기술을 통합한 모범이 되었다.

미메시스는 랍비와 예수님('나를 따르라')과 사도들이 좋아하는 방식이었다.[92] 바울은 사역 현장에 있을 때 생생한 모범이 되었다. 또한 바울은 계속해서 일종의 '원거리 교육'을 실시했다. 원거리 교육이란 제자들에게 편지를 써서 본보기를 제시하는 것으로, 보통 그들에게 필요한 것을 독자들이 전에 목도한 그의 행동과 연결하는 방법이다. 미메시스의 사례는 바울 서신에 아주 많이 나온다. 바울은 고린도전서 9장에서 고린도인들에게 사랑 때문에 그들의 권리를 유보하라고 권고하면서, 자신이 그리스도를 본받은 것처럼 자신의 모범을 본받으라고 말한다(고전 11:1; 더 광범위한 것으로 고전 4:16을 보라). 바울은 자신을 본보기로 내세웠을 뿐만 아니라, 제자들을 훈련해서 그들 또한 그들의 제자에게 똑같은 일을 하게 했다(딤전 4:12; 딛 2:7).

그리스도인 지도자는 주변 사람이 항상 그들을 지켜보고 모방한다는 점을 알아야 한다. 그들은 결코 경계심을 풀지 말아야 할 것이다. 미메시스는 교육용 영상 자료와 똑같은 것이 아니다. 시청자는 보통 교육용 영상 자료를 보고 강사의 품성과 관계없이 기술을 모방하기만 하면 된다. 하지만 미메시스 제자도는 모범을 총체적으로 본받는 것이며, 그 모범은 이론상 언제나 제 역할을 감당한다. 결함이 있는 본보기는 결함이 있는 제자를 만들어낼 것이고, 그 제자는 결국 결함이 있는 추종자들을 낳을 것이다.[93]

오늘날 미메시스는 대체로 서양식 교육에서 인기를 잃어버렸다. 서양식 교육은 학생이 자기만의 방식을 발견하도록 격려하는 경향이 있다. 그러나 '선생'을 모방하는 것은 요리, 예술,

---

91. 다른 예들은 다음과 같다. 2세기에 Polycarp은 빌립보 독자들에게 빌립보서 2:16을 본보기로 인용하면서, 바울의 인내를 본받으라고 권고했다. 또 Ignatius 같은 당시의 훌륭한 그리스도인과 그것을 넘어 "여러분의 회중에 있는 다른 사람들"의 인내를 본받으라고 권고했다(Pol. Phil. 9.1). Philo는 독자에게 모세를 본받으라고 권고했다. "모세는 가장 아름다운, 하나님과 같은 일로 확고한 명성을 얻어, 그를 본받고자 하는 모든 사람의 모범이 되기 때문이다"(Philo, Moses 158). 히브리서 11:1–12:3은 성경에 나온 훌륭한 모범을 자세히 기록한 목록이다.

92. 자신의 선생을 본받는 것은 기독교 제자도의 핵심이다. 복음서의 언어를 바울 서신의 언어와 비교해보면, "마테테스(제자)와 미메테스(본받는 자)가 똑같다"는 것을 알 수 있다. W. Michaelis, "μιμέομαι, μιμητής, συμμιμητής," TDNT, 4:673.

93. James Baldwin이 저술한 Go Tell it on the Mountain (1952; repr., New York: Facts on File, 2010)에 다음과 같은 탁월한 교훈적 이야기가 실려 있다. 일련의 교회 모임이 열렸는데, 가브리엘은 그 그룹에서 가장 나이가 어린 설교자였다. 다른 사람들은 그 모임에 참석하기 위해 각처에서 온 저명한 흑인 목사들이었다. 방문이 닫히자, 설교자들은 평신도들이 그 자리에 없기 때문에 그냥 편하게 있어도 된다고 생각했다. 설교자 중 한 사람이 그들을 방금 섬기고 떠났던 여성을 두고 악의에 찬 말을 했다. 그 말을 듣고 가브리엘은 이렇게 말했다. "저는 보잘것없는 사람에 대해 나쁘게 말하는 것은 옳지 않다고 생각합니다. 하나님의 말씀은 보잘것없는 사람을 경멸하는 것이 옳지 않다고 말합니다." 그러자 장로인 피터가 이전처럼 친절한 태도로 이렇게 말했다. "이보게, 자네는 지금 장로들에게 이야기하고 있는 걸세." 가브리엘의 담대함에 놀란 듯이, 계속해서 이렇게 말했다. "내가 보기에 자네는 본이 되지 않아."

원예, 주택 리모델링, 테니스, 무술, 골프, 에어로빅 그리고 심지어는 수술 같은 다양한 기술을 가르치는 데 널리 사용된다. 교회는 강력한 이 방법을 자주 간과한다. 그것은 기도, 성경 공부, 교수 방법 등의 기본 기술을 가르치는 데 사용될 수 있다. 전도 폭발도 미메시스를 사용해 좋은 결과를 보고 있다.

3. '본받음'을 통해 기도하는 법을 배우기

앞에서 언급한 두 가지 적용 거리를 결합해보자. 오늘날 북미 교회는 교인에게 기도하는 법을 가르치지 못하고 있다. 일부 교회는 기도 훈련을 "여러분이 배운 공식적인 기도는 잊어버리세요. 기도는 그냥 하나님께 이야기하는 것입니다. 다른 사람에게 이야기하듯 하나님께 이야기하면 됩니다"라는 말로 대체한다. 좋은 기도의 중요성과 그 어려움을 고려해볼 때, 이런 종류의 부주의는 정말 끔찍하다.

견고한 성경적 기도는 생생한 모범을 통해 가장 잘 이루어진다. 바울은 새로운 회심자에게 적절한 진리를 가르쳤다. 그는 사실상 "내 말을 귀 기울여 듣고 내가 기도하는 것처럼 기도하십시오"라고 말하는 것과 같았다. 기도에 대한 강의를 하기보다, 소수의 사람을 모아서 그들에게 "세 달 동안 함께 기도합시다. 그리고 성경이 기도에 관해 무엇을 말하는지도 이야기해봅시다"라고 제안해보는 것이 어떻겠는가?

한 교회의 기도 제목 목록은 그 자체가 교훈을 준다. 그 목록이 그리스도인에게 모범이 되고, 다음과 같이 그들을 이끌기 때문이다. "여기에 교회가 하나님의 가치관이라고 생각하는 것을 적어 놓았습니다. 따라서 이런 우선순위를 따라 기도하도록 합시다." 나는 여러 교회의 기도 목록을 비과학적 방법으로 조사해본 적이 있다. 그 목록은 교회가 아픈 사람이나 사별의 슬픔을 당한 사람을 위해 기도하는 것을 가장 중요하게 여긴다는 점을 알려주었다. 그다음으로 중요하게 여기는 대상은 군복무를 하는 사람들이었다. 이런 기도 제목은 훌륭하지만, 그것이 지닌 중요성에 비해서는 과중하다. 선교사를 위한 기도는 다소 우선순위에서 밀려난 것처럼 보였다. 그들은, 바울이 이 서신에서 기도한 것처럼 교회가 신실하고, 사랑 가운데 자라며, 책망받을 것이 없는 삶을 살도록 기도하라는 요청을 받지 못한다.

데살로니가전서 2:1-16

문학적 전후 문맥

바울이 여기에서 의도한 목적이 불확실하기 때문에 이 단락의 연구는 간단하지 않다. 바울은 2:1-12에서 그와 그의 팀이 데살로니가에서 한 일을 자세히 묘사한다. 최근까지 대부분의 학자는 바울이 이방인이나 유대인의 공격에 맞서 자신의 팀을 변호하고 있다고 생각했다. 알프레드 플러머(Alfred Plummer)는 약 1세기 전에 그런 생각을 밝혔다. "다음으로 우리는 저자들이 유대인 반대자들의 비난에 대응하고 있는 것이 확실하다고 생각한다."[1] 그렇지 않으면, 바울은 데살로니가인들이 실제로 또는 잠재적으로 그들에 대해 품은 의심을 해소하고 있는 것이다.[2] 따라서 학자들은 '대조적 문구'(예를 들어, "속임수로 하는 것도 아니라", 2:3)를 비난('바울과 그의 팀은 교활하다')에 대한 반응으로 이해한다.[3] 몇몇 학자는 2:1-12('우리는 자녀를 포기할 그런 종류의 사람이 아니다')을 2:17-3:10과 연결해서 이 부분을 바울과 실라의 부재에 대한 변호로 이해한다. "우리가…너희 얼굴 보기를 열정으로 더욱 힘썼노라 그러므로 나 바울은 한 번 두 번 너희에게 가고자 하였으나 사탄이 우리를 막았도다"(2:17-18).[4]

이런 일반적 접근에는 여러 가지 약점이 있다. 첫째, 바울은 어디에서도 선교팀이 신실함의 문제나 그들의 부재 때문에 맹비난을 받고 있다고 말하지 않는다. 바울은 비난받을 때 강력하게 변호하는 방법을 알고 있었다. 바울은 다른 상황에서 그를 비방하는 사람들의 주장을

---

[1] Alfred Plummer, *A Commentary on St. Paul's First Epistle to the Thessalonians* (London: Robert Scott, 1918), 20은 "유대인 반대자들"에 대해 말한다. 또 Morris, *Thessalonians* (NICNT), 52. Marshall, *1 and 2 Thessalonians*, 61은 "바울은 자신이 비난을 받고 있다고 생각했음에 틀림없다고 진술한다." 김세윤, "Paul's Entry (εἴσοδος) and the Thessalonians' Faith (1 Thessalonians 1-3)," *NTS* 51 (2005): 519-42를 보라. 김세윤은 그런 반대자들이 존재할 단순한 가능성을 넘어 다음과 같이 추정한다(526). "우리는 데살로니가에 기독교 신앙을 반대하는 자들, 즉 바울을 분명히 폄하하고 있는 반대자들이 실제로 존재한 것을 인지하지 못하는 것 아닌가?"(527) 아주 그럴듯해 보이지만, 그 증거가 어디에 있는가? Fee, *Thessalonians*, 53도 비슷한 결론을 내린다. 그는 디모데가 바울에게 돌아와서 "바울을 비방하는 활동이 상당하다"는 소식을 전했다고 언급한다.

[2] 특히 이 주제에 대해서, J. A. D. Weima, "An Apology for the Apologetic Function of 1 Thessalonians 2.1-12," *JSNT* 68 (1997): 73-99를 보라. 또한 Bruce W. Winter, "The Entries and Ethics of Orators and Paul (1 Thessalonians 2:1-12)," *TynBul* 44 (1993): 55-74.

[3] 그런 입장으로 Mearns, "The Evidence of I and II Thessalonians," 145; Fee, *Thessalonians*, 53.

[4] Green, *Thessalonians*, 111-14.

약화하기 위해 반격에 나섰다(고후 11:12). 둘째, 바울은 데살로니가인들에게 "너희가 항상 우리를 잘 생각하여"(3:6)라고 명확하게 단언한다. 바울이 평판을 보호하려 애쓰는 내용은 어디에도 없다.[5]

더 나은 해석은 (1:6에서처럼) 사도들의 사역이 데살로니가 교회의 삶과 어떻게 일치하는지 보여준다는 것이다. 그다음에 바울은 본받는 것에 대해 다음과 같이 진술한다. 너희는 주 예수님을 본받는다. 그리고 너희는 유대 교회와 선지자들을 본받는다(2:14-16a). 주 예수님, 교회 그리고 선지자들은 이 문서에서 그들의 성품에 대한 의심 때문에 비난을 받고 있지 않다. 오히려 바울의 팀과 마찬가지로, 그들은 동족의 핍박 속에서도 하나님의 메시지를 선포하는 방법을 보여주는 모범이었다.[6]

그러므로 이 책에서는 2:1-16이 이전 장과 연속성이 있음을 강조한다. 1장에서 사도들은 그들의 제자가 본받을 만한 모범을 제시한다고 언급되었다. 이 관점의 이점은 데살로니가전서의 본문 안에서, 바울이 제자도와 선생을 본받는 것을 동일시한다는 것이다.

1:6 "너희는…우리와…본받은 자가 되었으니."
2:1-12 이것이 우리가 살고 일하는 방식이다.

신자들은 선교팀의 윤리적 행동을 따를 뿐 아니라, 지역 교회의 경계를 넘어 활동함으로써 그들을 모방하고 있었다. '주의 말씀이 데살로니가로부터 들렸다'(1:8). 그들은 매우 짧은 시간에 효과적인 전도자가 되었다. 박해를 받은 전도자를 본받는 것이 이 두 장을 관통하는 주제이기 때문에, 바울이 2:1-12에서 본받는 것에 초점을 맞추고 있을 가능성이 크다.[7] 말허비는 이 견해를 잘 설명했다. "또한 저자는 자신이 전할 실제적인 조언의 근거를 제공하기 위해 자신의 삶을 대조적 형태로 자세히 설명할 수 있다."[8]

데살로니가전서 2장은, 바울이 자신을 변호하는 고린도후서 7장과 몇 가지 유사점이 있다. 하지만 성경을 연구하는 사람은, 똑같은 형태가 다른 맥락에서는 다른 기능을 할 수 있다는 사실을 고려해야 한다. 여기서는 두 가지 유사한 구절을 살펴보는 것으로 충분하다.

---

5. 김세윤, "Paul's Entry," 539는 데살로니가전서 3:6이 고린도후서 7:6-7과 같은 기능을 한다고 주장한다. 고린도후서를 보면 디도는 고린도에서 고무적인 소식을 갖고 바울에게 돌아온다. 하지만 김세윤이 주장하는 대로, 두 본문에 사용된 언어의 유사성에도 불구하고 그 유사성이 특별히 강한 것은 아니다. 디도의 보고는 고린도인들이 주로 '슬픈 서신'을 어떻게 받아들였는지에 관한 것이었다.

6. 그런 이유로, 몇몇 사람은 바울이 자신을 변호하는 것이 아니라 일반적으로 그를 거짓 교사들과 구분하고 있다고 주장한다. Ambrosiaster, *Commentaries on Galatians–Philemon*, 103을 보라.

7. 데살로니가전서 1장과 2장의 여러 유사점에 대해 Carol J. Schlueter, *Filling Up the Measure: Polemical Hyperbole in 1 Thessalonians* 2:14-16 (JSNTSup 98; Sheffield: JSOT, 1994), 32-33을 보라.

8. Malherbe, *Letters to the Thessalonians*, 155; Wanamaker, *Thessalonians*, 93. Marshall, *1 and 2 Thessalonians*, 61은 Malherbe의 주장에 너무 많은 뜻을 부여해 "그리스도인 설교자인 바울이 왜 자신을 이상적인 철학자의 견지에서 묘사하려고 애썼는지" 의아해한다. 하지만 바울의 목적은 Dio의 목적과 똑같지 않고, 바울과 실라가 하나님의 인정을 받았으므로 그들을 본받아야 한다는 점을 보여주기 위해 비슷한 언어를 사용하고 있음을 명심해야 한다.

사무엘상 12:3에서 사무엘은 이스라엘에 도전적인 메시지를 전한다.

"내가 여기 있나니 여호와 앞과 그의 기름 부음을 받은 자 앞에서 내게 대하여 증언하라 내가 누구의 소를 빼앗았느냐 누구의 나귀를 빼앗았느냐 누구를 속였느냐 누구를 압제하였느냐 내 눈을 흐리게 하는 뇌물을 누구의 손에서 받았느냐 그리하였으면 내가 그것을 너희에게 갚으리라."

사무엘의 의도는 무엇이었는가? 표면상으로는 그의 평판을 나무랄 데 없이 만들기 위함이었다. 하지만 그의 목적은 미래까지 가닿는다. 이스라엘은 사사 시대에서 왕정 시대("모든 나라와 같이 우리에게 왕을 세워 우리를 다스리게 하소서", 삼상 8:5)로 과도기를 거치고 있었다. 모세는 왕들의 죄가 탐욕스럽다고 경고했는데(신 17:14-17), 사무엘도 똑같이 경고했다(삼상 8:11-18). 사무엘의 자기 옹호는 다음과 같이 경고하며 광범위한 기능을 한다. 사울과 미래 왕들은 율법을 어기지 않도록 주의하라. 내가 보인 본을 지켜라. 이스라엘은 욕심 많은 왕을 거부하라.

사도행전 20:17-35은 그 배경을 더욱 분명히 밝혀준다. 어떤 면에서 바울은 그가 한 사역에 대해 '사과'한다. 그런데 바울은 무슨 목적으로 에베소 장로들에게 자신의 정직함과 수고에 대해 자세히 반복해 말하는가? 바울 사도는 사무엘처럼 앞을 내다보면서 자신의 모범을 따르라고 장로들에게 경고한다.

"내가 떠난 후에 사나운 이리가 여러분에게 들어와서 그 양떼를 아끼지 아니하며 또한 여러분 중에서도 제자들을 끌어 자기를 따르게 하려고 어그러진 말을 하는 사람들이 일어날 줄을 내가 아노라 그러므로 여러분이 일깨어 내가 삼 년이나 밤낮 쉬지 않고 눈물로 각 사람을 훈계하던 것을 기억하라"(행 20:29-31).

바울은 데살로니가전서 2:1에서 감사를 전한 다음, 그들이 교회를 위해 펼친 모험적인 선교 활동을 묘사한다. 그 활동은 결국 전도의 횃불이 되었다. 너희 데살로니가인은 극심한 박해를 경험하고 있는가? 너희에게 담대히 말했던 우리도 그러했고(2:2), 유대 교회와 그리스도인 선지자도 그러했다(2:14-15). 그리고 생각건대, 우리의 최고 모범이 되시는 주 예수님도 박해를 당하셨다(1:6; 2:15). 여기에 아주 자세하게 '너희에게 하나님의 복음을 전한' 방법이 있다(2:9). 그리고 그것이 바로 너희가 일반적으로 살아야 하는 방법이고, 또 이것이 너희가 다른 사람들에게 복음을 전해야 하는 방법이다.[9]

몇몇 사람은 이 단락의 후반부가 나중에 추가된 것이라고 생각한다. 즉, 예루살렘이 멸망

---

9. George Lyons, *Pauline Autobiography: Toward a New Understanding* (SBLDS 73; Atlanta: Scholars, 1985), 182-201에서 "본받음"의 관점을 탁월하게 설명한 것을 보라.

당한 후 아마도 반유대주의적 성향을 띠는 사람이 서신에 덧붙인 이야기라는 것이다. 하지만 그런 생각을 뒷받침할 수 있는 역사적 근거는 거의 없다('데살로니가전후서 서론'을 보라). 그렇다면 이 단락의 목적은 무엇인가? 그것은 복음을 전하는 데살로니가 이방인 신자와 복음을 저지하는 유대 불신자를 대조하는 것이다. 교회는 하나님의 진노에서 구원받을 것이다(1:10). 반면, 믿지 않는 유대인은 그들을 향한 하나님의 분노를 쌓아간다(2:16). 회당이 무리와 정부를 부추겨 그리스도인을 박해하게 한 도시에서 입장을 분명히 밝히는 것은 중요하다. 누가 하나님을 기쁘게 하고 있고, 누가 하나님께 반항하고 있는가?

II. 하나님의 구원하시는 개입을 감사함(1:2–10)
→ III. 데살로니가인들의 모범이 되는 사도팀(2:1–12)
    A. 사도팀은 맹렬한 공격을 받았는데도 사역에 성공함(2:1–2)
    B. 사도팀은 모범적인 태도로 하나님을 섬김(2:3–12)
IV. 요점을 되풀이함: 그들이 데살로니가인들로 인해 자주 감사를 드리는 이유(2:13–16, 1:2과 인클루지오)
    A. 데살로니가인들이 복음을 하나님의 메시지로 받아들임(2:13a)
    B. 그 메시지는 그들 가운데서 역사했음(2:13e)
    C. 그들은 먼저 세워진 유대 교회를 본받은 자가 됨(2:14–16)
V. 바울과 실라의 여행 계획의 좌절과 그 해결 방안(2:17–3:13)

주요 개념

바울은 주로 독자의 행동을 이끌어내기 위해, '미메시스'로 알려진 교수 방법을 사용하여 데살로니가에서 그의 팀이 펼친 선교를 묘사한다. 선교팀은 그들의 마음을 시험하시는 하나님이 그들을 인정하시고, 반대 속에서도 그들을 통해 일하셨기 때문에 성공적으로 복음을 전했다. 유대 교회도 비슷한 긍정적인 모범을 제공했다. 데살로니가인들이 이런 모범들을 따르면, 그들 역시 하나님의 인정을 받을 것이다.

번역

데살로니가전서 2:1-16

1a	상기시키는 말	형제들아…너희가 친히 아나니	
b	내용		우리가 너희 가운데 들어간 것이 헛되지 않은 줄을
2a	상기시키는 말	너희가 아는 바와 같이	
b	양보	우리가 먼저 빌립보에서 고난과 능욕을 당하였으나	
c	예상과 반대	**우리 하나님을 힘입어…하나님의 복음을 너희에게 전하였노라**	
d	환경	많은 싸움 중에	
3a	단언	**우리의 권면은**	
b	목록–태도		간사함이나
c	태도		부정에서 난 것이 아니요
d	태도		속임수로 하는 것도 아니라
4a	3절에 대한 근거	오직 하나님께 옳게 여기심을 입어	
b	목적		복음을 위탁 받았으니
c	비교	**우리가 이와 같이 말함은**	
d	대조		사람을 기쁘게 하려 함이 아니요
e	대조		오직 우리 마음을 감찰하시는 하나님을 기쁘시게 하려 함이라
5a	상기시키는 말	너희도 알거니와	
b	3–4의절의 확대	**우리가…아니한 것을**	
c	시간		아무 때에도
d	태도/목록		아첨하는 말이나
e	태도/목록		탐심의 탈을 쓰지
f	하나님께 호소	하나님이 증언하시느니라	
6a	태도/목록	또한 우리는…영광을 구하지 아니하였노라	
b	기원		너희에게서든지
c	기원		다른 이에게서든지 사람에게서는
7a	양보/목록	우리는…마땅히 권위를 주장할 수 있으나	
b	7a절에 대한 근거		그리스도의 사도로서
c	대조/목록	**도리어 너희 가운데서 유순한 자가 되어**	
d	태도	유모가 자기 자녀를 기름과 같이 하였으니	
8a	결과	우리가 이같이 너희를 사모하여	

b	내용/목록	하나님의 복음뿐 아니라
c	내용/목록	우리의 목숨까지도
d	단언	**너희에게 주기를 기뻐함은**
e	8절의 원인	너희가 우리의 사랑하는 자 됨이라
9a	상기시키는 말	형제들아…**너희가 기억하리니**
b	내용/목록	우리의 수고와 애쓴 것을
c	목적	너희 아무에게도 폐를 끼치지 아니하려고
d	내용/목록	밤낮으로 일하면서
e	내용/목록	**너희에게 하나님의 복음을 전하였노라**
10a	태도/목록	우리가…어떻게 거룩하고
b	내용	너희 믿는 자들을 향하여
c	태도/목록	옳고 흠 없이 행하였는지에 대하여
d	상기시키는 말	**너희가 증인이요**
e	하나님께 호소	**하나님도 그러하시도다**
11a	상기시키는 말	너희도 아는 바와 같이
b	태도	우리가 너희 각 사람에게
c	비교	아버지가 자기 자녀에게 하듯
d	태도/목록	권면하고
e	태도/목록	위로하고
f	태도/목록	경계하노니
12a	태도	이는…하나님께 합당히 행하게 하려 함이라
b	서술	너희를 부르사 자기 나라와 영광에 이르게 하시는
13a	감사	이러므로 **우리가 하나님께…감사함은** 끊임없이
b	원인	너희가 우리에게 들은 바 하나님의 말씀을 받을 때에
c	대조	사람의 말로 받지 아니하고
d	대조	하나님의 말씀으로 받음이니 **진실로 그러하도다**
e	서술	이 말씀이 또한 너희 믿는 자 가운데에서 역사하느니라

14a	재진술	형제들아 너희가…본받은 자 되었으니
		유대에 있는 하나님의 교회들을
b	영역	그리스도 예수 안에서
c	기원 목록	그들이 유대인들에게 고난을 받음과 같이
d	원인	너희도 너희 동족에게서 동일한 고난을 받았느니라
15a	서술 목록	유대인은 주 예수와
		선지자들을 죽이고
b	서술 목록	우리를 쫓아내고
c	서술 목록	하나님을 기쁘시게 하지 아니하고
d	서술 목록	모든 사람에게 대적이 되어
16a	수단	우리가 이방인에게 말하여…
		그들이 금하여
b	목적	구원받게 함을
c	원인	자기 죄를 항상 채우매
d	결과	노하심이 끝까지 그들에게 임하였느니라

구조

이 단락은 전반적으로 사도들이 데살로니가에 복음을 전한 방식을 다룬다. 바울은 1장에 나온 내용을 반복하면서 발전시킨다. 즉, 선교 활동의 성공과 데살로니가인들이 사도팀을 본받은 것에 감사(2:1-13)하고 이제 그들이 유대 교회를 본받는 것(2:14-16)에 대해 말한다. "우리 마음을 감찰하시는"(2:4c) 하나님이 계시다는 점을 고려하면, 중심 주제는 참된 전도자가 어떻게 행동하는가 하는 것이다. 이것은 모든 그리스도인에게 중요한 정보이지만, 특히 복음이 '울려 퍼지는'(1:8) 데살로니가 교회에 중요한 정보이다.

바울은 먼저 선교팀이 데살로니가에서 좋은 결과를 낸 점과 그들이 보통 때보다 더 용감하게 행동했던 점을 상기시킨다("너희가 친히 아나니"). 그들은 맹렬한 반대에 직면했다(2:1-2, ἀλλά는 2:2에서 성공하기에 적합하지 않은 조건을 나타내는 데 사용됨).

2:3-12에는 세 가지 주요한 은유가 나온다. 그것은 어린아이처럼 되는 것(2:3-7c, 이 해석에 대한 증거는 해당 구절의 설명을 보라), 유모처럼 되는 것(2:7d-8), 아버지처럼 되는 것(2:9-12)이다. 1:5에서처럼 바울은 2:3-7c에서 대조법을 사용한다('이것이 아니라…저것이라'). 바울은 "권면"(2:3)하면서 여러 가지 부정적인 진술을 하는데, 그것은 '…이 아니요…이 아니라'(οὐκ…οὐδε…οὐδε…οὔτε 등)로 표현된다. 2:4에 입장을 밝히는 언급이 나오는데, 그것은 "오직"(ἀλλά)

으로 표시된다. 바울은 그들이 하나님께 옳게 여기심을 입은 것(καθώς)과 그들이 말하는 방식(οὕτως)을 비교한다.

그다음 바울은 이 비교에 대조적 문구를 덧붙여 확대한다. 사람을 기쁘게 하려 함이 "아니요" 하나님을 기쁘시게 함"이라." 이와 같이 바울은 복음의 제시에 적절하지 않은 것에 대해 말한다. 그것은 보수를 노리고 행하는 거리의 설교자들처럼 사람을 기쁘게 하는 일이 아니다. 오히려 복음의 설교자는 순수한 내적 동기를 지녀야 한다. 하나님은 그 마음을 감찰하신다. 바울은 데살로니가인들과 하나님께 그가 진실을 말하고 있음을 증언해달라고 요청한다.

바울은 2:7c에서 "도리어"(ἀλλά)라는 단어를 사용하여 '우리가 하지 않은 일'에서 '우리가 한 긍정적인 일'로 말을 돌린다. 그들은 "유순한 자"처럼 순실했고, 속임수를 쓰거나 조작하지 않았다.

2:7d-9에 나타나는 지배적인 은유는 "유모"이다. 유모는 어린아이를 '소중히 여긴다.' 바울은 또 다른 대조법으로 데살로니가인들에게 사도들이 단순히 말로만 메시지를 전한 것이 아니라(2:8b) 그들의 "목숨까지도"(2:9) 준 것을 상기시킨다. 이런 헌신은 마치 어머니처럼, 그들이 밤낮으로 일해서 스스로 짐을 떠맡고 데살로니가인들에게 부담을 주지 않은 사실로 표현된다(2:9).

세 번째 주된 은유(2:10-12)는 그들이 제자들에게 "아버지처럼" 행동했다는 것이다. 바울은 이 장의 다른 곳과 마찬가지로, 데살로니가인들이나 하나님께 그에 대해 증언해줄 것을 거듭 요청한다(2:10). 비교의 요점은 아버지는 자기 자녀를 가르친다는 것이다(2:11-12).

13절은 1:2에서 시작한 주제와 인클루지오를 형성한다. 13절에서 사도들은 "이러므로"(διὰ τοῦτο), 즉 복음이 성공적으로 전해졌으므로 하나님께 감사한다. 바울은 또 다시 대조되는 문구를 끼워 넣는다. 데살로니가인들은 그 메시지를 사람의 말로 받지 않고 하나님의 말씀으로 받았다. 바울은 '왜냐하면'(γάρ, 이 단어는 번역하지 않는 것이 더 낫다)이라는 단어를 사용하여 그것을 추가로 설명한다. 바울은 완전히 새로운 주제를 소개하는 것이 아니라, 1:6-7의 '본받음'이라는 주제를 계속해서 설명한다. 이 책이 증명하고자 하는 대로, 바울이 2:1-12에서 생각하고 있는 것이 바로 본받는 것에 관한 주제이다.

14-16절은 나중에 써넣은 것이 아니라('데살로니가전후서 서론'을 보라) 바울의 서신 원본의 필수적인 부분이다. 데살로니가인들은 그들의 유대 동료들처럼 박해를 받으면서도 신실하게 복음을 지켜야 한다. 유대인 종교 당국은 열방에 복음이 전파되는 것을 방해하기 위해 많은 애를 썼다. 바울은 옛 선지자의 어조로 여러 분사와 형용사("죽이고", "쫓아내고", "하나님을 기쁘시게 하지 아니하고", "모든 사람에게 대적이 되어", "금하여")를 사용해서 믿지 않는 유대인을 묘사한다. 그리고 바울은 2:16에서 그들이 한 행동의 최종 결과(εἰς τό)가 하나님의 진노임을 보여준다. 따라서 데살로니가인들이 헬라 및 다른 지역에 복음을 전하는 사명을 수행할 때 "동족"(2:14)의 반대에 부딪치는 것은 놀라운 일이 아니다.

석의적 개요

➡ I. 데살로니가인들의 모범이 되는 사도팀(2:1-12)
    A. 사도팀은 맹렬한 비난을 받았는데도 사역에 성공함(2:1-2)
    B. 사도팀은 모범적인 태도로 하나님을 섬김(2:3-12)
        1. 그들은 속임수를 쓰지 않았다(2:3)
        2. 하나님이 친히 그들을 감찰하시고 복음을 전하기에 합당한 자로 인정하셨다(2:4)
        3. 그들은 그 당시 대중적인 교사의 통상적인 특성을 나타내지 않았다(2:5-12)
            a. 그들은 돈이나 인정을 받기 위해 힘 있는 자들에게 아첨하지 않았다(2:5-6).
            b. 그들은 그리스도의 사도에게 걸맞은 대우를 사양했다(2:7a-b)
            c. 그들은 더 겸손한 역할을 맡았다(2:7c-11)
                i. 그들은 유아처럼 아주 정직했다(2:7c)
                ii. 그들은 유모처럼 온화하게 보살폈다(2:7d)
                iii. 그들은 육체 노동자라는 낮은 사회적 지위를 취했다(2:8-9)
                iv. 그들은 흠이 없는 성품을 나타냈다(2:10)
                v. 그들은 사랑이 많은 아버지처럼 처신했다(2:11)
            d. 그들은 하나님께 합당한 방식으로, 그들이 행하는 것처럼 행동하라고 가르쳤다(2:12)

II. 요점을 되풀이함: 그들이 데살로니가인들로 인해 자주 감사를 드리는 이유(2:13-16, 1:2과 인클루지오)
    A. 데살로니가인들이 복음을 하나님의 메시지로 받아들임(2:13a-d)
    B. 그 메시지는 그들 가운데서 역사했음(2:13e)
    C. 그들은 먼저 세워진 유대 교회를 본받은 자가 됨(2:14-16)
        1. 그들은 동족에게 고난을 당했다(2:14)
        2. 유대인은 예수님과 기독교 선지자들을 죽였다(2:15a)
        3. 유대인은 바울과 실라와 또 다른 그리스도인들을 핍박했다(2:15b)
        4. 유대인은 하나님을 모욕하고 다른 사람들을 대적했다(2:15c-d)
        5. 유대인은 이방인 선교를 방해했다(2:16a-b)
        6. 유대인은 가나안 고대 국가들과 같은 길을 갔다(2:16c-d)

본문 설명

2:1 형제들아 우리가 너희 가운데 들어간 것이 헛되지 않은 줄을 너희가 친히 아나니(Αὐτοὶ γὰρ οἴδατε, ἀδελφοί, τὴν εἴσοδον ἡμῶν τὴν πρὸς ὑμᾶς ὅτι οὐ κενὴ γέγονεν). '왜냐 하면'(γάρ)은 여기에서 '계속 또는 연결을 나타내는 내러 티브 표지이다.' 이것은 인과 관계를 나타내지 않으며 (BDAG를 보라) 번역하지 않는 것이 가장 좋다. 바울은 앞에서 각처에 있는 사람들이 데살로니가에서 일어난 하나님의 일에 대해 이야기하고 있다고 언급했다(1:8b-9a). 바울은 이제 독자들이 그 사실을 잘 알고 있다는 점을 상기시킨다. 이것은 이 서신에서 '상기시키는 언어' 를 사용한 두 번째 사례이다(1:5을 보라). 2장에서 이러한 사례가 총 6번 나온다. 그들은 무엇을 '알았는가?' "우리가 너희 가운데 들어간 것"(τὴν εἴσοδον…τὴν πρὸς ὑμᾶς)은 1:9의 언어를 되풀이한다. 바울은 "친히"(αὐτοὶ) 를 사용해 "너희가…아나니"(οἴδατε)를 강화한다. "너희가 친히 아나니"는 1:9에 기록된 "그들이 우리에 대하여 스스로 말하기를"과 아주 유사하다.

"헛되지 않은 줄을"(οὐ κενή)은 곡언법으로 알려진 수사적 표현이다. 즉, 반대되는 것을 부정함으로써 긍정적인 사실을 진술하는 방법이다(1:2에 대한 설명을 보라). 바울은 나중에 쓴 한 서신에서 똑같은 방법을 사용해서, 비우호적인 환경 속에서도 하나님의 은혜가 강력함을 보여준다. "내게(박해자 사울) 주신 그의 은혜가 헛되지 아니하여"(고전 15:10). 바울은 여기에서 절실한 마음으로 교회에 상기시키는 말을 하는 것이다. 뒤에서 그는 데살로니가에서 수고한 것이 '헛되게 될까 봐'(εἰς κενὸν γένηται, 3:5) 안절부절못했다고 인정하기 때문이다.

2:2a-b 너희가 아는 바와 같이 우리가 먼저 빌립보에서 고난과 능욕을 당하였으나(ἀλλὰ προπαθόντες καὶ ὑβρισθέντες καθὼς οἴδατε ἐν Φιλίπποις). 바울은 ἀλλά라는 단어로 그들이 데살로니가에서 거둔 성공이 예상과 달랐던 이유를 말한다. 사도들은 좋지 않은 상태에서 도착했다. '먼저 고난을 당하다'(προπάσχω)라는 복합 동사는 하팍스 레고메논(hapax legomenon), 즉 신약에서 이 한 곳에만 사용되는 단어이다. 이 동사는 두 가지 의미를 함축한다. 이것은 다른 사람들이 그들에게 가한 어려움을 언급할 수도 있고, '심리적' 의미를 지닐 수도 있다. 즉, 그들이 마음 깊이 낙심해 있었다는 것이다.[10] 그러한 경우, 이 동사는 3:1에 나오는 "참다 못하여"라는 표현과 비슷하다. 하지만 첫 번째 의미가 더 적합하다. 이 동사는 '능욕을 당한 것'과 짝을 이룬다. 바울은 다른 사람들이 그들에게 한 일에 초점을 맞추는 듯하다. 빌립보서 1:30에 기록된 아주 유사한 표현은, 바울이 빌립보에 대해 생각할 때 정신적 괴로움이 아닌 육체적 고통을 생각했다는 점을 보여준다. '고난을 받다'(πάσχω) 및 그와 같은 종류의 단어들이 초기 기독교에서 두드러지게 쓰이는 어휘라는 사실은(예를 들어, 살전 2:14; 살후 1:5), 사도 시대에 그리스도인들이 실제로 무엇을 경험했는지를 밝히 보여준다. '능욕을 당하다'(ὑβρισθέντες)라는 단어는 말로든 신체적으로든 아주 무례한 모욕을 당한 것을 말한다.[11] 사도행전 14:5에 따르면, 바울과 바나바는 이고니온에서 '모욕을 당했다.' 이때 그들을 돌로 치려고 하는 일까지 벌어졌다.[12]

'고난을 받다'와 '능욕을 당하다' 같은 단어는 그들이 전에 빌립보에서 경험한 일을 제대로 드러낸다. 그들은

---

10. MM, 543을 보라.
11. MM, 647을 보라. 거기에서 "몸을 학대하다"(εἰς τὸ σῶμα ὑβρίζω)는 태형을 당하는 것을 의미한다.
12. 마태복음 22:6에 기록된 혼인잔치의 비유에서 종들이 받은 나쁜 대우에 대해 '모욕하다'(ὑβρίζω)가 사용된 것을 보라. 누가복음 18:32에 기록된 인자에 대해서도 마찬가지다.

낮은 사회 계층에 속한 소녀에게서 귀신을 쫓아내 도와주려고 했다(행 16:18). 이 일 때문에 그들은 붙잡혀서 관리 앞에 끌려갔다(16:19). 그 앞에서 그들은 유대인이라는 이유로 조롱당하고(16:20-21), 옷이 벗겨진 채 매를 맞고 옥에 갇혔다(16:22-23).

바울과 실루아노가 로마 시민이라는 사실은 그들을 더욱 수치스럽게 만들었다. 원칙적으로, 그들은 그와 같은 무례한 모욕에서 면제되었다(행 16:37-39).[13] 오늘날 서양에서 공개적인 망신은 바울 당시만큼의 영향을 끼치지 못한다. 다행히도 최근에 신약 학자들은 유대인 사회와 그리스-로마 사회에서 수치가 차지하는 중요성에 주목했다. 예를 들어, 다음을 주목하라.

이와 같이 수많은 동료 로마인과 상당히 많은 빌립보 대중이 증언하고 지지해서 그들이 수모를 당한 것은 참으로 완벽한 일이었다…논란의 여지가 없이, 그들이 매를 맞고 구속을 당한 수치스러운 일은 그 이후 빌립보의 모든 사회적 관계에 영향을 끼쳤을 것이다. 그들이나 그들이 전하는 메시지에는 명예가 없었을 것이다.[14]

문화적 규범과 반대로, 사도팀은 그들이 매를 맞은 사실을 감추려 하지 않았다. 사도팀은 마치 자신들의 경험이 그들이 지닌 믿음의 신실성을 보여주는 증거인 것처럼, 동정을 얻기를 바라지도 않았다. 그들은 데살로니가에 도착하자마자 문제를 일으키는 자로 낙인찍혔다. 하지만 칼뱅은 이렇게 언급한다.

우리는 사람들의 마음이 약해진 것을 안다. 아니, 그들은 수치와 박해로 완전히 쇠진했다. 따라서 여러 종류의 악과 수치를 당한 후, 바울이 완전히 정상적인 상태인 것처럼 주저하지 않고 크고 부유한 도시에 가서 주민들을 그리스도께 복종시키려 한 것은 신적 역사하심의 증거였다.[15]

히브리서 10:32-33과 로마서 8:36에 아주 유사한 말씀이 나온다. 거기에서 바울은 시편 44:22을 자신의 경험에 적용한다. "우리가 종일 주를 위하여 죽임을 당하게 되며 도살할 양같이 여김을 받았나이다." 데살로니가인들이 그리스도인이 되고자 한다면, 그들은 바울과 실라가 받은 것과 똑같은 험악한 대우를 받으리라 예상해야 한다.

"…와 같이"(καθώς)는 비교의 언어이며, "너희가 아는 바와"(οἴδατε)라는 또 다른 상기시키는 언어로 이끈다.[16]

2:2c-d 우리 하나님을 힘입어 많은 싸움 중에 하나님의 복음을 너희에게 전하였노라(ἐπαρρησιασάμεθα ἐν τῷ θεῷ ἡμῶν λαλῆσαι πρὸς ὑμᾶς τὸ εὐαγγέλιον τοῦ θεοῦ ἐν πολλῷ ἀγῶνι). 1장에 따르면, 데살로니가인들은 성령의 강력한 역사를 경험했다. 바울은 이제 그들도 사도들처럼 초자연적인 용기를 가질 수 있음을 보여준다. '담대하게 말하다'(παρρησιάζομαι)라는 동사가 부정사로 보완될 때,[17] 그것은 '용기를 가지다, 모험을 하다'라는 의미를 취한다. '전하다' 또는 '말하다'(λαλῆσαι)라는 부정사는 바울과 그의 팀이 말로 전하는 사역을 나타낸다. 여기에서 우리는 '말하다'를 뜻하는 동의어(λαλέω와 λέγω)를 미세하게 구별하려 하지 않도록 조심해야 한다. 고대 헬라어에서 λαλέω는 대화나 수다 같은 비교적 비공식적인 말

---

13. MM, 647을 보라. 거기에서 한 파피루스는 시민권을 매질 면제와 연결한다. "하지만 너희의 시민권은 그것 때문에 조금도 손상되지 않을 것이며, 너희는 태형을 당하지도 않을 것이다."

14. Brian Rapske, *The Book of Acts and Paul in Roman Custody* (BA1CS 3; Grand Rapids: Eerdmans, 1994), 303-4.

15. Calvin, *Thessalonians*, 248.

16. 살전 1:5; 2:2; 2:5; 3:4; 4:1; 4:6; 4:11에서 상기시키는 언어와 함께 나오는 καθώς를 보라.

17. 부정사의 보완적 용법에 대해 BDF §392를 보라.

을 의미했지만, 1세기에는 더 이상 그런 구별을 하지 않았다.[18] 바울은 여기에서 조용한 대화에서부터 설교에 이르기까지 무엇이든 언급하는 것일 수 있다.

하나님은 바울과 그 팀에 능력을 주셔서 복음을 전하는 데 필요한 것은 무엇이든 분명히 표현할 수 있게 하셨다. 그렇다고 해서 그들이 그 시대의 견유학파 철학자들처럼, 자유롭고 장황하게 말할 수 있었다는 뜻은 아니다. 견유학파는 가르치는 수단으로 말을 많이 하고, 모욕하는 말을 했다. "도덕적 자유에 이른 다음, 철학자는 다른 사람들의 결점을 거칠게 지적하고 합리적 삶이 가져올 인간 잠재력의 완성을 제시함으로써 그들이 그 자유에 관심을 갖게 했다."[19] 반면, 사도들의 담대함은 민폐를 끼치는 행위가 아니라, 그들이 복음에 대해 갖고 있는 큰 확신을 가리킨다(1:5). 바울은 청중에게 필요한 것을 솔직하게 지적했지만, 유모처럼 온유한 방식으로 했다(2:7).

소유격 명사로 이어지는 "복음"은 번역하기가 쉽지 않다. 여기에서 그것은 주어적 소유격('하나님이 우리에게 좋은 소식을 전하신다')일 수도 있고, 목적어적 소유격('우리는 하나님에 대한 좋은 소식을 전한다')일 수도 있다. 둘 중 어느 것이든 적합하다. 이것은 월리스가[20] 무조건적 소유격으로 알려진 범주 아래서 이 본문과 2:8-9에서 저자가 둘 다 염두에 두었을 수 있다고 제안하는 이유이다. 하나님은 좋은 소식을 만들어내시고, 그다음 사람들이 하나님에 대한 그 메시지를 전한다. 다른 중요한 예들은 마가복음 1:1과 요한계시록 1:1에서 찾아볼 수 있다.

"많은"이라는 말은 그들이 데살로니가에서 직면했던 적대감이 그들이 빌립보에서 경험한 것의 연장이었기 때문에 덧붙여졌다. "싸움"(ἀγών)이라는 단어는 문자적으로 사람들의 모임 또는 더 나아가 그들이 경기를 보기 위해 모이는 장소를 의미한다. 또한 경쟁을 하는 경기를 뜻할 수 잇다. 소크라테스는 "나는 내 시절에 많은 연설 대회에 침여했다"라고 이야기한다(Plato, *Prot.* 335a). 히브리서 저자는 '우리 앞에 당한 경주를 하자'고 말한다(히 12:1; 딤전 6:12도 보라). 이 단어는 '몸부림'으로 번역할 수 있다. 즉, 환경 때문에 내적, 심리적으로 혼란을 겪는 것이다. 이것이 가능하기는 하지만, ἀγών은 헤라클레스의 많은 "노역"처럼, "고난"을 언급할 때 흔히 사용된다(Sophocles, *Trach.* 159). 그 단어에 담긴 후자의 의미를 강화하는 것은 바울이 빌립보에서 당한 시련을 언급한 것이다. "그리스도를 위하여 너희에게 은혜를 주신 것은 다만 그를 믿을 뿐 아니라 또한 그를 위하여 고난도 받게 하심이라 너희에게도 그와 같은 싸움(ἀγών)이 있으니 너희가 내 안에서 본 바요 이제도 내 안에서 듣는 바니라"(빌 1:29-30; 또한 골 2:1).

2:3 우리의 권면은 간사함이나 부정에서 난 것이 아니요 속임수로 하는 것도 아니라(ἡ γὰρ παράκλησις ἡμῶν οὐκ ἐκ πλάνης οὐδὲ ἐξ ἀκαθαρσίας οὐδὲ ἐν δόλῳ). 이것은 그 팀이 어떻게 행동했는지를 상기시키는 말도, 그들이 속임수를 쓴다고 비난하는 자들에 맞서 변호하는 말도 아니다. 오히려 바울은 그의 제자들에게 하나님의 능력이 역사하는 것을 보려면 어떻게 살아야 하는지를 말하고 있다.[21]

2:1에서처럼 '왜냐하면'(γάρ)을 번역하지 않고 그대로

---

[18]. LSJ, λαλέω를 보라. 그것은 마태복음 13:3에 기록된 예수님의 설교와 데살로니가전서 2:16에 언급된 사도들의 일반적인 설교에 사용된다. 사도행전 18:9에서, 데살로니가전서를 쓴 직후에 나타난 환상에서, 예수님은 바울에게 나타나서 임무를 맡기셨다. "두려워하지 말며 침묵하지 말고 말하라(λαλέω에서 파생)."

[19]. Abraham J. Malherbe, *Paul and the Popular Philosophers* (Minnea-polis: Fortress, 1989), 59. T. Paige, "Philosophy," *DPL*, 715도 똑같은 입장이다. 견유학파가 "말할 때 이상적으로 생각하는 담대함(*parrēsia*)은 공적 설교로 나타났다. 그 설교는 청중의 '죄'를 폭로할 정도로 종종 신랄하고, 모욕적이고, 교만했다. 견유학파 철학자들은 그들의 방식을 괴저병에 걸린 환자를 수술하는 것에 비교했다."

[20]. Wallace, *Grammar*, 119-21.

두는 것이 가장 좋다. "권면"(παράκλησις)은 여러 가지 의미를 나타낼 수 있다. 심지어 데살로니가전서 전체에서도 그렇다. 그것은 격려[22]나 여기에서처럼 '권고'나 '간청'을 뜻할 수 있다.[23] 바울은 여기에서 글로 데살로니가인들을 격려한다(4:1, 10; 5:11; 살후 3:12을 보라). 우리는 뒤에서 바울이 북쪽 지방을 방문하고 돌아오도록 디모데를 보냈을 때, 그가 또 '권고하려' 했음을 알게 된다(살전 3:2).

3절은 바울이 1–2절을 끝내고 새로운 주제, 즉 사도들의 행실로 옮기려는 것처럼 보인다. 하지만 바울은 자신이 주제를 바꾸고 있다고 인식하지 않았을 것이다. 바울은 여기에서 자신이 이미 한 일을 다룬다. 곧, 복음이 강력하게 들어간 사건과 팀의 진실성을 상기시키는 말을 나란히 놓는다(1:4–5). 하나님의 역사가 나타난 한 가지 모습은 사도들이 신뢰할 수 있는 방식으로 말했다는 것이다. 2:3에서 바울은 그의 팀이 가상의 잘못된 설교자들이 아니라, 교활한 자들과 관련이 없음을 보여주려고 한다. 하나님은 교활한 사람의 계책을 통해 자신을 능력 가운데 나타내시지 않을 것이기 때문이다. "간사함" 또는 '거짓말'(πλάνη)은 때때로 종교적 배교자의 기만에 대해 사용된다. 이런 맥락에서 "부정"(ἀκαθαρσία)은 도덕적 부패를 의미한다. 그것은 거룩함과 반대되는(4:7) 육체의 일이다. "부정"은 성령으로 빚어지지 않은 사람의 특징이다(갈 5:19).

몇 년 전 바울과 바나바는 구브로에서 "거짓"(벧전 2:1도 보라)의 달인인 궁중 마술사 바예수와 조우했다(행 13:10). 그는 하나님의 진리를 반대했을 뿐만 아니라 기만적인 술책을 사용하여 진리를 반대했다.

이런 새 신자들은 순회하는 철학자가 나타나서 신화와 대중 철학을 혼합하고, 섹스와 금품 갈취로 양념을 한 메시지를 전하는 도시에서 살았다. 그들은 돈을 모으고, 이익을 얻으며, 부유한 사람의 후원을 얻으려고 애썼다.[24] 바울은 이런 오해를 받지 않으려고 노력을 기울였지만, 사람들은 여전히 그가 부정직하다고 비난했다. "우리는 속이는 자 같으나"(고후 6:8).[25]

2:4a–b 오직 하나님께 옳게 여기심을 입어 복음을 위탁 받았으니(ἀλλὰ καθὼς δεδοκιμάσμεθα ὑπὸ τοῦ θεοῦ πιστευθῆναι τὸ εὐαγγέλιον). 하나님이 그리스도를 통해 개입하신 후 사도들에게 그 메시지를 전할 수 있는 인간적인 전략을 개발하라고 그들을 위임하신 것은 아니다. 그 선포를 포함해 구원과 관련된 모든 것은 신적 개입으로 시작하고 끝난다. 하나님은 전 세계에 구원의 메시지를 전하는 일을 돕는 참된 사자들을 시험하고 승인하신다.

이 절은 이 장에 나타나는 많은 대조와 비교 중 하나이다. 연결사를 단지 "오직"(ἀλλά)이라고 번역하는 것은 바울이 의도하는 대조를 상당히 강조한다. 이 대조에는 '…처럼'(καθώς)으로 시작하는 비교가 놓여 있다. 곧, 하나님이 우리를 시험하시고 우리에게 사자의 자격을 승인하신 것과 같이, 우리는 신뢰할 수 있는 그와 똑

---

21. Walton은 데살로니가전서 2장을 사도행전 20장에 기록된 밀레도 연설과 비교한다. 그는 두 본문에서 바울이 특정한 비방자들에 맞서 자신을 변호하는 것이 아니라, 신자들과 교회 지도자들이 본받아야 할 모범으로 자신을 내세우고 있다고 주장한다(예를 들어, 5:12–13에서). Steve Walton, *Leadership and Lifestyle: The Portrait of Paul in the Miletus Speech and 1 Thessalonians* (SNTSMS 108; New York: Cambridge Univ. Press, 2000), 5장을 보라.

22. 신 3:28; 살전 4:18; 살후 2:17에서 παρακαλέω를 보라. 또한 행 13:15; 살후 2:16; 특히 고후 1:3–7에서 παράκλησις를 보라.

23. 데살로니가전서 4:1에서 παρακαλέω를 보라. 또한 로마서 12:8에서 그 동사와 παράκλησις를 보라. 사도행전 15:32; 16:40에 따르면 권면은 사도적 사역이다.

24. Dio Chrysostom, *Oratory* 32는 이렇게 말한다. 몇몇 견유학파 설교자가 "거리 구석, 골목, 신전 문 등에 자리를 잡은 다음 모자를 돌리고, 청년과 선원과 그런 류의 무리가 쉽게 잘 믿는 허점을 노린다." 또 다른 유형의 사람들은 "당신 앞에 교양을 지닌 사람의 모습을 하고 나타나, 과시하고자 하는 의도로 열변을 토하거나, 아니면 마치 당신이 시에 약한 점을 알아내기라도 한 것처럼, 그들이 직접 쓴 글의 문장을 읊조렸다."

25. 하지만 고린도후서 12:16에서 바울이 빈정거리며 한 말을 보라. "내가 너희에게 짐을 지우지는 아니하였을지라도 교활한 자가 되어 너희를 속임수로 취하였다 하니."

같은 방식으로 우리의 의무를 수행했다는 것이다.

바울은 5:20-21에서 다시 '시험'(δοκιμάζω에서 파생)에 대해 이야기할 것이다. "예언을 멸시하지 말고 범사에 헤아려 좋은 것을 취하라." 바울도 성도의 부활에 관한 믿을 수 있는 예언 또는 "주의 말씀"을 제공할 것이다(4:15에 대한 설명을 보라, 참고. 요일 4:1). 비 울과 그의 팀은 "하나님의" 시험을 받았다. 그것은 예레미야서 17:10에서 알려진 개념이다. "나 여호와는 심장을 살피며 폐부를 시험하고 각각 그의 행위와 행실대로 보응하나니." 고전 헬라어에서 그 동사는 사람들이 공직에 적합한지 알아보기 위해 시험하는 데 사용되었다.[26]

바울은 훗날 디모데에게 에베소에서 집사들을 임명하라고 말할 것이다. 하지만 그들이 교회에서 다른 사람들의 시험을 받은 후에야 그렇게 할 것이다(딤전 3:8-10). 집사들을 시험할 때는 그들의 진실성에 의구심을 들게 하는 악덕을 행하지 않는 것을 확인해야 한다. 다시 말해, 그들은 "정중하고 일구이언을 하지 아니하고 술에 인박히지 아니하고 더러운 이를 탐하지 아니하고 깨끗한 양심"을 가져야 한다. 더 광범위하게, 그리스도인들은 일반적으로 자기 자신을 살펴야 한다(갈 6:3-4). 하지만 언제나 사람들이 자신을 속이고 그들의 동기와 행동을 합리화하는 경향이 있다는 인식을 갖고 자신을 돌아보아야 한다(고전 4:3-4을 보라).

바울은 "위탁받았으니"(πιστευθῆναι)라는 부정과거 부정사를 사용한다. 부정과거는 오랫동안 부당하게 오해를 받아 왔으며, 지금도 많은 사람은 그것이 시점을 나타낸다고 생각한다. 하지만 그것은 옳지 않다. 부정과거는 그와 같이 순간적인 행동을 나타내지 않는다. 또한 그것은 이해할 수 없는 신화처럼, 다시는 반복되지 않을 정도로 최종적으로 수행한 행동을 의미하지도 않는다. 부정과거 동사가 언급하는 행동은 문맥에 따라서만 결정될 수 있으며, 또 어떤 경우에는 그 동사의 본질에 따라 결정될 수 있다. 이러한 경우, 부정과거는 반드시 하나님이 사도팀에 복음을 맡기신 어떤 '순간'을 나타내지 않는다. 또한 그 문맥을 바탕으로 그 일이 과거에 일어났다는 점을 추론할 수는 있지만, 그것은 과거의 행동을 명시하지도 않는다. 이 절은 갈라디아서 2:7과 일치한다("내가…복음 전함을 맡은 것이", πεπίστευμαι τὸ εὐαγγέλιον, 참고. 롬 3:2; 딤전 1:11; 딛 1:3). 이 절에 담긴 정보는, 독자들에게 복음을 전하면서 따라야 하는 규범적 패턴을 제공한다. 아무나 복음을 전할 수 없다. 복음의 사자는 그 진리를 따라 살아야 하고, 하나님께 세밀히 점검받고 승인받아야 한다.

2:4c-e 우리가 이와 같이 말함은 사람을 기쁘게 하려 함이 아니요 오직 우리 마음을 감찰하시는 하나님을 기쁘시게 하려 함이라(οὕτως λαλοῦμεν, οὐχ ὡς ἀνθρώποις ἀρέσκοντες ἀλλὰ θεῷ τῷ δοκιμάζοντι τὰς καρδίας ἡμῶν). 바울의 표준은 자신에게 진실한 것을 뛰어넘는다. 그는 하나님께 진실해야 한다. 그러지 않으면 바울은 자신의 사역에 하나님의 능력이 역사하기를 기대할 수 없다.

바울과 그의 동료들이 직면한 문제는 단순히 사람들과 잘 어울려 지내는 것이 아니었다. 현대인의 눈으로 볼 때, 그들이 사역하는 방식이 지닌 사회적, 경제적 함축을 이해하기가 어렵다. 사도팀은 부유하고 힘 있는 자들에게 상처가 되지 않도록 메시지를 조정할 수 있었다. 사람들에게 불쾌감을 주지 않는 사려 깊은 사도는 다음과 같은 유익을 얻을 수 있었을 것이다. 그것은 후원, 그가 전하는 메시지에 대한 신망, 그 메시지를 가르칠 수 있는 쾌적한 장소 그리고 육체노동을 잠시 멈추고 누리는 휴식 등이다. 하지만 사도팀은 그들이 전하는 내용이나 방법을 바꾸려고 하지 않았다. 여기에서

---

26. LSJ, δοκιμάζω를 보라. Lysias, *Against Alcibiades* 1.22에서 한 갈보리 남자에 대한 것을 보라. Lysias, *Against Alcibiades* 15.6 (Lamb)에 따르면, 어떤 남자들이 "법에 따라 실시된 정밀 조사를 통과했다."

언급된 "사람"(ἀνθρώποις)은 '남자'뿐만 아니라 '남자와 여자'를 의미한다. 바울 당시 자기를 홍보하는 철학자는 남자와 여자를 모두 후원자로 삼으려 노력했다.

바울 서신에서 '기쁘게 하다'(ἀρέσκω)라는 동사는 총 14번 사용된다.[27] 그런데 바울이 이 단어를 다양한 곳에서 사용하기 때문에 그 뜻을 헤아리기가 쉽지 않다.

(1) 모든 인간은 하나님을 기쁘시게 하려고 노력해야 한다(2:4, 이것은 성령 안에 거하지 않고는 불가능하다, 롬 8:8).
(2) 자기 자신을 기쁘게 하는 것은 악이다. 그리스도가 그 모범이 되신다(롬 15:1-3).
(3) "사람을 기쁘게 하는 자"가 되는 것은 악이다(2:4; 갈 1:10을 보라).

그런데 사람을 기쁘게 하는 것은 미덕이 될 수 있다. 바울은 고린도전서 10:33-11:1에서 자신을 모범으로 제시한다. "나와 같이 모든 일에 모든 사람을 기쁘게 하여(ἀρέσκω)…그들로 구원을 받게 하라 내가 그리스도를 본받는 자가 된 것같이 너희는 나를 본받는 자가 되라." 로마서 15:2도 마찬가지다. "우리 각 사람이 이웃을 기쁘게 하되 선을 이루고 덕을 세우도록 할지니라"(또한 엡 6:5-6을 보라). 감독들은 비그리스도인 가운데서 좋은 평판을 얻어야 한다(딤전 3:7). 모든 신자도 마찬가지다(살전 4:11-12).

이런 차이는 모순이라고 할 만큼 큰 문제는 아니다. '하나님을 기쁘시게 하는 것'은 그리스도인의 삶에서 기본적인 원칙이다. 그것은 자화자찬하거나, 부패와 속임수를 일삼는 사람을 기쁘게 하는 것과 반대된다. 또 다른 측면으로, 하나님을 기쁘시게 하려는 사람은 다른 사람들을 사랑으로 기쁘게 하고자 할 것이다. 그리스도가 가르치신 대로, 두 번째 계명은 이웃을 사랑하는 것이다(마 22:39). 이것은 사역자가 다른 사람을 섬기기 위해 자신이 좋아하는 것을 기꺼이 희생해야 함을 의미한다. 바울은 2장 후반부에서 유대인이 어떻게 하나님을 불쾌하시게 하고, 다른 사람들에게 걸림돌이 되었는지 보여줄 것이다.

바울은 "오직…하나님을"(ἀλλὰ θεῷ)이라는 구절에서 그분을 '기쁘시게 하는'(ἀρέσκοντες)을 반복하지 않는다. 그것은 앞에 나오는 절에서 암시적으로 제시되며, 여기에서 그것은 앞에 나오는 (1)번의 긍정적인 의미를 지닌다. 바울은 '감찰하다'(δοκιμάζοντι)라는 언급을 되풀이한다. 그는 하나님의 날카로운 눈을 피할 수 있는 방법이 없음을 안다. 이방인으로 평생을 살아온 데살로니가인들도 이제 그들의 마음을 읽으시고 동기를 분석하시는 하나님을 따르고 있다.

역사를 통틀어서 많은 교회 지도자가 '나는 사람이 아니라 하나님께 책임을 진다'는 말로 자신을 변호했다. 그들은 책임지는 자세를 요구하는 것이 '하나님의 사람'에게 모욕이 될 것이라고 여긴다. 필요하다면 하나님이 그 사람의 잘못을 바로잡으실 것이기 때문이다. 하지만 바울은 이런 터무니없는 말을 전혀 인정하지 않는다. 다른 경우에 바울은 모든 교회의 재정 담당자가 예루살렘 교회에 보내는 큰 헌금을 감독하도록 여행할 것을 주장했다(고전 16:1-3).

'내적 동기'(inner motives, καρδία)가 "마음"(heart)보다 더 좋은 번역이다. 다른 유럽 언어처럼, 영어에서 "마음"은 정서의 좌소(예를 들어, 사람이 사랑이나 연민을 느끼는 것이나 그 능력)를 나타낸다.[28] 설교자는 2:4과 대부분의 성경 구절을 가르칠 때 "마음"이 다른 의미를 함축한다는 점을 가르쳐야 한다. BDAG는 "생각과 느낌과 의지를 포함한 내적 삶 전체의 중심과 근원"이라는 유익한

---

27. H. Bietenhard, "ἀρέσκω," *NIDNTT*, 2:814-17의 연구를 보라.

28. *Concise Oxford English Dictionary*.

해석을 제시한다. 인간의 동기는 그 자신조차도 헤아리기 어려우며, 오직 하나님만이 마음속에 있는 것을 아신다는 주장이 일반적인 유대교와 기독교의 확신이다(예를 들어, 대상 28:9, "여호와께서는 모든 마음을 감찰하사 모든 의도를 아시나니"; 눅 16:15, "너희는 사람 앞에서 스스로 옳다 하는 자들이나 너희 마음을 하나님께서 아시느니라"; 또한 시 139:1; 롬 8:27; 계 2:23).

사도들의 설교는 하나님이 그들의 동기를 승인하시기 때문에 매우 긍정적인 결과를 낳았다. 그렇지만 "그의 메시지, 곧 복음은 설교자로서 그의 진실성과 운명을 같이한다…따라서 그가 자신의 진실성을 변호하는 것이 절대적으로 필요하다."[29] 바울은 복음의 성공이 그의 평판에 달려 있다고 말하지 않는다. 다른 무엇보다 중요한 것은 그의 사역에 대한 하나님의 평가이다('하나님이 우리의 내적 동기를 감찰하신다', '하나님이 우리의 증인이시다'). 하나님이 그들을 승인하시지 않는 순간 그분은 기적, 확신, 용기, 이방인의 회심 등 성령으로 그들을 통해 역사하시는 일을 중단하실 것이다(1:5-6; 2:2을 보라).

바울은 설교자들이 아무리 훌륭해 보였을지라도, 데살로니가인들이 복음을 사람의 말이 아니라 하나님의 말씀으로 받아들였기 때문에 하나님께 감사를 드린다(1:5; 2:13). 그 팀의 진실성은 무엇보다 하나님이 항상 지켜보고 계시기 때문에 매우 중요하다. 바울은 시편 기자의 영성을 그대로 보여준다. 그는 하나님 앞에서 자신이 '진실하다'고 선언하면서, 하나님께 '자신을 입증해 달라'고 간청한다. 그리고 그는 속임수를 도구로 사용하는 악한 사람들에게서 거리를 둔다. 시편 26:1-7의 울림을 주목하라.

"내가 나의 완전함에 행하였사오며 흔들리지 아니하고 여호와를 의지하였사오니 여호와여 나를 판단하소서 여호와여 나를 살피시고 시험하사 내 뜻과 내 양심을 단련하소서 주의 인자하심이 내 목전에 있나이다 내가 주의 진리 중에 행하여 **허망한 사람과 같이 앉지 아니하였사오니 간사한 자와 동행하지도 아니하리이다 내가 행악자의 집회를 미워하오니 악한 자와 같이 앉지 아니하리이다** 여호와여 내가 무죄하므로 손을 씻고 주의 제단에 두루 다니며 감사의 소리를 들려주고 주의 기이한 모든 일을 말하리이다"(강조체 저자).

바울은 의롭게 사는 것과 하나님의 개입 사이에 강한 연관성이 있음을 보여주는 것에 주로 관심을 둔다.

2:5a-d 너희도 알거니와 우리가 아무 때에도 아첨하는 말이나…아니한 것을(οὔτε γάρ ποτε ἐν λόγῳ κολακείας ἐγενήθημεν, καθὼς οἴδατε). 바울은 이 제자들에게 건전한 사역 방식이 무엇인지 보여주기 위해 계속해서 대조적 문구('우리가 하지 않은 것')를 확대해나간다. 1:2-3의 기도 언어처럼, "아무 때에도"(ποτε)는 포괄적인 진술이다.

"아첨하는 말"은 오늘날 서양 독자에게 큰 영향을 주지 못할 수 있다. 그들은 달콤한 말을 즉시 의심스럽게 여기기 때문이다. 하지만 고대 세계에서 아첨은 효과적인 속임수가 될 수 있었다. 하나님의 말씀이 자주 능란한 말을 비난한다는 사실은 그 점을 밝히 보여준다. 범죄가 일어날 가능성이 있는 상황에서만 그 질책이 타당하기 때문이다(잠 26:28b, "아첨하는 입은 패망을 일으키느니라"; 잠 29:5, "이웃에게 아첨하는 것은 그의 발 앞에 그물을 치는 것이니라").[30] 명예와 치욕이라는 시스템이 작동

---

29. 김세윤, "Paul's Entry," 540.
30. 또한 Philo를 보라. "(불건전한 활동)으로 대담한 교활함, 경솔함, 아첨(κολακεία), 속임수, 사기, 거짓말 등이 있다"(*Sacrifices* 22, Jonge). 사려 깊은 철학자들도 아부하는 행동에서 잘못을 발견했다. Plutarch가 쓴 에세이를 주목하라. 그 제목이 모든 것을 말해준다. "How to Tell a Flatterer from a Friend," *Mor.* 48E-74E (trans.

하는 사회에서, 아첨하는 말은 그 말을 듣는 사람들을 속일 가능성이 크다. 신약에서 바리새인과 헤롯당은 예수님께 아첨하는 말을 해서 방어벽을 낮추려고 한다(막 12:14). 사도행전 12:20-23에 아첨하는 말과 그것의 끔찍한 결과를 보여주는 사례가 나온다. 헤롯 아그립바 1세가 두로와 시돈의 무리 앞에서 왕좌에 앉아 연설할 때, 사람들이 "이것은 신의 소리요 사람의 소리가 아니라"고 외쳤다(행 12:22). 그들의 말이 신성을 모독하는 것이었지만, 헤롯은 그 말에 유혹을 받아 넘어가서 결국 죽었다.[31]

예레미야 시대에 거짓 선지자들은 군중이 듣고 싶어 하는 것만을 선포한다. 그들은 이스라엘이 다가올 호시절을 맞이할 자격이 있다고 거짓말한다(렘 23:17). 바울은 아첨하는 말을 맹렬히 비난하고(롬 16:18), 바른 말을 하라고 촉구한다(고후 4:2; 딤전 4:12; 딛 2:7-8). 사도팀은 데살로니가인들에게 그들이 듣기 원하는 것을 말하지 않았다. 그들이 빌립보와 데살로니가에서 제대로 대접을 받지 못한 것은, 바울의 메시지가 무리를 기쁘게 하는 말이 아니었다는 반증이다.

"너희도 알거니와"(καθὼς οἴδατε)는 이 서신에서 네 번째로 사용된 상기시키는 말이다. 바울은 이제 산만할 정도로 같은 말을 반복하기 시작한다.

2:5e 탐심의 탈을 쓰지(οὔτε ἐν προφάσει πλεονεξίας). 대중적인 이방인 철학자는 말하는 일로 생계를 꾸려나갔다. 그것이 육체노동을 하는 것보다 훨씬 쉬웠다. 다시 말해, '그것은 실내 업무이고 힘든 일이 아니다.' 바울은 그런 관례를 진로 결정의 기준으로 받아들일 수 없다. 누군가가 경제적 이익을 위해 복음을 전한다면, 그것은 탐욕이나 '돈에 대한 갈망'(πλεονεξία)이라고 말해야 한다. "아첨"에 대해 설명한 것처럼, 바울 및 다른 사람들이 이런 가능성을 계속 언급한다는 사실은 그것이 초대 교회에 실제로 위협이 되었음을 보여준다.[32]

이 구절은 바울이 때로 받는 것을 허락했던 것처럼(특히 빌립보에서) 그리스도인 사역자들이 재정적 후원을 받는 것을 금하지 않는다(고후 11:9; 빌 4:10-20). 후원을 받는 것과 탐욕에 빠지는 것의 경계선이 애매할 수 있지만, 그런 경계선은 여전히 존재하며 또한 성경적이다. 목사나 선교사는 탐욕에 끌려다니지 말아야 하고, 돈에 신경을 쓰지 말아야 하며, 부당한 보상을 구하지 말아야 하고, 후원이 끊길 위험이 있을 때조차도 신실해야 한다.[33]

2:5f 하나님이 증언하시느니라(θεὸς μάρτυς). 바울은 상기시키는 말을 쓰는 것을 망설이면서도 다섯 번째로 사용한다. 그리고 하나님을 '증인'으로 부르면서 더 높은 권위에 호소한다. 바울은 로마서 1:9과 빌립보서 1:8에서 똑같은 언어를 사용한다.

하나님은 사도들을 감찰하시고 승인하신다. 그리고 그분만이 누군가 탐욕적인 동기를 품고 있는지에 대한 절대적인 지식을 갖고 계신다. 인간의 행동에 대한 증인으로 하나님이나 신을 부르는 것은 오래된 관례였다. 성경에서 라반은 야곱과 언약을 맺을 때 그렇게 하고(창 31:49-50), 모세는 이스라엘 앞에서 그렇게 한다(민 16:1-40). 레위는 임종할 때 이렇게 선언했다고 한다. "너희가 입으로 한 말과 관련해서, 여호와가 나의 증인이시고 그분의 천사들이 증인이다. 그리고 너희가 증인이고, 또 내가 증인이다"(*T. Lev.* 19.3, ed. Charlesworth). 데살로니

Babbitt).

31. 이 사건을 설명하면서, Josephus는 κόλαξ('아첨꾼')과 κολακεία('아첨')라는 두 단어를 사용한다. *Ant.* 19.8.2 (§345-46)를 보라.

32. 목회 사역을 다루는 대부분의 주요한 성경 본문들은 탐욕에 대해 언급한다. 행 20:33-35; 고후 7:2; 딤전 3:3; 3:8; 딛 1:7; 벧전 5:2.

또한 *Did.* 11-13에서 순회 교사들에 대한 자세한 가르침을 보라. 그 가르침은 "그리스도를 팔아 먹고사는 사람들"에 대해 경고한다 (*Did.* 12.5).

33. Janet M. Everts는 "Financial Support," *DPL*, 295-300에서 재정적 후원에 대한 바울의 가르침을 훌륭하게 분석한다.

가전서 2:5과 아주 유사한 말씀은 사무엘이 이스라엘 국가 앞에서 여호와를 부른 것이다. "너희가 내 손에서 아무것도 찾아낸 것이 없음을 여호와께서 너희에게 대하여 증언하시며 그의 기름 부음을 받은 자(사울)도 오늘 증언하느니라 하니 그들이 이르되 그가 증언하시나이다 하니라"(삼상 12:5). 바울은 하나님이 모든 거짓말을 드러내고 비난하시는 살아 계신 분임을 잘 알고 있다. 그런 그가 이런 언어를 결코 가볍게 사용하지는 않았을 것이다. 바울은 2:10에서 상기시키는 말을 다시 사용하고 하나님을 또 다시 증인으로 부를 것이다.[34]

2:6 또한 우리는 너희에게서든지 다른 이에게서든지 사람에게서는 영광을 구하지 아니하였노라(οὔτε ζητοῦντες ἐξ ἀνθρώπων δόξαν, οὔτε ἀφ᾽ ὑμῶν οὔτε ἀπ᾽ ἄλλων). 바울은 그의 팀이 청중의 환심을 사기 위해 아첨하는 말을 하지 않았을 뿐만 아니라, 사람의 "영광", "명예", "명망"(δόξαν) 등을 얻는 데도 관심이 없었다고 말한다.[35] 이것은 인간의 명예를 무시하셨던 예수님의 가르침과 일치한다(요 5:41, 44; 7:18; 12:43). 개인적 평판이 매우 중요했던 사회에서, 많은 철학자는 청중의 존경을 받는 일에 집중했다. 잘 알려진 예외로 견유학파 설교자 중 일부가 기성 체제에 반대했으며, 당대의 가치를 조롱하기 위해 우스꽝스럽게 행동했다. 하지만 그들조차도 자신의 자아상을 고양시키기 위해 그렇게 했다.

"아니하였노라"(οὔτε)는 바울과 그의 팀이 누구에게서든 영광을 받으려 하지 않는 것을 보여준다. 그들은 데살로니가 이방인, 유대인 회당, 부유한 주요 시민들, 심지어 그들의 회심자들에게서조차 영광을 받으려 하지 않았다. 이것은 교회사에 걸쳐 교회 '밖에 있는' 사람들에게서 영광을 받는 것은 거부하지만, 교회 '안에 있는' 사람들의 칭찬을 잃어버릴까 봐 전전긍긍하는 그리스도인 사역자와 뚜렷하게 대조된다.

바울이 데살로니가전서 1–2장에서 한 말은 크리소스톰이 반세기 후 알렉산드리아에서 한 연설과 아주 비슷하다. 그의 청중은, 강매하는 상인 같은 철학자 때문에 건전한 가르침에 관심이 없었다.

> 그러나 쉬운 말로, 속임수를 쓰지 않고 솔직하게 자신의 생각을 말하는 사람을 찾는 것, 평판이나 이익을 얻기 위해 가식적으로 거짓말하지 않고 선의로 그의 동료들을 위해, 필요하다면, 조롱당하고 군중의 난동과 소란을 겪을 각오가 되어 있는 사람을 찾는 것…나는 나의 의지가 아닌 어떤 신의 의지로 내가 그 역할을 선택했다고 생각한다(*Oratory* 32, trans. Crosby).

2:7a 우리는…마땅히 권위를 주장할 수 있으나(δυνάμενοι ἐν βάρει εἶναι). 바울은 이제 가상의 상황, 즉 그의 팀이 어떻게 다르게 행동할 수 있었는지 하는 문제를 언급한다. "우리는…주장할 수 있으나"(δυνάμενοι)는 양보의 분사로서 "비록…일지라도"라는 뜻이다.[36] '부담'(ἐν βάρει)은 '…이 되다'(εἶναι)와 함께 관용구이다. 문자적으로, "잘난 듯이 날뛰다…권력을 휘두르다, 자신의 중요성을 내세우다"라는 뜻이다.[37] 이것은 고린도후서 12:16의 언급처럼, 데살로니가인들에게 재정적으로 의존하는 것을 포함했을 수 있다. 바울은 고린도후서 12:16에서 어원이 같은 동사 '짐을 지우다'(καταβαρέω, 2:3을 보라)를 사용하고, 그가 고린도인들을 (재정적으로?) 이용하지 않았다고 선언한다(또한 살전 4:6을 보라). 데살로니가전서 2:9에 따르면(또한 살후 3:8; 참고. 고후 11:9), 사도들은 데살로니가

---

[34] 다른 맥락에서, 바울이 그가 부재한 친구들을 열렬히 보고 싶어 하는 것에 대해 하나님을 증인으로 언급한다(롬 1:9; 빌 1:8; 또한 롬 9:1; 고후 1:23; 11:31; 갈 1:20을 보라).

[35] BDAG, 257을 보라. "명예는 지위나 성과의 상승 또는 인정이다."

[36] Wallace, *Grammar*, 634–35.

[37] BDAG, 167.

인들에게 재정적인 부담(ἐπιβαρέω)을 주지 않기 위해 육체노동을 했다.

바울은 고린도전서 9:1-27에서 논의될 주제를 예시한다. 바울은 사도로서 확실한 권리를 갖고 있지만, 그는 그 권리를 이용하지 않고 유보한다(몬 1:8-9도 보라). 사도행전과 바울 서신에는 담대하고 단호하지만, 다른 한편으로는 자신의 특권을 주장할 때 부드러운 바울의 모습이 담겨 있다.

2:7b 그리스도의 사도로서(ὡς Χριστοῦ ἀπόστολοι). 바울과 실라는 사도이다. ὡς는 여기에서 '우리가…인 것처럼'이 아니라, '우리가…이기 때문에'라는 뜻으로 쓰였다. 바울이 "우리"를 사용하는 방식에 비추어보면, 그는 아마도 실라를 포함해서 말했을 것이다. 하지만 디모데는 아니다. "사도"(ἀπόστολος)라는 명사는 신약에서 80번 등장한다. 데살로니가전서 2:7은 기독교 저술에서 처음으로 그 단어가 사용된 사례일 수 있다.[38] 이 단어의 주된 의미는 '대표' 또는 '사자'이다. 그런데 이것은 "사도"라는 새로운 전문적인 의미를 갖게 되었다. 데살로니가전후서에서 이 명사는 오직 이곳에만 나타난다.

"사도"가 복수 형태로 쓰인 것은 놀랍다. 바울 외에 다른 사람을 사도로 부르리라 예상할 수 없기 때문이다. 하지만 신약은 사도라는 용어를 놀랄 정도로 다양하게 사용한다. 첫째, 세례 요한의 시절부터 그리스도를 따르고, 훗날 그분의 부활의 증인 역할을 했던 열두 명이 그에 해당한다. 거기에는 맛디아가 포함된다(행 1:20-26). 12라는 숫자는 영원에 이르기까지 고정된 것 같다(계 21:14). 둘째, 사도행전에 등장하는 자격을 갖추지 못한 다른 그리스도인 사자들이 있다. 그들은 열두 명에 들어가지 않지만, 개척 선교사로 일하기 때문에 사

도로 지칭된다. 여기에는 실라(살전 2:7), 바나바(행 14:14; 또한 고전 9:5-6도 사도성을 함축한다), 안드로니고와 유니아(롬 16:7),[39] 주의 형제 야고보(갈 1:19)가 포함된다. 한편, 에바브로디도(빌 2:25)와 어떤 "형제들"(고후 8:23)은 특정한 교회들의 '대표'인 것 같지만, 반드시 이 두 번째 의미의 "사도"라고 할 수는 없다.

바울은 이례적인 경우이다. 바울은 지상에서 예수님을 따르던 제자도 아니었고, 그분의 부활을 처음 목격한 사람도 아니었다. 따라서 우리는 그를 두 번째, 곧 더 포괄적인 유형의 사도로 분류하고 싶을 수 있다. 하지만 바울은 특별한 환상을 체험하여 자신이 부활의 목격자라는 점과 사도적 기적을 행한다는 점을 분명히 밝힌다(고전 9:1). 데살로니가전서 4:15에서 바울은 "주의 말씀으로" 새로운 교리를 전하는 사도적 특권을 행사한다. 이것은 그가 에베소서 3:5에서 사도에게 속한 것으로 생각하는 권리이다. 바울은 자신이 열두 명에 속한다고 주장하지 않는다. 또한 신약은 맛디아를 열두 번째 사도로 지명한 것이 효력이 없다고 암시하지도 않는다. 우리는 바울의 본을 따라 그를 예외적인 사례로 이해하는 것이 가장 좋다(고전 15:8). 바울은 열두 명에 속하지는 않지만, 신적 소명의 측면에서 그들과 동등하다.

2:7c 도리어 너희 가운데서 유순한 자가 되어(ἀλλὰ ἐγενήθημεν ἤπιοι ἐν μέσῳ ὑμῶν). 바울과 그의 팀은 예수님이 제공하신 패러다임을 따른다. 즉, 세상에서 가장 작은 자가 하나님 나라에서는 가장 큰 자라는 것이다. 따라서 위풍당당한 사도처럼 행동하기보다, 그들은 어린아이의 역할을 자처한다.

이 절은 이 두 서신에서 가장 어려운 원문 문제를 갖고 있다.[40] (1) 사도팀은 '유아'(νήπιοι)의 지위를 취했거나,

---

[38] 어원이 같은 '사도직'(ἀποστολή)은 오직 4번 나타난다. 어원이 같은 동사 '보내다'(ἀποστέλλω)는 132번 나타난다. 하지만 그 동사는 종종 일반적 의미로 사용되며, 사도를 보낸다는 암시가 없다.

[39] 유니아가 여성이라는 것과 바울이 그녀와 안드로니고를 "사도"라고 부른 것은 거의 확실하다. 로마서에 대한 주석들을 보라.

[40] Bruce Metzger, ed., *A Textual Commentary on the Greek New*

아니면 (2) '온유했다'(ἤπιοι). 이문(異文)이 발생한 이유는 단순하다. 이 문장에서 그 단어들은 큰 소리로 읽을 경우 거의 똑같이 들리며, 성경 필사자가 보기에 헷갈릴 정도로 비슷하게 생겼을 수 있다. 대부분의 영어 번역본은 '온유한'(ἤπιοι)으로 번역한다. 그리고 몇몇 영어 성경이 "유아" 또는 "어린아이"(νήπιοι, NIV, CEV, NLT)로 번역한다.

'온유한'(ἤπιοι)은 비잔틴 계열을 포함해서 대부분의 사본이 선호한다. 대부분의 초기 사본에는 νήπιοι('유아들')이 나오지만, 이 중 대다수가 후대의 서기관들이 헬라어 알파벳 뉘(ν)를 제거함으로써 ἤπιοι로 수정되었다.

ἤπιοι는 대부분의 주석가와 영어 번역본이 받아들이고 있다. 크리소스톰도 비슷한 방식으로 그것을 설명했다. "그는 '그러나 우리는 온유했다'고 말한다. 우리는 모욕적이거나 시끄러운 것, 불쾌하거나 오만한 것은 전혀 보이지 않았다."[41]

'유아'(νήπιοι)는 UBS 헬라어 신약 성경의 2판과 3/4판 사이에 나타난 몇 가지 변화 중 하나로 주목할 만하다. '유아'(νήπιοι)는 더 강력한 초기 사본의 증거를 따라 원문을 읽은 것으로 받아들여져야 한다. 이는 또한 더 어려운 독법을 선호하는 원칙(lectio difficilior) 때문이기도 하다(자세한 증거는 다음의 '심층 연구'를 보라).[42]

심층 연구　　　　**데살로니가전서 2:7의 '온유한'(ἤπιοι) 또는 '유아'(νήπιοι)**

한 목사가 강단에서 NRSV 성경을 사용하면서 데살로니가전서 2:7을 '우리가 온유했다'라고 읽을 수 있다. 하지만 NIV 성경을 보는 교인들은 '우리는 너희 가운데서 어린이들 같았다'고 보고, 이것들이 원문을 번역하는 두 가지 방법이라고 추정할 수 있다. 설명해주는 각주가 없다면, 그들은 '온유한'과 '어린이'(또는 '유아')가 사본 증거에 나타나는, 비슷하지만 구별되는 두 개의 헬라어 단어를 번역한 것이라는 점을 알아차리지 못할 것이다.

바울이 분명히 어느 하나를 받아쓰게 했기 때문에, 정답은 하나이다. 그렇다면 그것은 '온유한'이었는가 아니면 '유아'였는가? 이러한 독법을 지지하는 증거는 다음과 같다.

외적 증거(사본 역사에 나타나는 증거)

'온유한'(ἤπιοι)은 대부분의 사본, 몇몇 역본 그리고 알렉산드리아의 클레멘트(Clement of Alexandria)에 의해 증명된다. 중대한 증거들은 ℵ²(시내 산 사본) A C² D² Ψ이지만, 이 중 A를 제외한 모든 사본에서 후대의 교정자들은 원문의 '유아'를 '온유한'으로 바꾸었다. 그 교정자는 초기의 서기관이 헬라어 알파벳 뉘

Testament (2nd rev. ed.; New York: United Bible Society, 2005), 561–62를 보라.

41. John Chrysostom, *Homilies on First Thessalonians* 2 (*NPNF*[1] 13:330)를 보라. Abraham J. Malherbe, "'Gentle as a Nurse': the Cynic Background of 1 Thessalonians ii," *NovT* 12 (1970): 203–17은 바울이 견유학파 설교자들에게 널리 알려진 용어들을 사용한다고 주장한다. 그들은 솔직한 연설을 가치 있게 여겼지만, 또한 온유함과 유모처럼 행동하는 것의 가치를 알았다. Best, *Thessalonians*, 101 역시 "온유한"을 선호한다.

42. Fee, *Thessalonians*, 65–71은 '유아'를 지지하는 광범위한 논거를 제공한다. 또한 Green, *Thessalonians*, 127; Burke, *Family Matters*, 154–57을 보라. 또한 Jeffrey A. D. Weima, "'But We Became Infants Among You': The Case for ΝΗΠΙΟΙ in 1 Thess 2.7," *NTS* 46 (2000): 547–64에서 원문 문제에 대한 탁월한 분석을 참조하라.

(ν)를 우연히 잘못 썼다고 믿었기 때문에 그 단어를 지워버렸다. 이것은 시글라(*sigla*)에 붙인 위 첨자 2로 표시된다. UBS²와 NA²⁵는 '온유한'(ἤπιοι)을 원문으로 선택했다.

'유아'(νήπιοι)는 UBS³/⁴와 NA²⁶/²⁷이 선호하는 독법이며, 분명히 더 나은 증거를 갖고 있다. 그것은 약 70개 사본의 지지를 받는다. 거기에는 𝔓⁶⁵ ℵ* B C* D*와 몇몇 역본 그리고 소수의 비잔틴 사본이 포함되어 있다. '유아'(νήπιοι)는 데살로니가전서의 가장 초기 사본의 지지를 받는다. 𝔓⁶⁵는 3세기 중반의 파피루스 조각인데, 거기에는 데살로니가전서 1:3–2:1, 6–13이 포함되어 있다. 2세기 알렉산드리아의 클레멘트가 한 증언을 '유아'(νήπιοι)에 반대하는 중대한 초기 증거로 볼 수 있다. 그러나 밝혀진 대로 그의 증언은 애매모호하다.⁴³

내적 증거(성경 본문에 나오는 증거)

'어린이'나 '온유한'이라는 말이 바울 서신에서 어울리지 않는 것은 아니다. 바울 문헌은 '어린이'(νήπιοι)라는 단어를 11번 사용한다(예를 들어, 바울은 그의 회심자들을 자신의 영적 자녀로 언급한다). 바울은 몇몇 주석가가 주장하는 것처럼, 어린이를 유치하다는 모욕적인 의미로 계속 사용하지 않는다.⁴⁴ 바울은 '온유한'(ἤπιοι)을 단 한 번 사용하지만(딤후 2:24), 그리스도인 교사가 지녀야 하는 미덕을 묘사하기 위해 적절히 사용한다. "주의 종은…모든 사람에 대하여 온유하며." 대체로 "저자가 무엇을 썼는가 하는 것에 대한 고려는…결론에 이르지 못한다." 즉, 내적 증거는 그 문제를 해결하지 못한다.⁴⁵

본문 비평학(사본학)은 가설적인 원래의 독법이 어떻게 다른 독법들을 낳을 수 있는지 설명할 것을 요구한다. 2:7에 두 가지 원리가 작동한다. 첫째, 두 번째 독법이 어떤 사본들에 등장한 이유를 설명할 수 있는 알려진 메커니즘이 있는가? 그 답은 아주 간단하다. 성경 필사자가 원문을 읽다가 우연히 '어린이'(νήπιοι)라는 단어의 맨 앞 글자 뉴(ν)를 생략했을 것이다. 따라서 ΕΓΕΝΗΘΗΜΕΝΝΗΠΙΟΙ는 ΕΓΕΝΗΘΗΜΕΝΗΠΙΟΙ가 되었을 것이며, 그 단어는 '온유한'(ἤπιοι)으로 바뀌었을 것이다. 또한 '온유한'(ἤπιοι)이 널리 알려진 헬라어이기 때문에, 그것은 타당해 보였을 것이다. 하지만 서기관이 뉴(ν)를 두 번 쓰고, '온유한'(ἤπιοι)을 '어린아이'(νήπιοι)로 바꾸었을 수도 있다.

2:7에 적용되는 본문 비평학의 두 번째 원리는 '더 어려운 독법이 선호되어야 한다'는 것이다(*lectio difficilior*). 곧, 한 독법이 부조리한 것 없이 이해하기가 더 어려운가 하는 것이다. 2:7의 경우는 확실히 긍정으로 답할 수 있다. '어린아이'(νήπιοι, '우리는 유모처럼, 너희 가운데서 유아가 되었다')는 '온유한'(ἤπιοι, '우리는 유모처럼, 너희 가운데서 유순한 자가 되었다')보다 상당히 어렵다. 이것은 직관에 어긋난다. 하지만 더 어려

---

43. Clement of Alexandria, *Paed.* 1.5.19 (*ANF* 2:214)를 보라. Clement는 데살로니가전서 2:7을 인용하면서 "온유한"(ἤπιοι)으로 해석하지만, 분명한 증거를 제공하지는 않는다. 그 문맥에서, 그는 어린이에게 어떤 가르침이 필요한가에 대해 이야기한다. 그런 다음 그는 ἤπιος, νήπιος, νεήπιος(온유한–어린이–어리석은) 등의 단어로 언어유희를 한다. "그러므로, 어린이는 온유하다"(ἤπιος οὖν ὁ νήπιος). 이것은 단순한 우연의 일치인가, 아니면 Clement가 ἤπιος를 사본상 다른 방식으로 읽을 수 있음을 알고 언어유희를 한 것인가?

44. 고전 3:1, 엡 4:14. 고린도전서 13:11에서 어린아이는 이 세상에서 불완전한 지식을 갖고 사는 그리스도인들을 가리킨다. 또 고린도전서 14:20에서 '어린아이가 되는 것'(νηπιάζω)은 악에 대해 결백함을 말한다.

45. Metzger, *Textual Commentary*, 561.

운 독법을 선호하는 원칙에 따르면, 이것은 더 쉬운 독법이 아니라 더 어려운 독법이다. 서기관은 그저 뉴(ν)를 제거함으로써 '어린이'(νήπιοι)라는 원문을 '온유한'(ἤπιοι)으로 '교정하려' 했을 것이다. 따라서 남은 문제는 '어린아이'(νήπιοι)가 터무니없을 정도로 어려운가 하는 것이다. 대부분의 영어 성경 번역자는 그렇다고 본다. 따라서 그들은 '온유한'(ἤπιοι)을 선호한다.

그렇지만 '유아'(νήπιοι)로 읽는 것을 '불가능함'에서 '어려움'으로 낮추는 참작할 만한 내적 증거가 있다. 이것 때문에 우리는 '유아'를 지지하는 사본 증거를 받아들여야 한다.

첫째, 바울 사도가 '유아'라고 썼다면, 그는 은유에서 은유로 갑자기 화제를 바꾼 셈이다. 하지만 바울 서신을 대충 읽어보아도 알 수 있는 것처럼, 바울은 그렇게 하는 것을 싫어하지 않았다. '나는 어린아이였다. 하지만 지금 나는 어른이다. 우리는 거울로 본다. 하지만 그때 우리는 얼굴과 얼굴을 대하여 볼 것이다. 나는 부분적으로 안다. 하지만 그때 나는 온전히 알 것이다'(고전 13:11-12). 이런 은유들은 빠르게 이동할 뿐만 아니라, 같은 것을 가리키는 은유로 이해될 수도 없다. 게다가 그것들은 가지런히 배열되지도 않는다. 다시 한번 예를 들어보겠다. "율법은 미성년 아동인 너희의 보호자이다. 아니, 너희는 '초등학문'의 종이다. 아니, 율법은 여종 하갈이고 너희는 여종의 자녀이다"(갈 4장). 데살로니가전서 2장에서 바울은 적어도 두 가지, 곧 유모와 아버지(살전 2:7-8, 11-12)라는 은유를 사용한다. 유모는 자신의 아기를 '소중히 여기고', 아버지는 유아기를 지난 아이들을 '가르친다.' 그런데 세 번째 은유는 바울의 논의에서 어떤 의미인가?

이 책에서 2:17에 대해 설명한 바에 따르면, 바울은 어린 시절(아동기)의 은유를 사도들에게 적용하려 했다. 그들은 '고아가 되었다.' 즉, 바울은 그들의 형편과 그로 말미암은 심리적 상태를 고아가 된 것으로 묘사한다. 어떤 사람들은 이것을 정반대로 해석해서 마치 데살로니가인들이 그들의 부모, 즉 사도들을 잃고 고아가 되었다는 뜻으로 보았다. 하지만 그것은 바울이 의도한 바가 아니다. 2:17이 함축하는 은유는 사도들이 어린아이라는 것이다. 비교의 요점은, 교활한 꾀를 부리지 않는 아이들에서 부모의 "얼굴"을 볼 수 없어 염려하는 아이들로 변화되었다. 따라서 불과 몇 절 안에서 사도들을 유모, 아버지 그리고 아이들로 묘사할 수 있는가 하는 것은 크게 문제가 되지 않는다. 2:17을 통으로 읽으면, 사도들이 그렇게 묘사됨을 확실히 알 수 있다. 더 큰 문제는 바울이 '유아'에서 "유모"로 사실상 숨도 쉬지 않고 바로 옮겨갈 수 있는가 하는 것이다.

제프리 웨이마(Jeffrey Weima)는 다른 맥락에서 바울이 한 가지 은유로 시작할 수 있다고 지적한다. 그다음 그 은유는 바울에게 또 하나의 접촉점을 생각나게 해서 그는 두 번째 은유로 다소 어색하게 옮겨간다.[46] 예를 들어, 고린도후서 2:14에서 바울과 디도는 승리의 행진을 할 때 사슬에 묶인 채 끌려가는 포로다. 그때 바울이 몸을 돌려서, 그들을 승리의 행진을 할 때 태우는 향으로 나타낸다. 마치 바울이 재빠르게 한 가지 은유를 제시하면서 이렇게 말하는 것과 같다. "잠깐만요. 이 다른 일도 기억하십시오. 두 가지 이미지가 정확하게 서로 잘 맞지 않는다 해도 그것이 무슨 문제입니까?" 두 번째 예로서, 바울은 "너희 속에 그리스도의 형상을 이루기까지 다시 너희를 위하여 해산하는 수고를 하노니"라고 쓴다(갈 4:19). 그런데 임신한 사람은 누구인가? 애를 쓰며 일하는 사도인가, 아니면 그리스도가 형성하고 계신 갈라디아인들인가? 고린도후서 2장이나 갈라디아서 4장과 비교해볼 때, '유아'에서 "유모"로 비약하는 것은 독자에게 거의 충격을 주지 않는다. '우리는 어른에게 맞는 교묘한 책략 및 동기와 아무런 상관이 없었으며 유아와 같았다. 유아가 어떤지 생각해보라. 또한 우리는 유아를 돌보는 유모 같았다.' 이런 종류의 수사는 한 은유에서 다른 은유로 엉뚱하게 움직여가는 것이 아니라, 바울의 독특한 특징이라고 언급해야 한다. 따라서 2:7을 그런 식으로 읽는 것이 가능하다.

또 다른 수준에서, 이 본문의 문법과 수사는 바울이 "유모"에 대해 말할 때 이전의 자료를 발전시키고 있는 것이 아니라, 또 다른 주제로 옮겨갔음을 보여준다. 웨이마와 고든 피는 이 본문을 자세히 연구했다. 그들은 특히 2:3-8의 수사와 2:7에서 '마치…인 것처럼'(ὡς ἐάν)의 용법을 다루었다.[47] 앞에 나오는 '구조' 부분에서 언급한 대로, 수사학 장치인 '대조법'(이것이 아니라 저것)은 그 구절의 탁월한 특징 중 하나이다. 웨이마의 설명에 따르면, 바울은 그런 대조법을 여덟 번 사용한다. 대조법의 ἀλλά는 언제나 그 비교를 마무리한다. 그러므로 이 부분 전체에 걸쳐 나타나는 바울의 리듬을 적절하게 이해하려면, "2:7의 ἀλλά는 새로운 문장을 소개하는 것이 아니라, 2:5부터 시작된 이전의 부정적 구절들을 마치는 것으로 보아야 한다."[48] 이것은 유모에 뒤이어 나오는 것의 서론이 아니라, 앞에 나온 것에 대한 결론으로 '우리가 너희 가운데서 유아의 지위를 취했다'는 구조로 이끌 것이다.

바울의 방식의 또 다른 측면은 2:7d이 이전에 나오는 자료를 자연스럽게 잇는 것이 아니라, 새로운 문장의 시작을 알린다는 점을 보여준다. 고든 피가 지적한 대로, 유모가 나오는 구절은 "대조를 나타내는 '…하는 것처럼'으로 시작하는 (전형적인) 바울의 문장이다." 따라서 그는 다음과 같이 번역했다. "유모가 자신의 아이들을 돌보는 것처럼, 우리는 너희에게 깊은 열망을 가졌다."[49]

이 모든 것은 헬라어 성경을 번역한 현대 성경에 어떤 영향을 끼치는가? NA[27](과 UBS[4])이 '유아'라고 읽은 것은 옳다. 하지만 그 절의 구두점은 그런 편집적인 결정을 강화하기보다 오히려 약화한다. 헬라어 신약 성경의 구두점은 편집자들이 추가한 것이다. 그 구절의 자연스러운 흐름을 나타냄으로써 독자를 돕고자 한 것이다. 영어로 번역한 대로, NA[27]은 다음과 같이 읽는다. "…그리스도의 사도로서. 하지만 우리는 너희 가운데서 유아가 되었는데, 이는 유모가 자신의 어린 아기들을 소중히 여기는 것과 같다." 이와 같이 편집자들은 부지불식간에 독자를 '유아'에서 뒤이어 나오는 유모의 은유로 움직이게 한다. 그러나 사실상 이렇게 "그리스도의 사도" 다음에 마침표를 찍을 필요는 없다. NA[27]에 대한 더 나은 선택지는 "사도"에 대한 진술 다음에 쉼표를 넣고, '유아' 자료의 끝에 마침표를 찍는 것이다. '그리스도의 사도로서 우리는 우리의 권한을 주장할 수 있었다. 하지만 그 대신, 우리는 너희 가운데서 어린아이같이 되었다.' 이것은 새로운 단락을 시작할 것이다. "유모가 자신의 아이들을 돌보는 것처럼"(NIV 성경을 보라). 이것은 그 부분의 구조와 문법의 지지를 받는다. 마침표는, 고린도후서 2:14에서 은유들이 빠르게 변화하는 것보다 '유아'에서 "유모"로 전환되는 것을 덜 갑작스럽게 해줄 것이다. 현대 영어 성경의 구두점을 따라 데살로니가전서 2장의 헬라어 본문을 조목조목 읽는 학생이 구두점을 제쳐놓고 이 본문을 큰

---

46. Weima, "'But We Became Infants Among You'," 557.
47. Weima, "'But We Became Infants Among You'," 특히, 554-59; Fee, *Thessalonians*, 65-71.
48. Weima, "'But We Became Infants Among You'," 556. 그는 내가 따르는 절 구분이 아니라 자신이 결론 내린 절 구분을 언급한다.
49. Fee, *Thessalonians*, 66-67.

> 소리로 읽으면 그 해석이 의심스럽다는 것을 발견할 것이다.
>
> 그러므로 이 책은 바울이 '어린이'(νήπιοι)라고 썼다고 주장하는 비평 본문에 동의한다. 그럼에도 불구하고, NA²⁷의 구두법은 '어린아이' 자료를 앞에 나오는 것과 함께 묶어 생각하기 위해 수정되어야 한다.

그렇다면 바울은 '어린아이'(νήπιοι)같이 된다는 말로 무엇을 의도하는가? 마태복음 11:25에 기록된 예수님의 가르침에서, '어린아이'(νήπιοι)는 하나님의 비밀을 받아들이도록 선택된 하찮은 지위를 가진 사람이다.[50] 데살로니가전서 2:7은 그것과 유사한가? 부분적으로, 2:4b-7b에서 바울이 의도한 정확한 요점이 무엇인지에 대해 세심한 주의를 기울여야 하지만, 사도들은 사람의 인정을 받기 위해 어른들의 교활한 꾀, 아첨, 구실 등의 속임수를 사용하지 않았다. 이런 식으로 그들은 어린아이와 같이 된 것이다.[51]

따라서 우리는 바울의 요점을 다음과 같이 묘사할 수 있다. 세 살짜리 아이가 장난감을 가지려고 다른 아이와 싸우고 있다. 그 아이는 자신이 무엇을 원하는지 잘 알지만 다른 아이의 권리는 배려하지 않는다. 따라서 그 아이는 결백하지 않다. 적어도 타락을 믿는 자들의 눈으로 볼 때 그렇다. 하지만 또 다른 측면에서 볼 때 그 아이는 어른이 쓰는 속임수를 쓰지 않는다. 그는 힘 있는 사람에게 환심을 사기 위해 어머니에게 새로운 머리 모양이 어울린다고 칭찬하지 않는다. 그는 동맹을 형성하기 위해 다른 어린이들에게 뇌물을 주지 않는다. 그는 다른 아이가 장난감을 감추어 공익을 해치고 있다면서 비난거리를 폭로하지 않는다. 이런 면에서 그 아이는 결백하다. 그는 게임을 자기에게 유리하게 이끄는 능력을 실행할 수 없기 때문이다. 어린아이처럼, 사도들은 대중적인 철학자의 저급한 교활함과 아무런 상관이 없다.

다시 한번, 접속사(ἀλλά)가 "도리어"로 번역된다. 2:4에 대한 설명을 보라. "우리는 너희 가운데서…되[었다]"(ἐγενήθημεν…ἐν μέσῳ ὑμῶν)는 행동을 나타낸다. 그래서 이 책에서는 그것을 '너희 가운데서…의 지위를 취했다'로 바꾸어 표현한다. 바울의 요점은 그들이 데살로니가인들에게 사도의 신분을 과시하면서가 아니라, 오히려 사회적으로 호감을 주지 못하는 모습으로 그들에게 갔다는 것이다. 사도팀은 하나님의 모범을 따라 복음을 전했다(2:6-7b). 따라서 데살로니가에서 전도자가 되려 한다면 누구나 그렇게 해야 한다.

2:7d 유모가 자기 자녀를 기름과 같이 하였으니(ὡς ἐὰν τροφὸς θάλπῃ τὰ ἑαυτῆς τέκνα). 때때로 그의 방식이 그런 것처럼(앞에 나오는 '심층 연구'를 보라), 바울은 불쑥 은유를 완전히 뒤집어서 그들이 제자들과 맺고 있는 관계의 또 다른 측면을 탐구한다. 바울 일행은 그들의 유모가 되었다. 그것은 새로운 문장을 시작하는 것이 가장 좋다. 서두에 나오는 표현(ὡς ἐάν)은 '언제, …하자마자' 같은 시간적 의미가 아니라, '어떻게' 또는 '마치…인 것처럼'을 의미한다.

---

50. 마 11:25; 참고. 마 21:16; παιδίον (그리고 누가복음에서, βρέφος)은 마가복음 10:13-16에서 어린아이들을 언급하는 데 사용된다.

51. Stephen Fowl은 그 구절을 분석하고 바울은 사도들이 어린이 같다고, 즉 어른처럼 많이 요구하는 것이 아니라 온유하다고 말하려 했다고 결론을 내린다. 그렇지만 Fowl은 어린이가 실제로 매우 많이 요구하기 때문에 바울은 앞서 한 말을 취소해야 한다고 말한다. 바울의 은유는 "곤란에 처해" 있으며, 바울은 두 번째 은유, 즉 유모를 언급함으로써 그 곤란에서 벗어난다. 그가 쓴 "A Metaphor in Distress: A Reading of ΝΗΠΙΟΙ in 1 Thessalonians 2,7," *NTS* 36 (1990): 472를 보라.

"유모"(nurse, τροφός)는 어린아이에게 젖을 빨리는 여자이다. 그녀는 친어머니거나 아니면 그 아이를 맡아 기르는 사람(곧, 옛날 영어 단어로 'wet-nurse')이다. 바울이 "자기"(ἑαυτῆς)라는 말을 집어넣기 때문에, 후자가 생각의 흐름에 맞는다. 그들은 유모가 자신을 고용한 사람의 아이가 아닌 자기 아이를 돌보듯 제자들을 돌보았다.[52] '기르다'(θάλπω)는 신약에서 두 번, 곧 이곳과 에베소서 5:28에서 사용된다(에베소서 본문에서 이 표현은 남편이 아내를 어떻게 소중히 여겨야 하는지를 묘사한다). "자녀"(τέκνα)는 다양한 연령의 자식을 가리킬 수 있지만, 이 문맥에서는 매우 어린 자녀를 언급한다. 바울의 요점은 유모가 자신의 아이들을 사랑할 뿐만 아니라, 그녀가 그들을 돌보는 방법을 가장 잘 안다는 것이다. 바울 사도는 그가 제자들에게 한 행동을 말할 때 모성 언어를 사용하기를 꺼리지 않는다(고전 3:1을 보라; 민 11:12; 사 66:13에 기록된 성적적 배경을 보라).

이 태도는 플루타르크(Plutarch)가 몇십 년 후 말한 것과 아주 유사하다. 그는 진정한 친구라면 진실을 말하겠지만 매우 친절하게 말할 것이라고 언급했다. "왜냐하면 친구는 따분하고 무미건조하지 않으며, 우정은 까다롭고 엄격하지 않기 때문이다. 그것은 부드럽고 상냥하다."[53]

2:8a 우리가 이같이 너희를 사모하여(οὕτως ὁμειρόμενοι). 바울과 그의 팀이 어머니 같은 사모함을 가졌기 때문에, 그들은 관대하게 행동했다. "이같이"(οὕτως)는 앞에 나오는 것이나 뒤이어 나오는 것을 언급할 수 있다. 이 경우에, 그것은 '우리가 기뻐했다'는 주된 정동사를 미리 가리킨다. 그들은 "너희를 사모"(ὁμειρόμενοι)했는데,

이것은 이런 유형의 문맥에서 "따스한 내적 애착"을 의미한다.[54] 몰턴(Moulton)과 밀리건(Milligan)은 이 희귀한 단어가 다른 사람에 대한 그리움을 뜻했을 수 있다고 말한다. 예를 들어, 무덤에 세운 한 비석에는 비통에 잠긴 부모들이 아들을 "크게 갈망했다"라고 적혀 있다.[55] 그것은 "유모"가 지닌 어머니 같은 깊은 감정을 잘 전달해준다.[56] 그 동사는 그들이 그런 식으로 접근한 이유를 보여준다. "[왜냐하면(διότι)] 너희가 우리의 사랑하는 자 됨이라"(8e절).

2:8b-e 하나님의 복음뿐 아니라 우리의 목숨까지도 너희에게 주기를 기뻐함은 너희가 우리의 사랑하는 자 됨이라(ὑμῶν εὐδοκοῦμεν μεταδοῦναι ὑμῖν οὐ μόνον τὸ εὐαγγέλιον τοῦ θεοῦ ἀλλὰ καὶ τὰς ἑαυτῶν ψυχάς, διότι ἀγαπητοὶ ἡμῖν ἐγενήθητε). 그 팀은 데살로니가에 행군하듯 들어가서 메시지를 전하고 물러나지 않았다. 그들은 어쩔 수 없이 떠나기 전까지, 새로운 제자들과 인격적인 관계를 맺고 가까이 지냈다. 8절은 교차 대구 구조를 이루는데, 그 구조는 바울 일행이 그들을 돌본 점을 특별히 강조한다.

  A 우리가 이같이 너희를 사모하여
    B 하나님의 복음뿐 아니라 우리의 목숨까지도
    B´ 너희에게 주기를 기뻐함은
  A´ 너희가 우리의 사랑하는 자 됨이라

BDAG는 '우리가 기뻐함은'(we determined, εὐδοκέω)에 관해 다음과 같이 제안한다. "어떤 것을 좋은 것으로, 따라서 선택할 가치가 있는 것으로 여겨서 동의하고, 결심하며, 다짐하는 것." 그 팀은 단순히 좋아하는 감정을

---

52. NASB, "유모가 그녀 자신의 아이들을 부드럽게 돌보는 것처럼"을 보라. 또한 Fee, *Thessalonians*, 74-75; Green, *Thessalonians*, 128.
53. Plutarch, "How to Tell a Flatterer from a Friend" (trans. Goodwin).
54. H. W. Heidland, "ὁμείρομαι," *TDNT*, 5:176.
55. MM, 447.
56. 그럼에도 불구하고, 그 동사는 Herodotus, *Hist.* 7.44.1 (Godley)이 보여주는 것처럼, 반드시 사람을 향한 감정을 언급하지는 않는다. "(크세르크세스)는 배들이 경주에서 다투며 경쟁하는 것을 보기 원했다."

느낀 것이 아니라 더 나아가 결단을 내렸다. 다른 상황에서 "나누어주다"(μεταδοῦναι)는 궁핍한 자를 돕는 것, 예를 들어, 욥의 떡을 얻어먹은 고아를 가리킬 수 있다(욥 31:17 LXX; 참고. 롬 12:8; 엡 4:28). 바울은 여기에서 그 단어를 영적 복을 나누어 주는 것으로 사용한다(참고. 롬 1:11).

또 다시 바울은 부정적인 것을 말한 다음 긍정적인 것을 말한다. "…뿐 아니라…까지도"[οὐ μόνον…ἀλλὰ (καί); 또한 1:5, 8을 보라]. "…까지도"(καί)는 바울의 의미를 고조시킨다. 뒤이어 나오는 것을 '우리 영혼'(our very souls, τὰς ἑαυτῶν ψυχάς)이 아니라 '우리 자신'(our very selves)으로 번역하는 것이 더 좋다. 서양의 '영혼'이라는 단어는 뚜렷하게 말할 수 없는 인간의 모호한 부분을 말하는 것일 수 있다. 하지만 이것은 바울이 의도하는 것과 정반대된다. "여기에서 그 언급은 육체적 생명 자체를 주는 것이라기보다는 생명을 구성하는 것, 예를 들어, 시간, 에너지, 건강 등을 주는 것을 말한다."[57] 그들은 '자신'을 나누어줌으로써, 구체적인 사랑의 표시로 오랜 시간 일하고 잠을 덜 잤다. '왜냐하면'(διότι)은 이런 희생적인 헌신 뒤에 감추어져 있는 이유를 보여준다. 데살로니가인들은 하나님의 "사랑하심을 받은" 자일 뿐만 아니라(1:4), 하나님의 사자들이 "사랑하는" 자들이다.

2:9a-b, d 형제들아 우리의 수고와 애쓴 것을 너희가 기억하리니…밤낮으로 일하면서(μνημονεύετε γάρ, ἀδελφοί, τὸν κόπον ἡμῶν καὶ τὸν μόχθον, νυκτὸς καὶ ἡμέρας ἐργαζόμενοι). 또 다시 상기시키는 말이 나온다. 바울은 2:8에서 그의 팀이 제자들을 사랑했다고 진술한다. 그런데 바울은 한 걸음 더 나아가 강한 시각적 기억을 촉발시킨다. 교육 이론가는 사람이 들은 것의 20퍼센트를 기억하고, 본 것의 50퍼센트를 기억하며, 듣고 본 것은 훨씬 많이 기억한다고 말한다.[58] 육체노동을 하는 사도의 모습은 데살로니가인들에게 대단히 놀랍고 인상적이었을 것이다. 그것은 인지 부조화를 일으켰기 때문이다. 인지 부조화는 사람이 모순되는 것을 접할 때 느끼는 불안감이다. 권위와 존엄을 지닌 사도는 육체노동을 하는 그와 충돌한다. 이런 감각적 기억 때문에, 선교팀의 육체노동은 그들의 사랑과 헌신을 보여주는 생생한 비유로 계속 남아 있었다.

'왜냐하면'(γάρ)은 다시(2:1; 3:3을 보라) 뒤이어 나오는 것을 가리킨다. 바울은 이미 데살로니가인들이 한 일을 묘사하기 위해 "수고"(κόπον)라는 단어를 사용한 바 있다(1:3). "애쓴 것"(μόχθον)은 한 쌍 중 하나로 바울 서신에 세 번 등장한다(고후 11:27; 살전 2:9; 살후 3:8). "수고와 애쓴 것"은 '중노동'으로 바꾸어 표현할 수 있다. 선교 여행 중 바울이 가르치거나 혹은 육체노동을 할 때 언제나 중노동이 따라다녔다. 바울은 데살로니가후서 3:6-15에서 그가 수고하며 열심히 일한 것을 본받지 않는 교인들의 문제를 다룰 것이다.

소유격 "밤낮으로"(νυκτὸς καὶ ἡμέρας)는 시간의 지속이 아니라 그 종류를 나타낸다. "바울은 여기에서 그와 그의 동료들이 데살로니가인들 사이에서 24시간 교대 근무로 일했다는 것이 아니라, 그들이 낮에도 수고하고 밤에도 수고했다고 말하는 것이다."[59] 바울은 데살로니가후서 3:8에서 신자들에 대한 모범으로 그들이 "밤낮으로" 일한 것을 그들에게 다시 상기시킨다. 바울은 다른 곳에서 잠을 제대로 자지 못한 것을 이야기한다[고후 11:27, "(내가) 여러 번 자지 못하고", 또한 고전 4:12을 보라].

---

57. E. Schweizer, "ψυχή (New Testament)," *TDNT*, 9:648. G. Harder, "Soul," *NIDNTT*, 3:683도 보라.

58. 정해진 실제 비율은 사람마다 다르다. 이런 정보가 구두로 전해지는 것 같기 때문이다. 그럼에도 불구하고, 시각적 기억이 듣기만 한 것보다 더 오래 가며, 또 각종 감각적 유입의 조합(듣고, 보며, 냄새 맡고, 만지는 것)에다가 학습자가 실제로 참여하는 것을 더하면 가장 오래 기억에 남는 결과를 낳는다는 점에 대해 광범위한 의견의 일치가 있다.

59. Wallace, *Grammar*, 124.

바울의 기도 사역은 그가 잠자는 시간을 축냈다(딤후 1:3, 또 다시 시간의 소유격). 또한 바울은 "밤낮으로" 가르쳤다(행 20:31).

우리는 바울과 그의 팀이 데살로니가에서 무슨 "일을 했는지" 모른다. 그들이 머문 기간이 짧았기 때문에 바울은 가죽 세공을 하는 가게를 차릴 만한 시간이 없었을 것이다. 아마도 바울과 실라와 디모데는 할 수 있는 일은 무엇이든 가리지 않고 했을 것이다. 나중에 바울은 고린도에서 브리스길라와 아굴라를 만나서 가죽 세공 사업을 했다(행 18:3). 아마도 바울이 데살로니가전서를 썼을 즈음 그 사업을 할 수 있는 준비가 되었을 것이다. 주후 2세기 라반 가말리엘(Rabban Gamaliel)은 다음과 같이 말했다. "공예를 하면서 토라를 배우는 것이 적합하다. 이 두 가지 일을 하는 수고가 죄를 잊게 하기 때문이다. 그리고 노동과 함께 이루어지지 않는 토라 학습은 아무런 가치가 없고 죄를 야기하기 마련이다."[60] 유대 랍비는 육체노동을 존중했지만, 헬라인은 그것을 천한 일로 여겼다. 특히 철학자가 되려는 꿈을 가진 사람들이 그러했다. 따라서 바울이 이런 헬레니즘 배경에서 랍비 정신을 따르려고 결심한 것은, 경제적이면서도 (2:9b) 사회적인 함축을 지닌다. 바울은 의도적으로 지위를 내버렸던 것이다. "바울은 그리스도를 위해 사회적 사다리를 내려갔다."[61]

2:9c 너희 아무에게도 폐를 끼치지 아니하려고(πρὸς τὸ μὴ ἐπιβαρῆσαί τινα ὑμῶν). 바울의 일에는 실용적인 목적뿐만 아니라 목회적인 목적도 있었다. 이런 전치사와 관사(πρὸς τό)를 가진 부정사는 신약에 흔하지 않다. 이 경우, 그것은 그들이 계속 일을 하는 목적을 나타낸다.[62] 이 진술 중 "폐를 끼치지 아니"(μὴ ἐπιβαρῆσαι는 ἐπιβαρέω에서 파생)라는 표현과 데살로니가후서 3:8과 고린도후서 11:9에 나오는 비슷한 표현은 교회에 재정적인 부담을 지우는 것을 언급한다. '부담을 지우다'(βαρέω)라는 단순 동사는 디모데전서 5:16에서 비슷한 의미를 지닌다. 그 절에서 교회는 다른 재원에 의존해야 하는 과부로 인해 부담을 지고 있다. 데살로니가 교회는 다양한 사회적 영역 출신의 교인들을 포함하고 있는 듯 보이지만, 바울은 부유하든 가난하든 "아무에게도" 부담을 지우려 하지 않는다.

2:9e 너희에게 하나님의 복음을 전하였노라(ἐκηρύξαμεν εἰς ὑμᾶς τὸ εὐαγγέλιον τοῦ θεοῦ). 여기에서 바울은 그가 선포한 방법에 대해 긍정적으로 선언한다. '선포하다' 또는 '전하다'(κηρύσσω)는 회당에서처럼 메시지를 공표하는 것을 의미하는데(행 15:21; 롬 2:21), 이것을 강단에서 전달되는 공식적인 연설에 국한해서는 안 된다. 이 동사는 어떤 종류든 대중적 선포를 가리킬 수 있다.

2:10d-e 너희가 증인이요 하나님도 그러하시도다(ὑμεῖς μάρτυρες καὶ ὁ θεός). 바울은 2:5처럼 데살로니가인들과 하늘을 증인으로 언급한다. 하나님의 진노가 부정직한 자들에게 떨어질 것을 믿는 자로서(살후 2:10) 그가 진실을 말하고 있다고 확신하지 못한다면, 그것은 위험한 일이다.

2:10a-c 우리가 너희 믿는 자들을 향하여 어떻게 거룩하고 옳고 흠 없이 행하였는지에 대하여(ὡς ὁσίως καὶ δικαίως καὶ ἀμέμπτως ὑμῖν τοῖς πιστεύουσιν ἐγενήθημεν). 그들의 기술이 데살로니가 시민들에게 아무리 이상해 보였다고 해도, 하나님은 그것을 존중하셨다. 또 다시 바울은 1:5

---

60. m. ʾAbot 2:2 A–B (trans. Neusner).
61. Ben Witherington III, *The Acts of the Apostles: A Socio-Rhetorical Commentary* (Grand Rapids: Eerdmans, 1998), 547을 보라. 또한 Ronald F. Hock, *The Social Context of Paul's Ministry: Tentmaking and Apostleship* (Philadelphia: Fortress, 1980)을 보라.
62. BDF §402 (5)를 보라.

과 2:7처럼 '우리가…이 되었다'(we were, γίνομαι에서 파생)를 사용하여 그들의 행동을 묘사한다.

바울은 여기에서 부사 3인조를 사용한다. 어색한 영어 번역을 피하기 위해, 헬라어 부사들은 형용사로 해석하는 것이 가장 좋다. ὡς는 "어떻게"라기보다 오히려 담화 내용을 나타내는 표시이나(BDAG를 보라). 그것은 그들과 하나님이 증언하신 내용이 무엇인지 보여준다. "거룩하고"(ὁσίως)는 신약에서 이곳에만 나타난다. 디모데전서 2:8과 디도서 1:8은 형용사 형태를 사용한다. "옳고"(δικαίως)는 하나님 앞에 올바르게, 의롭게 되는 것을 언급하는, 헬라어 성경의 한 핵심 단어군을 반영한다. "흠 없이"(ἀμέμπτως)는 칠십인역에서 흔히 쓰이지 않지만, 어원이 같은 형용사가 아브람(창 17:1)과 욥(욥 1:1)을 묘사하는 데 등장한다. 이 3인조는 바울과 그의 팀이 (수직적으로) 올바르며, 또한 이 올바름이 (수평적으로) 제자들에게 나타난다는 점을 뜻한다. 사도의 팀은 모든 면에서 "비난할 여지가 없다."[63] 다시 한번, 우리는 사도들이 전도하는 이 제자들에게 어떻게 모범이 되었는지 보았다. 그 제자들도 믿는 모든 자들에 대해 모범이 되었기 때문이다.

2:11a-c 너희도 아는 바와 같이 우리가 너희 각 사람에게 아버지가 자기 자녀에게 하듯(καθάπερ οἴδατε ὡς ἕνα ἕκαστον ὑμῶν ὡς πατὴρ τέκνα ἑαυτοῦ). 바울은 이제 세 번째 가족 은유로 눈을 돌려서, 그들이 새로운 제자들에게 어떻게 아버지같이 처신했는지 묘사한다. "…같이"(καθάπερ)는 바울이 비교적 자주 사용한다(12번 등장함, 바울 서신을 제외하고 히브리서 4:2에 한 번 나옴). 그것은 비교 접속사로 이처럼 상기시키는 말이 새롭게 언급되는 경우에 적절히 사용된다. "각 사람에게"(ἕνα ἕκαστον) 다음에는 "너희"(ὑμῶν, 부분의 소유격)가 따라 나온다. 아버지에 관한 은유는 2:7의 은유보다 더 전형적인 바울의 모습이다(예를 들어, 고전 4:15을 주목하라. "그리스도 안에서 일만 스승이 있으되 아버지는 많지 아니하니 그리스도 예수 안에서 내가 복음으로써 너희를 낳았음이라").[64] 그것은 하나님의 사역과 비교할 만하다. "아버지가 자식을 긍휼히 여김같이 여호와께서는 자기를 경외하는 자를 긍휼히 여기시나니"(시 103:13). 유대교와 그리스-로마 세계에서 아버지는 아들들에게 도덕적 교육을 하리라 예상되었다. "자녀"(τέκνα)는 아기부터 성인까지 남녀 자녀를 가리킨다(참고. 요 1:12).

2:11d-f 권면하고 위로하고 경계하노니(παρακαλοῦντες ὑμᾶς καὶ παραμυθούμενοι καὶ μαρτυρόμενοι). 독자들은 바울이 생각하는 이상적인 아버지의 모습을 알 수 있다. 이 책은 바울의 어조에 맞추기 위해, 여기에 나오는 세 개의 분사를 스타카토 방식으로 번역했다(That's how we entreated you, that's how we comforted you, that's how we implored you). 첫째, '권면하다'(παρακαλοῦντες)는 2:3에 나오는 그들의 순실한 "권면"(παράκλησις)과 어원이 같다. 그것의 직접 목적어 '너희'는 세 동사 모두의 추정된 목적어이다. '위로하다'(παραμυθούμενοι)는 5:14에서 마음이 약한 자들을 격려하는 데 다시 사용된다. 예언의 은사 역시 "위로"를 줄 수 있다(고전 14:3).[65] '경계하다'(μαρτυρόμενοι는 μαρτύρομαι에서 파생됨. '증언하다'(μαρτυρέω)와 혼동하지 말 것)는 바울 서신(여기와 갈 5:3; 엡 4:17) 및 사도행전에서

---

63. Leon Morris, *Thessalonians* (TNTC; Grand Rapids: Eerdmans, 1984), 22.
64. 또한 고후 12:14; 갈 4:19을 보라. 참고. 요삼 1:4의 요한. Pierre Chantraine, ed., *Dictionnaire étymologique langue grecque: histoire des mots* (4 vols.; Paris: Klincksieck, 1968–80), 415는 2:11의 πατήρ가 2:7의 νήπιοι와 대조하려 한 것이라는 관점, 즉 '아버지 같은' 대 '어린애 같은'으로 대조하려 한 것이라는 관점을 묵살한다. 이런 점에 대해. Bruce, *1 & 2 Thessalonians*, 36은 "아버지로서 온유한(ἤπιος) 점을 보여주는 몇 가지 호메로스의 예들을 제공한다. 또한 P. Beasley-Murray, "Pastor, Paul as," *DPL*, 654–58을 보라.
65. G. Braumann, "παραμυθέομαι," *NIDNTT*, 1:328–29를 보라.

바울이 직접 한 말에(행 20:26; 26:22) 나온다. 그것은 '증언하다'라는 의미를 취할 수도 있다. 하지만 여기에서는 '경계하다'로 이해하는 것이 더 낫다. 이 절의 강한 정서를 정확히 담아내기 때문이다.

2:12 이는 너희를 부르사 자기 나라와 영광에 이르게 하시는 하나님께 합당히 행하게 하려 함이라(εἰς τὸ περιπατεῖν ὑμᾶς ἀξίως τοῦ θεοῦ τοῦ καλοῦντος ὑμᾶς εἰς τὴν ἑαυτοῦ βασιλείαν καὶ δόξαν). 데살로니가인들에 대한 하나님의 부르심과 하나님 나라의 도래가 그리스도인의 존재를 규정한다. 신적 소명과 그 나라를 공정하게 보여주기 위해, 데살로니가인들은 사도들에게서 '합당한 행동'을 배워야 한다. 문법적 구조(εἰς τό+부정사)는 이 문맥에서 목적의 부정사가 아니다. 오히려 이런 구조를 취하는 동사 '간청하다'는 '누군가에게 무슨 일을 하도록 간청하다'라는 뜻이다. '행하다'(περιπατεῖν)는 히브리어(hālak)와 성경적 헬라어와 성경 외적 헬라어에서(LSJ를 보라) 생활 방식을 나타내는 전형적인 표현이다.

데살로니가인은 어떻게 '합당히 행하는가?' 그들은 특히 바울이 데살로니가전서 2장에서 언급하는 영역에서 바울과 그의 팀을 본받음으로써 합당히 행한다. '너희를 부르신 하나님'은 현재 분사(καλοῦντος) 형태이다. 잘못된 견해와 달리, 현재 분사는 이 부르심의 시간이 현재(따라서 '지금 너희를 부르고 계신 하나님')라고 명시하지 않는다.[66] 이 책은 데살로니가후서 2:14에 기록된 비슷한 내용["(하나님이) 우리의 복음으로 너희를 부르사", 또한 살전 4:7을 보라]과 맞추기 위해 이것을 과거 시제로 번역한다.

그다음으로 바울은 제자들의 목표를 규정한다. 그 목표는 그들을 하나님의 진노에서 구출하는 것이고, 긍정적으로는 그들을 하나님의 나라로 인도하는 것이다.[67] (문자적으로) '그 나라와 영광'(τὴν···βασιλείαν καὶ δόξαν)은 중언법으로 "한 생각이 다른 생각에 종속되는 두 생각을 결합하기" 위해 "···와"(καί)를 사용한 것이다. 따라서 그것은 '그분의 영광스러운 나라' 같은 의미를 만들어낸다.[68] 대부분의 사람은 그 나라를 종말론적으로 본다. 플러머는 현재의 의미를 선택해서 '데살로니가인들이 이미 들어간 기존의 영적 나라'로 본다. 이 해석은 2:12을 골로새서 1:13과 유사한 것으로 여긴다.[69] 하지만 증거는 종말론적 나라를 굳게 지지한다. 여기에서 "영광"은 하나님의 통치가 미래에 나타날 것을 뜻하는 암호이다(마 25:31을 보라; 롬 5:2; 8:17-18; 골 3:4; 살후 2:14).

12절은 데살로니가후서 1:5과 눈에 띄게 비슷하다. 이 둘은 바울이 그 나라에 들어가는 것을 긍정적으로 언급한 사례이다. 데살로니가후서 1:5에서 "하나님의 나라"는 데살로니가전서 2:12에서 "자기 나라"이다. 바울은 두 번 모두 교회가 들어가 하나님의 심판을 피하게 될 종말론적 시대를 언급한다. 바울은 전도하고 가르칠 때 '하나님의 나라를 유업으로 받지 못할 것'이라고 말한다(고전 6:9-10; 참고. 15:50; 갈 5:19-21; 엡 5:5).[70] 그런 문구는 현대 독자에게 일반적인 유대교의 공식 같다는 인상을 줄 수 있지만, 그와 유사한 구절들은 그것이 바울 사도가 작성한 것임을 나타낸다. '하나님의 나라를 유업으로 받지 못할 것'이라는 표현은, 하나님의 "장래의 노하

---

66. Best, *Thessalonians*, 108을 따라서 Fee, *Thessalonians*, 83이 그렇게 생각한다. Best의 주석에는 몇몇 훌륭한 통찰이 담겨 있지만, 그가 헬라어 동사를 다루는 방식은 실망스럽다.
67. L. J. Kreitzer, "Kingdom of God/Christ," *DPL*, 524-26에서 개요를 보라.
68. 이사일의에 대해서는 BDF §442 (16)을 보라. "나라와 영광"이 마태의 주기도문("나라와 권세와 영광이 아버지께 영원히 있사옵나이다")을 연상시킨다 해도, 그것은 바울이 이 기도에 의존함을 뜻하지 않는다. 마무리 축도가 4세기 후반에 본문에 덧붙여진 것 같기 때문이다.
69. Plummer, *First Thessalonians*, 28.
70. 다른 신약과 사도 교부들의 글에 미래의 하나님 나라에 대한 언급이 다수 있다. 예를 들어, 행 14:22; 히 12:28; 약 2:5; 벧후 1:11; 계 11:15; 12:10; *1 Clem.* 50.3; *2 Clem.* 5.5; 9.6; *Did.* 10.5; *Mart. Pol.* 20.2; *Barn.* 21.1; *Herm. Sim.* 9.12.3; *Diogn.* 10.2.

심"(살전 1:10)에 직면하는 것이다. 데살로니가전서 2:12과 데살로니가후서 1:5은 그 나라에 들어가기에 '합당하다고' 선언함으로써 긍정적인 면을 제공한다.

신약은 몇몇 사람(특히 세대주의자들)이 믿는 것처럼, '하나님 나라의 복음'과 은혜의 기독교 복음을 구분하지 않는다. 예수님이 처음부터 가르치기 시작하셨던 것(마 4:17, 23)은, 그분이 세상에 머무르시는 동안 제자들에게 선포하도록 맡기신 것이었다(10:7). 왕이신 하나님이 예수님 안에서 가까이 오셨고, 그분의 뜻을 자연 질서, 인간 및 영적 영역에 시행하기 시작하셨다(마 12:28). 그것은 그리스도의 죽음과 부활의 시각을 통해 새롭게 본 것으로, 이 시대에 전파되는 것과 똑같은 복음이다(마 24:14; 행 1:3).

사도행전은 기독교 메시지를 하나님 나라의 언어로 자주 묘사한다(행 8:12; 14:22; 19:8; 20:25; 28:23, 31; 골 4:11; 계 1:9을 보라. 또한 앞의 1:5에 대한 설명에서 논의된 문서인 *1 Clem.* 42.3을 보라). 바울은 서신에서 특유의 하나님 나라 용어를 12번 사용해서, 그것이 새로운 제자들에게 가르치는 기본 교리의 일부를 형성한다는 것을 나타냈다. 심지어 바울이 감람산 담화의 언어에 근거를 두고 말한다고 주장할 수 있다.[71]

- 마 24:14 "이 천국 복음이…온 세상에 전파되리니 그제야 끝이 오리라."
- 살전 2:12 "이는 너희를 부르사 자기 나라와 영광에 이르게 하시는 하나님께 합당히 행하게 하려 함이라."
- 살전 2:16 "[하나님의] 노하심이 끝까지 그들에게 임하였느니라."

2:13a 이러므로 우리가 하나님께 끊임없이 감사함은(Καὶ διὰ τοῦτο καὶ ἡμεῖς εὐχαριστοῦμεν τῷ θεῷ ἀδιαλείπτως). 바울은 1:2을 반복하듯이 다시 감사하면서, 데살로니가인들이 '본받은 것'을 더 자세히 이야기한다. "이러므로"는 3:5과 비슷하다. 이 절도 독자들의 관심을 그 문맥에서 뒤이어 나오는 내용으로 돌리게 한다.[72] 바울과 그의 팀은 데살로니가인들이 하나님의 말씀을 받은 것에 감사한다. 이는 그들이 1:4-5에서 감사했던 바로 그 일이다. 다시 나타난 "끊임없이"(ἀδιαλείπτως)와 더불어 '감사하다'의 주어로 "우리"라는 인칭 대명사가 쓰인 것은 특히 적절하다. 2:13은 1:2에서 "우리가…감사하며"로 시작된 인클루지오(어떤 주제에 대한 논의를 부각하기 위해, 북엔드처럼 처음과 끝에 비슷한 단어를 사용하는 것)의 끝을 표시한다.

2:13b 너희가 우리에게 들은 바 하나님의 말씀을 받을 때에 (ὅτι παραλαβόντες λόγον ἀκοῆς παρ᾽ ἡμῶν τοῦ θεοῦ). 바울은 ὅτι를 사용해서 그들이 감사하는 이유를 설명한다. 바울은 앞에 나오는 감사를 돌이켜보면서, 다시 한번 그들이 말씀을 받을 때 하나님이 초자연적인 방식으로 역사하신 점을 강조한다. "너희가…받을 때에"(παραλαβόντες)는 이곳과 다른 문맥에서 구전을 가리키는 말이다. 또한 그것은 바울이 새 신자들을 가르치는 일을 언급할 때 사용된다.[73] "들은 바"(ἀκοῆς)는 흔한 헬라 단어이지만, 영어로 번역하기가 쉽지 않다. BDAG는 λόγον ἀκοῆς를 "선포의 말씀"으로 올바르게 제안한다(또한 히 4:2을 보라). "하나님의"(τοῦ θεοῦ)라는 구절은 그 메시지를 묘사한다. 바울은 그것을 더 크게 강조하기 위해 절의 끝에 배치했다.

---

71. David Wenham, *The Rediscovery of Jesus' Eschatological Discourse* (Gospel Perspectives 4; Sheffield: JSOT, 1984), 283도 그 점에 동의한다.

72. BDF §442(12). 그래서 대부분의 성경 번역본, 특히 NJB는 다음과 같이 번역한다. "우리가 너희로 말미암아 하나님께 끊임없이 감사하는 또 한 가지 이유는."

73. 살전 4:1; 살후 3:6; 참고. 고전 11:23; 15:1, 3; 갈 1:9, 12; 빌 4:9.

2:13c-d 사람의 말로 받지 아니하고 하나님의 말씀으로 받음이니 진실로 그러하도다(ἐδέξασθε οὐ λόγον ἀνθρώπων ἀλλὰ καθώς ἐστιν ἀληθῶς λόγον θεοῦ). 바울은 1:8-10의 주제로 돌아가서 데살로니가인들이 복음을 어떻게 받아들였는지 살펴본다. 이 절은 "하나님"을 반복함으로써 장황하게 시작한다.[74] 이것은 이 편지가 감정이 충만하고 바울이 하나님의 개입을 강조한다는 점에 비추어 볼 때 특이한 것은 아니다. 복음은 신적 기원을 지닌다(갈 1:11). 또 다시 ἀλλὰ와 함께 바울의 대조적 문체('이것이 아니라 저것')가 나타난다. 바울은 다시 서신의 처음으로 돌아간다(1:5, "말로만 이른 것이 아니라 또한 능력과"). 현재 본문에서 "하나님의 말씀"은 성경책이 아니라, 복음이 담고 있는 하나님의 메시지를 가리킨다. 바울 사도가 로마서 10:17에서 말한 대로 "그러므로 믿음은 들음에서 나며 들음은 그리스도의 말씀으로 말미암[다]."

2:13e 이 말씀이 또한 너희 믿는 자 가운데에서 역사하느니라(ὃς καὶ ἐνεργεῖται ἐν ὑμῖν τοῖς πιστεύουσιν). "이 말씀이 또한"(ὃς καὶ)은 선행사로 "하나님의 말씀"(λόγον θεοῦ)을 취한다. 이것은 절의 주어를 형성하기 위해 주격 형태에 따라 변화하는 관계 대명사이다. 데살로니가인들은 하나님에 대한 믿음을 가졌으며(1:3, 8; 살후 1:10을 보라), 복음 메시지가 그들 가운데 강력히 역사했다(1:5; 롬 1:16; 빌 2:13을 보라). 이것은 이사야서 55:11에 전형적으로 드러난 예언적 주제에 근거한다. "내 입에서 나가는 말도 이와 같이 헛되이 내게로 되돌아오지 아니하고 나의 기뻐하는 뜻을 이루며 내가 보낸 일에 형통함이니라." 데살로니가인들은 이제 바울이 아가야에 가서 선포할 때 똑같은 성공을 거둘 수 있도록 기도할 책임이 있다(살후 3:1; 또한 엡 6:19-20). 복음은 일련의 철학적 이야기가 아니라, 왕 되신 하나님이 삶을 변화시키는 도구로 사용하시는 메시지이다.

2:14a-b 형제들아 너희가 그리스도 예수 안에서 유대에 있는 하나님의 교회들을 본받은 자 되었으니(ὑμεῖς γὰρ μιμηταὶ ἐγενήθητε, ἀδελφοί, τῶν ἐκκλησιῶν τοῦ θεοῦ τῶν οὐσῶν ἐν τῇ Ἰουδαίᾳ ἐν Χριστῷ Ἰησοῦ). 바울은 본받음의 주제를 확대하는데, 독자가 처음에 어리둥절해할 수 있는 방향으로 그것을 전개한다. 그들은 유대 교회의 모범을 따른다. 이 부분은 후대에 삽입된 것이거나 바울이 본론을 벗어나 여담을 한 것이 아니다('데살로니가전후서 서론'을 보라). 그것은 분명히 1장에 기록된 자료와 유사하다. 데살로니가의 우상 숭배자들은 복음을 받아들였다. 하지만 유대에 있는 유대인은 그렇게 하지 않았다. 오히려 믿지 않는 유대인은 모든 그리스도인을 난폭하게 대함으로써 복음 전파를 방해하려고 했다.

동사 ἐγενήθητε는 "너희가…되었으니"로 번역된다(1:6-7처럼). 하나님이 그들 가운데 역사하셨을 때, 그들은 예루살렘과 유대에서 일어났던 박해의 모범을 따르는 자들이 되었다. "교회들을"(τῶν ἐκκλησιῶν)은 목적어적 소유격으로, 동작 명사 "본받은 자"와 연결된다. 즉, 너희는 교회들을 본받았다는 것이다. 바울은 데살로니가인들이 다른 신자를 본받으려고 나섰다는 뜻으로 말하는 것이 아니다. 순서로 볼 때 그렇다는 말이다. '너희의 경험은 그들의 경험과 비슷하다.' 이들은 "하나님의 교회들"로,[75] 이제 하나님의 참된 백성을 구성하는 회중의 일부이다(살후 1:4을 보라). 바울은 박해와 관련하여 "하나님의 교회"라는 구절을 여러 번 사용한다. 과거에 가말리엘 문하에 있었던 학생이 추론한 대로, 교회를 박해하는 일은 하나님을 거역하는 일이라는 점을 강조하기 위함이었을 것이다(행 5:39; 9:4-5).[76]

"그리스도 예수 안에" 또는 '그리스도 안에'는 바울

---

74. 문자적으로, '너희가 우리가 전한 하나님의 말씀을 받을 때, 너희는 그것을 사람의 말이 아니라 정말 하나님의 말씀인 것처럼 받았다.'

75. 행 20:28; 고후 1:1; 딤전 3:5의 언어와 비교해보라.
76. 같은 생각으로, 또한 고전 15:9; 갈 1:13; 살후 1:4을 보라.

이 자주 사용하는 구절이고(약 88번), 그리스도 안에서 평등의 개념을 이해하는 열쇠로 여겨질 수 있다. "너희는 유대인이나 헬라인이나…다 그리스도 예수 안에서 하나이니라"(갈 3:28). "그리스도 예수 안에서는 할례나 무할례나 효력이 없으되"(갈 5:6). 바울은 마게도냐의 이 빙인 교회와 유대의 유대인 교회의 관점에서 밀하지 않는다. 그들의 인종과 지리는 그들이 공유하는 정체성보다 덜 중요하다. 유대 교회는 고난당하고 있는 다른 회중의 원형일 뿐이다.

2:14c-d 그들이 유대인들에게 고난을 받음과 같이 너희도 너희 동족에게서 동일한 고난을 받았느니라(ὅτι τὰ αὐτὰ ἐπάθετε καὶ ὑμεῖς ὑπὸ τῶν ἰδίων συμφυλετῶν καθὼς καὶ αὐτοὶ ὑπὸ τῶν Ἰουδαίων). 그들이 유대 교회를 본받은 것은 동족의 손에 고난당한 것이다. 복합 명사 "동족"은 신약에서 단 한 번 사용된 말이다. 이것은 복음을 거부한 데살로니가인들을 언급하는 것으로 이해된다. 당연히 그들은 주로 이방인이다.

바울은 단순히 역사적 자료를 보고하는 것이 아니라, 그런 사건들을 예수님의 가르침이라는 렌즈를 통해 해석해서 보여준다. 마태복음 10:16-25은 자세한 예견을 제시한다. 제자들은 공회(문자적으로, '산헤드린')와 회당에 넘겨지고, 유대인들에게 매를 맞으며, 로마 총독들 앞에 끌려갈 것이다. 심지어 가족들에게도 미움받을 것이다. 누가복음 21:12에 기록된 유사한 말씀은 옥에 갇히는 것을 언급한다. 바울의 경험은 이런 예견과 정확히 일치했다.

바울은 "유대인"(Jew)을 뜻하는 단어로 "유대인"(the Judean, ὁ Ἰουδαῖος)을 한결같이 사용한다. 하지만 이 특별한 경우에 더 어울리는 번역은 "유대인들"(τῶν Ἰουδαίων)이다. 바울은 주로 그들의 종교가 아니라 그들의 지역에 관심을 갖는다. 데살로니가인들은 데살로니가인들의 손에 고난을 당한다. 반면 "유대"에 있는 교회들은(2:14a) 유대인에게 핍박당한다.[77] 유대인이나 이방인이 그리스도를 받아들일 때, 그들은 자신이 속했던 백성에게서 고립되고 그들에게 핍박당한다. 이것이 베드로전서의 주된 주제이다. 그것은 베드로전서 4:4에 잘 요약되어 있다. "이러므로 너희가 그들과 함께 그런 극한 방탕에 달음질하지 아니하는 것을 그들이 이상히 여겨 비방하나." 하지만 이것을 넘어, 바울의 진술의 기저를 이루는 것은 작은 것에서 큰 것으로의 논리이다(*a minore ad maius*). 곧, 언약 백성이 그들의 동족 유대인이 그리스도를 받아들일 때 이런 식으로 행동한다면, 너희가 함께 살고 있는 이방인의 반응은 어떠할지 한 번 상상해보라는 것이다.

2:15a 유대인은 주 예수와 선지자들을 죽이고(τῶν καὶ τὸν κύριον ἀποκτεινάντων Ἰησοῦν καὶ τοὺς προφήτας). 2:16을 살펴본 후에, 우리는 바울이 반유대주의자인지 알아볼 것이다. 처음부터 독자는 바울이 인종에 대해 사색하는 것이 아니라, 구체적인 역사적 상황에 응답하는 것이라는 점을 인식해야 한다. 회당이 유대와 마게도냐에서 막대한 권력을 행사해 그곳에 있는 그리스도인들에게 심각한 박해를 일으켰다.[78]

---

77. 전통주의 입장의 성경 번역본으로는 특이하게 NKJV는 그것을 "유대인들"로 번역한다. CEV는 "그들의 민족에 의해"라고 번역하는데, 그것은 바울의 언어가 아니라 그의 의도를 정확히 담아낸 번역이다.

78. Frank D. Gilliard, "The Problem of the Antisemitic Comma between 1 Thessalonians 2,14 and 15," *NTS* 35 (1989): 481-502의 진지한 분석을 보라. Gillard는 바울이 분사들의 두 번째 한정적 용법을 사용한다고 언급한다. 그는 여기에서 그 용법이 사용된 것을 데살로니가전서에서 두 번째 한정적 용법이 사용된 다른 경우와 비교한다. 그다음에 그는 다른 구절에서 유추한 것에 근거해, 2:14의 "유대인들"과 2:15의 "죽이고" 사이에 쉼표를 찍지 말아야 한다고 제안한다. 따라서 바울은 "유대인들"을 비난하는 것이 아니라 '예수님을 죽인 유대인들'을 비난하는 것이다. 이것은 NLT의 번역과 비슷하다. "유대인들 중 일부가 주 예수님을 죽이기까지 했다." 이 점에 대

바울은 옛 선지자처럼 조국의 죄악들을 정확히 말하면서, 그들을 반대하는 주장을 펼치고 있다. 그 죄악들 각각은 신적 진노를 받아 마땅하다.[79] 첫째, 그들은 "주 예수"를 죽였다. 유대인이 예수님을 육체적으로 처형했는지 여부는 고려할 가치가 없었다. 교회는 유대인이 로마인과 공모해서 그 범죄에 참여한 것으로 보았기 때문이다.[80]

유대인은 "선지자들"을 죽였다. 문제는 그 선지자가 누구인가 하는 것이다. 이들은 그리스도인 선지자인가 아니면 옛 언약의 선지자인가?[81] 먼저 공관 복음에 나오는 유사한 말씀을 살펴보아야 한다. 바울이 마태의 전통, 특히 마태복음 23-24장에 친밀감을 갖고 있었다는 점에 비추어보면, 그는 마태복음 23:29-36과 누가복음 11:47-51에 기록된 예수님의 애가를 그대로 반복하는 것이 분명하다. 예수님은 예루살렘 주민들을 "선지자를 죽인 자의 자손"이라고 부르셨다(마 23:31; 참고. 5:12). 그렇다면, 바울은 구약의 선지자들을 언급하는 것이 아닌가? 하지만 그렇게 쉬운 문제가 아니다. 이 말씀에 예수님이 "내가 너희에게 선지자…을 보내매"라는 말씀을 덧붙이시기 때문이다(마 23:34). 이들은 분명히 그리스도인 선지자들이다. 예루살렘이 그들을 죽이고 십자가에 '못 박을'(미래 시제) 것이기 때문이다. 따라서 바울은 마태복음 23장을 염두에 두고 이스라엘의 선지자를 가리켜 말했을 수도 있고, 아니면 오순절 후의 선지자를 가리켜 말했을 수도 있다.

그들이 구약의 선지자들이라는 증거는 다음과 같다. (1) 사도행전이나 바울 서신에서 어떤 특정한 그리스도인 선지자가 살해되었다는 언급이 없다. 다만 성령이 충만한 사람이었던 스데반을 그리스도인 선지자로 간주할 수 있다(행 6:5). (2) 이스라엘이 선지자들을 죽인 전통은 일반적인 것이었다(느 9:26; 또한 대하 36:15-16; 렘 2:30을 보라). (3) 사도행전 7:52은 스데반이 말한 것, 곧 이스라엘이 선지자들을 죽였다고 한 내용을 바울/사울이 들었다는 점을 암시한다.[82]

그들이 그리스도인 선지자라는 증거는 다음과 같다. 먼저 바울이 이 서신들에서 예언을 두 번 언급할 때, 그는 그리스도인 은사를 염두에 두고 있다(살전 5:19-22; 아마 살후 2:2). 훨씬 더 중요한 증거로, 2:14-15의 헬라어 순서는 선지자들을 현재에 확고히 배치하는 것 같다.

유대에 있는 하나님의 교회들
주 예수
선지자들
우리

두 해답이 다 적합할 수 있지만, 증거의 무게는 이들이 그리스도인 선지자라는 쪽으로 기울어진다.[83] 적어도 한 유대 그리스도인 선지자가 데살로니가인들에게 잘

해, Markus Bockmuehl, "1 Thessalonians 2:14-16 and the Church in Jerusalem," *TynBul* 52 (2001): 11은 Gilliard를 지지한다. 이 책도 이 쉼표를 덧붙일 이유가 없다는 점에서 Gilliard에 동의한다. 예를 들어, 2:14에서 그는 그저 "유대에 있는…교회들"(τῶν ἐκκλησιῶν…τῶν οὐσῶν)을 언급했으며, 그 경우에도 "교회들" 다음에 쉼표를 찍는 것은 적절하지 않다. 하지만 두 번째 한정적 용법의 다른 예들은(살전 1:10; 2:4; 2:12; 4:5; 4:17; 5:9-10) 똑같은 규칙을 따르는 것 같지 않다. 따라서 그것들은 그의 주장을 지지하기보다는 오히려 약화한다. 또한 Gilliard, "Paul and the Killing of the Prophets in 1 Thess. 2:15," *NovT* 36 (1994): 259-70을 보라.

79. 데살로니가전서에서 사용된 예언적 과장법에 대해 분석한 Schlueter, *Filling Up the Measure*, 111-85를 보라.

80. "너희(이스라엘 사람들)가 법 없는 자들의 손을 빌려 못 박아 죽였으나"(행 2:23; 또 3:15; 4:10; 5:28; 7:52를 보라). 바울은 디모데전서 6:13에서 예수님의 죽음에 로마인들도 책임이 있음을 지적한다.

81. D와 Marcion에서 이문은 "선지자들"에 "그들 자신의"를 덧붙이는데(ἰδίους, TR, KJV, NKJV도 그렇게 한다), 그로 인해 그들은 구약 선지자들이 된다. 하지만 사본 증거에 따르면 그것은 명백히 누락되어 있다.

82. 이들이 구약의 선지자들이라는 견해를 지지하는 주석으로 Best, *Thessalonians*, 115; Wanamaker, *Thessalonians*, 114; Green, *Thessalonians*, 144를 보라.

83. 특히 Fee, *Thessalonians*, 97-98을 보라.

알려져 있었다는 점을 주목해야 한다. 그는 실라이다(행 15:32을 보라). 또 다른 배경에서 전 세계는 "성도들과 선지자들의 피를 흘[린]" 책임이 있다(계 16:6).

2:15b-d 우리를 쫓아내고 하나님을 기쁘시게 하지 아니하고 모든 사람에게 대적이 되어(καὶ ἡμᾶς ἐκδιωξάντων, καὶ θεῷ μὴ ἀρεσκόντων, καὶ πᾶσιν ἀνθρώποις ἐναντίων). 바울은 주장을 확대하여 논리적 결론을 내린다. 유대인들은 그들의 주님, 그리스도인 선지자들 그리고 "우리"를 핍박했다. 이 그룹에 누가 포함되는가 그리고 그들은 "우리"를 어떻게 핍박했는가? 많은 주석가는 초대교회에서 일어난 박해의 역사적 사실을 어물쩍 넘어가지만, 사도행전 4:3에 따르면 그들의 곤란은 아주 이른 시기부터 시작되었다. 매우 역설적이게도 바울은 처음 10년 동안 교회를 핍박한 것으로 가장 유명한 유대인이었다.[84] 바울이 한 핍박은 관료적 활동이 아니라 증오의 성전이었다. "그들에 대하여 심히 격분하여 외국 성에까지 가서 박해하였고"(행 26:11). 그 결과 교회는 예루살렘을 떠나 지중해 북동 지역에 있는 다른 곳들로 흩어졌다. 또 다른 몹시 역설적인 사실은, 사울이 참여한 핍박이 다른 지역의 유대인과 이방인에게 복음을 전하는 데 기여했다는 것이다(행 11:19).[85]

바울이 "우리"를 언급한 것은, 단순히 박해를 받는 유대 그리스도인과 연대감을 나타내는 표시가 아니다. 바울 자신이 유대인으로 인한 위험에 직면했다. 사도행전 9:29에는 바울이 회심한 후 헬라파 유대인이 그를 죽이려는 음모를 꾸몄다는 아주 간단한 진술이 나온다. 사도행전 22:17-21은 똑같은 사건을 설명한 것이다. 환상 가운데 나타나신 예수님이 바울에게 예루살렘을 떠나라고 경고하신다. 실라가 유대에서 한 경험도 무시하지 말아야 한다. 그는 복음을 위해 "생명을 아끼지 아니하는 자" 중 하나로 알려졌고(15:26-27), 두말할 나위 없이 유대인이 방해하려고 애쓴 이방인 선교를 찬성하는 사람이었다. 선교팀의 세 번째 일원인 디모데는 분명히 유대를 방문한 적이 없었거나 거기에서 박해를 받은 일이 없었다.

"하나님을 기쁘시게 하지 아니하고"(θεῷ μὴ ἀρεσκόντων)는 2:4("하나님을 기쁘시게 하려 함이라")과 정반대된다. 유대인인 바울, 실라, 디모데는 모두 하나님을 기쁘시게 하는 반면, 이스라엘 국가 전체는 하나님을 기쁘시게 하지 않는다. 몇몇 사람은 "모든 사람에게 대적이 되어"(πᾶσιν ἀνθρώποις ἐναντίων)라는 말이 유대인을 비방하는 표준 문구인지 궁금해했다. 당시 디아스포라 유대인은 사람을 싫어한다는 평가를 받고 있었다. 부분적으로는 그들이 이방인과 자신을 의식의 면에서 분리했기 때문이었다. 2세기 초 타키투스는 이렇게 말했다. "그들끼리는 매우 정직하고 언제나 온정을 베풀 준비가 되어 있다. 하지만 그들은 나머지 인류를 적으로 간주하고 몹시 미워한다."[86] 알렉산드리아의 아피온(Alexandrian Apion)은 바울과 동시대 인물이었다. 요세푸스에 따르면, 그는 40대에 유대인에 반대하는 책을 썼고, 계속해서 유대인의 명예를 훼손하는 말을 했다. "그가 우리의 맹세를 마치 우리가 '하늘과 땅과 바다를 만드신 하나님의 이름으로 맹세하는 것처럼, 외국인에게, 특히 헬라인에게 아무런 호의도 갖지 않은 채로' 언급하면서" 유대인을 조롱했다.[87] 반유대주의가 추상적인 개념으로 이미

---

[84] 바울은 증언할 때, 자신이 과거에 교회를 핍박한 사실을 자주 언급했다. 행 22:4-5; 26:9-11; 고전 15:9; 갈 1:13-14; 빌 3:6; 딤전 1:13을 보라.

[85] Bockmuehl ("1 Thessalonians 2:14-16," 18-28)은 주후 48-49년에 유대에 핍박이 정말 일어났다고 말하기까지 한다. 하지만 그의 논거는 주로 이 절들에서 추론된 것이다. Bockmuehl과 비슷한 입장으로, Wanamaker, *Thessalonians*, 113을 보라. 또한 Robert Jewett, "The Agitators and the Galatian Congregation," *NTS* 17 (1970-71): 204-6. Jewett는 40년대 후반에 특히 강력한 할례 운동이 있었다고 생각한다. 하지만 그 증거 역시 설득력이 없다.

[86] Tacitus, *Hist*. 5.5 (trans. Church and Brodribb).

[87] Josephus, *Ag. Ap*. 2.1.11 (§122).

존재했든 그러지 않았든 간에, 유대인이 헬라 세계에서 두드러졌던 것은 사실이다. 유대인의 '특이함' 때문에 많은 사람은 그들을 받아들일 수 없었다.

그렇다면 바울은 이방인 그리스도인의 자존심을 세우기 위해 유대인을 부정적으로 생각하는 대중적 편견을 이용하고 있는 것인가? 전혀 그렇지 않다. 바울은 또 다시 구체적인 역사적 경험을 언급하는 것이다. 다음에 나오는 분사 앞에 접속사 '그리고'(καί)가 선행하지 않는 점을 고려하면, 16절의 "금하여"(κωλυόντων)는 "모든 사람에게 대적이 [된다]"는 것이 무엇인지 분명히 밝히는 것이다(2:16의 설명을 보라). 바울은 사회학적 비방을 하는 것이 아니라, 오히려 유대인이 이방인의 전도에 대해 드러내는 반감을 생각하고 있는 것이다. "유대인이 우리가 이방인에게 전도하는 것을 방해한다는 점에서, 그들은 모든 사람에 대해 적대적이다."[88]

2:16a-b 우리가 이방인에게 말하여 구원받게 함을 그들이 금하여(κωλυόντων ἡμᾶς τοῖς ἔθνεσιν λαλῆσαι ἵνα σωθῶσιν). 앞에서 언급한 대로, 이 구절은 "모든 사람에게 대적이 [된다]"는 것이 무엇인지 설명한다. "금하여"(κωλυόντων)는 반드시 공식적인 칙령은 아니다. 이 단어는 마태복음 19:14에서 예수님과 함께 있고자 했던 어린아이들을 제자들이 막을 때 쓰였다. 이 동사를 비슷하게 적용한 것은 아마도 우연의 일치일 것이다. "이방인에게"(τοῖς ἔθνεσιν)라는 말은 '열방에게'로 번역할 수 있지만, "이방인"으로 보는 것이 이것을 부정적인 의미로 사용한 의도를 잘 전달한다. 또한 대부분의 영어 성경이 그렇게 번역한다.

이 구절에서 '금함'을 당한 사람은 누구인가? "우리"(ἡμᾶς)는 바울의 선교팀, 유대인 그리스도인들, 아니면 일반 그리스도인을 언급하는 것인가? 그들은 언제, 어떻게 "우리"가 이방인에게 복음을 말하는 것을 방해하려 했는가? 그들의 동기는 무엇이었는가? ἵνα 구절은 "이방인이 구원받지 못하게 하기 위해 그들이 우리가 말하는 것을 방해했다"는 것을 의미하는가?[89]

아주 이른 시기부터, 유대인 지도자는 제자들을 공식적으로 제재했다(행 4:17-21). 그들은 제자들에게 예수님을 전하는 일을 그만두라고 명령했다. 성전의 사두개파 지도자들은 사도들이 그들을 암묵적으로 비난했기 때문에(너희는 하나님의 메시아를 거부했다), 사두개파를 반대하는 교리 때문에(하나님이 그를 죽은 자 가운데서 살리셨다) 그리고 사도들이 다른 유대인에게 복음을 전했기 때문에(행 4:2) 그들을 핍박했다. 사울은 최초의 이방인에게 복음이 전해지기 전에(행 10장) 그리고 심지어 최초의 사마리아인에게 복음이 전해지기 전에(행 8장) 교회를 공격했다(행 8:1-3). 즉, 초기의 박해는 절대적으로 이스라엘 안에서 일어난 일이었다. 사울의 열심은, 이방인 신자가 아니라 유대인 신자 중에서 복음이 토라를 반대하도록 이끌 가능성을 보았기 때문에 생겨난 것이었다.

고넬료의 전도(행 11:2-3을 보라)와 바울 및 바나바의 첫 번째 여행은, 이방인이 구원받으려면 모세 언약을 지켜야 한다고 주장한(15:1, 5) 몇몇 반동적 그리스도인의 이목을 끌었다. 이런 '유대주의자들'은 이후 바울이 사역하는 내내 그를 괴롭혔다. 하지만 데살로니가전서에 나타난 바울의 언어는 유대주의자를 목표로 삼지 않는다. 유대주의자는 이방인 전도를 막기보다는, 회심자들이 다음 단계로 토라의 멍에를 짊어져야 한다고 역설했다.

"금하여"에 대한 가장 좋은 설명은 그리스도인이 하

---

88. Green, *Thessalonians*, 146도 NIV(1984)의 번역에 찬성을 표한다. "그들은 우리가 이방인들에게 말하지 못하게 **노력함으로써** 모든 사람에 대해 적대적이다"(강조체 저자).

89. Todd Still은 '우리를 금하다'가 특별히 데살로니가 회당 및 그 회당이 바울, 실라, 디모데를 반대한 것을 언급한다고 진술한다. 하지만 이 언급은 개연성이 낮다. 이 절에서 바울의 주요 관심사는 데살로니가 이방인들과 대응 관계에 있는 유대에 있는 유대인들이다. Todd D. Still, *Conflict at Thessalonica: A Pauline Church and Its Neighbors* (JSNTSup 183; Sheffield: JSOT, 1999), 136을 보라.

나님을 경외하는 자에게 또는 이방인에게 복음을 말하고자 했을 때, 먼저는 유대에 있는 그리고 나중에는 다른 지역에 흩어져 있는 회당의 비그리스도인 지도자들이 그리스도인들을 방해했다는 것이다. 이것이 바로 데살로니가에서 일어났던 일이다(행 17:5; 또한 13:45-51을 보라). 또한 그것은 처음에 회당에서 전도를 시작해서 유대인 및 하나님을 경외하는 이방인을 구원에 이르게 한 바울에게 커다란 영향을 끼쳤다.

2:16c 자기 죄를 항상 채우매(εἰς τὸ ἀναπληρῶσαι αὐτῶν τὰς ἁμαρτίας πάντοτε). 바울은 선지자적 권위를 가지고 유대인이 자신과 다른 사람들을 위한 복음을 거부함으로써 하나님의 종말론적 진노를 받을 것이라고 선언한다. 16b-c절은 쉽게 해석되지 않는다. 16c절은 결과의 부정사를 소개하는 εἰς τό로 시작한다. "채우매"(ἀναπληρῶσαι)는 문자적으로 '가득 채우매'로 번역할 수 있다. 목적격 "죄"는 부정사의 주어이다(BDAG와 반대).

이 진술은 난해하다. 바울이 그의 청중이 구약의 언어를 기억해낼 수 있다고 믿기 때문이다. 이 구절은 성경을 인용한 것이 분명하다. 창세기 15:16은 아브라함의 자손이 4대에 이르기까지 이집트에서 살게 될 것을 말한다. '이는 아모리 족속의 죄가 아직(또는 지금까지) 가득 차지 아니함이니라'(LXX, 저자 번역). 즉, 하나님이 그들을 심판하실 단계에 아직 도달하지 않았다는 것이다. 이 절은 문자적으로 읽기 어렵기 때문에 보통 역동적인 방식으로 번역된다.

> 이는 아모리 족속의 죄악이 아직 가득 차지 아니함
> 이니라(NKJV).
> 이는 아모리 족속의 죄가 아직 그들의 파멸을 타당
> 하게 만들지 못함이니라(NLT).

바울은 창세기 전통을 조정해서 '아직'을 '항상, 언제나'(πάντοτε)로 대체했다. "그 결과 그들은 항상 그들의 죄의 양을 채운다"(NASB). 아모리 족속은 하나님의 심판이 그들 위에 임하기 전에 더 많은 시간을 기대할 수 있었지만, 바울 당시의 유대인은 그럴 수 없었다. 그들의 죄의 양이 이미 신적 심판을 받기에 충분하다. 그리고 항상 충분했다. 여기에서 역설적인 점이 분명히 드러난다. 팔레스타인에서 의로운 아브라함은 사악한 아모리 족속 가운데 살았는데, 그들의 죄는 아직 한계점에 이르지 않았다. 지금 그리스도인 성도들은 아브라함의 후손 가운데 살고 있으며, 하나님의 임박한 진노를 받아 마땅한 것은 바로 유대 민족이다.

바울의 언어 역시 마태의 전통을 떠오르게 한다. 예수님은 성전의 멸망 및 다른 종말론적 표적들에 대해 선언하시기 직전에 유대 종교 지도자들을 비난하시면서 이렇게 말씀하신다. "너희가 너희 조상의 분량을 채우라"(마 23:32; 또 단 8:23, 2 Macc 6:14을 보라).

2:16d [하나님의] 노하심이 끝까지 그들에게 임하였느니라(ἔφθασεν δὲ ἐπ᾽ αὐτοὺς ἡ ὀργὴ εἰς τέλος). 유대인은 데살로니가인들이 그리스도를 통해 피한 운명, 즉 신적 진노(ὀργή)에 직면할 것이다.[90] 이 선언이 지닌 심각성은 명백하지만, 독자는 그 일이 언제 이루어질지 몰라 혼란스러워 했을 것이다. 두 가지 변수가 있다. (1) 동사 "임하였느니라"(ἔφθασεν)는 우리에게 하나님의 진노의 때에 대해 무엇을 말하는가? (2) "끝까지"(εἰς τέλος)로 번역된 구절은 무슨 의미인가?

동사 '일어났다' 또는 '임하였다'는 부정과거 형태이다. B D 그리고 다수 본문에 포함되어 있는 이문은 완료형이다. 그렇지만 시제의 의미들은 이런 종류의 문맥에서 겹쳐지며, '임하였다'는 번역은 어느 쪽이든 적합하

---

90. 이 책에서는 본문에 '하나님의'라는 말을 추가한다. 그것은 실제로 D와 소수의 다른 서방 사본들에 덧붙여져 있지만, 어쨌든 그것은 그 문맥에 암시되어 있다.

다. 소수의 주석가는 이 동사의 의미에 대해 확신을 갖고 여러 가지 가능한 해석을 내놓는다. 첫째, 바울(또는 몇몇 사람이 말하는 대로, 바울의 이름을 사용하는 후대의 저자)은 최근에 일어난 어떤 사건을 생각하는 것일 수 있다. 바울은 그 사건을 신적 진노가 표현된 것으로 이해했다. 이때 '하나님의 진노가 우리가 아는 대로 이제 막 그들에게 임하였다'는 뜻을 나타낼 것이다. 그러한 경우 *T. Levi* 6.11에 아주 유사한 표현이 나온다(뒤의 내용을 보라).[91]

둘째, 바울은 임박한 파루시아 또는 임박한 예루살렘의 파멸을 고대했을 수 있다. 이러한 경우 그것은 "하나님의 진노가 임한 것이나 다름없다"[92]로 이해할 수 있다.

셋째, 이 부정과거는 이른바 예변법 혹은 미래적 용법일 수 있다. 그 용법에 의해 미래의 사건이 이미 이루어진 것으로 표현할 수 있을 만큼 확실하게 제시된다.[93] 이 용법은 다른 곳에서 하나님의 종말론적 계획이 진술될 때 나타난다(히 4:10; 유 1:14; 나의 의견에 따르면 또한 롬 8:30). 그렇다면 이 구절은 "하나님의 진노가 그들에게 임할 것이다. 그분이 반드시 그 일을 처리하실 것이다"라는 의미가 될 것이다. 하지만 예기적 부정과거는 신약에서 드물게 나오고, 독자들이 바울의 뜻을 제대로 파악했을지 알 수 없다.

네 번째 가능성은 마태복음 12:28과 누가복음 11:20에서 동사가 뚜렷하게 일치하는 것에 근거한다. "그러나 내가 하나님의 성령(누가복음에는 "손")을 힘입어 귀신을 쫓아내는 것이면 하나님의 나라가 이미 너희에게 임하였느니라"(같은 구절, ἔφθασεν ἐπ'). 마태복음과 누가복음에서 주동사는 예기적 부정과거가 아니라 과거 행동을 나타낸다. 하나님의 나라가 정말로, 이미, 가까이 왔다. 하지만 그것은 완전히 나타난 것은 아니다.[94] 마태의 전통을 좋아하는 바울은, 이 동사를 이런 식으로 사용해서 그것을 종말론의 어두운 측면에 적용했다. 곧, 하나님은 그리스도를 거부하고 복음을 방해하기까지 한 너희에게 이미 분노하신다. 그리고 너희의 반역을 고려하건대, 하나님이 진노하시는 것은 항상(πάντοτε) 당연하다.

이 네 번째 방안은 다른 해석들 못지않게 이 동사를 잘 이해한다. 그것은 로마서 1:18의 어려운 동사와 유사하다. "하나님의 진노가⋯모든 경건하지 않음⋯에 대하여 하늘로부터 나타나나니(ἀποκαλύπτεται)."[95] 또한 바울은 로마서 1:17에서 똑같은 동사와 시제를 사용해서 신적 의에 대한 계시를 묘사한다. 복음의 이 시대에 구원하는 의와 저주하는 진노는 널리 알려진 복음의 구성 요소로, 말하자면 "공공연하게 드러난다."

"끝까지"(εἰς τέλος)는 두 가지 난제를 제시한다. 첫째, 본문과 관련된 것으로서 바울이 이 구절을 썼다는 것이 전적으로 확실하지 않다. 헬라어 사본들과 다른 번역본들에는 모두 이 구절이 포함되어 있다. 하지만 라틴어 불가타 성경의 어떤 사본들에는 이 구절이 없다. 이것은 초기에 어떤 서기관이 하나님의 진노가 바울이 죽은 후 "마침내" 그들 위에 떨어졌다고 여백에 언급함으로써, 2:15-16에 대한 논평으로 마지막 절을 더했을 가능성이 희박하나마 있음을 말해준다. 훗날 헬라 서기관들은 그 구절을 논평이 아닌 미미한 수정이라고 추정하고, 그것을 본문에 옮겨 넣었을 것이다. 그런데도 외적 증거(한 번역본의 몇몇 사본)는 대단히 빈약하며, 그것은

---

91. Green, *Thessalonians*, 148-49는 최근에 일어난 몇몇 가혹한 사건이 최종적 진노를 얼핏 보여주는 것이라고 진술한다. 다른 사람들은, 그 서신이 주후 70년 이후에 기록되었다고 주장하면서, 일반적으로 예루살렘이 파괴된 사건을 가리킨다. Pearson, "1 Thessalonians 2:13-16," 82-83을 보라.

92. Orchard, "Thessalonians and the Synoptic Gospels," 22. 이 견해를 변형한 것으로 Best, *Thessalonians*, 120.

93. Wallace, *Grammar*, 563-64.

94. 찬성 의견으로 Marshall, *1 and 2 Thessalonians*, 80-81; Wanamaker, *Thessalonians*, 117.

95. Malherbe, *Letters to the Thessalonians*, 177을 보라. 그는 고전 1:18과 *1 En* 84.4를 언급한다.

헬라어 본문이 아니라 라틴어 본문을 필사하는 과정에서 이문이 생겼음을 나타낸다. 이 단락의 나머지 구절과 동일하게 2:16d은 엄연하게 여전히 데살로니가전서의 일부이다.

한 가지 가능한 해석은 "하나님의 진노가 마침내 그들에게 임했다"(NIV, 상소제 저자), 아니면 하나님의 진노가 '궁극적으로' 또는 '최근에' 임했다는 것이다. 이 번역을 지지하는 유익한 문학적 평행 구절이 있다. 이 본문은 T. Levi 6.11과 매우 비슷해서 이 유대 작품을 암시한 것으로 볼 수 있다.[96] 거기에서 레위는 자신과 시므온이 세겜 사람들이 디나를 강간한 것과 다른 죄들을 저지른 것에 대한 처벌로 그들을 어떻게 살해했는지 말한다. 레위는 자신의 행동이 야곱에게 슬픔을 안겨 주었지만, 그것은 하나님의 심판이 나타난 것이라고 진술하고, "하나님의 진노가 궁극적으로(εἰς τέλος) (세겜 사람들에게) 임했다"라고 결론을 내린다(ed. Charlesworth). 세겜 사람의 경우처럼, 바울은 하나님의 심판의 표시로 최근에 일어난, 구체적인, 비종말론적 사건을 염두에 두고 있을 수 있다. 주이트(Jewett)는 그것이 주후 49년 예루살렘에서 발생한 공황으로 1만 명(또는 2만 명)의 유대인이 죽은 사건으로 본다. 다른 사람들은 그것이 힘겨운 기근이라고 말한다. 이 구절이 바울 이후 작성되었다고 믿는 사람은, 주후 70년 예루살렘과 성전이 파괴된 사건을 가리킨다고 생각한다.[97]

가능한 다른 번역은 "끝까지"(εἰς τέλος)이다.[98] 이 해석은 더 자연스럽다. 바울은 실제로 고린도전서 15:24 ("그후에는 마지막이니")에서와 빌립보서 3:19에서 "마침"을 종말론적으로 사용한다. 게다가 데살로니가전서가 마태의 전통에 영향을 받아서 형성되었다면, 마태복음 24:6, 13, 14처럼 "끝"을 마지막 날이라고 생각하는 것이 자연스럽다. 하나님의 진노는 종말에 가서 온전히 나타날 것이다. 바울은 데살로니가후서 1장에서와 마찬가지로 여기에서도 그 진노를 예견한다. 하지만 현재 일어나고 있는 사건들을 염두에 두고 있지는 않다.[99]

2:16d은 마태의 또 다른 전통, 즉 세례 요한이 바리새인과 사두개인을 비난하면서 한 말을 되풀이한다. "독사의 자식들아 누가 너희를 가르쳐 임박한 진노를 피하라 하더냐"(마 3:7). 그들은 "꺼지지 않는 불"을 경험할 것이며(마 3:12), 그들이 아브라함의 언약에 속해 있다는 사실은 신적 심판을 피하는 데 아무 도움을 주지 못할 것이다. 바울은, 아마 의도적으로, 요한과 연합해서 전통적인 유대 구원론에 맞서 싸웠을 것이다. 예를 들어, 마카베오 2서의 저자에게 이 시대에 이스라엘이 당하는 불행은 징계이지만, 결국 처벌이 될 수는 없다.

다른 나라들의 경우에 하나님은 그들이 저지른 죄의 분량이 다 찰 때까지 그들을 처벌하시지 않고 끈기 있게 기다리신다. 하지만 하나님은 우리의 죄가

---

96. Best, *Thessalonians*, 122는 *T. Levi* 6.11이 몇몇 사본들에서 누락되어 있는 점을 고려하건대, 그것은 데살로니가전서가 작성된 후 추가로 써넣은 어구일 수 있다고 대답한다. 마찬가지로 Marinus De Jonge, "Light on Paul from the Testaments of the XII Patriarchs," *The Social World of the First Christians: Essays in Honor of Wayne A. Meeks* (ed. L. Michael White and O. Larry Yarbrough; Minneapolis: Fortress, 1995), 112–13은 문학적 영향이 반대 방향으로 이루어졌다고, 즉 데살로니가전서가 열두 족장의 유언 본문이 발전하는 데 영향을 끼쳤다고 주장한다. 사본들이, 부분적으로 기독교의 영향 아래, 그 본문이 발전된 점을 드러낸다는 사실에 비추어 이것이 그런 경우라고 볼 수도 있다. 그러나 그것을 증명하기는 어렵다.

97. 그럼에도 불구하고, Orchard, "Thessalonians and the Synoptic Gospels," 22는 바울이 예수님의 널리 알려진 예견에 근거해서, 예루살렘의 멸망에 대해 이야기하고 있다고 진술한다.

98. 라틴어 불가타 성경이 헬라어 성경보다 더 명확한 것은 아니다. "usque in finem"("최대한, 끝까지").

99. Morris, *Thessalonians* (NICNT), 85. 특히 C. Marvin Pate and Douglas W. Kennard, *Deliverance Now and Not Yet: The New Testament and the Great Tribulation* (Studies in Biblical Literature 54; New York: Peter Lang, 2003), 123–29를 보라. 그들은 바울의 가르침의 근원을 예수님에게서 찾는다. 그러나 다음을 보라. *Conflict at Thessalonica*, 36; R. Schippers, "The Pre-Synoptic Tradition in 1 Thessalonians II:13–16," *NovT* 8 (1966): 223–34.

다 찬 후 우리에게 복수하실 목적으로 우리를 다루시지 않는다. 그러므로 하나님은 우리에게서 결코 그분의 자비를 거두시지 않는다. 하나님은 재난으로 우리를 징계하시지만, 그분은 자기 백성을 버리시지 않는다(2 Macc 6:14-16).

이것은 언약 백성, 곧 이스라엘을 위한 (거의) 보편 구원을 약속하는 구원론이다. 하지만 바울은 선지자들과 메시아를 거부한 자들에게 구원의 소망이 있다고 생각하지 않았다.

데살로니가전서 2:14-16의 본문 수정('데살로니가전후서 서론'을 보라)은, 그것을 바울의 경험이라는 맥락에서 볼 경우 필요하지 않다. 바울은 지금까지 교회를 핍박한 악명 높은 사람이었다. 그리고 훗날 바울은 유대인 그리스도인으로서 동족 이스라엘 사람들에 대한 관심으로 똑같이 유명했다(롬 9:1-5). 하지만 그리스도의 복음을 선포하는 사람으로서 바울은 이스라엘 사람들이 복음을 거부했을 뿐만 아니라, 몇몇 사람이 복음을 적극적으로 반대하고 전도를 막으려 한다는 점을 충분히 인식하고 있었다. 옛 이스라엘처럼 그들은 하나님의 대변인을 방해했다. 그들의 조상처럼 그들은 하나님의 진노 아래 있었다. 선지자들을 잘 아는 바울은 훗날 여러 구약 성경 구절을 연결해서(롬 3:10-18) "율법 아래에 있는"(3:19) 자조차도 하나님의 진노를 받게 될 것을 증명했다. 마찬가지로, 그리스도를 받아들인 사람은 모두 그 진노에서 구조될 것이다(살전 1:10; 살후 1:6-9).

회당이 이방인 전도를 반대한 것은 결코 추상적인 문제가 아니었다. 그것은 데살로니가인 같은 사람들에게 직접 영향을 끼쳤다. 그런 유대인들이 그들 마음대로 방해 활동을 펼쳤다면, 새로운 제자들은 여전히 신적 심판을 기다리는 이방인 신세를 면하지 못했을 것이다. 데살로니가인들은 회당의 방해, 곧 그들로 하여금 이교의 흑암에서 빠져 나오지 못하게 한 것을 하나님이 잊어버리지 않으신다는 점을 확신할 수 있다(다음의 '심층 연구'를 보라). 하나님은 자기 백성을 해치는 이방인의 죄도 무시하시지 않을 것이다(살후 1:8).

심층 연구 — 바울은 반유대주의자였는가?

교회가 유대인 집단을 정형화하고 맹렬히 비난하기 위해 이런 구절들을 사용해왔다는 것은 비극적인 사실이다. 크리소스톰은 유대인을 강하게 반대하는 여덟 편의 설교를 했다.[100] 루터는 「유대인들과 그들의 거짓말」(On the Jews and Their Lies, 1543)이라는 글을 썼다.[101] 그들은 성경 본문과 개인적 경험을 제시

---

100. John Chrysostom, "Eight Homilies Against the Jews"; www.fordham.edu/halsall/source/chrysostom-jews6.html을 보라.

101. Luther가 폭력적인 언어를 사용한 것은 유대인들에게 복음이 분명하게 제시되었을 때도 그 복음을 믿지 않은 것에 그가 좌절했기 때문이다. Luther의 글은 그가 쓴 다른 글들, 특히 그가 후대에 쓴 글들과 함께 읽어야 한다. 그 글들은 그가 여러 주제들을 다룰 때 나타낸 것과 똑같은 머리카락이 쭈뼛해질 정도의 격렬함을 보여준다. XII 부분에서 그가 "오 하늘에 계신 아버지 하나님, 당신의 진노를 푸시옵소서. 당신의 귀한 아들을 위하여, 그들에 대한 진노가 충분하오니 이제 그치소서. 아멘"이라고 기도할 때 우리가 살펴보는 구절을 마음에 두었을지 모른다. 하지만 Luther는 계속해서 그리스도인 통치자들에게 다음과 같이 요청한다. "그들의 회당들을 태워버리라. 내가 앞에서 열거한 모든 것을 금지하라. 그들에게 일을 시키라. 모세가 광야에서 온 백성이 멸망하지 않도록 3천 명을 죽인 것처럼 그들을 가혹하게 다루어라. 그들은 분명히 자신들이 무슨 일을 하는지 알지 못한다. 게다가 사람들이 흘린 것

하면서 자신의 주장을 정당화했다. 이 부분의 강력한 내용이 홀로코스트 후에 부각되었다. 어떤 그리스도인들은 성공회 전례서의 '개정 공동 성구집'처럼 그 본문을 건너뛴다. 다른 사람들은 바울이 그런 글을 썼을 리 없고, 따라서 그것은 나중에 서기관이 덧붙인 글이라고 주장하기까지 한다.

반유대주의는 여러 가지 형태로 나타난다. 지난 세기에 두 가지 유형이 주목을 받았다. 첫째는 유대인이 열등하다는 믿음이다. 이는 유대인의 존재가 사회를 악화시키므로, 유대인은 이르바 우월한 다수 인종과 섞이거나 결혼을 하지 못하게 해야 한다고 주장한다. 이런 종류의 '인종차별주의적' 반유대주의는 반아프리카인 편견과 유사하다. 그것은 문화적, 종교적, 인종적 이유로 유대인을 미워할 만큼 광범위하다. 어떤 1세기 헬라인과 로마인은 유대인의 종교적, 문화적 차이 또는 배타성을 이유로 그들을 집단 혐오의 대상으로 지목했다. 우리는 바울이 유대인이라는 사실이 반드시 그가 반유대주의자라는 의심을 피하게 해주는 것은 아님을 알아야 한다. '자기혐오 유대인'은 역사에 걸쳐 많은 사람에게 알려진 모습(또는 정형화된 이미지)이다.

두 번째 유형은 미묘하지만 여전히 유해하며, 때때로 사이비적인 '시온 장로 의정서'(Protocols of the Elders of Zion)와 관련된다. 그 문서에 따르면, 정부, 경제 시스템, 언론 그리고 권력의 다른 주요 원천들을 은밀하게 통제하고 있는 유대 지도자의 도당이 존재한다. 일반 유대인은 괜찮은 사람일 수 있다. 실제로 일반 유대인은 그들의 지도자들이 무슨 짓을 하고 있는지 모를 것이다. 이런 형태의 반유대주의는 '음모' 유형이고, 프리 메이슨이나 광명파 또는 3자 상호 협력주의자가 현대 역사의 이면에서 어떻게 활동하고 있는지 설명하는 이론과 비교될 수 있다.

두 가지 유형의 반유대주의는 나치즘처럼 함께 나타날 수도 있다.

우리는 데살로니가전서에 기록된 바울의 강력한 언어를 그의 상황에서 어떻게 이해해야 하는가? 첫째, 우리는 바울이 살았던 시대의 인구 통계를 이해해야 한다. 흩어져 살던 디아스포라 유대인은, 추측건대, 수 세기 동안 그리스도인보다 그 수가 더 많았다. 따라서 콘스탄틴 황제가 회심할 때까지 교회가 회당에 위협이 될 수 있었던 것보다, 회당이 교회에 훨씬 더 큰 잠재적 위협이 되었다.

둘째, 바울이 여기에서 "유대인"을 비난하는 것은, 요한복음의 언어처럼[102] 주로 유대에 있는 유대인 권력자와 관계가 있다. 더 나아가 그것은 마게도냐 및 여기저기에 흩어져 있는 유대인 회당의 지배층에 적용되었다. 특히 치명적인 일은 이방인이 복음을 듣지 못하게 어떤 유대인들이 적극적으로 방해했다는 것이다. 바울은 지하의 시온주의 음모에 대해 가설을 제기하는 것이 아니라, 회당이 그의 일을 방해하려고 취한 공소를 가리키는 것이다.

처럼, 그들은 그것을 알려고 하거나, 들으려고 하거나, 배우려고 하지 않는다. 따라서 그들에게 자비를 베풀고 그들의 행동이 정당하다고 확증해주는 것은 잘못이다. 이것이 도움이 되지 않는다면, 우리는 미친개들처럼 그들을 몰아내야만 한다. 그래서 우리가 그들이 범하는 가증스러운 신성모독 및 다른 모든 악행에 관여하지 않도록 해야 한다. 그렇게 해야 하나님의 진노를 사서 그들과 함께 벌을 받는 일이 없을 것이다." Martin Luther, "On the Jews and Their Lies," 1543, trans. by Martin H. Bertram: www.humanitas-international.org/showcase/chronography/documents/luther-jews.htm 을 보라.

102. 그중에서도, 요 1:19; 2:18; 5:10; 7:1; 9:22; 11:8; 13:33; 18:12; 19:7; 19:38; 20:19.

가장 중요한 셋째, 바울에게 가장 큰 문제는 일반 이스라엘 사람들, 그의 동족이 그때까지도 어떻게 복음에 반응하고 있는가 하는 것이었다. 바울의 경험에 비추어보면 다수의 유대인은 복음을 "거리끼는 것"으로 여겼다(고전 1:23). 로마서 11:31에서 바울은 이스라엘이 (이미 복음을 믿음으로 받아들인 소수를 제외하고) 하나님께 '순종하지 아니한다'고 진술한다(참고, 롬 10:21).

바울은 히브리 선지자들과 주 예수님이 취하신 접근법을 그대로 따라서 하나님의 옛 백성이 사실상 진리에서 가장 멀리 떨어져 있으며, 회당의 언약적 추정에도 불구하고 이방인이 구원을 받게 될 것임을 증명했다. 바울은 이 주제를 갈라디아서 4:21-5:1과 로마서 9-11장에서 더 발전시켰다. 유스티누스(Justinus)가 바울보다 더 가혹하기는 하지만, 이스라엘에 대한 비판과 그의 신학은 바울과 동일하다.

과거에 그리스도를 박해했고 지금 그분을 박해하는 자들은, 회개하지 않을 경우, 거룩한 산에서 아무것도 물려받지 못할 것이다. 하지만 그분을 믿고, 자신의 죄를 회개한 이방인은 족장들 및 선지자들과 함께 유업을 받을 것이다.[103]

크리소스톰과 루터처럼, 바울은 유대인 지배층과의 거친 만남에 대해 썼다. 두 사람처럼, 바울은 유대인이 그리스도를 믿도록 기도했고 약간의 열매를 거두었다. 하지만 바울의 신학은, 그의 종말론에 담겨 있는 희망찬 요소의 인도를 다른 두 사람보다 더 많이 받았다. "이 신비는 이방인의 충만한 수가 들어오기까지 이스라엘의 더러는 우둔하게 된 것이라 그리하여 온 이스라엘이 구원을 받으리라"(롬 11:25-26, 이 구절에 대한 다양한 해석에 대해서는 관련 주석을 보라). 결국 하나님이 '모든' 혹은 더 정확히 말해서 많은 유대인을 위한 자리를 마련하신다면, 인종차별주의적 반유대주의는 당연히 옳지 않다.

오늘날 그리스도인은 이 구절에서 바울이 인종차별주의자나 반유대주의자가 아니라는 점을 아주 조심스럽게 증명하고, 그것이 반유대주의로 이어지지 않아야 하는 이유를 설명해야 한다.

적용에서의 신학

1. 데살로니가의 신학

데살로니가인들은 그리스도를 고수했을 뿐 아니라, 복음을 마게도냐와 아가야와 각처에 전했다(1:8). 바울 사도는 이제 그가 서신에서 잘 다루지 않는 주제에 관심을 기울인다. 즉, 어떻게 하나님의 말씀을 나눌 수 있는 사람이 될 것인가 하는 것이다. 나는 어떤 사람들이 전하다,

---

103. Justin Martyr, *Dial.* 26 (*ANF* 1:207). Justin은 유대인들에게 전도를 하며 또 그들을 위해 기도한다고 진술한다.

선포하다 같은 단어를 더 좋아하는 것을 잘 알지만, '나누다'라는 단어를 사용한다. 전자의 용어들은 보통 공식적 모임에서 사람들에게 하는 긴 이야기를 뜻한다. 반면 '복음을 나눈다'는 것은 좋은 사도적 언어일 뿐 아니라(살전 2:8을 보라), 하나님의 모든 백성이 수행하는 전도를 더 정확하게 묘사한다.

사도들은 데살로니가인들에게 단순히 새로운 생활 방식을 가르친 것이 아니다. 사도들은, 세상의 지혜를 거부하고 하나님의 방식대로 일하려 하는 신자를 통해서만 하나님이 역사하신다는 점을 보여주었다. 기독교적 진실성은, 바울 당시의 세네카가 가르친 대로 자신에게 충실한 것이 아니다.[104] 그것은 하나님께 충실한 것이다.

바울 당시의 유대인은 이스라엘의 하나님의 메시지를 세상에 전해야 했다. 하지만 예수님은 유대인 선교사들의 거들먹거리는 태도 때문에 그들에게 낙제점을 주셨다(마 23:13-15). 바울은 로마서 2:17-24에서(이사야서 52:5을 암시하면서) 예수님의 말씀을 따라 한다. "하나님의 이름이 너희 때문에 이방인 중에서 모독을 받는도다"(롬 2:24).

바울의 선교팀, 신적 특징에 맞추어 복음을 전함으로써 하나님을 영화롭게 해서 이스라엘이 해야 했던 일을 실행했다. 그들은 겸손하고, 간교한 속임수를 쓰지 않으며, 돈에 관심이 없고, 각 사람을 돌보며, 다가오는 하나님의 심판을 고려했다. 그렇게 복음이 데살로니가에서 '들린다'(1:8). 데살로니가인들이 하나님의 강력한 능력이 역사하는 것을 보기 원한다면, 그들은 돈, 명성 심지어 위험에서 보호받는 것도 잊어버려야 한다.

2. 성경 신학

그리스도인이 복음을 나누는 방법은 하나님의 본질을 직접적으로 반영한다. 성경적 하나님과 대조적으로, 올림포스산의 신은 내적 동기보다 눈에 보이는 제물과 명예에 더 많은 관심을 쏟았다.

바울은, 하나님이 성령의 능력으로 그의 팀을 통해 역사하심으로 말씀이 성공적으로 들어갈 수 있는 길을 열어주지 않았다면 영원한 복음이 데살로니가에서 효과가 없었을 것이라는 점을 알았다(1:9; 2:1). 이것이 바울의 선교팀이 태도와 행동에 세심한 주의를 기울였던 이유이다.

에베소 교회는 훗날 이런 점에서 실패했다. 바울은 사람들이 자신의 이익을 탐하게 될 것

---

104. Seneca, *Ep*. 20, "On Practicing What You Preach" (trans. Gummere). "연설을 하고 청중의 동의를 얻어내려고 하는 자들의 목적과 현저히 다르다. 다면적이거나 능숙한 논증으로 청년과 게으름뱅이들의 귀를 사로잡는 자들의 목적과 현저히 다르다. 철학은 우리에게 말하는 것이 아니라 행동하는 것을 가르친다. 철학은 모든 사람에게 자신의 기준에 따라 살 것을 요구한다. 그의 삶은 그의 말과 조화를 이루어야 한다. 뿐만 아니라, 그의 내적 삶은 한 가지 색깔을 지녀야 하고, 그의 모든 행동과 조화를 이루어야 한다. 나는 이것이 지혜의 최고 의무요 최고 증거라고 말한다. 행동과 말은 일치해야 한다. 또 사람은 모든 조건에서 그 자신과 동일해야 하며, 언제나 똑같아야 한다."

이라고 예언했다(행 20:25-35). 밀레도에서 장로들에게 이야기하고 6년이 지난 후, 바울은 에베소에 있는 디모데에게 편지를 써서 교회의 직분자가 돈을 사랑하거나 교만하지 말아야 한다고 말했다(딤전 3:3, 8; 6:3-10을 보라, 또한 딛 1:7을 보라). 나중에 「디다케」(Didache)는 세 개의 장을 할애해서 거짓 교사를 구분하는 방법을 상세히 가르쳤다. 예를 들어, 나쁜 징후 중 하나는 선지자가 돈을 요구하는 것이었다(Did. 11.12).

바울은 데살로니가인들이 그가 전한 메시지를 하나님의 말씀으로 받아들였기 때문에 하나님께 감사한다. 이때 바울은 그가 전도에 대해 갖고 있는 주요한 가정 하나를 말한다. 전도에 성공한다면, 그것은 하나님이 역사하신 것이 틀림없다는 것이다. 그렇지 않다면 바울이 왜 하나님께 감사를 드리겠는가? 즉, 사도들의 성공 이면에는 그들의 기도가 있었다. 실제로 나중에 바울은 데살로니가인들에게 이렇게 말한다. "형제들아 너희는 우리를 위하여 기도하기를 주의 말씀이 너희 가운데서와 같이 퍼져 나가 영광스럽게 되고"(살후 3:1). 말씀을 나누는 일에서 성공하려면 기도해야 한다.

바울은 여기저기 돌아다니면서 '성공적인 전도 방법'이나 '일곱 가지 핵심 설교 원리'를 가르치는 세미나를 열지 않았다. 문제의 핵심은 전략이나 방법론이 하나님의 능력을 하늘로부터 끌어오지 않는다는 것이다.

3. 이 본문이 오늘날의 교회에 주는 메시지

성경 말씀을 전하는 것으로 충분하지 않다. 성령이 역사하셔서 사람들의 삶을 변화시키지 않는다면 그 메시지는 그저 말에 불과하다. 그리스도인이 사도적 모범에서 벗어날수록, 말씀이 영향력을 행사할 가능성은 더 줄어들 것이다.

기도의 필요성: 예전에 작은 실험을 해본 뒤 충격을 받은 적이 있다. 나는 서재에 있는 책장에서 네 권의 유익한 설교학 교과서를 뽑았다. 이것은 대학과 신학교에 다닐 때 꼭 읽어야 했던 책이었다. 하나는 19세기 후반에 출간된 고전이었고, 나머지 책들은 훨씬 최근에 나온 것이었다. 나는 저자들이 기도에 대해 그리고 설교와 전도를 할 때 기도가 차지하는 역할에 대해 무엇을 말하는지 알아보기 위해 그 책들을 주의깊게 살펴보았다. 첫째, 옛날 책은 자신의 생각을 정리하는 방법의 중요성과 건전한 성경적 주해를 하는 방법의 중요성을 강조했다. 하지만 그 책은 기도에 대해 아무런 가르침도 주지 않았다.[105] 나는 무언가 잘못되었다고 추정하면서 그 책을 옆에 내려놓았다. 하지만 두 번째 책도 똑같았다. 세 번째와 네 번째 책도 마찬가지였다. 이 저자들은 모두 하나님의 말씀만이 사람들의 삶을 변화시킬 수 있다고 웅변적으로 말했다. 주해를 하거나 메시지를 전달할 때 또는 양육할 때, 그 진리를 기도의 필요성과 연

---

105. Charles Spurgeon을 존경하는 사람들은 내가 *Lectures to My Students*를 염두에 둔 것이 아님을 확실히 알 것이다. Spurgeon은 3장에서 '설교자의 개인기도'의 필요성을 단호하게 강조했다.

결한 사람은 하나도 없었다. 나는 이 저자들이 모두 서서히 진행되는 서양 문명의 세속화에 격분할 것이라고 상상한다. 하지만 사실상 그들은 설교자에게 기도하라고 권고하지 않음으로써 설교와 전도에 대한 세속화된 지침을 제공했다. 선교학 교과서들도 자주 똑같은 실수를 저지른다.

방법론의 역할: '전략적 계획'은 새로운 발명품이 아니다. 바울도 방법과 전략을 사용했다. 하지만 바울은 서신에서 방법과 전략을 서의 이야기하지 않았다. 그 순간 필요 없었기 때문이었다. 무엇보다도, 바울의 주된 신학적 가정은 어떤 전략이나 방법도 말씀이 성공적으로 들어가게 할 수 없다는 것이었다.

오늘날 바울의 후계자들은 성장하는 다른 교회들이 사용한 방법을 배우려고 수천 킬로미터를 여행하고 많은 돈을 쓴다. 아마도 성공의 열쇠는 특정한 양식의 음악, 주차장 확장, 양질의 탁아 프로그램 제공, 비전 선언문 작성 등일 것이다. 또한 다른 여러 가지 성공 도구가 있는데 대부분은 쓸모가 있는 아이디어다. 하지만 그리스도인이 사람이 만든 방법 때문에 성령의 활동에 관심을 잃어버릴 때 위험이 찾아온다. "네 보물 있는 그곳에는 네 마음도 있느니라"(마 6:21). 방법이 관심의 초점이 될 때, 그것은 보물이 된다.

그렇지만 이런 현상을 거꾸로 생각해보자. 여러 모임에서 나는 '세속적 방법'이라 불리는 것들을 멀리하고 '이런 새로운 우상을 거부하려' 노력하는 사람들을 만났다. 하지만 그다음에는 어떻게 될까? 그들은 성령과 끊임없이 교통하면서 사역한다. 그러나 그들이 시대에 뒤떨어진 낡은 방법을 계속 사용하면서, 동시에 세속주의자 못지않게 성령의 역사를 무시할 수도 있다.

방법은 전제와 같다. 우리 모두는 방법을 갖고 있다. 이것은 부인해도 아무 소용이 없는 사실이다. 묘책은 우리가 사용하고 있는 방법을 알아내고, 그것을 성경에 비추어 평가하는 것이다. 그러나 어떤 사람이 가장 최근의 방법을 사용하든 혹은 전통적인 기법을 사용하든 상관없이 이런 방법 모두를 한쪽에 치워 놓고, 그리스도인이든 아니든 듣는 자들의 삶에 기적이 일어나도록 하나님께 요청하는 일에 더 많은 시간과 노력을 기울여야 한다.

거룩한 동기: 하나님의 말씀을 전하는 자들은 예의 바르게 행동함으로써 하나님의 호의를 '얻어낼' 수 없다. 그런데 그들은 나쁜 동기, 태도, 행동을 통해 하나님의 능력을 가로막을 수 있다.

바울은 돈의 힘을 잘 알고 있었다. 내가 사역했던 나라에서 '엘 텔레반젤리스타'(*el televangelista*, 텔레비전 전도사)는 '사기꾼'과 거의 같은 말이다. 그는 맞춤 양복과 롤렉스 시계를 과시하면서 "내 사역에 헌금하라. 그렇게 하면 하나님이 내게 복을 내려주시는 것처럼 여러분에게 백배의 복을 내려주실 것이다"라고 큰 소리로 외친다. 어떤 목사들은 아주 심하지는 않지만 유력한 가문의 일원이거나 부자 기부자보다 가난한 사람을 더 많이 책망하기도 한다.

목사들과 관련해서 나는 부자가 되고 싶어 하는 것처럼 보이는 사람을 개인적으로 알지 못한다. 하지만 예수님은 단순히 부에 대해 경고하시지 않고, 부의 "유혹"을 경고하셨다

(마 13:22). 바울도 "경건을 이익의 방도"로 생각한 자들을 비난했다(딤전 6:5). 일부 목사는 자신이 금 항아리를 쫓는 것이 아니라고 정당화하면서 열심히 사례비 협상을 하지만, 그들은 특히 자녀를 위해 경제적 보장을 받고 싶어 한다. 교회가 그 지도자들을 부양해야 하는 것은 맞다. 하지만 경제적 보수는 분명히 아주 위험하다.

바울이 이 장에서 언급하는 문제들, 곧 돈, 권위, 인정은 바이러스처럼 하나님의 말씀을 전달하는 일을 망칠 수 있다.

CHAPTER 3
데살로니가전서 2:17-3:13

문학적 전후 문맥

이 단락의 핵심부에는 바울이 서신을 쓴 계기가 나온다. 그것은 바로 디모데가 데살로니가 교회에 관해 기쁜 소식을 갖고 돌아왔다는 것이다(3:6). 또한 사도 바울은 디모데가 애초에 왜 그들에게 갔는지에 대해서도 자세히 이야기한다.

많은 고대 서신에는 '여행 일정', 즉 저자의 여행 계획이 묘사되어 있었다. 로마서 15:22-29은 바울의 여행 계획을 보여주는 사례이다. 그런데 바울은 데살로니가전서에서 앞으로 하게 될 여행에 대해 알리지 않는다. 오히려 바울은 자신이 하고 싶었지만 하지 못한 일을 서술한다.

어떤 사람들은 이 부분과 아마도 2:1-13이 변증적인 성격을 띤다고 생각했다. 즉, 바울과 실라가 직접 데살로니가에 가는 대신 디모데를 보낸 일에 대한 변명이라는 것이다. 그 말에는 일말의 진리가 있다. 하지만 주석자는 디모데가 전에 바울과 실라가 다시 돌아올 수 없었던 이유를 자세히 설명했던 점을 기억해야 할 것이다. 그렇다면 왜 바울이 또 다른 변명을 해야

> IV. 요점을 되풀이함: 그들이 데살로니가인들 때문에 자주 감사를 드리는 이유(2:13-16, 1:2과 인클루지오)
>
> ➡ V. 바울과 실라의 여행 계획의 좌절과 그 해결책(2:17-3:13)
>   A. 바울과 실라가 데살로니가를 다시 방문하고자 했으나, 사탄이 그들을 방해함 (2:17-20)
>   B. 디모데는 데살로니가 교회를 살피고 오는 임무를 수행함(3:1-5)
>   C. 디모데가 돌아옴(3:6a)
>   D. 디모데가 교회의 상태에 관해 좋은 소식을 전함(3:6b-10)
>   E. 새로운 정보를 듣고 바울과 실라가 더욱 기도하게 됨(3:11-13)
> VI. 권면: 이방인의 환경 속의 복음 윤리(4:1-12)

한다는 말인가? 2:17-3:13을 근본적으로 데살로니가인들을 향한 사랑과 관심을 단언한 단락으로 보는 것이 더 낫다. 또한 바울은 그들이 그 교회에서 귀중하다고 여기는 것을 강조한다. 그것은 데살로니가인들의 사랑(3:12; 또한 1:3과 4:9-10을 보라)과 말세에 그들이 거룩하게 될 가능성(3:13; 또한 5:23을 보라)이다. 바울은 하나님과 예수 그리스도가 데살로니가 신자에게 복을 주시기를 그리고 바울과 실라가 곧 그들을 볼 수 있기를 기도하는 말로 끝맺는다(3:11-13). 이 종말론적 언급은, 이 단락을 데살로니가전서에 나오는 파루시아에 대한 다른 언급 및 그리스도가 오실 때 거룩한 모습으로 있어야 할 필요성과 연결해준다.

주요 개념

바울은 자신과 실라가 데살로니가를 다시 방문하기를 간절히 원했지만, 사탄이 그들을 막았다고 단언한다. 디모데의 데살로니가 여행은 사도들이 하고 싶었던 일을 수행하는 것이었다. 디모데가 돌아와서 전한 소식은 바울과 실라가 크게 안도하게 하고, 그들이 환난 중에 있는 이 제자들을 위해 더욱 기도하게 한다.

번역

데살로니가전서 2:17-3:13

17a	동시(同時)		형제들아 [한편 우리는]
b	원인		우리가…너희를 떠난 것은
c	시간		잠시
d	방식		얼굴이요 마음은 아니니
e	행동 1		너희 얼굴 보기를…더욱 힘썼노라
f	방식		열정으로
18a	17e절의 재언급		그러므로…너희에게 가고자 하였으나
b	확장		나 바울은 한번 두번
c	행동 2		사탄이 우리를 막았도다
19a	목록		우리의 소망이나
b	목록		기쁨이나

	c	목록	자랑의 면류관이
	d	원인/수사학적 질문	**무엇이냐**
	e	수사학적 질문	그가 강림하실 때 우리 주 예수 앞에 너희가 아니냐
20		19절의 재언급	**너희는 우리의 영광이요 기쁨이니라**
3.1a		시간	이러므로
			우리가 참다 못하여
	b	행동	**우리만 아덴에 머물기를 좋게 생각하고**
2a		확장	우리 형제
	b	확장	곧 그리스도의 복음을 전하는 하나님의 일꾼인
	c	행동 3	**디모데를 보내노니**
	d	목록/목적	이는 너희를 굳건하게 하고
	e	이점	너희 믿음에 대하여
	f	목록/목적	위로함으로
3a		환경	아무도 이 여러 환난 중에 흔들리지 않게 하려 함이라
	b	내용	우리가 이것을 위하여 세움 받은 줄을
	c	상기시키는 말	**너희가 친히 알리라**
4a		원인	우리가 너희와 함께 있을 때에
	b	내용	장차 받을 환난을 너희에게 미리 말하였는데
	c	경과	과연 그렇게 된 것을
	d	상기시키는 말	너희가 아느니라
5a		시간	이러므로
			나도 참다 못하여
	b	2c절의 재언급	**너희 믿음을 알기 위하여 그를 보내었노니**
	c	목록/확장	이는 혹 시험하는 자가 너희를 시험하여
	d	목록/확장	우리 수고를 헛되게 할까 함이니
6a		행동 4	**지금은 디모데가 너희에게로부터 와서**
	b	목록/내용	너희 믿음과
	c	목록/내용	사랑의
	d	행동	기쁜 소식을 우리에게 **전하고**
	e	목록/내용	또 너희가 항상 우리를 잘 생각하여
	f	비교	우리가 너희를 간절히 보고자 함과 같이

	g	목록/내용	너희도 우리를 간절히 보고자 한다 하니
7a		방식	이러므로 형제들아…너희에게 위로를 받았노라
	b	영역	우리가 모든 궁핍과 환난 가운데서
	c	원인	너희 믿음으로 말미암아
8a		조건	그러므로 너희가 주 안에 굳게 선즉
	b	주장	우리가 이제는 살리라
9a		영역	우리가 우리 하나님 앞에서
	b	원인	너희로 말미암아
	c	원인	모든 기쁨으로 기뻐하니
	d	수사학적 질문	너희를 위하여 능히 어떠한 감사로 하나님께 보답할까
10a		시간	주야로
	b	방식	심히
	c	행동 5	간구함은
	d	내용	너희 얼굴을 보고
	e	내용	너희 믿음이 부족한 것을
	f	목적	보충하게 하려 함이라
11a		탄원/행동 5의 확장	하나님 우리 아버지와
	b	탄원	우리 주 예수는 우리 길을 너희에게로 갈 수 있게 하시오며
12a		탄원	또 주께서…더욱 많아 넘치게 하사
	b	비교	우리가 너희를 사랑함과 같이
	c	영역	너희도 피차간과
	d	영역	모든 사람에 대한 사랑이
13a		결과	너희 마음을 굳건하게 하시고
	b	시간	우리 주 예수께서…강림하실 때에
	c	방식	그의 모든 성도와 함께
	d	영역	하나님 우리 아버지 앞에서
	e	결과	거룩함에
		결과	흠이 없게 하시기를 원하노라

구조

이 단락은 사도팀이 마게도냐에서 떠난 후 디모데가 돌아오기 전까지 일어난 일을 묘사한다. 바울은 믿지 않는 유대인들로 인한 억압(2:16)에서 한숨을 돌렸지만 다른 어려움에 직면한다. 그런 변화는 '한편 우리는'(ἡμεῖς δέ, 접속사 δέ를 '그리고'로 번역하는 것보다 더 나은 번역임, 개역개정에는 번역되어 있지 않음-역주)이라는 말로 드러난다. 바울은 2:17-3:10에서 바울과 실라가 어쩔 수 없이 데살로니가인들과 헤어지게 되고, 우연히도 젊은 디모데가 제지받지 않고 교회를 왕래할 수 있었던 것에 입각해서 다섯 개의 행동, 사건을 기술한다.

첫째, "우리가…너희 얼굴 보기를 열정으로 더욱 힘썼노라"(2:17)와 "너희에게 가고자 하였으나"(2:18)라는 평행 구절은 "그러므로"(διότι)라는 말로 드러난다. 본문에 나오는 말은 감정을 불러일으키는데, 그것은 고아로 만든 것(orphaned, 개역개정에는 "떠난 것"-역주), 얼굴, 마음, 열정으로, 더욱, 힘쓰다, 홀로 등이다. 바울은 그에 대한 답을 2:19-20에서 자세히 설명한다. 그들이 그렇게 열정을 다해 힘쓴 것은 데살로니가인들이 그들에게 너무나 귀중한 존재였기 때문이다(이것은 γάρ를 두 번 사용한 데서 나타난다).

둘째, 첫 번째 진술에 바로 뒤이어 나오는 것은 바울과 실라를 '사탄이 막았다'(2:18c)는 것이다. 바울은 이것을 단순히 '그런데'(καί, 개역개정에는 번역되어 있지 않음-역주)라는 말로 시작한다. 그것은 그의 역할을 의도적으로 축소해서 말하는 것처럼 보인다. 이 묘사는 고심해서 다듬은 흔적이 없고, 느닷없이 나오며, 거칠다. 사탄이 그냥 그들을 차단했다는 것이다.

셋째, 사도는 대안을 내놓는다(3:1-5). 그것을 표시하는 것은 "이러므로"(3:1a에서는 διό, 3:5a에서는 διὰ τοῦτο)라는 말과, 그들이 친구들에게서 분리되는 것을 참을 수 없었다고 말하는 것이다. 그래서 그들은 디모데를 혼자 데살로니가에 보낸다(3:2). 디모데는 그들을 "굳건하게 하고"(3:2d) "위로"(3:2f)할 책임을 맡고 있었다(목적을 나타내는 εἰς τό). 사도들은 그들이 흔들리지 "않게"(3:3a에서는 μηδένα+부정사, 비슷하게 3:5c에서는 "혹", μή πως) 하는 데 관심이 있었다. 물론 바울은 상기시키는 말과 '왜냐하면'(γάρ)이라는 표현을 사용해서, 자신들이 이런 종류의 박해를 경험하리라는 사실을 이미 잘 알고 있었다고 말한다(3:3b-4).

넷째, 디모데는 추측건대 고린도에 있던 바울과 실라에게 돌아와서 그들에게 데살로니가 교회에 대한 기쁜 소식을 전해준다(3:6-8). 디모데가 돌아온 것이 독립 소유격으로 표현되어 있는 것은 구문론적으로 놀랍다. 아마 극적인 효과를 위해 그렇게 썼을 것이다. "디모데가…와서…기쁜 소식을…전하고"(ἐλθόντος Τιμοθέου…εὐαγγελισαμένου). 디모데의 보고는 짧은 목록으로 묘사되어 있다(3:6b-g).

다섯째, 바울과 실라는 데살로니가인들에 대한 기쁜 소식에 반응을 보이며(3:7-10) 기도를 드린다(3:11-13). 그들은 '그런 식으로' 또는 '그런 이유로'(διὰ τούτου, 3:7a, 개역개정에는 "이러므로"-역주) 위로를 받는다. 그다음에는 "…으로 말미암아"(διά, 3:7c), "그러므로"(ὅτι, 3:8a), '왜냐하면'(γάρ, 9a절에 번역되어 있지 않음)이라는 말이 나온다. 바울은 그들이 어떻게 데살로니가인들을 위해 기도하고 그들로 말미암아 하나님께 감사하는지 말하면서, 다시 한번 감정에 강하게 호소하는 말로 되돌아간다. 갑자기 독자들은 이 서신이 바로 이런 말로 시작되었다는 것을 떠올리게 된다. 1:2-3에서 그들이 끊임없이 기도한다고 말했기 때문이다. 그 본문과 3:9-10은 인클루지오를 형성한다(인클루지오는 본문의 어떤 부분의 시작과 끝에 비슷한 두 구절이 나오는 것이다). 이제 디모데의 여정과 보고의 결과를 알게 되었으므로, 왜 사도들이 첫 단락에서 그처럼 기쁨이 넘쳤는지 이해할 수 있다. 바울은 결과에 대해 쓰면서 첫 장을 시작했다. 이제야 우리는 그 원인을 알게 된다.

바울은 3:11-13에서 그들이 어떻게 기도하는지 말할 뿐 아니라, 이어서 이 서신을 구술하는 바로 그 자리에서 그들을 위해 기도한다. 바울은 '그리고'(δέ, 개역개정에는 번역되어 있지 않음—역주)라는 말로 축도를 시작한다. 하지만 그 말은 '지금'이라는 말로 번역하는 것이 더 낫다. 이는 원문의 사고의 흐름에 적절할 것이고, 오늘날의 독자에게 그들이 교회 안에서 들었던 '지금은 주님이…하시기를 원하노라'(또한 5:23을 보라) 등과 같은 축도를 생각나게 해줄 것이다. 사도들이 "우리 하나님 아버지와 우리 주 예수" 두 분 모두에게 기도하는 것은 의미심장하다. 그것은 초기의 바울 서신에서 발견할 수 있는 모범이다. 두 개의 주된 간구가 나온다. 첫째, 바울은 하나님 아버지와 주 예수가 "우리 길을 너희에게로 갈 수 있게 하시오며"라고 기도한다. 이것은 문자 그대로 받아들여야 한다. 사도들이 데살로니가로 돌아갈 수 있기를 구한다는 것이다. 두 번째 간구는 훨씬 더 길고, 제자들의 영적 성장과 관련되어 있다. 그들이 사랑이 풍성해서 완전한 거룩함에 이르게 되기를 기도한다.

석의적 개요

- I. 바울과 실라가 데살로니가를 다시 방문하고자 깊이 열망했지만 사탄이 방해함(2:17-20)
- II. 디모데와 데살로니가 교회(3:1-10)
  - A. 디모데가 데살로니가 교회를 정찰함(3:1-5)
  - B. 디모데가 귀환함(3:6a)
  - C. 디모데가 데살로니가 교회에 대한 소식을 기쁘게 전함(3:6b-10)
- III. 새로운 소식은 바울과 실라가 더 기도하게 함(3:11-13)
  - A. 그들을 방문할 수 있도록(3:11)
  - B. 데살로니가인들의 사랑이 계속 자라도록(3:12)
  - C. 그들이 그리스도의 강림하심에 준비되도록(3:13)

본문 설명

2:17a-c 형제들아 우리가 잠시 너희를 떠난 것은(Ἡμεῖς δέ, ἀδελφοί, ἀπορφανισθέντες ἀφ᾽ ὑμῶν πρὸς καιρὸν ὥρας). 이제 바울은 '한편 우리가'(ἡμεῖς δέ)라는 일인칭 복수로 돌아온다. 새로운 주제로 넘어가면서 "형제들아"라는 말이 독자의 주의를 끈다. 새로운 주제는, 그들이 데살로니가에서 마지막으로 사람들을 본 이후 내내 어디 있었는가 하는 것이다. 데살로니가전서의 이 부분을 사도행전 17장과 정확하게 조화시키기는 어렵다(자세한 것은 '데살로니가전후서 서론'의 '제2차 선교 여행'을 보라).

바울은 데살로니가에 대한 그들의 헌신을 제자들에게 각인시키기 위해, 서로 떨어져 있는 동안 그의 팀이 느꼈던 심리적 상태를 묘사한다. 2:1-12에서 바울과 실라는 어린아이, 유모, 아버지와 같았다. 이제 그들은 '고아'처럼 잃어버린 바 되고 근심에 싸여 있다("떠난 것"을 '고아가 된 것'으로 번역할 수 있음-역주). '고아가 되다'(ἀπορφανίζω)라는 동사는 때로 '빼앗기다'[1]라는 포괄적인 의미로 사용된다. 그렇지만 가족 관계가 핵심을 이루는 이 서신에서는 '고아가 되다'라는 더 구체적인 의미로 이해하는 것이 맞다. 아마 독자들은 '너희가 우리로부터 고아가 되었다'는 의미로 받아들였을 것이다. 바울과 그의 팀은 데살로니가인들에게 '아버지/어머니'였기 때문이다.[2] 하지만 이 동사의 자연스러운 의미는 바울이 2:7에 기초해서 말하고 있음을 보여준다. 이제 어린 자녀들이 떠나가서 그들의 부모를 잃어버렸다는 것이다.[3]

"잠시"(πρὸς καιρὸν ὥρας)라는 말은 보통 상대적으로 짧은 기간을 나타낸다. 몇 주 이상의 기간이라고 생각해서는 안 된다. 바울은 자신이 데살로니가를 떠난 때부터 지금까지의 시간 전체를 나타내고 있다기보다는, 그들이 떠났을 때부터 디모데를 보내기로 한 때 사이의 시간을 가리킬 것이다. 바울은 후에 로마인들에게 비슷한 글을 써 보낼 것이다. 하지만 이 본문과 달리 오랫동안(τὰ πολλά, 롬 15:22; 또한 1:10, 13을 보라, 개역개정에는 "여러 번"-역주) 막혔다고 말할 것이다. 그 기간은 바울이 비아 에그나티아에서 처음 출발한 다음 베뢰아로 길을 바꾼 때부터 시작해서(행 17:10) 아마 8년 정도였을 것이다.

2:17d 얼굴이요 마음은 아니니(προσώπῳ οὐ καρδίᾳ). 사도팀은 데살로니가인 친구들에게서 육체적으로는 떠났으나 정서적으로는 그러지 않았다. 문자적으로 하면, 그들은 '얼굴에 관하여는'(προσώπῳ) 떨어져 있다. "얼굴"은 '직접' 그 자리에 있는 것을 말한다. 바울은 훗날 자신과 개인적으로 한 번도 만나지 못한 신자들을 언급한다(골 2:1). 하지만 그 팀은 지리적으로 데살로니가에서 떨어져 있었는데도 "마음"에 관해서는 떠난 것이 아니었다. 이 경우, 2:4과 달리 "마음"(καρδία)이라는 말은 감정의 좌소를 가리킨다.[4] '고아들'(개역개정에는 "떠난 것"-역주)이라는 말은 거리가 멀어져도 약화될 수 없는 교회와의 강력한 유대를 나타낸다. 바울은 여기에서 그가 서신에서 언제나 보여주었던 침착하고 냉정한 모습을 보이지 않는다.

2:17e-f 너희 얼굴 보기를 열정으로 더욱 힘썼노라(περισσο-

---

1. Chantraine, *Dictionnaire*, "ὀρφανός," 829.
2. Bruce, *1 & 2 Thessalonians*, 54; Green, *Thessalonians*, 150; Calvin, *Thessalonians*, 261은 데살로니가인들이 고아였다고 믿는다.
3. John Chrysostom, *Homilies on First Thessalonians* 3 (NPNF¹ 13:334)은 그것을 올바르게 해석한다. 즉, 사도들이 고아처럼 느꼈다는 것이다. 또 Wanamaker, *Thessalonians*, 120을 보라.
4. BDAG, καρδία 1. b를 보라.
5. Samuel Byskorg, "Co-Senders, Co-Authors and Paul's Use of the First Person Plural," *ZNW* 87 (1996): 230-50.

τέρως ἐσπουδάσαμεν τὸ πρόσωπον ὑμῶν ἰδεῖν ἐν πολλῇ ἐπιθυμίᾳ). 이 강력한 진술은 바울이 부사 한 개, 강력한 동사 한 개, 전치사구 한 개를 사용함으로써 한층 강화된다. "더욱"(περισσοτέρως)이라는 단어는 '훨씬 더 많이'라는 의미다. 바울은 다른 곳에서 디도가 고린도인들에게 깊이 헌신한 것을 말하기 위해 이 단어를 사용한다(고후 7:15을 보라). 그들은 또한 '힘쓴다'(σπουδάζω). 바울은 이 동사를 다른 문맥에서 사용한다. "너는 어서 속히 내게로 오라"(딤후 4:9; 4:21; 딛 3:12, 직역하면 '내게로 오도록 힘쓰라'-역주). 바울은 "열정으로"(ἐν πολλῇ ἐπιθυμίᾳ)라고 말함으로써 그 의미를 한층 강화한다. 그 말은 명료하다. 바울과 실라가 데살로니가로 돌아가지 않은 것은 진지하고도 마음에서 우러난 노력이 없었기 때문이 아니라는 것이다.

2:18a 그러므로…너희에게 가고자 하였으나(διότι ἠθελήσαμεν ἐλθεῖν πρὸς ὑμᾶς). 이 절은 2:17 하반부에 덧붙여져 있으므로, 그들의 딜레마에 극적인 분위기를 부여한다. '그래서' 또는 "그러므로"(διότι) '우리가' 이 행동을 결심했다는 것이다(개역개정에는 '우리가'라는 말이 번역되어 있지 않음-역주). 이 절은 2:17에 표현된 그들의 감정에 대해 결론을 내리는 것으로 보인다. 따라서 '…하고자 하였으나'(ἠθελήσαμεν)가 '…을 바라다'보다 더 나은 번역이다.

2:18b 나 바울은 한번 두번(ἐγὼ μὲν Παῦλος καὶ ἅπαξ καὶ δίς). 더 나아가서 바울은 자신이 그들을 방문하려고 여러 번 시도했다고 말한다. 이것은 바울이 개인적으로 마음 깊이 바라는 것이기 때문에, 그는 일인칭 복수에서 단수 "나 바울"(ἐγὼ…Παῦλος)로 바꾼다. 한 개인으로서의 바울이 더 일관된 "우리", 곧 이 서신의 발신자들 틈을 비집고 들어온다.

그 언어는 이제 "나"와 "우리"로 번갈아 표현된다.

2:17 우리가…너희를 떠난 것은

2:17 우리가…더욱 힘썼노라
2:18 [우리가]…나 바울은 한 번 두 번 너희에게 가고자 하였으나
2:18 사탄이 우리를 막았도다
3:1 우리가 참다 못하여 우리만 아덴에 머물기를 좋게 생각하고
3:2 [우리가] 우리 형제…디모데를 보내노니
3:4 우리가…있을 때에
3:4 [우리가] 너희에게…말하였는데
3:5 나도 참다 못하여
3:5 너희 믿음을 알기 위하여 [내가] 보내었노니
3:5 우리 수고를
3:6 디모데가 너희에게로부터 [우리에게] 와서(그리고 다시 일관되게 복수 "우리"가 나온다)

한 가지 가능한 해석은 바울이 "우리"라는 말을 '서간체' 혹은 서신용(editorial) 복수로 사용하고 있다는 것이다. 즉, 바울이 한 명의 저자로서 글을 쓰고 있고, "우리"라는 말은 문자적으로 자신과 실라(하지만 디모데는 아니다. 그는 삼인칭으로 지칭된다)를 언급하는 것이 아니라 하나의 장치라는 것이다. 하지만 사무엘 비스코르그(Samuel Byskorg)는 서신서 장르에 나오는 일인칭 복수를 면밀히 분석하면서, 문학적 복수일 가능성이 별로 없음을 보여준다. 그리스-로마의 서신에서 문학적 복수는 매우 드물며, 알려진 예는 아홉 개 정도일 것이다. 유대 서신에서는 문학적 복수가 좀 더 흔하지만, 여전히 특이하다. "앞에서 언급한 서너 명의 발신자가 있는 (유대) 서신 표본을 보면 문학적 복수의 예가 나와 있는 것은 없다…이 서신에 나오는 '우리'라는 말은 대부분 모든 발신자를 포함한다." 그는 다음과 같은 규칙을 제시한다. "다른 분석 기준들을 고려해서 실제적 복수나 문학적 복수 둘 중 하나로 해석한다면, 전자를 선호해야 한다."[5]

"우리"라는 말이 문자적으로 '우리, 곧 실라와 나를 뜻한다는 의견을 선호하는, 설득력 있는 다른 논증들

도 있다. (1) 바울이 다른 곳에서 서간체 복수를 사용한다는 분명한 증거가 없다. "우리"와 "나"는 통상적 의미의 복수 혹은 단수를 언급한다.[6] (2) 바울은 고린도전서에서 소스데네를 묘사하는 것과는 다른 정도로 데살로니가전후서에서 실라 및 디모데와 함께 글을 쓴다. (3) "우리" 진술 중에는 단수를 언급하는 것으로 보기가 매우 어려운 진술이 있다. 이를테면, 2:6(여기에서 "우리"는 '한' 사도인 바울이 아닌, 복수인 '사도들')과 2:18(여기에서 '우리가 가고자 하였으나'라는 말은 "나 바울"이라는 말과 번갈아 나온다. 그러지 않으면 바울은 되풀이해서 말을 하고, 그렇게 전환함으로써 독자들을 어리둥절하게 만들었을 것이다)이 그에 해당한다. (4) 바울이 우리와 바울 그리고 나와 바울 사이를 왔다갔다했다면, 데살로니가전서 2:17-3:6은 매우 혼란스러울 것이다.

따라서 이 본문에서 "우리"라는 말은 바울과 실라를 가리킨다(1:1에 대한 설명을 보라). 데살로니가전후서의 다른 곳에서처럼, 바울은 세 사람의 기도, 사역, 여행 계획을 언급한다. 이 세 사람은 그 교회와 깊은 유대 관계를 맺고 있으며, 서신에서 이 세 사람에 대해 진술하는 것은 시련 중에 있던 그들에게 큰 위로가 되었을 것이다.

'분명히'(μέν, 개역개정에는 번역되어 있지 않음-역주)라는 말은 바울의 단호한 어조를 포착한다. '한 번 이상'(ἅπαξ καὶ δίς, 문자적으로는 "한 번 두 번")이라는 말은, 문자적으로 '두 번'을 말하는 것이 아니라 '한 번 이상 그리고 아마 여러 번'을 의미하는 관용구이다(또한 빌 4:16을 보라. 거기에서 바울은 빌립보인들이 그에게 여러 번 선물을 보낸 사실을 언급한다).

2:18c 사탄이 우리를 막았도다(καὶ ἐνέκοψεν ἡμᾶς ὁ Σατανᾶς). 바울은 '그리고'(καί, 개역개정에는 번역되어 있지 않음-역주)라는 말로 그들의 계획이 성공하지 못한 이유를 밝힌다. 무언가 그들을 '막았다' 또는 '방해했다.' 헬라어는 어미변화가 상당히 많은 언어이기 때문에(즉, 단어의 어미가 구문을 보여준다), 문장 구조가 영어보다 융통성이 있다. 이 절처럼 주어를 절의 맨 끝에 두는 것도 가능하다. 여기에서 바울은 강조하기 위해 동사의 주어가 뒤에 나오게 한다. 그래서 문장이 '그가 우리를 막았도다…사탄이'와 같이 된다.

"사탄"(ὁ Σατανᾶς, 다른 철자는 Σατάν)은 차용어인데, 히브리어 śāṭān을 음역한 것이다. 이것은 때로 어떤 종류가 되었든 대적을 가리켜 사용되었다(참고. 왕상 11:14; 또한 Sir 21:27, "한 불경한 사람이 한 대적을 저주할 때, 그는 자신을 저주한다"). 이 말은 또한 하나님 백성의 대적이 된 천사장을 지칭하는 데 사용될 수 있었다(욥 1:6을 보라). 이것은 헬라어로 '마귀/대적'(διάβολος)이라고 번역된다. 사탄은 구약에서보다 신구약 중간기의 유대 문헌에서 큰 역할을 담당했다. 쿰란의 벨리알 또는 어둠의 천사는 악한 성향 배후에 있으면서 사람들로 하여금 죄를 짓게 하는 존재이다.[7]

복음서와 요한계시록에서 "사탄"은 하나님의 주요 대적을 나타내는 일반적인 이름이다. 이 단어는 바울 서신 및 사도행전 26:18에 나오는 바울의 연설에서 열 번 사용된다. 사탄의 사자가 바울의 몸에 가시가 생겨나게 한다(고후 12:7). 사탄은 거짓 가르침(고후 11:14; 딤전 5:15)과 시험(고전 7:5)의 원인이다. 사탄은 악한 자의 배후에 있다(살후 2:9). 바울은 그의 서신에서 "마귀"(διάβολος)라는 말을 여덟 번 사용하는데, "사탄"이라는 말과 어느 정도 상호교환적으로 사용한다. 그는 사도행전 13:10에서 엘루마에게 "마귀의 자식"이라는 표현을 사용한다.

사탄은 맨 처음부터 인간을 하나님에게서 떼어놓으

---

[6] Green, *Thessalonians*, 156-57. 반대 의견으로 Malherbe, *Letters to the Thessalonians*, 184; Morris, *Thessalonians* (NICNT), 93을 보라.
[7] W. F. Foerster, "διάβολος–The Later Jewish View of Satan," *TDNT*, 2:75-79를 보라. 또한 W. F. Foerster and K. Schäferdiek, "σατανᾶς," *TDNT*, 7:151-65를 보라.

려 했다(창 3:5). 사탄이 간절히 바라는 것은 인간이 우상을 따르는 것이다. 일부 사람은 이제 복음의 능력으로 우상에게서 돌아서고 있다(살전 1:10). 그렇다면 사탄이 전도자를 막으려 하는 것은 놀라운 일이 아니다. 전도자는 적지만 점차 많은 수의 이방인이 거짓 신에게서 돌이켜 참되고 살아 계신 창조주를 따르게 했다.[8] 독자는 여기에서 이방인 선교를 반대하는 유대인들(2:15-16)이 실제로 사탄의 역사에 참여하고 있다는 결론을 내리게 되면서 슬퍼할 수 있다.

이 절과 데살로니가후서 2:9에서 바울은 제2성전 시대의 묵시록에 담겨 있던 더 불가해한 비밀들에 대해서는 아무 관심도 보이지 않는다. 그렇지만 바울은 다니엘서와 요한계시록의 개념적 틀 안에 남아 있다. 그는 영적 권세들 사이의 전쟁을 광범위하게 인정한다. 데살로니가전서 2:18을 사도행전 16:6-10과 비교하면 더 구체적인 내용을 찾아볼 수 있다.

> "성령이 아시아에서 말씀을 전하지 못하게 하시거늘 (κωλυθέντες) 그들이 브루기아와 갈라디아 땅으로 다녀가 무시아 앞에 이르러 비두니아로 가고자 애쓰되 예수의 영이 허락하지 아니하시는지라(οὐκ εἴασεν) 무시아를 지나 드로아로 내려갔는데 밤에 환상이 바울에게 보이니 마게도냐 사람 하나가 서서 그에게 청하여 이르되 마게도냐로 건너와서 우리를 도우라 하거늘 바울이 그 환상을 보았을 때 우리가 곧 마게도냐로 떠나기를 힘쓰니 이는 하나님이 저 사람들에게 복음을 전하라고 우리를 부르신 줄로 인정함이라."

이 엄청난 일련의 사건으로 인해 바울과 그의 팀은 마게도냐로 건너가게 된다. 그리고 짧은 시간 안에 데살로니가에 믿음을 심게 되었다. 사도행전은 '밤의 환상' 외에 성령이 어떻게 그 팀에게 바라는 바를 전달하셨는지 자세히 설명하지 않는다. 어떤 사람들은 지방 정부가 그들이 아시아와 비두니아로 건너가도록 허용하지 않았다고 주장했다(바울은 이후 아시아로 세 번째 선교 여행을 갈 수 있게 되므로). 이렇게 해석할 수도 있지만, 사도행전은 암시적으로 초자연적 영역에서 나오는 설명을 제시한다. 사도행전 13:2에서 "성령이 이르시되"라는 말은, 예배하고 금식하는 동안 그곳에 있던 선지자 중 하나가 한 말을 가리킨다. 이로 인해 사울, 바나바, 마가가 구브로에서 선교 활동을 하게 되었다. 예루살렘 공의회가 열린 후, 실라와 유다 바사바는 공의회의 결정에 대한 증인으로 안디옥에 갔다. 이 둘은 선지자로 알려져 있었다(행 15:32).

하나님은 사도행전 뒷부분에서 바울에게 그가 예루살렘에서 직면할 환난을 경고하기 위해 예언의 말씀을 보내셨다(행 20:22-23; 21:10-14; 또한 이 부분에 나오는 예언을 둘러싼 난제에 대해서는 권위 있는 주석들을 보라). 사도행전 안에서의 일반적 동향에 비추어볼 때, 16:6-7에 대한 가장 자연스러운 해석은 다음과 같다. 누군가가, 아마도 실라가 그들을 아시아와 비두니아에 가지 못하게 하는 예언을 했지만, 이어서 어디로 가야 할지에 대해서는 구체적으로 지시하지 않았다는 것이다. 그다음에 사도행전 16:9-10에서 바울이 환상을 보았는데, 그들은 그 환상을 마게도냐로 건너가라고 인도하는 것으로 해석했다. 이처럼 성령은 그들이 어디로 가야 하는지와 관련해서 세 가지 신호를 주었다.

이와 같이 하나님은 때로 사도들에게 어디로 가야 할지 또는 가지 말아야 할지에 대해 직접적인 말씀을 주신다. 그러나 지금, 바울은 그와 실라가(하지만 디모데는 분명 아니다) 데살로니가로 가지 못하게 한 것이 성령이 아니라 사탄이라고 말한다. 하지만 그들은 이런 방

---

8. Stauffer, *New Testament Theology*, 66에서 이 주제에 대한 자세한 설명을 보라.

해가 성령에게서(행 16:7에서처럼)가 아니라, 사탄에게서 온 것임을 어떻게 깨달았는가? 브루스는 어떤 방해의 결과에서 그 원인을 분별할 수 있었다고 생각한다. "아마도, 즉각적으로는 아니더라도 돌이켜 생각해볼 때, 성령의 저지는 복음의 진보를 위한 것으로 그리고 사단의 저지는 복음을 방해하기 위한 것으로 작용했음이 분명했다."[9]

이 주장은 그럴듯하지만 입증할 수가 없다. 결국 사도행전 16:6-7은 복음이 아시아와 비두니아로 가는 것이 '방해를 받았다'는 점을 암시한다. 즉, 예수님이 복음의 진전을 막으셨다는 것이다. 사탄이 막은 것과 예수님이 막으신 것을 구별해주는 점은 무엇인가? 다시 한번 말하지만, 사건의 진상은 포착하기가 매우 힘들다. 아덴에서 데살로니가로 가는 길이 막힌 경우, 사탄이 야손이 낸 부담스러운 보석금을 수단으로 하여 그들을 막고 있었을 수 있다. 이러한 법적 금지 조치 때문에 두 명의 선임자가 가는 길은 막혔지만, 다행히 디모데는 막히지 않았다. 바울은 정부가 일으킨 문제는 무엇이든 사탄의 일이라고 보는 해석학을 사용했을 수 있다. 또한 궂은 날씨에서부터 질병, 영적 전쟁에 이르기까지 다른 많은 추측을 할 수 있다. 하지만 바울은 어떤 방법, 곧 실라를 통해 주어진 보다 초자연적인 지식으로 말미암아 그들의 길을 막은 것이 단순히 임의적인 환경도 성령도 아닌 사탄이라는 점을 안다.

독자는 한 걸음 나아가, 더 광범위한 성경의 맥락에서 바울을 이해해야 한다. 바울은 사탄이 성도에게 해를 끼칠 수 있지만, 하나님의 허락 없이는 절대 그렇게 할 수 없다고 믿었을 것이다. 이러한 교리는 욥기 1:12과 2:6에 분명하게 나오고, 다니엘서 10:10-15에서 훨씬 분명하게 나타난다. 거기에서 다니엘은 깨달음을 위해 간절히 기도했다. 그 기도에 대한 응답으로 온 천사는 원래 길이 막혀 있었는데 미가엘이 와서 그를 도와줌으로써 다니엘에게 올 수 있었다고 말한다. 이 기사의 배후에는 사탄이 신적 허락 없이 행동할 수 없다는 믿음이 있다.

아마 디모데는 처음 정찰을 하러 갔을 때, 왜 바울과 실라가 교회에 다시 오지 못했는지에 대해 구체적이고도 상세히 말했을 것이다. 그렇기 때문에 사탄에 대한 이 언급은 그들이 이미 갖고 있는 정보에 비추어 이해되었다. 데살로니가인들에게 당장 도움이 된 점은, 바울과 실라가 직접 그들을 방문하지 못하게 한 것이 하나님의 대적인 사탄이었음을 알게 된 것이다.

바울은 하나의 진술에서 몇 가지 중요한 신학적 요점을 전한다. 첫째, 사탄은 단지 추상적인 악의 원리가 아니라, 그 존재를 즉각적으로 명백하게 알 수 있는 원수다. 둘째, 사탄은 바울과 실라 같은 중요한 사도들을 방해할 수 있다. 셋째, 하나님께 구해달라고 많은 기도를 했는데도 사탄의 방해가 계속된다. 넷째, 바울과 그의 팀은 사탄의 장애물이 지금까지 제거되지 않았다 해도, 그렇게 되기를 계속해서 기도한다. 그들은 사탄과 맞서 싸우면서 경계를 늦추지 않아야 했다. 다섯째, 바울은 사도인 자신이 사탄에게 방해받았다는 사실을 거리낌없이 인정한다. 고린도후서 12:7에도 비슷한 내용이 나온다. 거기에서 "육체에 가시"는 "사탄의 사자"로 "나를 쳐서" 자만하지 않게 하려는 존재다. 바울의 영적 겸손함은, 오만하게도 수십 세기 동안 사탄이 자신의 훈련받은 강아지라고 암시했던 지도자들을 책망한다.[10]

2:19a-e 우리의 소망이나 기쁨이나 자랑의 면류관이 무엇이냐…너희가 아니냐(τίς γὰρ ἡμῶν ἐλπὶς ἢ χαρὰ ἢ στέφανος καυχήσεως-ἢ οὐχὶ καὶ ὑμεῖς). 여기에서 그들이 데살로니가를 방문하고 싶어 하는 이유가 나온다. 이것은 마음

---

9. Bruce, *1 & 2 Thessalonians*, 58; Best, *Thessalonians*, 84-85. 또한 Ladd, *Theology of the New Testament*, 440-42를 보라.

10. 살후 3:1-5에서 그리스도인들이 어떻게 사탄에 반격하고, 기도에 의지해서 그 반격에 성공할 수 있는지 살펴볼 것이다.

에서 우러나온 애정 깊은 외침이다.

면류관(στέφανος)은 왕이 머리에 쓰는 것을 말할 수도 있다. 요한계시록에서는 그 단어가 시종일관 그 의미로 사용된다. 이것은 또한 운동 경기나 시민의 생활에서 이룬 업적으로 얻은 상, 꽃이나 나뭇가지로 엮은 화관을 언급할 수도 있고, 승리자에게 주어지는 상징적 영예를 나타낸다.[11] 바울은 자신이 얻고자 하는 성공을 말하기 위해 이 단어를 비유적으로 사용한다(이 본문과 고전 9:24-25에서).

바울의 용법에서 "자랑"(καύχησις)이라는 단어는 양면성을 지닌다. 그것은 사악한 사람들의 교만한 태도를 언급할 수 있다(롬 3:27). 반면 긍정적으로 이 단어는 하나님께 합당한 영광을 돌리는 것(롬 15:17) 또는 하나님의 능력 안에서 사람이 할 수 있는 것(고전 15:31)을 언급할 수도 있다. "자랑하는 자는 주 안에서 자랑하라"(고전 1:31, 여기에서는 같은 어원에서 나온 동사가 사용된다. 또한 고후 10:17). 바울이 현재 본문에서 의도하는 것은 이런 긍정적인 용법이다. 여기에서 '상'(개역개정에는 "면류관"-역주)은 그가 받기를 기대하는 면류관을 말하는 것이 아니다. 오히려 그리스도가 오실 때 바울이 자랑스럽게 여길 것은 데살로니가 사람들이다. 빌립보서 4:1도 비슷하다. 거기에서 바울은 빌립보인들이 믿음에 굳게 선 것에 대해 말한다. "그러므로 나의 사랑하고 사모하는 형제들, 나의 기쁨이요 면류관인 사랑하는 자들아 이와 같이 주 안에 서라."

"너희가 아니냐"(ἢ οὐχὶ καὶ ὑμεῖς)라는 표현은 어색하다. 바울은 아마 이 구절이 앞에 나오는 구절과 평행을 이루게 하기 위해 등위 접속사(ἢ, 문자적으로는 '또는')를 덧붙였을 것이다.

2:19e 그가 강림하실 때 우리 주 예수 앞에(ἔμπροσθεν τοῦ κυρίου ἡμῶν Ἰησοῦ ἐν τῇ αὐτοῦ παρουσίᾳ). 바울은 종말론으로 다시 돌아가서 예수님이 재림하실 "때"(ἐν)라고 언급한다.[12] 파루시아는 하나님의 진노에서 건짐을 받는 것인(1:10) 동시에 긍정적으로 영광과 기쁨의 때다. "앞에"(ἔμπροσθεν)라는 말은, 심판의 때나 하나님 또는 그리스도 앞에 나타나는 것에 사용된다(마 25:32; 고후 5:10). 다른 문맥에서 이 전치사는 기도 또는 더 일반적으로 하나님의 임재 안에 존재하는 것을 말한다(살전 1:3; 3:9). "강림"(παρουσία)은 신약에서 반(半)전문적인 표현이다. 그리스도의 재림은 파루시아[13]나 현현(ἐπιφάνεια, 예를 들어, 살후 2:8), 혹은 나타나심(ἀποκάλυψις, 고전 1:7; 살후 1:7)이라고 불리게 되었다. 예수님이 강림하실 때 데살로니가의 회심자들은 바울의 선교팀의 명예를 높여줄 것이다.

2:20 너희는 우리의 영광이요 기쁨이니라(ὑμεῖς γάρ ἐστε ἡ δόξα ἡμῶν καὶ ἡ χαρά). 바울은 또 다시 그들이 제자들을 얼마나 소중히 여기는지 단언한다. 이 책에서는 '왜냐하면'(γάρ)이라는 단어를 '그렇다'(yes)라고 번역한다(개역개정에는 번역되어 있지 않음-역주). 이 단어가 지닌 강조적 의미를 강화하기 위해서다. 바울은 "소망이나 기쁨이나 자랑의 면류관"이라는 언급을 반복함으로써(단어를 각각 모두 반복하지는 않지만) 2:19에 나오는 자신의 수사학적 질문에 답한다. 여기에서 바울은 동의어인 "자랑의 면류관"이라는 단어보다 "영광"(ἡ δόξα)이라는 단어를 사용한다. 이 책에서는 그것을 현재 시제로 번역한다. 하지만 문맥에 비추어보면, 바울은 재림을 미리 생각하고 있다.

---

11. 반대 의견으로 Richard Chenevix Trench, *Synonyms of the New Testament* (9th ed. rev.; reprint; Grand Rapids: Eerdmans, 1980), 78-81을 보라. 그는 στέφανος가 언제나 상을 의미하고, διάδημα는 언제나 왕관을 뜻한다고 잘못 진술한다.

12. BDAG, ἐν 10. b.

13. "그가 강림하실 때"(ἐν τῇ αὐτοῦ παρουσίᾳ)라는 말은 여기와 3:13; 고전 15:23에서 찾아볼 수 있다. παρουσία라는 말은 살전 2:19; 3:13; 4:15; 5:23; 살후 2:1; 2:8에서 주의 강림을 언급한다. 악한 자의 παρουσία에 대해서는 살후 2:9를 보라.

3:1 이러므로 우리가 참다 못하여 우리만 아덴에 머물기를 좋게 생각하고(διὸ μηκέτι στέγοντες εὐδοκήσαμεν καταλειφθῆναι ἐν Ἀθήναις μόνοι). 바울은 방향을 바꾸어 그와 실라가 그들에게 돌아갈 수 없었던 자세한 사정을 다룬다. 여기에서 장을 나누는 것은 최선이 아니다. 바울 사도는 삽입구에 해당하는 2:19-20 다음에 2:17-18에서 원래 다루었던 요점으로 단순히 돌아가는 것이기 때문이다. 바울은 "이러므로"(διὸ)라는 말로 그들이 데살로니가에 가려 했으나 그렇게 하지 못했음을 이야기한다. 바울은 3:1-2에서 일인칭 복수(바울과 실라)를 사용하는 반면, 3:5에서는 일인칭 단수를 사용할 것이다(2:18에 대한 설명을 보라). "우리가 참다 못하여"(μηκέτι στέγοντες)라는 말은 동사적 분사로 '우리가 좋게 생각하고'라는 직설법과 연결되어 있다. 이것을 원인을 나타내는 것으로 해석할 수도 있다('우리가 참지 못했기 때문에'). 하지만 이 부분의 전체 취지는 그들의 행동이 이루어진 시간적 전후 관계이므로, 시간적 분사인 '그때'라는 말이 나온다(직역하면 '참다 못한 그때'—역주).

"우리가…좋게 생각하고"(εὐδοκήσαμεν)는 2:8에서 그들 자신을 데살로니가인들에게 주는 것과 관련해 사용된 것과 똑같은 동사이다. 사도들은 사탄이 일으킨 곤경에 처했을 때, 불평하지도 무력해지지도 않았다. 그들은 어렵고 실용적인 선택을 했다. "우리만 아덴에 머물기"로 한 반면 디모데는 할 수 있는 일을 하러 간 것이다. 바울은 이미 데살로니가인들에게서 떠나 자신들이 고아같이 되었다고 말한 바 있다. 그래서 "우리만"이라는 말은 그들의 상황이 얼마나 가슴 아픈 것인지 보여 준다. 사도행전에 실라가 바울과 함께 아덴에 있었다는 암시도, 또한 그 둘이 함께 디모데를 데살로니가에 보내기로 계획했다는 암시도 나오지 않는다는 점을 다시 한 번 기억해야 한다.

3:2a-c 우리 형제 곧 그리스도의 복음을 전하는 하나님의 일꾼인 디모데를 보내노니(καὶ ἐπέμψαμεν Τιμόθεον, τὸν ἀδελφὸν ἡμῶν καὶ συνεργὸν τοῦ θεοῦ ἐν τῷ εὐαγγελίῳ τοῦ Χριστοῦ). '우리가 보내노니'는 "우리가…좋게 생각하고"라는 말의 후속 조치이다. 데살로니가인들이 사도들의 승리의 귀환을 바라고 있었다면, 그들은 실망했을 것이다. 디모데만 나타났기 때문이다.

디모데는 복음 안에서 그들의 "형제"일 뿐만 아니라, "하나님의 일꾼"(συνεργὸν τοῦ θεοῦ)이다. 다른 신약 본문에서는 일꾼(coworker)이라는 말이 함께 일하는 동료라는 수평적인 의미로 언급된다(예를 들어, 롬 16:21에서 디모데, 참고. 고전 3:9의 복수). 많은 사본이 '하나님의 종이며 우리의 동역자'(διάκονον τοῦ θεοῦ καὶ συνεργὸν ἡμῶν)라고 수정함으로써 그들이 신학적 난제로 여기는 것을 제거했다. 이것은 의도적으로 수정한 것이 거의 확실하다. 필사자들은 하나님과 '협력'하는 것에 대해 진술하기를 꺼렸기 때문이다.

해결책은 본문을 변경하는 것이 아니라, 하나님과의 동역을 제대로 이해하는 것이다. 우리는 하나님의 능력이 사도팀이 하는 일을 통해서만 발휘될 수 있다고 생각해야 한다. 사도팀이 하나님과 함께 일하고 있는 것이다. 하나님은 그들이 전파하는 '말'이 단순한 이야기가 아니라 신적 능력의 통로가 되도록 보장하신다(1:5). 바울의 기본 요점은, 어떤 데살로니가인도 사도들이 직접 오지 않은 것으로 실망하지 말라는 것이다. 그들은 바울과 실라가 단순히 심부름꾼을 보낸 것이 아니라는 사실을 인식해야 한다. 디모데는 사도팀의 참된 일원이다. 그리고 디모데 역시 하나님의 능력 안에서 그들의 필요를 채울 수 있다.

아덴에서 마게도냐까지 왕복하는 여정은 디모데가 데살로니가 교회와 함께 보낸 시간을 빼고도 삼사 주일은 걸렸을 것이다. 이 사건은 디모데의 경험에서 중대한 단계였다. 그는 아마 이십 대 초반이었을 것이고, 단 몇 달 전에 그 팀에 신참자로 합류했다(행 16:1-5). 하지만 여기에서 디모데는 위험한 데살로니가로 혼자 가는 임무를 수행하고 있는데, 그 임무는 대성공으로 끝날 것이다. 그는 다른 경우에서도 그런 성공을 다시 경험할 것이다(행 19:22).

3:2d-f 이는 너희를 굳건하게 하고 너희 믿음에 대하여 위로함으로(εἰς τὸ στηρίξαι ὑμᾶς καὶ παρακαλέσαι ὑπὲρ τῆς πίστεως ὑμῶν). 디모데는 정보를 수집할 뿐만 아니라, 사도적 사역을 수행하기 위해 북쪽으로 갔다. '…하기 위하여'(εἰς τὸ+부정사)라는 말은 결과를 나타낼 수 있다. 이 문맥에서 목적의 부정사들이 뒤이어 나온다.[14] 바울은 '너희를 굳건하게 하기 위하여'(εἰς τὸ στηρίξαι ὑμᾶς)라는 대목에서, 그가 데살로니가전후서에서 네 번 사용하는 동사를 쓴다(이곳과 살전 3:13; 살후 2:17; 3:3). 이것은 데살로니가전서에 나오는 바울의 전형적인 표현 방식이다. 제자들이 잘 하고 있으며, 사도들은 그들이 더욱 더 자라기를 원한다는 것이다. 디모데는 "너희 믿음에 대하여" 그들을 '위로할'(παρακαλέσαι) 것이다. 이 단락에서 "믿음"(πίστις)이라는 말은 1:3과 마찬가지로 하나님에 대한 그들의 적극적인 신뢰이다. 어려운 상황은 그 믿음을 시험한다. 하지만 데살로니가인들은 디모데의 사역을 통해 주를 더 강력하게 확신하게 될 것이다.

3:3a 아무도 이 여러 환난 중에 흔들리지 않게 하려 함이라(τὸ μηδένα σαίνεσθαι ἐν ταῖς θλίψεσιν ταύταις). 이제 우리는 왜 바울과 실라가 더 참을 수 없었는지 안다(3:1). 그들은 사탄이 방해하는 동안 교회가 진짜 해를 입고 있었다고 생각한 것이다. 바울은 쉽게 번역하기 어려운 구절로 시작한다. "…않게 하려 함이라"(τὸ μηδένα)는 번역은 받아들일 만하며, 디모데가 도착하기 전에 일어났을 수도 있는 흔들림을 가리킨다. "흔들리지"(σαίνεσθαι)라는 말의 암시된 주어는 데살로니가인이다. "[너희개] 흔들리지 않게." '흔들리다'(σαίνω)라는 말은 신약에서 단 한 번 나오고 시적인 헬라어에 더 잘 어울린다. 이 단어는 문자적으로 개가 꼬리를 흔든다는 의미를 지닌다. 더 나아가, 이 단어는 사람들이 호의를 얻기 위해 다른 사람들에게 아첨하는 것에 사용되었다.[15] 그래서 어떤 사람들은 이 구절을 데살로니가인들이 말만 번지르르하게 하는 일부 사람 때문에 혼란에 빠져 있었다는 의미로 해석했다.[16]

하지만 여기에 훨씬 적합한 의미는 다음과 같다. "감정적으로 당황하게 하다, 뒤흔들다, 어지럽게 하다, 동요시키다"[17] 등이다. 사탄은 "이 여러 환난"(ἐν ταῖς θλίψεσιν ταύταις)으로 그들을 압박하고 있었다. 그리고 사탄이 아첨 자체를 무기로 사용하고 있었다는 증거는 없다. 여기에 나오는 "환난" 및 같은 어원에서 나온 동사인 3:4의 '환난을 받다'(θλίβω)는, 보통 그리스도인이 당하는 일반적인 환난을 나타내는 말로(데살로니가전후서; 롬 5:3; 8:35; 빌 1:17), 또는 반전문적으로 종말론적 환난에 대해(마 24:21; 24:29; 계 7:14, 하지만 바울 서신에서는 한 번도 그렇게 사용되지 않음) 사용되었다.[18]

김세윤은 바울이 데살로니가에 '들어가는 것'을 자세히 분석한다. 바울은 데살로니가인들이 이렇게 흔들린다는 것을 알게 되면서, 마귀가 특히 사도들의 진실성을 의심하게 했을 것이라고 결론을 내린다. 즉, 바울은 2:1-12에서 진실성에 대해 말하므로, 그가 문제가 되는 바로 그 점을 다루고 있는 것이 분명하다.[19] 하지만 김세윤의 주장은 설득력이 부족하다. 이 절에서 신자들의

---

14. Wallace, *Grammar*, 590–92.
15. Aeschylus, *Cho.* 194 (trans. Smyth). "소망은 그저 나에게 아첨하는 말이다." 그리고 419-20에서는 이렇게 말한다. "우리를 낳은 여자에게서 우리가 받은 그런 불행보다 더 적절한 호소 대상이 어디에 있을 것인가? 그 여자는 우리에게 아첨을 할 수도 있으나 그것들은 전혀 마음을 진정시키지 못한다."
16. 특히, MM, 567; Morris, *Thessalonians* (NICNT), 96.
17. BDAG, σαίνω 2를 보라.
18. 또 유대 종말론을 보라. 단 12:1; 습 1:15; *As. Mos.* 8.1. 이 어군에 대한 개관으로 특히 H. Schlier, "θλίβω, θλίψις," *TDNT*, 3:139–48을 보라.
19. 김세윤, "Paul's Entry," 523–24.

믿음을 '흔들고' 있는 것은 일반적인 박해로 보이기 때문이다.

3:3b-4b **우리가 이것을 위하여 세움 받은 줄을 너희가 친히 알리라 우리가 너희와 함께 있을 때에 장차 받을 환난을 너희에게 미리 말하였는데**(αὐτοὶ γὰρ οἴδατε ὅτι εἰς τοῦτο κείμεθα·καὶ γὰρ ὅτε πρὸς ὑμᾶς ἦμεν, προελέγομεν ὑμῖν ὅτι μέλλομεν θλίβεσθαι). 바울은 다시 한번 정교한 '상기시키는 말'을 사용한다. 그는 데살로니가인들에게 환난이 하나의 가능성일 뿐만 아니라, 그리스도인의 운명이라고 가르쳤다. "너희가…알리라"(οἴδατε)는 말의 암시된 주어는 '너희 자신'(you yourselves, 개역개정에는 "친히"–역주)으로 강화된다. '너희 자신'이라는 대명사를 강조의 의미로 사용한 것이다. 그들은 "우리가"('우리 그리스도인들'이라는 의미에서) "이것을 위하여 세움 받은 줄을"(εἰς τοῦτο κείμεθα) 안다. 이 수동태 동사는 행동을 하시는 분인 '하나님'을 암시한다. 바울은 단지 이교적 마게도냐의 가혹한 현실을 관찰하고, 그리스도인이 위험에 처하리라고 추정하는 것이 아니다. 신약 도처에 나오는 세계관에 따르면, 하나님은 그리스도인이 이 세상에서 시련을 당할 운명에 두셨다.

바울은 사도팀이 데살로니가에서 가르쳤던 내용에 의지해서, 그들이 이전에 알고 있던 사실로 다시 돌아간다. "우리가 너희와 함께 있을 때에"(ὅτε πρὸς ὑμᾶς ἦμεν)라는 시간절은 그들이 어떤 상황에서 가르쳤는지 보여준다. 바울은 '환난을 받았다'는 동사의 부정사를 사용해서 그의 가르침을 반복한다. 이 진술에 바울이 의도한 것보다 더 많은 의미를 부여해서 그것이 '우리 교회가 종말론적 환난을 겪을 것'을 뜻한다고 주장하는 것은, 문맥에 비추어보면 부당하다. 오히려 그리스도인 자체가 세상으로부터 올 시련을 예상할 수 있는 사람이다.

3:4c-d **과연 그렇게 된 것을 너희가 아느니라**(καθὼς καὶ ἐγένετο καὶ οἴδατε). 바울은 하나의 큰 원을 그린다. 곧, 너희는 우리가 환난을 겪은 것을 보았고, 너희는 우리를 본받는 자가 되었으며, 우리는 너희에게 임할 환난을 미리 말했고, 그 환난들이 일어났으며, 너희는 이것을 충분히 잘 알고, 나는 너희가 이것을 안다고 너희에게 말하고 있으며, 이제 우리는 모두 무슨 일이 일어나고 있는지 안다는 것이다. 바울은 이 비교절과 함께 데살로니가인들에게 그들의 경험을 확실히 상기시켜주기 위해 "과연"(καθὼς)이라는 단어를 사용한다. 그 일은 일어났으며, 그들은 그것을 안다는 것이다. "그렇게 된 것"(ἐγένετο)이라는 말은 데살로니가인들이 매우 잘 아는 사건들을 가리킨다. 이처럼 바울은 상기시키는 말을 또 다시 사용한다.

3:5a-b **이러므로 나도 참다 못하여 너희 믿음을 알기 위하여 그를 보내었노니**(διὰ τοῦτο κἀγὼ μηκέτι στέγων ἔπεμψα εἰς τὸ γνῶναι τὴν πίστιν ὑμῶν). 바울은 이 주제에서 저 주제로 건너뛰는 듯 보인다. 바울은 이제 그의 염려와 그가 이전에 준 가르침에 대한 말을 멈춘다. 이제 바울은 주된 주제로 다시 돌아온다. 그 주제는 디모데의 사명이 무엇인가(3:2) 하는 것이다. "이러므로"(διὰ τοῦτο)라는 말은 바울과 실라가 내린 결정으로 되돌아가게 해준다. 하지만 여기에서 바울은 "이러므로 우리가 참다 못하여…디모데를 보내노니"(3:1-2)라는 말을 일인칭 단수로 바꾼다. "나(나 자신, κἀγὼ)도 참다 못하여." 바울은 디모데를 '보냈다'(πέμπω; 3:2에 나오는 핵심 동사를 반복함). 몇 년 후, 디모데는 바울에 관한 상세한 소식을 전하고, 빌립보 교회에 대한 정보를 수집하기 위해 비슷한 임무를 띠고 마게도냐로 갈 것이다(빌 2:19, 23).

3:5c-d **이는 혹 시험하는 자가 너희를 시험하여 우리 수고를 헛되게 할까 함이니**(μή πως ἐπείρασεν ὑμᾶς ὁ πειράζων καὶ εἰς κενὸν γένηται ὁ κόπος ἡμῶν). 여기에 바울의 고뇌의 원천이 나온다. 사도들이 데살로니가에 들어가는 것을 사탄이 막고 있었다면, 사탄은 그 장막 뒤에서 어떤

악행을 하고 있는 것인가? 결국 그들의 환난은 단순히 성난 회당 지도자나 충동적인 이방인 때문에 오는 것이 아니라, 사탄이 획책하는 것이었다. 그들의 의심은 "혹…할까 함이니"(μή πως)라는 말로 표현된다. 이 책에서는 그것을 '…할까 궁금해서'(wondering whether)라고 의역한다.[20] 바울은 깊이 우려하고 있다. 그다음에 나오는 동사는 가능성에 대한 고찰을 나타내는 가정법이다.[21] 사탄의 역사라는 맥락에서 '시험하다'(πειράζω)라는 말은 "부적절한 행동을 하도록 부추기다, 유혹하다"(BDAG를 보라)라는 의미이다. 이 동사는 여기에서 두 번 나오는데, 첫 번째는 직설법으로, 그다음에는 실명사 분사인 "시험하는 자"라는 말로 나온다(예수님이 시험받으신 사건에서 유사한 점을 보라, 마 4:3).

독자는 바울이 전하는 의미를 포착하기 위해 문장 전체를 읽어야 한다. 사도들은 사탄이 그들을 시험했는지에 대해 확신하지 못했던 것이 아니다. 당연히 사탄은 시험했다. 오히려 사도들은 그 시험의 결과로 그들이 사도로서 수고한 일이 허사가 되지 않을까 궁금해했다. "헛되게 할까"(εἰς κενὸν γένηται)라는 말은, 3:3의 "이 여러 환난 중에 흔들리지"라는 말과 수사학적 평행을 이룬다. 그런데 그것은 '흔들리다'라는 것보다 한 걸음 더 나아간다. 바울이 데살로니가 프로젝트 전체가 실패할 수도 있음을 암시하는 듯하기 때문이다(더 자세한 내용은 뒤의 설명을 보라).

바울의 언어에는 성경적 근거가 있다. 바울은 다른 곳에서 이사야 49장을 그가 이방인들 가운데서 행한 사역에 적용한다(행 13:47에서 사 49:6). 그리고 바울은 지금 이사야 49:4을 염두에 두었을 수 있다. "그러나 나는 말하기를 내가 헛되이 수고하였으며 무익하게 공연히 내 힘을 다하였다 하였도다 참으로 나에 대한 판단이 여호와께 있고 나의 보응이 나의 하나님께 있느니라." 바울과 그의 팀은 결국 데살로니가에서 행한 사역이 시간 낭비가 되지 않았을까 궁금해했다. 그들은 선지자 이사야에게서 실패라는 결과를 얻게 되는 경우도 있음을 배웠다.

우리가 그 팀의 우려를 이해하려면 반드시 다루어야 하는 광범위한 질문들이 있다. 첫째, 심리학적인 것이다. 그들은 자신들의 깊은 불안을 성경 진리, 특히 마태복음 6:25("목숨을 위하여…염려하지 말라")이나 빌립보서 4:6("아무 것도 염려하지 말고 다만 모든 일에 기도와 간구로, 너희 구할 것을 감사함으로 하나님께 아뢰라") 같은 진리와 어떻게 조화할 수 있는가?[22] 그 대답은 그런 염려를 일으키는 것이 무엇인가로 좌우된다. 한편으로, 예수님은 자신의 추종자들에게 매일의 필요 때문에 염려하지 말아야 한다고 말씀하셨다. 그것은 하나님을 신뢰하지 못함을 보여주었기 때문이다. 그에 대한 해결책은 기도와 신뢰다. 다른 한편으로, 동료 그리스도인에 대한 사랑은 의로운 염려를 낳는다. 특히 그 동료가 궁핍 가운데 있을 때 더욱 그렇다. 적절한 행동에는 기도가 함께 하기 마련이다. 그리고 어느 누구도 바울과 그의 팀이 기도에 소홀했다고 비난할 수 없을 것이다. 또한 거기에는 궁핍한 사람들에 대한 깊은 관심 및 그들을 돕고자 하는 바람도 포함될 것이다. 우리는 바로 이것을 데살로니가전서에서 볼 수 있다. 바울은 모세, 선지자들 그리고 주 예수를 본받고 있다. 이렇듯 사랑에서 비롯된 긍정적인 염려의 반대는 냉담한 무관심일 것이다.

두 번째 요점은 구원론적인 것이다. 바울은 정말로 데살로니가인들이 사탄의 맹공격 때문에 변절했을까 봐 두려워했는가? 여기서 '변절했다'(defected)는 말을 사용했는데, 이 말이 '그들의 구원을 잃어버렸다'(lost their

---

20. BDAG πως 2.b를 보라. 전접 불변화사는 '어떻게?'라는 의문사 πῶς와 혼동하지 않아야 한다.

21. Wallace, *Grammar*, 467–68 (심의적 수사학적 가정법)을 보라.

22. 특히 마 6:25–34을 보라. 거기에서 예수님은 '염려하지' 말라고 여섯 번 말씀하신다.

salvation)는 말보다 더 낫다. 이 서신에서 구원은 종말론적인 것이다. 그리고 아직 소유하지 않은 것을 잃어버릴 수는 없다. 사탄에게 맹공격을 당해서 하나님에게서 돌아선 사람들은 '흔들린'(살후 2:2-3) 사람들이라고 불린다. 또는 배교할 것이고(2:3), 데살로니가전서 1:9에 비추어보면 '살아 계신 하나님에게서 다시 떠나갈 것'이라고 서술된다.[23]

여기에 몇 가지 생각해볼 점이 있다. 바울은 그의 두려움이 순전히 가설적인 것이라는 암시를 전혀 하지 않는다. 그 경우 그는 '우리 수고가 헛되었을까 봐 두려워했다'(우리는 모두 실제로 그런 일이 일어나지 않았다는 것을 안다)고 말할 수 있었을 것이다. 때로 주석 학자들은, 이런 맥락에서 어떤 문장(특히, 히 6:4-6)의 조건적, 가설적 특성이나 그 동사의 가정법을 지적하면서, 변절이라는 개념이 순전히 추론일 뿐이고 실제로 그럴 가능성이 있는 것은 아니라고 주장한다. 하지만 헬라어는 그렇게 작용하지 않는다.

바울과 그 팀은 대단히 두려워한다. 두려움은 일어날 수 없는 단지 가설적으로만 가능한 일의 결과가 아니라 실제로 일어날 수 있는 일의 결과다. 그들의 염려는 어떤 단순한 추상적 억측 때문에 생긴 것이 아니다.

바울은 사탄이 데살로니가 신자들을 죽이거나 교회를 흩어지게 하기 때문에 그들의 수고가 헛되이 끝나리라고 말하는 것이 아니다. 재앙을 불러오는 것은 "시험"이다. 즉, 신자가 사탄의 공격에 무너지고 그들의 믿음이 파괴되는 것이다.

하지만 바울은 하나님의 택하심을 받은 자가 종말에 있을 사탄의 최종적이고도 가장 교활한 속임수에 넘어가서 악한 자에게 끌려갈 수 없다는 점도 말한다(살후 2:10-12; 참고. 살전 5:4, 9). 이 가르침은 감람산 강화에 나온 것으로 보인다(마 24:24, "거짓 그리스도들과 거짓 선지자들이 일어나 큰 표적과 기사를 보여 할 수만 있으면 택하신 자들도 미혹하리라").

데살로니가인들을 향한 사도들의 우려는 목격자의 관찰을 통해 결국 사라졌다. 사도들은 '우리가 너희 가운데 들어간 것이 헛되지 않았다'(2:1)고 결론을 내릴 수 있었다. 디모데가 교회는 여전히 살아 있고 번성하고 있다고 보고했기 때문이다(3:6). 게다가 사도들은 다른 사람들에게서 간접적으로 데살로니가인들의 믿음에 대해 들었다(1:7-8). 즉, 그들의 안도는 확실한 증거에 근거를 둔다.

결론적으로, 바울과 실라는 하나님이 택하신 자들을 보호하실 것이라고 믿었다. 그들은 사탄이 데살로니가인들을 부서뜨리려 했다고 정당하게 의심했다. 그들은 디모데와 다른 사람들이 보고한 증거[24]를 듣기 전까지는 그 전투의 결과를 몰랐다. 모든 견인 교리는 이 모든 진리를 염두에 두고 이해되어야 한다. 하지만 여기에서 바울의 관심사는 조직 신학적인 것('무슨 일이 일어날 수 있는가?')이 아니라, 목회적인 것('무슨 일이 일어났는가 혹은 일어나고 있는가?')이다. 바울은 예수님의 가르침을 따르는 모범을 보인다. 우리는 표면 아래 감추어져 있는 것을 추측함으로써가 아니라, 외적으로 표현된 것("열매", 마 7:16)을 근거로 해서만 한 사람의 내적 삶을 분별할 수 있다.

3:6a 지금은 디모데가 너희에게로부터 와서(Ἄρτι δὲ ἐλθόντος Τιμοθέου πρὸς ἡμᾶς ἀφ' ὑμῶν). 이 구절은 이 서신의 중심축이다. 모든 일이 디모데가 고린도에 도착한 것과 그가 가져온 소식에 달려 있었다. 접속사 δὲ는 '그러나'(개역개정에는 번역되어 있지 않음-역주)라는 뜻이다. 이 절이 앞에 나온 염려와 대조되기 때문이다. 또한 이런 이유로 "지금은"(ἄρτι)이라는 말은 더 생생한 '바

---

23. B. J. Oropeza, *Paul and Apostasy: Eschatology, Perseverance, Falling Away in the Corinthian Congregation* (WUNT 2/115; Tübingen: Mohr Siebeck, 2000), 22-34의 탁월한 개관을 보라.

24. 특히 Green, *Thessalonians*, 165를 보라.

로 '지금'이라는 말로 번역하는 것이 더 낫다.[25] "디모데가…와서"(ἐλθόντος Τιμοθέου)라는 말은, "전하고"(εὐαγγελισαμένου)라는 말과 마찬가지로 독립 소유격이다.[26] 바울은 청중의 주의를 끌기 위해, 정형 동사와 부사적 분사에서 이런 새로운 형태로 바꿈으로써 운율의 변화를 시작한다. '너희에게로부터 우리에게로(개역개정에는 번역되어 있지 않음—역주) 와서'라는 말은 디모데가 도착했을 때 실라와 바울이 함께 있었음을 나타낸다. 오직 사도행전만이 바울과 실라가 그 여정에서 이 시기에 떨어져 지낸 적이 있었음을 보여준다.

3:6b-d 너희 믿음과 사랑의 기쁜 소식을 우리에게 전하고(καὶ εὐαγγελισαμένου ἡμῖν τὴν πίστιν καὶ τὴν ἀγάπην ὑμῶν). 바울은 이제 완전히 한 바퀴를 돌아서 처음으로 왔다. 디모데는 바울이 이 서신의 시작 부분에서 추정하는 소식을 보고한다. 데살로니가인들이 여전히 그 자리에서 믿음과 사랑을 가지고 있다는 것이다(1:3). "기쁜 소식을…전하고"(καὶ εὐαγγελισαμένου ἡμῖν)라는 말은 두 번째 독립 소유격이다. 이 말은 대체로 '기쁜 소식을 전하다'라는 뜻이고, 반드시 '복음을 전하다'라는 뜻은 아니다.[27] 기쁜 소식은, 데살로니가인들이 모이는 장소가 디모데가 공포에 휩싸여 바라본 폭파 지점이 아니었다는 것이다. 그곳은 왕성하게 성장하는 신자들의 몸이었다.

3:6e 또 너희가 항상 우리를 잘 생각하여(καὶ ὅτι ἔχετε μνείαν ἡμῶν ἀγαθὴν πάντοτε). 데살로니가인들은 여전히 그리스도를 따르고 있을 뿐만 아니라, 계속해서 선교사 팀에게도 충성한다. "항상"(πάντοτε)과 "생각하여"(μνείαν)라는 말은 바울이 1:2-3에서 사용한 기도 용어와 비슷하게 들린다(또한 롬 1:9; 엡 1:16; 빌 1:3-4; 몬 1:4). 그렇지만 여기에서는 기도의 용어로 쓰이지 않는다. 하지만 이 단어는 단순히 그들이 바울과 그의 팀에 대해 "즐거운 기억"(NIV)을 갖고 있다는 친밀한 감정만 말하는 것도 아니다.[28] '기억을 유지하다'로 번역하는 것이 좋다. 이는 제자들이 선생의 본보기 또는 모범을 유지하고 실천하는 것을 말한다. 그것은 헬레니즘과 유대교뿐만 아니라 이 서신에서 강력하게 존재하는 역학이다. "제자는 자기 선생이 없을 때 그를 기억함으로써 계속해서 그 선생의 모범적인 삶에 인도받았다."[29] 그것이 함축하는 바는 '너희는 우리를 언제나 잘 기억하고 그 마음속의 영상을 행동 지침으로 삼으라'는 것이다.

3:6f-g 우리가 너희를 간절히 보고자 함과 같이 너희도 우리를 간절히 보고자 한다 하니(ἐπιποθοῦντες ἡμᾶς ἰδεῖν καθάπερ καὶ ἡμεῖς ὑμᾶς). 데살로니가인들은 어떤 관점에서 보면 그들이 받는 환난의 주원인이었던 사람들을 매우 보고 싶어 한다. 그들은 계속해서 사도팀과 더불어 감정과 속마음을 주고받는다. 사도팀은 사탄 때문에 데살로니가인들을 보지 못하게 되었다(2:17-18). 그리고 데살로니가인들 역시 "우리"를 보고 싶어 한다. 바울은 그런 유사점을 놓치지 않고 강조한다. 신약에서 '간절히 바라다'(ἐπιποθοῦντες)라는 동사는 바울의 글(딤후 1:4을 보라)과 야고보서 4:5 및 베드로전서 2:2에만 나온다. 디모데는 사도들과 데살로니가인들 사이의 우정이 상호적임을 보여주었다(참고. 롬 1:11-12).

---

25. "지금은"(ἄρτι)이라는 말이 독립 소유격과 같이 나오는 것은 신약의 여기에서만 찾아볼 수 있다. LXX에서, 그것은 2 Macc 9:5와 10:28에만 나오며 긴급성을 나타낸다. '…하자마자'라는 뜻이다.

26. 독립 소유격은 일반적으로 시간적 배경을 제공한다('…할 때, 지금'). Wallace, *Grammar*, 654-55를 보라.

27. Wanamaker, *Thessalonians*, 133을 보라.

28. Green, *Thessalonians*, 167; Fee, *Thessalonians*, 123, 그리고 대다수 영어 성경이 그런 식으로 번역했다.

29. Malherbe, *Letters to the Thessalonians*, 207; 또한 그의 "God's New Family in Thessalonica," in *The Social World of the First Christians: Essays in Honor of Wayne A. Meeks* (ed. L. Michael White and O. Larry Yarbrough; Minneapolis: Fortress, 1995), 121.

3:7 이러므로 형제들아 우리가 모든 궁핍과 환난 가운데서 너희 믿음으로 말미암아 너희에게 위로를 받았노라(διὰ τοῦτο παρεκλήθημεν, ἀδελφοί, ἐφ᾽ ὑμῖν ἐπὶ πάσῃ τῇ ἀνάγκῃ καὶ θλίψει ἡμῶν διὰ τῆς ὑμῶν πίστεως). 바울과 실라는 그들 자신만의 환난을 더 받고 있다. 하지만 데살로니가인들이 잘 있다면, "이러므로" 그들의 사기는 올라간다. 바울은 또 다시 "위로를 받았노라"(παρεκλήθημεν)는 동사를 사용한다. 그리스도인 친구들은 서로 의지한다. 곧, 디모데는 데살로니가인들을 위로하고(3:2), 바울과 실라는 그들에 대한 소식을 듣고 위로를 받는다(또한 빌 2:19을 보라). "형제들"(ἀδελφοί)이라는 말은 듣는 사람들의 주의를 끌고, 그들이 경험을 공유한다는 사실을 강조한다. 바울과 실라 역시 환난당하고 있을 때 위로를 받아야 한다는 것이다.

사도들이 환난을 받는다는 사실은 모든 그리스도인이 당하는 환난에 대한 본보기였다. '너희는 우리가 고난받는 것을 보았고, 이제 너희가 고난을 받는다. 우리 역시 계속해서 고난을 받는다'는 것이다. "궁핍"(ἀνάγκη)과 "환난"(θλίψις)은 칠십인역에 종종 함께 나온다.[30] 신약에서 "궁핍"(ἀνάγκη)은 종말론적 환난(눅 21:23) 혹은 이 본문처럼 이 시대에 계속되는 그리스도인들의 "환난"(참고. 고전 7:26; 고후 6:4; 12:10)을 언급할 수 있다.

사도가 지금 어떤 환난을 말하는 것인지는 분명하지 않다. 그것은 마게도냐에서 일어난 핍박인가, 아가야의 알려지지 않은 환난인가, 아니면 단지 일반적으로 사도들이 받는 환난인가? 무엇이든 간에 바울과 실라가 위로를 받은 것은 '너희 믿음으로 말미암아'(διὰ τῆς ὑμῶν πίστεως) 이루어진 것이다. 이 구절은 특별히 디모데가 가져온 긍정적인 소식을 가리킨다(1:3).

3:8 그러므로 너희가 주 안에 굳게 선즉 우리가 이제는 살리라 (ὅτι νῦν ζῶμεν ἐὰν ὑμεῖς στήκετε ἐν κυρίῳ). 바울은 감정적으로 감동받을 때 말을 반복하는 경향이 있다. 그래서 그는 명백한 것을 한 번 더 진술한다. 접속사(ὅτι)는 원인을 나타내고, 3:7에서 그들이 위로를 받는다고 바울이 말할 수 있는 이유를 설명해준다. 그들에게 '산다'는 것은 육체적 삶이 아니라 기쁨의 삶이다. 어떤 번역들은 '이제는 우리가 정말로 산다'는 식으로 해석한다. '주 안에 선다'는 말은 바울이 전형적으로 사용하는 '서다'(στήκω)라는 동사를 사용한다. 그것은 "어떤 확신이나 믿음에 확고하게 헌신하다"라는 의미이다(BDAG).[31] 바울은 데살로니가후서 2:15에서 명령법을 사용하여 '서라'고 그들에게 권고할 것이다. "굳건하게 서서(στήκω) 가르침을 받은 전통을 지키라."

3:9 우리가 우리 하나님 앞에서 너희로 말미암아 모든 기쁨으로 기뻐하니 너희를 위하여 능히 어떠한 감사로 하나님께 보답할까(τίνα γὰρ εὐχαριστίαν δυνάμεθα τῷ θεῷ ἀνταποδοῦναι περὶ ὑμῶν ἐπὶ πάσῃ τῇ χαρᾷ ᾗ χαίρομεν δι᾽ ὑμᾶς ἔμπροσθεν τοῦ θεοῦ ἡμῶν). 바울의 수사학적 질문은 그의 감사 선언보다 더 강력한 인상을 준다. 분명히 그와 실라는 하나님께 감사한다. 하지만 어떤 감사가 충분할 수 있을까?

감정이 계속 고조되어간다. 그들은 데살로니가인들이 준 기쁨 때문에 하나님 앞에서 기뻐한다. 같은 어원에서 나온 말인 "기쁨"(χαρά)과 '기뻐하다'(χαίρω)의 용법은 히브리 시와 같다. 히브리 시는 심오한 진리를 강조하기 위해 같은 어원에서 나온 단어들을 짝지어 사용한다. 이런 반복은 영어에서 잘 사용되지 않으므로, '기쁨으로 기뻐하다'(rejoice with joy)라는 번역은 최선이 아니다. NIV는 "우리가 가진 모든 기쁨에 대해"라고 더 잘 번역한다. "앞에서"(ἔμπροσθεν)라는 말은 이번에도 1:3에 나오는 것과 같은 기도 언어이다. 이 표현은 언제나 그

---

[30]. Weima, "1 and 2 Thessalonians," 874.

[31]. 또한 롬 14:4; 고전 16:13; 갈 5:1; 빌 1:27; 4:1을 보라.

리스도인을 위해 임재하시는 하나님 앞에 서는 것을 말한다.

3:10a-d 주야로 심히 간구함은 너희 얼굴을 보고(νυκτὸς καὶ ἡμέρας ὑπερεκπερισσοῦ δεόμενοι εἰς τὸ ἰδεῖν ὑμῶν τὸ πρόσωπον). 바울의 말은 점점 격해진다. 이제 바울은 이런 영적 느낌에 대한 적절한 반응이 무엇인지 보여주기 위해 기도를 언급한다. 엄밀하게 말해, 이것은 여전히 3:9에서 시작된 수사학적 질문의 일부다. 하지만 이 책에서는 영어로 매끄럽게 표현하기 위해 분할했다. 2:9과 마찬가지로, 바울은 '밤에 그리고 낮에'를 나타내기 위해 "주야로"(νυκτὸς καὶ ἡμέρας)라는 소유격을 사용한다. "간구함"(δεόμενοι)이라는 말은 3:9에 나오는 "우리가…기뻐하니"(χαίρομεν)와 연결된다. 그들의 기쁨은 이 서신이 매우 강하게 암시하는 '쉬지 않는' 기도와 늘 연결되어 있다.

이 시점까지 나온 기도 언어는 다른 서신에서도 흔히 나온다. 하지만 "심히"(ὑπερεκπερισσοῦ)라는 용어는 번역자들을 멈칫하게 한다. 이 복합 부사는 적절하게 번역하기가 어렵다. BDAG는 "모든 척도를 상당히 넘어서는(상상할 수 있는 최고 형태의 비교)"이라고 표현한다. L&N 78.34는 "극도의 진지함"이라고 표현한다. 이런 표현들은 어느 정도 괜찮지만, 원래의 말보다 더 약하게 들린다. '전력을 다해'라는 표현이 바울의 기분을 잘 나타내겠지만, 그것은 너무 관용적인 표현이다. 그래서 이 책에서는 '심히'(unreservedly)라는 말을 선택한다.

바울과 실라는 εἰς τὸ라는 말로 하나님께 간구한다. 이 표현은 그들이 하는 기도의 목표를 보여준다.[32] 마침내 우리는 이 팀이 무엇을 위해 기도하고 있는지 알게 된다. 곧, 그들은 데살로니가인들을 볼 수 있기를 기도한다. 바울은 2:17에서처럼 직접 방문하는 것을 가리켜 얼굴을 맞대고 만난다는 표현(τὸ πρόσωπον ὑμῶν)을 사용한다. 하지만 그 이상으로 그들의 기도에는 두 가지가 암시되어 있다. 곧, 사탄의 방해가 아무런 장애가 되지 않는 것으로 판명될 수도 있다는 것 그리고 그 땅을 정찰하기 위해 대리인을 보내는 것으로 만족하지 않고 바울과 실라가 다시 한번 북쪽으로 나아갈 수 있을 것이라는 점이다. 이 기도 보고는 2:18과 함께 연구해야 한다. 사탄이 사도들을 막으려고 시도할 수 있지만, 그 행동 배후에서 하나님이 사탄에게 그렇게 하도록 허용하신 것이다. 따라서 해결책은 사탄을 꾸짖거나 지역의 영의 영역을 계산하는 것이 아니라, 직접 하나님께 나아가서 환경을 바꾸어달라고 간구하는 것이다.

3:10e-f 너희 믿음이 부족한 것을 보충하게 하려 함이라(καὶ καταρτίσαι τὰ ὑστερήματα τῆς πίστεως ὑμῶν). 분명 이 서신은 이미 그들의 삶에 존재하는 틈을 채우기 위해 쓰인 것이었다. 특히 4:13-18에서 그렇다. 그 외에도 디모데는 사도의 특사 역할을 하기 때문에 그들을 강하게 하는 법을 안다. 하지만 바울과 실라도 같은 일을 직접 하기 원한다. "보충하게 하려 함이라"(καὶ καταρτίσαι, BDAG는 "어떤 부족한 점을 바로잡다"라고 제안한다)는 것이 두 번째 관심사다. "너희 믿음이 부족한 것"(τὰ ὑστερήματα τῆς πίστεως ὑμῶν)이라는 표현은 '교리'로서의 믿음과 '실천'으로서의 믿음을 구분하는 것이 아니다. 아마 이 진술에서 그 두 가지는 뒤섞여 있을 것이다.

디모데는 데살로니가전서를 가지고 북쪽으로 갈 것이고, 그런 뒤에 고린도로 돌아올 것이다. 바울은 그 이후 두 번째 서신을 써서 그것을 디모데 편에 보낼 것이다. 그 시점에서부터 바울이 3차 선교 여행으로 마게도냐에 돌아올 때까지, 우리는 이 신자들에 대해 거의 알지 못한다. 현존하는 자료에 따르면, 실라가 마게도냐

---

32. BDF §402(2).

로 간 듯하지만, 데살로니가에는 분명히 가지 않았다(행 18:5). 따라서 바울이나 실라는 6, 7년이 넘는 동안(아마 고린도후서를 쓸 때) 데살로니가를 다시 방문할 수 없었을 것이다. 사탄이 그들을 계속 막았는지, 아니면 에베소에서처럼 고린도 및 다른 지역에서도 "광대하고 유효한 문"(고전 16:9)이 그들에게 열려서 그들이 떠나기를 싫어했는지는 알 수 없다. 그린은 바울이 다시 마게도냐를 통과해서 갔던 사도행전 19:21-22을 근거로 하나님이 사도들의 기도에 응답하셨다고 말한다.[33] 하지만 이것은 지나친 주장이다. 그다음 방문을 하기까지 오랜 세월이 걸릴 것이기 때문이다. 더 나은 해석은 하나님이 그들의 기도를 즉시 응답하지 않으셨다는 것이다.

3:11a-b 하나님 우리 아버지와 우리 주 예수는(Αὐτὸς δὲ ὁ θεὸς καὶ πατὴρ ἡμῶν καὶ ὁ κύριος ἡμῶν Ἰησοῦς). 바울은 '이제'(개역개정에는 번역되어 있지 않음-역주)라는 말로 이 부분의 결론을 내린다. 바울이 구술하는 것은 실제 기도이고, 데살로니가인들을 위한 사도들의 기도의 모범이기도 하다.

문법적으로 보면 동사들(뒤의 내용을 보라)이 눈길을 끈다. 기원법('하나님이 …을 하게 하시오며'와 같은)은 1세기에 드물게 사용되었다. 주전 3세기부터 코이네 헬라어가 보급되고 헬라어가 국제적인 제2외국어가 되면서 훌륭한 여러 고전적 용법이 사라졌다. 이런 점진적 변화의 일부로 기원법은 "현저하게 후퇴"했다.[34] 기원법은 가정법에 포함되었고, 현대 헬라어에서는 사실상 쓰이지 않는다. 칠십인역에서 기원법은 거의 400개 구절에서 나오지만, 신약에서는 단 68번 나온다. 바울은 기원법을 28번 사용한다. 그가 흔히 쓰는 말인 '결코 그럴 수 없느니라'(μὴ γένοιτο, 문자적으로는 '그렇게 되지 않을지어다')는 말은 14번 나온다(로마서에 10번, 갈라디아서에 3번, 고전 6:15에 한 번).

그 외에도 많은 기원법이 "성취 가능한 소원 또는 기도를 표현하기 위해" 사용된 "자발적 기원법"이다.[35] 이것은 이 기도에 세 번 나오는데, 3:11-12의 "갈 수 있게"(κατευθύναι), "많아"(πλεονάσαι), "넘치게"(περισσεύσαι)가 그에 해당한다. 여기서 주목할 만한 점은 데살로니가 서신들에 9개의 기원법이 나온다는 것이다.[36] 칠십인역 시편이 기도에 기원법을 사용했기 때문에, 바울이 이런 오래된 형태의 말을 사용하게 되었을 수 있다. 그 말이 '성경적인' 기도 언어처럼 들렸기 때문이다.

"하나님 우리 아버지"(αὐτὸς δὲ ὁ θεὸς καὶ πατὴρ ἡμῶν)라는 말은 흔히 쓰이는 구절이 아니다. 하지만 "하나님이 친히"라는 말이 데살로니가전서 5:23에서 기원법과 함께 다시 나온다(참고. 계 21:3).[37] 이사야서 54:5의 칠십인역에는 비슷한 말이 나온다. "네 구속자는 이스라엘의 거룩한 분 자신이시라"(저자 번역, 54:4 MT).

사도 바울의 신학에서 필수적인 것은, 바울이 하나님 아버지께 기도하는 것과 마찬가지로 주 예수님께도 기도한다는 것이다. 바울은 그 관례를 변호하거나 정당화하지 않는다. 우리는 새로 제자가 된 사람들이 바울이 맨 처음부터 하나님 아버지와 주 예수님께 기도하는 것을 들었으리라고 추정할 수 있을 뿐이다. 여기에는 바울의 신학을 어느 정도 보여주는 구문론적 긴장이 있다. 엄밀하게 말해, "하나님 우리 아버지와 우리 주 예수"라는 복수 주어와 그 주어의 단수 동사 사이에는 불일치가 나타난다. 영어로 '하나님과 예수님이 우리를 갈 수 있게 하시오며'(God and Jesus directs us)는 동일한 문법적

---

33. Green, *Thessalonians*, 152, 174.
34. BDF §357.
35. Wallace, *Grammar*, 481.
36. 이 기도에 세 번, 5:23에 두 번, 살후 2:17의 기도에 두 번, 3:5(살전 3:11의 '갈 수 있게 하다,' κατευθύναι라는 말을 반복하면서) 그리고 3:16에 나온다. 그것들은 모두 부정과거 기원법이다.
37. 살후 2:16에서는 그 순서가 바뀐다. "우리 주 예수 그리스도와…하나님 우리 아버지."

불일치를 잘 보여준다. 바울의 문헌에서는 예수님이 하나님의 많은 역할을 맡으시는 것을 자주 볼 수 있다.

3:11b 우리 길을 너희에게로 갈 수 있게 하시오며(κατευθύναι τὴν ὁδὸν ἡμῶν πρὸς ὑμᾶς). 천군 천사의 주재이신 하나님은 원하시면 언제나 사탄의 봉쇄를 무너뜨리실 수 있다. 그래서 사도팀은 그들 사역의 구체적 측면, 즉 그의 팀 전체가 북쪽으로 돌아갈 수 있게 해달라고 기도한다. '갈 수 있게 하다'(κατευθύναι)라는 동사는 유대 문헌에서 흔히 쓰이는 동사이다.[38] 하나님은 훗날 그 '길을 열어주실' 것이다.

3:12a 또 주께서…더욱 많아 넘치게 하사(ὑμᾶς δὲ ὁ κύριος πλεονάσαι καὶ περισσεύσαι). 바울은 이어서 '많다'와 '넘치다'라는 동사에서 나온 두 개의 기원법을 사용해서 데살로니가인들을 위해 기도한다. 동사의 주어는 "주"이다. 이 두 서신에서 이 말은 일관되게 주 예수를 가리킨다. 예수님은 다니엘서 10:13, 21에 나오는 미가엘처럼 단지 능력만 과시할 수 있는 권능의 천사가 아니다. 여기에서 그분은 하나님만이 하시는 일을 하신다. 그분의 백성의 마음속에서 그들이 의를 향하도록 역사하시는 것이다. '많다'(πλεονάζω)라는 말은 데살로니가후서 1:3과 베드로후서 1:8에서 그리스도인의 미덕이 풍성한 것에 대해 사용된다. 바울은 이 본문과 데살로니가전서 4:1, 10에서 제자들이 올바로 행하고 있다고 단언하고 더 성장하도록 기도하거나 격려하기 위해, '넘치다' 또는 '더욱 자라다'라는 말을 사용한다. 기도는 그들을 회심하게 하는 일에 중심이 되었고, 그들의 성장에서도 중심이 된다.

3:12c-d 너희도 피차간과 모든 사람에 대한 사랑이(τῇ ἀγάπῃ εἰς ἀλλήλους καὶ εἰς πάντας). 그들이 이미 그들의 사랑으로 유명한 것처럼(1:3), 바울은 이제 그들이 더욱 더 자라도록 기도한다. "피차간"이라는 말은 기독교 공동체에서 이루어지는 광범위한 상호적 행동을 가리켜 사용된다.[39] "모든 사람에 대한"이라는 말은 다른 공동체의 그리스도인을 언급할 수도 있다(1:7을 보라). 하지만 그들이 "전체 인류"(JB)를 향해 품은 사랑을 언급한다고 이해하는 것이 더 낫다.[40] 외인들에 대한 그들의 사랑과 그들에게 복음을 전하고자 하는 바람은, 이방인에게 적대적인 회당의 태도와 대조된다(2:15-16).

바울은 여기에서 감람산 강화를 간접적으로 언급했을 수 있다. 배교자들은 "서로 미워하겠으며", "많은 사람의 사랑이 식어[질]"(마 24:10, 12) 것이다. 마게도냐 사람들은 그들의 사랑을 유지함으로써, 아니 사랑이 넘치게 함으로써 종말의 때든 아니든 배교에 맞서 굳게 서 있다. *2 Clement* 저자는 독자들에게 "우리가 서로 사랑하자. 우리가 모두 하나님 나라에 들어가도록"(*2 Clem.* 9:6)이라고 촉구할 때 마태복음 혹은 데살로니가전서를 염두에 두었을 수 있다. 그는 하나님 나라에 들어가기에 합당한 사람은, 사랑하는 사람들이라는 점을 잘 알았다. 바울은 5:8에서 사랑에 대해, 사랑의 호심경에 대해 말할 것이다. 다른 사람들이 더 많이 사랑하기를 기도하고, 영광받으신 주 예수님, 곧 감람산에서 말씀하신 분이 그 기도에 응답해주시기를 기대하는 것은 옳다.

3:12b 우리가 너희를 사랑함과 같이(καθάπερ καὶ ἡμεῖς εἰς ὑμᾶς). 데살로니가전서 2-3장 전체는 사도들이 표현하는 감정 가운데 나타난, 더 중요하게는 그들이 취한 행

---

38. 같은 동사를 사용하는 3:11과 매우 유사한 표현이 위경에 나온다. 거기에서 Judith는 하나님께 그의 길을 인도해달라고 기도한다(Jdt 12:8).

39. 예를 들어, 바울 서신들에서 롬 12:10; 13:8. 그런데 그중에서도 특히 데살로니가 서신의 살전 3:12; 4:9; 4:11; 5:11; 5:15 그리고 살후 1:3에서 사용된다. 그것은 또한 요한이 일반적으로 사용하는 언어이다. 그 예로 요 13:14; 요일 3:11; 요일 1:5 등이 있다.

40. 참고. 갈 6:10. 또한 Wanamaker, *Thessalonians*, 143을 보라.

동에 나타난 그들의 사랑을 보여준다. 바울은 제자들에게 사도팀이 서로 사랑의 탁월한 모범을 보여주고 있음을 상기시킨다. 다시 한번 말하지만, 바울과 그의 팀은 제자들이 본받아야 하는 '본보기'이다.

3:13a, e 너희 마음을 굳건하게 하시고…거룩함에 흠이 없게 하시기를 원하노라(εἰς τὸ στηρίξαι ὑμῶν τὰς καρδίας ἀμέμπτους ἐν ἁγιωσύνῃ). 바울은 이제 독자들이 파루시아로 관심을 돌리게 한다. 그들의 현재 행동은, 하나님의 심판 때 그들이 하나님 앞에 서는 데 영향을 미칠 것이다. '…하게 하시고'(εἰς τό)라는 말은 결과의 부정사로 이끈다. NIV, NRSV, NJB는 새로운 문장을 시작하고, '굳건하게 하다'(στηρίξαι)라는 부정사 역시 기원법처럼 보이게 만든다("하나님이 너희 마음을 굳건하게 하사…하게 하시기를", NIV). 하지만 이것은 사랑 가운데 자라는 것과 거룩함 가운데 굳건하게 되는 것의 인과 관계를 간과한다. NLT의 번역이 더 낫다. "그 결과 그분이 너희의 마음을 강하게 하시기를." '굳건하게 하다'(στηρίζω에서 유래)는 3:2에서 그들 사이에서 이루어진 디모데의 사역을 묘사하는 말이었다. 사도들이 같은 목표를 위해 기도하는 것은 디모데의 사역과 영적 대응을 이룬다. "마음"(τὰς καρδίας)은 정서적인 삶을 언급하는 것이 아니라 사람의 내면 전체를 가리킨다(참고. 2:4).[41]

그들의 '흠이 없음'(ἀμέμπτους)은 완전한 "거룩함"(ἁγιωσύνη, 참고. 롬 1:4; 고후 7:1에 나오는 다른 언급들)으로 요약할 수 있다. 데살로니가전서 4:3에서 하나님의 뜻은 같은 어원에서 나온 "거룩함" 또는 '성화'(ἁγιασμός)라는 말로 제시된다. 바울은 이 서신 끝부분에서 바로 이 점, 곧 그들이 거룩하게 되고, 그리스도의 강림을 준비할 수 있게 해달라고 기도한다(5:23).

3:13b, d 우리 주 예수께서…강림하실 때에 하나님 우리 아버지 앞에서(ἔμπροσθεν τοῦ θεοῦ καὶ πατρὸς ἡμῶν ἐν τῇ παρουσίᾳ τοῦ κυρίου ἡμῶν Ἰησοῦ). 바울은 다시 종말론으로 돌아온다. 2:19과 마찬가지로, "…앞에서"(ἔμπροσθεν+소유격)라는 말은 파루시아 또는 심판을 언급한다. 성도는 예수님이 강림하실 때 "하나님 우리 아버지" 앞에 설 것이다. 이 진술은 그리스도의 인격과 관련해서 몇 가지를 함축한다. 특히 바울의 기독론을 제2성전 유대교의 신학과 대조할 때 그렇다. 유대인의 소망 안에서 메시아적 인물은, 중심적인 종말론적 인물이 되는 것부터 완전히 무시되는 것까지 다양한 평가를 받을 것이다. 혹은 두 명이나, 심지어 세 명의 메시아가 있을 수도 있다.

하지만 기독교 신학은 유대교의 메시아 중심성과 달리 그리스도 중심적이다.[42] 유대교의 메시아는, 그리스도가 하나님을 중재하시는 것처럼 여호와의 임재를 중재하지 않는다. 그 메시아는 여호와의 신적 현현에 대해 성경이 예언한 것을 성취하지 않는다.[43] 바울은 3:13에서 심지어 마태복음 16:27("인자가 아버지의 영광으로 그 천사들과 함께 오리니")도 뛰어넘는다. 예수님은 단지 성도들을 하나님 아버지께로 모으시기만 하는 것이 아

---

41. 바울은 '이중 목적격'을 사용한다. Wallace, *Grammar*, 186은 이런 특별한 용법을 '만들다, 정하다'라는 동사를 지닌 목적 보어의 이중 목적격으로 분류한다.

42. Marinus de Jonge가 그 점에 대해 적절하게 말했다. "기독교의 중심 교의는 언제나 예수님이 그리스도(이스라엘이 고대하던 메시아)라는 것이었기 때문에, 유대인들의 메시아 기대에 대한 연구가 많이 이루어졌다. 예수님의 인격에 대한 기독교의 관심은 유대 사상에 나오는 메시아의 인격에 대한 과도한 집중으로 이어졌다. 심지어 최근 학자들의 연구에서도 그러했다." "Messiah," *ABD*, 4:777을 보라.

43. Gordon D. Fee, *Pauline Christology: An Exegetical-Theological Study* (Peabody, MA: Hendrickson, 2007), 31–83은 이 서신들의 기독론에 대한 필수적인 분석을 제공한다. 또 Fee의 *Thessalonians*, 앞서 인용한 곳을 보라. 몇 가지 예외는 메시아적 인물의 신성에 대해 암시한다. 시 2:7; 사 9:6(영원하신 왕이 "전능하신 하나님"이라고 불린다); 미 5:2. 하지만 제2성전 시대의 문헌들은 그런 선례를 따르지 않는다. 심지어 메시아적 관점이 강력한 *Ps. Sol.* 17조차 단순히 다윗의 인간 아들에 대해 말한다.

니다. 예수님은 자신의 인격으로 하나님의 임재를 구현하신다.

3:13c 그의 모든 성도와 함께(μετὰ πάντων τῶν ἁγίων αὐτοῦ. [Ἀμήν]). 주 예수님은 파루시아 때 다른 거룩한 존재들과 함께 오신다. 그런데 그들은 누구인가? '모든 거룩한 자들'(all his holy ones, πάντων τῶν ἁγίων αὐτοῦ)이라는 말은 매우 단순한 구문이다. 그것은 형용사 '거룩한'의 실명사적 용법이다. '거룩한 자들'에 대해서는 두 가지 주요한 해석이 있다. 첫째, 그들이 거룩한 인간들, 곧 옛 언약의 성도나 그리스도인 성도라는 것이다.[44] 둘째, 그들이 거룩한 천사들이라는 것이다.[45] 절충적 해결책은 인간과 천사적 존재 둘 다를 의미한다고 보는 것이다.[46]

그리스도인들에 대한 신약의 많은 언급은 인간 성도라는 해석을 지지한다. 그 결과 '거룩한 자들' 또는 '성도들'(οἱ ἅγιοι)은 신자를 가리키는 반전문적 용어가 된다.[47] 그것이 데살로니가후서 1:10의 의미인 듯하다. 이 구절에서는 히브리식 대구법이 사용된다.

> "그날에 그가 강림하사 그의 성도들에게서 영광을 받으시고
> 모든 믿는 자들에게서 놀랍게 여김을 얻으시리니."

이 절은 반드시 예수님이 거룩한 자들과 함께 오신다는 언급을 포함하지 않는다. 오히려 성도는 예수님이 나타나시는 순간 그분께 영광을 돌리고 그분을 경배한다.

신약에서 그리스도가 인간 성도들과 함께 땅에 오시는 것을 언급한 듯 보이는 묘사가 요한계시록 19:14에 나온다. "하늘에 있는 군대들이 희고 깨끗한 세마포 옷을 입고 백마를 타고 그를 따르더라." 이 구절을 이렇게 해석하는 것은, 19:7-8에 나오는 성도들과 군대를 동일시하는 것에 기초한다. "그의 아내가 자신을 준비하였으므로 그에게 빛나고 깨끗한 세마포 옷을 입도록 허락하셨으니 이 세마포 옷은 성도들의 옳은 행실이로다." 그들은 세마포를 입고 있다. 그런데 요한계시록 15:6에 나오는 천사들도 마찬가지다. 일곱 천사는 "맑고 빛난 세마포 옷을 입고 가슴에 금 띠를 띠"었다. 요한계시록 19:14에 나오는 "군대"가 누구를 가리키는지 정확히 밝히기는 어렵다.

두 번째 견해, 곧 이들이 '거룩한 천사들'이라는 견해를 지지하는 것으로, 여호와가 오시는 것이나 인자가 나타나시는 것 혹은 천사와 함께 이루어지는 그리스도의 파루시아를 언급하는 부분이 많다.[48] 신명기 33:2은 야훼가 시내 산에서 내려오시는 것을 말한다. "여호와께서 시내 산에서 오시고 세일 산에서 일어나시고 바란 산에서 비추시고 일만 성도(holy ones) 가운데에 강림하셨고 그의 오른손에는 그들을 위해 번쩍이는 불이 있도다."[49] 유다서 1:14에는 "아담의 칠대 손 에녹이 이 사람들에 대하여도 예언하여 이르되 보라 주께서 그 수만의 거룩한 자(holy ones)와 함께 임하셨나니"라고 기록되

---

44. Calvin, *Thessalonians*, 272. *Did.* 16.6-7은 성도들을 방금 부활해서 그리스도께 끌려 올라간 사람들로 간주한다.

45. 다수의 주석가들이 그렇게 생각한다. Green, *Thessalonians*, 181; Best, *Thessalonians*, 152-53; Wanamaker, *Thessalonians*, 145.

46. Morris, *Thessalonians* (NICNT), 111-12; Weima, "1 and 2 Thessalonians," 875는 이것이 가능하다고 생각한다.

47. 고전 1:2과 같은 서신의 서두에 흔히 나온다. 또한 롬 8:27; 고전 6:1-2; 엡 4:12; 골 1:26에 명백히 나온다. 그리고 사도행전, 히브리서, 유다서, 요한계시록에도 그런 표현이 나온다.

48. 유용한 글로 C. A. Newsom and D. F. Watson, "Angels," *ABD*, 1:248-55를 보라.

49. 이것은 번역하기 어려운 절이다. 그 점은 LXX에 이미 나타나 있는데, LXX는 히브리어 성경과 다소 다르다. "여호와께서 시내 산에서 오시고, 세일 산에서 우리에게 나타나시고, 바란 산에서 일만 카데스와 함께 강림하셨고, 그의 오른편에는 천사들이 그분과 함께 있도다"(신 33:2 LXX에 대한 NETS 번역). 다양한 번역을 알기 위해서는 다른 역본을 보라.

어 있다. 이것은 위경인 *1 En.* 1,9(ed. Charlesworth)에 대한 직접적 언급이다. "보라, 그분이 모든 사람을 심판하시기 위해 만만의 거룩한 자들과 함께 오실 것이다." 이 '거룩한 자들'은 *1 En.* 60,4와 61,10처럼 천사적 존재이다.

다니엘서 7:13, 마가복음 14:62, 요한계시록 1:7에 나오는 하늘 "구름" 역시 하늘의 군대를 나타낼 수 있다. 마태복음의 감람산 강화에서, 천사들은 땅의 사방에서 택함 받은 자들을 모으기 위해 인자와 함께 온다(마 24:31). 마태복음 24:36에 따르면, 천사들은 파루시아의 날이나 때를 알지 못한다. 천사들은 또한 불 심판을 하기 위해 악한 자들을 함께 모을 책임도 맡는다(마 13:39, 41, 49). 이러한 증거 외에 데살로니가후서 1:7에 유사한 구절이 나온다. "주 예수께서 자기의 능력의 천사들과 함께(μετ᾽ ἀγγέλων δυνάμεως αὐτοῦ) 하늘로부터 불꽃 가운데에 나타나실 때에." 폭넓은 증거는 데살로니가전서 3:13이 데살로니가후서 1:7과 마찬가지로 천사들을 언급한다는 것을 보여준다(하지만 살후 1:10에서는 천사들이 언급되지 않는다).

'그의 천사들'에서 '그'가 지시하는 대상은 정확하지 않다[with all his holy (angels)]. 그 선행사는 주 예수일 수도 있고 하나님 아버지일 수도 있다. 평행 구절인 마태복음 16:27에 나오는 "그"(his)라는 말도 확실한 도움이 되지 않는다. 마가복음과 누가복음에서 예수님은 단순히 '그'(the) 천사들이라고 말씀하신다. 데살로니가전서 3:13에는 스가랴서 14:5(NETS)이 암시되어 있다. "나의 하나님 여호와께서 임하실 것이요 모든 거룩한 자들이 주와 함께하리라." 반면, 마태복음 24:31에서 인자는 '그의 천사들'(개역개정에는 "천사들"—역주)과 함께 오신다고 하는데, 여기에서 대명사 '그의'는 인자를 언급하는 것이 분명하다. 평행 구절인 데살로니가후서 1:7 역시 천사들이 주 예수께 속해 있는 것으로 본다. 스가랴서, 마태복음, 데살로니가후서에 나오는 평행 구절들은 주 예수의 '모든 거룩한 천사들'을 가리킨다. 결론적으로, 데살로니가전서 3:13은 예수님이 자신의 거룩한 천사들과 함께 다시 오실 때, 데살로니가 신자들이 하나님의 임재에 어떻게 적합하게 참여할 것인지에 대해 말하고 있다.

이 기도의 끝부분에는 사소한 원문상의 문제가 있다. 그것은 다른 서신들의 기도 끝부분에서도 나타나는 현상이다. 많은 강력한 증거는 '아멘'(ἀμήν)이라는 말을 포함하는 반면, 또 다른 강력한 증거들은 그 말을 뺀다. 그것이 기도에 적절한 결론이라고 생각해서 경건한 필사자가 여백에 추가해 넣었을 수도 있다.[50]

---

50. "확실한 결정을 내리기가 매우 어려우므로 그리고 외적 증거는 다소 대등하게 균형을 이루고 있으므로, 위원회의 다수는 ἀμήν을 포함시키지만 그 말을 괄호 안에 넣기로 결정했다"(Metzger, *Textual Commentary*, 563). NLT는 아멘을 포함하는 유일한 주요 영어 번역본이다. 바울이 분명히 아멘을 써넣은 구절들로, 롬 9:5; 11:36; 엡 3:21; 빌 4:20; 딤전 1:17을 보라. 일반적으로 서신 마지막 절에서 사본상 의혹이 있는 경우로, 고전 16:24; 고후 13:13; 특히 살전 5:28; 살후 3:18을 보라.
51. Stauffer, *New Testament Theology*, 177.
52. 2009년 4월 13일 바나 보고서(Barna Report)에서 "대부분의 그리스도인은 사탄이나 성령의 존재를 믿지 않는다"라고 진술한 것을 보라. 이 보고서는 미국에서 신앙을 고백하는 그리스도인 중 35퍼센트만이 마귀가 인격적 존재임을 믿는다고 말한다. 온라인 주소는 다음과 같다. www.barna.org/barna-update/article/12-faithspirituality/260-most-american-christians-do-not-believe-that-satan-or-the-holy-spirit-exist.

적용에서의 신학

1. 데살로니가의 신학

많은 데살로니가인은 이교도였다가 그리스도께 나아왔다. 그들이 믿던 신들은 초인적 능력을 지니고 있었지만, 인간과 마찬가지로 운명에 매여 있었다. 이것은 아무리 경건한 이방인이라고 해도 사실상 미래에 일어날 사건의 방향을 바꾸기 위해 기도를 이용할 수 없었음을 의미했다. 일어날 일은 일어나게 마련이다. 할 수 있는 일이라고는 그런 운명이 밀어닥치고 있는 동안이라도, 정기적인 제사와 가시적인 종교적 의무를 이행해서 신들의 지나친 변덕이 가라앉기를 소망하는 것뿐이었다.

복음이 데살로니가에 이르렀을 때, 이방인들은 "살아 계시고 참되신 하나님"(1:9)이 존재할 수 있다는 것을 처음으로 들었을 것이다. 그 하나님은 값없이 '택하셨고'(1:4), 운명에 결코 속박되지 않는 분이었다. 이것은 새 신자가 우주를 보는 방식에 커다란 변화를 가져왔다. 신자는 두려움과 숙명론 대신, 어려운 환경 속에서도 참되신 하나님을 의지하여 도움을 청할 수 있었다. 또한 여행 계획과 같은 평범한 것이나 영적 성장과 같은 심오한 것과 관련해 환경을 바꾸어달라고 구할 수 있었다. "우리가 기도하는 대상이신 하나님은 무자비한 신이 아니라… 모든 일을 하실 수 있고, 모든 상황을 주관하시며, 필요할 때마다 가까이 계시는 분이다."[51] 바울이 받은 복에 대해 하나님께 감사한다는 사실은, 하나님이 그 복의 원천이시며 단지 운명을 방관하시는 분이 아님을 나타낸다.

2. 성경 신학

그리스도인들에게 기도는 하나님의 아들 주 예수 그리스도를 통해 전능하신 하나님과 인격적인 관계를 맺는 것이다.

사탄 역시 그리스도인의 삶에 실재하는 존재이다. 많은 서구 그리스도인은 인격적인 악한 존재라는 개념을 거부한다.[52] 하지만 그런 존재는 실재하고, 계획을 방해하거나 신자에게 해를 끼침으로써 복음 사역을 망치려 애쓴다. 그리고 사도들이 전한 복음은 때로 사탄의 방해가 성공함으로써 자신의 존재를 알린다는 사실도 전해준다. 바울은 사람이 처한 환경을 올바르게 해석하려면 일어나는 일을 단지 우연으로 치부할 수 없다는 점을 이해한다. 반면, 하나님에게서 나오는 예언적 말씀을 직접 받지 않는 신자는, 어떤 일이 사탄에게서 나왔는지 혹은 하나님에게서 나왔는지 평가하는 일에 많은 주의를 기울여야 한다. 아주 잘못된 판단을 내리지 않게 하기 위해서다.

바울은 그들의 믿음이 강해지기를 하나님께 구한다(3:10). 사도는 그 목표를 이루기 위한 노력을 멈추지 않는다. 또한 바울은 신앙을 고백한 사람에게 짧은 시간 동안 가르침을 주는 것을 '양육'으로 보지 않았다.

또 다른 현대적 개념은 일단 누군가가 그리스도를 향한 믿음을 고백하면, 그들을 보호하는 것은 성령님이 하실 일이며 전도자의 일은 끝난 것이라고 주장한다. 즉, 그들이 참된 그리스도인이라면 살아남을 것이라는 논리다. 그들이 살아남지 못한다면, 그들의 신앙은 분명 진짜가 아니었을 것이다. 하지만 성경 어디에서도 이런 자유방임주의적 제자도를 찾아볼 수 없다. 오히려 바울의 사역에서 회심자를 성숙한 제자로 만들어나가는 핵심적 특징은 긴급성이다. 모든 단계에서 기도는 필수적인 요소이다.

이 서신 및 다른 서신들에 나오는 사도적 기도에 대해 상상력을 발휘해서, 바울과 그의 동료들이 기도하는 모습을 그려볼 수 있을 것이다.

배경: 고린도에서 데살로니가전서를 보내기 전 어느 날 저녁

바울: 하나님 우리 아버지, 우리 주 예수님, 우리 마음은 감사로 가득 차 있습니다. 하나님 아버지, 당신은 우리에게 영적 자녀들을 주셨습니다. 그들이 거짓 우상에게서 회심하도록 성령을 보내신 분은 아버지이십니다. 주님, 우리가 그 일을 한 것이 아니라 주님이 간섭하셨고, 주님의 이름을 위해 당신이 한 백성을 택하셨습니다.

실라: 하나님이시자 아버지시여, 당신은 우리가 그들을 사랑하게 만드셨습니다. 그리고 그들은 서로 매우 사랑합니다. 미리암은 심지어 새로 사귄 그리스도인 친구들을 포기하지 않는다는 이유로 부모에게 외면당합니다. 구주여, 미리암의 아버지가 되어주시옵소서. 교회가 미리암을 자매로 받아들이게 하시옵소서.

바울: 자신들의 믿음 때문에 일자리를 찾을 수 없는 사람들과 함께해주시옵소서. 심지어 우리는 그들이 누구인지도 알지 못합니다. 주님, 아무도 낙심하지 않게 하시고 그들이 일자리를 구해서 경건한 방식으로 자립할 수 있게 하소서.

디모데: 주 예수님, 사무엘이 회당에서 매를 맞으면서도 주님의 이름을 부인하지 않았습니다. 데살로니가의 모든 그리스도인이 주님을 따르는 사람들에게 이런 일이 예사로 일어난다는 점을 안다 해도 주님을 따르게 하소서.

실라: 주님, 어느 누구도 당황하거나 소망을 잃지 않게 해주시옵소서. 모두가 견디게 해주시옵소서. (그는 길게 기도하며 많은 사람의 이름을 언급한다.)

바울: 하나님 아버지, 이 젊은 제자들로 인해 너무나 감사합니다. (그 역시 수십 명의 개인을 위해 기도하고 많은 사람의 자세한 사정을 언급한다.) 하나님은 우리 마음속 깊은 곳에 그들을 양육하고자 하는 욕구를 심어놓으셨습니다. 하지만 당신은 지금 우리를 너무나 멀리 떨어져 있게 하셨습니다. 그리고 우리는 편지로만 그들과 만나볼 수 있습니다. 아주 오랫동안 사탄이 우리를 막았습니다. 제발 아버지시여…(눈물이 차오르며 말을 잇지 못한다).

실라: 주여, 사탄의 방해물을 제거해주시기를 간구합니다. 하늘이나 땅의 어떤 권세도 주님께 반항할 수 없습니다. 데살로니가인들이 주님의 돌보심 안에 있음을 고백합니다. 디모데가 우리에게 기쁜 소식을 가져왔습니다. 하지만 주님의 자비로 우리가 눈으로 직접 그 교회를 볼 수 있게 해주시기를 기도합니다.

3. 이 본문이 오늘날의 교회에 주는 메시지

우리는 이 단락 내내 바울의 팀이 보여주는 거룩한 행동주의에 깊은 인상을 받는다. 여기에 규정된 사도적 모범을 따른다면, 우리는 사람들에게 앞으로 찾아올 모든 가능성에 대해 경고해야 할 것이다. 사도들이 환난을 받을 가능성을 솔직하게 말했던 것과 같다. 그리스 신화에서 카산드라는 끔찍한 사건을 예견하는 여선지자였다. 그런데 사람들은 그녀의 말을 듣지 않는다. 그것이 그녀가 받아야 하는 저주였다. 반면 사도들의 메시지는, 우리가 운명의 신이 아닌 전능하신 하나님께 의존하고 있다는 점에서 더 긍정적이다.

그런데 과연 오늘날의 설교자는 신자에게 어려운 시기를 대비하게 하는가? 번영, 관습적 도덕, 하나님을 우리 편으로 만들어 사업에서 성공하는 법, 가족의 가치, 정치 그리고 실제 삶(죽음, 이혼, 질병, 중독, 실업, 거절 등)과 연결되지 않은 신학 등을 설교하는 것은 대중을 즐겁게 하는 일에 더 가깝다. 특히 신실한 그리스도인이라면 환난이 이상한 일이 아니라 기독교의 전형적인 특징이라고 경고할 것이다. 고난과 관련해서 우리 시대의 큰 거짓 가르침인 번영 신학을 경고하지 않는 목사는, 곤란을 당할 문을 열어놓고 있는 것이다.

종말의 표적에 대해 말할 때, 단지 지진과 전쟁의 소문에만 초점을 맞추어서는 안 된다. '사람들 대부분의 사랑이 식어버릴' 중대한 위험에도 초점을 맞추어야 한다.

어떤 그리스도인들은, 기도가 상황을 바꾸는 것이 아니라 환경에 대한 우리의 태도를 바꾸는 것이라고 생각한다. 다른 그리스도인들은 기도할 때 "중언부언"하지 말고(마 6:7), 단번에 기도하면서 "모든 것을 하나님의 손에 맡기라"는 예수님의 경고를 지나치게 강조한다. 하지만 예수님은 데살로니가전서 3:10이 보여주는 기도 같은 계속적이고도 열렬한 기도를 반대하시는 것이 아니다. 그리스도인의 기도에서 우리는 성령의 도우심을 받아, 열정적으로 신적 인격과 소통하면서 기도한다.

확실한 문제들을 위해 기도하라. 당신은 주변 사람들을 위해 기도하는가? 그들이 계속해서 성장하고 견고하게 되도록 기도하는가? 또는 심지어 바울이 여기에서 암시하는 것처럼, 그들이 그리스도인으로 남아 있도록 간구하는가? 누군가는 "하지만 나는 영원한 안전을 믿습니다!"라고 대답할지 모른다. 나도 마찬가지다. 그런데 성령은 부분적으로는 동료 신자들의 기도를 통해 일하신다.

데살로니가전서 4:1-12

문학적 전후 문맥

데살로니가전서 4:1은 이 서신에서 중대한 전환점이다. 사도 바울은 이미 데살로니가인들이 어떤 모범을 따라야 하는지 설명했다(2:1-12). 이제 바울은 '이것을 하라. 저것을 하지 말라'는 식으로 직접적인 권고를 한다. 이런 유형의 글은 전문적으로 '권면'(*paraenesis*)이라고 한다. 데살로니가인들이 후에 이 서신을 큰 소리로 읽을 때, 그들은 바울의 지시가 울려 퍼지는 것을 들을 것이다. '그것이 우리가 너희에게 얼굴을 맞대고 간청한 것이었다. 그것이 우리가 너희를 위로한 것이었다. 그것이 우리가 너희에게 하나님께 합당하게 행하라고 애원한 것이었다'(참고. 2:12).

본문을 면밀히 읽어보면, 바울은 죄에 빠지지 않은 회중에게 '권면'을 쓰고 있다.[1] 또한 그는 디모데가 데살로니가인들에 관해 근심스러운 소식을 가져왔다고 암시하지도 않는다. 그런데 바울은 이 서신을 고린도에서 보내고 있다. 거기에서 바울은 이방 관습의 증거를 날마다 온몸으로 감지한다(고전 6:9-11에서처럼). 데살로니가인들이 다시 죄에 빠져든다면, 그들을 함정에 빠뜨릴 만한 것은 바로 그런 종류의 죄일 것이다. 그렇기 때문에, 바울은 모든 이방인 회중이 들어야 할 내용을 데살로니가인들에게 말한다. 그러는 동시에 그들이 잘하고 있고, 앞으로도 같은 방향으로 계속 나아가라고 진심으로 단언한다.

바울은 다음 부분(4:13-18)에서 그들이 이해하는 데 어려움을 겪는 듯 보이는 신학의 특정한 측면으로 넘어갈 것이다. 곧, 그리스도의 파루시아 때 성도의 부활에 대한 것이다.

---

[1] 일부 주석가는 데살로니가인들이 실제로 바울이 이 본문에서 반대한 죄에 빠져 있었다고 주장한다. "바울은 이제 그들의 '믿음'이 '부족한'(3:10) 두 문제 중 첫 번째 문제를 다루기 시작한다." Fee, *Thessalonians*, 143을 보라. 또 Green, *Thessalonians*, 181-84, 187 ("어떤 교인들"이 성적 죄 가운데 살고 있었다)을 보라. 또한 Robert Jewett, *The Thessalonian Correspondence*, 105-6.

> V. 바울과 실라의 여행 계획의 좌절과 그 해결책(2:17-3:13)
> VI. 권면: 이방인의 환경 속의 복음 윤리(4:1-12)
>  A. 데살로니가인들은 계속 복음 윤리를 따라 살아야 함(4:1-2)
>   B. 그들을 향한 하나님의 뜻에는 성적 거룩함이 포함됨(4:3-8)
>   C. 하나님의 뜻에는 또한 각 신자가 사랑하며 사는 것이 포함됨(4:9-12)
>   1. 데살로니가인들은 이미 그리스도인 가족에게 넘치는 사랑을 베풀고 있다 (4:9-10)
>   2. 사랑의 한 가지 표현은 특히 기독교적인 사회적 에토스다(4:11-12)
> VII. 그리스도의 다시 오심에 대한 가르침(4:13-5:11)

주요 개념

바울은 고린도전서를 썼을 때, 고린도인들의 죄를 하나씩 책망했다. 그것은 그들이 근친상간과 매춘에 관여한 것, 소송 그리고 그들에게 사랑이 없는 것 등이다. 이와 눈에 띄게 대조적으로, 데살로니가인들은 그중 어떤 행동에 대해서도 잘못을 지적받지 않는다. 바울은 단지 성(4:3-5), 관계(4:6), 그리스도인의 사랑(4:9-10), 일(4:11-12) 등과 관련하여 계속해서 올바르게 살라고 촉구한다.

번역

데살로니가전서 4:1-12

1a	권고	그러므로 형제들아 **우리가 끝으로…너희에게 구하고 권면하노니**
b	영역	주 예수 안에서
c	비교	너희가 마땅히 어떻게 행하며 하나님을 기쁘시게 할 수 있는지를 우리에게 배웠으니
d	비교	곧 너희가 행하는 바라
e	권고	더욱 많이 힘쓰라
2a	매개	우리가 주 예수로 말미암아
b	상기시키는 말	**너희에게 무슨 명령으로 준 것을 너희가 아느니라**

3a	상기시킴	**하나님의 뜻은 이것이니**
b	내용	너희의 거룩함이라
c	확장 1	곧 음란을 버리고
4a	태도	각각 거룩함과 존귀함으로
b	확장 2	자기의 아내 대할 줄을 알고
5a	묘사	하나님을 모르는
b	비교	이방인과 같이
c	태도	색욕을 따르지 말고
6a	영역	이 일에
b	확장 3	분수를 넘어서 형제를 해하지 말라
c	상기시킴	이는 우리가 너희에게 미리 말하고 증언한 것과 같이
d	이유	이 모든 일에 주께서 신원하여 주심이라
7a	이유	**하나님이 우리를 부르심은**
b	목적	부정하게 하심이 아니요
c	대조	거룩하게 하심이니
8a	주장	그러므로
b	추론	**저버리는 자는 사람을 저버림이 아니요**
c	추론	너희에게 그의 성령을 주신 하나님을 저버림이니라
9a	주장	**형제 사랑에 관하여는 너희에게 쓸 것이 없음은**
b	이유	**너희들 자신이 하나님의 가르치심을 받아**
c	내용	서로 사랑함이라
10a	사례	**너희가 온 마게도냐 모든 형제에 대하여 과연 이것을 행하도다**
b	권고	형제들아 **권하노니**
	확장	더욱 그렇게 행하고
11a	상기시키는 말	또 너희에게 명한 것 같이
b	확장	조용히
c	확장	자기 일을 하고
d	확장	너희 손으로 일하기를 힘쓰라
12a	관계	이는 외인에 대하여
b	목적	단정히 행하고

| c | 목적 | 또한 아무 궁핍함이 없게 하려 함이라 |

구조

바울은 "그러므로"(λοιπὸν οὖν)라는 말로 독자들에게 처음으로 권고한다. 그것이 이 단락 전체의 주제이다. 바울이 가르친 내용은 이미 데살로니가에 잘 알려져 있었다. 그들이 사도에게서 받은 '그대로'(καθώς, 4:1c, 개역개정에는 "배웠으니"-역주), 그들이 행하고 있는 '그대로'(καθώς, 4:1d) 그리고 그들이 사도의 명령을 이미 알고 있기 '때문에'(γάρ)라는 말이 그 점을 보여준다. 이 단락은 그들이 잘하고 있으며, 다만 "더욱 많이 힘쓰[기]"(4:1e)만 하면 된다는 대단히 낙관적인 어조로 요약할 수 있다.

사도의 과업은 진리를 확증해주고, 그들이 계속 그 길로 가야 한다고 재차 단언하는 것이다. 그리스도인의 행동의 첫 번째 영역은 성 윤리와 그것의 사회적 함축이다. 바울은 4:3-8에서 부정사를 사용해서 그 주제를 탐구한다. 그것은 음란을 '버리는' 것(4:3), 자기 몸을 통제하는 법을 '아는' 것(4:4, 개역개정에는 "자기의 아내 대할 줄을 알고"-역주), 성적 비행을 저질러서 다른 그리스도인들을 '해하지 않는' 것(4:6) 등이다. 바울은 이 서신에서 종종 그렇게 하는 것처럼, 기독교적 행동과 이교적 행동을 구별하기 위해 대조라는 수사학적 기법을 사용한다. 곧, 음란함을 버리라, 너희 몸을 통제하라, 다른 그리스도인들을 해치지 말라(μή) 등이다. 바울은 4:4-5에 또 다른 대조를 배치한다. 거룩함과 존귀함으로 아내를 대하고, 이방인의 색욕을 따르지 말라(μή)는 것이다.

4:7에는 또 다른 인클루지오가 나온다. 그것은 하나님의 뜻과 관련해서 4:3과 4:7-8을 하나로 묶어준다. 성욕의 영역에서 거룩함은 단지 칭찬받을 만한 미덕이 아니다. 오히려 그것은 하나님의 인격에서 나온다. 이 구절에는 부정함이 아니라 거룩함, 인간의 권위가 아니라 하나님의 권위라는 또 다른 대조가 나온다.

바울이 다루는 두 번째 영역은 전환을 나타내는 표지인 "…에 관하여는"(περὶ δέ, 4:9)이라는 말로 시작된다. 그리스도인 가족의 사랑에 대하여(4:9-12) 너희가 잘하고 있다. 그러니(δέ, 4:10b) 계속 그렇게 하고 계속 성장하라는 동일한 진리가 적용된다. 바울은 γάρ(왜냐하면)를 두 번 사용해서 그가 그들의 사랑에 관해 알고 있음을 나타낸다. 그들은 하나님의 가르치심을 받는다(4:9). 그리고 그들은 다른 사람들을 사랑한다(4:10). 바울은 어떤 새로운 교리를 소개하거나 가족 사랑이 바람직한 미덕이라고 또 다시 설득할 필요가 없다. 긍정적으로, 바울은 4:11에서 부정사를 사용하여 그리스도인이 사랑을 표현해야 하는 몇 가지 방법을 강조한다. 그것은 조용히 사는 것, 자기 일을 하는 것, 자기 손으로 일하는 것 등이다. 이와 같이 사랑에서 비롯된 사회적 행동을 하는 것은 그들이 좋은 평판을 얻고 아무 궁핍함이 없게 하려 함이다(목적을 나타내는 표지 ἵνα, 4:12).

석의적 개요

→ I. 데살로니가인들은 계속 복음 윤리를 따라 살아야 함(4:1-2)
   II. 그들을 향한 하나님의 뜻에는 성적 거룩함이 포함됨(4:3-8)
       A. 그들은 불법적인 성적 행동을 금해야 한다(4:3)
       B. 그들은 자제심을 유지해야 한다(4:4)
       C. 그들은 틀에 박힌 이방인의 정욕을 피해야 한다(4:5)
       D. 그들은 성적 모험주의로써 그들의 '형제자매'를 학대하지 말아야 한다(4:6)
       E. 그들은 기독교적 성 윤리가 하나님의 부르심에 기초하고 있음을 기억해야 한다(4:7-8)
           1. 모든 거룩함은 하나님의 인격에 뿌리박고 있다(4:7)
           2. 거룩함은 사도팀이 가르친 것이지만, 그 가르침은 인간의 권위가 아니라 하나님에게서 나온다(4:8)
   III. 하나님의 뜻에는 또한 각 신자가 사랑하며 사는 것이 포함됨(4:9-12)
       A. 데살로니가인들은 이미 그리스도인 가족에게 넘치는 사랑을 베풀고 있다(4:9-10)
           1. 사도들은 그들이 이미 실천하고 있는 것을 가르칠 필요가 없다고 생각한다(4:9a)
           2. 하나님이 그들을 직접 가르치신 것이 분명하다(4:9b)
           3. 그들은 모든 마게도냐 신자에게 가족 사랑을 보인다(4:10a)
           4. 그들은 사랑 가운데 계속 자라야 한다(4:10b)
       B. 사랑의 한 가지 표현은 특히 기독교적인 사회적 에토스다(4:11-12)
           1. 그들은 조용하고 조화로운 생활 방식을 추구해야 한다(4:11b)
           2. 그들은 육체노동을 해야 한다(4:11c)
           3. 그들은 노동 윤리의 열매를 누릴 것이다(4:12)
               a. 그리스도의 가족이 아닌 사람들은 신자의 행동을 호의적으로 판단할 것이다(4:12a-b)
               b. 신자는 경제적으로 궁핍하지 않을 것이다(4:12c)

본문 설명

4:1a-b 그러므로 형제들아 우리가 끝으로 주 예수 안에서 너희에게 구하고 권면하노니(Λοιπὸν οὖν, ἀδελφοί, ἐρωτῶμεν ὑμᾶς καὶ παρακαλοῦμεν ἐν κυρίῳ Ἰησοῦ). 앞에서 바울은 "그러므로 너희가 주 안에 굳게 선즉 우리가 이제는 살리라"(3:8)고 말했다. 그런 다음 바울은 그 팀이 어떻게 데살로니가인들이 사랑과 거룩함 가운데 굳건해지도록 기도했는지 말했다(3:11-13). 이제 4:1-11에서는 데살로니가인들이 그들의 행동이 거룩해지고 사랑이 많아진다는 것이 무엇을 의미하는지 구체적으로 보여준다. 이 부분을 읽으면서 제자들은 사도들이 말로 전해준 가르침을 떠올렸을 것이다(2:12).

대부분의 영어 성경은 첫마디를 '마지막으로'(λοιπὸν οὖν)라고 번역해서 서신이 마무리되고 있는 듯한 인상을 준다. 하지만 이것은 좋은 번역이 아니다. 이 문맥에서 그 말은 "그 외에" 또는 "내가 이미 쓴 것 외에"라는 의미이기 때문이다.[2] 회중 가운데서 큰 소리로 읽을 때, 이 말은 청중으로 하여금 가르침의 새로운 부분에 다시 관심을 모으게 할 것이다. 이것은 "형제들아"라는 말과 동일한 기능을 한다.[3]

바울은 호소하기 위해 두 개의 동사를 사용한다. '구하다'(ἐρωτῶμεν)라는 말은 단지 '요청하다'라는 뜻일 수 있다. 하지만 선생이 사람들에게 어떻게 살 것인지를 역설하는 문맥에서 그 말은 촉구한다는 더 강력한 의미이다. 바울은 또한 그들에게 '권면한다'(παρακαλοῦμεν). "주 예수 안에서"(ἐν κυρίῳ Ἰησοῦ) 그들을 가르치는 것과 관련해서는 4:2에 대한 설명을 보라.

4:1c-e 너희가 마땅히 어떻게 행하며 하나님을 기쁘시게 할 수 있는지를 우리에게 배웠으니 곧 너희가 행하는 바라 더욱 많이 힘쓰라(ἵνα καθὼς παρελάβετε παρ' ἡμῶν τὸ πῶς δεῖ ὑμᾶς περιπατεῖν καὶ ἀρέσκειν θεῷ, καθὼς καὶ περιπατεῖτε, ἵνα περισσεύητε μᾶλλον). 새로 제자가 된 사람들은 사도들의 가르침을 통해 기독교적인 행동 규정을 받았다. 바울은 "하나님을 기쁘시게 할 수 있"도록 행동하는 법에 대해 그들이 말로 전달한 가르침을 두 번 언급한다(참고 2:12; 또한 골 1:10을 보라). 이 동사는 관례적으로 구전을 '받는 것'(παρελάβετε)을 나타내기 위해 사용되었다(참고. 고전 11:23과 15:1-3에서 그 동사의 용법). "전하였노니"(παρέδωκα, 고전 15:3)라는 말은 구전을 나타내는 또 다른 반전문적 용어이다. 문맹률이 높은 문화권에서 기독교의 가르침은 보통 말을 반복하는 방식으로 전달되었다. 배우는 사람은 선생의 말을 듣고, 그 말을 반복하며, 그것을 다른 사람들에게 전했다.

"어떻게"(πῶς)라는 말은 소위 간접 질문을 소개한다. '너희는 어떻게 행해야 하는가?' 등의 질문을 변형한 것이다. 바울은 기독교 윤리가 단지 선택 사항이라는 개념을 배제한다. 그것은 의무 사항이다. 그것은 "마땅히" 행해야 하는 것이다. "마땅히"(δεῖ)라는 말은 비인칭 동사로 보통 부정사를 주어로 취한다(예를 들어, 행 5:29, 문자적으로는 '하나님께 순종하는 것이 필요하다'). 여기에서 δεῖ는 두 개의 주어를 취한다. 그중 하나는 '행하다, 행동하다'(περιπατεῖν)라는 부정사로, 이 동사는 바울 서신 도처에서 발견된다(2:12을 보라; 또한 4:12). 모든 유대인과 마찬가지로, 바울은 그 말과 동의어인 히브리어 동사

---

2. MM, 380은 λοιπόν이 "강조의 οὖν처럼 때때로 단순히 새로운 주제로 넘어가는 것을 표시하기 위해 사용된다"라고 진술한다. 참고로 또 살후 3:1을 보라. 빌 3:1에서 λοιπόν은 다른 주제로 넘어가는 것을 나타내지만, 그 서신의 결말에 가까운 것은 전혀 아니다. 빌립보서의 경우에, λοιπόν에 대한 적절한 이해는 현재 상태의 그 서신이 두 개 이상의 더 짧은 서신들을 어설프게 편집한 것이라고 주장하는 이론을 약화시킨다.

3. 마찬가지로 롬 12:1을 보라. "그러므로 형제들아 내가⋯권하노니."

*hālak*을 잘 알고 있었다. 예를 들어, "여호와가 아니시냐 우리가 그에게 범죄하였도다 그들이 그의 길로 다니기를 원하지 아니하며 그의 교훈을 순종하지 아니하였도다"(사 42:24b).**4** 이 동사에서 *halakah*라는 말이 나온다. 이 말은 랍비가 윤리적 교훈에 부여한 칭호이다. 다른 하나로 '하나님을 기쁘시게 하다'(ἀρέσκειν θεῷ, 2:4에 대한 설명을 보라)라는 부정사를 취한다.

이 두 단어는 별개의 행동을 가리키지 않는다. '행하다'와 '하나님을 기쁘시게 하다'가 두 개의 다른 과업이 아니라는 뜻이다. 오히려 두 단어는 '중언법', 곧 하나의 접속사[이 경우에는 '그리고'(καί), 또한 2:12을 보라]로 연결된 두 개의 비슷한 단어로 하나의 개념을 표현하는 것이다.**5** 번역자는 그 두 개를 혼합해서 '하나님을 기쁘시게 하는 방식으로 너의 삶을 살아라' 또는 '하나님을 기쁘시게 하기 위해 살라'와 같은 한 의미를 만들어낸다. 4:1에서 바울은 옛 언약과 새 언약 사이에 암시된 대조를 소개한다. 유대인은 하나님을 기쁘시게 하지 않는 반면(2:15), 이방인은 그리스도 안에 있으면 하나님을 기쁘시게 할 수 있다. 하나님이 이 세상에 개입하셨기 때문에, 기독교의 교훈은 랍비의 *halakah*와는 차원이 다르다. 그들은 옛 언약 아래서는 가능하지 않았던 초자연적 권능을 부여받기 때문에 거룩함 가운데 행할 수 있다.

다수의 본문(그리고 KJV, NKJV)은 "곧 너희가 행하는 바라"(καθὼς καὶ περιπατεῖτε)는 말을 빼놓는다. 하지만 더 오래된 사본은 모두 그 말을 지지하고, 이 책에서는 NA²⁷을 따라 그 말을 넣는다. 이 구절은 바울이 데살로니가인들에게 어떤 책망의 말도 하고 있지 않다는 견해를 강화한다. 다음과 같은 CEV의 번역은 탁월하다. "너희는 이미 그런 식으로 살고 있다. 하지만 더욱 열심히 노력하라."

4:2 우리가 주 예수로 말미암아 너희에게 무슨 명령으로 준 것을 너희가 아느니라(οἴδατε γὰρ τίνας παραγγελίας ἐδώκαμεν ὑμῖν διὰ τοῦ κυρίου Ἰησοῦ). 바울은 다시 상기시키는 말로 돌아온다. 데살로니가인들은 바울이 말하려 하는 것을 이미 '안다'(οἴδατε, 1:5에 대한 설명을 보라). 이 서신은 이미 알려진 구전적 명령(παραγγελίας)을 한층 강화한다. 하지만 바울이 그 가르침을 '주 예수'에 의해' 혹은 "말미암아"(διά) 준 것이라는 말은 무슨 뜻인가? 다음은 그 대답의 일부이다.

> 그의 교훈들은…권위 있는 사도적 법령이라는 특징을 지닌다. 그것은 그리스도가 완전히 권한을 부여하신 것을 배경으로 삼는다. 그래서 바울은 데살로니가인들에게 간청하고 권고할 때, 교회를 설립할 당시 "주 예수로 말미암아" 받은 지시를 언급할 수 있다(살전 4:2; 참고. 살후 3:10)…그렇다면 사도의 말에서 독자는 주님과 관련된다.**6**

이 설명은 어느 정도 유용하지만, 좀 더 나아가야 한다. 주 예수에 '의해'(διά) 인증된 가르침은, "우리가…주 예수 안에서(ἐν) 너희에게 구하고 권면"(4:1)한 것과 비슷할 것이다. 바울은 다음과 같이 언급하는 것일 수 있다.

1. 예수님의 구체적인 말씀에 출처를 둔 가르침, 즉 훗날 기록된 복음서의 일부가 될 구전**7**
2. 예수님의 사도들이 전한 설교에 뿌리를 두지만, 반드시 예수님의 구체적인 말씀을 언급하는 것은 아닌 가르침**8**

---

4. 또한 잠 15:21을 보라.
5. BDF §442 (16)를 보라.
6. O. Schmitz, "παραγγέλλω, παραγγελία," *TDNT*, 5:764.
7. Best, *Thessalonians*, 158에서 언급은 하지만 그 견해를 받아들이지는 않는다. 마찬가지로, Marshall, *1 and 2 Thessalonians*, 105.
8. Wanamaker, *Thessalonians*, 149; Bruce, *1 & 2 Thessalonians*, 79.

3. 은사적 예언을 통해 계시된 가르침(4:15의 "주의 말씀"을 보라)[9]

상황에 맞는 예수님의 구체적인 말씀이 있다면 첫 번째 견해를 택하는 것이 논리적이다. 하지만 보존된 복음서 전승(the gospel tradition)에는 정확하게 일치하는 말씀이 없다. 세 번째는 특이한 견해일 것이다. 하나님이 데살로니가인들의 거룩함을 원하신다는 점을 드러내기 위해 새로운 예언의 말씀이 필요하지는 않을 것이기 때문이다. 한편 두 번째 견해는 데살로니가후서 3:6과 유사하다는 장점이 있다. 거기에서 "우리 주 예수 그리스도의 이름으로 너희를 명하노니"라는 말은 일에 대한 사도들의 가르침이다. 다음과 같은 견해가 가장 타당하다. 데살로니가에 도착한 사도들은 이방인 독자에게 복음을 상황화해서 성적, 사회적 거룩함을 더 강조하기로 한 것이다. 그들의 설교에는 이방인 그리스도인에게 음행을 멀리하라고 명령한 예루살렘 공의회의 결정 내용도 포함되었을 것이다(행 15:29).[10]

그렇다면 바울의 말이 하늘의 권위에 대한 야고보의 호소와 비슷해 보이는 것은 우연이 아닐 것이다. "성령과 우리는…하는 것이 옳은 줄 알았노니"(행 15:28). 바울은 데살로니가전서 4:2에서 거룩함의 문제와 관련해 그리스도인이 의지해야 할 것은 양심이나 관습이 아니라, 주 예수와 성령으로 말미암아 주어지고 사도들이 적용한 하나님의 기준이라는 점을 강조한다. 바울은 4:8에서 그 주제를 더 다룰 것이다.

4:3a-b 하나님의 뜻은 이것이니 너희의 거룩함이라(τοῦτο γάρ ἐστιν θέλημα τοῦ θεοῦ, ὁ ἁγιασμὸς ὑμῶν). 이 구절은 문제의 핵심을 담고 있다. 그리스도인의 행동 규칙은 하나님에게서 온다는 것이다. 바울은 데살로니가후서 2:13에서 이 성결 사역을 수행하시는 분은 성령님이라고 덧붙일 것이다. 그리고 그는 모든 신자가 성령을 소유하고 있다고 주장한다(고전 12:13). 나중에 바울은 로마서 12:2에서 그리스도인이 하나님께 항복할 때, 그들이 하나님의 뜻이 무엇인지 파악할 수 있는 능력이 점점 커진다고 단언할 것이다. 바울은 선택받은 소수만이 전수받을 수 있는 은밀한 하늘의 신비가 있다고(아마도 딤전 1:3-4의 다른 교훈을 가르치는 자들이 주장한 것처럼) 가르치지 않는다. 하나님의 뜻을 알 수 있는 능력은, 그리스도를 따르고 사도들의 교훈에 주의를 기울이는 모든 사람에게 주어진다.

"하나님의 뜻"(θέλημα τοῦ θεοῦ)이라는 구절은 '주격 소유격'을 포함한다. 따라서 "하나님의 뜻"이라는 말은 '하나님이 원하시는 것'이라는 의미다. 기독교 신앙에서 신적 뜻은 사람들이 동조해야 하는 정보가 아니다. 오히려 그것은 인격적인 하나님이 바라시는 것을 가리킨다. 예수님 역시 제자도를 아버지의 뜻을 행하는 것으로 규정하셨다(마 12:50).

하나님이 바라시는 것 혹은 '주를 기쁘시게 하는 것'은 무엇인가? "너희의 거룩함"(ὁ ἁγιασμὸς ὑμῶν)이다. 이것은 '너희의 성화'라는 번역보다 더 낫다. 그것은 한편으로 드물게 사용되며, 다른 한편으로 다양한 신학적 체계 안에서 독특한 의미로 사용되는 단어이다.[11]

거룩함은 정의를 내리기 어려운 신학 용어이다. 먼저 4:3(그리고 4:4, 7)에서 거룩함이 아닌 것을 살펴보는 것으로 시작할 수 있을 것이다.

---

9. Best, *Thessalonians*, 158.
10. 예를 들어, Green, *Thessalonians*, 190을 보라.
11. O. Proksch, "ἁγιασμός," *TDNT*, 1:113은 신약 서신에서 이 용어가 "이방인 기독교 분야에서 압도적으로," 즉 이방인에게 보낸 서신에서 사용된다고 말하는 것처럼 보인다. 하지만 이 제안은 논란의 여지가 있다. 대부분의 신약 서신이 주로 이방인 교회에 쓴 것이기 때문이다. 그는 히브리서에 그 용어가 쓰인 것을 지적함으로써 자신의 주장이 틀렸음을 추가로 입증한다.

- 거룩함은 성전 의식에 충실하거나 토라에 복종하는 것이 아니다. 이방인은 모든 성전 제도에서 배제되어 있었다. 그리고 사도들은 또한 그들이 율법의 멍에에 복종하지 말아야 한다고 말했다.
- 거룩함은 추가 정의나 윤리적 적용 없이 단순히 '분리' 또는 '따로 물러내는 것'으로 규정될 수 없다.
- 거룩함은 추상적인 개념이나 단순히 '위치와 관련된' 진리가 아니다. 거룩함은 일상적 행동과 관련해서 광범위한 실제적 함축을 지닌다.
- 거룩함은 '하나의 거룩하고 보편적인 교회'라는 문구처럼 단순히 공동적인 특징이 아니다. 이 절에서 거룩하라는 부르심은 데살로니가와 모든 곳에 있는 개개의 신자를 위한 것이다.

거룩함에 대한 긍정적 정의를 내리자면, 유대교와 기독교에서 거룩함을 규정하는 분은 하나님이시다. "하나님이여 주의 도는 극히 거룩하시오니"(시 77:13). 구약은 거룩함이 어떻게 야훼의 거룩함에 뿌리내리고 있고, 어떻게 그 거룩함으로 측정되는지 보여주는 절로 가득 차 있다. 예를 들어, "너희는 나에게 거룩할지어다 이는 나 여호와가 거룩하고 내가 또 너희를 나의 소유로 삼으려고 너희를 만민 중에서 구별하였음이니라"(레 20:26). 따라서 거룩함에 대한 성경적 윤리를 구축하려면 반드시 신중심적인 동시에 야훼 중심적이어야 한다.

이곳에 함축된 중대한 사실은, 복음이 온 세상이 따를 수 있는 생활 방식을 제공하지 않는다는 것이다. 기독교 윤리는 그리스도 안에서 하나님을 아는 지식 및 하나님을 본받으려는 욕구와 능력을 전제로 한다. "그러므로 사랑을 받는 자녀같이 너희는 하나님을 본받는 자가 되고"(엡 5:1). 이것은 기독교를 따르지 않지만 그리스도의 가르침에 감탄한다고 말하는 사람, 그것도 대개 싫어하는 부분은 제거하고 좋아하는 부분만 골라서 그렇게 말하는 사람들이 거짓을 말하는 것이라고 본다. 거룩함이란 하나님의 성품을 따르는 동시에 그분의 성품과 일치하지 않는 것은 단호히 거절하는 것이다.

데살로니가의 배경은 하나님, 신들 및 한 사람의 윤리와 관련해서 탁월한 도움을 준다. 데살로니가인은 저 멀리 올림포스 산의 멋진 전경을 볼 수 있었다. 하지만 그 산에 살던 신들은 역할 모델의 정반대였다('데살로니가전후서 서론'을 보라). 그 신들은 각자 나름의 계획이 있었다. 트로이 전쟁에서 그 점이 입증되었는데, 그 전쟁에서 신들은 각각 다른 편을 들었다. 이와 대조적으로, 철학자들은 신화를 불쾌한 것으로 여겼다.

우리 젊은이들이 제우스를 본받아서 자기 아버지를 때리도록 장려되거나[헤시오도스(Hesiodos)에 나오는 것처럼], 우리 시민들이 신들의 싸움에 대한 설명[호메로스(Homeros)의 글에 나오는 것처럼]을 듣거나 보고서 다투도록 자극받아야 할 것인가?…(오히려) 우리의 첫 번째 위대한 원리는 다음과 같다. 곧, 하나님은 오직 선의 창시자라는 것이다. 두 번째 원리도 그와 같다. 하나님에게는 형태의 변화나 바꿈이 없다.[12]

플라톤에게 한 신이 있었는데, 그 신은 본받을 만한 가치가 있었다. 누군가 아레스(Ares, 그리스 신화에 나오는 전쟁의 신-역주)를 따르기로 한다면, "사랑의 영향 아래 있을 때, 그들이 조금이라도 부당한 취급을 받는다는 생각이 들면, 그들은 기꺼이 자신과 그들이 사랑하는 사람들을 죽이고 삶의 종지부를 찍으려고 한다"(*Phaedrus* 252d). 반대로 참된 최고의 존재를 모방했던 사람은 철학적 삶을 추구할 것이다. "철학자는 명상이 하나님에 대한 지식을 가져다주며, 하나님과 비슷한

---

12. Plato, *Republic* (trans. Jowett), 378–80.

존재로 만들어준다고 믿었다(참고. *Phaedrus*). 각 사람은 그 사람이 명상하는 것으로 형성된다."[13] '하나님을 본받는 것'이 철학에서(예를 들어, 소크라테스, 플라톤, 세네카, 에픽테토스) 그리고 유대교에서(필로, 랍비) 발견된다. 하지만 철학자들의 하나님은 야훼와 다르다. 고상한 철학적 '부동의 동자'(unmoved mover)는 사랑과 진노의 하나님과 전혀 다르다.

4:3c 곧 음란을 버리고(ἀπέχεσθαι ὑμᾶς ἀπὸ τῆς πορνείας). 주로 이방인으로 구성된 데살로니가 회중은 하나님이 기대하시는 성도덕을 계속 상기해야 했다. 특히 데살로니가가 위험에 처한 이유에 대해서는 서너 가지 이론이 있다. 슈미탈스의 견해는 처음부터 불안정하다. 그들이 영지주의의 영향을 받아서 죄에 빠졌다는 것이다. 영지주의 신봉자들은 육체의 행동을 내적 영과 분리해서 계몽된 사람들이 죄의 문제를 고려할 필요가 없다고 주장했다.[14] 하지만 그의 견해는 증거가 부족하다. (1) 왜 바울은 여기에서 역사적 증거로 알려진 영지주의 비슷한 어떤 것도 논박하지 않는가? (2) 바울은 이 서신 어디에서 그들이 성적으로 부도덕할 수도 있음을 나타내는가?

일부 학자는 특정한 데살로니가 종교가 성적 거룩함의 적이었다고 주장했다. 카비리(Cabiri) 종교는 피비린내 나며 흥청망청 먹고 마시는 의식이었다. 예를 들어, 돈프리드(Donfried)는 '카비리' 종교가 바울 당시 데살로니가에서 두드러졌으며, 그 종교는 성적으로 난잡한 의식을 거행했다고 주장했다.[15] 하지만 그의 관점은 불안정하다. 돈프리드와 다른 사람들의 주장에도 불구하고, 카비리 종교에 대해 아는 바가 거의 없다는 인식이 확산되고 있기 때문이다.

카비루스 신이 그 추종자에게 '지극히 거룩한 분'으로 불렸다고 암시하는 몇 가지 증거가 있다. 봄 브로크(Vom Brocke)는 바울이 이 서신에서 거룩함이라는 언어를 매우 많이 사용하는 것은 우연이 아니라고 주장한다. 바울은 그들에게 참된 하나님을 따르라고 요구하는데, 그분의 거룩하심은 음란을 배제한다. 함축적으로 하나님은 가짜로 지극히 거룩한 자인 카비루스와 대응되는 진짜로 거룩한 분이다.[16] 이 결론은 어느 정도 논리적인 것처럼 보이지만, 두 가지 약점이 있다. (1) 1세기 데살로니가에 있었던 종교에 대한 증거가 매우 적기 때문에 독자는 바울의 말과 데살로니가 이교의 배경을 연결하는 일을 신중하게 해야 한다. (2) 성경 본문의 측면에서 볼 때, "거룩함"이라는 말이 데살로니가전후서에서 여러 번 사용된 것은 사실이지만, 이것이 특별히 빈도가 높은 것은 아니다. 이 서신에서 거룩함에 대한 대부분의 언급은 이 한 부분에 나온다(4:3, 4, 7; 또한 살후 2:13, 그리고 살전 3:13에 나오는 동의어인 ἁγιωσύνη). 게다가 바울은 세 개의 다른 서신에서도 이 용어를 사용한다(롬 6:19, 22; 고전 1:30; 딤전 2:15; 또한 히 12:14; 벧전 1:2을 보라). 모두 같은 의미로 사용한 것이 분명하다. 어원이 같은 '거룩하게 하다'(ἁγιάζω)와 '거룩한'(ἅγιος)이라는 말이 그의 서신 곳곳에 흩어져 있다. 즉, '거룩한'이라는 말은 특별히 데살로니가와 관련된 용어가 아니다. 더 나아가 그 지역의 카비리 종교와도 관련이 없다.

더 나은 설명은 바울이 데살로니가의 상황 때문에 특별한 위험에 빠질 수 있다는 점을 알고 있었다는 것이다('데살로니가전후서 서론'을 보라). 바울은 고린도에서 글을 쓰고 있었기 때문에, 일어날 가능성이 있는 일을 예민하게 인지할 수 있었다. 따라서 이곳에 나오는 간음에 대한 바울의 가르침은 데살로니가의 문제보다 고린도와 더 관련되었을 수 있다.

---

13. Charles H. Talbert, *Reading the Sermon on the Mount: Character Formation and Ethical Decision Making in Matthew 5-7* (Grand Rapids: Baker, 2006), 96.

14. Schmithals, *Paul & the Gnostics*, 156–57.

15. Donfried, "The Cults of Thessalonica," 336–56을 보라.

16. Vom Brocke, *Thessaloniki*, 117–21.

'버리다'(ἀπέχεσθαι)라는 말은 중간태로 사용될 때 '멀리하다, 그만두다, 삼가다'라는 의미이다. 이 경우에는 음란에 대해 그렇게 하라는 것이다(또한 벧전 2:11을 보라). 예루살렘 교회의 지도자였던 야고보는 전에 '멀리하다'와 '음행'이라는 동일한 두 개의 핵심 단어를 사용해서 이방인 교회에 글을 썼다. "성령과 우리는 이 요긴한 것들 외에는 아무 짐도 너희에게 지우지 아니하는 것이 옳은 줄 알았노니…음행(πορνεία)을 멀리할지니라(ἀπέχεσθαι)"(행 15:28-29; 또한 15:20; 21:25을 보라).[17]

이것은 안디옥에 보낸 편지였으며, 바울과 실라는 갈라디아에서 이미 믿음을 갖게 된 사람들에게 그 메시지를 전했다(행 16:4). 사도행전에 나오는 이야기가 정확하다고 보면, 그들이 그 메시지를 마게도냐와 아가야의 새로운 회심자들에게 전했다는 것은 합리적인 추정이다.

바울의 회심자들은 다양한 배경에서 온 이방인이었다. 어떤 사람들은 '하나님을 경외하는 자들'로 회당에서 이루어지는 구약을 읽는 모임에 참석했다. 그들은 칠십인역에서 '음란'(πορνεία)이라는 어군이 일반적으로는 성적 죄를 그리고 특별히 매춘을 말한다는 것을 들었을 것이다. 즉, 그들은 성도덕에 대한 정의를 이미 알고 있었으며, 그다음에 복음이 그 정의를 강화했다. 하지만 회당과 한 번도 접촉하지 못한 이방인이 처음으로 "음란"에 반대하는 설교를 들었을 때, 그들은 사도들이 그 단어에 부여한 의미 때문에 당황했을 것이다. 명사 형태인 "음란"(πορνεία)은 알려져 있기는 했지만, 1세기 데살로니가에서 거의 사용되지 않았다.[18] 그것은 '매춘부'(이것과 어원이 같은 말인 πόρνη)와 어울리는 것을 뜻할 수 있었다. 하지만 그것은 또한 다른 비정상적인 성적 관행을 가리킬 수도 있었다. 이 모든 것은 데살로니가 이방인이 "음란"을 과장된 성적 활동으로 이해했을 것이라고 말해준다. 그런 활동은 역겨웠을 것이다. 그것이 신들을 모독했기 때문이 아니라, 가속이나 폴리스(polis)에 대한 경시를 암시했기 때문이거나, 자제력의 부족을 나타내거나, 재정적 곤란으로 이끌었기 때문이다.

"음란"(πορνεία)이라는 말은, 유대교와 기독교의 배경에서 이성 결혼 외의 모든 성적 활동을 나타내는 더 일반적인 용법이 되었다. 위경까지 포함하면, 칠십인역은 그 단어를 50번 사용한다. 그 말은 다말의 매춘(창 38:24), 부정한 '아내' 이스라엘(호 1:2), 또는 심지어 단순한 성적 욕구(Tob 8:7) 등을 언급한다. 이 특정한 용어(πορνεία)를 사용하든 안 하든, 구약은 모든 종류의 성적인 죄를 정죄한다. 처녀를 꾀는 것(출 22:16), 근친상간(레 18:6-18), 수간, 동성애, 복장 도착(cross-dressing, 레 18:22-23; 20:13; 신 22:5) 등이다. 간통은 간음의 하위 범주로 부부 관계를 위반하는 것이며(Sir 23:23; 마 19:9을 보라), 사형에 해당하는 죄다. 간통은 결혼한 여자와 성관계를 맺는 것이다(레 20:10). 하지만 그 반대의 경우는 그렇지 않다. 즉, 어떤 여자가 결혼한 남자와 간음을 하는 경우는 간통이 아니다. 바울이 고린도전서 6:15-16에서 엄격하게 금지하는, 창녀와 어울리는 일은 더 양면적으로 취급된다. 여성은 매춘을 할 경우 돌에 맞아 죽을 수 있다(신 22:20-21). 창기와 결혼하는 것은 제사장

---

17. 행 15:29에서 NJB가 πορνεία를 "불법적 결혼"이라고 번역한 것은 받아들일 수 없다. 그 번역은 Ernst Haenchen (*The Acts of the Apostles: A Commentary* [trans. R. McL. Wilson; Philadelphia: Westminster, 1971], 449)이 지지하는 견해와 일치한다. 그는 πορνεία를 레 18:6-18에 나오는 혼인 금지의 촌수(근친상간)로 본다. 이에 대한 논거는 예루살렘 공의회에서 내려진 사도들의 명령이 레위기의 그 구절에 기초했다는 가설에 의지한다.

18. πορνεία에 대한 고전적 언급은 단 여덟 개만 남아 있다. 다섯 개는 Aeschines와 Demosthenes(주전 5세기, 둘 다 가능성이 있는 동성애 매춘이라는 같은 상황에 대한 언쟁을 다룬다)에게서 나오고, 한 개는 Aristophanes(4세기에서 5세기)가 쓴 단편에 사용되었고, 두 개는 Theopompus(4세기)가 쓴 두 단편에 나온다. MM, 529 역시 πορνεία는 "원래 '매춘'을 의미했다"라고 진술한다. 그럼에도 난교 파티에 대한 Theopompus의 언급 때문에 그리고 증거가 빈약하기 때문에, 그 말을 경제적 거래를 암시하는 매춘과 엄격하게 연관시키는 것은 불가능하다. 그 말이 πόρνη와 어원상으로 관련되어 있음에도 그렇다.

에게만 금지되었다(레 21:7). 그리고 아버지는 자기 딸을 창녀가 되게 해서는 안 된다(레 19:29). 하지만 매춘에 대한 일반적인 금지는 없다.

제2성전 기간의 「열두 족장의 유언서」(The Testaments of the Twelve Patriarchs)는 πορνεία라는 말을 25번 사용한다. T. Reu. 4.6이 설명하듯이 음란은 우상 숭배로 가는 길을 연다. "성적 난잡함의 죄는 삶의 함정으로 사람을 하나님과 분리하고 우상 숭배로 이끈다"(ed. Charlesworth; 또한 고전 10:6-13을 보라). 「솔로몬의 지혜」(Wisdom of Solomon) 14:12, 26은 그것이 반대로도 작용한다고 진술한다. 즉, 우상 숭배가 온갖 종류의 성적 죄로 이끌 수 있다는 것이다. 신약은 πορνεία라는 명사를 25번 사용한다. 바울이 로마서 1장에서 말하듯이 배교는 창조주에게 감사하지 않는 것이다(참고. 롬 1:21과 살전 1:2을 비교하라). 그것의 결과는 이방인의 종교(우상 숭배, 살전 1:9)와 이방인의 성욕(간음, 4:3-5)이다.

"음란"(πορνεία)은 어떤 종류의 성적인 죄를 포함하는가? T. Benj. 9.1은 소돔의 동성애적 "음란"을 경고하는 반면 T. Reu. 1.6은 그 용어를 근친상간에 적용한다(또한 고전 5:1을 보라). 요세푸스는 심지어 주후 44년 헤롯 아그립바 왕이 죽은 후 그의 딸들의 조각상에 저질러진 성적 음란(πορνεία)을 말하기까지 한다.[19] 랍비는 노예 제도를 멸시했는데, 그 제도가 노예를 성적으로 이용하는 것으로 이어졌기 때문이다. 그런 성적 범죄는 미국 노예제 시대에 다시 등장하게 된다. 힐렐(Hillel)은 "많은 노예 소녀, 많은 정욕"이라고 말했다.[20] 이방인에게 노예들과 성관계를 맺는 것은 일반적인 일이었다.

성적 죄에 대한 바울의 정의는 일반적으로 유대인의 기준을 따른다. 바울이 창녀와 어울리는 것을 단호하게 금하는 것만 다를 뿐이다. 간단히 말해, 성경의 자료는 다음과 같이 확증한다. "바울이 혼외 성관계를 정죄하는 것은 포괄적이고 무조건적이었다. 바울이 *porneia*라는 용어를 사용했을 때, 그가 의도한 것은 명확했다. 그것은 혼외의 모든 성관계를 다 포함했다."[21]

바울과 회당은 데살로니가에서 성적 표현을 불건전하게 억압하는 존재로 인식되었을 것이다. 소수의 그리스-로마 철학자는 유대 기독교 윤리에 더 가까운 견해를 가지고 있었다. 스토아학파 중 1세기의 무소니우스 루푸스(Musonius Rufus)가 특히 두드러진다. 그에 따르면 남편과 아내는 둘 다 성적으로 신실할 책임이 있다. 그는 혼인 관계에서 깊은 사랑과 존중을 키워갈 것을 주장한다. 자녀를 낳는 것은 결혼의 한 측면이다. 하지만 결혼은 배우자가 서로에게 헌신함으로써 더 높은 차원으로 올라간다. 무소니우스는 배우자가 아닌 사람과 갖는 모든 이성애적, 동성애적 성관계를 신랄하게 비난한다.[22] 하지만 무소니우스의 윤리처럼 고결한 윤리는 데살로니가에서 전혀 인기가 없었다. 사실상 데살로니가의 최초 회심자들은, 일부 헬라인이 성에 대해 그처럼 엄격한 견해를 가지고 있다는 이야기를 들어본 적조차 없었을 것이다.

데살로니가 교회의 교인 중에는 유대인, 회당에서 시간을 보냈던 이방인 그리고 이교에서 곧바로 구원받

---

19. Josephus, *Ant.* 19.9.1 (§357).
20. *m. ʾAbot* 2:7을 보라.
21. James A. Brundage, *Law, Sex, and Christian Society in Medieval Europe* (Chicago: Univ. of Chicago Press, 1990), 61. G. P. Carras, "Jewish Ethics and Gentile Converts: Remarks on 1 Thess 4,3-8," in *The Thessalonian Correspondence* (ed. Raymond F. Collins; BETL 87; Leuven: Leuven Univ. Press, 1990), 312에 나오는 간략하지만 유익한 설명을 보라. 그는 바울이 말하는 *porneia*가 헬라파 유대인이 의미했던 것을 뜻한다고 주장한다. 즉, "근친상간, 동성애, 매춘, 간통"을 포함해서, 남편과 아내 사이에 이루어지지 않는 모든 이성 및 동성 간의 성적 활동을 거부한다는 것이다.
22. J. Edward Ellis, *Paul and Ancient Views of Sexual Desire: Paul's Sexual Ethic in 1 Thessalonians 4, 1 Corinthians 7 and Romans 1* (LNTS; Edinburgh: T&T Clark, 2007), 108-11을 보라. 또 *TDNT*, 6:583-84 "πόρνη" 논문 뒤에 나오는 "The Sex Ethics of Stoicism"; Musonius Rufus, frag. 12 (found in Beverly Roberts Gaventa, *First and Second Thessalonians* [Interpretation; Louisville: John Knox, 1998], 52-53)를 보라.

은 사람들(점점 그 수가 늘어나던) 등이 포함되어 있었다. 따라서 사도들은 새로운 제자들에게 예루살렘 공의회에서 결정한 음행을 금지하는 사항을 자세히 설명해야 했다. 그 팀이 그곳에서 설교할 때, 그들은 "음행하는 자나 더러운 자나 탐하는 자…는 다 그리스도와 하나님의 나라에서 기업을 얻지 못하리니"(엡 5:5; 또한 5:3; 또한 고전 6:9-10; 갈 5:19-21; 골 3:5에 나오는 다른 '악의 목록'을 보라)와 같은 내용을 어떤 식으로든지 가르쳤을 것이다. 그들은 거룩함의 모든 측면과 마찬가지로, 성 윤리는 하나님께 뿌리내리고 있다고 배웠다. "몸은 음란을 위하여 있지 않고 오직 주를 위하여 있으며 주는 몸을 위하여 계시느니라"(고전 6:13-14). 간음, 즉 결혼 외의 모든 성적 활동을 금하신 분은 하나님이다(고전 7:2). 하나님은 단지 개인이나 가정이나 도시에 치욕을 주는 성적 활동만 금하신 것이 아니었다.[23] 바울은 데살로니가전서 4:3에서 그들이 그를 실망시켰다는 표시 없이 단지 이 가르침을 강조한다.[24]

4:4 각각 거룩함과 존귀함으로 자기의 아내 대할 줄을 알고 (εἰδέναι ἕκαστον ὑμῶν τὸ ἑαυτοῦ σκεῦος κτᾶσθαι ἐν ἁγιασμῷ καὶ τιμῇ). 이 구절은 데살로니가 서신에서 가장 복잡하다. '자신의 몸/그릇(σκεῦος)을 통제하다/소유하다'(개역개정에는 "자기의 아내 대할 줄을"-역주)라는 표현이 지닌 어려움 때문이다. NSAB는 그것을 단순히 "자신의 그릇을 소유하다"라고 번역한다. 아마도 데살로니가인들은 바울이 말하는 σκεῦος가 무슨 의미인지 알았을 것이다. 그들은 전에 바울에게서 그것을 들었거나, 디모데에게 더 분명히 알려달라고 물었을 것이다. 오늘날 우리에게는 문제를 분명히 설명해줄 디모데 같은 사람이 없다. 뒤에서 제시할 가장 좋은 해석은, 모든 그리스도인은 남자나 여자나 성적 거룩함에서 하나님을 기쁘시게 하는 방식으로 그들의 몸을 통제하는 법을 알아야 한다는 것이다.

'알다'(εἰδέναι)라는 말은 올바른 행동을 인식하는 것일 뿐만 아니라, 그것을 행하는 것이다.[25] 4:3의 '버리라'는 말과 같이, 그것은 "너희의 거룩함"을 한층 확장하여 표현하기 위해 사용된 부정사이고, "[너희] 각각"[ἕκαστον (ὑμῶν)]이라는 목적격 주어를 취한다. '통제하다'(κτᾶσθαι)라는 말은 그들이 무엇을 알아야 하는지 보여준다. 다른 문맥에서 이 동사는 '소유하다' 또는 '소유물을 획득하거나 얻다'라는 뜻일 수 있다. 몰튼과 밀리건은 후대의 코이네 헬라어에서 또 다른 의미가 널리 사용되었다는 증거를 제시한다. 바로 '점차적으로 완전히 지배하게 되다'라는 의미이다.[26]

'그릇(σκεῦος)이라는 명사는 유달리 해석하기가 어렵다. 다른 문맥에서 이 단어는 문자적으로 그릇을 가리켜 사용되었다(막 11:16). 하지만 여기에서 그것은 은유적인 표현이다. 하지만 무엇에 대한 은유인가? 2천 년에 걸친 해석의 역사를 통해 생겨난 견해를 정리해보면 다음과 같다.

1. '그릇'은 "아내"를 의미한다. 따라서 바울의 명령은 각 남자가 어떻게 "아내를 소유하거나 얻을지" 알아내라는 것이다.[27]

---

23. D. F. Wright, "Sexuality, Sexual Ethics," *DPL*, 871–75를 보라.
24. 한 세기 후에, 로마 그리스도인 Hermas는 "모든 악한 욕망을 금하는" 사람으로 묘사되었는데(Herm. *Vis.* 1.2.4), 그것은 이 서신을 암시하는 듯한 진술이다.
25. BDAG, οἶδα 3; George Milligan, *St. Paul's Epistles to the Thessalonians* (London: MacMillan, 1908), 49.
26. MM, 362. 주석가들은 파피루스 고문서가 아니라 헬라어 문헌에 초점을 맞추는 경향이 있었는데, '소유하다'라는 말은 완료 시제로

만 된 의미이며, 여기에서는 '획득하다'라는 말이 더 낫다고 추론했다. 따라서 Milligan은 교정책으로, "파피루스 고문서로 판단해보면, 적어도 대중적 언어에서 이 의미(소유하다)가 더 이상 완료 시제에 국한되지 않았던 것 같다"라고 덧붙인다. Milligan, *Thessalonians*, 49를 보라.
27. 이것은 Augustine, *Marriage and Concupiscence* 1.8.9의 견해다. Peter Gorday, ed., *Colossians, 1–2 Thessalonians, 1–2 Timothy, Titus, Philemon* (ACCS, New Testament 9; Downers Grove, IL: InterVarsity

2. '그릇'은 음경을 완곡하게 표현한 것이다.[28] 일부 학자는 생식기를 인간 몸 전체를 나타내는 환유로 본다.[29] 이 명령은 공동체의 남자에게만 적용되었다고 보는 것이 자연스럽지만,[30] 일부 주석가는 그 은유가 남자든 여자든 모든 교인의 성적 삶으로 확대되어야 한다고 제안한다.[31]

3. 이 책이 선호하는 견해는 '그릇'이 인간의 몸을 나타내는 은유라는 것이다.[32] 이 독법에 따르면, 바울은 남성 대명사(ἕκαστον과 ἑαυτοῦ)를 '그 남자의 또는 그 여자의'라는 총칭적 의미로 사용하며, 남자든 여자든 모든 독자를 언급한다.

첫 번째 견해에서 이 절을 '아내를 얻다'라고 해석하는 것은 인구학적으로 고찰해볼 때 처음부터 복잡해진다. 1세기 마게도냐에서 아내를 찾는 일은 결혼하기로 마음먹는 것만큼 간단한 문제가 아니었다. 많은 헬라인은 딸들을 '유기했다.' 즉, 그들은 아이들 때문에 생긴 재정적 부담 때문에, 아이들을 내다버려서 죽게 했다. 이로 인해 인구는 불균형하게 남자가 많아졌다. 오늘날 중국이 '한 자녀 정책' 때문에 그렇게 된 것과 마찬가지였다. 특히 그리스에서 남자는 사춘기에 갓 이른 여자아이와 결혼하기 위해 삼십 대가 될 때까지 기다려야 했다. 신부가 부족한 현상은, 결혼을 기다리는 오랜 시간 동안 그 대책으로 동성애가 만연한 이유를 부분적

Press, 2000), 80을 보라. 특히 Witherington, *1 and 2 Thessalonians*, 114–16; Burke, *Family Matters*, 185–93; Malherbe, *Letters to the Thessalonians*, 226–28을 보라. C. Maurer ("σκεῦος," *TDNT*, 7:365)는 "데살로니가에서 결혼하지 않은 사람들이 음란에 대한 해결책으로 결혼하도록 촉구를 받고 있든(시작의 의미에서), 아니면 결혼한 사람들이 자신의 아내를 존중하라고 지시를 받고 있든(계속의 의미에서) 둘 중 하나"라고 진술한다. O. Larry Yarbrough, *Not Like the Gentiles: Marriage Rules in the Letters of Paul* (SBLDS 80; Atlanta: Scholars, 1985), 65–87은 Tob 4:12와 *T. Levi* 9:9–10의 언어를 가리키는데, 그것은 "아내를 얻는 것"과 음란을 피하는 것 둘 다를 말한다. 그 구절들은 또한 이방인들과 결혼하는 것도 경고하기 때문에, Yarbrough는 바울이 그 공동체가 이방 세계와 떨어져 있도록 촉구하기 위해 글을 썼다고 제안한다. Yarbrough는 바울이 "아내를 얻으라"고 또는 "너의 아내를 존중하고 예우하는 법을 알라"(CEV; 또 GNB를 보라)고 쉽게 말할 수 있었는데 구태여 "그릇을 얻다"라는 막연한 은유를 사용한 이유를 설명하지 않는다. '그릇'이 '아내'를 의미한다는 해석에는 두 개의 변형이 더 있다. Jouette Bassler는 그들이 "영적인 아내"를 얻는 것, 즉 어떤 부부가 '정욕' 없이 살기로, 즉 성관계를 전혀 맺지 않고 살기로 합의하는 것에 대해 바울이 암시하고 있다고 제안한다. "Σκεῦος: A Modest Proposal for Illuminating Paul's Use of Metaphor in 1 Thessalonians 4:4," in *The Social World of the First Christians: Essays in Honor of Wayne A. Meeks* (ed. L. Michael White and O. Larry Yarbrough; Minneapolis: Fortress, 1995), 53–66을 보라. 하지만 이런 관점은 고전 7:3–6에 나오는 바울의 가르침에 어긋난다. D. Fredrickson, "Passionless Sex in 1 Thessalonians 4:4–5," *WW* 23 (2003): 23–30은 '그릇'(σκεῦος)이 정액을 담는 용기, 즉 여자를 의미하며, 바울은 결혼 내에서의 성관계를 찬성하지만, 단지 그 관계가 성욕이 없이 이루어지는 경우에만 그렇다고 말한다. J. E. Ellis가 자세히 연구한 *Paul and Ancient Views of Sexual Desire* 및 Robert W. Yarbrough가 쓴 매우 유익한 글인 "Sexual Gratification in 1 Thess 4:1–8," *TJ* 20 NS (1999): 215–32에 그 관점에 대한 탁월한 반론이 수록되어 있다.

28. 이 관점에 대해서는 BDAG, σκεῦος 3; Donfried, "The Cults of Thessalonica," 342를 보라. 일부 주석은 라틴어 동의어인 *membrum virilis*, 곧 '남근'이라는 말을 재치 있게 사용한다.

29. Wanamaker, *Thessalonians*, 152–53.

30. Fee, *Thessalonians*, 146–50. 또 Torleif Elgvin, "'To Master His Own Vessel.' 1 Thess 4.4 in Light of New Qumran Evidence," *NTS* 43 (1997): 604–19; Jay E. Smith, "Another Look at 4Q416 2 ii.21, a Critical Parallel to First Thessalonians 4:4," *CBQ* 63 (2001): 499–504를 보라. 둘 다 쿰란 본문에 근거해서 '그릇'이 남근을 의미한다고 주장한다. 삼상 21장과 마찬가지다. 하지만 둘 다 쿰란 본문이 매우 많은 해석의 여지를 지니고 있으며, 또 핵심 증거 본문인 4Q416이 삼상 21장과 살전 4장보다 더 의미가 애매하다는 점을 보여주는 데만 성공한다.

31. 이것은 Robert W. Yarbrough, "Sexual Gratification in 1 Thess 4:1–8," 220–21의 견해이다. Yarbrough는 자료를 주의깊게 분석한다. 그럼에도 불구하고, 그는 (a) '그릇'이 남근을 나타내는 일반적인 은유였다는 것에서 (b) 더 나아가 바울이 여성의 성기 역시 포함시키려 한다는 것으로 논리의 비약을 하는 듯하다. (a)를 증명하는 것은 어려운 일이며, 또 (a)가 실제로 그렇다 하더라도 (b)는 훨씬 더 부자연스러운 적용이 될 것이다.

32. ESV, NIV, NJB, NLT, NRSV, REB가 그런 견해를 취한다. Rigaux, *Thessaloniciens*, 503–7의 탁월한 분석을 보라. 그는 이 절들을 고전 4–6장에 포함된 진술들의 평행 구절로 본다. '몸으로 보는 해석은 Tertullian, *Res.* 16 (*ANF* 3:556)의 견해다. Gorday, *Colossians, 1–2 Thessalonians, 1–2 Timothy, Titus, Philemon* (ACCS), 80을 보라; 또 John Chrysostom, *Homilies on First Thessalonians* 5 (*NPNF*[1] 13:344); Bruce, *1 & 2 Thessalonians*, 83; Calvin, *Thessalonians*, 274를 보라.

으로 설명해준다. 이에 더하여 여성은 출산의 위험 때문에 사망률이 더 높았다(5:3에 대한 설명을 보라). 마게도냐의 그리스도인 남자에게 교제할 수 있는 그리스도인 여자가 없다는 것이 결혼에 장애물이 되었을 것이다. 물론 고린도에서도 상황은 똑같았을 것이다. 그런데도 바울은 고린도 남자에게 결혼하라고 말하는 것을 단념하지 않았던 것 같다(고전 7:2a).

첫 번째 견해를 지지하는 것은 '그릇'(σκεῦος)이라는 말이 베드로서 3:7에서 아내를 의미한다는 주장이다. 거기에서 아내는 "더 연약한 그릇"(KJV)으로 불린다. 바울의 글을 해석하기 위해 베드로의 은유를 사용하는 것이 지닌 난점을 제외해도, 이 논증은 쉽게 뒤집어진다. 아내가 더 연약한 그릇이라면, 함축적으로 그에 대응되는 더 강한 그릇, 즉 남편이 있다. 베드로서 3:7에서 두 배우자는 모두 그릇이며, 그것이 추가하는 증거가 있다면 그것은 세 번째 견해를 지지한다.

첫 번째 견해를 강력하게 지지하는 마우러(Maurer)는, '그릇을 소유하다'라는 말이 아내와 갖는 성관계를 나타내는 히브리어 완곡어법이었다고 암시한다. 실제로 그 문구는 히브리어 성경 어디에서도 나오지 않으며, 마우러는 헬라파 유대인이 그 문구를 만들기 위해 두 개의 표현('아내를 얻다'와 '그릇'에 대한 은유적 용법)을 결합했을 수도 있다고 추측할 뿐이다.[33]

두 번째 견해와 관련해서, '그릇'(히브리어로 *keli*)은 '남근'을 나타내는 통속적인 완곡어법이었다는 것이 맞지 않는가? 예를 들어, 사무엘상 21:5(ESV)에서 "다윗이 제사장에게 대답하여 이르되 우리가 참으로 삼 일 동안이나 여자를 가까이하지 아니하였나이다 내가 떠난 길이 보통 여행이라도 소년들의 그릇이 성결하겠거든 하물며 오늘 그들의 그릇이 성결하지 아니하겠나이까 하매"에서 그런 식으로 사용된 것 아닌가? 하지만 사실상 이것은 불명확한 한 절(살전 4:4)을 또 다른 불명확한 절(삼상 21:5)로 해석하는 것이다. 다윗은 일반적인 몸 또는 어쩌면 특별히 남성의 남근을 가리키기 위해 *keli*을 사용했을 수도 있다. 하지만 히브리어 성경에서든 칠십인역에서든 다윗이 한 말의 의미는 전혀 확실하지 않다.[34]

첫 번째와 두 번째 견해에 반대하여, 우리는 남자만 성적 음란함을 경고받아야 했다는 점을 당연하게 여겨서는 안 된다. 남자가 성적으로 모험적이라고 추정되기는 하지만, 헬라인과 로마인은 여자가 탐욕스러운 것에 대해서도 책망했다. 어떤 사람들은 남자가 이성의 지시를 받아 자신을 더 잘 통제할 수 있을 것이라고 주장했다.[35] 여자 쪽에서 성에 대해 조금이라도 관심을 보이는 것은 성적으로 난잡하다는 표시였다.[36] 이런 문화적 배경 외에도, 바울이 미성년 남자나 여자 또는 독신자에 대해서는 아무 언급도 하지 않고, 거룩함을 남자가 자신의 생식기를 통제하는 법을 아는 것 또는 남자가 아내를 얻는/존중하는 법을 아는 것이라고 규정하는 것은 바울답지 않았을 것이다(바울은 딤전 5:11; 딛 2:5; 아마도 딤후 3:6에서 여자와 성적인 죄에 대해 말한다). 이것은 첫 번째 견해와 두 번째 견해에 반대하는 논거이다. 성욕에 대해 매우 상세하게 다루는 한 본문인 고린도전서 7장에서 바울이 양성에 대해 평등하게 말하고, 다양한 삶의 상황을 다루는 점을 주목하라.[37]

---

33. C. Maurer, "σκεῦος," *TDNT*, 7:361, 365–67.
34. 다윗의 진술 첫 부분에서, 히브리어 *keli*는 칠십인역에서 상응하는 단어가 없다. 다윗은 단지 '우리가 여자를 가까이하지 않았다'고 말한다. 그러므로 칠십인역에서 *keli*를 '몸' 또는 '사람'으로 읽는 것은 적어도 '남근'일 가능성이 있다. 다윗은 이어 이 절 끝부분에서 '그릇'이라는 단어를 사용한다. 하지만 다시 그것은 히브리어에서 생식기를 언급하는 것 같지 않다. 헬라어에서 다윗은 그의 여정이 "오늘날 나의 기구(σκεύεσιν에서 나온)를 통해 성결하게 될 것이다"라고 말한다(NETS). 이 구절에서, '기구'(implements)는 무기를 언급하는 듯하다. 그것은 그 명사의 또 다른 의미다.
35. Dale B. Martin, *The Corinthian Body* (New Haven, CT: Yale Univ. Press, 1995), 219–28을 보라.
36. Peterman, "Marriage and Sexual Fidelity," 168 n. 21을 보라.
37. 고전 7:2–40을 보라. 이 책은 초영적인 고린도인들의 표어에 해당하는 고전 7:1("남자가 여자를 가까이 아니함이 좋으나," NRSV)을 바울이 취해서 자신의 목적에 맞게 수정했다고 본다.

이 세 견해 중 어느 것도 명백하게 옳다고 말할 수 없다. 이러한 경우, 첫 번째와 두 번째 견해는 아직 입증되지 않은 다소 모호한 가설('그릇'은 '아내'를 의미한다. '그릇'은 남근에 해당하는 히브리어이다)에 의지한다는 점을 기억해야 한다. 가장 단순한 독법은 세 번째 견해. 이것을 모든 남자와 여자를 향한 명령으로 보는 것이다. 모든 사람은 자신의 그릇을 가지고 있기(혹은 더 나은 것으로 그릇이기) 때문이다(벧전 3:7). 이는 더 안전한 근거에 입각한 것이다. 바울은 개인적 거룩함을 말할 때 보통 그리스도인의 몸을 '그릇'이라는 견지에서 말하기 때문이다.

예를 들어, 몸은 성령을 담는 전이다(고전 6:19; 참고. 살전 4:8). 바울은 디모데후서 2:21에서 "그릇"(σκεῦος)이라는 말을 직접 사용한다. "누구든지 이런 것에서 자기를 깨끗하게 하면 귀히 쓰는 그릇이 되어 거룩하고 주인의 쓰심에 합당하며 모든 선한 일에 준비함이 되리라." 바울에게는 "그릇"이라는 말을 어떤 플라톤적 의미로, 마치 몸이 혼이나 영이라는 참 사람을 담는 용기인 것처럼 사용하는 것이 낯설었으리라는 점을 항상 유념해야 한다. 바울은 이 문제에 대해 확신이 있었다. 하나님은 몸의 창조주이시고 구속주이시다. 그리고 그 몸은 '참 사람'의 일부이다.

그리스도인은 남자든 여자든 "거룩함과 존귀함으로"(ἐν ἁγιασμῷ καὶ τιμῇ) 자신을 통제해야 한다. 즉, 절제는 거룩하신 하나님에 대해 특별히 관심을 기울이는 것이다. 4:1은 윤리가 하나님의 성품으로 규정된다는 것 그리고 그분의 인격 자체가 무엇을 거룩하게 혹은 존귀하게 여겨야 하는지 나타낸다는 것을 보여준다. 어떤 사람들은 "존귀함"(τιμῇ)이 남자가 아내에게 보이는 태도라고 주장했다(앞에 나온 첫 번째 견해를 따라). 하지만 그것은 모든 그리스도인이 실행해야 하는 '존중' 또는 심지어 '예의'로 보는 것이 더 낫다.

4:5 하나님을 모르는 이방인과 같이 색욕을 따르지 말고(μὴ ἐν πάθει ἐπιθυμίας καθάπερ καὶ τὰ ἔθνη τὰ μὴ εἰδότα τὸν θεόν). 바울은 "거룩함과 존귀함"이라는 그리스도인의 길과 성욕을 만족시키려 하는 이방인의 추구를 대조한다. 그는 먼저 "색욕"(πάθος에서 나온 ἐν πάθει, 헬라어는 단수 형태이지만, 복수로 번역하는 것이 더 낫다)을 배제한다. πάθος는 다른 곳에서 '고난'을 가리켜 사용된다(Barn. 6.7. 종종 Ignatius의 글에 나옴). 하지만 신약에서 그 말은 언제나 죄 된 인간적 욕망을 나타낸다(롬 1:26; 골 3:5). '색욕의'(ἐπιθυμίας)라는 말은 주격 소유격('색욕으로 생긴 욕정')으로 볼 수 있다. 하지만 서술적 소유격('색욕적인 욕망')으로 보는 것이 더 낫다.

앞에서 4:4에 대한 첫 번째 견해를 거부했다. 그것은 바울이 남자와 아내에 대해 말하고 있다는 견해이다(개역개정은 이 견해를 취한다—역주). 하지만 바울이 지금 부부의 성적 관계를 묘사하고 있는 것인지 의심스럽다. 마치 열정적인 성관계가 그리스도인의 결혼 관계에서조차 허용될 수 없다고 말하는 것처럼 말이다. 히브리서 13:4의 "모든 사람은 결혼을 귀히 여기고 침소를 더럽히지 않게 하라"는 말씀은, 일부 사람이 주장하는 것처럼 데살로니가전서 4:4과 정확하게 일치하지 않는다. 왜냐하면 히브리서 저자는 자신이 고려하는 사람이 결혼을 더럽히는 자들이라고 말하기 때문이다("음행하는 자들과 간음하는 자들"). 히브리서 13:4의 관심사는 친밀한 육체적 관계 그 자체가 아니라 혼외정사로 그 관계를 모독하는 것이다. 데살로니가전서 4:5도 같은 교훈을 말한다. 즉, 데살로니가인들은 이방인처럼 간음하지 않아야 한다는 것이다. 간음은 색욕을 쫓는 것이기 때문이다.

"…과 같이"라는 말은 비교를 이끌어낸다. "하나님을 모르는 이방인"이라는 말에 적절한 평행 구절이 4:13("소망 없는 다른 이와 같이")에 나온다. '알다'라는 동사는 인격적인 지식을 말한다. 데살로니가후서 1:8에서 "하나님을 모르는 자들"은 그분의 불 심판에 직면할 것이다. 이것은 기독교 윤리에 대한 우리의 요점을 단언한다(4:3에 대한 설명을 보라).

4:6a-b 이 일에 분수를 넘어서 형제를 해하지 말라(τὸ μὴ ὑπερβαίνειν καὶ πλεονεκτεῖν ἐν τῷ πράγματι τὸν ἀδελφὸν αὐτοῦ). 이 구절에 대한 해석 역시 논란이 많았다. 이것은 부정한 성적 관행이 동료 신자를 속이는 것으로 이어진다는 의미로 받아들여야 한다. 바울은 두 개의 부정사로 시작하는데, 그것은 4:3에 나오는 '버리다' 및 4:4에 나오는 '알다'와 평행을 이룬다. 하나님은 그들이 분수를 넘지 않고 해하지 않기를 바라신다. '분수를 넘다'(transgress)와 '해하다'(take advantage)에는 하나의 관사(τό)가 쓰였다. 따라서 두 단어는 중언법, 즉 두 개의 단어를 접속사 '그리고'로 결합해서 하나의 개념을 표현하는 것으로 보아야 한다(2:12; 4:1을 보라). 그 말의 의미는 '분수를 넘어 해하는 것'과 비슷하다.

분명하지 않은 것은 "이 일에"(ἐν τῷ πράγματι)라는 표현이다. 주요한 두 가지 해석은 다음과 같다. (1) 바울은 여전히 성적인 죄에 대해 말하는 것이 아니며, 일반적으로 동료 그리스도인을 속이는 것을 말한다.[38] (2) 바울은 여전히 성적인 죄에 대해 말하는 것이고, 그런 죄가 기독교 공동체에 미치는 악영향을 자세히 설명하는 것이다.[39]

용어를 검토해보면 바울이 주장하는 점을 더 잘 파악할 수 있다. "분수를 넘어서"(ὑπερβαίνειν)라는 말은 도덕적 한계를 넘는다는 의미를 지닌다. 어떤 학자들은 이 동사가 "형제를"(τὸν ἀδελφὸν αὐτοῦ)이라는 말을 직접 목적어로 취하고, 어떤 사람을 "무시하다" 또는 누군가에 대해 "힘이나 잔꾀로 불리하게 행동하다"라는 의미라고 주장한다.[40] 이 책에서 택하는 견해는 그 동사가 단순히 '넘어서는'이라는 의미를 지닌 자동사(직접 목적어를 사용하지 않는)라는 것이다. 그리스도인은 "해하지"(πλεονεκτέω)도 말아야 한다. 이 동사는 "형제를"이라는 말을 직접 목적어로 삼는다. 바울 서신에서 이 동사는 일반적으로 도둑질을 가리킨다. 이곳에서도 그렇다면, '일에서 속이다'(πλεονεκτεῖν ἐν τῷ πράγματι)라는 번역이 직절힐 것이다. 여격인 "일"이라는 말이 상업적인 거래나 활동을 의미한다고 보는 것이다. 다른 한편으로, "일"(business, πρᾶγμα)은 다른 의미일 수 있다. 사실상 "일"(affair)이라는 말은 성관계를 나타내는 완곡어법이었다.[41] 이로써 이 단어는 4:6 하반부에 나오는 "이 모든 일에"라는 말을 예견한다.

전후 문맥도 바울이 여전히 부정한 성에 대해 말하고 있음을 보여준다. 첫째, 바울은 분명히 4:3-5에서 성적인 죄에 대해 말한다. 하나님의 뜻은 그들이 음란을 버리는 것이고, 이교도와 달리 훌륭하게 자제하는 법을 아는 것이다. 바울은 4:7부터 다시 '부정함'(ἀκαθαρσία)에 반대하고 '거룩함'(ἁγιασμός)에 찬성해서 말한다. 두 단어는 이미 4:3-4에서 성적 활동이라는 맥락에서 사용된 것이다. 즉, 바울이 성에 대해 말하다가 곧바로 다른 주제로 바꾼 뒤, 다시 성에 대한 주제로 돌아오는 것은 아닐 것이다. 4:3-8 전체를 음란을 용납하지 않는 거룩함과 관련된 것으로 보는 것이 더 낫다. 따라서 4:6은 성적인 죄가 낳는 손해를 경고하는 것이다. 즉, 그들이 다른 사람들을 해치고 있다는 것이다.[42] 이와 같이 바울은 이런 범죄의 사회적 측면을 드러내는데, 그것은 어떤 면에서 바울 당시의 철학적 도덕가들을 능가했다. 이런 부정한 성적 행동은 양쪽의 범죄자와 연관된 모든 사람, 곧 배우자, 약혼자, 가족, 아니면 동료 그

---

38. 예를 들어, G. Delling, "πλεονεκτέω," *TDNT*, 6:271.
39. Best, *Thessalonians*, 166; Fee, *Thessalonians*, 150-51; Wanamaker, *Thessalonians*, 154-56.
40. J. Schneider, "ὑπερβαίνω," *TDNT*, 5:744.
41. BDAG, πρᾶγμα 3을 보라. 그 명사는 Aristogeiton과 그의 소년 연인 Marmodius 간의 동성애 관계를 언급하는 데 사용된다. 그들의 남색 행각은 합의된 것이었으며, 일부 사람은 그것을 이상적인 것으로 여겼다.
42. 물론, 바울은 음란이 자신의 몸에 대한 죄라는 진리와 더불어, 무엇보다도 하나님께 대한 범죄라고 강조할 것이다. 그것은 고전 6:18-20에서 훨씬 더 두드러지게 언급되는 주제다.

리스도인에게까지 피해를 입힌다.

바울은 뒤에 나오는 구절에서 간통이 어떻게 사랑의 계명으로 금지되는지 보여줄 것이다(레 19:18을 인용한 롬 13:9–10).

"간음하지 말라(그리고 다른 여러 죄가 나열됨)…네 이웃을 네 자신과 같이 사랑하라 하신 그 말씀 가운데 다 들었느니라 사랑은 이웃에게 악을 행하지 아니하나니 그러므로 사랑은 율법의 완성이니라."

바울은 데살로니가전서 4:6에서 남자든 여자든 어떤 그리스도인이 다른 그리스도인과 더불어 간통을 한다면, 그것은 당연히 '형제나 자매'를 속이는 일이라는 점을 보여준다. 이미 이스라엘에서 자기 "형제"의 아내와 성관계를 하는 것은 심각한 범죄였다(레 18:16). 그런데 레위기에서 그것은 생물학적 형제였다. 그리스도인과 그리스도인 사이에 이루어지는 간통은 외설의 수준에 해당하는 일이었다. 그들은 "형제"의 아내를 취하고 있는 것이고, 신명기 27:22에 나오는 정죄를 초래한다. "그의 자매…과 동침하는 자는 저주를 받을 것이라 할 것이요"(또한 삼하 13:1–22을 보라). 이것은 4:1에서 바울이 주의를 끌기 위해 사용하는 "형제들아"라는 말을 더욱 더 인상적인 것으로 만든다. 그리스도인이 다른 신자와 더불어 성적 일탈 행위를 할 때, 그들은 더 이상 형제자매에게 예의 바르게 행동하지 않는 것이다. 이와 같은 맥락에서 바울은 디모데전서 5:2b에서 디모데에게 "젊은 여자에게는 온전히 깨끗함으로 자매에게 하듯 하라"고 말한다.[43]

4:6c–d 이는 우리가 너희에게 미리 말하고 증언한 것과 같이 이 모든 일에 주께서 신원하여 주심이라(διότι ἔκδικος κύριος περὶ πάντων τούτων, καθὼς καὶ προείπαμεν ὑμῖν καὶ διεμαρτυράμεθα). 데살로니가인들이 성적으로 정결하고 절제하도록 추가로 동기부여가 필요했다면, 바울은 그들에게 종말론에서 하나의 교훈을 준다. 죄를 아무리 교묘히 감추어도 주님은 부정한 행위를 한 사람을 심판하신다는 것이다. 하나님은 구약에서 복수자로 불리신다. 특히 시편 79:10에서 그렇다. "주의 종들이 피 흘림에 대한 복수를 우리의 목전에서 이방 나라에게 보여 주소서"("주"는 야훼 하나님을 가리킨다).

"주"는 데살로니가전서의 이 부분에서 주 예수를 지칭하는데, 이것은 예수님께 야훼 하나님의 또 다른 역할을 부여한다. 데살로니가후서 1:8에서 주 예수는 악한 자들에게 "형벌"[동족 명사인 ἐκδίκησις는 '복수자'(ἔκδικος)의 동족 명사임]을 내리신다. 주님이 외부인에게 자기 백성의 원수를 갚아주시리라는 것은 일반적인 가르침이지만, 주님이 한 그리스도인을 위해 다른 그리스도인에게 복수하시리라는 것 역시 사실이다. 이 종말론적 행동은 고린도후서 5:10의 범주에 속한다. "우리가 다 반드시 그리스도의 심판대 앞에 나타나게 되어 각각 선악 간에 그 몸으로 행한 것을 따라 받으려 함이라." "이 모든 일에"(περὶ πάντων τούτων)라는 말은, 이 절 앞부분에 나오는 "일"(πρᾶγμα)이라는 말과 같이 바울이 성적 범죄에 대해 완곡하게 표현하는 것으로 보인다.

그다음에 바울은 4:2처럼 상기하는 말을 사용한다. 사도들은 그들에게 전에 "말하고" 그들에게 '증언했다'(διεμαρτυράμεθα). 그것은 "엄청나게 중요한 일들에 관해 권위를 갖고 권고하는 것으로, 종종 더 높은 권력을 언급하고 위험을 시사하면서 그렇게 하는 것"을 의미한다.[44] 사도행전에 따르면, 후자의 동사는 바울이 즐겨

---

43. 고린도인들은 2세기에 유행하게 될 관행처럼, 부부가 형제와 자매로 살 것을 주장하면서 이 교리(고전 7:1)를 과장했는가? 하지만 이것은 바울의 의도가 절대 아니었다. 그 점에 대해서는 데살로니가 전서와 고전 7:3–6에서 알 수 있다.
44. BDAG, διαμαρτύρομαι 2.

사용하는 표현이다.

4:7 하나님이 우리를 부르심은 부정하게 하심이 아니요 거룩하게 하심이니(οὐ γὰρ ἐκάλεσεν ἡμᾶς ὁ θεὸς ἐπὶ ἀκαθαρσίᾳ ἀλλ᾽ ἐν ἁγιασμῷ). 바울은 여기서 그의 교훈의 심각성을 강조한다. 주 예수님은 자기 형제자매를 속인 사람들에게 복수하실 것이다. 그는 '왜냐하면'(γάρ)이라는 말로 그들의 행동의 원인을 설명한다. 하지만 종말론적 심판이 유일한 준거틀은 아니다. 하나님이 그들을 복음으로 부르신 것 자체가 이방인의 생활 방식을 떠나라는 명령이었다(4:5). '우리를 부르신 것은 하나님이다'(개역개정에는 "하나님이 우리를 부르심은"-역주)라는 말은 이 절에서 강조하는 바가 무엇인지 보여준다. 바울은 "하나님"이라는 단어를 절 끝에 이르기까지 말하지 않음으로써 "하나님"을 강조하기 때문이다. 바울은 여기에서 두 개의 핵심 단어를 사용한다. '부정한/부정'(ἀκαθαρσία, 2:3을 보라)과 '거룩함'(ἁγιασμῷ, 4:3, 4를 보라)이다.

4:8 그러므로 저버리는 자는 사람을 저버림이 아니요 너희에게 그의 성령을 주신 하나님을 저버림이니라(τοιγαροῦν ὁ ἀθετῶν οὐκ ἄνθρωπον ἀθετεῖ ἀλλὰ τὸν θεὸν τὸν [καὶ] διδόντα τὸ πνεῦμα αὐτοῦ τὸ ἅγιον εἰς ὑμᾶς). 사도적 윤리는 하나님의 인격과 본성에 뿌리박고 있다. 하나님은 인간에게 그분처럼 되라고 명령하신다. 바울은 "그러므로"(τοιγαροῦν)라는 말로 시작한다.[45] 데살로니가인들이 이 진리를 숙고하도록 속도를 늦추려고 여러 음절로 된 단어를 사용했을 것이다. '저버리다'(ἀθετέω)라는 말은 다른 구절에서는 신적 계명에 대해 사용된다(막 7:9; 눅 7:30; 히

10:28; Herm. Mand. 3.2). 바울은 익숙한 의견을 표명한다. 즉, 그의 메시지는 (단순히) 인간적인 것이 아니라 하나님에게서 나온 것이다. 따라서 그 메시지를 저버리는 것은 하나님을 저버리는 것이다(살전 2:13을 보라).

이러한 진리는 복음서에도 나온다. 사도들을 저버리는 자들은 예수님을 저버리는 것이다. 그리고 예수님을 저버리는 자들은 예수님을 보내신 분을 저버리는 것이다('저버리다'(ἀθετέω)라는 말이 네 번 나오는 눅 10:16을 보라). 그린은 이 절에 근거해서 그 공동체의 일부 남자는 여전히 이방인의 성욕을 따르며 살고 있었고, 어떤 사람은 사도의 가르침이 그저 "사람에게서" 나왔다고 폄하하고 있었다고 주장한다.[46] 하지만 이 본문에는 바울이 이방 세계에서 아주 특별했던 가르침을 떠오르게 하는 것 외에 다른 의도가 있다는 증거가 별로 없다.

하나님은 성령을 '주시는' 혹은 더 적당한 말로 "주신"(διδόντα)[47] 분이다. 성령은 바울이 하나님의 영에 대한 명칭으로 자주 사용하는 말이다. 그리스도인은 거룩해야 한다. 하나님이 거룩하라고 명령하셨기 때문이고, 거룩하신 하나님의 영이 그들 안에 거하시기 때문이다. 바울은 여기에서 성령을 언급함으로써, 동시에 선지자적 새 언약을 암시한다. 그 언약은 하나님이 백성의 마음에 자신의 영을 두실 것이고, 그들을 직접 가르치실 것이라는 내용을 담고 있다(4:9의 "하나님의 가르치심을 받아"라는 문구와 '적용에서의 신학'을 보라). "또 내 영을 너희 속에 두어 너희로 내 율례를 행하게 하리니 너희가 내 규례를 지켜 행할지라"(겔 36:27). 하지만 바울은 칠십인역에서 미래 시제로 쓰인 '내가 영을 주리라'(δώσω)를 바꾸었고, 분사를 사용하여 이미 하나님이 데살로니가인

---

[45] "종종 권고와 관련된"(L&N, 89.47), 결과를 강조하는 표지로 신약에서는 이 본문과 히 12:1에서만 나온다.

[46] Green, *Thessalonians*, 200-201을 보라. Schmithals, *Paul & the Gnostics*, 140-41은 바울의 대적이 영지주의자라고 예측해서 지적한다. 그들은 바울이 성령을 소유하지 않았다고 비난하고 있었을 것이다.

[47] 이것은 분사이므로, 그 행동이 일어난 때는 나타나 있지 않다. 사실상, 많은 사본은 그것을 현재 분사 διδόντα 대신 부정과거 분사로 해석한다. T. F. Deidun, *New Covenant Morality in Paul* (AnBib 89; Rome: Pontifical Biblical Institute, 1981)은 그것이 마음속에서 일어나는 성령의 계속적인 역사를 말한다고 주장한다. 하지만 그것은 현재 분사에 대한 지나친 해석이다.

들에게 그분의 영을 주셨음을 암시한다. 예수님의 제자들은 자신이 성취의 시대에 살고 있음을 깨닫는다. 예수님이 오셨다. 그리고 하나님은 자신의 영을 백성에게 부어주시고, 그들이 자연스럽게 따르던 이방인의 생활 방식을 초자연적인 생활 방식으로 바꾸고 계신다.

4:9a 형제 사랑에 관하여는(Περὶ δὲ τῆς φιλαδελφίας). 바울은 새로운 주제로 넘어가기 위해 '이제 …에 관하여는'(περὶ δέ+소유격)이라는 말을 사용한다. 이 책에서는 전통적인 표현인 "형제 사랑"을 '가족 사랑'(family love)으로 바꾼다. 이는 성별과 상관없는 형제자매의 사랑이라는 점을 분명히 밝히기 위해서다. 이 용어는 세심한 주의를 기울일 만하다. "세속 헬라어와 칠십인역에서 φιλαδελφία(가족 사랑)는 공동의(즉, 생물학적) 혈통으로 형제가 된 사람들을 사랑하는 것으로 국한된다."[48] 마카베오 4서에 나오는, 차례로 순교당한 일곱 형제 이야기가 전형적인 유대 용법을 보여준다.

> 그러나 천성과 교제와 도덕적인 습관들로 인해 가족적 유대감이 강화되기는 했지만, 남아 있던 사람들은 자기 형제가 학대와 고문으로 죽어가는 모습을 지켜보면서, 종교 때문에 참고 견뎠다. 게다가 그들은 자기 형제가 고문에 용감히 맞서도록 격려했다. 그래서 그들은 그들이 받는 고통을 경멸했을 뿐 아니라, 형제 사랑(φιλαδελφία)의 감정을 억눌렀다(4 Macc 13:27-14:1; 또한 13:23을 보라).

즉, 가족 사랑(φιλαδελφία)은 혈족에 대한 헌신에만 국한되어 있었다. 자기 믿음에 대한 일곱 형제의 사랑은 모든 것을 초월해야 했다. 그들의 가족 사랑은 형제가 한 명씩 잔인하게 처형되는 것을 용납하지 못했을 것이기 때문이다.[49] 코이네 헬라어에서 필라델푸스(Philadelphus)는 자신의 혈족에 헌신했던 사람을 가리키는 일반적인 별칭이었다. 예를 들어, 앗탈루스 필라델푸스 2세(Attalus II Philadelphus)는 빌라델비아를 설립하고 그 도시에 그의 이름을 부여했다(계 1:11; 3:7을 보라).

유대 문헌에서 "형제 사랑"이 '형제자매를 향한 사랑'과 같다는 규칙에 대한 유일한 예외는 마카베오 2서 15:14에 나온다. 거기에서 선지자 예레미야는 "이스라엘의 가족(φιλάδελφος)을 사랑하는 사람"이라는 형용사적 형태로 묘사된다. 즉, 유대인 저자는 '가족 사랑'이라는 말을 전체 유대인을 향한 어떤 사람의 사랑이라는 측면에서 생각하고 그 용어가 적절하게 사용될 수 있는 범위를 확장할 수 있었지만, 항상 생물학적 유대라는 의미는 고수했다.[50] 하지만 신약은 그러한 사랑을 생물학적 가족을 넘어, 혹은 예레미야의 경우처럼 유대 민족을 넘어 확장한다.[51] 이제 그 개념은 영적으로 해석되어서 모든 그리스도인이 한 가족을 이룬다. 그리고 다른 신자를 향한 사랑은 가장 참된 의미에서 가족 사랑이라고 부를 수 있다. 바울의 용법에서 예수님은 많은 형제자매 중 맏아들이시고(롬 8:29), 갈라디아서 6:10에서 교회는 '신자들의 가정'(개역개정에는 "믿음의 가정"-역주)이라고 불린다(참고. 벧전 2:17).[52]

---

48. MM, 668.
49. 모세와 아론 형제에 대해 말하는 Philo, *Joseph* 215; *Embassy* 87; Josephus, *Ant.* 4.2.4 (§26)에서 비슷한 언급들을 보라. 또 헤롯 대왕에 대해 말하는 *J.W.* 1.14.1 (§275); 1.24.6 (§485)을 보라.
50. 반대 의견으로 Burke, *Family Matters*, 169를 보라. 그는 마카베오 2서 15:14에서 그 말이 확장된 생물학적 용법이 아니라 비유적 용법으로 사용된 것으로 본다. Wayne A. Meeks는 '형제'라는 언어를 사용했던 흩어진 소수의 집단들, 특히 쿰란 종파를 가리킨다. 그럼에도 쿰란 유대인은 자신들이 유대 가족의 남은 자들이고 생물학적으로 관계가 있다는 이유 때문에 자신들을 친족으로 여겼다는 점을 기억해야만 한다. Meeks, *The First Urban Christians: The Social World of the Apostle Paul* (2nd ed.; New Haven, CT: Yale Univ. Press, 2003)을 보라. 일부 로마 클럽은 형제애를 나누는 언어를 사용했다. 하지만 드물게만 사용한다.
51. 바울은 그 명사를 여기와 롬 12:10에서 사용한다. 다른 신약 저자들로 히 13:1; 벧전 1:22; 벧후 1:7을 보라. 또한 벧전 3:8에 나오는 φιλάδελφος를 보라.
52. P. H. Towner, "Households and Household Codes," *DPL*, 417–21

교회에는 새로운 가족 구성원임을 나타내는 다른 명백한 상징이 있었다. 첫째, "모임 장소인 집은 그리스도인들이 같은 형제와 자매로서 구성원이 되는 것의 현실을 강화해주었다."[53] 둘째, 그리스도인 가정의 구성원 사이에 '거룩한 입맞춤'을 하는 것이었다(5:26에 대한 주석을 보라). 가족 구성원이라는 개념과 가족 간의 입맞춤이 40년대부터 교회의 특징이었다는 사실은 인상적이다. 그렇게 짧은 기간에 유대인과 이방인은 한 가족이라는 의식을 가지고 살고 있었다.

바울은 4:10에서 마게도냐의 모든 신자를 언급할 때, 데살로니가 지역 밖에 사는 '형제자매'라고 언급함으로써 가족 사랑의 현실을 이어간다.

4:9a-c 너희에게 쓸 것이 없음은 너희들 자신이 하나님의 가르치심을 받아 서로 사랑함이라(οὐ χρείαν ἔχετε γράφειν ὑμῖν, αὐτοὶ γὰρ ὑμεῖς θεοδίδακτοί ἐστε εἰς τὸ ἀγαπᾶν ἀλλήλους). 데살로니가인들은 사도들의 가르침을 기억하고 실천했다(인간 본성의 연약함에 비추어보면 놀라운 일이다). 또한 디모데의 보고에 따르면, 하나님이 친히 그들을 가르치고 계셨다. 바울은 단지 '너희에게 쓸 것이 없다'는 점을 말하기 위해 이 말을 쓴다. 바울은 5:1에서 이 표현을 반복할 것이다. 9절은 히브리서 5:12과 대조를 이룬다. 거기에서 수신자들은 기록된 가르침을 받아야 했다. "너희가 다시…누구에게서 가르침을 받아야 할 처지이니."[54] 바울은 이어서 9a절의 진술을 한 이유를 설명하기 위해 "…함이라"(because, γάρ)는 말을 사용한다. 즉, 그들이 하나님의 가르치심을 받기 때문이다. 바울은 "너희"(ὑμεῖς)라는 말을 강조하기 위해 대명사를 사용하는데, 이것은 "너희들 자신"(αὐτοί)이라는 말로 한층 강조된다. 이것은 '바로 너희들 자신. 그렇다. 나는 너희에게 말하고 있다'고 표현할 수 있다.

그들은 "하나님의 가르치심을 받[는다]"(θεοδίδακτοί). 이 구절에 사용된 "하나님의 가르치심을 받아"라는 복합 형용사는 헬라어 문헌에 처음 나온다. 이 표현은 신약에서 이곳에만 나오며, 그다음에는 2세기 작품인 「바나바 서신」(Epistle of Barnabas)에 나온다.[55] 이 단어는 아마 바울이 만들었을 것이다. 이것은 데살로니가인들이 복음 메시지나 성경에 주의를 기울임으로써 성장하는 것을 뜻할 수 있다. 그런데 "하나님의 가르치심을 받아"라는 말은 그들의 마음속에 하나님이 초자연적으로 역사하셨다는 것으로 해석하는 것이 가장 자연스럽다. 구약은 이런 신적 역사에 대해 이렇게 말한다. "나를 훈계하신 여호와를 송축할지라 밤마다 내 양심이 나를 교훈하도다"(시 16:7).

하지만 바울 사도는 시편 16편을 훨씬 뛰어넘는다. 다윗 왕은 특별한 인도를 받았을지 모르지만, 새 시대에 그 둑은 무너졌고, 심지어 이전에 이교도였던 사람도 하나님의 직접적인 인도를 경험한다. 바울이 "네 모든 자녀는 여호와의 교훈을 받을 것이니"(διδακτοὺς θεοῦ, 히브리어 성경에서 그들은 하나님이 아니라 "여호와"의 교훈을 받는다)라는 이사야서 54:13을 축약해서 언급한다는 위트머(Witmer)의 말은 아마 옳을 것이다. 바울은 갈라디아서 4:27에서 교회에 대해 말할 때 이사야서의 이 부분을 확증한다.[56]

요한복음에도 예수님에 대한 말씀이 나온다. "선지자의 글에 그들이 다 하나님의 가르치심을 받으리라 기록되었은즉"(요 6:45). 이것은 사실상 이사야서 54장 본문을 직접 인용한 것이다. 예수님의 가르침은 모든 사

을 보라. 또한 "4.3 The Household," in P. T. O'Brien, "The Church," DPL, 128을 보라.

53. Green, *Thessalonians*, 203.

54. 반대 의견으로 Green, *Thessalonians*, 202–3을 보라. 그는 데살로니가인들이 할 수 있었던 만큼 충분히 사랑하지 못했다고 생각한다.

55. *Barn.* 21.6: "하나님의 가르치심을 받고, 주님이 당신에게서 찾으시는 것을 추구하고, 그리고 그것을 행하라. 당신이 심판의 날에 발견되도록 하기 위함이다."

56. Stephen E. Witmer, "θεοδίδακτοί in 1 *Thessalonians* 4.9: A Pauline Neologism," *NTS* 52/2 (2006): 239–50을 보라.

람이 들어야 하는 것이었다. 새 시대에는 하나님이 예수님을 통해 사람들에게 말씀하시기 때문이다. 위트머는, 바울이 데살로니가인들을 향한 하나님의 가르치심이 사도적 가르침을 통해 이루어지고 그것을 별개로 생각해서는 안 된다는 것을 말한다고 주장한다. 즉, 바울이 볼 때 하나님이 "중간 전달자를 통하지 않고 직접 가르치시는 일"은 없다는 것이다.⁵⁷ 하지만 이것은 "너희에게 쓸 것이 없음은"이라는 말을 단순한 수사로 축소하지 않는 한 불필요한 주장이다. 더 나은 해석은, 사도들이 그들 가운데 일할 수 없을 때조차 하나님이 그들 가운데 역사하고 계시다는 사실에 바울이 기쁘게 놀라고 있다는 것이다.⁵⁸

하나님은 그들에게 무엇을 가르치고 계셨는가? 기본적인 기독교적 미덕 중 하나는 '서로 사랑하라'(εἰς τὸ ἀγαπᾶν ἀλλήλους)이다. 하나님은 단순히 그들에게 서로 사랑해야 한다고 가르치시거나, 그들을 사랑의 신학으로 채우시지 않았다. 하나님은 그들을 가르치셔서 결국 사랑을 실천하게 하셨다. 바울은 "서로"(ἀλλήλους)라는 상호 대명사를 사용한다. "우리는 이 대명사를 '권면' 부분(즉, 행동을 권고하는 구절)에서 자주 발견한다. 그 권고의 근거를 신자와 부활하신 그리스도가 맺는 유기적 연관에 두는 것이다."⁵⁹ 기독교적 맥락에서 '서로 사랑하라'는 말은 '가족 사랑'(φιλαδελφία)과 동의어이다.

4:10a 너희가 온 마게도냐 모든 형제에 대하여 과연 이것을 행하도다(καὶ γὰρ ποιεῖτε αὐτὸ εἰς πάντας τοὺς ἀδελφοὺς [τοὺς] ἐν ὅλῃ τῇ Μακεδονίᾳ). 바울은 데살로니가인들이 마게도냐라는 더 큰 지역에서 사람들에게 영향을 끼쳤다는 놀라운 사실을 또 다시 언급한다. 그들은 단지 "본"(1:7), 곧 멀리서 훌륭히 여길 만한 평판을 얻는 일만 한 것이 아니다. 그보다 그들은 그리스의 다른 지역에 사는 그리스도인들에게 구체적으로 가족 사랑을 보여주었다. 바울은 1:7처럼 아가야를 언급하지 않는데, 이는 놀라운 일이 아니다. 그들과 아가야 교회와 관계를 맺은 지 얼마 안 되었기 때문이다. "과연"(καὶ)이라는 말은 그들의 사랑이 지역 경계선을 넘어 확장되는 것에 대한 기분 좋은 놀라움을 표현한다. "너희가…이것을 행하도다"에서 "이것"(αὐτὸ)의 선행사는 여성 명사인 "형제 사랑"(τῆς φιλαδελφίας)일 수 있다. 하지만 "사랑함이라"(τὸ ἀγαπᾶν)는 중성 부정사가 더 가까이에 있고 문법상 성이 일치한다. 데살로니가인들이 어떻게 "온 마게도냐 모든 형제"에게 사랑을 보여주었는지는 구체적으로 설명되어 있지 않다. 하지만 그것은 분명 눈에 보이는 행동이었을 것이다. 가벤타(Gaventa)는 "중보 기도, 재정 지원, 손님 대접"⁶⁰ 등을 했을 것이라고 제안한다.

4:10b 형제들아 권하노니 더욱 그렇게 행하고(παρακαλοῦμεν δὲ ὑμᾶς, ἀδελφοί, περισσεύειν μᾶλλον). 사도들이 그들에게 더욱 풍성하게 사랑을 하라(περισσεύειν)고 명령하기만 하면 된다는 것은 얼마나 기쁜 일인가.⁶¹ 이 문맥에서 부사 μᾶλλον은 "더 큰 또는 더 높은 정도, 더 많이"(BDAG)라는 뜻이다.

---

57. Stephen E. Witmer, *Divine Instruction in Early Christianity* (WUNT 2/246; Tübingen: Mohr Siebeck, 2008), 162–64.
58. 이것은 알렉산드리아의 Clement의 견해이다. 그는 단지 인간의 가르침으로는 철저한 내적 변화를 일으킬 수 없다고 쓸 때 데살로니가전서 4장을 언급한다. 그는 그리스와 페르시아의 지도자 목록을 자세히 검토하면서 교사들이 어떻게 그들에게 군사 훈련을 시켰는지 보여준다. 그럼에도 그들의 인간적 본성은 근본적으로 변하지 않았다. 지도자들에게는 무수히 많은 섹스 파트너가 있으며, 그들은 '멧돼지처럼 성교를 한다.' 다른 한편으로, '우리의 교사는 말씀이시고, 거룩하신 하나님 예수님이시다. 그분은 모든 인류의 안내자이시다. 사랑이 많으신 하나님이 우리의 교사이시다." *Paed.* 1.7 (*ANF* 2.223). 이와 같이 Clement는 그리스도의 신성에 대해 강력한 진술을 한다.
59. Wallace, *Grammar*, 351.
60. Gaventa, *First and Second Thessalonians*, 58; 또한 Wanamaker, *Thessalonians*, 161.
61. '간접 화법'에 대한 자료로 Wallace, *Grammar*, 603–5를 보라.

이 진술을 고린도전서 13장과 비교해보라. 거기에서는 중요한 한 장 전체가 고린도인들의 불완전한 사랑을 바로잡는 데 할애된다. 그런 사랑 때문에 그들은 다른 사람들에게 졸렬한 죄를 짓고(고전 8:12), 영적 은사를 자신을 섬기는 데 사용한다(14:4, 13-19). 데살로니가인들의 경우, 바울은 단순히 그들에게 계속 그렇게 행하라고 간청한다[그들의 일반적인 생활 방식(4:1)과 상호 격려(5:11)와 관련해서 하는 것처럼]. 빌립보서 1:9에도 비슷한 말이 나온다. "내가 기도하노라 너희 사랑을 지식과 모든 총명으로 점점 더 풍성하게 하사." 그럼에도 바울은 빌립보서에서 빌립보에 일어난 분열적 행동을 바로잡아야 했다(빌 4:2).

바울의 말은 데살로니가인들이 더욱 서로 사랑하기로 결심할 수 있음을 시사한다. 이 말은 3:12에 나오는 바울의 기도와 대응된다. 거기에서 바울은 그들이 "피차간과 모든 사람에 대한 사랑이 더욱 많아 넘치게" 해달라고 주님께 기도한다. 이와 같이 기도는 권고 및 성장하고자 하는 그리스도인의 헌신과 나란히 작용한다. 이 역학은 한편으로 성화를 인간의 독립독행으로 보는 견해를 거부하고, 다른 한편으로 '하나님이 자신의 일을 하시도록' 수동적으로 묵인하는 것으로 보는 견해를 거부한다.

4:11 또 너희에게 명한 것 같이 조용히 자기 일을 하고 너희 손으로 일하기를 힘쓰라(καὶ φιλοτιμεῖσθαι ἡσυχάζειν καὶ πράσσειν τὰ ἴδια καὶ ἐργάζεσθαι ταῖς [ἰδίαις] χερσὶν ὑμῶν, καθὼς ὑμῖν παρηγγείλαμεν). 바울은 이제 데살로니가인들에게 그가 좋아하는 주제인 노동 윤리와 관련해서 이전에 명령한 대로 살아가라고 요구한다. 다른 어떤 주제보다 여기에서 사도들은 모범적인 본보기로 제시된다. 바울은 특이한 동사를 사용하는데, 이 책에서는 '그것을 너의 야망으로 삼으라'(to make it your ambition, φιλοτιμεῖσθαι, 개역개정에는 "힘쓰라"-역주)는 번역을 채택한다. 어떤 성경에는 '열망하라'고 번역된다. 이 동사는 때때로 그리스-로마 엘리트의 관행을 나타냈다. 부자는 세금을 내는 대신 그들이 사는 도시, 공공 사업, 연회, 음식 배부 등에 관대하게 기부할 것으로 기대되었다. 많은 경우 이것은 경쟁을 부추기는 행사가 되었다. 더 많이 기부하는 것이 기부자의 관대함은 물론이고, 그의 권세와 부를 보여주었기 때문이다.[62]

하지만 바울은 섬기는 일에 애쓰라고 말하기 위해 이 동사를 사용한다. 다른 사람들에게 칭찬을 받기 위해서가 아니라 하나님을 섬기기 위해서 그렇게 하라는 것이다.[63] 이 동사는 보통 부정사를 취한다. 이 절에는 '조용히 살다'(ἡσυχάζειν),[64] '자기 일을 하다'(πράσσειν) 그리고 '일하다'(ἐργάζεσθαι)라는 세 개의 부정사가 나온다. 이 동사들은 과시적인 자선가에게 어울리지 않는다. 그런 자선가들은 인정을 받기 위해 일했고, 그들의 재물은 상속받은 것이거나 다른 사람의 노동으로 얻은 것이었다.

가장 먼저 바울은 '조용히 살라'(ἡσυχάζειν)고 말한다. 이 동사는 고전 헬라어와 코이네 헬라어 또는 칠십인역에서 그런 방식으로 사용되지 않는다. 거기에서 그 말은 일반적으로 '쉬다'라는 의미이다. 신약에서 바울은 그 말을 부지런히 일하는 것과 연관된 조용한 생활 방식을 나타내는 데 사용한다.[65] 어떤 사람들은 이 말을 디모데전서 2:2의 의미로 받아들인다. 거기에서 바울은 신자에게 정부를 위해 기도하라고 명한다. 그래서 그들

---

62. 헤롯 대왕은 과시에 능한 사람으로, "실로 그의 통치를 자랑하는 큰 기념물들을 후세에 남길 정도로 매우 야심이 컸다. 어찌하여 그는 그런 멋진 도시들을 건설하는 데 매우 열심이었고, 그 도시들에 엄청난 돈을 쏟아부었는가"(Josephus, *Ant.* 15.9.5 [§330]).

63. 또한 롬 15:20; 고후 5:9을 보라. Josephus, *Ant.* 3.8.6 (§207)은 하나님을 섬기는 열심에 대해 그 동사를 사용한다. 마찬가지로 *Ant.* 10.2.1 (§25)에 φιλοτιμία가 나온다.

64. Spicq, "ἡσυχάζω, ἡσυχία, ἡσύχιος," *TLNT*, 2:179-82에 나오는 유익한 분석을 보라.

65. 또한 살후 3:12을 보라. 거기에서 바울은 어원이 같은 ἡσυχία를 사

의 고요한 생활이 방해받지 않도록 하라는 것이다. 그렇지만 바울의 관심사는 주로 정부의 간섭과 관련된 것이기보다는, 바울이 본을 보인 바 기독교 메시지를 가장 잘 나타내는 생활 방식을 촉진하는 것이다.

둘째, 바울은 그들에게 "자기 일을 하[라]"(πράσσειν τὰ ἴδια)고 요청한다. 그것은 남의 일에 간섭하지 말고 자신의 일이나 신경쓰라는 뜻의 관용구이다. 이 말은 표면적으로 다른 신자의 삶에 개입하라는 여러 명령(특히, 살전 5:14-15)뿐만 아니라, 빌립보서 2:4의 "각각 자기 일을 돌볼 뿐더러 또한 각각 다른 사람들의 일을 돌보라"는 말과 모순되는 것처럼 보일 수 있다. 하지만 그런 차이점은 쉽게 설명될 수 있다. 4:11에서 바울은 다른 사람들을 유익하게 보살피는 것이 아니라, 다른 사람들의 일에 쓸데없이 참견하는 것을 배제한다(참고. 딤전 5:13; 벧전 4:15). 어떤 사람들은 목회 서신이 단순히 점잖게 살 것을 장려한다고 말하면서, 그리스도인들은 복음으로 세상을 뒤엎기보다는 조용하고 품위 있게 집에 머무르면서 정부에 순종해야 한다고 주장한다(예를 들어, 딤전 2:2). 그러나 "조용히"라는 말은 반드시 수동성을 의미하지는 않는다. 데살로니가전서는 복음 및 그리스도의 재림에 대한 급진적인 헌신을 전통적인 생활 방식과 결합한다.

셋째, 바울은 "너희 손으로 일하[라]"[ἐργάζεσθαι ταῖς (ἰδίαις) χερσὶν ὑμῶν]고 말한다. 바울과 실라의 일(2:9)의 경우와 마찬가지로, 초점은 육체노동에 맞추어져 있다. 어떤 사람은 그런 종류의 일을 멸시할 것이다. 바울은 여기에서 높은 수준의 자격을 갖춘 사람들에게 그 일을 그만두고 육체노동을 하라고 말하는 것이 아니다. 오히려 그는 전형적인 데살로니가 신자가 육체노동 외의 어떤 것에도 적합하지 않다는 점을 안다. 하지만 그들이 하는 일이 그들의 가족 사랑을 표현한다면, 그 일은 신성한 의미를 지닌다. 그것은 바울이 1:3에서 칭찬한 "사랑의 수고"로 바뀐다. 바울은 그가 두 번째 서신에서 다루어야 할 문제를 예견한다. 즉, 어떤 사람들이 그들의 일을 소홀히 하고 있었다(살후 3:11). 하지만 바울은 데살로니가후서 2:2의 일어날 수 있는 종말론적 혼란에 대한 보고를 받기 전에, 데살로니가전서에서 노동 윤리라는 주제를 소개한다. 이것은 해석자로 하여금 문제가 주의 날에 대한 종말론적 혼란 때문에 일어난 것(살후 2:1-2)이 아니었다는 결론을 내리게 한다.

4:12 이는 외인에 대하여 단정히 행하고 또한 아무 궁핍함이 없게 하려 함이라(ἵνα περιπατῆτε εὐσχημόνως πρὸς τοὺς ἔξω καὶ μηδενὸς χρείαν ἔχητε). 바울은 조용하고 자급자족하는 생활 방식의 긍정적 결과 두 가지를 제시한다. 그것은 비그리스도인들에게 좋은 평판을 얻는 것과 경제적 안정이다. 이 절은 "…하려 함이라"(ἵνα)는 표현이 사용되어 4:11의 목적을 보여준다. 바울은 4:1과 마찬가지로, 생활 방식을 나타내기 위해 περιπατέω('행하다')라는 단어를 사용한다. 이 말은 "단정히"(εὐσχημόνως, 또한 롬 13:13; 고전 14:40을 보라)라는 부사로 수식된다. 고전 헬라어에서 이 부사는 신사의 품위를 나타냈다.[66] 하지만 여기에서는 모든 계층의 그리스도인에게 어울리는 조용한 예의 바름이다. "…에 대하여"(πρὸς)라는 말은 관련의 여격과 비슷한 것으로 볼 수 있다. "외인"(τοὺς ἔξω)이라는 말은 특정한 집단에 속하지 않은 사람들을 가

용한다. 바울은 *Abraham* 27에서 Philo가 한 말을 떠올렸을 수도 있다. 다만 '노아'의 어원이 '안식'을 의미한다는 Philo의 추측은 제외하고 말이다. "'안식'이라는 호칭도 마찬가지로 적절하다. 안식의 정반대 특성은 부자연스러운 동요, 혼란의 원인, 소동, 선동, 전쟁 등으로, 악한 자들이 추구하는 것이기 때문이다. 반면 탁월함에 마땅한 경의를 표하는 사람들은 평온하고, 조용하며, 안정되어 있고, 평화로운 삶을 계발한다." *1 Clem.* 63.1에서 그 동사는 고린도인들이 그들의 지도자들에게 복종하고, 싸움을 중지하며, 경건한 평화 가운데 살라는 명령을 받을 때 사용된다.

66. Aristotle, *Eth. nic.* 1.10.13 (trans. Rackham)을 보라. "참으로 선하고 지혜로운 사람은 품위 있는 방식으로 온갖 행운을 가져올 것이며, 또 언제나 상황이 허락하는 가장 고상한 방식으로 행동할 것이다."

리킨다. 이 경우에는, '하나님의 백성 바깥'에 있는 사람들이다. 바울은 고린도전서 5:12-13과 골로새서 4:5에서 "외인"이라는 말을 같은 방식으로 사용한다. 그리스도인이 비그리스도인에게 진실하고도 긍정적인 인상을 주는 것은 언제나 바울이 바라는 바였다.[67] 사람들이 가난하지 않도록 일해야 한다는 것 역시 전형적인 바울의 사상이었다(엡 4:28).[68]

적용에서의 신학

여기에서는 성 윤리에 초점을 맞추고, 기독교적 노동 윤리의 문제는 데살로니가후서 3:6에서 다루도록 하겠다.

1. 데살로니가의 신학

예수님은 자신을 따르는 사람들에게 성적인 죄를 경고하셨다. "나는 너희에게 이르노니 음욕을 품고 여자를 보는 자마다 마음에 이미 간음하였느니라"(마 5:28, 이것은 구약의 가르침이기도 하다. 욥 31:1을 보라). 하지만 사도들이 이 주제에 대한 예수님의 가르침을 그저 반복하지만은 않았을 것이다. 복음이 이방인에게 전파되면서, 그 전파자들은 복음을 새로운 청중에게 맞게 조정해야 했다. 그리고 거기에는 성에 대한 기독교의 가르침을 확장하고 명확히 하는 일이 포함되었다.

예루살렘 교회는 일찍이 이런 필요를 인식하고 있었다. 모든 사람은 이방인이 복음을 받아들였다는 사실을 인정했지만(행 11:18), 그들이 할례를 받지 않고도 제자가 될 수 있다고 생각하는 사람은 거의 없었다. 그렇게 함으로써 이방인은 모든 성적 사건을 다루는 율법이 담긴 토라를 받아들일 것이었다. 사도들의 공의회는 이런 반동적 견해를 거부했지만, 이방인에게 우상을 숭배하는 관행 및 그것에 통상적으로 수반되는 음행을 금하라고 강조했다(행 15:20, 29).

교회는 성경을 근거로 음란의 한계를 설정한다. "구약의 도덕적 가르침은 부르심을 받은 그리스도인이라는 견지에서 볼 때 내용으로 받아들여지지만, 그것을 그리스도인에게 율법으로

---

[67] 롬 13:8-10; 고전 9:19-23; 고후 8:21; 갈 6:10; 또한 마 5:16; 벧전 4:15을 보라.

[68] Bruce W. Winter, *Seek the Welfare of the City: Christians as Benefactors and Citizens* (First-Century Christians in the Graeco-Roman World; Grand Rapids: Eerdmans, 1994), 51을 보라. Winter는 4:11이 "아무 것도 부족함이 없다"는 의미가 아니라 오히려 "아무에게도 의존하지 않는다"는 의미라고 설명한다. 이 관점에서, 바울은 두 번째 서신에서 발생할 문제로 후원자에 의지하는 것을 이미 거부하고 있었다. Winter는 살후 3:6-18과 관련해서 그 생각을 더 발전시킨다(53-57). Winter의 설명은, 일부 주석가 사이에서 인기가 있지만, 바울이 그 도시를 떠난 후 사람들이 후원자를 구하려 했던 이유나 바울이 둘 중 어느 서신에서도 후원자를 구체적으로 언급하지 않는 이유를 설명하지 못한다.

부과하는 것은 거부된다고 말할 수 있다."⁶⁹ 그 주제에 대한 바울의 모든 가르침에 비추어볼 때, "음란"에 토라의 내용이 포함되었다는 것은 분명하다. 바울은 심지어 토라보다 한 걸음 더 나아간다. 예를 들어, 그는 절대 창기를 찾아가지 말라고 명령한다.

바울은 고린도전서 7장에서 성적 유혹이 갖는 힘을 건전하게 존중하는 모습을 보여준다. 이방인의 성적 관행을 다루는 일은 분명히 바울에게 부담이 되었을 것이다. 우리는 유대 그리스도인 여자가 새로 제자가 된 이방인 여자에게 상세한 가르침을 베풀고 있었다고 추측해야 하는가? 이것이 사실이든 아니든, 우리는 데살로니가전서를 근거로 바울이 무슨 일이든 운에 맡기지 않았고, 성에 대해 추상적인 권고를 하는 데서 그치지 않았다고 추론할 수 있다.

2. 성경 신학

기독교적 성 윤리는 단순히 또 다른 행동 규칙이 아니다. 그것은 하나님에게서 멀리 떨어져 있던 사람들이 철저히 방향을 바꿀 것을 전제한다. 수 세기 전 하나님은 이스라엘 사람이 토라에 순종할 수 있도록 속사람을 바꾸어주시겠다고 약속하셨다. 이사야서 30:20b-21에 따르면, 하나님은 각 사람을 직접 인도해가실 것이다.

> "네 스승은 다시 숨기지 아니하시리니 네 눈이 네 스승을 볼 것이며 너희가 오른쪽으로 치우치든지 왼쪽으로 치우치든지 네 뒤에서 말소리가 네 귀에 들려 이르기를 이것이 바른 길이니 너희는 이리로 가라 할 것이며."⁷⁰

에스겔서와 예레미야서에서 새 언약이라는 주제가 온전하게 표현된다.⁷¹

> "또 내 영을 너희 속에 두어 너희로 내 율례를 행하게 하리니 너희가 내 규례를 지켜 행할지라"(겔 36:27).
> "그들이 다시는 각기 이웃과 형제를 가르쳐 이르기를 너는 여호와를 알라 하지 아니하리니 이는 작은 자로부터 큰 자까지 다 나를 알기 때문이라…여호와의 말씀이니라"(렘 31:34a).

위의 구절은 이스라엘이 약속의 땅으로 돌아올 것 그리고 우상 숭배를 좋아하는 그들의

---

69. Joseph Jensen, "Does Porneia Mean Fornication? A Critique of Bruce Malina," *NovT* 20 (1978): 161–62.
70. 또한 대하 6:27과 사 54:13("네 모든 자녀는 여호와의 교훈을 받을 것이니")을 보라.
71. Deidun은 (후대의) 랍비 문헌을 검토하고 "이 두 선지서 본문(에스겔서와 예레미야서)의 조합이 유대 전승에서 메시아 시대에 관한 문맥에서, 특히 하나님의 가르침의 직접성을 언급하면서, 널리 인증된다"고 지적한다. Deidun, *New Covenant Morality in Paul*, 20을 보라.

성향이 제거될 것이라고 예언한다. 그들이 여호와께 순종하는 것은 안으로부터 일어날 것이다. 하나님이 온전하고 영혼을 변화시키는 방식으로 그들을 가르치셨기 때문이다. 바울을 이런 선지자적 소망과 연결하는 것은 주석 학자의 상상력 때문이 아니다. 바울은 구전을 통해 그리스도가 새 언약을 확립하기 위해 죽으셨음을 알았다(고전 11:25). 바울은 "새 언약의 일꾼"(고후 3:6)이다. 그 언약은 성령의 임재에 기초한다. 두 언약이 있다. 그것은 옛 언약 그리고 함축적으로 새 언약이다(갈 4:24).[72]

이제 이방인은 직접 '하나님께 가르침을 받은' 반면, 회당은 토라를 철저하게 연구했는데도 하나님에게서 스스로 고립되었다. 전도자이자 신학자인 바울은, 데살로니가인들이 음란한 행위나 우상 숭배를 하지 않고 살아갈 능력은 하나님이 성령을 통해 주신 것이며(겔 36:27), 단지 사도들이 부과한 '경계 표지'를 강제로 따랐기에 얻은 것이 아니라고 단언한다.[73] 기독교 윤리는 1세기 스토아학파 및 유대교와 몇몇 유사한 점이 있지만,[74] 성령 안에서 이루어지는 삶이라는 본질은 그것을 다른 모든 '-주의'(-isms)와 구별한다.

기독교적 성 윤리의 특정 사례를 보면, 이 단락 전체는 그것이 하나님에게서 온 것임을 보여준다. 성적인 죄는 무엇보다도 하나님을 모욕하는 것이다(참고. 시 51:4). 하나님은 몸을 만드셨고(또한 고전 6:18-20을 보라), 성에 관한 계명들을 주셨다. 그 윤리를 거부하는 것은 하나님을 거부하는 것이며(살전 4:8), 그분의 진노를 불러온다(4:6). 우리의 성 윤리는 오늘날 많은 사람이 추정하는 것처럼, 그리스도인의 도덕적 삶에서 사소하거나 심지어는 없어도 되는 요소가 아니다.

3. 이 본문이 오늘날의 교회에 주는 메시지

이 단락은 기독교적 성에 관한 핵심 구절 중 하나이다. 바울의 솔직함은 우리가 성이라는 주제에 대해 구체적으로 말해야 한다는 점을 보여준다.

바울의 선교팀이 데살로니가에 발을 들여놓았을 때, 성에 관한 관습의 두 패러다임이 충돌했다. 복음이 '인식의 전환'을 요구한다고 할 때, 그것은 사도들이 사람들의 질문에 새로운 답을 제시했다는 의미는 아니다. 오히려 사도들은 그들 자신이 특정한 방식으로 표현한 질문에 대한 대답을 내놓았다. 오늘날 어떤 사람들은 '아무도 물어 보지 않는 질문에 대답하는' 설교자들을 비방한다. 그런데 이 영역에서 바울은 비슷한 비난에 직면했을 것이다. 어쨌든 데살로니가의 이교도는 어떻게 음란한 삶을 중단할 것인가에 대한 대답을 기다리고 있지 않았

---

[72] 다시 Deidun, *New Covenant Morality in Paul*, 33–41을 보라. 최근의 몇몇 연구가 Deidun의 책을 참고하지만(예를 들어, Malherbe, *Letters to the Thessalonians*; Dunn, *The Theology of Paul the Apostle*), 그의 공헌은 일반적으로 정당한 평가를 받지 못하고 있다.

[73] F. Thielman, "Law," *DPL*, 534–35.

[74] G. Strecker, *Theology of the New Testament* (trans. M. E. Boring; Louisville: Westminster John Knox, 2000), 46; Weima, "1 and 2 Thessalonians," 878–79를 보라.

다. 남성의 간음을 중단하기 원했던 이방인은 보통 부정 행위로 피해를 입은 당사자들이었다. 바울은 복음을 새로운 길로 제시하는 동시에 새로운 길에 대한 갈망을 일으켜야 했다.

오늘날의 복음 전파자는 바울을 본받아야 한다. 현대의 일부 그리스도인은 혼외정사를 금하는 것에서 진지하게 도움을 받고 싶어 한다. 하지만 선의를 갖고 있는 사람들에게만 관심을 한정하지 말자. 자료에 따르면 결혼하는 미국인의 대다수가 동정인 상태로 결혼식에 임하지 않는다. 또 많은 그리스도인이 혼전 성관계의 경험이 있다는 사실도 어렵지 않게 추론할 수 있다. 어느 설교자도 단순히 신자가 마땅히 해야 하는 대로 행동하고 있다거나, 심지어 그들이 올바른 일을 하고 싶어 하리라고 추정해서는 안 된다. 또한 설교자는 사람들이 묻는 질문에만 대답해서도 안 된다. 그들은 복음으로 새로운 문제를 제기하고, 새로운 패러다임을 만들어내야 한다.

우리는 자녀에게 성교육을 하는 일과 관련해서도 같은 긴장감을 가지고 노력해야 한다. 한 학파는 자녀가 주도권을 잡을 때까지 기다려야 한다고 주장한다. '자녀가 문제를 제기할 때 그들의 질문에 대답할 것이라는 견해이다. 능동적인 접근이 요구될 때, 이것은 위험할 정도로 수동적인 입장이다. 성이라는 거북한 주제를 제외하고 다른 주제에 대해 관망하는 자세를 취하는 사람이 있겠는가? "집에 불이 나면 무엇을 할지 자녀들과 이야기해보겠다. 그 아이들이 질문하기 시작한다면"이라고 말하는 사람이 있겠는가? 이전에 매스컴이나 친구나 학교를 통해 성이라는 문제에 노출된 경험이 없는 대부분의 아이에게는 올바른 질문을 명확하게 표현할 수 있는 도구가 없으며, 수치스러워서 침묵할 수도 있다. 부모에게는 답만 제시할 뿐 아니라, 중요한 문제가 무엇인지 알려줄 책임이 있다.

나는 나이가 들면서 "예전엔 안 그랬는데"라는 말을 하지 않으려고 무척 애쓴다. 나는 여기에서 그에 대한 강력한 이유를 내세우고자 한다. 나는 1995년에 중독에 대한 책을 저술했는데,[75] 거기에서 어떤 사람들은 마약과 술이 아닌 포르노에 중독되어 있을 수 있다고 언급했다. 나는 편의점에서 고객이 은밀하게 포르노 잡지를 사는 장면을 마음속에 그리고 있었다. 대략 십 년 후, 나는 이 주석을 쓰기 시작했다. 하지만 새로운 풍경은 볼 수 없었다. 사람들은 전자 매체를 이용해서 이방인의 죄의 한계를 바울이 상상할 수 있었던 것을 훨씬 뛰어넘어 확장했다. 남자와 여자는 책상을 떠나지 않고도 온갖 다양한 음란물을 보거나 성적 대화를 나눌 수 있다. 포르노는 이제 그리스도인과 그들의 지도자를 끊임없이 따라다니며 괴롭히는 가장 큰 죄인 듯하다. 게다가 이 주제에 대해 글을 쓰고 있는 한 친구는 미국 여성이 음란물을 이용하는 면에서 남성을 거의 따라잡았다고 알려주었다.[76] 사도들은 이미 그것을 예상하

---

75. Gary Steven Shogren, *Running in Circles: How to Find Freedom from Addictive Behavior* (Strategic Christian Living Series; Grand Rapids: Baker, 1995).

76. Brent Edward McNamara, *No More Hiding, No More Shame: Finding Freedom from Pornography Addiction* (Mustang, OK: Tate, 2011)을 보라. 그것은 디지털 방식으로 내려받을 수도 있다. www.tatepublishing.com/bookstore/book.php?w=978-1-61739-268-9를 보라.

고, 남자와 여자가 둘 다 자기 몸을 통제해야 한다고 가르쳤다.

목사가 현 시대의 실상을 이해해야 하는 또 다른 분야가 있다. 누구도 강단에서 "남편과 아내는 밀실에서 무슨 일을 하든 괜찮다"라고 선언해서는 안 된다. 하나님은 세상의 냉혹한 현실을 모르는 목사의 순수함에 대한 보상으로 그들을 축복하신다. 하지만 사람들이 행하는 품위를 떨어뜨리는 일에 대해 목사가 순진하게 생각하는 것은 잘못이다. 예수님은 침실에 임재하시며, 그리스도인의 성생활은 기독교적 미덕의 특징을 드러내야 한다. 사랑, 오래 참음, 관용, 기쁨 등이다. 고통, 이기심, 수치, 또는 착취가 나타나서는 안 된다.

지금과 같은 성적 배교의 시대에 그리스도인은 정상적인 기독교적(즉, 기적적인) 성 윤리에 입각하여 살아감으로써 복음의 능력을 드러낼 수 있다. 동시에 우리는 다양한 형태로 나타나는 음행이 무엇인지를 분명히 설명하고, 그 모든 것에 반대하여 가르칠 수 있는 사도적 용기가 있어야 한다.

데살로니가전서 4:13-18

문학적 전후 문맥

바울은 4:1-12에서 기독교 윤리의 여러 면모를 다루었다. 거기에서 바울은 데살로니가인들이 이미 그것들을 알고 실천한다고 확언한다. 다른 식으로 말하면, 데살로니가인들에게 새로운 것이나 혼란스러운 것은 전혀 없었다. 그와 대조적으로, 바울은 4:13-18에서 신자가 아마도 들은 적 없거나, 아니면 더 가능성 있는 것으로 그들이 처한 상황에 적용하는 법을 잊어버린 한 주제를 잘 다루도록 돕는다. 따라서 4:13-18은 그들에게 새로운 자료를 포함하는 유일한 단락이다. 즉, 파루시아 때 예수님은 죽은 성도를 일으키셔서 살아 있는 자들과 함께 그분의 오심을 즐겁게 맞이할 수 있게 하실 것이다. 그리고 나서 사도 바울은 5:1에서 그들이 잘 안다고 확신하는 자료로 다시 돌아간다.

이 본문은 종말론적 소망의 여러 가닥을 한데 모아서 통합한다. 신자는 예수님 안에서 하나님의 진노를 피하게 될 것이다(1:10; 5:9; 함축적으로 2:16). 그들은 예수님이 오실 때 거룩하게 있어야 한다(3:13; 5:1-11, 23). 또한 그들의 죽은 친구들도 거기에 있을 것이기 때문에, 그들은 즐거운 마음으로 파루시아를 기대해야 한다(4:17-18).

바울이 데살로니가후서에서 이 주제를 더 탐구하지 않는다는 사실은, 그 문제가 해결되었다는 반증이다.

> VI. 권면: 이방인의 환경 속의 복음 윤리(4:1-12)
> ➡ **VII. 그리스도의 다시 오심에 대한 가르침(4:13-5:11)**
>   **A. 죽은 그리스도인은 살아 있는 사람보다 먼저 예수님과 함께 살아날 것이다(4:13-18)**
>   B. 그리스도인은 종말의 때를 알지 못할지라도 거룩하게 살아야 한다(5:1-11)
> VIII. 마지막 권고(5:12-22)

주요 개념

데살로니가인들은 기독교 교리(예를 들어, 여호와의 사역을 하시는 예수님, 성령의 인격, 사탄의 역사, 예수님의 죽음과 부활)를 강력하게 고수하면서도, 중요한 것을 놓치고 있었다. 곧, 그리스도의 부활은 그분이 다시 오시기 전에 죽은 신자의 부활을 보장한다는 사실이다. 그들은 바울에게 그 교리를 배웠지만, 박해를 빚으면서 그것을 적용하는 법을 잊어버렸을 가능성이 매우 크다. 더 자세한 내용은 '데살로니가전후서 서론'의 '데살로니가의 종말론'을 살펴보라.

번역

데살로니가전서 4:13-18

13a	공개의 관용 표현	형제들아 자는 자들에 관하여는
		너희가 알지 못함을 우리가 원하지 아니하노니
b	결과	이는…슬퍼하지 않게 하려 함이라
c	비교	소망 없는 다른 이와 같이
14a	근거	우리가 예수께서 죽으셨다가 다시 살아나심을 믿을진대
b	추론	이와 같이
		예수 안에서 자는 자들도 하나님이 그와 함께 데리고 오시리라
15a	근거	**우리가 주의 말씀으로 너희에게 이것을 말하노니**
b	내용	주께서 강림하실 때까지 우리 살아 남아 있는 자도
c	내용	자는 자보다 결코 앞서지 못하리라
16a	근거	주께서
b	연관	호령과 천사장의 소리와
c	연관	하나님의 나팔 소리로 친히
d	사건	하늘로부터 강림하시리니
e	사건	그리스도 안에서 죽은 자들이 먼저 일어나고
		그 후에
17a	연속	우리 살아 남은 자들도…끌어 올려
b	연관	그들과 함께
c	장소	구름 속으로

	d	목적	공중에서 주를 영접하게 하시리니
	e	결과	그리하여 우리가 항상 주와 함께 있으리라
18		14–17절에서 추론	그러므로 **이러한 말로 서로 위로하라**

구조

바울은 이미 주님의 재림에 대해 많이 말했지만, 이제 그는 종말론에 집중한다. 바울은 곡언법을 사용하여 말한다. "너희가 알지 못함을 우리가 원하지 아니하노니"라는 말은, '너희에게 부족한 정보를 자세히 알려주겠다'는 뜻이다. 데살로니가인들이 죽은 동료의 운명을 제대로 알게 되면, 그들은 감정적으로 혼란스러워하지 않을 것이다. 바울은 소망의 사람(1:3을 보라)과 소망 없는 이방인을 확실히 구별하기 위해 "다른 이와 같이"(καθὼς)(4:13)라는 비교의 표현을 사용한다. 바울은 목회적인 목표를 갖고 말하고, 좋은 소망이 좋은 교리에 근거한다는 점을 안다. 따라서 그는 4:13을 소망의 언어로 시작한다. 바울은 이 구절로 인클루지오를 시작하여, 4:18에서 같은 내용을 전달하며 서로 위로하라고 명령하며 끝낸다.

데살로니가인들의 주된 문제는, "살아남아 있는 자"(4:15)와 대조되는 이미 죽은 그리스도인("자는 자"라는 완곡한 표현이 사용됨)과 관련이 있었다. 바울은 종말론적 부활에 대한 두 가지 증거를 제시한다. 이 교리는 그들의 마음을 북돋아줄 것이 분명하다.

첫 번째 증거는 예수님의 부활이 그들의 의심에 대해 완전한 해결책이 된다는 것이다(4:14). "이와 같이"(οὕτως)라는 부사는 바울이 조건절에서 추론할 것이라는 점을 시사한다. 하나님이 예수님을 죽은 자 가운데서 살리신 것을 믿는다면, 하나님이 신자도 다시 살리시리라 생각하는 것은 당연하다. 이 행위는 '예수님과 함께 모이는 것'이라고 불린다. 바울은 천사들이 택함 받은 자들을 모으는 것을 이야기하는(마 24:31) 감람산 강화의 언어를 서신에 반영한다. 또한 그는 4:17e을 예비한다. "그리하여 우리가 항상 주와 함께 있으리라." 하나님은 '우리를 그리스도께로 모으신다'(살후 2:1).

바울은 4:15에서 두 번째 증거를 제시한다. 이 책은 이것이 예수님의 가르침이라거나, 아그라폰(agraphon, 지금까지 기록되지 않은 예수님의 가르침)의 요약이 아니라는 견해를 지지한다. 그것은 아마도 최근에 바울이나 실라에게 주어진, 예언 같은 방법을 통해 생생하게 전달된 '주 예수님의 말씀'이다. 그 메시지의 내용은 ὅτι로 소개된다(이는 간접 화법을 소개하기 위함임). 이것은 간단하지만 직접적이다. "주께서 강림하실 때까지 우리 살아남아 있는 자도 자는 자보다 결코 앞서지 못하리라"(15절).

그리고 나서 바울은 처음부터 다시 시작하고, 재림을 묘사한다. 4:16–17은 4:15의 예언적 말씀의 일부라기보다는, 천사와 나팔이라는 전통적 언어를 사용하지만 죽은 자의 부활을 크게 강조하는 파루시아에 대한 간략한 묘사로 보는 것이 가장 좋다. 마태복음 24:31에서 기대되는 것처럼 천사들이 세계 도처에서 성도를 불러 모으는 것이 아니라, 그리스도 안에서 죽은 자들이 갑자기 나타난다(4:16e). "그리스도 안에서 죽은 자들이 먼저 일어나고."

그러고 나서 바울은 살아남아 있는 신자들을 소개한다(4:17). 죽은 자들이 일어나고 "그 후에"(ἔπειτα) 살아남은 자들이 끌어 올려져 간다는 내용이 대조되어 나온다. 그 구절을 '오직 그 후에만 살아 남은 자들이 끌어 올려져 갈 것'이라고 바꾸어 표현할 수도 있다. 그들은 끌어 올려져 가서 부활한 자들과 함께 있게 될 것이다. 우리가 부활을 의심하고 죽은 자들에 대한 슬픔에 잠길 때, 부활한 자들은 그러한 어려움을 극복하는 근거가 될 것이다. 이 모든 일은 "그리하여"(καὶ οὕτως, 4:17e), 즉 '이런 방식으로' 일어날 것이다. 그들은 이방인 이웃이 슬퍼하는 것처럼 슬퍼할 필요가 없다(4:13). 모든 신자는 영원히 그리스도의 임재 가운데 즐거이 살게 될 것이기 때문이다.

바울은 이 단락의 인클루지오를 맞추기 위해 종말론을 가르치는 데 관심을 두는 것이 아니다. 그는 그들을 위로하고, '그들이 서로 격려할 수 있는' 방편을 주는 데 관심을 기울인다(4:18).

석의적 개요

- I. 사도들이 데살로니가인들이 중요한 교훈을 놓치고 있음을 인지하고 그것을 보충하려 함(4:13)
  - II. 이 교리의 근거는 복음과 새로운 계시에서 찾아볼 수 있음(4:14-15a)
    - A. 복음에 따르면 예수님은 죽으셨다가 다시 살아나셨고, 그리스도인도 마찬가지로 죽었다가 다시 살아날 것이다(4:14)
    - B. 사도들은 예언적 말씀으로 더 상세한 내용을 알게 되고, 이제 그것을 데살로니가인들에게 전달한다(4:15a)
  - III. 사도적 종말론은 데살로니가인들의 혼란과 관련이 있는 진리를 나타냄(4:15b-17)
    - A. 주님이 오실 때, 죽었다가 부활한 자들이 먼저 예수님을 만나게 될 것이다(4:15b-16)
    - B. 그 후에 살아남아 있던 신자가 공중으로 올라가서 죽었다가 부활한 자들과 함께 예수님을 맞이할 것이다(4:17a)
    - C. 모든 그리스도인이 영원히 주 예수님과 함께 있게 될 것이다(4:17b-e)
  - IV. 이 교리는 살아 있는 그리스도인을 격려하는 유익이 있다(4:18)

본문 설명

4:13a 형제들아 자는 자들에 관하여는 너희가 알지 못함을 우리가 원하지 아니하노니(Οὐ θέλομεν δὲ ὑμᾶς ἀγνοεῖν, ἀδελφοί, περὶ τῶν κοιμωμένων). 바울은 사람들이 어떻게 배우는지 알고 있다. 그는 4:1-12을 데살로니가인들이 이미 분명히 파악하고 있는 것, 즉 성적 순결과 형제 사랑이라는 주제를 검토하는 것으로 시작했다. 이제 바울은 그들이 제대로 알지 못하는 영역으로 그들을 데려간다. 그들은 예수님이 그분의 거룩한 천사들과 함께(3:13) 하늘에서 강림하실 것을 기다리고 있었음이 분명하다(1:10). 하지만 그들은 파루시아 때 먼저 죽은 동료를 다시 볼 수 있을지 궁금해했다. 바울은 δέ를 사용해서 이 새로운 주제로 관심을 돌리고, "형제들아"(ἀδελφοί)라는 말로 그들을 주목하게 한다. 그는 "너희가 알지 못함을 우리가 원하지 아니하노니"라고 말한다. 이 장 전체에 걸쳐서, "우리"는 바울과 실라를 가리킨다. 부정사 '알지 못함'(ἀγνοεῖν)은 '무지하다 혹은 그러한 상태로 있다'로 번역할 수 있다. 그런데 이 표현(ignorant)이 영어에서 모욕적인 어조를 띠는 만큼, 이 책에서는 비난을 함축하지 않는 말(uninformed)로 번역한다. 이 절은 새로운 정보를 밝히는 전형적인 관용 표현이다(고전 10:1; 12:1; 고후 1:8을 보라).

"자는 자들"(τῶν κοιμωμένων)은 두 가지 방식으로 번역할 수 있다. 어떤 문맥에서 이 동사는 문자 그대로 잠의 의미를 지닌다. 둘째, 이 표현은 은유적으로 죽음을 뜻한다. 그것과 어원이 같은 말인 '잠자리'(κοιμητήριον)는 영어 단어 '묘지'(cemetery)의 어근이다. '잠/죽음'이라는 똑같은 이중적인 의미는 '잠'(καθεύδω)을 뜻하는 동의어에도 나타난다. 이 후자의 동사는 다니엘서 12:2에서 부활하게 될 죽은 자에 대해 말할 때 사용된다. 또한 바울은 이 표현을 데살로니가전서 5:10에서도 사용할 것이다. 그리고 그곳에서도 이 단어는 '죽음'을 나타낼 것이다.

잠은 적어도 호메로스의 글과 같이 이른 시기에, 죽음을 뜻하는 은유가 되었다. "거기에 가난한 친구가 누워 잠(κοιμάω에서 유래)을 잔다. 그는 동료 시민을 지키려다 죽고 말았다"(*Iliad* 11.241, trans. Butler). 호메로스는 영혼 수면이나 부활을 믿지 않았다. 따라서 이 은유는 영혼 수면에 대한 교리나 그 사람이 부활할 때 '깨어날' 것을 함축하지 않는다. 잠과 비교하는 것은 몸이 유가족에게 나타나는 것과 관련이 있다. 몇몇 유대 문헌은 '잠자다'(κοιμάω)라는 동사와 부활을 한쌍으로 사용한다(2 Macc 12:45). 이와 같이 바울은 헬라인이나 유대인에게 죽음에 대한 은유가 되는 언어를 사용한다.[1]

그러므로 이 동사를 소위 문자적 동의어, 즉 '잠들다'(to fall asleep)로 번역하는 것은 잘못이다[KJV, NASB, ESV, NJB를 포함해서 많은 성경이 그렇게 번역한다. NIV와 REB는 "영면하다"(sleep in death)로 번역한다]. 바울의 독자들에게 그것은 단순히 '죽는' 것을 의미했다. 이것은 4:16에 나오는 "죽은 자들"(즉, οἱ νεκροί)과 비슷하다. 그럼에도 잠과 죽음의 언어유희는 요한복음 11:11을 구성한다. 요한복음 11장에서 제자들은 나사로가 평안하게 잠을 자서 병이 낫는 것으로 생각한 반면, 예수님은 나사로가 죽었다는 의미로 말씀하셨다. 속사도 시대에 들어와서야 비로소 그리스도인은 그 동사들을 이중적인

---

[1] 반대 의견으로 Colin R. Nicholl, *From Hope to Despair in Thessalonica: Situating 1 and 2 Thessalonians* (SNTSMS 126; Cambridge: Cambridge Univ. Press, 2004), 23을 보라. 그는 바울이 동사 κοιμάω에 새로운, 특별한 기독교적 의미를 부여하고 있다고 믿는다. "우리는 그리스도인의 죽음을 '잠이 든' 것으로 묘사하는 것이 죽은 그리스도인이 그리스도의 파루시아 때 다시 살아나서 그분과 함께 있게 될 것이라고 주장하는 중요한 단언이라고 제안한다." 또한 Fee, *Thessalonians*, 167-68을 보라.

의미로 사용하기 시작했다.

4:13b-c 이는 소망 없는 다른 이와 같이 슬퍼하지 않게 하려 함이라(ἵνα μὴ λυπῆσθε καθὼς καὶ οἱ λοιποὶ οἱ μὴ ἔχοντες ἐλπίδα). 그리스-로마식 경건은 사랑하는 사람이 죽었을 때 각 가정 구성원이 적절하게 슬픔을 나타낼 것을 요구했다. 데살로니가 그리스도인들은 그들의 생물학적 친족과 관계를 끊고 새로운 믿음의 가족에 충성을 맹세했다. 그 결과 '유가족'의 역할이 혈족에서 교인으로 다시 할당된다. 그러므로 데살로니가인들은 생물학적 부모가 죽었을 때 그들을 존경하는 마음으로 옷을 찢는 것처럼, 옷을 찢어야 했는가?

바울은 정확히 답하지 않지만, 가족적인 감정이 없는 것은 아니다. 그들은 또 철학자를 본받아야 하는 것도 아니다. 철학자는 사람들에게 슬픔을 합리적인 수준으로 누그러뜨리라고 충고했다. 하지만 그리스도인 유가족의 반응은 하나님에 대한 소망에 근거한다. 그런데 "다른 이와 같이 슬퍼하지 않게 하려 함이라"에서 특별히 대조되는 점은 무엇인가? 바울은 (1) 소망이 없는 사람만이 슬픔을 느끼기 때문에, 그들이 전혀 슬퍼하지 않아야 한다고 말하는 것인가?[2] 아니면 바울은 (2) 그들이 소망 없는 이방인이 슬퍼하는 방식으로 슬퍼하지 않아야 한다고 말하는 것인가?[3] 바울은 두 번째 견해를 의도한 것이 거의 확실하다. "바울은 그저 지나치게 슬퍼하는 것을 제지하려고 한 것이었다. 그들이 부활을 진지하게 생각하고 기억했다면 슬픔이 그들에게 그렇게 큰 영향을 끼치지 않았을 것이다."[4]

이런 해석은, 다른 신약 구절에서 슬픔이 다루어지는 방식에 비추어볼 때 타당하다. 슬픔에 대한 가슴 아픈 이미지 중 하나는 나사로의 죽음을 슬퍼하는 마르다와 마리아 이야기에서 볼 수 있다. 나사로의 무덤으로 가시는 길에 "예수께서 눈물을 흘리신"(요 11:35) 것은 가슴을 뭉클하게 하고 의미심장하다. 하지만 11:24-27에서 예수님과 마르다의 부활에 대한 믿음이 선포된다. 이 부활 소망이 비통함을 슬픔으로 바꾼다. 그 슬픔은 소망으로 완화된 것이다. 경건한 슬픔에 대한 다른 예는 그리스도인이 순교한 스데반 때문에 '크게 운 것이다(행 8:2). 바울 서신에서 슬픔은 긍정적으로 나타난다(예를 들어, 롬 9:2; 고후 6:10; 빌 2:27). 사실상 "성경 도처에서 사별을 맞이한 자들은 슬퍼할 것이라고 추정되고, 그들의 슬픔은 결코 과소평가되지 않는다."[5] 따라서 데살로니가인들은 소망 없는 사람처럼 지나치게 슬퍼하지 않아야 한다.

바울은 다른 사람들을 '소망 없는 자'들과 비교한다. 교회는 헬라인으로 둘러싸여 있었다. 헬라인의 장례식은 사랑하는 사람을 돌이킬 수 없이 잃어버린 것에 대한 그들의 믿음을 나타낸다. 라이트(Wright)가 말한 것처럼, 헬라인에게 죽음은 "일방통행로"이다.[6] 히브리서 저자는 이방인을 염두에 두고 "죽기를 무서워하므로 한평생 매여 종노릇하는 모든 자들"(히 2:15)이라는 언급을 한 것 같다. 하지만 오늘날에는 의학으로 기적적인 치료를 받을 수 있기 때문에, 그런 두려움에 쉽게 사로잡히지 않는다.

4:14a 우리가 예수께서 죽으셨다가 다시 살아나심을 믿을진대(εἰ γὰρ πιστεύομεν ὅτι Ἰησοῦς ἀπέθανεν καὶ ἀνέστη). 그

---

2. GNB와 NJB가 이런 방식으로 해석한다. CEV는 다음과 같이 번역한다. "여러분은 그들 때문에 슬퍼하지 않아야 하며 소망이 없는 사람들처럼 되지 않아야 할 것이다"(Then you won't grieve over them and be like people who don't have any hope).
3. 이런 입장으로 Nicholl, *From Hope to Despair*, 23-26. 또한 NKJV와 NLT도 분명히 그런 입장을 취하고 있다.
4. Calvin, *Thessalonians*, 279.
5. D. A. Carson, *How Long O Lord? Reflections on Suffering and Evil* (2nd ed.; Grand Rapids: Baker, 2006), 112.
6. N. T. Wright, *The Resurrection of the Son of God* (Minneapolis: Fortress, 2003), 81.

리스도인이 품은 소망, 즉 그들을 전적인 곤경에서 구해내는 소망은 예수님의 죽음과 부활로서만 가능하다. 기독교적 소망은 희망사항이 아니라 확신에 찬 기대이다. 바울은 γάρ를 사용하는데, 원인을 나타내는 의미를 함축하는 한 그것은 번역할 필요가 없다. 이 조건절의 기능은 예수님의 죽음과 부활이 참인지 묻는 것이 아니라, 하나의 결론을 내리는 것이다. 즉, 부활이 참되다고 믿는다면(당연히 그리스도인은 그렇게 믿는다, 1:10), 뒤따라 나오는 것도 참되다.[7] 바울은 고린도전서 15:12에서도 같은 종류의 논리를 펼친다. "그리스도께서 죽은 자 가운데서 다시 살아나셨다 전파되었거늘 너희 중에서 어떤 사람들은 어찌하여 죽은 자 가운데서 부활이 없다 하느냐."

'예수님이 죽었다가 다시 살아나셨음을 믿는다'는 주장은 바울의 케리그마에서 근본적인 것이다. '예수님이 죽으셨다'는 것이 특정 신경(Creed)의 일부가 될 정도로 논쟁거리가 되었다는 점은, 현대인에게 이상하게 보일 수 있다. 하지만 이 교리는 헬라 세계에서 의심을 받았으며 훗날 영지주의의 공격을 받기도 했다. 그리스 문화에는 수많은 신에 대한 이야기가 있었다. 그 신들은 위장하여 인간 세상에 다녔지만, 불멸의 존재로 죽지는 않았다. 영지주의 문헌인 「빌립복음」(Gospel of Philip) 22는 예수님의 죽음을 문자 그대로가 아니라 영적인 것으로 본다. 다른 영지주의자들은 하나님이 기적적으로 구레네 시몬을 예수님처럼 보이게 만들었다고 상상한다. 그래서 그가 예수님 대신 십자가에서 처형당하고, 예수님은 군중 속에서 그 장면을 지켜보셨다는 것이다.

바울은 예수님의 죽음이 없다면 그분의 부활도 없고, 따라서 그리스도인이 부활할 소망도 없다고 주장한다. 사도신경은 바울과 함께 이 진리를 단언하고, 예수님이 "본디오 빌라도에게 고난을 받으사, 십자가에 못 박혀 죽으시고, 장사한 지 사흘 만에 죽은 자 가운데서 다시 살아나시며"라고 선언함으로써 영지주의자의 주장을 뒤집는다. 예수님은 "우리를 위하여"(5:10) 죽으셨다. 동사 '다시 살아나셨다'(ἀνέστη)는 예수님과 성도들의 부활을 뜻하는 전형적인 표현이고, 4:16에서 반복된다. 고린도전서 15:52에 나오는 구절은 또 다른 동사를 사용해서 '죽은 자들이 다시 살아날' 것이라고 말한다(οἱ νεκροὶ ἐγερθήσονται).

4:14b 이와 같이 예수 안에서 자는 자들도 하나님이 그와 함께 데리고 오시리라(οὕτως καὶ ὁ θεὸς τοὺς κοιμηθέντας διὰ τοῦ Ἰησοῦ ἄξει σὺν αὐτῷ). 바울은 예수님의 부활에 대한 믿음이 필연적인 결과, 즉 성도의 부활을 낳는다고 주장한다. "이와 같이"(οὕτως καί)라는 번역은, 4:14a에 나오는 "우리가…믿을진대"가 최종적 부활의 원인인 것처럼 보이지 않게 한다. 오히려 이것은 증거-추론의 사례이다. "화자가 어떤 증거에서 무언가(귀결절)를 추론한다."[8] '예수님은 죽은 자로부터 다시 살아나셨다(우리는 그렇게 믿는다). 마찬가지로 하나님은 성도들을 부활시키실 것이다.'

바울은 하나님이 죽은 신자들을 부활시키실 것이라는 분명한 약속을 미룬다. 이 절에서는 '하나님이 죽은 자들을 함께 데리고 오실 것(ἄξει는 ἄγω에서 유래)'이라고 말한다. 복음서 전승에서 파루시아는 세계에서 사람들을 모으는 것을 포함한다. "그가 큰 나팔 소리와 함께 천사들을 보내리니 그들이 그의 택하신 자들을 하늘 이 끝에서 저 끝까지 사방에서 모으리라(ἄγω의 복합어, ἐπισυνάγω)"(마 24:31).[9] 비슷한 언어가 데살로니가후서 2:1에 나타난다. 성도들이 그리스도 앞에 '함께 모인다'(ἐπισυναγωγή와 어원이 같은 형태). 마찬가지로, 고대 문서인 *Did.* 10.5는 교회에 하나님이 "사방에서 그분의 나

---

7. Best, *Thessalonians*, 187; Fee, *Thessalonians*, 169 n. 21을 보라.
8. Wallace, *Grammar*, 683.
9. 어원이 같은 동사가 마 13:30에 나타난다. 13:39-42, 49-50에서 천사들이 악인들을 모은다.

라로 (교회를) 모으시도록(συνάγω)" 기도하라고 가르친다. 바울은 4:16에서 이 모임이 육신을 떠난 죽은 자들의 영을 호출하는 것이 아니라 부활을 통해 성취됨을 보여 줄 것이다.

"자는 자들"(κοιμάω에서 유래)이라는 표현에 대해서는 4:13의 설명을 보라. "…안에서"(διά)는 바울이 그리스도 안에 있는 것을 말할 때 전형적으로 사용하는 언어가 아니다. 그럼에도 4:16 끝에서 "그리스도 안에서 죽은 자들"(οἱ νεκροὶ ἐν Χριστῷ)이라는 평행 구절이 나오는 것을 보면, 그것이 여기에서 바울이 의도한 것으로 보인다. 한편 성도들이 예수님과 연관이 있기 때문에 죽었다고 보는 견해가 있다. 즉, 그들이 순교자라는 것이다. 또는 "예수 안에서"(διὰ τοῦ Ἰησοῦ)라는 구절이 분사와 연결된 것이 아니라 동사 '데리고 오실 것이다'와 연결된 것이라는 주장이 있다. "예수님을 통해, 하나님은 잠자는 자들을 그분과 함께 데리고 오실 것이다"(through Jesus, God will bring with him those who have fallen asleep, ESV). 그러나 이 후자는 διά를 이상하게 해석한 것으로 보인다. διά는 그것에 바로 선행하는 단어, 즉 "죽은"과 더 잘 연결될 것이다.

바울은 우리 시대의 몇몇 기독교적 사고와 맞지 않는다. 종말론은 수 세기에 걸쳐 외부의 영향을 받아왔다. 특히 우리는 '불멸의 영혼'이라는 관용구에 익숙해졌다. 즉, 영혼은 언젠가 죽어야 하는 몸에 살지만, 그것이 몸을 정말로 필요로 하지는 않는다는 것이다. 이런 생각은 헬라 철학에 그 근원을 둔다. 예를 들어, 플라톤은 소크라테스에게 다음과 같이 말한다.

(철학자에게 사람의 최종적인 정화는) 영혼을 가능한 한 몸과 분리하고, 영혼을 어떻게든 몸과 접촉하지 않게 하며, 오직 영혼에 집중하는 데 있다. 할 수 있는 한 현재와 미래에 몸의 족쇄에서 자유로워지고, 단독으로 거하는, 영혼의 처소를 마련하기 위해서…(철학자는) 죽음을 슬퍼할 것인가? 그는 그런 여행을 하는 것을 기뻐하지 않을 것인가?[10]

이같이 철학사는 죽음이 무서운 상실이 아니라는 것을 안다. 영혼은 몸이 없을 경우 더 좋아지기 때문이다. 반면 바울은 죽음이 참으로 슬픔의 원인이지만, 그 슬픔은 그리스도인의 부활 소망으로 변화된다고 생각한다.

성경에서 불멸은 하나님의 속성이다. 그것은 하나님은 죽으실 수 없다는 의미이다(딤전 1:17). 이것은 어디에서도 인간 영혼의 특성이라고 말하지 않는다. 혼이나 영이 사후에 의식을 잃지 않는다고 가르칠 때도 마찬가지이다.[11] 바울의 용어에서 불멸(롬 2:7; 고전 15:53-54) 혹은 "영생"(롬 6:23)은 언제나 종말론적 부활과 연관된다. 하나님은 미래에 영생을 주시고, 인간의 몸을 죽지 않는 형태로 변화시키실 것이다. 이것은 "사후 세계를 부정하거나, 그들에게 불멸이 선천적으로 주어졌다고 주장하거나, 그림자의 내세를 주장한 청중에게" 바울이 생명과 죽음에 대해 가르치려고 많은 노력을 기울인 것을 보여준다.[12]

4:15a 우리가 주의 말씀으로 너희에게 이것을 말하노니

(Τοῦτο γὰρ ὑμῖν λέγομεν ἐν λόγῳ κυρίου). 바울은 이제 그의 교리의 근원을 밝힘으로써 4:14의 주장에 대한 이유를 제시한다. 바울은 주 예수님께 직접 계시를 받았다. 바울은 칠십인역을 떠오르게 하는 언어를 사용한다. "주"(κυρίου)는 주격 소유격으로 '주님이 말씀하셨다'는 점을 나타낸다. 칠십인역은 예언의 말씀을 언급할 때 전형적으로 "주의 말씀(ῥῆμα)"을 사용한다.[13] 그것의 동의어(λόγος) 또한 칠십인역에 나타나며, ῥῆμα와 상호 교환

---

10. Plato, *Phaedo* (trans. Tredennick) 67d-e, 68b.
11. 눅 16:19-31은 비유이지만, 인정된 진리를 따라 묘사된 것이다. 고후 5:6-9; 빌 1:21-23; 계 6:9-11.
12. Gary S. Shogren, "Mortality and Immortality," *DLNT*, 776.

적으로 사용된다.[14] 데살로니가 서신에서 "주의 말씀으로"라는 구절은 "…으로"(ἐν)의 도구적 용법에 근거한다. 아주 유사한 표현은 열왕기상(3 Kgdms LXX) 13:18에서 찾아볼 수 있다. 거기에서는 한 선지자가 천사가 "여호와의 말씀으로"(ἐν ῥήματι κυρίου) 그에게 말했다고 거짓 말한다.

지금 문제는(바울이 고린도전서 7:10에서 결혼에 대해 언급하는 것처럼, 참고. 11:23) 바울이 예수님이 지상 사역을 하실 때 하신 말씀을 언급하는 것인가 하는 점이다.[15] 그런 입장을 변형해서 김세윤은 바울이 특별한 말씀이 아니라 일반적인 예수 전승(Jesus Tradition)에서 4:15-16을 추론했다고 강력하게 주장한다.[16] 이 주장의 난점은, 데살로니가서에 수록된 자료와 비슷한 예수 전승에 대해 알려진 바가 없다는 것이다. 그러한 경우, 아그라폰, 즉 복음서에 포함되지 않은 구전이 있어야 할 것이다.[17] 따라서 이 가설은 추측일 뿐이다. 더 나은 해석은, 그것이 실라 같은 그리스도인 선지자(그는 선지자였다, 행 15:32을 보라)나 바울에게 주어진 말씀이라는 것이다.[18] 그것은 예수님이 요한복음 14:26에서 약속하신 계시의 범주에 속했을 것이다. "성령 그가 너희에게 모든 것을 가르치고." 바울은 하나님이 직접 주신 새로운 진리를 전하는 것으로 알려져 있다. 공교롭게도 바울은 고린도전서 15:51에서 비슷한 "비밀"을 밝힐 것이다. 이 구절은 데살로니가전서 4:13-18과 아주 비슷하다.[19] 바울은 곧 데살로니가인들에게 예언을 적절하게 존중할 것과(5:20) 거짓 메시지를 경계하라고 가르칠 것이다(살후 2:2에 나오는 미혹의 "영").

4:15b 주께서 강림하실 때까지 우리 살아 남아 있는 자도(ὅτι ἡμεῖς οἱ ζῶντες οἱ περιλειπόμενοι εἰς τὴν παρουσίαν τοῦ κυρίου). 새로운 자료는 예수님이 다시 오실 것이라는 사실이 아니라, 파루시아 때 죽은 신자가 먼저 승천하고, 그다음으로 살아 있는 그리스도인이 승천할 것이라는 내용을 담고 있다. 바울은 이 계시의 내용을 "간접 화법"으로 설명한다. 즉, "ὅτι절은 전달받은 연설 또는 생각을 포함한다."[20]

"우리 살아남아 있는 자"(ἡμεῖς οἱ ζῶντες οἱ εριλειπόμενοι, 또한 4:17을 보라)에는 두 개의 현재 시제 분사가 나

---

13. 예를 들어, 창 15:1에서 아브람에게, 출 24:4에서 시내 산에서 하나님이 모세에게, 민 24:13에서 발람에게, 삼하 7:4에서 나단에게, 왕상 17:24에서 엘리야에게, 사 66:5에서 이사야에게.
14. 이것은 왕상 13장에서 분명하다. 왕상 13:1, 9, 17에서 여호와의 λόγος가 사용되는 반면, 왕상 13:18, 21에서 그것의 평행으로 ῥῆμα가 나온다. 이것은 "여호와께서 이와 같이 말씀하시기를"이라는 정형화된 표현(왕상 13:2, 21)과 유사하다.
15. 따라서 David Wenham, *Paul: Follower of Jesus or Founder of Christianity?* (Grand Rapids: Eerdmans, 1995), 310-11은 바울이 마 25:1-13을 차용해서 죽었다가 신랑을 만나기 위해 "다시 살아난" 그리스도인들에게 그것을 적용했을 수 있다고 제안한다. 또 김세윤, "Jesus, Sayings of," *DPL*, 475-77을 보라. 다른 주석가들 중 David Hill, *New Testament Prophecy* (New Foundations Theological Library; Atlanta: John Knox, 1979), 130-31, 166은 살전 4:15이 아그라폰이나 신탁이 아니라, 주님의 가르침의 요약이라고 제안한다.
16. 김세윤, "Jesus Tradition," 234-37을 보라. 비슷한 의견으로 Wanamaker, *Thessalonians*, 170-71; Green, *Thessalonians*, 222. 또한 Michael Thompson, *Clothed with Christ: The Example and Teaching of Jesus in Romans 12.1-15.13* (JSNTSup 59; London: T&T Clark, 1992), 70-76에서 바울과 예수 전승을 분석한 글을 보라.
17. 예를 들어, 행 20:35, "주는 것이 받은 것보다 복이 있다." W. D. Stroker, "Agrapha," *ABD*, 1:92-95에서 개관을 보라. Strecker, *Theology of the New Testament*, 212는 4:16-17을 유대 기독교의 묵시론적 전통으로 여긴다. Joachim Jeremias, *Unknown Sayings of Jesus* (trans. R. H. Fuller; 2nd ed.; London: SPCK, 1964), 80-83은 그것을 전달 과정에서 약간 변경된 예수님의 말씀으로 이해한다.
18. 특히 Best, *Thessalonians*, 189-94를 보라. 또 Malherbe, *Letters to the Thessalonians*, 267-70; John Chrysostom, *Homilies on First Thessalonians* 8 (*NPNF*[1] 13:355).
19. John Chrysostom은 그의 *In principium actorum* (PG 51.93.16-19, 사도행전에 대한 네 개의 설교, *NPNF* 시리즈에 포함되지 않은 작품)에서 바울이 성령의 모든 다양한 은사들을 지녔다고 주장한다. 그는 이 절 및 다른 절들을 인용해서 바울이 예언의 은사를 지녔음을 보여준다. D. E. Aune, *Prophecy in Early Christianity and the Ancient Mediterranean World* (Grand Rapids: Eerdmans, 1983), 253-56은 살전 4:15을 주의 깊게 검토해서 바울이 아닌 다른 사람, 아마도 실라에 의해 주어진 예언적 말씀이었다고 결론을 내린다.
20. Wallace, *Grammar*, 456.

온다. 그러나 현재 시제는, 마치 바울이 지금 살아남아 있는 자들에 대해 말한 것처럼 반드시 행동이 현재에 일어난다는 것을 뜻하지 않는다. 실명사 현재 분사는 반드시 진술 당시에 일어나는 행동을 나타내지 않는다.[21]

학자들은 바울이 1인칭 복수를 사용하는 것, 즉 "우리 살아남아 있는 사"를 시나세 해석하는 경향이 있다. 다른 곳에 바울이 파루시아 때까지 혹은 함축적으로 파루시아가 임박했을 때까지 반드시 살아 있을 것을 기대하지 않았음을 나타내는 충분한 증거가 있다.[22] 첫째, 바울 사도는 매일 죽음에 직면했다. 그 시대의 남성이 20년을 더 살 것이라 기대할 수 있었다 해도, 바울의 생활 방식은 결코 일반적이지 않았다. 계속해서 죽을 만큼 맞고, 위험에 노출되며, 비위생적인 감옥에 갇히고, 제대로 먹지 못하며, 강도를 만나고, 조난을 당하며, 생명의 위협을 당하는 바울 같은 사람이(참고. 고후 11:23-27) 그리스도의 재림은 고사하고, 미래에 어떤 사건을 맞이하리라 생각하기는 어렵다.

둘째, 여기에서 바울은 파루시아 때 살아 있는 신자에 대해 말하는 것이다. 바울은 당시 그가 살아 있다는 단순한 이유로 "우리"를 사용하고, 임박한 파루시아 때 살아 있는 그리스도인이 기대해야 하는 것에 대해 말한다. 바울은 계속해서 "우리" 안에 데살로니가인들을 포함한다. 그 순간에 그들 중 몇몇 사람이 죽음에 직면하고 있을지라도 말이다. 오직 살아 있는 자들만이 편지를 쓰고 읽는다. 그리고 그 글과 말은 "살아남아 있는" 사람에게 전달된다.[23]

셋째, 바울은 다른 문맥에서 마치 그가 이미 죽은 신자와 동일한 것처럼 말하기도 한다. "주 예수를 다시 살리신 이가 예수와 함께 우리(죽은 자)도 다시 살리사 너희(살아 있는 고린도인들)와 함께 그 앞에 서게 하실 줄을 아노라"(고후 4:14; 또한 고전 6:14을 보라). 바울은 데살로니가전서에서 파루시아가 그의 생애에 일어날 것인지 여부에 대해 아무 예견도 하지 않는다(또한 5:1-2과 살후 2:1-2에 대한 설명을 보라).

4:15c 자는 자보다 결코 앞서지 못하리라(οὐ μὴ φθάσωμεν τοὺς κοιμηθέντας). 바울은 이제 주의 말씀의 내용을 전달한다. 파루시아 때까지 살아남아 있는 신자는 제일 먼저 부르심을 받아 하늘로 올라가서 그리스도를 만나게 되지 않을 것이다. 바울은 "결코"(οὐ μή)를 사용하는데, 이 헬라어 단어는 특별히 강조해서 이중 부정의 기능을 한다. 살아 있는 그리스도인은 '결코 앞서지 못할 것이다'(φθάσωμεν). 이 동사는 종종 '임하다, 도래하다'라는 더 일반적인 의미를 지닌다(2:16; 마 12:28처럼). 이 단어는 신약의 여기에서만 "앞서다"라는 의미로 쓰인다.[24] 파루시아는 단순히 그리스도가 하늘에서 오시는 것만이 아니라, 그리스도인들의 움직임도 수반한다. 먼저 죽은 자들의 움직임이 있고 그다음에 산 자들의 움직임이 있다. 그 만남은 "공중에서" 이루어질 것이다(살전 4:17). "자는"(κοιμάω는 죽음에 대한 은유)에 대해서는 4:13을 보라.

4:16a-c 주께서 호령과 천사장의 소리와 하나님의 나팔 소리로 친히(ὅτι αὐτὸς ὁ κύριος ἐν κελεύσματι, ἐν φωνῇ ἀρχαγγέλου καὶ ἐν σάλπιγγι θεοῦ). 바울 사도는 방금 하나님이 죽은 그리스도인들을 '함께 모으실' 것임을 보여 주었다. 이제 바울은 파루시아가 어떤 모습으로 이루어지고, 죽은 자들이 어떻게 부활해서 살아 있는 신자를 앞서갈 것인지 설명한다.

---

21. Stanley E. Porter, *Idioms of the Greek New Testament* (Biblical Languages: Greek 2; Sheffield: JSOT, 1992), 181.
22. Best, *Thessalonians*, 194–96.
23. Origen, *Cels.* 5.17 (*ANF* 4:550)도 보라. "살아 있고 깨어 있으며, 잠자는(κοιμάω) 자들과 다른 사람으로서, 바울은 다음과 같이 말한다." 그다음에 Origen은 살전 4:15-17을 인용한다.
24. MM, 666–67.

여기에서 ὅτι라는 단어는 원인을 나타낸다. 즉, 바울은 15절에서 주장한 근거가 무엇인지 보여준다. "주께서"라는 구절은 성경에 근거한다[예를 들어, 사 7:14 LXX; 또한 참고. *T. Sim.* 6.5(ed. Charlesworth), "여호와 하나님이 세상에 나타나셔서 사람들을 구원하실 것이다"]. 바울에게 그 시대의 끝의 핵심은, 하나님의 백성이 그들이 사랑하는 주님께로 모여들 것이라는 사실이다. 또한 "그리하여 우리가 항상 주와 함께 있으리라"고 말하는 4:17을 보라. 파루시아는 그리스도인이 구세주와 맺는 관계의 새로운 단계를 이룰 것이다. 이 인격적 관계는, 주후 4세기 살루스티우스(Sallustius)의 범신론적 종말론과 대비된다. "미덕을 따라 살아온 영혼은, 비합리적인 요소에서 자유롭고 모든 몸에서 정화되는 행복의 극치를 누린다. 그들은 신과 연합되어 있고, 그들과 함께 온 우주를 통치한다." 즉, 부활이 없고 하나님과 맺는 인격적인 사랑의 교제가 없다는 것이다.[25]

주님은 큰 소리와 함께 오시는데, 그것은 ἐν으로 소개된다. 이 구절에 나타난 소리는 세 가지(호령, 천사장의 소리, 하나님의 나팔 소리)인가, 아니면 두 가지(천사장의 소리로 이루어진 호령, 나팔 소리)인가? 대부분의 번역은 그에 대한 해답을 제시하지 않는다. 하지만 NJB는 호령과 천사장을 명백하게 동일한 것으로 본다. "천사장의 소리로 보낸 신호와 함께"(at the signal given by the voice of the Archangel). 이것이 가장 정확한 의미를 제시한다. 그러지 않으면 호령이 있고 그다음에 천사가 내는 다른 소리가 있을 것이기 때문이다. "호령"(ἐν κελεύσματι)은 단순한 큰 소리가 아니라 권위가 있는 명령이다.

요엘서 3:16에 종말론적인 현현을 언급하는 매우 유사한 표현이 나온다. "여호와께서 시온에서 부르짖고 예루살렘에서 목소리를 내시리니 하늘과 땅이 진동하리로다." 또 다른 유사한 표현은 필로의 글에서 찾아볼 수 있다. 그는 바울이 데살로니가전서를 쓸 무렵 죽었다. 필로는 사람들이 아무리 제 길에서 벗어났다 하더라도 그들을 회개하게 하시는 하나님의 권능에 대해 말한다. "하나님은 단 하나의 명령으로(ἑνὶ κελεύσματι), 온 땅에 살고 있는 사람들을 쉽게 불러모으실 수 있고, 세상 끝에서 그분이 선택하신 어떤 장소로 그들을 데려오실 수 있다. 자비로우신 구세주는 오랜 방황 끝에 그 영혼을 되돌아오게 하실 수 있다."[26]

모리스(Morris)는 바울이 특별한 천사장을 염두에 두고 있지 않다고 언급한다. 하지만 그는 정관사가 없는 것에 너무 많은 의미를 부여해서, 그것이 "한 천사장"[27]을 가리켜야 한다고 말한다. 헬라어 관사는 영어 문법과 같은 기능을 하지 않으며, 바울은 쉽게 '그'(the) 혹은 '한'(an)이라고 말할 수 있다. 이 구절과 유다서 1:9에서만 "천사장"(이끄는 천사)이라는 복합 명사를 찾아볼 수 있다. 미가엘이라는 이름은 유다서에 나온다. 또한 그의 이름은 다니엘서 10:13에서도 찾아볼 수 있다. 거기에서 그는 천사 "군주"(ἄρχων)이다. 미가엘과 그의 천사들은 요한계시록 12:7에서 용과 그의 사자들에 맞서 싸운다.

성경이 출판된 이후 시대의 유대교의 정교한 모델 중에서, 미가엘은 이스라엘의 특별한 수호자로 떠오른다.[28] 3 (*Greek*) Baruch 11.2에 따르면, 천국의 열쇠를 갖고 있는 자는 미가엘이다. 바울은 여기에서 천사의 이름을 밝히지 않지만, 미가엘을 염두에 두고 있는 것 같다. 미가엘은 다니엘서 12:1에서 어떤 식으로든 성도의 부활과 연관되어 있다. 그리고 미가엘이 데살로니가후

---

25. Sallustius, *Concerning the Gods and the Universe* 21 (trans. Nock).
26. Philo, *Rewards* 117 (trans. Jonge). Philo는 "모임"(συνάγωγος)을 사용한다. *Did.* 10.5에서 어원이 같은 동사 "모으다"(συνάγω)가 사용되고 있는 것을 보라. 앞의 4:14에 대한 설명에서 논의한 바 있다.
27. Morris, *Thessalonians* (TNTC), 93.
28. D. F. Watson, "Michael," *ABD*, 4:811에 수록된 유용한 글을 보라. 특히 *1 En.* 20.5 (ed. Charlesworth), "거룩한 천사 중 하나인 미가엘, 그는 백성과 나라 위에 자비를 베푼다." 또한 *War Scroll* 16.6-7. 유다 복음에서 미가엘은 인간에게 영을 나누어준다.

서 2:6–7의 "막는 자"일 가능성도 있다(이 구절에 대한 설명을 보라). 그렇지만 바울의 초점은 묵시론적 전통에서 찾아볼 수 있는 천사의 위계 질서에 맞추어져 있지 않다. 이 절은 처음에 중심 인물이 '주님'이고, 다른 모든 존재는 그분께 종속된다는 점을 강조한다.

부활할 때 들리는 "하나님의 나팔 소리"는 고린도전서 15:52과 매우 유사하다. "나팔 소리가 나매 죽은 자들이 썩지 아니할 것으로 다시 살아나고 우리도 변화되리라." 나팔 소리도 구약과[29] 예수 전승에서 그 배경을 찾아볼 수 있다. "그가 큰 나팔 소리와 함께 천사들을 보내리니"(마 24:31). 바울이 데살로니가전서 4:16에 포함하지 않은 것은 3:13의 '거룩한 천사들'이고, 그는 감람산 강화에 진술된 택함 받은 자들을 모으는 일에서 천사의 역할이 무엇인지도 설명하지 않는다.[30]

이상하게도 몇몇 사람은 여기에서 바울의 단어가 유대 묵시록의 언어에서 유래한다고 생각한다. 하지만 그것은 사실이 아니다. 알려진 유대 묵시록에서 4:16과 비슷한, 하늘에서 내려오는 메시아에 대한 어떤 진술도 찾아볼 수 없기 때문이다. 오히려 바울은 '현현'(주님이 영광스럽게 나타나시는 것)에 대한 구약의 묘사와 예수 전승에 있는 몇몇 요소를 새로운 계시에 덧붙여서 함께 엮었다.

4:16d 하늘로부터 강림하시리니(καταβήσεται ἀπ᾽ οὐρανοῦ). 바울은 이제 파루시아의 중심 사건으로 옮겨간다. 예수님은 하늘로부터 강림하실 것이다. 즉, 예수님은 땅으로 내려오실 것이고, 성도는 공중에서 그분을 만날 것이다. 똑같은 어휘를 요한복음 6:38에서 볼 수 있지만, 거기에서 예수님은 자신의 지상 사명을 말씀하신다. "내가 하늘에서 내려온 것은(καταβέβηκα ἀπὸ τοῦ οὐρανοῦ) 내 뜻을 행하려 함이 아니요 나를 보내신 이의 뜻을 행하려 함이니라." 데살로니가전서 4:16과 개념적으로 더 밀접하게 연관되어 있는 것은 하늘에서 천사들이 내려오는 것이다(계 10:1; 18:1; 20:1). 예수님은 '돌아오실' 것이라 약속하시고 하늘로 올라가셨다(행 1:11). 바울은 훗날 "거기로부터 구원하는 자 곧 주 예수 그리스도를 기다리노니"라고 진술한다(빌 3:20). 데살로니가전서 4:16의 지형학은 땅의 지면에서부터 공중으로 그리고 하늘로 이어진다. 신학자들은 2천 년에 걸쳐 하늘이 실제로 지구의 표면으로부터 수직적으로 "위로 올라가는" 것이 아니라고 제안해왔지만, 신약 저자들은 하늘과 땅의 상대적 위치를 묘사하는 한 가지 방식으로 그 언어를 사용하는 데 불편함을 느끼지 않았다.

4:16e 그리스도 안에서 죽은 자들이 먼저 일어나고(καὶ οἱ νεκροὶ ἐν Χριστῷ ἀναστήσονται πρῶτον). 여기에 데살로니가인들의 슬픔에 대한 해결책이 있다. 그리스도가 부활하신 것처럼, 그분 안에서 죽은 자들이 파루시아 때 부활할 것이다. 이 부활은 성도들의 모임의 첫 번째 부분이다. 여기에서 바울은 고린도전서 15:35–49에서처럼 부활체의 본질에 대해 자세히 설명하지 않는다.

이 절에 쓰인 동사를 전통적으로 '일어날 것이다'(will rise)라고 번역하는 것보다 '부활할 것이다'(will be resurrected, 미래 수동태, ἀναστήσονται)라고 번역하는 것이 좋다. 전자로 번역할 경우 "공중으로" 끌어올려 가는 것과 혼동될 수 있다(4:17). 많은 사람은 바울이 어디에서도

---

29. 출 19:16에서 큰 나팔 소리는 여호와의 현현을 암시했다. "셋째 날 아침에 우레와 번개와 빽빽한 구름이 산 위에 있고 나팔 소리가 매우 크게 들리니 진중에 있는 모든 백성이 다 떨더라." 또 슥 9:14; 히 12:18–21을 보라. 후기 유대교에서 미가엘이 그 나팔을 불고, 또 다른 천사들도 나팔을 분다. *Apoc. Mos.* 22.1을 보라.

30. Schippers, "Pre-Synoptic Traditions," 233. "바울은 공관 복음 이전의 전승을 그가 쓴 데살로니가 서신에 완전히 통합했다." 최소주의 입장으로 *The Thessalonian Correspondence* (ed. Collins), 160–82에 수록된 C. M. Tuckett, "Synoptic Tradition in 1 Thessalonians?"를 보라. 그는 이 서신에서 공관 복음 전승에 의존하는 것이 거의 없다고 주장한다.

악인이 부활할 것이라고 쓰지 않았다는 이상한 사실에 주목했다. 이러한 견해는 바울이 벨릭스 앞에서 "의인과 악인의 부활이 있으리라"고 진술한 사도행전 24:15에 근거를 둔다. 데살로니가전서 4장에서 이와 같이 악인의 부활이 빠진 것은 바울이 주목한 관심사 때문인 것 같다. 바울은 데살로니가의 일부 신자가 이미 겪은 바 있는 죽음을 포함해서 "그리스도 안에서 죽은 자들"에 관심을 갖고 있기 때문인 것 같다. 고린도전서 15:52도 동일한 것처럼 보인다. 죽은 신자들이 썩지 아니할 것으로 다시 살아날 것이며, 우리(살아 있는 그리스도인들) 역시 변화될 것이다. 이와 대조적으로, 사도행전 24장에서 바울은 비그리스도인을 향해 말하면서 그들에게도 적용할 수 있는 진리를 전한다. 바울은 순서를 나타내기 위해 4:16에서 "먼저"(πρῶτον)를 사용하고, 4:17에서 "그 후에"(ἔπειτα)라는 단어를 덧붙인다.

히브리서 저자는 독자들에게 죽은 자의 종말론적 부활이 "그리스도의 도의 초보"라는 점을 상기시켰다(히 6:1-2). 그렇다면 어떻게 데살로니가인들은 이런 기본적인 교리를 놓쳤는가? 그 당시 부활 교리를 부인하는 사조가 만연했을 가능성이 있다. 마게도냐에서 회당과 새로 세워진 교회가 아닌 장소에서 부활의 가르침을 듣는 일은 거의 불가능했을 것이다. 그것이 대중 종교이든 아니면 박식한 철학이든, 모든 헬라 세계관은 썩어가는 시체의 소생처럼 보이는 것을 거부했다. 이것은 어떤 가상적인 영지주의적 경향보다 고린도인들 중 일부가 부활을 거부한 이유를 가장 잘 설명한다. 사두개인과 헬라파 유대인처럼, 그들은 "죽은 자들이 어떻게 다시 살아나며 어떠한 몸으로 오느냐"라고 모욕적인 말을 했다(고전 15:35). 바울은 부활이 이상하지 않다는 점을 보여주기 위해, 고린도인들에게 기독론의 요점과 창조 교리를 상기시켰다.

우리는 몇몇 에베소 사람이 부활이 이미 일어났다고 말한 이유에 대해 아는 바가 없다(딤후 2:18). 하지만 그 경우, 그들은 2세기에 본격적으로 등장할 주장을 예견했을 수도 있다. 즉, 영지주의자들이 나타나서 예수님의 성육신, 죽음, 부활과 더불어 그 교리 전체를 거부한 것이다.[31] 이런 이유로 2세기 초의 교부들은, 물질 세계에 대한 하나님의 지속적인 관심을 부인한 지나치게 영화된 기독교에 맞서 열심히 싸웠다.[32] 데살로니가인들에 대한 가장 좋은 설명은, 그들이 그 진리를 들었지만 훗날 그것이 더 이상 가상의 문제가 아니라 실제로 그들의 작은 회중 가운데 죽는 자들이 생겨나는 위기가 닥치자 그 진리를 제대로 이해하지 못했다는 것이다. 그럼에도 '그 이유'에 대한 문제는 추가 정보가 나오지 않는 한 명확하게 해결될 수 없다. '데살로니가전후서 서론'에서 '데살로니가의 종말론'을 보라.

4:17a-d 그 후에 우리 살아 남은 자들도 그들과 함께 구름 속으로 끌어올려 공중에서 주를 영접하게 하시리니(ἔπειτα ἡμεῖς οἱ ζῶντες οἱ περιλειπόμενοι ἅμα σὺν αὐτοῖς ἁρπαγησόμεθα

---

31. 현대 영지주의자들은 성도의 부활을 현세에서 더 높은 지식(그노시스)을 받는 것으로 이해한다. Stephan A. Hoeller, "The Gnostic Catechism," www.webcom.com/gnosis/ecclesia/catechism.htm에서 현대의 영지주의적 가르침을 보라. "질문 89. 우리의 부활은 어떻게 언제 일어나는가? 우리가 여전히 세상에 살고 있는 동안 그노시스에 의해 일어난다."

32. 교회와 헬라 세계 사이에 긴장이 일어났다는 점은 사도신경에서 "몸이 다시 사는…것을 믿사옵나이다"라는 구절을 통해 알 수 있다. *1 Clem.* 24-27; *Barn.* 21.1; *2 Clem.* 9.1, 5에서 1세기와 2세기 초에 부활이 부정되었던 것을 볼 수 있다. "누구라도 이 육신이 심판받지 않고 다시 살아나지 못한다고 말하지 말라…우리를 구원하신 주 그리스도가 육신이 되셨다면 (그분은 본래 영이셨지만) 그리고 그 상태에서 우리를 부르셨다면, 우리는 또한 이 육신 가운데서 우리의 상급을 받을 것이다." Justin Martyr는 *Dial.* 80.4-5 (*ANF* 1:239)에서 Trypho에게 다음과 같이 말한다. "그리스도인이라고 불리는 사람들 가운데 죽은 자의 부활이 없으며, 죽을 때 그들의 영혼은 하늘로 올라간다고 말하는 자들이 있다. 그러나 모든 점에서 생각이 올바른 그리스도인들인 나와 및 다른 사람들은 죽은 자의 부활이 있을 것이라고 확신한다." Justin Martyr와 Tertullian은 부활의 주제에 대해 논문을 썼다.

ἐν νεφέλαις εἰς ἀπάντησιν τοῦ κυρίου εἰς ἀέρα). 그리스도의 백성은 파루시아 때 두 단계로 공중으로 올라가서 그분을 만날 것이다. 죽었다가 부활한 자들이 먼저이고, "그 후" 살아남은 신자들의 순서로 이루어진다. 바울은 이제 이 두 번째 그룹에 대해 말한다. 그는 4:15에서 살아 있는 그리스도인들을 나타내는 표현인 "우리 살아남아 있는 자"라는 구절을 반복한다. 그들은 '죽었던 자들과 함께 공중으로 끌어 올려질' 것이다. 바울은 여전히 수직적 이동의 관점에서 말하고 있다. 그리스도가 하늘에서 내려오시고, 죽은 자들이 일어나며, 살아 있는 그리스도인들이 그들과 함께 "구름 속으로" 그리고 "공중"으로 끌려 올라간다.

바울은 '이끌다'(ἁρπάζω에서 유래)의 미래 수동태를 사용한다. 불가타 성경은 그 동사를 *rapiemur*(*rapio*의 한 형태)로 번역한다. 여기에서 영어 단어의 '휴거'(rapture)가 유래한다. 고린도후서 12:2, 4에서 하나님은 바울을 땅에서 셋째 하늘로 '이끄신다.' 하지만 헬라어 동사는 그 자체로 수직적 움직임, 즉 '끌어 올리다'를 뜻하지 않는다. 그것은 '한 장소에서 다른 장소로 데려가다'를 뜻할 수 있다. 예를 들어, 사도행전 8:39에서 성령이 빌립을 가사에서 아소도로 가는 길로 이끌어가신다(ἁρπάζω의 형태). 몇몇 사람은 휴거가 지상에서 환란이 끝나기를 기다리며 머무를 수 있는 다른 장소, 즉 하늘로 성도를 이동시키는 것을 의미해야 한다고 결론을 내렸다. 하지만 그 점은 확실하게 나타나지 않는다. 오히려 신자가 한 장소에서 다른 장소로 이끌려갈 때, 그들은 지상에서 "공중으로" 가는 것이다. '끌어 올리다'라는 동사는 '신적 수동태'이다. 하나님은 성도들을 모으시는 분이기 때문이다(또한 4:14을 보라).[33]

데살로니가전서 4:17은 파루시아 때 성도가 '위로' 올라가는 것을 분명히 언급하는 유일한 신약 구절이다.[34] '모으다' 같은 다른 용어들은, 올라간다는 개념을 쉽게 설명하는 반면, 수직적 움직임의 의미를 요구하지는 않는다. 마찬가지로 창세기 5:24에서 에녹이 옮겨진다는 언급은 에녹이 '위로' 올라갔다는 것이 아니라, 단순히 하나님이 그를 '데려가셨다' 또는 (LXX저럼) '옮기셨다'고 말하는 것이다.[35]

"구름"은 종말론적 구절에서 다양하게 사용된다. 그것은 셀 수 없이 많은 천군(참고. 유 1:14; 살전 3:13), 말 그대로 구름, 하늘 높이 올라가는 승천의 전조, 인자가 앉아 계신 영광의 구름, 그리스도 혹은 그분의 성도를 옮기는 하늘 구름(마 24:30)을 가리키는 것일 수 있다. 데살로니가전서 4:17과 가장 비슷한 구절은 요한계시록 11:11-12이다. 거기에서 죽임당한 증인들은 부활해서 구름을 타고 하늘로 올라간다. 이와 같이, "구름"은 하늘의 운송 수단으로 이해되는 경우가 많다. 사도행전 1:9, 11이 그 점을 잘 보여준다. "이 말씀을 마치시고 그들이 보는데 올려져 가시니 구름이 그를 가리어 보이지 않게 하더라…너희 가운데서 하늘로 올려지신 이 예수는 하늘로 가심을 본 그대로 오시리라." "공중에서"는 단순히 대기를 가리킨다.

"함께"(ἅμα)는 마태복음 13:29의 가라지 비유에 사용된다. 거기에서 주인은 곡식까지 다치게 할 수 있으니 잡초를 뽑는 것을 금한다. 데살로니가전서 4:17에서 그것은 그리스도의 백성이 종말론적 순간에 연합하는 것을 나타낸다. 우리는 모두 함께 참여한다. 그리고 하나님 백성의 모임을 완료하는 것은, 두 번째 단계로 살아 있는 신자들의 승천이다.

바울은 여기에서 고린도전서 15:51의 진리를 탐구하지 않는다. "보라 내가 너희에게 비밀을 말하노니 우리

---

33. Wallace, *Grammar*, 437-38.
34. Leon Morris, *Word Biblical Themes* (Dallas: Word, 1989), 49.
35. LXX는 창 5:24에서 에녹에 대해 '끌어 올리다'(ἁρπάζω)라는 동사를 사용하지 않고 "옮기다"(μετατίθημι)라는 동사를 사용한다. 하지만 Wis 4:10-11은 에녹의 경험을 묘사할 때 두 동사를 다 사용한다.

가 다 잠잘 것이 아니요 마지막 나팔에 순식간에 홀연히 다 변화되리니." 즉, 살아 있는 신자도 변화를 겪어야만 한다. 바울은 그것을 "비밀"이라고 부르는데, 아마도 또 다른 새로운 계시일 것이다. 바울이 여기에서 그것을 언급하지 않기 때문에 그리고 그것은 고린도전서 15장에서 새로운 정보인 것처럼 보이기 때문에, '살아 있는 자들의 변화'라는 교리는 데살로니가전서 시대에 사도적 설교의 일부로 보이지 않는다.

대부분의 영어 성경이 '만남을 위해'(for a meeting, εἰς ἀπάντησιν)라는 전치사구를 동사로 만들어서 '영접하다'(welcome)라고 번역한다. 기본적으로 '만나다' 또는 '영접하다'로 번역하는 것은 기술적으로 옳지만, 그리스도인들이 공중에서 주님을 만난 후에는 무슨 일이 벌어지는가? 그들은 어디로 가는가? 바울은 여기에서나 고린도전서 15:52에서나 아무 말도 하지 않는다. 어떤 종말론 체계에서 그리스도는 지상에, 대기에 가까이 오셔서 성도들을 맞이하신 다음 그들을 데리고 하늘로 돌아가신다.[36] 또 다른 해석은 그리스도가 돌아오시고, 성도들이 올라가 그분을 만난 다음에, 그들은 그분을 모시고 지상으로 내려온다.

세부 사항에 대한 명백한 가르침은 없지만, 암시적으로나마 그다음에 무슨 일이 일어날지 나타내는 것이 있는가? 그렇게 보이는 것이 있다. 헬라어의 '만남'(여기에 나오는 ἀπάντησις 그리고 그와 어원이 같은 ὑπάντησις)[37]은 단순히 누군가를 만나러 가는 것이 아니라, "특히 공경의 표시로, 도착하는 사람을 마중하러 나가는 행동"을 나타낸다.[38] 그 당시 고위 관리가 도시를 방문하러 왔을 때, 주민들은 그를 마중하기 위해 적당한 시간에 성밖으로 나가서 그에게 경의를 표했다. 그 후 주민들은 그가 방문하려는 성으로 그를 데리고 돌아왔다. 이것이 요한복음 12:13에서 일어난 일이다. 종려 주일에 무리가 예수님을 맞이하려고(ὑπάντησις) 예루살렘 성밖으로 나갔고, 그 후 그분을 모시고 성으로 돌아왔다. 게다가 감람산 강화는 예루살렘 성에 오는 통치자의 은유를 포함하는데, 통치자는 그다음에 그 성으로 들어간다. "이와 같이 너희도 이 모든 일을 보거든 인자가 가까이 곧 문 앞에 이른 줄 알라"(마 24:33).[39]

바울의 언어를 특이하게 만드는 것은 '만남'의 공간을 재조정하는 점이다. 바울은 고위 관리의 다가옴, 환영 그리고 문이 있는 성으로 들어가는 수평적 행동을 수직적 행동으로 바꾼다. 그리스도가 오실 때, 그분은 자신의 영토로 '내려오시며', 그분의 백성은 그분의 명예에 걸맞게 "구름 속으로 공중에" 올라갈 것이다.[40]

'만남'(ἀπάντησις)을 이런 식으로 사용하는 전통에 근

---

36. Plevnik, "The Taking Up of the Faithful," 274–83을 보라. 그는 이 절이 고후 4:13–14과 유사하며, 후자는 하늘에 있는 하나님의 임재로 이끌려가는 것에 대해 말하기 때문에, 살전 4:17 역시 하늘로 올라가는 것을 말한다고 진술한다. 따라서 데살로니가인들은 부활에 대해 몰랐다. 바울이 그들에게 그리스도가 오실 때 성도들이 하늘로 옮겨지는 것에 대해서만 가르쳤기 때문이다. Plevnik의 요점은 비슷해 보이는 구절들이 똑같은 주장을 하는 것이라고 추정하는 데서 흔들린다. 또한 그가 쓴 "The Destination of the Apostle and the Faithful," 83–95도 보라.

37. 마태복음의 열 처녀 비유를 보라(마 25:1–13). 열 처녀 중 다섯 명은 분명히 신랑을 맞이하러 나갔다가 그와 함께 돌아와서 혼인 잔치에 참여한다. 그 처녀들은 본래 그곳에서 출발했다. 하지만 우리는 절대적인 주장을 할 수 있을 만큼 혼인 풍습에 대해 자세히 알지 못한다. 마 25:6에 대한 더 나은 사본들의 언어인 "맞이하다"(εἰς ἀπάντησιν)는 바울이 여기에서 사용하는 것과 똑같다. 바울이 마태 전승을 가지고 작업하고 있다는 또 다른 흥미를 돋우는 증거이다. 마 25:1에 나오는 ὑπάντησις는 25:6의 ἀπάντησις와 서로 바꾸어 쓸 수 있다는 점을 주목하라. 몇몇 사본은 두 절에 나오는 그 단어들을 바꾸어 놓았다.

38. LSJ, "ἀπάντησις." 또한 MM을 보라. 그리스 문헌들은 이것이 유대주의가 아님을 보여준다.

39. NRSV와 ESV에서도 "문"이 사용된다. 그것은 그 은유를 보존한다. 인자가 그분의 성문에 왕으로 오신다. 막 13:29에서 평행 구절을 보라. 가능성이 크지 않은 또 다른 번역은 이것이 사람들이 사는 거주지의 문을 언급하는 것이라고 본다(NIV를 보라). 공관 복음에 나오는 묵시록의 여러 은유가 정말로 그 집의 주인과 그의 종들에 대해 말하기는 한다.

40. E. Peterson, "ἀπάντησις," *TDNT*, 1:380–81. 다른 저자들과 마찬가지로, 이 사람은 한편으로는 어떤 단어에 너무 많은 의미를 부여해 읽고, 다른 한편으로는 사실상 허수아비인 것을 반박함으로

거해서, 어느 정도 상당한 확신을 가지고 다음과 같이 결론을 내릴 수 있다. 바울은 공중에 오시는 예수님을 상상한다. 그리고 부활한 신자들과 그다음으로 살아 있는 신자들이 올라가서 그분을 맞이할 것이다. 그리고 그들은 그분을 모시고 지상으로 되돌아 올 것이다.[41] 이 것은 데살로니가후서 1:10의 사상과 유사하다. "그날에 그가 강림하사 그의 성도들에게서 영광을 받으시고 모든 믿는 자들에게서 놀랍게 여김을 얻으시리니." 더 이른 시기의 전통에서 취한 것이기는 하지만, 바울의 언어는 로마 제국의 주민에게 정치적으로 들렸을 것이다. 가이사가 아니라 그리스도가 참된 왕이시다. 그분은 그리스도인이 자신의 군주로 받아들여야 하는 분이다. 가이사의 '평안과 안전'(살전 5:3)이 아니라 그리스도의 평안이 참된 현실이다.[42]

4:17e 그리하여 우리가 항상 주와 함께 있으리라(καὶ οὕτως πάντοτε σὺν κυρίῳ ἐσόμεθα). 예수님은 요한복음에서 "내가 다시 와서 너희를 내게로 영접하여 나 있는 곳에 너희도 있게 하리라"고 약속하신다(요 14:3). 바울은, 예수님이 오셔서 개인들을 그분께 데려가는 것이 아니라, 함께 모여서 한 몸으로 그분의 백성과 함께 있게 하실 것을 보여 준다. 바울은 성도의 부활과 휴거가 그들이 예수님과 영원히 연합되는 방식이라는 점을 보여주기 위해 "그리하여"(καὶ οὕτως)를 사용한다. 바울은 "항상 주와 함께" 있는 것의 정확한 의미가 무엇인지 밝히지 않는다. 이 상태는 인간의 말로 다 표현할 수 없다. 예언의 말씀을 밝히고 있는 사도조차 할 수 없다(4:15). 하지만 바울은 데살로니가인들이 들어야 할 요점을 강조했다. 즉, 살아 있는 자들과 죽은 자들은 예수님과 함께 있게 될 것이고, 살아 있는 그리스도인들은 주님의 임재 가운데 죽은 친구들을 보게 될 것을 확신할 수 있다.

4:18 그러므로 이러한 말로 서로 위로하라(Ὥστε παρακαλεῖτε ἀλλήλους ἐν τοῖς λόγοις τούτοις). 바울은 데살로니가인들에게 이 정보로 무엇을 할지 보여주기 위해 "그러므로"(ὥστε)로 결론을 내린다. 영지주의에서 부활의 참된 본질에 대한 정보는 일반 그리스도인이 받아들일 수 없는, 한층 높은 수준의 지식에 속해 있었을 것이다. 하지만 바울은 이 정보를 사적이고 개인적인 것이 아닌 집단적인 것으로 만든다. 적절하게 이해하기만 하면, 그것은 그들이 '서로 위로할'(παρακαλεῖτε ἀλλήλους) 수 있게 할 것이다. 또한 5:11에서 "그러므로 피차 권면하고 서로 덕을

써 실수를 범하는 사례 중 하나이다. 예를 들어, John Chrysostom, *Homilies on First Thessalonians* 10 (*NPNF*[1] 13:356)은 그와 같이 왕이 오는 것은 당연히 충실한 국민들에게 상을 주고 또 그 성의 반역자들을 즉시 심판하는 것을 포함한다고 진술한다. Lucien Cerfaux, *Christ in the Theology of St. Paul* (trans. Geoffrey Webb and Adrian Walker; New York: Herder and Herder, 1959), 39-42는 그런 식으로 이해하는 것을 찬성한다. M. R. Cosby, "Hellenistic Formal Receptions and Paul's Use of ΑΠΑΝΤΗΣΙΣ in 1 Thessalonians 4:17," *BBR* 4 (1994): 15-34는 더 나은 견해를 제시한다. 그는 그 단어가 때때로 그 의미에 속하는 모든 뜻(시민들이 환영 행사를 준비한다. 제사에 쓰는 제물, 그 성의 감옥에 갇혀 있는 반역자들의 심판)을 다 지니는 것은 아니라는 점을 입증했다. 그럼에도 그 단어는 일반적으로 "하늘의 왕이 오는 것을 묘사할 때 쓰이는 느슨한 패턴"을 묘사하는 것으로 볼 수 있다(15). 비슷한 의견으로 Malherbe, *Letters to the Thessalonians*, 277; Bruce, *1 & 2 Thessalonians*, 102-3이 있다. 그리스도가 지상의 강탈자인 황제에 맞서 싸우도록 하기 위해 원래 "만남"을 파루시아와 결합한 사람이 바울이었다고 주장한 N. T. Wright의 이론은 의심스럽다. N. T. Wright, *Paul in Fresh Perspective* (Minneapolis: Fortress, 2005), 74를 보라. Wright의 요점을 가장 쉽게 반박하는 것은 이런 용어들을 맨 처음 재림에 적용한 사람이 바울이 아니었다는 사실이다. 바울은 복음 전승에서 그 용어들을 찾아냈다 (παρουσία: 마 24:27, 37. 또 약 5:8; "만남"[ἀπάντησις], 내가 앞에서 분석한 내용을 보라).

41. S. Turner, "The Interim, Earthly Messianic Kingdom in Paul," *JSNT* 25 (2003): 331. 또 Reiter, *Three Views on the Rapture*, 169-211에서 휴거의 시기를 환난 후로 보는 Douglas J. Moo의 글을 보라. Wanamaker, *Thessalonians*, 169-70은 구름에 대한 언급이 그들이 그리스도를 모시고 하늘로 돌아감을 의미한다고 진술한다.

42. 김세윤, *Christ and Caesar: The Gospel and the Roman Empire in the Writings of Paul and Luke* (Grand Rapids: Eerdmans, 2008), 6; N. T. Wright, *Paul in Fresh Perspective*, 54-56, 142-43.

세우라"고 말한 것을 보라. "이러한 말"은 단순히 정신적으로 지지해주는 말이 아니라, 본질적으로 격려해주는 계시의 말씀이다. 이러한 계시의 말씀은 그들이 다른 신자에게 하는 말의 근거가 되어야 한다. 또한 그것은 비기독교적인 슬픔을 사라지게 해준다.

적용에서의 신학

이방인 회심자는 부활 교리와 함께 근본적으로 새로운 패러다임을 받아들이고 그것을 매일 실천해야 했다.

1. 데살로니가의 신학

데살로니가의 유대인 식민지는 여러 면에서 종교적 상황이 달랐다. 대부분의 유대인들은 역사가 최종적인 결론, 즉 하나님의 손에 달려 있는 끝을 향해 움직여가고 있다고 믿었다(목적이 있는 역사관). 게다가 대부분의 유대인은 하나님의 물리적 창조의 구속으로서 몸의 부활을 믿었다(참고. 단 12:2-3). 나사로의 이야기에서 마르다는 간단하지만 결정적인 고백을 한다. "마지막 날 부활 때에는 다시 살아날 줄을 내가 아나이다"(요 11:24). 20세 유대인 아내의 무덤에 있는 (주후 2-3세기) 로마의 한 비문은 그런 부활관을 보여준다.

> 여기 리자이나가 잠들다…그녀는 다시 살아날 것이고, 다시 빛으로 돌아올 것이다. 왜냐하면 그녀는 우리가 믿는 참된 신앙처럼, 자격이 있는 자와 경건한 자에게 약속된 부활을 소망할 수 있기 때문이다. 그녀는 성지에 거처를 소유할 자격이 있다는 점에서…당신이 품은 미래에 대한 소망은 확실하다. 슬픔에 잠긴 당신의 남편이 이 소망으로 위로를 받게 되기를.[43]

데살로니가의 새로운 그리스도인들 중 몇몇은 그런 회당 배경에서 왔지만, 대부분은 그렇지 않았다.

죽음에 대한 헬라인의 견해는 매우 다양했다.[44] 예를 들어, 플라톤의 추종자는 영혼의 재생 혹은 환생을 믿었다. 영혼은 새로운 몸(아마도 사람이나 동물)에 들어가고, 전생의 경험 및

---

43. Harry J. Leon, *The Jews of Ancient Rome* (Philadelphia: Jewish Publication Society, 1966), 335. C. Brown, "ἀνάστασις," *NIDNTT*, 3:259-75에서 유대교의 부활 교리에 대해 자세하게 분석한 글을 보라.

44. Wright, *The Resurrection of the Son of God*, 32-84에서 극히 중요한 연구 결과를 보라.

지혜와 관련된 것을 기억해낸다. 또 다른 헬라인들은 죽음은 존재의 끝이라고 믿었다. 예를 들어, 에피쿠로스 철학자는 인간의 의식이 몸에 용해되어 있다고 생각했다.

> 죽음은 우리에게 아무 것도 아님을 믿으라. 선과 악은 인식을 뜻하며, 죽음은 모든 인식의 박탈이다. 그러므로 죽음은 우리에게 아무 것도 아니라는 주장에 대한 올바른 이해는, 인생에 무제한의 시간을 덧붙임으로써가 아니라 불멸에 대한 갈망을 제거함으로써, 언젠가 죽어야 한다는 것을 기꺼운 마음으로 받아들일 수 있게 만든다.[45]

스토아 철학자는 죽음의 생존을 믿었다. 하지만 인격적 존재로 그런 것은 아니었다. 마르쿠스 아우렐리우스(Marcus Aurelius)는 다음과 같이 말한다.

> 얼마 동안 존재한 후 공중으로 보내지는 영혼은 변화되고 분산된다. 그리고 우주의 중대한 지능에 받아들여짐으로써 불 같은 성질을 취하고, 이런 식으로 거기에 거하게 되는 새로운 영혼을 위한 자리를 만든다. 그리고 이것이 영혼이 계속 존재한다는 가설에 대해 줄 수 있는 답이다.[46]

이와 같은 견해들은, 신비종교의 구전 지식과 더불어 소수 견해로서 철학이나 불가사의한 종교를 좋아하는 사람들에게 지지받았다. 바울은 그리스도를 떠나 "소망 없는" 헬라인에게, 즉 영혼이 음울한 지하 세계로 떠날 것이라는 다수 의견을 고수하던 사람들에게 글을 쓰고 있다. 그들이 저승에서 죽은 친구들을 만난다 할지라도, 그것은 어두운 절망으로 알려진 그림자의 영역에서 이루어질 것이다.[47] 로마 제국 전역에 걸쳐 묘비가 복구되었는데, 그것들은 당시 일반인의 생각이 어떠했는지 보여준다. 데살로니가의 한 비문은 죽음의 비참함을 보여준다. 그 홀아비는 "끊으려야 끊을 수 없는 운명의 실에 이끌려왔던 인생의 끝을 바라보면서, 훗날 그가 사랑하는 아내와 함께 안식을 누릴 장소가 될" 무덤을 만들었다.[48]

미래가 불길해 보일 때 사람은 어떻게 살아가는가? 몇몇 헬라인은 모든 사람을 기다리는 운명에 맞서 소리를 지르며 슬피 운다.[49] 또 다른 사람들은 어쩔 수 없는 운명에 잠자코 따르

---

45. Epicurus, "Letter to Menoeceus" (trans. Hicks).
46. Marcus Aurelius, *Meditations* 4.21 (trans. Long).
47. Wright, *The Resurrection of the Son of God*, 82.
48. M. Eugene Boring, Klaus Berger, and Carsten Colpe, eds., *Hellenistic Commentary to the New Testament* (Nashville: Abingdon, 1995), 494. 주후 3세기의 또 다른 추모비는 몇몇 헬라파 유대인들이 내세에 대해 절망하는 것과 관련해서 헬라인들과 거의 구분이 되지 않는 듯한 모습을 보여준다. "레온티우스의 아들, 나, 여기 잠들다. 사포의 아들, 저스투스…(그리고 남은) 부모님은 끝없이 슬픔에 잠겨 있

다…또 하데스에 간 나, 저스투스는 강력한 운명이 애를 쓴 까닭에 내 여러 친척과 함께 여기에 잠든다. 용기를 내라. 저스투스, 죽지 않는 사람은 아무도 없다." (P. W. van den Horst, "Jewish Tomb Inscriptions in Verse," in *Hellenism, Judaism, Christianity: Essays on their Interaction* [CBET; Kampen: Kok Pharos, 1994], 35를 보라).
49. Gaventa, *First and Second Thessalonians*, 67. "절망적인 고통에 처한 사람들은 상실의 고통을 벗어나기 위해 어디서든 위로를 찾고 붙잡으려 할 것이다. 하지만 바울은 현저히 다른 전략을 취한다."

라고 충고한다. 바울과 동시대 인물이었던 세네카(그의 형 갈리오는 바울이 고린도에서 활동할 당시 고린도 지방의 총독이었음)는 전형적인 철학적 접근을 시도했다. 모든 격정과 마찬가지로, 비탄은 완화되어야 하며 현명한 사람은 자제해야 한다. 세네카는 이렇게 말한다. 누군가가 "'사람은 어느 정도 비통해할 수 있고, 또 어느 정도 두려워할 수 있어야 한다'고 말한다면, 나는 '어느 정도'가 너무 길게 늘어날 수 있고, (궁극적으로) 당신이 원할 때 뚝 멈출 수 없을 것이라고 대답한다."[50]

바울은 대중의 생각과 정반대로, 예수님의 부활 및 모든 인류가 미래에 부활할 것을 선포했다. "그들(바리새인들)이 기다리는 바 하나님께 향한 소망을 나도 가졌으니 곧 의인과 악인의 부활이 있으리라"(행 24:15).[51]

데살로니가인들이 부활 교리가 함축하는 의미를 제대로 파악하지 못한 듯 보이기 때문에, 바울은 그들의 부족한 부분을 보완하기 위해 글을 쓴다. 그들은 다른 사람들이 슬퍼하는 것처럼 슬퍼하지 말아야 한다. 그러나 기독교는 금욕주의가 아니다. 그리스도인이 정말 가족과도 같은 교우를 잃었을 때, 그들의 슬픔은 복음의 근간을 이루는 부활 소망으로 형성되고 완화되어야 한다.

2. 성경 신학

성경 안에서 바울은 죽음이 죄의 결과라는 교리에 대한 가장 중요한 대변인이다. 이것이 창세기 2:17, 3:19 그리고 다른 곳에 암시되어 있는데도, 구약 저자, 제2성전 유대교 문헌, 신약 저자는 로마서 5:12 및 그 문맥에 나타나는 확실한 교리를 제시하지 않는다. 게다가 바울은 부활 교리를 신적 구원의 핵심 요소로 삼는다. "이는 아버지의 영광으로 말미암아 그리스도를 죽은 자 가운데서 살리심과 같이 우리로 또한 새 생명 가운데서 행하게 하려 함이라"(롬 6:4b; 또한 8:11을 보라).

부활은 어떤 고립된 교리가 아니다. 그것은 하나님이 "천지와 바다와 그 가운데 만물을 지으시고 살아 계신 하나님"(행 14:15)이라는 진리의 핵심적인 부분이다. 이 세계관 안에서, 하나님은 생명을 죽음 가운데서 구속할 권위를 가지신다.[52] 하나님이 생명이 없는 데서 생명을 창조하실 수 있다면, 그분은 생명을 죽은 사람들의 시체에서조차 창조하실 수 있다.

놀랍게도 성경에서는 '영혼 불멸'이라는 헬라어 문구를 찾아볼 수 없다. 언젠가 죽어야 한다는 것은 죽을 수 있다는 것을 의미한다. 아담이 죄를 지은 이래로 인간은 본질적으로 죽을 수밖에 없게 되었다. 즉, 육체적인 죽음과 부패를 맞이할 수밖에 없게 되었다. 언젠가 반드시 죽는 인간은 종말론적 나라를 유업으로 받을 수 없으며(고전 15:50), 따라서 죽은 자는 부활해

---

50. Seneca, *Ep.* 116, "On Self-Control" (trans. Gummere).

51. 바리새인들의 견해에 대해서 Josephus, *Ant.* 18.1.3 (§14); *J.W.* 2.8.14 (§163)를 보라.

52. P. S. Johnston, "Death and Resurrection," *NDBT*, 444-47을 보라.

야 하고 살아 있는 자는 불멸의 존재로 변화되어야 한다(15:51-53). 2세기 설교자가 말한 대로, "만일 성령이 육신과 긴밀하게 연결되면, 이 육신이 받을 수 있는 생명과 불멸은 매우 위대하다. 따라서 누구도 선택받은 자들을 위해 '주님이 준비하신 것'을 온전히 선포하거나 말할 수 없다"(2 Clem. 14.5).[53]

내세에 대한 현대의 몇몇 견해에는 환원주의의 문제가 있다. 루돌프 불트만(Rudolf Bultmann)에 따르면, 어떤 신도 우리를 구원하기 위해 역사에 개입할 수 없다. 다가오는 나라, 파루시아, 사탄, 귀신 혹은 하늘과 땅과 지옥으로 이루어진 3층 우주는 없다.

> 우리는 세상에 대한 이런 이해를 신화적이라고 부른다. 이는 과학으로 형성되고 발전되어 온 세상에 대한 이해와 다르기 때문이다…세상에 대한 이런 현대적 이해에서는 인과 관계가 근본적으로 중요하다…현대 과학은 자연의 흐름이 초자연적 힘에 방해를 받거나, 구멍이 생길 수 있다고 믿지 않는다.[54]

불트만은, 묵시론적 메시지가 현대 독자로 하여금 현실을 실존적으로 이해하지 못하게 한다고 결론을 내렸다. 그러나 실제로 불트만은 바울 당시의 많은 철학자의 접근법에 가깝다. 그들은 옛날 이교 신화를 단순한 은유로 여겼다. 하지만 바울은 그런 종류의 몰역사적 해석을 받아들일 수 없었다. 그에게는 예수님의 사실적 역사가 복음의 기초였기 때문이다. 신자의 부활에 관해, 희망에 찬 단순한 감정은 하나님이 예수님을 죽은 자 가운데서 일으키신 것처럼 하나님이 사람들을 일으키실 것이라는 바울의 확신의 기초가 될 수 없었다.

3. 이 본문이 오늘날 교회에 주는 메시지

바울은 그리스도인 목사로서 이 편지를 썼다. 바울은 인간의 심리를 바꿀 수 있는 신학의 가치를 알고, 데살로니가인들에게 좋은 종말론으로써 서로 격려하라고 주장했다(4:18). 그들은 이제 그리스도의 구원이 가져다주는 선물의 다른 측면, 즉 육체적 수준과 종말론적 수준을 알게 되었다.

오늘날 많은 그리스도인이 '대중적인 종말론'에 관한 책을 계속 읽는데도, 미래의 소망을 더 잘 이해하는 방법을 잘 모르는 것은 안타깝다. 예를 들어, 나는 방금 영국의 찰스 황태자가 적그리스도이고, 그 외에 다른 후보자가 없다는 것을 '증명한' 자세한 연구를 훑어보았다.

---

53. 2세기를 시작으로, 수많은 이단(마르키온파, 영지주의의 여러 분파)이 구약에 담긴 이런 함축을 거부했다. 그 이단들은 헬라적 가정의 영향을 받았다. 예를 들어, Tertullian, Res. 24; 41; 57 (ANF 3)을 보라.

54. R. Bultmann, *Jesus Christ and Mythology* (New York: Scribner, 1958), 15. 나는 포스트모더니즘을 지지하지 않지만, Bultmann이 이 연설을 한 지 50년이 지난 후 그의 글을 읽고 진리에 대한 그의 "현대적" 접근법이 매우 시대에 뒤떨어졌다고 보는 것은 공정하지 못하다고 생각한다.

우리는 여기에 죽었다가 하늘에서 본 것을 쓰기 위해 돌아온 사람들을 포함해야 한다. 그러나 대중은 기본적인 종말의 주제, 이를테면 심판, 변호, 부활, 나라 그리고 이에 더해 기쁨, 소망, 믿음, 상호 격려 등과 같은 주제에 충분히 많은 관심을 갖는가? 종말론을 상세하게 다루어서 신적 본질에 대해 더 큰 결론을 이끌어낼 수 있는 교사들은 어디에 있는가? 신앙 체계의 다른 부분처럼, 종말론은 찬가가 되어야 한다. 다시 말해, 종말론은 하나님을 영화롭게 하는 것으로 이끌어야 한다.

하지만 많은 그리스도인이 부활 교리는 소홀히 여기고, 죽어서 천국에 가는 것을 과하게 강조한다. 이것을 교정할 수 있는 두 권의 책을 추천하겠다. 레베카 프라이스 제니(Rebecca Price Janney)의 『누가 그곳에 가는가? 천국과 지옥의 문화적 역사』(*Who Goes There? A Cultural History of Heaven and Hell*) 그리고 라이트의 『마침내 드러난 하나님 나라』(*Surprised by Hope: Rethinking Heaven, the Resurrection and the Mission of the Church*, IVP 역간). 또한 비벌리 가벤타(Beverly Gaventa)가 쓴 데살로니가서 주석의 '종말론을 설교하고 가르치기' 부분에 훌륭한 글이 수록되어 있다.[55]

부활에 대한 적절한 강조가 우리의 선포에 어떤 영향을 끼칠 수 있는지 살펴보겠다.

먼저 그리스도인의 장례식을 살펴보자. "그는 더 이상 고통을 겪지 않습니다. 그는 지금 하늘에 있습니다. 우리는 곧 그와 만나게 될 것입니다. 하나님이 유가족을 사랑으로 위로해주시기를 바랍니다." 이것은 장례식 추도 설교에서 전달되는 일반적인 메시지이다. 문제는 그 메시지가 잘못되었다는 것이 아니라 제대로 균형이 잡히지 않았다는 것이다. 바울이라면 아마 이렇게 설교했을 것이다. "그는 생전에 반대를 당하면서도 끝까지 그리스도를 증언했습니다. 그는 지금 그리스도와 함께 있습니다. 그는 그리스도가 돌아오실 때 부활할 것입니다. 그때 우리는 우리 주님의 면전에서 그를 보게 될 것입니다. 그가 예수님 안에서 죽음을 물리쳤다는 사실을 기억하게 함으로 하나님이 우리를 위로해주시기를 바랍니다."

그리고 전도에 대해 살펴보자면, 바울은 아덴에서 예수님의 부활을 선포했을 때 조롱을 받았다(행 17:31-32). 현대인은 부활절 신앙의 필연적인 추론으로서 성도의 종말론적 부활을 도외시할 수 있다. 하지만 오늘날 우리에게 요구되는 것은 회피가 아니라, 각 세대에 부활의 메시지를 성경적, 문화적으로 통찰력 있게 해석하는 것이다. 한 가지 방법은 현대인들이 건강에 집착하는 현상을 이용하는 것이다. 대중 매체는 의료 보고, 건강에 대한 조언 그리고 새로운 다이어트 방법으로 가득하다. 또한 오늘날의 문화는 다양한 수술을 마다하지 않을 정도로 젊음을 유지하는 일에 사로잡혀 있다. 사람들은 젊음(곧, 생명)이 사라지고 있는 것을 느낀다. 하지만 그것을 막는 제동 장치는 없다. 기대 수명이 늘어나면서, 사람들은 관절염, 알츠하이머, 암 등과 같은 더 많은 질병을 경험한다.

---

55. Gaventa, *First and Second Thessalonians*, 76-79.

복음은 육체적 몸에서 최종적으로 해방되는 것이 아니라, 그 몸의 완전한 변화를 약속한다. 손가락이 마비된 여인을 떠올려보라. 그리스도 안에서 그녀는 (동물이나, 운이 좋다면 다시 늙어갈 수 있는 또 다른 인간으로) 환생하거나, 몸을 포기하고 육신을 떠난 영으로 사는 것이나, 혹은 아예 소멸되는 것을 기대할 수 없다. 오히려 그녀는 바로 그 손의 변화를 경험할 수 있다. 그래서 그녀를 만드신 창조주가 의도하신 대로 관절들이 정확히 움직이고, 우리가 현재 추정하는 방식을 넘어 움직일 수 있게 된다.

같은 논리로, 하나님을 알지 못하는 사람들은 소멸이나 환생을 통해 혹은 유령이 되어 우주를 비행함으로써 그분을 피할 수 없다. 사람들은 부활해서 그들이 육체를 입고 행한 일에 대해 설명해야 할 것이다(고후 5:10). 또한 고뇌 및 하나님의 부재라는 고통을 경험할 수 있는 몸을 입고 영원히 존재할 것이다(계 20:13). 부활이 그리스도인이 기대하는 것의 기반이라면, 그것은 또한 소망 없는 자들의 공포이기도 하다.

데살로니가전서 5:1–11

문학적 전후 문맥

바울은 그리스도의 재림에 대한 참신한 가르침에서(4:13-18) 데살로니가인들이 이미 이해하고 있다고 그가 확신하는 가르침으로 초점을 옮긴다. 즉, 그리스도의 오심을 준비하는 방법에 대한 것이다. 그것은 그리스도가 다시 오실 날짜를 계산함으로써 준비하는 것이 아니다. 참된 준비는 영적인 것이며, 거기에는 하나님의 법을 따라 사는 것이 포함된다. 바울이 당장 위태롭지 않은 교리를 반복하는 이유는 분명하지 않다. 이것은 데살로니가인들이 종말 연대의 문제를 오해할 조짐을 보이기 시작했다는 것으로 설명할 수 있다(살후 2:1-2). 더 나은 설명은 초대교회가 흔히 주님의 재림에 대한 진리를 경계 및 거룩함에 대한 권고와 결합했다는 것이다. 바울은 파루시아에 대해 말할 때 자연스럽게 그 준비에 대해 이야기한다.

5:4-11에서 바울 사도는 빛 가운데 행하는 것에 대해 일반적인 용어로 말한다. 그다음 단락에서(5:12-22)는 그리스도인의 특징이 되는 특별한 행위를 탐구한다. 서신의 끝부분에서 바울은 하나님이 데살로니가인들을 온전히 거룩하게 만들어주셔서 파루시아의 때에 그리스도를 만나도록 준비해주실 것을 기도하면서 서신을 마무리할 것이다(5:23).

VI. 권면: 이방인의 환경 속의 복음 윤리(4:1–12)

VII. 그리스도의 다시 오심에 대한 가르침(4:13–5:11)

    A. 죽은 그리스도인은 살아 있는 사람보다 먼저 예수님과 함께 다시 살아날 것이다 (4:13–18)

➡   **B. 그리스도인은 종말의 때를 알지 못할지라도 거룩하게 살아야 한다(5:1–11)**

VIII. 마지막 권고(5:12–22)

주요 개념

바울은 이제 일상생활의 관점에서 그리스도의 오심을 검토한다. 첫째, 그리스도가 다시 오실 때에 대해서는 아무도 모른다. 수학적인 계산으로 그때를 예측할 수도 없다. 둘째, 이 놀라운 사건을 준비하는 것은 종말론적 나라를 기대하면서 깨어 거룩하게 사는 것을 의미한다.

번역

데살로니가전서 5:1-11

1a	주장	형제들아 때와 시기에 관하여는
b	주장	**너희에게 쓸 것이 없음은**
2a	내용	주의 날이…이를 줄을
b	비교	밤에 도둑 같이
c	이유	너희 자신이 자세히 알기 때문이라
3a	동시	그들이 평안하다, 안전하다 할
b	주장/동시	그 때에… **멸망이 갑자기 그들에게 이르리니**
c	비교	임신한 여자에게 해산의 고통이 이름과 같이
d	결과	**결코 피하지 못하리라**
4a	대조	**형제들아 너희는 어둠에 있지 아니하매**
b	결과	그 날이…너희에게 임하지 못하리니
c	비교	도둑 같이
5a	이유—목록	**너희는 다 빛의 아들이요**
b	이유—목록	낮의 아들이라
c	이유—목록	**우리가 밤이나**
d	이유—목록	어둠에 속하지 아니하나니
6a	추론	**그러므로 우리는…자지 말고**
b	비교	다른 이들과 같이
c	6a절과 대조	**오직 깨어 정신을 차릴지라**
7a	근거	**자는 자들은 밤에 자고**
b	근거	**취하는 자들은 밤에 취하되**

8a	근거	우리는 낮에 속하였으니
b	권고	**정신을 차리고**
c	수단	믿음과 사랑의 호심경을 붙이고
d	권고	구원의 소망의 투구를 쓰자
9a	이유	하나님이 우리를 세우심은 노하심에 이르게 하심이 아니요
b	대조	오직 우리 주 예수 그리스도로 말미암아
c		구원을 받게 하심이라
10a	묘사	예수께서 우리를 위하여 죽으사
b	결과	우리로 하여금 깨어 있든지
c	대안	자든지
d	결과	자기와 함께 살게 하려 하셨느니라
11a	1–10절에서 추론	그러므로 **피차 권면하고 서로 덕을 세우기를**
b	비교	너희가 하는 것 같이 하라

구조

바로 앞부분에서 종말론에 대해 말한 바울은, "이제"(περὶ δέ)라는 말로 방향을 전환한다(5:1; 4:9의 똑같은 구조를 보라). 앞에서 나온 것과 대조적으로, 데살로니가인들은 종말론이 지닌 윤리적 의미에 대해 혼란스러워하거나 잘못 알고 있지 않다. 그들은 주의 날이 밤도둑같이 온다는 것을 아주 잘 알고 있기 때문에(γάρ의 인과 관계를 나타내는 용법, 5:2), 더 많은 정보를 알 필요가 없다(5:1b). 여기에서 바울은 그날을 4:15에 나오는 예수님의 파루시아와 연관 짓는다. 예수님이 오실 때 그분은 여호와의 날을 개시하신다.

바울은 이제 대조적인 두 부류의 사람들을 묘사한다. 하나는 세상(5:3)이고, 다른 하나는 하나님의 백성이다(5:4–5). 그날의 파괴력은 세 가지 전통적인 은유로 표현된다. 그날은 갑자기 군인들이 침입하는 것처럼 "밤에 도둑같이"(5:2b) 올 것이며, "해산의 고통"(5:3c)처럼 이를 것이다. 여기에서 바울은 강한 부정을 사용한다. 그들은 "결코"(οὐ μὴ) 피하지 못할 것이다(참고. 암 2:14–15).

바울은 "그들"과 "너희, 우리"를 분명히 구분한다(5:3–5). "그들"은 파루시아를 알아차리지 못할 것이지만, "너희"(ὑμεῖς δέ)는 알아차릴 것이다(5:4). 하지만 신자에게도 그날이 도둑같이 온다면, 그들이 놀라지 않을 수 있겠는가? 이 긴장은 놀라움의 본질에 초점을 맞추어 해결할 수 있다. 그리스도인들은 그리스도가 다시 오실 때를 알지는 못하지만(5:1), 준비는 하고 있을 것이다. 그들이 낮과 빛의 자녀로 새로운 본질에 따라 살고 있기 때문이다(γάρ, 5:5a).

5:6에서 바울은 "그러므로"(ἄρα οὖν)를 사용해 '직설법'에서 '권면의 가정법'으로 방향을 전환한다. 바울은 이 서신에서 자주 대구법으로 시작하는 것처럼, 이 부분 역시 대구법으로 시작한다. "우리는 다른 이들과 같이 자지 말고 오직 깨어 정신을 차릴지라." 바울은 그렇게 권고하는 이유를 설명하면서(γάρ로 표시) 또 다른 대구법을 사용한다. 밤의 백성은 악하지만(5:7), '우리는 낮에 속히였기' 때문에 그에 합당하게 행동해야 한다(5:8a). 신자들은 깨어 있어야 하고 그리스도 안에 있는 자들을 보호하는 영적 갑옷을 입어야 한다(5:8b-d). 여기에서 바울은 이사야 59:17에 나오는 '하나님의 갑옷'이라는 언어를 사용한다. 그것은 바울이 다른 서신에서도 즐겨 사용하는 주제이다.

바울 사도는 5:9-10에서 이 단락을 요약하면서 서신의 앞부분을 돌이켜본다. 그는 데살로니가인들에게 하나님의 갑옷을 입는 것을 강조하면서 마무리한다. 그들은 진노가 아니라 구원받을 백성이기 '때문'이다(5:9). 이것은 1:9-10에서 바울이 요약한 복음을 암시적으로 언급한다. 5:10에서 이 미래 구원은 그리스도의 죽음을 통해 이루어진다(참고. 5:9b; 4:14a). '그래서'(ἵνα) 살아 있거나 죽은 모든 신자가 그 구원을 누리게 될 것이다.

바울은 4:18처럼 이 복음 진리에 근거해서 데살로니가인들이 "그러므로(διό) 피차 권면하고 서로 덕을 세[워]"나가야 한다고 진술하면서 이 단락을 끝낸다(5:11).

석의적 개요

→ **I. 알려진 종말론적인 가르침으로 시작함**(5:1-5)

    A. 데살로니가인들이 이미 이 가르침을 알고 있음을 상기시킴(5:1)

    B. 주의 날이 갑작스럽게 와서 멸망이 이루어질 것임(5:2-3)

    C. 데살로니가 그리스도인들은 그들의 정체성으로 말미암아 놀라워하지 않을 것임(5:4-5)

II. 사도들은 이 가르침에 근거하여 윤리적 권고를 함(5:6-11)

    A. 정신을 차리고 자기절제를 해야 함(5:6-8b)

    B. 종말론적인 '하나님의 갑옷'을 입어야 함(5:8c-d)

    C. 부활해서 그리스도와 함께 살 것을 확신해야 함(5:9-10)

    D. 이런 종말론적 진리로 서로 격려해야 함(5:11)

본문 설명

5:1 형제들아 때와 시기에 관하여는 너희에게 쓸 것이 없음은 (Περὶ δὲ τῶν χρόνων καὶ τῶν καιρῶν, ἀδελφοί, οὐ χρείαν ἔχετε ὑμῖν γράφεσθαι). 죽은 그리스도인의 운명은 이제 정리되었다. 따라서 바울은 그리스도가 다시 오실 때와 관련된 문제로 시선을 돌린다. 다시 한번 말하지만, 바울의 가르침은 예수님의 구두적 가르침에 뿌리를 박고 있다. 감람산 강화는 제자들의 질문에 대한 대답이었다. "우리에게 이르소서 어느 때에 이런 일이 있겠사오며 이 모든 일이 이루어지려 할 때에 무슨 징조가 있사오리이까"(막 13:4). 사도행전 1:6-7 역시 종말의 때에 대한 질문으로 시작한다. "주께서 이스라엘 나라를 회복하심이 이때니이까." 그러자 예수님은 이렇게 그들의 말을 바로잡아주셨다. "때와 시기는 아버지께서 자기의 권한에 두셨으니 너희가 알 바 아니요." 토마스 아퀴나스는 사도행전 1:7에 대해 다음과 같이 주석했다. "어거스틴이 말하는 대로 '그분은 모든 계산기를 던져버리시고 그들에게 가만히 있으라고 명령하신다.' 왜냐하면 그분이 사도들에게 말씀하시지 않은 것을 다른 사람들에게 드러내시지 않을 것이기 때문이다."[1]

그다음 패턴은 제자들이 파루시아가 일어날 때에 대한 지식을 얻으려고 할 때마다, 예수님이 자신의 의제를 가지고 반응하신다는 것이다. 예수님은 미혹하는 자들에게 속지 말 것과(마 24:4-5), 전쟁, 기근, 지진을 종말이 임박했다는 반박할 수 없는 징조로 해석하는 것에 조심할 것과(24:6-8), 깨어 있을 것(24:42), 때리거나 술 취하지 말 것(24:49-50) 그리고 열방에 대한 증인이 되라고(행 1:8) 말씀하신다.

바울은 "때와 시기"(τῶν χρόνων καὶ τῶν καιρῶν)를 짝짓는다. 그것은 사도행전 1:7에서 사용된 것과 똑같은 단어이다. 이런 동의어를 예리하게 구분하는 것은 유익하지 않다. 칠십인역과 신약에서 "광범위한 용법에 비추어 보건대…두 단어는 똑같은 의미이다…특히 하나님이 정하시거나 약속하신 '때'에 대해 말하는 신학적으로 중요한 사례에서 두 단어는 거의 같은 의미를 지닌다."[2] 그것은 일반적인 연대기적 정보에 대해 말한다. 따라서 "때와 시기"라고 번역하는 것이 적합하다. 바울의 말은 '모든 징조가 다 성취될 때까지' 파루시아의 때는 알 수 없다는 복음서 전승과 일치한다(마 24:32-34).

바울은 데살로니가인들에게 (문자적으로) '너희는 받을 것이 없다'(you have no need to be written to you)고 말한다. 어떤 성경은 이 구절을 그런 식으로 번역하는 반면, 다른 성경은 '너희에게 쓸 것이 없다'(We/I have no need to write)라고 의역한다. 데살로니가인들은 이미 사도팀에게 이 가르침을 받았다. 아마도 마태 전승과 유사한 방식으로 제시되었을 것이다. "그날과 그때는 아무도 모르나니"(마 24:36). 바울이 어쨌든 그들에게 말하려는 방식으로 '너희에게 말할 것이 없다'는 수사학적 장치를 사용했을 수도 있지만, 여기에는 그들이 데살로니가후서 2:1-2처럼 날짜에 집착하기 시작했음을 보여주는 증거는 없다.[3]

---

1. Thomas Aquinas, *Summa*, Question 77, Art. 2 (Cosimo, Vol. V, Part III). Aquinas는 Augustine, Civ. 18.53을 인용한다.
2. H. Hübner, "χρόνος," *EDNT*, 3:488. 또 James Barr, *Biblical Words for Time* (SBT First Series; rev. ed.; Naperville, IL: Allenson, 1969), 44를 참고하라. 철저한 연구를 위해 그 책 전체를 보라. Malherbe, *Letters to the Thessalonians*, 288은 그것을 "이사일의"로 여긴다. 즉, 그것은 의미를 구분할 필요가 없는 한 쌍의 동의어이다. Bruce, *1 & 2 Thessalonians*, 108-9도 같은 입장이다. 그에 반해, William Hendriksen, *An Exposition of I-II Thessalonians* (New Testament Commentary; Grand Rapids: Baker, 1955), 121은 그 단어들의 알려진 용법의 범위를 넘어서 "지속 기간과 적절한 시기에 관한" 엉뚱한 주장을 한다. "약간 덜 정확하지만, 아마도 더 이해할 만한 것은 '얼마나와 언제에 관하여'라고 번역하는 것이다."
3. 그것에 대해서는, 김세윤, "Jesus Tradition," 239를 보라.

5:2 주의 날이 밤에 도둑 같이 이를 줄을 너희 자신이 자세히 알기 때문이라(αὐτοὶ γὰρ ἀκριβῶς οἴδατε ὅτι ἡμέρα κυρίου ὡς κλέπτης ἐν νυκτὶ οὕτως ἔρχεται). 데살로니가인들은 주의 날이 소름 끼칠 정도로 갑작스럽게 올 것이라는 점을 알고 있다. 바울은 "너희 자신이(αὐτοί) 이것을 안다는 대명사를 덧붙여서 그들이 이 같은 지식을 깊이 있음을 강조한다. 그렇게 하면서 바울은 "너희"와 "그들"을 구분하고, 그들의 그룹 정체성과 그들의 그룹이 지닌 지식을 밝힌다. 실제로 데살로니가인들은 이 정보를 "자세히"(ἀκριβῶς), 다시 말해 정확하게 알고 있다. 이 표현은 누가가 복음서 전승을 세심히 조사했음을 묘사할 때 쓰인 것과 똑같은 것이다(눅 1:3).

바울은 주의 날과 관련된 오랜 전통을 활용한다. 구약 선지자들은 그날을 여호와가 오셔서 심판하시고 파괴하시는 날로 묘사했다. "보라 여호와의 날 곧 잔혹히 분냄과 맹렬히 노하는 날이 이르러 땅을 황폐하게 하며 그중에서 죄인들을 멸하리니"(사 13:9). 주의 날이라는 용어는 그것이 역사의 어떤 시점에 일어나든지 상관없이 죄에 대한 신적 개입에 적용될 수 있다(애 2:22; 욜 1:15). 하지만 그런 용법을 넘어서, 특히 그 용어가 요엘서에서 전개되는 것처럼, 이 시대에 일어나는 신적 심판은 여호와의 무시무시한 최종적인 날에 대한 전조가 된다. "여호와의 크고 두려운 날이 이르기 전에 해가 어두워지고 달이 핏빛같이 변하려니와"(욜 2:31; 또한 말 4:5을 보라).

예수님은 감람산 강화에서 그날의 관점으로 말씀하셨다(마 24:29에서 요엘서를 언급하시는 것을 보라). 베드로도 오순절 날에 그렇게 말했다(행 2:17-21). 바울도 미래의 한 날에 대해 말했으며(고전 3:13), 베드로후서 3:10에서 베드로도 그렇게 말했다. 요한계시록 6:12-17은 우주적이고 지구적인 재난을 예견했다. "그들의 진노의 큰 날이 이르렀으니 누가 능히 서리요"(6:17). 데살로니가전서에서 그날은 심판의 날로 묘사된다. 하지만 신자는 그 심판을 면할 것이다(살전 5:9; 참고. 5:4).

이 종말론적인 날과 관련해서, 몇몇 학자는 성경 본문이 보장하는 수준을 넘을 정도로 단어들을 나눈다. 그들은 문자적 주석으로 결론을 이끌어야 한다고 본다. 예를 들어, 그리스도의 날은 주의 날과 구분해야 한다는 것이다. 실제로 바울은 주의 날, 그리스도의 날, 주예수 그리스도의 날, 또는 단순히 그날 같은 용어들을 각각 미묘하게 다른 의미를 부여하지 않고 어느 정도 상호 교환적으로 사용한다.[4] 이런 "날"에 대한 언급 전부가 히브리어 '여호와의 날'에 대한 변형이기 때문에, 바울의 독자는 해독기가 필요 없었다.

바울의 기독론의 관점에서 주목할 만한 것은 여호와의 날에 대한 예견이 주 예수님의 오심으로 성취된다는 점이다. 따라서 "그날"에 대한 모든 언급은 간접적이지만 그리스도의 신성을 확실하게 단언하는 것이다. 예를 들어, "그날은 주 만군의 여호와께서 그의 대적에게 원수 갚는 보복일이라"(렘 46:10)를 "주 예수께서 자기의 능력의 천사들과 함께 하늘로부터 불꽃 가운데 나타나실 때에…형벌을 내리시리니"(살후 1:7c-8b)와 비교해 보라. 일부 학자는 초대 이방인 그리스도인들이 칠십인역을 사용했을 때, 그들이 여호와 구절들을 주 예수님께 잘못 적용했다고 제안했다. 칠십인역이 여호와와 아도나이를 번역하기 위해 "주"(κύριος)를 사용했기 때문이다. 하지만 사도 바울이 그 점과 관련해서 혼동했을 수 없다. 그는 히브리 성경과 칠십인역을 확실하게 이해하고 있었다. 바울이 주 예수에 대한 예견으로 여호와 구절들을 언급할 때, 그는 예수님이 여호와라는 점을 추정하고 있었다.

사도가 구약을 사용하는 방식이 시사하는 것처럼,

---

4. "주의 날"(데살로니가전후서 외에 고전 5:5), "주 예수 그리스도의 날"(고전 1:8), "그리스도 예수의 날"(빌 1:6), "그리스도의 날"(빌 1:10; 2:16), "주 예수의 날"(고전 5:5 몇몇 사본; 고후 1:14), 또는 그냥 "그날"(고전 3:13; 살후 1:10; 2:3; 딤후 1:12, 18; 4:8)을 보라.

파루시아 때에 예수님이 오시는 것을 생각하지 않고 주의 날을 적절하게 정의내릴 수 없다. 무엇보다 여호와의 날은 의로우신 하나님의 계시의 날이다. 예수님의 오심도 '강림하심'(4:15), '나타나심'(revealing, 살후 1:7), '나타나심'(appearance, 2:8)으로 표현된다. 예수님이 시대의 종말을 인자의 "날"과 연결하셨을 때(눅 17:24, 30), 그분은 이미 이런 동일시의 기초를 놓으셨다. 앞에서 언급한 대로, 이날은 바울이 말한 "주 예수 그리스도의 날"과 구별되지 않아야 한다.

바울의 용어법과 관련해서, 파루시아와 "주의 날"은 똑같거나 거의 같다. 바울은 4:15에서 '강림하심'(παρουσία)을 말하고, 바로 이어서 도둑같이 이를 "주의 날"을 언급한다(5:2, 4). 이것은 신약의 나머지와 일치한다. 예수님은 인자가 도둑같이 올 것이라고 말씀하셨다(마 24:43-44; 또한 계 3:3, 16:15을 보라). 베드로후서에서 도둑은 바로 주의 날이다(벧후 3:10). 요한계시록 16:14-15에서 "전능하신 이의 큰 날"은 "도둑같이" 오시는 예수님과 연결된다. 데살로니가후서에서 주의 날과 파루시아는 긴밀하게 연결된다. 2:1-2에서 바울은 파루시아에 대해 말할 것이라고 진술하지만, 계속해서 주의 날에 대해 논의한다. 예수님은 "그날"에 오셔서 악한 자들을 심판하실 것이고(1:10), 파루시아 때에 그분이 오셔서 불법한 자를 멸망시키실 것이다(2:8). 기껏해야 몇몇 구절에서 주의 날이 종말론적 기간에 일어날 때 어떤 모습을 취할지 그리고 파루시아가 순간적이라는 점을 진술한다고 말할 수 있을 것이다. 하지만 바울은 이렇게 섬세하게 구별하지 않는다. 실질적인 면에서 주의 날에 대해 말하는 것은 그리스도의 파루시아에 대해 말하는 것이다.

바울은 악한 자들이 경험할 일을 성경적 전통에 따라 세 가지 은유로 설명한다. (1) 밤에 훔치기 위해 오는 도둑, (2) 평화의 환상에 집착하다가 무참하게 침략당하는 땅, (3) 첫 진통을 느끼는 임신부.

첫째, 그날은 "밤에 도둑같이 이를 [것이다]"(ὡς κλέπτης ἐν νυκτὶ οὕτως ἔρχεται). 여기에서 현재 시제로 쓰인 동사는 미래 사건을 가리킨다("이를"). 마태복음 24장에 기록된 공관복음적 묵시록은 이 은유를 온전하게 보여준다. "그러므로 깨어 있으라 어느 날에 너희 주가 임할는지 너희가 알지 못함이니라 너희도 아는 바니 만일 집주인이 도둑이 어느 시각에 올 줄을 알았더라면 깨어 있어 그 집을 뚫지 못하게 하였으리라"(24:42-43; 눅 12:39을 보라; 또한 벧후 3:10; 계 3:3; 16:15을 보라). 오늘날 '밤도둑'은 많은 독자에게 은유적 표현으로 별 의미를 갖지 못한다. 게다가 북미의 교외에서 "도둑"은 스페인어 성경의 라드론(ladrón, 강도) 같은 정서적 감정이나 긴급한 느낌을 불러일으키지 못한다.

라틴 아메리카에서 집에 침입해 들어오는 도둑은 일상적인 걱정거리이다. 우리 신학교의 이웃 지역에서도 매일 밤 곤봉이나 칼을 들고 의자에 앉아서 혹시 모를 침입자에 대비하는 사람들이 있다. 도둑이 어느 날 밤에 그리고 몇 시에 올지 그들이 어떻게 알 수 있겠는가![5] 아마도 "빈집털이범"(burglar, 마 24:43 NLT) 또는 현대에 자주 쓰는 용어인 '가정 침입자(home invader)라는 표현으로 그 용어의 느낌을 나타낼 수 있을 것이다.

5:3a-b 그들이 평안하다, 안전하다 할 그 때에…멸망이 갑자기 그들에게 이르리니(ὅταν λέγωσιν, εἰρήνη καὶ ἀσφάλεια, τότε αἰφνίδιος αὐτοῖς ἐφίσταται ὄλεθρος). 바울은 이제 두 번째 은유로 넘어가서 파루시아를 매우 파괴적인 군사적 침입과 비교한다. 그것은 "안전"(safety, ἀσφάλεια)보

---

5. Christopher D. Stanley, "Who's Afraid of a Thief in the Night?" *NTS* 48 (2002): 468-86에 수록된 연구 결과도 보라. 그는 몇몇 사회학 원리를 적용해서 도둑 이미지는 특히 여성과 가난한 자들에게 위협적이었으며, 남성 저자들이 여성을 통제하기 위해 남성 중심적 언어를 사용했다고 주장한다.

다 '안보'(security)로 번역하는 것이 더 낫다. 후자가 군사적 침입에 대한 보호를 뜻하는 것으로 오늘날 더 일반적으로 사용되기 때문이다. 이 언어는 유다에 대한 예레미야의 고발에 그 근원을 두고 있다. "그들이 내 백성의 상처를 가볍게 여기면서 말하기를 평강하다 평강하다 하나 평강이 없도다"(렘 6:14). 또 갑작스러운 홍수에 종말을 비교한 예수님의 가르침에도 그 근원을 두고 있다(마 24:37-39).[6]

바울이 로마 제국의 유명한 구호인 '팍스 에트 세쿠리타스'(pax et securitas, '평화와 안전', 이것은 '팍스 로마나 아래 살 때 생겨난다)를 반향하는 것은 단순히 우연만은 아닌 것 같다. 김세윤은 바울이 "분명히 '팍스 에트 세쿠리타스'에 대한 제국의 선전이 오만하고 부적당하다고 혹평했다"[7]라고 진술한다. 자신을 신적 구세주라고 선포한 황제와 로마 제국도 그들을 하나님의 심판에서 보호하지 못할 것이다. 바울은 악한 자들이 갑작스럽게 멸망할 것을 예견하면서 파멸적이고도 간결한 용어를 사용한다. 스바냐가 말한 대로, "여호와의 큰 날이 가깝도다 가깝고도 빠르도다"(습 1:14). 5:2의 "이를 줄"(ἔρχεται)과 마찬가지로, 바울은 다시 한번 확실한 미래 사건을 묘사하기 위해 "그들에게 이르니"(ἐφίσταται)라는 현재 시제를 사용한다. 어순이 제대로 연결되지 않는다는 사실은(형용사-간접 목적어-동사-명사) 사건의 예기치 않음을 강조한다("멸망이 갑자기 그들에게 이르니"). 데살로니가후서 1:9에 따르면, 종말론적 멸망은 '영원하다'(해당 구절의 설명을 보라). '예기치 않은' 또는 "갑자기"(αἰφνίδιος)는 후기 유대교에서 익숙한 군사 용어이다.[8]

5:3c-d 임신한 여자에게 해산의 고통이 이름과 같이…결코 피하지 못하리라(ὥσπερ ἡ ὠδὶν τῇ ἐν γαστρὶ ἐχούσῃ, καὶ οὐ μὴ ἐκφύγωσιν). 마지막 은유는 산통의 갑작스러움과 관련이 있다. 오늘날에는 산통보다 '수축'(contraction)이라는 용어가 더 흔히 쓰인다. 하지만 산통이 본래의 뜻을 포착하는 전통적인 번역이다. 왜냐하면 해산은 고통스럽고 견디기 어려운 경험으로 제시되기 때문이다. 바울 시대에 출산은 극히 위험했으며, 많은 여성이 아이를 낳다가 죽는 바람에 여성의 기대 수명이 대략 20대 혹은 30대로 낮아졌다.[9]

따라서 여성의 첫 번째 수축은 죽음의 전조가 될 수도 있었다. 해산의 시작은 그녀를 '붙잡아' 무력하게 하고 움직일 수 없게 하는 것으로 간주된다. 이것이 마태복음 24:19에 나오는 임신한 여자에게 화가 임하는 이유이다. 아이를 밴 여자는 도망갈 수 없을 것이다. 이사야 13:6-9은 바울에게서 찾아볼 수 있는 여러 요점을 포함하고 있다. "너희는 애곡할지어다 여호와의 날이 가까웠으니 전능자에게서 멸망이 임할 것임이로다…해산이 임박한 여자같이 고통하며…보라…여호와의 날이 이르러."

해산의 고통은 유대교에서 일반적인 비유이다. 그것

---

6. 하지만 Malherbe, *Letters to the Thessalonians*, 292, 301-2, 304를 보라. Malherbe는 바울이 데살로니가의 특정 상황에 반응을 보이고 있는 것이라고 주장한다. 즉, 종말이 임박하지 않았다고 주장하면서 추종자들에게 평안과 안전의 삶을 즐기라고 말하는 거짓 선지자들이 있었다는 것이다. 이로 인해 도덕이 해이해졌을 뿐만 아니라 또한 몇몇 그리스도인이 죽었을 때 슬퍼하게 되었다. 하지만 이 구절에는 데살로니가인들이 도덕적으로 해이하다는 암시가 없으며, 그 도시에서 활동하는 몇몇 거짓 교사에 대한 질책도 없다.

7. 김세윤, *Christ and Caesar*, 43. 김세윤은 계속해서 "하지만 (바울은) 팍스 로마나를 그의 성공적인 선교를 위한 전제 조건으로 받아들였을 것이다. 그는 로마 세계 바깥에서 현재와 같은 상황을 보지 못했다"라고 말한다. 또한 Peter Oakes, "Remapping the Universe: Paul and the Emperor in 1 Thessalonians and Philippians," *JSNT* 27/3 (2005): 301-22를 보라.

8. Josephus, *Life* 253을 보라. "요한이 우리를 갑자기 습격하지 못하도록, (나는) 무장한 내 사람 중 가장 충실한 자들을 거리에 배치해서 우리를 지키도록 했다." 눅 21:34은 이 단어를 사용해서 종말론적인 날이 갑작스럽게 오는 것에 대해 말한다.

9. Jo-Ann Shelton, *As the Romans Did: A Sourcebook in Roman Social History* (2nd ed.; Oxford: Oxford Univ. Press, 1998), 91.

은 인자가 실행하는 마지막 심판에 대한 묘사에 잘 나타나 있다(*1 En*. 62.4, ed. Charlesworth).

> 그녀가 출산하면서 (아이가) 자궁 입구에 나타나고
> 그녀가 출산으로 고통을 겪을 때
> 산기가 있는 여성에게 산통이 오는 것처럼
> 그때 그들에게 고통이 올 것이다.

예수님은 몇몇 징조를 "재난의 시작"이라고 말씀하셨다(마 24:8; 막 13:8). 즉, 그것은 종말의 전조가 되지만 종말이 임박했음을 증명하지는 않는다. 하지만 이런 초기의 고통은 더 빨라지고 강해질 것이다. 몇몇 유대인은, 메시아적 '산통'이 새로운 세계를 가져오려는 몸부림이라고 가르쳤다. 즉, 고통은 선한 목적을 이루는 수단이었다(또한 롬 8:19, 22-23을 보라; 참고. 사 66:7). 데살로니가전서 5장에는 이런 종류의 내용이 전혀 없다. "비유적으로 말해서, '그들이' 아이를 낳고 있기 때문에 이런 산통을 겪는다는 생각은 없는 것 같다. 갑작스러운 고통의 괴로움이 그들이 갖고 있는 전부다."[10]

오늘날의 독자는 첫 번째 수축을 비교적 예측할 수 있는 것으로 생각하지만(이제 예정일을 거의 정확하게 예측할 수 있기 때문에) 우리 시대에도 그것은 놀라운 일로 다가오는 것 같다. 바울은 첫 번째 산통으로 놀랐을 뿐만 아니라, (이사야처럼 우리가 그 은유를 더 확대한다면) 그들이 임신한 것을 알지도 못하고 또 임신이 선택 사항이라는 것을 인식조차 하지 못했던 사람에 대해 이야기하고 있다. 왜냐하면 산통은 또 (인지된) 여성적인 나약함에 놓인 강한 남자들에게도 찾아오기 때문이다. 이사야 13장에 보면, 하나님께 맞서 싸우는 자들은 무력하게 되고, 해산을 하는 여성처럼 몸부림을 치면서 망신당한다.

바울은 또 다시 강조 부정 "결코"(οὐ μή)를 사용하고, 곧바로 "피하[다]"(ἐκφύγωσιν)라는 표현을 사용한다. 악한 자가 파멸을 피할 수 없는 것은 일반적인 유대교의 주제이다. 바울은 아모스 2:14-15을 분명히 암시하는 것 같다.

> "빨리 달음박질하는 자도 도망할 수 없으며 강한 자도 자기 힘을 낼 수 없으며 (οὐ μή) 용사도 자기 목숨을 구할 수 없으며 활을 가진 자도 설 수 없으며 발이 빠른 자도 피할 수 없으며 말 타는 자도 자기 목숨을 구할 수 없고."

또한 바울은 마태복음 23:33에서 예수님이 선언하신 심판에 대해 생각했을지도 모른다. 그것은 데살로니가전서 2:14-16에 이미 반향된 전통이다. "뱀들아 독사의 새끼들아 너희가 어떻게 지옥의 판결을 피하겠느냐."

5:4 형제들아 너희는 어둠에 있지 아니하매 그 날이 도둑 같이 너희에게 임하지 못하리니(ὑμεῖς δέ, ἀδελφοί, οὐκ ἐστὲ ἐν σκότει, ἵνα ἡ ἡμέρα ὑμᾶς ὡς κλέπτης καταλάβῃ). 세상은 갑작스러운 멸망으로 놀라워할 것이다. 하지만 그리스도인 형제자매들은 놀라지 않을 것이다. 바울은 5:4-6에서 δέ를 사용하여 이 대조를 시작하며 신자를 묘사한다. 그들은 "어둠에" 있지 않다. 나중에 바울은 그들이 '밤이나 어둠에 속해 있지 않고 낮에 속해' 있다고 말할 것이다. 신자는 세상 사람과 다른 존재의 차원에서 산다. 빛은 구원의 영역에 들어간다는 성경적 의미를 갖고 있다. "흑암에 행하던 백성이 큰 빛을 보고 사망의 그늘진 땅에 거주하던 자에게 빛이 비치도다"(사 9:2). 빛의 백성은 세상의 어둠 속으로 들어오신 구원의 하나님

---

10. C. Gempf, "The Imagery of Birth Pangs in the New Testament," *TynBul* 45/1 (1994): 123에서 유용한 개관을 보라.

과 관계를 맺고 있는 자들이다. 그런 기본적인 의미를 넘어, 바울은 관련된 몇 가지 은유를 제시한다. 낮의 빛 가운데 행하는 자들은 볼 수 있지만, 어둠 가운데 있는 자들은 도둑이 오는 줄 모르며 놀라게 될 것이다. 낮의 사람들은 깨어 있는 반면, 밤의 사람들은 술에 취하거나 잠을 자고 있다(다음의 '심층 연구'를 보라).

심층 연구 — 빛과 어둠, 낮과 밤

이런 용어들을 사용할 때, 바울은 히브리 성경과 예수님의 가르침으로 돌아간다.[11] 이것은, 빛과 어둠이 우주에 대한 철학적 추측이나 지적 깨달음이 아니라 구원의 단어임을 의미한다. 시편 27:1에서 시편 기자는 "여호와는 나의 빛이요 나의 구원이시[라]"고 선언한다. 또 선지서를 보면 종말론적인 측면이 있다. 이사야 60:1은 "일어나라 빛을 발하라"고 선언한다. 하지만 악한 자들에게 주의 날은 빛이 아니라 어둠을 가져올 것이다. 구약과 신약에서 "어둠"은 일반적으로 잃어버림을 나타내는 은유이다(사 9:2을 보라. 또한 마 5:14–16; 요 1:4–9; 8:12을 보라). 누가복음 16:8에서 신자들은 "빛의 아들들"이라고 불린다.

쿰란 공동체가 특히 이런 종류의 성경적 언어를 사용했지만, 우주론의 관점이 달랐다. 인간은 천사의 세계에 대응하는 반대 진영에 속한다.[12] 쿰란 종파는 자신을 빛의 백성으로 이해했다. "빛의 아들들"과 '어둠의 아들들'은 사해 문서에서 거듭되는 주제이며, 후자는 벨리알(즉, 사탄)을 따르는 자들과 일치한다.[13] 그들은 그들의 빛/어둠의 언어가 우주의 전반적인 이원론을 반영한다고 주장하면서 성경의 범위를 넘어갔다. 즉, 하나님과 벨리알이 두 영역을 다스린다는 것이다. 회원들이 의롭게 살도록 도왔던 그 '영'은 '선한 성향'에 대한 전통적인 유대 가르침의 변형이었다. 그것의 반대인 '악한 성향'은 벨리알에 의해 촉진되었다.[14]

골로새서 1:12–13에서 바울은 하나님이 그리스도인을 어둠의 권세에서 구출하시고 그들을 빛으로 인도하셨다고 말한다. 이때 그리스도의 구원을 묘사하기 위해 출애굽 언어가 사용된다. 바울 사도의 복음 사역은 사도행전 26:17–18에서 '열방을 위한 빛'이다. "내가 너를 구원하여 그들에게 보내어 그 눈을 뜨게 하여 어둠에서 빛으로, 사탄의 권세에서 하나님께로 돌아오게 하고." 데살로니가인들은 최종적인 구원을 받을 것이고(살전 1:10), 이미 빛 가운데 있는 하나님의 백성에 합류했다. 바울은 "어둠의 일"

---

11. 사복음서를 모두 다룬 H.-C. Hahn, "φῶς," *NIDNTT*, 2:493–95; H. Conzelmann, "φῶς," *TDNT*, 9:310–58을 보라.

12. "빛의 왕자는 모든 정의의 아들들을 지배한다. 그들은 빛의 길을 걷는다. 그리고 어둠의 천사는 거짓의 아들들을 완전히 지배한다. 그들은 어둠의 길을 걷는다"(1QS 3.20–21a, trans. Martínez and Tigchelaar, 1.76). 바울은 고후 6:14에서 비슷한 언어를 사용한다. 몇몇 사람이 이 구절과 골 1:12–13을 사용해서 바울이 쿰란 전통을 차용하고 있다고 주장하지만, 바울과 쿰란 공동체가 유대교, 특히 이사야서에 공통된 뿌리를 두고 있다는 것 외에 그 이상 밝혀진 것은 없다.

13. 1QS 1.9–11에 따르면, 하나님의 언약은 의인이 그들의 규정에서 규제된 때와 관련해 계시된 모든 것을 따르면서 "하나님의 뜻에 순종하고 그분이 보시기에 온전히 행할 수 있게 만든다. 모든 빛의 아들을 사랑하기 위해, 각자는 하나님의 계획에서 그의 운명에 따라 그리고 모든 어둠의 아들을 혐오하기 위해, 각자는 하나님의 변호에서 그의 죄에 따라"(trans. Martínez and Tigchelaar, 1.71).

14. 바울이 선한 성향과 악한 성향에 대한 유대 가르침을 거부한 것은, G. S. Shogren, "The 'Wretched Man' of Romans 7:14–25 as *Reductio ad absurdum*," *EvQ* 72/2 (April 2000): 119–34를 보라.

(롬 13:12)과 빛의 갑옷을 입는 것에 대해 말한다. 어둠은 저주의 영역이다(행 26:18; 골 1:13; 엡 5:8; 또한 벧전 2:9을 보라). 로마서 2:19에서 바울은 회당을 풍자하면서 "어둠에 있는 자의 빛"이라고 주장한다. 여기에서 바울이 이방인을 개종하려 노력하는 유대교의 언어를 사용하고 있는 것이 거의 확실하다.

독자는 바울의 가르침과 영지주의자들의 가르침을 혼동하지 않아야 한다. 그들은 플라톤 철학의 범주를 사용하여 입회자들이 실제로 흩어진 빛의 불꽃으로 몸 가운데 갇혀 있는 것이라고 말했다. 이와 같이 영지주의적 구원은 깨달음이다. 또는 자신이 지닌 빛의 참된 본질에 대한 새로운 인식이다.[15]

이 부분에서 한 가지 난점은 바울이 파루시아가 그리스도인들에게 놀라운 일로 다가올 것이라고 말하려 했는지의 여부이다. 한편으로, '밤도둑' 은유는 엄격히 어둠의 세계에 적용되는 것 같다. 하지만 바울이 그의 가르침의 근거를 두고 있는 전승 전체를 살펴보면, 모든 사람이 놀랄 것이다. "그러므로 깨어 있으라 어느 날에 너희 주가 임할는지 너희가 알지 못함이니라"(마 24:42, 강조체 저자). 또 예수님이 자신의 재림에 대해 경고하시는 것은 바로 교회를 향한 것이다. "보라 내가 도둑같이 오리니 누구든지 깨어 자기 옷을 지켜 벌거벗고 다니지 아니하며 자기의 부끄러움을 보이지 아니하는 자는 복이 있도다"(계 16:15).

이런 긴장에 대한 해결책은 다양한 수준의 준비가 있다는 점을 인식하는 데 있다. 그리스도인은 놀라워하지 않을 것이다. 하지만 그것은 그들이 파루시아의 때를 추정할 수 있는 심오한 수단을 갖고 있기 때문이 아니다. 우선적으로 말할 수 있는 것은 그리스도인이 부정적인 정보를 갖고 있다는 점이다. 즉, 주의 날은 아직 임박하지 않았다는 점이다(살후 2:3). 긍정적으로 말해서 신자는 언제나 하나님의 빛 가운데 행하면 '준비가 된' 것이다. 비록 그 사건 자체는 놀라운 일로 다가올지라도 말이다.

5:5 너희는 다 빛의 아들이요 낮의 아들이라 우리가 밤이나 어둠에 속하지 아니하나니(πάντες γὰρ ὑμεῖς υἱοὶ φωτός ἐστε καὶ υἱοὶ ἡμέρας. οὐκ ἐσμὲν νυκτὸς οὐδὲ σκότους). 바울은 이제 신자의 본질에 대해 긍정적으로 이야기한다. 놀랍게도, 바울은 또 다시 "다"(πάντες)라는 표현으로 돌아간다. 더 일반적인 '아이'(τέκνον)와 달리, 바울은 모든 신자를 가리켜 "아들"(υἱός)이라고 말한다. 그 용어는 보통 남자 자손 또는 후손을 언급한다. 신약은 두 용어를 사용해서 영적 공통성을 공유하는 양성의 사람들을 언급한다.[16] 5:5에서 간단한 교차 배열 구조를 찾아볼 수도 있지만(빛-낮, 밤-어둠), 지나친 비약은 금물이다. 실제로 헬라어에서의 리듬은 영어만큼 두드러지지 않는다. 바울은 이 네 가지 용어를 자세히 설명하지 않고, 5:6-8에서 그의 주된 주제로 낮 대 밤을 강조한다. 밤은 잠을 자고 술에 취하는 시간이다. 반면 낮은 절제와 준비를 뜻한다.

5:6 그러므로 우리는 다른 이들과 같이 자지 말고 오직 깨어 정신을 차릴지라(ἄρα οὖν μὴ καθεύδωμεν ὡς οἱ λοιποί, ἀλλὰ

---

15. 영지주의자들에 대해, H. Conzelmann, "σκότος," *TDNT* 7:437을 보라. "초월적인 구원은 빛(빛의 세상)으로 시종일관 묘사된다. 하지만 어둠은 그것의 반대로 언급되지 않아야 한다."

16. 예를 들어, 엡 2:2과 5:6에서 불순종의 υἱοί; 엡 2:3에서 진노의 τέκνα; 엡 5:8에서 빛의 τέκνα.

γρηγορῶμεν καὶ νήφωμεν). 바울은 5:4-5에서 신자들에 대한 진리를 말했다. 그는 이제 그 진리에 근거해 권고한다. "그러므로"(ἄρα οὖν)는, 앞에 나오는 두 절의 '직설법'이 5:6-10의 '권면의 가정법'을 위한 근거가 된다는 점을 보여준다. 바울은 대조법을 사용한다. '그렇게 하지 말고 이렇게 하자.' 바울 이전의 진통일지도 모르는 에베소서 5:14을 제외하고, 바울은 데살로니가전서 5장 [6, 7(2번), 10절]에서만 '자다'(καθεύδω)를 사용한다. 5:6-7에서 그것은 분명히 생활 방식을 언급한다. 그에 반해 바울은 신자의 죽음을 언급하는 데는 오직 '자다/죽다'(κοιμάω)를 사용한다.[17] 이것은 그 반대도 사실이라는 것을 의미하지 않는다. 즉, 바울은 죽음에 대한 은유로 '자다'(καθεύδω)를 사용한 적이 없다. 오직 그가 선호하는 용어는 κοιμάω이다. 이것 때문에 5:10의 주석에 차이가 생기게 된다. 거기에서 '잠'이 죽음을 언급하는 것인지 아니면 깨어 있지 못함을 언급하는 것인지에 대해 논란이 있다.

'잠'의 이미지는 여러 가지 방식으로 사용된다. 예수님의 몇몇 비유에서 잠은 도덕적 잘못이 아니라, 자연스러운 실생활을 가리키는 것으로 보인다(마 13:25; 25:5). 그럼에도 잠은 잘못일 수 있다. 잠언 6:10에서 잠은 더 부지런히 일해야 하는 사람들이 졸며 잠을 더 자는 것을 언급한다. '잠을 자는 것'은 특히 하나님의 임박한 심판에 직면하고 있는데도 영적으로 방심하고 있음을 나타내는 표시이기도 하다(사 56:10; 롬 13:11-14). 데살로니가전서 5:6에서 잠은 "다른 이들"이 하는 것이다. 비교절(ὡς οἱ λοιποί)은 '외부인들'을 언급한다(4:13처럼).

긍정적인 측면은 "깨어 정신을 차[리는]"(γρηγορῶμεν καὶ νήφωμεν) 것이다. 여기에서 바울은 권면의 가정법을 두 개 더 사용한다. 다시 한번 말하지만, 이 언어는 전통적이다. '깨어 있다'(γρηγορέω)는 말은 여러 종말론적 구절에서 그리스도인에게 방심하지 말라고 경고하는 데 사용된다. 특히 예수님이 언제 다시 오실지 그들이 모르기 때문에 그렇다.[18] '정신을 차리다'(νήφω)는 덜 자주 나온다.[19] 다니엘 5:1-31은 바울의 경고에 대한 훌륭한 배경을 제공한다. 벨사살은 잔치를 베풀어 술을 마시고 방심했다. 그러자 한 손이 나타나 임박한 심판을 경고하는 글자를 썼다.

5:7 자는 자들은 밤에 자고 취하는 자들은 밤에 취하되(οἱ γὰρ καθεύδοντες νυκτὸς καθεύδουσιν, καὶ οἱ μεθυσκόμενοι νυκτὸς μεθύουσιν). 바울은 또 다시 기독교적 행동과 대조되는 것으로 외부자의 행동을 사용한다. 신자가 밤이나 어둠에 속하지 않는다면, 그들은 그런 식으로 행동하지 말아야 한다. 바울은 그가 방금 말한 것을 설명하는 방식으로 이 금언을 제공한다. 두 진술은 실명사 분사로 시작한다. 그리고 시간의 소유격인 "밤에"(νυκτὸς)가 이어져 나온다. 곧, "시간의 종류, 또는 그것과 관련된 단어가 일어나는 시간"을 나타낸다.[20]

잠과 술 취함은 밤에 일어나는 전형적인 일이다. "잠은 마취가 될 수 있으며, 여기서 그것은 자는 자들에 대한 여호와의 심판이고 깨어 있는 자들에 대한 도움이다(사 51:20; 삼상 26:12; 참고. 7절)."[21] 술 취함은 말 그대로 취하는 것을 언급하지만(엡 5:18, 그리고 LXX에서 시종일관),[22] 더 나아가 하나님에 대한 민감성이 전반적으로 없어지는 것을 언급할 수 있다. *T. Jud.* 14.1(ed. Charlesworth)은 그런 식으로 적용되는 사례를 보여준다. "자녀들아, 내가 너희에게 말하노니 포도주를 마시고

---

17. 고전 7:39; 11:30; 15:6, 18, 20, 51; 살전 4:13, 14, 15을 보라. 또한 마 27:52; 행 7:60; 13:36; 벧후 3:4을 보라.
18. 예를 들어, 마 24:42-43; 25:13 및 평행 구절들; 계 3:2-3; 16:15을 보라.
19. 살전 5:8; 딤후 4:5; 벧전 1:13; 4:7을 보라. 벧전 5:8에서도 그것은 "깨어라"(γρηγορέω)와 나란히 붙어 있다.
20. Wallace, *Grammar*, 122-24. 또한 살전 2:9; 3:10을 보라.
21. A. Oepke, "καθεύδω," *TDNT*, 3:434.
22. H. Preisker, "μέθω, μεθύω, μέθυσος, μεθύσκομαι," *TDNT*, 4:546.

취하지 말라. 포도주는 마음을 진리에서 멀어지게 만들고, 욕망의 충동을 불러일으키며, 눈을 멀게 해 실수하게 만든다."

봄 브로크는 데살로니가에 대한 대표작에서, 디오니소스를 숭배하는 종교가 이 절의 배경이 될 수 있다고 제안한다. 그들이 수행하는 의식 중 하나는 술을 마시면서 '한밤중에 벌이는 축제'이다. 따라서 바울은 독자들에게 그들이 과거에 이방 종교를 숭배하면서 행하던 특정한 관행을 상기시키고, 그 관행을 깨어 근신하는 그리스도인의 삶과 대조하는 것일 수 있다.[23] 하지만 바울이 디오니소스 의식을 염두에 두고 있다는 말은 없다. 특히 '밤에 취하는' 사람들이 종교적 의식을 나타내는 것이라기보다, 뻔한 말에 더 가깝게 들리는 점을 고려할 때 그렇다. 또한 바울은 이 구절에서 '잠'을 비난하는데, 그것은 늦은 밤에 이루어지는 디오니소스 축제와 아무런 관련이 없다. 바울은 다른 곳에서 다른 독자들에게 '밤'과 '술 취함'을 옛 생활의 특성으로 묘사한다. 하지만 거기에는 디오니소스 종교에 대한 분명한 언급이 없다(롬 13:13; 고전 5:11; 6:10; 11:21; 갈 5:21; 엡 5:8-18).

바울은 이 시대의 "밤"과 장차 올 시대의 "낮"을 더 긴밀하게 연결하면서 같은 이미지를 사용할 수 있다. "밤이 깊고 낮이 가까웠으니…낮에와 같이 단정히 행하고 방탕하거나 술 취하지 말며"(롬 13:12a, 13a).

5:8 우리는 낮에 속하였으니 정신을 차리고 믿음과 사랑의 호심경을 붙이고 구원의 소망의 투구를 쓰자(ἡμεῖς δὲ ἡμέρας ὄντες νήφωμεν, ἐνδυσάμενοι θώρακα πίστεως καὶ ἀγάπης καὶ περικεφαλαίαν ἐλπίδα σωτηρίας). 바울은 앞 절에 나오는 직설법에 근거해서 다시 긍정적인 권고로 시선을 돌린다. 바울은 신자들을 세상과 대조하고, 추가로 강한 어조를 덧붙여서(대명사 "우리," ἡμεῖς) 잠을 자고 술에 취하는 자들과 신자를 대조한다. 바울은 방금 말한 것을 더 간단한 용어로 반복한다.

5:5 너희는 다…낮의 아들이라 우리가 밤이나…속하지 아니하나니.
5:6 그러므로…정신을 차릴지라(νήφωμεν).
5:8 우리는 낮에 속하였으니.
5:8 정신을 차리고(νήφωμεν).

현재 분사 '속하다'(ὄντες, 문자적으로 '있다')의 광범위한 의미는 논란의 여지가 없지만, 그것의 구문론은 분명하지 않다. 그것은 대명사 "우리"에 대한 형용사가 될 수 있다. 이것은 1:4처럼("하나님의 사랑하심을 받은 형제들아") 비교적 흔한 구문이다. 그 경우 '낮에 속한 우리는 절제해야 한다'와 같이 번역해야 한다(we who are of the day should exercise self-control, KJV, GNB, NJB, NKJV, NLT).

그렇지 않으면, ὄντες는 부사가 되어서 명령법 '절제하자'(νήφωμεν)를 수식할 수 있다. 여기에서 작동하는 유일한 부사적 분사는 원인을 나타낸다. "우리는 낮에 속하기 때문에"(ESV, HCSB, NASB, NIV, NRSV).[24]

가장 좋은 해석이 무엇인가 하는 선택은 거의 반반이다. 그 분사가 원인을 나타낸다고 보는 것은 구문론이 덜 어색한 점에서만 더 좋다. 두 해석은 거의 같은 의미를 낳는다. 따라서 한 영어 번역본과 또 다른 영어 번역본의 차이는 주목할 만한 점이 거의 없다. 여러 주석가는 이런저런 견해에 대해 언급조차 하지 않

---

23. Vom Brocke, *Thessaloniki*, 128-29.
24. Wallace, *Grammar*, 631은 원인을 나타내는 분사의 범주에서 "부정과거 분사와 완료 분사는 충분히 나타나지만, 현재 분사 또한 여기에서 자주 찾아볼 수 있다"라고 진술한다. 그 분사는 '부수 정황'으로 이해될 수 있으며 따라서 명령의 의미를 지닌다. "낮의 아들이 되고 절제하라." 하지만 그런 경우에 분사와 명령법 동사는 보통 둘 다 부정과거이다. 반면에 이 절에서 그것은 둘 다 현재이다 (Wallace, *Grammar*, 640-45를 보라). 그 밖에 바울이 데살로니가인들이 이미 낮의 아들일 때 그들에게 낮의 아들이 되라고 명령하는 것은 이상한 일일 것이다(5:5).

는다.²⁵

하나님의 갑옷은 이사야에서 빌려온 비유이다. 이사야는 불의에 대해 하나님의 진노가 임할 것을 예상했다. "[여호와는] 공의를 갑옷으로 삼으시며 구원을 자기의 머리에 써서 투구로 삼으시며 보복을 속옷으로 삼으시며 열심을 입어 겉옷으로 삼으시고"(사 59:17). 하시만 바울의 용법에서 갑옷을 입는 자는 언제나 신자이다.

롬 13:12 빛의 갑옷
살전 5:8 믿음과 사랑의 호심경, 구원의 소망의 투구
엡 6:11-17 하나님의 전신 갑주(진리의 허리띠, 의의 호심경, 복음의 신, 믿음의 방패, 구원의 투구)
고후 6:7 좌우 손에 가진 의의 무기

다음 사항들을 주목해야 한다. (1) 몇몇 용어는 변함이 없다. 예를 들어, 구원은 언제나 투구이다. (2) 하지만 바울은 자유롭게 은유를 바꾸는 것 같다. 즉, 갑옷의 한 부분이 항상 같은 영적 개념을 나타내지는 않는다. (3) 무기들은 이사야서와 고린도후서에서 공격용과 방어용으로 사용되며, 데살로니가전서와 로마서와 에베소서에서는 주로 방어용으로 사용된다. (4) 이사야 구절과 바울의 모든 언급은 빛/어둠 언어와 매우 근접한 곳에서 나타나는데, 그것은 바울이 이사야서에 의존하고 있음을 보여준다.

소유격 "믿음과 사랑의 호심경"과 "구원의 소망의 투구"를 해석하는 열쇠도 마찬가지로 이사야서에서 찾아볼 수 있다. 여호와는 "공의를 갑옷으로" 삼으신다. 이것은 바울이 동격의 소유격을 사용함을 나타낸다. 그리스도인의 갑옷은 믿음과 사랑으로 이루어지는 반면, 구원의 소망은 투구와 같다.²⁶

이 은유가 갑옷의 각 부분의 본질에 내재된 것은 아니다. 예를 들어, 구원의 소망은 어떻게 해서든 머리를 보호하는 반면, 믿음과 사랑은 마음을 보호한다고 추론할 수 없다. 각기 중요한 부분을 보호한다고 말하는 것으로 충분하다.

'팍스 로마나'(pax romana)의 혜택 이면에는 군사력이 적나라하게 놓여 있다. 로마의 평화가 복음이 전파되기에 좋은 환경을 만들어준 것은 사실이지만, 그것은 인간의 생명과 존엄을 엄청나게 희생한 대가였다.²⁷ 바울에 따르면, 그리스도인은 제국주의자의 무기이든 아니면 혁명적인 열심당원의 무기이든, 진짜 무기를 들 수 없다. 그들은 믿음과 사랑 같은 초자연적인 미덕으로 준비한다. 그들은 시련을 당하면서도 이미 널리 알려진 성령의 열매를(1:3) 초자연적으로 맺을 수 있다.

"소망"(ἐλπίδα) 다음에 또 하나의 소유격 "구원"(σωτηρίας)이 따라 나온다. 그것은 목적 소유격('우리가 소망하는 구원')으로 이해하는 것이 가장 좋다. 적당하게 확대하면 '다가오는 우리의 구원에 대한 확실한 기대'이다. 이 문맥에서 그것은 희망사항이 아니라, 하나님이 미래에 하실 행동에 대한 신뢰이다. 갑옷의 이 부분은 데살로니가 서신의 구원론에 잘 어울린다. 데살로니가전서에서 구원은 종말론적이고 예수님의 재림과 연관되어 있다(1:10; 5:9). 데살로니가인들은 그들의 구세주가 오고 계시다는 사실로 말미암아 보호를 받는다.

5:9a, c 하나님이 우리를 세우심은 노하심에 이르게 하심이 아니요...구원을 받게 하심이라(ὅτι οὐκ ἔθετο ἡμᾶς ὁ θεὸς εἰς ὀργὴν ἀλλὰ εἰς περιποίησιν σωτηρίας). 바울은 한 번 더

---

25. Fee, *Thessalonians*, 195는 '원인을 나타내는' 것으로 본다. 반면에 Bruce, *1 & 2 Thessalonians*, 112는 형용사로 해석한다. 하지만 두 사람 다 자신의 관점을 변호하지 않는다.

26. 또한 "설명적 보족" 소유격이라고도 부른다. Wallace, *Grammar*, 95-100.

27. 예를 들어, Julius Caesar, *On the Gallic War*를 보라. Caesar는 적들에 대한 그의 관용과 유혈 사태를 피하고자 하는 그의 바람을 자랑했다. 그럼에도 그의 연대기는 주전 58-51년에 걸친 잔혹한 군사 행동을 통해 그가 야만인 골(Gaul) 족을 어떻게 진압했는지 보여준다.

신자들이 구원을 확실하게 기대하며 살아야 하는 이유를 보여준다. 바울은 1:10에 나오는 진리를 반복한다. 즉, 그리스도의 재림이 우리를 하나님의 종말론적 진노에서 구원할 것이다. 이 절은 인과 관계를 나타내는 진술이다. "(ὅτι) 하나님이 우리를 세우심은(ἔθετο) 노하심에 이르게 하심이 아니요 구원을 받게 하심이라." 하나님은 자기 백성이 종말론적 진노를 당하지 않도록 결정하셨다. 주의 날은(5:2) 본질적으로 "분노의 날"(습 1:15)이다.

그에 반해(ἀλλὰ) 신자는 "구원을 받게" 된다. 그런 생각은 5:8에 나오는 "구원의 소망"과 비슷하다. '받다'(περιποίησις)는 περιποιέω의 명사 형태이며, '획득한 사건의 경험'을 말한다.[28] 또한 그것은 데살로니가후서 2:14에서 그리스도의 영광을 얻는 것을 말한다. 동작 명사 다음에는 목적 소유격이 따라 나온다. 즉, '구원을 받는 것'은 '(우리가) 구원을 받게 될 것'과 똑같다.

5:9b, 10a 오직 우리 주 예수 그리스도로 말미암아…예수께서 우리를 위하여 죽으사(διὰ τοῦ κυρίου ἡμῶν Ἰησοῦ Χριστοῦ, τοῦ ἀποθανόντος ὑπὲρ ἡμῶν). 1:10에서는 바울이 하나님의 진노를 피하는 근거로 그리스도의 부활을 내세운 반면, 여기서는 그분의 죽음을 근거로 둔다. 4:14에서 바울은 그분의 죽음과 부활 둘 다를 말한다. 바울은 구원론을 자세하게 설명하지 않지만, "우리를 위하여"(ὑπὲρ ἡμῶν)라는 구절은 예수님의 죽음이 신자의 유익을 위한 것임을 암시한다. 바울은 데살로니가 회당에서 처음으로 메시지를 전할 때 이것을 가르쳤다. "그리스도가 해를 받고 죽은 자 가운데서 다시 살아나야 할 것을 증언하고"(행 17:3). 바울은 이 서신을 쓸 무렵, 고린도인들에게 "그리스도께서 우리 죄를 위하여(ὑπὲρ) 죽으[셨다]"(고전 15:3)는 전승을 전하고 있었다. 이것은 바울이 전형적으로 쓰는 표현이고, 바울 서신에서 여덟 번 등장한다[살전 5:10; 롬 5:6, 8; 14:15; 고전 15:3; 고후 5:14, 15(2번)]. 바울의 언어는 나라를 위해 죽은 유대 순교자들과 비슷하지만,[29] 기독교 신학에서 '우리를 위하여 죽으신 그리스도'는 속죄 신학에서 중심적인 위치를 차지하게 되었다.

5:10b-d 우리로 하여금 깨어 있든지 자든지 자기와 함께 살게 하려 하셨느니라(ἵνα εἴτε γρηγορῶμεν εἴτε καθεύδωμεν ἅμα σὺν αὐτῷ ζήσωμεν). 5:10-11에서 바울은, 4:17-18에서처럼 종말론적 가르침을 개괄하면서 그들에게 그 가르침에 근거하여 서로 격려하라고 권고한다. 10절에서 "[우리가] 자든지"(καθεύδωμεν)라는 구절은 두 가지로 해석할 수 있다. 바울은 이 서신에서 두 가지 동의어를 사용했는데, 그것은 둘 다 '자다' 또는 '죽다'(καθεύδω와 κοιμάω)를 의미할 수 있다. 세심한 주석가는 저자가 한 동의어에서 또 다른 동의어로 바꾸어 사용해도, 그것이 의미나 강조의 변화를 뜻하지 않을 수 있음을 안다. 저자의 의도를 분명히 밝혀주는 것은 문맥이다. 대부분의 번역본은 5:10을 '잠이 들다'로 번역하고, 바울이 의도한 바가 (1) 부주의한 삶을 사는 잠인지 혹은 (2) 죽음이라는 잠을 말하는 것인지 독자가 결정하게 한다.[30]

(1)번의 해석은 '깨어 있다'(γρηγορέω)의 용법을 5:6-7에서 찾으면서, 그것이 '잠이 들다'(καθεύδω)와 반대되는 미덕이라는 점에 주목한다. 이런 식으로, 5:10은 '우리가 깨어 있든 아니면 졸든지, 우리는 그분과 함께 살 것이다'로 해석될 수 있다. 깨어 있는 것은, 중요하기는 하지만 부활에 참여하는 데 절대적으로 필요한 것은 아니다. 그리스도는 태만한 그리스도인조차도 함께 데려 가

---

28. BDAG, περιποίησις 2.
29. Henk J. De Jonge, "The Original Setting of the Χριστὸς ἀπέθανεν ὑπέρ Formula," pp.229-35 in Collins, *The Thessalonian Correspondence*를 보라.
30. "우리가 깨어 있든지 자든지"로 번역한 성경에는 KJV, NKJV, NIV, ESV, HCSB, NJB, NRSV, NASB, REB가 있다.

실 것이다.

(2)번의 해석은 해석의 열쇠로 4:15을 주목한다. "주께서 강림하실 때까지 우리 살아 남아 있는 자도 '자는'(κομάω) 자보다 결코 앞서지 못하리라." 이 견해에 따르면, 바울은 여기에서 똑같은 대조를 이용함으로, 살아 있는 신사와 죽은 사의 운명에 대한 부분 선제를 설론짓는다. "그분이 오실 때 우리가 살아 깨어 있든지 아니면 우리가 죽어 있든지."[31]

첫 번째 해석은 5:6-7과 10절에 나오는 동사가 똑같은 의미를 지니는 것으로 보는 이점을 갖는다. 그러나 두 번째 해석을 선택한 것이 더 좋다. 바울은 그 표현이 5:6-7에서부터 마음속에 자리잡고 있었기 때문에 가능성이 더 작은 용어인 '죽다'(καθεύδω)로 바꾼다. '잠'이 죽음을 나타내는 확고한 은유라는 점을 고려할 때, '죽다'(died)로 번역하는 것은 아주 적절하다.

바울은 5:10에서 단순히 생물학적으로 살아 있는 것을 말하는 것이 아니라, '깨어 있는 것'(watchful)을 말하고 있다. 따라서 그 절이 "주님이 그분의 교회를 위해 오실 때, 영적이든 아니든 모든 신자가 주님을 만나러 휩쓸려 올라갈 것이라는 '복된 소망'을 표현한다"[32]라고 추론하는 것은 위험하다. 이 단락 전체에 걸쳐, 바울은 깨어 있는 것이 단지 훌륭한 이상이라는 생각을 지지하지 않는다. 오히려 그것은 빛의 자녀들의 본질로, 그들은 종말론적 '도둑'을 만나지 않게 될 것이다. 5:3-5에 따르면, 그리스도가 다시 오실 때 잠자고 있을 것은 세상이다. 이런 이유로 이 책은 5:10을 '깨어 있든지(still keeping alert) 죽었든지(have already died)'로 번역하는 것을 선호한다.

우리는 마태복음 25:1-13에 나오는 열 처녀 비유의 가르침을 해석할 때처럼, 바울의 언어를 있는 그대로 받아들여야 한다. 예수님의 비유에서, 잠은 악이 아니다. 현명한 다섯 처녀조차 잠이 들었다. 하지만 그들은 마침내 신랑이 올 때 그를 맞이할 준비가 되어 있다. 또한 잠은 처녀들이 '깨어나는' 육체적 죽음의 상징도 아니다. 잠은 신랑이 늦게 나타날 가능성에 대비하라는, 비유의 술거리일 뿐이다. 하지만 바울이 데살로니가전서 5:10에서 가르치는 것처럼, 준비된 사람과 준비되지 않은 사람이 있다. 세 번째 유형, 즉 준비되지 않았는데 결혼 잔치에 들어갈 수 있는 사람은 없다.

그리스도인이 살아 깨어 있든지 아니면 그 중간에 죽었든지 '우리는 그분과 함께 살게 될 것이다.' 바울은 부활의 종말론적 본질을 강조하기 위해 미래 직설법을 사용한다. "자기"는 5:9에 나오는 "우리 주 예수 그리스도"이다. 바울은 "함께"(ἅμα σύν)라는 구절을 다시 사용한다. 4:17에서 그것은 부활한 성도들과 함께 사용되었고, 여기에서는 주 예수님과 함께 사용된다. 바울은 그리스도와 그분의 백성의 연합을 강조한다.

5:11 그러므로 피차 권면하고 서로 덕을 세우기를 너희가 하는 것 같이 하라(Διὸ παρακαλεῖτε ἀλλήλους καὶ οἰκοδομεῖτε εἷς τὸν ἕνα, καθὼς καὶ ποιεῖτε). 바울은 이 종말론적 가르침을 4:18에서처럼, 행동을 요구하는 것으로 끝낸다. 여기에서 바울은 "그러므로"(διό)를 사용한다. 종말론적 진리를 적절하게 사용하는 것은 다른 그리스도인들의 영적 생활에 유익을 끼치고 향상시키기 위함이다. 5:1-2에 암시되어 있는 것처럼, 신자들은 종말 연대에 대한 일반적인 지식을 가지고 이 과제를 수행할 수 있다. 그들의 격려와 영적 교화는 상호적이어야 한다. 바울은 "피차"(ἀλλήλους)와 "서로"(문자적으로, '일대일', εἷς τὸν ἕνα)라는 동의어를 사용한다.

---

31. CEV; GNB와 똑같음. NLT도 비슷함. Ambrosiaster, *Commentaries on Galatians-Philemon*, 110; Marshall, *1 and 2 Thessalonians*, 141; Best, *Thessalonians*, 218-19.

32. T. R. Edgar, "The Meaning of 'Sleep' in 1 Thessalonians 5:10," *JETS* 22/4 (1979): 349(강조체 저자). 반대 의견으로, Bruce, *1 & 2 Thessalo-nians*, 114를 보라.

여기에서 '권면하다'(παρακαλεῖτε)로 번역된 단어는 '간청하다, 권고하다'(2:12; 4:1, 10; 5:14에 나타난 의미)로도 번역될 수 있다. 그런데 바울은 엄청난 정서적 고통 가운데 처해 있을 사람들을 위로할 때도 그 단어를 사용했다(3:2, 7; 4:18). 실제로 '권면하다'는 다음과 같은 두 가지 이유로 5:11에 더 잘 맞는다. (1) 그 의미는 비슷한 4:18과 평행이 되게 한다. (2) 4:18과 5:11은 그리스도가 오실 때 일어날 부활 소망을 말한다. 또 바울은 그들에게 서로 덕을 세우라고(οἰκοδομεῖτε) 지시한다. 이것은 동료 그리스도인들의 영적 성장과 건강을 적극적으로 촉진하는 것을 가리킨다. 바울 사도가 고린도전서 8:1에서 강조한 대로, 다른 신자들의 유익을 위해 덕을 세우는 것은 사랑의 주요한 의무이다. 별나게 보이고, 약하거나 지식이 없는 것 같은 사람일지라도 마찬가지이다.

격려와 영적 교화는 바울이 4:9에서 명하는 '가족 사랑'을 표현하는 탁월한 방법이다. 사랑이 부족한 것을 떠올릴 때, 우리는 노골적인 미움보다 더 광범위하게 생각해야 한다. 예를 들어, 종말론적 추측에 매달리는 사람과 겁에 질려 어쩔 줄 몰라 하는 사람은, 그들이 마땅히 사랑해야 하는 것보다 다른 사람들을 덜 사랑하는 것이다. 실제로 머지않아 데살로니가인들은 내부에서 종말의 때에 대한 정보를 받았기 때문에 사랑에서 벗어나는 유혹을 받게 될 것이다(살후 2:1-2). 그 결과는 극심한 공포와 사람들을 미혹시키는 말이다. 그들이 종말의 때는 헤아릴 수 없다는 사도적 진리로 돌아온다면, 복음의 "영원한 위로와 좋은 소망"(살후 2:16)을 새롭게 다시 누리게 될 것이다. 하지만 데살로니가전서에서, 바울은 그들이 현재 하고 있는 행동에서 아무런 잘못도 발견하지 못한다. 바울은 "하는 것 같이"(καθώς)로 그들이 필요한 것을 '이미'(여기에서 καί에 대한 가장 좋은 번역) 하고 있음을 암시한다.

적용에서의 신학

바울은 이 장에서 그리스도인이 거룩한 행동을 해야 하는 주요한 동기 두 가지를 다룬다. 첫째는 데살로니가인들이 예수님의 오심을 기다리면서 깨어 있어야 한다는 것이다. 거룩한 삶을 살아야 하는 두 번째 근거는 종말론과 나란히 둘 수 있다. 즉, 그들은 이미 참인 것을 삶으로 나타내야 한다("너희는 다 빛의 아들이요 낮의 아들이라.").

1. 예수님의 오심을 기대하면서 깨어 있으라

- 성경 신학

시실리아 전설에는 다음과 같은 이야기가 있다. 다모클레스(Damocles)가 초대를 받아 하루 동안 왕의 보좌에 앉아 있게 되었다. 편안한 자세로 앉아 위를 올려다보던 그는 크고 무시무시한 검이 머리 위에 위협적으로 매달려 있는 것을 알았다. 다모클레스는 '왕'이 되는 유익이 그 무엇이라 할지라도 그 자리를 고수할 자신이 없어 도망쳤다.

사도들은 전도 사역을 하면서 전 세계에 하나님의 심판이 임박했음을 선포했다. 바울과 그의 팀은 앞서 데살로니가에서 최종적인 심판을 선언했다(1:10; 5:3; 살후 1:6-9; 2:12). 전통적인 유대인은 이미 그런 심판에 대해 잘 알고 있었지만, 바울은 이방인에게 기초부터 알려주어야 했다. 헬라인은 그 위험에 대해 더 잘 알고 있었다. 그들은 주변에서 지진, 질병, 가난 같은 현상을 쉽게 접할 수 있었다. 이것이 바울이 다음과 같은 가르침을 소개해야 했던 이유이다. "알지 못하던 시대에는 하나님이 간과하셨거니와 이제는 어디든지 사람에게 다 명하사 회개하라 하셨으니 이는 정하신 사람으로 하여금 천하를 공의로 심판할 날을 작정하시고 이에 그를 죽은 자 가운데서 다시 살리신 것으로 모든 사람에게 믿을 만한 증거를 주셨음이니라"(행 17:30-31). 즉, 그들은 역사가 끝난 뒤 그들을 만드신 창조주를 대면할 것이라는 사실을 알아야 했다.

인간은 자신이 참되다고 판단하는 것에 근거해서 합리적 결정을 내릴 수 있다. 이것이 인간과 동물을 구분해주는 능력이다. 동물은 의식적인 계산에 근거하여 미래를 예측할 수 없다. 그리스도가 오신다는 사실에 대한 합리적인 반응은 회개를 불러일으키는 두려움이다. 하지만 바울에 따르면, 회개는 합리성의 열매가 아니다. 누군가 다가오는 종말에 직면하여 그리스도께 돌아온다면, 그것은 하나님이 그들에게 깨달음을 주셨기 때문이다.

데살로니가 신자들은 그들 주변의 세계에 어울리지 않았다. 회당은 그들이 이스라엘의 하나님에게서 소외되었다고 말했고, 헬라인은 그들이 고대 신들을 모욕하고 있다고 비난했다. 모든 사람은 그리스도인이 범죄의 근원이라고 말했다. 하지만 복음은 그들에게 더 나은 것을 알려주었다. 그들은 하나님의 진노를 피할 수 있게 되었다(5:9). 또한 그들은 안으로부터 변화되어 새로운 피조물, 곧 더 나은 (미래) 세계에 적합한 피조물이 되었다.

- 이 구절이 오늘날의 교회에 주는 메시지

어떤 무신론자 코미디언이 만들어낸 구호이지만, 그리스도인이 받아들여서 티셔츠에 새긴 문구가 있다. "예수님이 오십니다. 그런데 모든 사람이 분주해 보이네요!" 이 구호는 많은 그리스도인이 곰곰이 생각해온 것을 거칠게 표현한다. 그리스도가 이번 주에 오신다는 것을 안다면, 당신은 어떻게 하겠는가? 종말에 대한 거룩한 불안은, 주님이 열 처녀의 비유로 그 추종자들을 불안하게 하신 이래로 늘 존재해왔다.

그리스도가 오실 때에 대한 정보를 말해주는 신비로운 시스템을 구축하기 위해 힘쓰는 그리스도인들이 있다(살후 2:1-12에 대한 '적용에서의 신학'을 보라). 이것은 잘못된 열정이 아니다. 오히려 그것은 철저하게 반성경적이다. 성경이 말하는 준비는 날짜를 아는 것이 아니라 날짜를 알지 못하는 것에 근거한다. 그것은 주의 날을 예측할 수 없을 때도 낮의 자녀로 사는 삶으로 규정된다.

그리스도의 재림에 비추어 사는 삶은 신비적인 경험이 아니다. 오히려 그것은 성령의 능력을 부여받은 구체적인, 일상적 활동에서 드러난다. 이 서신에서도 그 '준비'는 다음의 것들을 포함한다. 사랑의 행위, 인내, 평안, 온유함, 상호 격려, 근면, 알코올 및 성적 행위와 관련해 의롭게 처신하기, 다른 신자들을 적절하게 대하기, 전도, 감사, 기도.

준비와 경계가 여러 형태를 취할 수 있다면, 그 반대인 잠도 여러 형태를 취할 수 있다. 즉, 그것은 주의를 신적인 일에서 딴 곳으로 돌리는 것이다. 우리는 데살로니가전서에서 다음과 같은 주제를 이야기할 수 있다. 술 취함, 곧 단순히 알코올이나 마약을 과잉 소비하는 것이 아닌 하나님에 대해 무관심한 것, 평화와 안보를 위해 하나님이 아닌 정부에 지나치게 의존하는 것, 복음 전파를 방해하거나 거기에 적극적으로 참여하지 않는 것, 거짓말이나 속임수나 위선과 같은 말로 범하는 죄, 탐욕과 자기중심주의, 불성실한 근무 태도, 배교나 더딘 영적 성장, 성적 절제의 부족, 어떤 식으로든 다른 사람들을 이용하는 것, 하나님의 진리를 가볍게 다루는 것, 말썽을 일으키는 사람이 되는 것, 참지 못하거나 복수심을 보이는 것, 하나님의 말씀을 은사적 발언을 통해 주어진 것으로 가볍게 여기는 것, 어떤 삶의 영역에서 온전히 거룩해지지 못하고 실패하는 것(5:23).

하나님은 모든 신자에게 깨어 있으라고 요청하신다. 모든 인간은 거룩함과 관련해 관심이 부족하기 때문이다. 하지만 그리스도 안에서 우리가 살펴본 대로, 하나님의 백성은 깨어 있을 수 있는 능력을 갖는다. 그들이 표류한다면, 그것은 수단이 부족해서가 아니다. 그들이 하나님의 미래 행동에 초점을 맞추고 적절하게 행동하려는 의지가 부족하기 때문이다.

2. 이미 참된 것을 삶으로 나타내라

• 성경 신학

성경은 도처에서 선행이 구원하기 위해 오시는 하나님에 대한 반응의 핵심임을 보여준다. 출애굽 후 주어진 십계명은 이런 식으로 순종을 요구한다. "하나님이 이 모든 말씀으로 말씀하여 이르시되 나는 너를 애굽 땅, 종 되었던 집에서 인도하여 낸 네 하나님 여호와니라 너는 나 외에는 다른 신들을 네게 두지 말라"(출 20:1-3).

제1계명에는 인과론이 암시되어 있다. 하나님이 너희를 위해 행동하셨다. 따라서 너희는 그분만을 경배해야 한다. 애굽으로부터 구속받은 원형적 사건이나 사사들의 군사적 구출, 또는 포로 귀환 등 무슨 일을 겪든지 이스라엘은 순종하라는 명령을 받았다. 하나님이 이미 그들의 역사에 개입하셨기 때문이다. 신약에서도 이 주제가 많이 나타난다. 예를 들어, 그리스도가 사람들을 위해 죽으셨으므로(5:10), 그들은 그분을 통해 하나님을 섬겨야 한다(5:4-8).

하지만 바울의 복음은 옛 언약의 패러다임을 훨씬 넘어선다(4장에 대한 설명을 보라). 하나님은 역사적 행위 가운데 행동하셨을 뿐만 아니라, 각 그리스도인의 삶에 개입하셨다. 회심자는 '빛의 자녀'이자 '낮의 자녀'(5:5)이다. 이런 호칭은 '복음으로 각성된 사람' 또는 '윤리적 방식으로 사는 사람'으로 축소될 수 없다. 하나님은 그들을 "새로운 피조물"(고후 5:17)로 만드셨다.

물론 이런 변화는, '자신에 대해 긍정적으로 생각하라. 그렇게 하면 당신은 더 나은 사람이 될 것이다'라는 식의 적극적인 사고방식에서 나오는 능력이 아니다. 그리스도 안에서 신자의 진정한 영적(오늘날에는 '심리적'이라고 불릴 수 있는) 재정리가 이루어진다. 그것은 인간의 능력을 뛰어넘는다. 이것이 기독교 문헌에 나타나는 모든 윤리가 그리스도 및 인간 가운데 역사하시는 하나님으로 시작하고 끝나는 이유이다.[33] 그것은 세속화되지 않고 진실성을 유지할 수 있다.

- 이 구절이 오늘날의 교회에 주는 메시지

그들이 그리스도인으로서 최초의 행동을 하기 전에, 하나님은 이미 데살로니가인들을 변화시키셨다. 하나님은 그들의 내적 규칙을 다시 쓰시고 계속해서 고쳐나가셨다. 그래서 그들의 생각, 동기, 내적 대화, 감정, 성향이 모두 하나님의 영의 영향을 받게 되었다. 기독교적 행동은 단순히 하나님의 명령이 아니다. 그것은 그리스도를 만나기 전에는 그들이 누릴 수 없었던 가능성이다.

앞에서 기독교적 삶의 긍정적인 측면을 다루었기 때문에, 이제는 그것이 의미하지 않는 것을 배제함으로써 그리스도 안에서의 새로운 삶을 규정해야 한다.

율법주의: 율법주의자는 그리스도인이 올바른 길을 알고 또 그것에 순종할 수 있는 새로운 가능성을 부여받는다는 점을 제대로 알지 못한다. 그러므로 사람들이 율법주의적 거룩함을 이루려고 노력할수록, 그들은 더 실패하게 될 것이다. 율법주의적인 배경을 갖고 교회에 나오는 사람은, 하나님의 사랑과 그분이 그리스도 안에서 그들을 받아들이신다는 것을 오랫동안 많이 들어야 한다. 하지만 새총 효과를 조심하라. 율법주의에서 벗어난 사람들이 마음대로 행동하려는 유혹을 받을 수 있기 때문이다. 또 다른 사람들은 거룩함을 기독교적 삶에 대한 일종의 중도적 접근으로 규정하려 할 것이다. 하지만 하나님의 거룩함은 뜨겁지도 차지도 않은 적당한 것이 아니다. 곧, '모든 일에 적당히 절제하는 것'이 아니다.

새로운 삶에 대한 교리를 단순히 지적으로만 이해하는 것: 새로운 삶에 대한 모든 사실을 완전히 이해하는 것처럼 보이는 사람들이 있다. 하지만 그들은 이 진리가 요구하는 새로운 행위를 하려고 할 때 흔들리는 것 같다. 이것은 야고보서 2장에서 볼 수 있는 긴장이다. 어떤 사람이 새로운 피조물의 기적을 믿는다고 주장하지만, 새로운 능력을 나타내는 놀라운 행동은 없다.

---

[33]. 바울은 윤리 체계를 가졌는가? 바울 문헌이 충분하지 않고 또 그마저도 특별한 목적을 갖고 작성되었기 때문에, "바울은 이 문제를 다루지 않는다"라고 관찰하고 그것으로부터 "바울은 그 문제에 관심이 없다"라고 결론을 내리는 일에 매우 신중을 기해야 한다. 따라서 Victor Furnish (*Theology and Ethics in Paul* [Nashville: Abingdon, 1968], 209-10)가 "바울은 '조직신학'에 관심을 갖는 만큼 윤리에 대해서는 체계적인 관심이 별로 없다. 바울 서신의 어디에서도 바울은 윤리 학자가 항상 검토해야 하는 문제들을 의도적이고, 반성적이고, 비판적인 방식으로 다루지 않는다"라고 말한 것은 지나친 주장이다. Furnish의 저작물은 40년이 지난 이 시점에도 여전히 중요하다. 그는 어려운 모든 문제를 다루려고 시도한 점에서 특히 칭찬을 받아야 한다. '하나님의 뜻은 무엇인가? 어떻게 하나님의 뜻을 발견할 수 있는가? 어떻게 하나님의 뜻을 실행할 수 있는가?' 등에 관해서이다. 그럼에도 그가 바울 신학에서 새 언약이 차지하는 역할을 다루는 것은 만족스럽지 못하다. 이런 이유로 그는 바울의 윤리를 구약 및 신구약 중간기 유대교의 윤리와 비교하면서도, 바울이 전적으로 다른 가정들을 다루고 있음을 강조하지 않는다.

한 번에 완전 성화: 많은 그리스도인처럼, 나는 청소년 집회에 참석해서 완전히 순종하라거나 "너희 몸을 하나님이 기뻐하시는 거룩한 산 제물로 드리라"(롬 12:1)는 요청을 받은 적이 있다. 하지만 그다음에 무슨 일이 일어났는가? 일요일 저녁에 앞으로 나갔던 사람들은 월요일이나 화요일에 그들의 본래 자리로 되돌아온 자신의 모습을 발견했다. 그들은 빛 가운데 들어가 살기를 원했지만, 그런 삶은 당연히 (바울이 로마서 12-13장에서 분명히 주장하는 것처럼) 일련의 여러 단계를 거치는 것임을 제대로 이해하지 못했다.

고립: 이것은 성경이 끌어내는 것처럼 보이는 결론이다. 즉, 우리가 그리스도 안에서 새로운 피조물이라면, 우리는 자급자족할 수 있으며 다른 신자들과 정기적으로 교제할 필요가 없다는 것이다. 그들은 하나님이 결코 그분의 백성이 혼자 있는 것이 아니라 '거룩한 나라'가 되도록 의도하셨다는 것을 알아야 한다. 예를 들어, 데살로니가인들은 그들이 그리스도인 가족에서 누리는 사랑 안에서와 그 사랑을 통해 새로운 삶을 경험하고 있었다(1:3; 4:9-10). 요한일서도 이와 관련하여 도움을 준다. "빛 가운데 있다 하면서 그 형제를 미워하는 자는 지금까지 어둠에 있는 자요"(요일 2:9). 하지만 우리는 다음과 같이 반대하는 소리를 들을 수 있다. "무슨 말이세요? 저는 누구도 미워하지 않는데요!" 미움은 단순히 다른 사람에 대한 냉혹한 감정으로 규정될 수 없다. 오히려 미움은 사랑의 부재이다. 동료 그리스도인들을 받아들이기를 거부하는 것은 그들을 경멸하는 것이다. 그리고 하나님을 위해 홀로 사는 사람은 빛의 길을 벗어나게 된다.

CHAPTER 7

데살로니가전서 5:12-22

문학적 전후 문맥

도덕적 가르침이 담긴 그리스-로마 서신은, 일련의 간결한 명령을 제공하면서 마무리된다. 바울도 그렇게 하는데, 그는 그리스도인 공동체 안의 삶에 초점을 맞춘다. 이 목록을 다 읽고 바울이 명령하는 것이 무엇이든 데살로니가에서 일어난 문제를 다룬다고 성급한 결론을 내릴 수 없다. 즉, 그들이 기뻐하지 않았으며, 쉬지 않고 기도하지 않았고, 지도자들을 존경하지 않았다고 추정할 수 없다. 어떤 서신을 '거울 독법'(mirror-reading)으로 읽을 때, 저자가 무언가를 명령하는 데는 여러 동기가 있음을 고려해야 한다.

12절은 이 중 많은 것이 사회적 활동임을 보여준다. 즉, 교회 가족에 속한 '형제들' 사이에 이루어지는 상호 작용을 다룬다(1:4; 2:1 등에서처럼). 바울은 이 서신에서 그리스도인의 사랑에 큰 관심을 보인다(1:3; 3:6, 12; 4:9-10; 5:8). 바울은 그들이 이 부분에서 언급한 모든 미덕을 본받았다고 주장할 수 있었다. 심지어 그들은 회당에 복수하려고 하지 않았고, 하나님의 손에 맡겼다(2:16).

다른 지시들은 공동체와 하나님의 관계와 관련이 있다. 그것은 기쁨, 기도, 은사의 분별(5:16-22)에 대한 것이다. 예언을 분별하는 것에 대한 가르침은(5:19-22) 교회가 훗날 주의 날에 관해 혼란을 겪을 것을 예시한다(살후 2:1-2의 '영/성령'). 교회는 종말이 임박했다는 주장을 분

VII. 그리스도의 다시 오심에 대한 가르침(4:13-5:11)
→ VIII. 마지막 권고(5:12-22)
    A. 사도들이 모든 교인에게 말함(5:12-13)
    B. 사도들이 지도자들에게 특별한 지시를 내림(5:14-15)
    C. 사도들이 다시 교인들에게 일반적으로 말함(5:16-22)
IX. 결어(5:23-28)

별하여 거부하지 못했다.

주요 개념

하나님의 참된 가족 구성원으로서, 데살로니가인들은 성부 하나님의 자녀라는 그들의 정체성을 드러내는 행동을 해야 한다. 이런 행동에는 교인들 사이의 거룩한 상호 관계 및 교인들과 지도자들의 거룩한 상호 관계, 열렬한 공동 기도 생활 그리고 예언적 메시지의 세심한 분별이 포함되어야 한다.

번역

데살로니가전서 5:12-22

12a	권고		형제들아 **우리가 너희에게 구하노니**
b	대상		[1] 너희 가운데서 수고하고
c			[2] 주 안에서 너희를 다스리며
d			[3] 권하는 자들을
e	권고		[A] 너희가 알고
13a	원인		그들의 역사로 말미암아
b	재진술		사랑 안에서 가장 귀히 여기며
c	권고		[B] 너희끼리 화목하라
14a	권고		또 형제들아 **너희를 권면하노니**
b	목록		[1] 게으른 자들을 권계하며
c	목록		[2] 마음이 약한 자들을 격려하고
d	목록		[3] 힘이 없는 자들을 붙들어 주며
e	목록		[4] 모든 사람에게 오래 참으라
15a	목록		[5] 삼가 누가 누구에게든지 악으로 악을 갚지 말게 하고
b			서로 대하든지 모든 사람을 대하든지
c			항상 **선을 따르라**
16	권고		[C] **항상 기뻐하라**

17	권고	쉬지 말고 기도하라
18a	권고	범사에 감사하라
b	이유	이것이 그리스도 예수 안에서 너희를 향하신 하나님의 뜻이니라
19	권고	[D] 성령을 소멸하지 말며
20	권고	예언을 멸시하지 말고
21a	대조	범사에 헤아려
b	권고	좋은 것을 취하고
22	권고	악은 어떤 모양이라도 버리라

구조

12절에서 바울은 담화 표지인 δέ를 사용하여 독자의 주의를 새로운 주제로 이끈다. 바울은 5:1-11에서 그리스도인이 주의 날을 기대하면서 어떻게 살아야 하는가에 대해 말했다. 이제 바울은 종말론에 대한 직접적인 언급 없이 더 일반적인 지시 또는 권면(*paraenesis*)을 제공한다. 이 구절은 간단한 명령으로 이루어져 있을 정도로 단순하다. 큰 어려움은 이런 짧은 구절들을 어떻게 서로 연관시킬 것인지 결정하는 데 있다. 그것은 세 그룹으로 구분되어야 한다.

첫째, 교인들을 향한 명령이 나온다. 5:12-13은 교인들이 지도자를 대하는 방법에 대한 지시로 이루어져 있다. 그 관계를 요약하는 두 개의 부정사가 있다. 그것은 '알다'와 '귀히 여기다'이다. 바울은 5:12b-d에서 지도자들이 세 가지 과제를 지닌 것으로 묘사하며, 그 과제를 실명사 분사로 나타낸다. 그들은 수고하고, 다스리며, 권한다. 이런 일들로 말미암아 그들은 존경과 존중을 받게 된다. 게다가 데살로니가 신자들은 그들끼리 화목하게 살아야 한다. 이제 바울은 이 부분에서 처음으로 명령형을 사용하는데, 이것은 결코 마지막이 아니다.

둘째, 지도자들은 5:14-15에 기록된 특정한 의무를 수행해야 한다. 그것은 "또"(δέ)라는 말로 소개되고, 여섯 개의 명령형 동사로 명명된다. 권계하라, 격려하라, 붙들어주라, 참으라, 삼가라(누가 누구에게든지 악으로 악을 갚지 말라), 선을 따르라. 처음 네 동사는 직접 목적어로 여러 그룹을 갖는다. 그들은 실제로 데살로니가에서 찾아볼 수 있는 사람들이다. 예를 들면, 분열을 일으키는 사람들이나 여러 시험을 만나 낙심한 사람들이다.

셋째, 바울은 다시 교회 전체에 지시한다. 바울이 아신데톤(*asyndeton*)을 사용하기 때문에, 즉 그가 어떤 접속사나 다른 담화 표지를 사용하지 않기 때문에 그 구절은 스타카토 리듬을 갖게 된다. 교회의 기도 생활은 5:16-18에서 세 가지 명령으로 묘사된다. "기뻐하라…기도하라…감사하라." 5:19-22을 한 그룹으로 보는 것이 가장 좋다. 여기에서 다섯 개의 명령법은 전부 예언적 은사와 관계가 있다. 그 은사는 억누르거나 경시하지 말아야 한다. 오히려(이제 바울은 δέ를 사용해서 5:21을 5:19-20과 연결함) 교회는 이른바 예언이 하나님에게서 온 것인지 아니면 다른 곳에서 온 것인지 분별해야 한다. "악은 어떤 모양이라도 버리라"는 말씀은 먼저 거짓 예언에 적용되지만, 그것은 또한 광범위한 윤리적 문제에도 적용될 수 있다.

석의적 개요

→ I. 사도들이 모든 교인에게 일반적으로 말함(5:12-13)
   A. 그들은 지도자들을 존경해야 함(5:12-13b)
   B. 그들은 화목하게 살아야 함(5:13c)

II. 사도들이 지도자들에게 특별한 지시를 내림(5:14-15)
   A. 그들은 처한 여러 상황에 따라 사람들을 대해야 함(5:14)
   B. 그들은 그리스도인들이 복수를 못하게 하고 선을 추구해야 함(5:15)

III. 사도들이 다시 교인들에게 일반적으로 말함(5:16-22)
   A. 그들은 사도적 모범을 따라 살고 기도해야 함(5:16-18)
   B. 그들은 나타나는 은사에 대해 적절히 반응해야 함(5:19-22)

본문 설명

5:12 형제들아 우리가 너희에게 구하노니 너희 가운데서 수고하고 주 안에서 너희를 다스리며 권하는 자들을 너희가 알고(Ἐρωτῶμεν δὲ ὑμᾶς, ἀδελφοί, εἰδέναι τοὺς κοπιῶντας ἐν ὑμῖν καὶ προϊσταμένους ὑμῶν ἐν κυρίῳ καὶ νουθετοῦντας ὑμᾶς). 바울은 이제 간단한 지시를 내린다. 먼저 회중이 그 지도자들에게 어떻게 처신해야 하는지에 대한 명령이 나오는데, 그런 명령은 바울 서신에서 찾아보기가 힘들다. 바울은 그들에게 지도자들을 '알'(respect, εἰδέναι) 것을 요구하고,[1] 그 지도자들을 세 개의 실명사 현재 분사로 설명한다. '수고하는 자, 다스리는 자, 권하는 자.'[2] 바울은 세 그룹이 아니라 한 그룹에 대해 말하고 있다. "수고"는 그들이 2:9에 언급된 수고하고 애쓰는 사도들의 모범을 따르고 있음을 보여준다(또한 히 13:7을 보라). 교회 지도자들은 그들의 청중에게 부담을

---

1. H. Seesemann, "οἶδα," *TDNT*, 5:117을 보라. 권위자를 알아본다는 의미에서 사용된 이 동사는 Ign. *Smyrn*. 9.1에서 찾아볼 수 있다. "하나님과 감독을 인정하는 것은 좋은 일이다." Οἶδα는 그 구절에서 "존경하다" τιμάω와 평행을 이룬다.
2. 이런 분사들이 단수라면, 관사-실명사-καί-실명사의 순서는 그랜빌 샤프 규칙(Granville Sharp Rule)의 영향을 받게 될 것이다. 따라서 '수고하는 자들'은 자동적으로 '다스리는 자들' 및 '권하는 자들'과 동일할 것이다. 그 규칙이 원칙적으로는 여기에 적용되지 않지만(그것은 실명사가 복수일 때 적용되지 않는다) 의도된 의미는 한 그룹이다. Wallace, *Grammar*, 270-90에서 그랜빌 샤프 규칙에 대해 명확하게 논의한 것을 보라.

주지 않기 위해 스스로 일함으로써 그들의 사역을 입증하면서 바울을 따른다.

바울은 '다스리다'라는 동사(실명사 분사)를 사용해서 그들의 특별한 과제를 탐구한다. 그는 로마서 12:8에서 '다스림'을 성령의 은사로 본다. 감독은 "자기 집을 잘 다스려[야]"(딤전 3:4-5에서 두 번 사용된 동사) 한다. 또 바울은 '교회를 잘 다스리는 장로들'에 특별한 관심을 기울인다(딤전 5:17).[3] 이런 사람들의 또 다른 활동은 '권하는'(또 하나의 분사, νουθετοῦντας) 것으로, 그것은 사람들에게 나쁜 행동을 하지 말라고 경고하는 사역이다.[4] 데살로니가인들은 이런 지도자들을 존경해야 한다. 단순히 말로만 공경하는 것이 아니라 그들의 영적 지시에 세심한 주의를 기울여야 한다. 또한 지도자들이 청중에게 특별히 애정을 갖고 있는 습관을 고치라고 경고할 때도 마찬가지이다. 권고는 온정주의적인 태도가 아니라, 친절하게 그리고 아버지 같은 마음으로 이루어져야 한다(고전 4:14).

이런 사람들이 교회 직분자였는지 아니면 단순히 훌륭한 교인이었는지에 대해서는 많은 글이 저술되었다.[5] 이런 논란의 대부분은 '직분'이라는 용어의 용법과 관련되어 있다. 사람마다 자신이 속한 교단이 주창하는 패러다임을 가지고 본문에 접근하기 때문이다. 주석가는 이런 사람들이 직분자인지 묻기보다 그들이 하는 일이 무엇인가에 초점을 맞추어야 한다. 목회 서신에서 권위를 지닌 사람들은 더 발전된 구조 안에서 활동하고 있는 듯 보인다. 따라서 이런 서신들은 그런 식으로 읽어야 한다. 데살로니가전서 5장에서, 그들은 '알아볼 수' 있고, '다스리며', 회중이 따라 행동하리라고 기대하는 권고를 한다. 따라서 초대교회의 회중에게는 특정한 기능을 수행하는 책임을 맡은 지도자들이 있었을 수 있다. 이것이 사도행전 14:23에서 분명하게 볼 수 있는 사례이나. 거기에서 바울과 바나바는 갈라디아 지방의 각 교회들에 장로들을 임명했는데, 그 일은 교회를 세운 지 얼마 되지 않아서 일어났다.[6] 또한 인근에 있는 빌립보에서도 마찬가지였다. 다만 이런 일이 데살로니가전서보다 10년 후에 일어났던 것으로 증명된다(빌 1:1).

5:13a-b 그들의 역사로 말미암아 사랑 안에서 가장 귀히 여기며(καὶ ἡγεῖσθαι αὐτοὺς ὑπερεκπερισσοῦ ἐν ἀγάπῃ διὰ τὸ ἔργον αὐτῶν). 바울은 이제 한층 강하게 지시한다. 그들은 지도자들을 존경해야 할 뿐만 아니라, 그들을 최고로 존중해야 한다. 부정사 '귀히 여기다'(ἡγεῖσθαι)는 5:12의 "알고"와 평행을 이룬다. 여기에서 사용된 언어는 독자를 깜짝 놀라게 한다. 바울은 3:10에서 "심히"라고 번역된 부사를 사용한다(ὑπερεκπερισσοῦ, 또한 엡 3:20을 보라). 바울이 그들이 존경받아야 함을 그들이 하는 일의 특성과 연결한다는 사실은, 이런 사람들이 교회 안에서 공식적인 지위에 있었을 가능성과 상충하지 않는다(딤전 5:17이 그 점을 보여줌). 리고(Rigaux)가 이 서신에서 그런 가르침이 필요했다고 주장한 것은 옳을 수 있다. 매우 짧은 기간에 데살로니가 교회에 이런 지도자들이 생겼기 때문에, 그들은 교회가 지도자들을 어떻게 대해야 하는

---

3. 특히 B. Reicke, "προΐστημι," *TDNT*, 6:700-703을 보라.
4. BDAG, νουθετέω는 "부적절한 행위의 회피 또는 중지에 대해 충고해야" 한다.
5. Milligan, *Thessalonians*, 71-72에서 균형 잡힌 논의를 보라. Wayne Meeks의 본을 따라서 Wanamaker, *Thessalonians*, 191-95는 이런 지도자들이 교회의 후원자라고 제안한다. 즉, 그들은 자신의 사회적 지위에 근거해 주도권을 잡는다. 교회 모임을 여는 집주인들 중 상류층이 많았지만, 그리스도 안에 있는 모든 신자의 평등성 같은 바울 신학의 다른 측면들은 사회적 유력자에게 권위를 수여하는 것에 반대한다.
6. "'지도자들'의 의무를 다른 성령의 은사를 갖고 있는 사람들과 대조해서 규정하는 것은 정말로 불가능하다. 회중의 리더십이 또한 예언자와 교사인 남자들의 손에 있을 수 있다"(Strecker, *Theology of the New Testament*, 186-94에서 성령의 은사에 대해 훌륭하게 다룬다). 그는 191쪽에서 롬 12:8과 살전 5:12에 나오는 "지도자들"에 대해 다룬다. 그는 빌 1:1에 나오는 "감독과 집사들"을 성령의 은사를 지닌 사람들의 모임으로 본다.

지에 대해 확립된 전통을 갖지 못했다.[7]

5:13c 너희끼리 화목하라(εἰρηνεύετε ἐν ἑαυτοῖς). 바울은 그리스도인들이 화목하게 살기를 원한다. 그런데 누구와 화목하기를 원하는가? 이 절에서 이문은 '그들 가운데 화목하게 살라'(αὐτοῖς)이다. 그것은 '지도자들'을 가리킬 수 있다. 그 의미는 지도자들을 존경하여 무례하지 않게 처신하는 사람들은(5:14) 교회에서 화목한 분위기를 조성하게 된다는 것이다. 비평 본문 "너희끼리"(ἐν ἑαυτοῖς)는 상호적이고 수평적이다. 모든 신자는 다른 모든 사람과 화목하게 살려고 노력해야 한다는 것이다. 두 가지 독법은 그 문맥에 비추어볼 때 타당하다.

하지만 NA²⁷이 받아들이는 독법인 "너희끼리"가 더 낫다. 첫째, 바울은 일반적으로 '서로/너희끼리'를 가리킨다. 둘째, 그는 5:13과 5:15에서 그가 나중에 로마서 12:17-21에서 하는 것처럼 화목을 복수하지 않는 것과 연결한다. 따라서 이 본문은 일반적인 회중 생활을 언급한다. 즉, 모든 그리스도인은 다른 모든 제자와 화목하게 지내야 한다. 그것은 마가복음 9:50["서로 화목하라"(ἐν ἀλλήλοις)]에 근거한다. 또한 로마서 12:18["모든 사람과 더불어 (μετά+소유격) 화목하라"] 및 대부분의 바울 서신에서 더 발전된 가르침이다. 지금 데살로니가인들은 화목하게 살 수 있는, 성령으로 말미암아 함양된 초자연적인 능력을 소유하고 있다. 이 새로운 능력은 종말 때 미혹하는 사람들이 부르짖는 일시적인 '평안 및 안전'과 대조된다(살전 5:3).

5:13-22에 기록된 명령과 관련해 한 마디 더 하자면, 그 명령은 모두 현재 명령법으로 쓰였다. 한때 명령법은 그 시제의 시간을 나타낸다고 여겨졌다.[8] 하지만 이제 현재와 부정과거 시제는 직설법에서만 시간을 표시한다는 것이 분명해졌다. 즉, 현재 명령법은 반드시 현재에 이루어져야 하는 행동을 나타내지 않는다. 게다가 현재 명령법은 '계속하라'는 것을 의미하고, 부정과거는 '…하는 것을 시작하다'를 의미한다는 연구법이 아직도 들려온다. 하지만 많은 연구는 이 '규칙'이 틀렸음을 증명했다. 신약이 제공하는 소량의 시험 자료로 제한해서 살펴보았을 때도 마찬가지이다. 월리스의 정의는 이 문맥에 잘 들어맞는다. 현재 명령법은 종종 삶을 위한 일반적인 규칙을 전달한다.[9]

5:14a-b 또 형제들아 너희를 권면하노니 게으른 자들을 권계하며(παρακαλοῦμεν δὲ ὑμᾶς, ἀδελφοί, νουθετεῖτε τοὺς ἀτάκτους). 이제 바울은 '충고해야 할' 책임이 있는 자들에게 말한다. 14-15절은 두 가지 해석이 가능하다. 첫째, 바울은 일반 그리스도인에게 말하는 것일 수 있고, "형제들아"는 5:12에서 22절까지 이어지는 호칭일 수 있다. 이렇게 보면 앞뒤가 맞고 의미가 잘 통한다. 즉, 모든 그리스도인은 자기 동료들을 도울 책임이 있으며(4:18; 5:11), 대열에서 이탈한 자들에게 충고를 해야 한다는 것이다.[10]

하지만 다른 해석이 더 낫다. 즉, 바울은 교회 지도자들을 향해 말하고 있다는 것이다. 결국 이 부분에서 '권계하다'(νουθετέω)라는 동사는 지도자들의 특권이다.[11] 지시 대상이 '형제/남성인 지도자들'이었다면, 데살로니

---

7. Rigaux, *Thessaloniciens*, 581. Rigaux가 데살로니가 교회가 권위자들에 대해 당연한 분노를 갖고 있었다는 가설을 내세운 것은 지나친 주장이다.
8. H. E. Dana, and Julius R. Mantey, *A Manual Grammar of the Greek New Testament* (New York: Macmillan, 1927), 206-8.
9. Wallace, *Grammar*, 714-25에서 명령법의 시제에 대한 자세한 설명을 보라. 현재 명령법은 "특정한 상황보다는 주로 일반적인 교훈, 즉 사람의 태도와 행동을 특징지어야 하는 습관에 사용된다"(721).
10. Bruce, *1 & 2 Thessalonians*, 122와 Malherbe, *Letters to the Thessalonians*, 316은 이 절에 장로 같은 특별한 지도자 집단이 관련되어 있다고 보지 않는다.
11. John Chrysostom, *Homilies on First Thessalonians* 10 (NPNF¹ 13: 367). "여기에서 그는 다스리는 자들을 다룬다."

가인들은 그들이 누구인지 알았을 것이다. 하지만 그것은 남성 복수형을 근거로 이제 입증하거나 반증할 수 없는 점이다. 남성 복수형은 결국 총칭으로 남자와 여자를 모두 언급할 수 있다.

교회 지도자들은 "게으른 자들"(τοὺς ἀτάκτους)을 권계할 필요가 있었을 것이다. 여기에서 게으른 자들은 형용사를 실명사로 사용한 것이다. 이 단어의 경우 그 어원을 살펴보면 도움이 된다. 첫 모음(α-)은 그 특성의 부정을 나타내는 반면, 어근은 알맞은 상태에 있는 것에 대해 말한다. "무질서한 자들"(disorderly, ASV)은 문자적이면서도, 그 단어에 원문 이상의 의미를 부여하지 않는 정확한 번역이다.

무질서는 필로의 글에서처럼, 적극적으로 해를 끼치는 혼란을 언급한다. "선동적인, 불성실한, 무질서한, 무례한, 불경스러운, 불안한, 불안정한"(*Sacrifices* 32).[12] 이것은 "제멋대로 구는"(unruly)으로 번역하는 근거이다(KJV, NKJV, NASB). 바울은 불화나 분열을 여러 차례 비난한다(고전 1:10; 갈 5:20). 또 무질서는 수동적이거나 돌발적일 수도 있다. 즉, 고의는 아니지만 평화를 깨는 사람 으로 말미암아 유발될 수 있다. 바울은 이런 사람들이 어떤 식으로 해를 끼치는지 자세히 설명하지 않는다.

여러 번역은 바울이 실제로 말하는 것을 훨씬 넘어선다. "훈련되지 않은"(undisciplined, NJB)은 너무 많은 것을 추정한다. 데살로니가후서 3장에서 무질서한 자들은 훈련되고 의욕을 불러일으킬 수 있다. "게으른"(lazy, NLT, HCSB)은 부정확하다. "나태한"(idle, ESV, GNB, NIV, NRSV, REB)도 마찬가지이다. 게으름이 무질서의 원인이 될 수도 있지만, 그 반대는 사실이 아니다. 다시 말해, "무질서한"이 "게으른"을 의미하지 않는다. 또한 데살로니가전서 5:14의 무질서한 자들을 4:11-12과 데살로니가후서 3:6-15에 언급된 일 문제와 연결해야 할 증거도 없다. 데살로니가전서 4:11-12이나 5:14은 데살로니가인들이 일하기를 거부하고 있었다는 점을 입증하지 못한다. 데살로니가후서는 또 다른 사례이다. 두 번째 서신에 나오는 바울의 많은 윤리적 가르침은 그 공동체에 실제로 혼란이 발생한 것과 관계가 있다. 그리고 그 혼란은 일하지 않는 것과 관련되어 있다(데살로니가후서 3:6-15에 대한 설명을 보라).

바울이 데살로니가전서 5장에서 실제 사건이 아니라 지도자들의 돌봄이 필요했던 여러 유형의 사람을 다루는 것이라고 볼 수도 있다. 그렇지만 두 서신에는 연속성이 있으며, 일찍이 데살로니가전서에 언급된 문제를 일으키는 사람들은 어떤 이유에서인지 자립하기 위한 일을 하지 않았을 가능성이 더 크다.[13]

5:14c 마음이 약한 자들을 격려하고(παραμυθεῖσθε τοὺς ὀλιγοψύχους). 교회 지도자들은 또 다른 사역에서 사도들을 본받아야 한다. 즉, 위로해 주는 사역이다(2:12을 보라). KJV는 어원 연구를 통해 거의 알려지지 않은 형용사의 뜻을 알아내려 했다. 그 결과 "의지가 약한"(feebleminded)이라고 번역했는데, 그것은 정신적 한계를 뜻한다. 하지만 현재 그 번역은 틀린 것으로 판명되었다. 오히려 이사야처럼(사 35:4; 57:15, LXX) 바울은 낙심한 사람을 언급하는 것이다. 그는 선천적으로 소심한 사람은 아니다. 이 경우 위로가 필요한 사람은 그저 우울해하는 자가 아니다. 매일 그들의 가족, 환경, 일터에서 그리스도를 포기하라는 공격을 당하는 제자들이 있었다. 이 부분은 에스겔 34:4의 '목자가 되는 것에 대한 가르

---

12. 또 Milligan, *Thessalonians*, 152-54에 수록된 충실한 연구 "Note G: On ἀτακτέω and its cognates"를 보라. 그 어군은 고전 14:33, 고후 12:20, 약 3:16에 나오는 '무질서함'(ἀκαταστασία)과 겹쳐질 수 있다. 또한 G. Delling, "ἄτακτος (ἀτάκτως), ἀτακτέω," *TDNT*, 8:48을 보라.

13. Malherbe, *Letters to the Thessalonians*, 308-9; Morris, *Thessalonians* (NICNT), 168-69, 252.

침을 반영한다.

"너희가 그 연약한 자를 강하게 아니하며 병든 자를 고치지 아니하며 상한 자를 싸매주지 아니하며 쫓기는 자를 돌아오게 하지 아니하며 잃어버린 자를 찾지 아니하고 다만 포악으로 그것들을 다스렸도다."

이 부분에서 바울의 말은 그가 예민한 목사라는 사실을 보여준다. 목사는 누가 낙심해 있고, 누가 무질서한지, 누가 약한 사람인지 알아야 한다. 그다음에 목사는 그들의 여러 가지 필요에 따라 사람들을 돌보아야 한다.[14] 어떤 사람들에게 이것은 직감에 어긋나는 일이다. 목사는 그 상황이 어떻든 종종 자신의 개인적 강점에 따라 사역을 하기 때문이다. 어떤 목사는 천성적으로 격려를 잘해서 문제를 일으키는 사람들에게 정말로 필요한 것이 책망일 때조차 그들을 격려한다. 또 다른 목사는 질책을 잘하고, 약하고 낙심한 사람들에게 아무 생각 없이 쉽게 "힘내라"고 말한다. 바울은 목사가 본받을 만한 탁월한 모범이다. 바울 서신에서 바울은 청중이 처한 형편에 따라 온화한 격려에서부터 단호한 질책에 이르기까지 모든 목회 활동을 한다.[15]

5:14d 힘이 없는 자들을 붙들어 주며(ἀντέχεσθε τῶν ἀσθενῶν). 또 다른 목회 사역은 "힘이 없는 자들"(ἀσθενῶν, 형용사의 실명사 용법)을 돕거나 붙들어주는 것이다. 여기에서 형용사는 다양한 문제를 가리킬 수 있다. 육체적으로 약한 자(벧전 3:7), 병든 자(약 5:14), 또는 영적으로 과민한 자(고전 9:22)가 그에 해당한다. 그것은 바울이 병든 자들을 돌보는 일을 염두에 둔 것일 수도 있지만, 이 문맥에서 바울의 지시는 여러 가지 육체적, 영적 상태에 처한 그리스도인과 관계가 있다. 이런 이유로 여기서의 주제는 '영적으로 쇠약한 자들'인 것 같다(참고. 사 35:3, "너희는 약한 손을 강하게 하며 떨리는 무릎을 굳게 하며"). 이 절은 고린도전서 8:7에 언급된 강하고 약한 그리스도인들과 분명한 관련성이 없다. 거기에서 '약함'은 신학적 토대가 확고하지 못한, 따라서 허용된 관례에 거리낌을 갖고 있는 사람을 가리킨다.

5:14e 모든 사람에게 오래 참으라(μακροθυμεῖτε πρὸς πάντας). 여러 유형의 사람을 언급했기 때문에 이제 바울은 지도자들에게 일반적인 임무를 부여한다. 교회의 모든 사람에게 오래 참으라는 것이다. 바울 서신과 마찬가지로(롬 2:4; 9:22), 오래 참음 또는 인내는 구약과 신약 중간기 문헌에서 종종 하나님의 속성으로 언급된다. 그것은 모든 그리스도인이 실천해야 하는 미덕이다(고전 13:4; 갈 5:22). 데살로니가후서에서 바울은 몹시 무질서하게 행동하는 자들조차 인내심을 가지고 제지하라고 촉구할 것이다(살후 3:14-15; 참고. 딤후 2:24-26).

2세기 초부터 목사들이 모든 사람에게 어떻게 오래 참아야 하는지에 대한 훌륭한 진술이 나타났다. 이그나티우스는 폴리캅에게 다음과 같이 경고한다. "주님이 당신에게 참으시는 것처럼 모든 사람에게 참으라. 당신이 지금 하고 있는 것처럼 모든 사람을 사랑으로 대하라…당신이 선한 제자들만을 사랑한다면, 당신에게는 칭찬받을 만한 것이 없다"(Ign. Pol. 1.2; 2.1). 어느 교회에나 착하고 '대하기 편한' 교인이 있고, 또 지나치게 목사를 힘들게 하는 교인이 있다는 것은 모두가 아는 사실이다. 그들에게 격려가 필요한 것인지 아니면 질책이 필

---

14. 비슷한 구절은 약 5:13-14에서 찾아볼 수 있다. 거기에서 야고보는 여러 그룹의 사람들에게(고난당하는 자, 즐거워하는 자, 병든 자) 말하면서 그들의 상황에 적절한 조언을 해준다.
15. 참된 목사는 사람의 참된 문제를 분별하는 일의 중요성을 안다. 그 문제는 표면상으로 나타나는 증상과 다를 수 있다. 예를 들어, 낮은 자존심으로 투덜거리는 사람은 자아에 너무 심하게 집착하는 것 같은 더 깊은 문제를 갖고 있을 수 있다.

요한 것인지 그 여부는 중요하지 않다. 중요한 점은 목사가 그들을 인내로 대해야 한다는 것이다.

5:15 삼가 누가 누구에게든지 악으로 악을 갚지 말게 하고 서로 대하든지 모든 사람을 대하든지 항상 선을 따르라(ὁρᾶτε μή τις κακὸν ἀντὶ κακοῦ τινι ἀποδῷ, ἀλλὰ πάντοτε τὸ ἀγαθὸν διώκετε [καὶ] εἰς ἀλλήλους καὶ εἰς πάντας). 이 절은 세 부류의 당사자를 나타낸다. 악을 범한 자들, 복수의 유혹을 받는 그리스도인들, 보복을 못하게 막는 그리스도인들. 이 중 마지막 그룹은 교인들이 죄를 짓지 않도록 이끌어야 하는 교회 지도자들로 보인다. "삼가"(see to it, ὁρᾶτε)는 이런 일이 일어날 경우를 지켜보고 있음을 나타낸다.

'악으로 갚다'(κακὸν…ἀποδῷ)는 큰 규모로 이루어지든 아니면 작은 규모로 이루어지든 복수를 나타내는 전형적인 표현이다. 이것은 자신이 당한 악행에도 불구하고 복수를 금하는 여러 성경 말씀 중 하나이다.[16] 구약의 가르침은 예수님의 모범에서 그대로 확대된다. 예수님은 동족의 손에 고난을 당하셨지만(살전 2:15) 욕을 욕으로 갚지 않으셨다(벧전 2:23). 다른 곳에서처럼 여기에 나오는 바울의 진술은, 비그리스도인이 적극적으로 교회를 파괴하려는 상황에서 특히 적절하다. 하지만 신자들 사이에서도 직접 복수를 하지 말고, 하나님의 손에 맡겨야 한다(살전 4:6).

복수를 금하는 이 권고는 공관 복음 전승을 떠오르게 한다. 예수님도 제자들에게 이웃과 적을 둘 다 사랑하고, 악행자에게 저항하거나 그들을 저주하지 말라고 가르치셨다(마 5:38-47; 눅 6:27-36). 데살로니가전서 5:16에서 "항상 기뻐하라"는 명령은 팔복의 또 다른 측면을 상기시킨다(다음의 내용을 보라). 그 명령은 바울이 박해를 당하고 있는 그리스도인들에게 한 것이다. 바울은 공관 복음, 특히 마태 전승에 영향을 받아서 서신을 썼다는 증거가 있기 때문에, 이 두 절은 예수 전승에 근거한다고 볼 수 있다.

그러고 나서 바울은 피해야 할 행동과 올바른 모범을 대조한다. "항상 선을 따르라." 기대와 달리 바울은 여기에서 2인칭 복수 명령법으로 돌아간다. "삼가 누가 누구에게든지 악으로 악을 갚지 말게 하고 항상 선을 따르라(τὸ ἀγαθὸν διώκετε)."

단어 καί가 없는 사본 전통이 있다. 이런 이유로 그것은 NA[27]에서 괄호 안에 나온다["서로 대하든지 모든 사람을 대하든지 [둘 다]"]. 그것을 지지하는 사본 증거에는 3세기 파피루스 𝔓[30]과 ℵ[2] B가 있다. 그것은 문맥상 타당하다. 교회와 "서로"뿐만 아니라, 보편적으로 "모든 사람"에게(εἰς πάντας). 바울은 데살로니가인들이 기독교 신앙이 단순히 가족 내부의 문제가 아니라, 온 세상 앞에서 실행해 보이는 생활 방식이라는 점을 잘 안다는 사실을 단언한다.

5:16 항상 기뻐하라(Πάντοτε χαίρετε). 이런 명령은 특별히 지도자들과 관련이 없다. 오히려 2인칭 복수 동사는 회중을 향한다. "항상" 기뻐하는 것은 "쉬지 말고 기도하라" 및 "범사에 감사하라"와 평행을 이루면서, 그리스도인의 삶의 항구성을 나타낸다. 바울이 데살로니가인들의 기도 방법에 대해 쓸 때, 우리는 그 서신의 처음부터, 그 팀이 하나님께 드리는 기도에서 반복되는 내용을 볼 수 있다. 데살로니가인들은 바울의 모범을 본받아야 하고 항상 기뻐해야 한다. 3:9에서 데살로니가인들이 사탄의 공격을 물리쳤기 때문에 '우리(바울과 실라)는 기뻐한다'(χαίρομεν). 바울은 다른 교회들에도 편지를 써서 그들이 기뻐해야 할 필요성을 전했다(갈 5:22; 빌 3:1; 4:4. "항상," πάντοτε). 하지만 데살로니가인들에게 적

---

16. 잠 20:22; 24:29; 마 5:44 및 평행 구절들; 롬 12:17-21; 벧전 2:23; 3:9.

절한 말씀은, 제자들은 환난 가운데 기뻐한다는 예수님의 가르침이었다(마 5:10-12).

"항상 기뻐하라"는 것은 무엇을 의미하는가? 이 명령은 각각의 부정적인 감정을 조사하고 검토하는 현대 철학에 역행한다. 그리스도인은 염려(3:1, 5), 두려움(고전 2:3), 분노(갈 1:6; 5:12) 같은 감정을 적절히 느낄 수 있다는 점을 고려해야 한다. 즉, 그리스도인에게 감정을 감추라고 요청하는 것이 아니다. 하지만 그리스도인은 어떤 환경에 처하든지 기뻐해야 한다. 고든 피는, 바울이 기쁨의 감정에 대해 말하는 것이 아니라 하나님 앞에서 기쁨을 표현하기로 결정하는 것을 말한다는 사실을 강조한다. 이것은 바울이 억압받은 사람들이 쓴 시편을 어린 시절부터 읽으면서 배운 진리이다. 하지만 고든 피가 이런 명령이 하나님 앞에서 이루어지는 개인의 삶보다는 주로 교회 모임과 관련이 있다고 말한 것은 지나치다.[17] 그런 주장은 이 문맥에서 찾아볼 수 없다.

5:17 쉬지 말고 기도하라(ἀδιαλείπτως προσεύχεσθε). 앞에서 1:2-3a의 "끊임없이"(ἀδιαλείπτως)에 대해 설명한 것을 보라. 쉬지 말고 기도하는 것은 정기적으로 오랜 시간 기도에 힘쓰는 것을 의미한다. 그것은 종교적 삶에 헌신한 사람에게 국한된 명령이 아니라, 모든 제자에게 주어진 명령이다. 이것은 시편 기자가 말한 바와 같다. "여호와와 그의 능력을 구할지어다 그의 얼굴을 항상 구할지어다"(시 105:4).

5:18a 범사에 감사하라(ἐν παντὶ εὐχαριστεῖτε). 다시 한번 시편은 바울의 진술을 명백히 밝혀준다. 예를 들어, 시편 기자는 모든 나라를 향해 여호와께 감사하라고 명령한다(시 117:1). 바울의 사역에서 복음은 이방인이 이스라엘의 하나님께 감사하는 구체적인 결과를 낳았다(롬 15:11). 바울은 감사의 삶을 산다. 따라서 그리스도의 모든 추종자도 그리해야 한다. "범사에"라는 말은 처한 환경에 상관없이 감사하는 마음을 고수하는 것을 의미한다.

5:18b 이것이 그리스도 예수 안에서 너희를 향하신 하나님의 뜻이니라(τοῦτο γὰρ θέλημα θεοῦ ἐν Χριστῷ Ἰησοῦ εἰς ὑμᾶς). 바울은 γάρ(왜냐하면)를 사용해서 앞에 나오는 세 절(5:16-18a)을 실행해야 하는 이유를 설명한다. 하나님이 그것을 바라시기 때문이다. "이것"(τοῦτο)은 단순히 5:18a 하나가 아니라 세 가지 명령을 다 언급한다. (1) 헬라어 원문으로 이 부분을 큰 소리로 읽을 때, 그것이 세 가지 모두를 언급하는 것으로 읽는 것이 그 부분의 리듬에 더 잘 맞는다. (2) 대명사는 보통 그 선행사로 같은 격과 성을 취한다. 바울이 세 가지 행동을 함께 말한다고 볼 때, 중성 단수가 적절하다.

5:19-20 성령을 소멸하지 말며 예언을 멸시하지 말고(τὸ πνεῦμα μὴ σβέννυτε, προφητείας μὴ ἐξουθενεῖτε). 바울은 이제 긍정적인 명령에서 부정적인 명령 혹은 '금지 규정'으로 알려진 것으로 방향을 바꾼다. 이 구절의 해석은 그것의 구조 문제와 밀접하게 관련되어 있다. "성령을 소멸하[는]" 것은 예언적 메시지와 관계가 있는가? '범사에 헤아리라'(21절)는 명령(엄밀한 의미로)은 예언적 은사와 관계가 있는가, 아니면 모든 삶의 영역에 적용할 수 있는 더 일반적인 명령인가?

이 마지막 부분은 연결되지 않은 명령의 목록으로 읽을 수도 있지만, 세심하게 읽어보면 바울이 5:14까지 거슬러 올라가서 '비슷한 것끼리' 분류하고 있음을 보여준다. 14-15절에는 일련의 권고가 담겨 있는데, 그것들 전부는 사람들 사이의 관계와 관련이 있다. 곧, 약한 자를 돕는 법, 사람들이 자신을 해칠 때 대응하는 법

---

17. Fee, *Thessalonians*, 214.

등이다. 그다음에 나오는 16-18절은 그리스도인의 삶의 요점들을 임의로 언급한 것이 아니라, 신자와 하나님의 '수직적' 관계와 관련이 있다. 그 관계는 주로 기도 (기뻐함, 기도, 감사)로 표현된다.

바울은 이제 회중 가운데 역사하시는 성령의 활동과 관련된 가르침으로 초점을 옮긴다.

성령을 소멸하지 말라.
예언을 멸시하지 말라.

그리고 나서 바울은 범사에 헤아리라고 말한다(21a절). 여기에서 바울은 일반적인 "범사"가 아니라, 성령의 역사하심과 관련된 범사를 생각하고 있다. 21절은 앞에 나오는 것과 δέ('그리고,' 또는 더 나은 번역으로 '그러나')로 구문론상 연결된다. 그것은 20절의 의미를 더 탐구하겠다는 의도를 나타낸다. 거기서부터 그 부분의 나머지(21b-22절)를 예언적 메시지를 시험하는 것(21절)에 붙이는 것이 논리적이다. 좋은 것은 존중해서 받아들여야 하고, 좋지 않은 것은 거부해야 한다(22절). 21b-22절은 각각 두 개의 생각으로 나눌 것이 아니라, 문제의 양면으로 함께 받아들여야 하는 한 쌍의 명령을 이룬다.

범사에 헤아려
좋은 것을 취하고
악은 어떤 모양이라도 버리라.

이와 같이 본문은 주로 교회 모임에 역사하시는 성령의 활동에 대한 네 부분으로 이루어진 지침을 다루고 있다.

바울은 "성령"에 대해 말하면서 시작한다. 바울 당시에 헬라어 문자는 신적 이름을 대문자로 표기하지 않았다. 따라서 "성령" 또는 '영'(πνεῦμα)은 문맥에 따라 결정하는 것이 적절하다. 현대 영어에서 그것은 영성 또는 인간 영에 대해 말하는 것이 보통이다. 그렇지만 바울의 용어에서 그것은 대부분 하나님의 "성령"을 언급한다. 이 절에서 바울은 요한계시록 19:10에서 "예언의 영"으로 알려진 성령에 대해 말하는 것이 분명하다.[18]

바울은 "성령을 소멸하지 말라(μὴ σβέννυτε)"는 금지규정으로 시작한다. 이 동사는 문자적으로 불을 끄는 것에 사용될 수 있다(엡 6:16; 히 11:34). 여기에서 그 의미는 은유적으로 '억누르다'이다. 이 구절은 고린도전서 14장에서 더 자세하게 언급된 평행 구절과 함께 읽을 때 가장 잘 이해될 수 있다. 모임에서 방언이나 예언을 말하는 사람들은, 성령에 의해 그리고 그분을 위해 말하는 동시에 자신의 말을 통제할 수 있는 긴장 가운데 산다(고전 14:27-33). 즉, 그들은 황홀경에 빠져 냉정함을 잃지 않도록 해야 한다. 사도적 방식으로 실행된다면, 교회는 방언을 금하지 않아야 한다. 하지만 예언은 방언의 은사보다 더 높은 가치를 지닌다(고전 14:39).[19] 고린도전서는 데살로니가전서보다 몇 년 후에 기록되었다. 그런데 바울이 데살로니가인들과 서신을 주고받을 당시에도, 고린도전서에서 되풀이할 내용을 고린도인들에게 말로 가르치고 있었다는 점을 명심해야 한다.

주후 2세기에는 교회의 정기 모임에서 메시지가 제

---

18. 이런 관찰은 갈 5:16, "성령을 따라 행하라," 또는 NLT가 유용하게 제안하는 대로 "성령이 너의 삶을 인도하게 하라"(let the Holy Spirit guide your lives)를 크게 지지한다. 이것은 "나는 종교적이지는 않지만 영적인 사람이야"라고 주장하는 사람들의 성향과 정반대이다. 그렇다면 바울이 갈 6:1에서 영적인 사람에 대해 말할 때, 그 사람은 정말로 갈 5:22-23에 언급된 성령의 열매를 따라 사는 사람이다. NRSV는 그것을 "성령을 받은 너희"(you who have received the Spirit)라고 번역했다.

19. G. Friedrich, "προφήτης," *TDNT*, 6:848-56에서 그리스도인의 예언에 대해 주의 깊고 자세하게 검토한 것을 보라. 대개 제2성전 시대 유대인은 예언의 은사가 중단되었다는 점을 당연하게 생각했다 (1 Macc 4:46; 14:41). 그럼에도 이것이 절대적인 것은 아니었다. Josephus는 예언적 은사를 여러 에세네파 사람에게 있는 것으로 보았다. Josephus, *Ant*. 13.11.2 (§311-13); Manahem and many other Essenes in *Ant*. 15.10.5 (§373-79); 또한 17.13.3 (§345-48)을 보라.

신적 영을 지닌 남자가 신적 영에 대한 믿음을 갖고 있는 의로운 사람들의 모임에 올 때 그리고 그 모임에서 하나님께 중보를 할 때, 그에게 배정된 예언적 영의 천사가 그 사람을 채우고, 또 성령으로 충만해진 그 사람은 주님의 뜻을 따라 무리에게 말한다 (Herm. Mand. 11.9).

이와 같이 5:19-20은 함께 받아들여야 한다. 즉, 예언적 말씀을 낮게 평가하는 것은 성령을 억누르는 것이다.[20] 1973년 성서학회(Society of Biblical Literature)의 초대 기독교 예언에 관한 세미나는, 다음과 같이 신약의 예언에 대한 탁월한 정의를 만들어냈다.[21]

초대교회의 그리스도인 예언자는, 기독교 공동체에 혹은 그 공동체를 대표해서 일반 대중에게 꼭 전해야 한다고 느끼는, 이해할 수 있는 신탁을 받아서 하나님이나 부활하신 예수님이나 성령을 위해 즉시 영감을 받아 말하는 대변인이었다.

"예언"(προφητεία)이라는 명사는 두 가지 의미를 나타낼 수 있다. 그것은 예언의 은사를 언급할 수도 있고,[22] 아니면 예언이 주는 특별한 메시지를 언급할 수도 있다.[23] 두 번째 의미가 더 흔하며 본문이 뜻하는 것이다. 바울은 "회중 가운데 역사하시는 성령의 놀라운 활동을 의도적으로 억누르는 것을 경고하고" 있다.[24] 예언을 멸시하는(ἐξουθενεῖτε) 것은 수 세기에 걸쳐 이스라엘이 범한 죄의 본질이었다(느 9:30; 마 23:29-31; 행 7:52). 바울은 이와 관련해서 데살로니가인들이 무엇을 하고 있거나 무엇을 하고 있지 않은지 말하지 않는다. 그는 데살로니가후서 2:2에서 데살로니가인들이 성령께 메시지를 받았다고 주장하는 사람 때문에 동요해서 잘못된 길로 빗나갈 가능성을 다룬다. 바울이 그런 사건이 일어난 후 데살로니가전서 5:19-20을 썼다면, 그는 다음과 같은 뜻으로 말했을 것이다. '너희가 나쁜 경험을 했지만, 예언을 다 그렇게 거부하지 말라. 오히려 그것을 시험해보라!' 하지만 바울은 무슨 일이 일어났는지 모르는 상태로 이 부분을 썼다. 결국 우리는 바울이 무슨 일 때문에 5:19-20을 쓰게 되었는지 확실히 알 수 없다.

5:21 범사에 헤아려 좋은 것을 취하고(πάντα δὲ δοκιμάζετε, τὸ καλὸν κατέχετε). 은사 활동에 관한 가르침이 계속된다. 앞에 나오는 δέ는 바울이 5:20에서 말한 것과 대조를 이룬다. 이 문맥에서 "범사"(πάντα)는 성령에게서 나왔다고 주장하는 말을 나타낸다. '헤아리다'의 복수형(δοκιμάζετε)이 보여주는 대로, 여러 사람이 예언을 시험한다. 고린도전서 14:29에서 이와 비슷한 말씀을 찾아볼 수 있다. "예언하는 자는 둘이나 셋이나 말하고 다른 이들은 분별할 것이요." 교회는 신탁으로 받아들여지는 것이 거짓 영에게서 온 것이 아닌 진짜라는 것을 보증해야 한다(마 7:15-20; 24:11; 살후 2:2; 계 2:20에 나오는 중요한 평행 구절들을 보라). 중성 실명사 형용사 "좋은 것"(τὸ καλόν)은 '좋은 성령'이라기보다는 '좋은 메시지'인 것 같

---

20. 여기에서 "예언"은 결코 성경 말씀을 설교하는 것으로 해석될 수 없다. 그것은 예언자들의 권위 있는 방식으로 주어지기 때문에 "예언"이라고 불린다. '설교' 관점은 Calvin, *Thessalonians*, 299-300에서 찾아볼 수 있다. 마찬가지로 Ambrosiaster, *Commen-tary on Galatians-Philemon*, 111.

21. M. E. Boring, "Prophecy: Early Christian," *ABD*, 5:496에서 찾아볼 수 있다.

22. 신약에서 바울만이 "예언"(προφητεία)을 예언의 은사를 의미하는 것으로 사용한다. 롬 12:6; 고전 14:22을 보라. 또한 C. H. Peisker, "Prophet," *NIDNTT*, 3:84를 보라.

23. 마 13:14; 고전 14:6; 딤전 1:18; 4:14; 벧후 1:20-21; 계 19:10을 예외로 하고 요한계시록 전체.

24. F. Lang, "σβέννυμι," *TDNT*, 7:168.

다. 교회는 그 말을 '취해야'(κατέχετε) 한다. 즉, 그 내용을 소중하게 여겨서 그 말을 통해 하나님을 더 잘 알아가고, 그들을 향한 하나님의 뜻을 더 잘 알아가야 한다.

바울은 여기에서 어떤 종류의 시험이 예언에 적절한지 확실히 말하지 않는다. 단서는 바울이 고린도전서 12:10에서 또 나른 은사인 '영을 분별하는 것'의 존새를 단언하는 것이다. 하지만 거기에서조차 그 은사를 어떻게 활용하는지 분명하지 않다. 그러나 거짓 영이 알려진 사도적 가르침에 반하는 메시지를 줄 수 있다(살후 2:2, 5; 요일 4:1–3).[25] 바울은 데살로니가인들이 이미 옳은 것과 그른 것을 분별하는 법을 알고 있다고 추정하는 것 같다. 바울의 유일한 관심은 그들이 반드시 그렇게 하는 것이고, 이런 조치가 그 예언을 과단성 있게 받아들이거나 거부하는 것으로 이어지는 것이다.

5:22 악은 어떤 모양이라도 버리라(ἀπὸ παντὸς εἴδους πονηροῦ ἀπέχεσθε). 문맥에 확고하게 자리를 잡은 이 명령법은 5:21의 후반부 역할을 하며 예언의 주제에 대해 결론을 내린다. 교회가 '선한' 또는 진실된 예언을 고수해야 하는 것처럼, 교회는 악하고 거짓된 예언을 거부하고 '버려야' 한다.

바울은 거짓된 계시가 여러 형태로 나타날 수 있기 때문에 "어떤 모양이라도"라고 말한다. 예를 들어, 어떤 영에게서 오는 가짜 예언을 통해 또는 어떤 종류의 "말"(살후 2:2)을 통해 나타날 수 있다. 예언을 분별하라는 요청을 넘어 바울은 그것을 폭넓게 적용하는 것 같다. 그리스도인은 거짓 예언이든 아니면 다른 어떤 악이든, 그것이 나타나는 곳마다 악을 피해야 한다. 오래 지속되어온 오해에 대한 책임이 KJV의 번역자들이나 그 성경을 사용하는 사람들에게 있는지는 모르겠지만, KJV가 "모든 모습의 악을 삼가라"(abstain from all appearance of evil)고 번역한 것은 유감스럽다. 5:22을 그런 식으로 번역한 것은 사실상 윤리학의 기초가 되어왔다. 즉, 신자는 일반적으로 다른 그리스도인에게, 이론상으로는 모든 사람에게 악하게 보이는 관례를 그만두어야 한다는 것이다.

이것은 사람의 행동이 나른 사람의 인식에 인도를 받아야 한다는 원리로 이어졌다. 아무도 반대하는 목소리를 내지 않을지라도 말이다. "당신은 그것이 나쁘다고 생각하지 않네요. 나도 그렇습니다. 그리고 누구도 그것에 대해 아무 말도 하지 않습니다. 하지만 어떤 사람에게 그것은 '악의 모습'으로 보일 수 있습니다. 따라서 당신은 그것을 삼가야 합니다." 5:22을 이런 식으로 해석하는 것은, 다른 사람들에게 걸림돌이 되지 말라는 것과 연결된다(고전 8:13). 하지만 이것은 5:22에서 바울이 한 명령의 요지가 전혀 아니다. '모든 모습의 악' 대신 '모든 종류의 악'으로 번역하는 것이 더 좋다. NIV 및 다른 많은 성경이 그렇게 번역한다.[26] 바울은 '나쁘게 보이는 것'을 말하는 것이 아니라, '여러 방면으로 모습을 나타내는 악'을 말하는 것이다.

이와 같이 우리는 고린도전서처럼 데살로니가전서에서도 바울이 예언적 은사에 대해 긍정적으로 말하고 있음을 본다.

- 예언은 교회에 커다란 유익이 되며 모임의 일부가 될 수 있다(고전 14:3, 5, 26).
- 예언은 억누르거나 경시되지 않아야 한다(살전 5:19–20).
- 다른 사람들이 내는 소리 때문에 예언이 안 들리는 일이 없게 해야 한다(고전 14:30–31).
- 예언의 내용은 분별되어야 한다(고전 14:29; 살전 5:20–22).

---

25. 데살로니가후서 2장의 거짓 예언에 대해서는 Malherbe, *Letters to the Thessalonians*, 333–34를 보라.

26. Jos. *Ant.* 10.3.1 (§37)에 아주 유사한 구절이 있다. 므낫세 왕은 온갖 종류의 악을 행했다. 즉, 그는 다방면에 걸쳐 배교를 했다.

적용에서의 신학

데살로니가의 회심자들은 새로운 영적 가족에 합류했다. 이것은 더 큰 그룹 응집력을 이루기 위해 만들어진, 유용한 사회학적 허구가 아니었다. 오히려 이런 실재는 복음 진리를 표현한 특정한 태도와 행동을 요구했다. 예를 들어, 그들이 그 가족의 일원이 되는 것은 모임이 운영되는 방법에 영향을 끼쳤다. 데살로니가전서의 이 부분은 그리스도인 공동체에서 이루어지는 삶이 무엇인지 보여준다.

1. 교회는 가족이다

헬라인과 유대인의 관점에서 볼 때, 데살로니가 신자들은 실제로 가족에 반대하는 것처럼 여겨질 수 있었다.

> 정상적인 사회·문화적 활동에 참여하기를 거부한 사람은 가족 관계와 사회도 분열시킨다는 비난을 받을 수 있었다. 가족을 분열하는 것은 사회를 해체하는 것과 마찬가지였으며 골칫거리로 여겨졌다.[27]

이것은 초대교회의 제자들이 교회에 받아들여진다는 느낌을 중요하게 여겼던 이유이다. 어떤 사람들에게는 교회가 그들의 유일한 가족이었다.

바울의 신학은 건강한 가족 생활을 하나님의 창조를 표현하는 것으로 여겼다. 그런데 교회는 새로운 영적 가족을 더 높은 실재로 승격한다. 교인이 된다는 것은 강력한 친척들의 영향을 받지 않으며, 부자라고 해서 그리스도의 몸에서 더 높은 지위를 차지하지도 않는다. 그리스도인 가족 안에서 '온전한' 가족들이 환영을 받았다. 또한 혼자 사는 어른, 노인, 이혼한 사람, 비그리스도인의 배우자도 환영을 받았다. 이것은 모든 사람을 환영한다고 말하지만, 온 가족, 특히 아이들이 있는 가족을 선호하는 현대 교회가 교훈으로 삼아야 할 것이다.

2. 교회에 참여하는 것

1세기 회당에서는 예배, 가르침, 기도가 이루어졌다. 회당에서 가르치는 일은 종종 여러 사람이 나누어서 했다. 바울 같은 외부 출신의 랍비는 원하는 경우 즉석에서 권고의 말을 할 수 있었다(행 13:15). 여러 사람이 무리를 지어 참여했지만, 예배에는 오로지 성인 남성만 참여했

---

27. Burke, *Family Matters*, 173.

던 것 같다.

어떤 회당도 바울의 한 회중의 특징처럼 보였던 일종의 '난장판'을 용인하지 않았을 것이다. 여성들은 큰 소리로 기도하고 예언도 했다(고전 11:5). 그리고 당연히 그들은 회중 안에서 다른 활동도 수행했다. 가정 교회에서 실제로 모든 교인이 이런 다른 예배 활동을 했으리라고 예상되었다(14:26). 이 관례는 수십 명이 모임에 참석했을 초대 회중에서 더 잘 실행되었다. 비교적 소수의 지도자가 모임을 이끌어가는 오늘날의 큰 교회에서는 이런 모습을 찾아보기 어렵다. 1만 명이 모이는 교회에서, 교인의 1퍼센트 또는 그보다 적은 교인만이 예배에서 찬송가를 부르는 것을 제외한 다른 활동을 한다. 따라서 많은 사람이 교회에 와서 가르치려고 한다면 주일 아침은 서서히 곤경에 처하게 될 것이다. 하지만 오늘날의 교회는 자유롭게 참여하는 고대 관례에 작별을 고할 수 없다. 어떤 방식으로든 모든 교인이 하나님이 그들에게 주신 것을 표현할 수 있는 환경을 만들어야 한다.

3. 교회는 기도하는 집이다

유대인은 회당을 '기도의 집'이라고 부르기도 했다. 교회도 모든 사람이 합심 기도에 참여하는 장소가 되어야 한다.

> 교회는 하나님께 기도와 찬양을 올리는 장소이다. 이런 활동들이 바울이 묘사하는 회중의 모습에 많이 언급되지 않지만, 그의 서신에 나오는 기도 요청은 그것이 모임의 중요한 측면이었음을 나타낸다.[28]

역사를 통틀어 그리스도의 몸의 각 지체들이 교회 사역을 하는 사도적 모범을 회복해야 한다고 선언했다. 그럼에도 대부분의 복음주의자는 다른 성경적 활동보다 가르치는 일에 집중한다. 이로 인해 매주 열리는 모임의 최소한 반을 설교가 차지하게 되었고, 목사 한 명이 가르치는 일과 더불어 다른 예배 활동도 많이 담당하게 되었다. 예배당에서 강단이 차지하는 중심성은 말씀 사역을 올바르게 강조하는 반면, 성찬, 성경 읽기 그리고 무엇보다도 기도를 경시하는 의도치 않은 결과를 가져온다. 성경적 가르침은 항상 중요하다. 하지만 설교는 중시하면서 기도를 가볍게 여기는 교회를 바울과 실라는 인정하지 않았을 것이다.

---

28. Marshall, *New Testament Theology*, 456.

4. 교회는 예언적 성령의 전이다

바울은 영적 은사에 대해 자주 말했다. 데살로니가전서 5장에서 바울은 예언을 활용하는 것을 자세하게 설명한다. 오늘날 예언의 은사 문제를 다루기가 얼마나 성가신지는 언급할 필요가 없다. 가장 일반적인 위험은, 의문을 제기하거나 어떤 식으로든 시험하지 말아야 하는 메시지로 예언을 받아들이는 관례이다. 하지만 참된 성경적 모범은 하나님의 백성이 하나님에게서 온 메시지라고 주장하는 모든 것을 분별해야 한다는 것이다.[29]

5. 교회 지도자들에 대한 순종

서구 민주주의의 가치에 젖어 있는 그리스도인은 성경이 지도자들에게 순종하고 하나 됨을 유지하는 것을 말할 때 긴장할지도 모른다. "너희끼리 화목하라"(13절) 혹은 "같은 마음과 같은 뜻으로 온전히 합하라"(고전 1:10)는 말씀이 융통성 없는 획일성을 요청하는 것처럼 들릴 수 있다. 우리는 당연히 이렇게 반응하게 된다. 나도 내 의견을 말하고 주장할 권리가 있지 않은가? 지도자도 실수할 수 있지 않은가? 그러한 경우 우리가 그들에게 주의를 환기시킬 수 있지 않은가?

신약은 이따금씩 생기는 의견 차이가 어떤 경우에 유익할 수 있다고 암시한다. 사도행전 6:1에서 헬라파 사람들이 그들의 과부들이 소홀한 대접을 받고 있다고 불평하는 것은 정당화되는 것 같다. 또한 바울은 갈라디아서 2:11-14에서 한 문제가 복음에 중요한 영향을 끼친다고 인식했을 때 게바와 공개적으로 언쟁했다.[30] 두 경우 모두 긴장된 상황에서 선한 결과가 나왔다. 하지만 이런 예외적 상황을 빼고, 분열은 전형적으로 자기중심적인 이해 때문에 일어난다. 즉, 자신의 욕망을 다른 사람의 욕망 앞에 두는 것이다(롬 12:16; 고전 1:10; 고후 13:11; 빌 2:1-4). 이것은, 하나 됨을 깨기로 결정하는 일이 하나님의 가족 안에서 보기 드문 예외가 되어야 함을 의미한다.

---

29. 게다가 교회가 완성된 정경을 갖고 있으며, 예언은 정의상 신약 문헌과 동일한 등급의 자료를 낳기 때문에 이제 예언의 은사는 고려할 가치가 없다고 주장하면서 모든 예언을 거부하는 교회가 있다. 이와 관련하여 속사도 시대의 교회가 예언을 어떻게 다루었는지 검토하는 것이 유익하다. 거의 보편적으로, 교부들은 예언을 사도적 저술과 같은 급으로 평가하지 않았다. Gary Steven Shogren, "Christian Prophecy and Canon in the Second Century: A Response to B. B. Warfield," *JETS* 40/4 (1997): 609-26을 보라.

30. Calvin (*Thessalonians*, 293)은 이 긴장을 인정하면서 다음과 같이 말한다. "의심할 나위 없이, 어떤 사람이 합법적인 목사로 평가받기 위해서, 그는 자신이 주 안에서 주재하는 것과 주 외에는 아무 것도 갖고 있지 않음을 보여주는 것이 필요하다. 그리고 순수한 교리로 그는 그리스도를 그분의 자리에 앉으시게 한다. 즉, 그분이 유일한 주님이시고 왕이 되신다는 것을 주장하는 것 외에 다른 무엇이 필요한가?"

6. 교회를 위한 사도적 비전

오늘날에는 기업과 마찬가지로 교회를 위한 사명과 비전을 개발하는 것이 유행이다. 교회가 성경적 비전을 정확히 포착할 수 있다면 그리고 거기에 다른 세속적 가치를 집어넣지 않을 수 있다면, 이것은 건전한 일이 될 수 있다.

교회의 '비전'은 최소한 모든 교인이 믿음, 사랑, 기도, 전도, 거룩함과 바울이 이 서신에서 다루는 다른 가치들과 같은 참된 기초에서 성장하는 것을 포함해야 한다. 교회도 사도들이 표현하는 것처럼 말할 수 있어야 한다. "우리가 너희 모두로 말미암아 항상 하나님께 감사하며"(1:2). 이때는 어떤 데살로니가인이 바울의 교회를 나와서 다른 거리에 있는 베드로의 교회로 걸어서 갈 수 있는 시대가 아니었다. 바울과 실라는 좋은 목사로서 모든 사람이 관계를 맺고 있다고 전제하고 사역했다. 오늘날 일부 목사가 하는 것처럼, 바울은 데살로니가 교회의 한 교인에게 다음과 같이 말하지 않았을 것이다. 당신이 우리가 나아가고 있는 방향에 동의하지 않는다면, 당신 '마음대로' 하시오. 즉, 우리 교회를 떠나서 다른 교회를 찾아보시오.

데살로니가전서 5:23-28

문학적 전후 문맥

바울은 일반적인 그리스-로마 서신처럼 축도와 마지막 인사로 서신을 끝낸다. 하지만 그것은 '단순한' 맺음말이 아니다. 바울은 서언처럼(1:1-2) 결어를 그의 특정한 청중에게 맞춘다. 그리스도의 파루시아에 비추어, 그들의 온전한 성화를 위한 기도는 "우리 주 예수께서…강림하실 때에 하나님 우리 아버지 앞에서 거룩함에 흠이 없게 하시기를 원하노라"(3:13)고 바울이 앞에서 간구한 것을 나타낸다. 바울은 2:12과 4:7에서처럼 그들에게 하나님의 '부르심'(5:24)을 상기시킨다. 바울은 "형제들아"(5:25)라는 언어를 사용하며, 그들에게 서로 '거룩한 입맞춤'(5:26)을 하라고 요청하기까지 한다. 바울은 그들에게 이 서신을 하나님 가족의 모든 구성원에게 크게 읽어주라고 말한다(5:27). 이와 같이 데살로니가전서는 그리스도인의 형제자매 됨을 매우 강조하며 그 관례대로 끝을 맺는다.

이 서신은 고린도전서와 비교할 만한 가치가 있다. 고린도전서에서 바울은 여러 장에 걸쳐 가르치고 교정하는 수고를 했을지라도, 그가 고린도의 모든 문제를 해결하지는 않았다는 점을 암시한다(고전 11:34). 데살로니가전서는 훗날 문제로 나타날 여러 주제를 간단히 다루면서(노동, 재림의 때), 확신에 찬 언급으로 끝을 맺는다.

> VIII. 마지막 권고(5:12-22)
> → IX. 결어(5:23-28)
> A. 그리스도가 다시 오실 때 데살로니가인들의 온전한 성화를 위해 사도들이 기도함(5:23-24)
> B. 데살로니가인들에게 사도들의 사역을 위해 기도해달라고 요청함(5:25)
> C. 사도들이 회중에게 또 다른 행동을 하라고 지시함(5:26-27)
> D. 사도들이 데살로니가인들에게 축도함(5:28)

주요 개념

데살로니가 교회 가족의 목표는 종말을 지향한다. 즉, 그리스도가 나타나실 때 함께 거룩한 상태로 있는 것이다.

번역

데살로니가전서 5:23-28

23a	간청	평강의 하나님이 친히 너희를 온전히 거룩하게 하시고
b	재진술	또 너희의 온 영과 혼과 몸이…흠 없게 보전되기를 원하노라
c	시간	우리 주 예수 그리스도께서 강림하실 때에
24	근거	너희를 부르시는 이는 미쁘시니 그가 또한 이루시리라
25	권고	형제들아 우리를 위하여 기도하라
26	권고	거룩하게 입맞춤으로 모든 형제에게 문안하라
27a	권고	내가… 너희를 명하노니
b	매개	주를 힘입어
c		모든 형제에게
d	내용	이 편지를 읽어 주라
28	간청	우리 주 예수 그리스도의 은혜가 너희에게 있을지어다

구조

이 서신의 마무리는 서언처럼 그리스-로마 수사학의 전형적인 요소들을 포함하고 있다. 하지만 예상대로, 바울 사도는 자신의 목적을 위해 관례를 다듬는다. 바울은 5:23에서 기도로 시작한다. 그의 기도는 두 개의 기원법을 사용한다. "하나님이…거룩하게 하시고", "너희의 영이 보전되기를." 바울은 하나님이 신실하시다는 사실에 근거하여 기도한다(5:24).

서신의 나머지는 담화 표지를 사용하지 않는다. 그래서 그것은 일련의 진술처럼 읽힌다. 바울은 명령형 "기도하라"를 사용해서 데살로니가인들에게 그의 팀이 하는 사역을 위해 기도하라고 요청한다(5:25). 그다음에 "모든 형제에게 문안하라"는 명령형이 따라 나온다(5:26). 이런 유형의 '가족' 강조는 자연스럽게 5:27로 이어진다. 거기에서 바울은 그들이 모든 형제에게 그 서신을 읽어주라고 정중하게 명령한다.

마지막 문장(5:28)은 주 예수 그리스도의 은혜가 그들과 함께하기를 기원하는 축도이다. 그것은 데살로니가후서 3:18과 똑같다. 다만 데살로니가후서가 "너희 무리에게"라고 언급한 점이 다르다. 두 서신 전체에 걸쳐, 기도는 성부 하나님(5:23) 또는 주 예수님(5:28)을 향해 이루어진다.

석의적 개요

→ I. 사도들이 그리스도가 다시 오실 때 데살로니가인들의 온전한 성화를 위해 기도함(5:23-24)
II. 사도들이 데살로니가인들에게 사도들의 사역을 위해 기도를 요청함(5:25)
III. 사도들이 회중에게 다른 행동을 하라고 지시함(5:26-27)
  A. 그들은 거룩한 입맞춤을 해야 한다(5:26)
  B. 그들은 이 서신을 신중하게 전달해야 한다(5:27)
IV. 사도들이 데살로니가인들에게 축도함(5:28)

본문 설명

5:23-24 평강의 하나님이 친히 너희를 온전히 거룩하게 하시고 또 너희의 온 영과 혼과 몸이 우리 주 예수 그리스도께서 강림하실 때에 흠 없게 보전되기를 원하노라 너희를 부르시는 이는 미쁘시니 그가 또한 이루시리라(Αὐτὸς δὲ ὁ θεὸς τῆς εἰρήνης ἁγιάσαι ὑμᾶς ὁλοτελεῖς, καὶ ὁλόκληρον ὑμῶν τὸ πνεῦμα καὶ ἡ ψυχὴ καὶ τὸ σῶμα ἀμέμπτως ἐν τῇ παρουσίᾳ τοῦ κυρίου ἡμῶν Ἰησοῦ Χριστοῦ τηρηθείη. πιστὸς ὁ καλῶν ὑμᾶς, ὃς καὶ ποιήσει). 바울은 이제 데살로니가인들을 위해 직접 기도한다. 긴 문장은 두 개의 기원법 동사로 이루어져 있다. "거룩하게 하시고"(ἁγιάσαι)와 "[너희의 영이] 보존되기를 원하노라"(τηρηθείη). 3:12에 대한 설명을 보라. 바울은 데살로니가후서 3:16에서 다시 기원법으로 "평강의 주"를 부를 것이다. 바울은 평강이 하나님에게서 온다는 점을 보여주기 위해 기술적 소유격 "평강의"(τῆς εἰρήνης)를 사용한다(또한 갈 5:22을 보라). 하나님에 대한 바울의 언급은 "친히"(himself, αὐτός)라는 강조 대명사로 강조된다.

이 기도의 내용은 무엇인가? 하나님이 그들을 온전히 "거룩하게 하시[는]"(ἁγιάσαι) 것이다. 이것은 비정기적으로 하는 축복의 기도가 아니다. 왜냐하면 바울이 3:13에서 이미 그들의 성화를 위해 기도하고, 또 그들을 위해 기도할 때 분명히 이것을 정기적인 기도 제목으로 삼기 때문이다. 또한 바울은 데살로니가인들이 흠 없게 보전되기를 기도한다. 앞에서 바울은 데살로니가인들이 "흠이 없게"(3:13, 형용사 ἀμέμπτους를 사용) 되기를 기도했다. 여기에서도 바울은 그들이 "흠 없게"(부사 ἀμέμπτως를 사용) 되기를 기도한다. 이 기도에서 바울의 최종 목표는 예수님의 종말론적 파루시아이다. 3:13에서는 점진적인 성화는 물론 바울의 성화 신학에 대해 과거 시제가 쓰였다. 반면 여기에서는 그리스도의 새날을 향해 목적을 둔 움직임이 내재되어 있다. 그때에 가서 신자는 온전히 거룩해질 것이다(참고. 4:3-4; 고전 1:8; 고후 3:18).

바울은 여러 단어를 모아서 3인조 "영과 혼과 몸"이라는 표현을 만들어낸다. 몇몇 사람은 이 절을 인간 본질의 3분설을 지지하는 증거 본문으로 사용한다. 즉, 인간은 세 부분으로 구성되어 있다는 것이다.[1] 그렇게 읽는 것도 가능하지만, 문맥 및 다른 성경 구절을 충분히 고려해야 한다. 첫째, 일반적으로 성경은 그리고 특히 바울은 인간의 전체를 묘사하기 위해 일련의 명사를 사용한다. 예를 들어, 신명기 6:5은 마음과 뜻과 힘을 언급하지만, 그것이 인간 본질의 세 부분을 가리킨다고 주장하는 학자들은 소수이다. 예수님이 그 절을 언급하신 것도 마찬가지이다(마 22:37). 공관 복음에 나오는 평행 구절에서(막 12:30) 주 예수님은 마음, 목숨, 뜻, 힘이 인간의 네 부분을 가리킨다고 말씀하시는 것이 아니다. 바울은 고린도후서 7:1에서 영과 육의 면에서 성화 사역을 묘사하는데, 여기에서도 그가 혼을 빼놓았다는 느낌은 없다.

둘째, 5:23은 바울식 3인조이다(1:3에 대한 설명을 보라). 즉, 바울은 그의 생각을 전하기 위해 세 가지 용어에 대한 과장된 언어를 사용한다. 그것은 "온전히"(ὁλοτελεῖς)와 "온"(ὁλόκληρον)으로 이루어진 한 쌍과 긴 문장 구조로 이미 명백하게 드러난다. 우리는 영과 혼과 몸을, 인간 본질이 세 부분으로 이루어져 있다는 진술이 아닌 인간 본질의 세 가지 측면으로 이해한다.

성화는 외적, 내적 인간 둘 다를 포함한다는 점을 주목하는 것이 신학적으로 중요하다. 고린도후서 7:1처럼 바울은 육체적 인간의 성화를 요청한다. 죄는 혼이라고 부르든 아니면 (이 절처럼) 영이라고 부르든, 내적 인간을 오염시킬 수 있다. 이 진리는 몸의 일이 하나님께 중요하지 않고, 오직 영적 문제만 중요하다고 말한 그릇된 플라톤 철학을 뒤집는다. 또 영이 이생에서 온전히 성화된다는 생각도 단견이다(요일 1:8, 10에 반영되어 있음). 바울은 영에 영향을 끼치고 오염시키는 죄가 존재한다고 가르친다.

"너희를 부르시는 [하나님]"이라는 표현은 1:4에 언급된 하나님의 부르심으로 돌아간다. 바울은 하나님을 "그가 또한 이루시리라"(ὃς καὶ ποιήσει)는 관계사절로 묘사한다. 이 미래 시제는 그리스도의 파루시아를 지향한다. 5:23-24의 신학적 의미에 대해서는 다음의 내용을 보라.

5:25 형제들아 우리를 위하여 기도하라(Ἀδελφοί, προσεύχεσθε καὶ περὶ ἡμῶν). 바울은 데살로니가인들을 위해 기도한 후 그들이 교대로 사도팀을 위해 기도해줄 것을 요청한다. 몇몇 고대 사본에는 καί가 빠져 있지만, NA²⁷ 위원회에서 그것을 의심쩍게 여기면서 포함되었다.[2] 바울은 자주 제자들에게 그를 위해 기도해달라고 요청한다(예를 들어, 롬 15:30-32; 고후 1:11; 골 4:3-4). 바울은 모범적인 전도자로서, 데살로니가인들이 복음을 듣고 나아갈 때 그들의 사역을 위해 기도해줄 다른 그리스도인들을 모집하는 것이 필요하다는 점을 암시한다.

---

1. Ambrose, *Cain* 2.6; Origen, *Comm. Matt* 14.3; 둘 다 Gorday, *Colossians, 1-2 Thessalonians, 1-2 Timothy, Titus, Philemon* (ACCS), 100에서 찾아볼 수 있다. 프랑스어를 읽을 수 있는 사람은 이 문제를 완전히 분석한 Rigaux, *Thessaloniciens*, 597-600을 보라.

2. Metzger, *Textual Commentary*, 565의 주를 보라.

5:26 거룩하게 입맞춤으로 모든 형제에게 문안하라(Ἀσπάσασθε τοὺς ἀδελφοὺς πάντας ἐν φιλήματι ἁγίῳ). 바울은 다른 곳에서 그리스도인의 입맞춤을 언급한다. 공교롭게도 언제나 고린도에서 쓴 서신이나 고린도로 보내는 서신에 나온다(롬 16:16; 고전 16:20; 고후 13:12; 행 20:37에서 어원이 같은 동사가 사용된 것도 보라. 또한 벧전 5:14). "입맞춤"(φίλημα)은 사랑(φιλ-) 어군에 뿌리를 두고 있다. 여기에서 그것은 양성의 사람들에게 입맞춤하는 것이다.[3] 입맞춤은 그리스-로마의 배경에서 평범한 일이 아니었다. 입맞춤은 가족 사이의 문제였다. 하지만 결혼한 부부 사이에서조차 애정을 공공연하게 표현하는 것은 부자연스러운 것(gauche)으로 여겨졌다. 유대교에서 입맞춤은 가족 간에 할 수 있는 행위였지만 흔히 행하지는 않았다. 사실상 "신약 외에 유대 및 그리스-로마의 고대 문서에는 입맞춤을 종교적 공동체의 표시로 바꿀 만한 근거가 없다."[4]

교인들이 서로 입맞춤을 하는 것은 단순히 애정을 나타내는 것이 아니었다. 그것은 교회가 참된 가족이라는 확언이었다. 카르타고의 순교자들은 처형장에 가면서 서로 입맞춤을 했다. "그들은 그렇게 평안의 입맞춤으로 그들의 순교를 완성했다."[5] "거룩한 입맞춤"은 초대 교회 예배 의식의 일부가 되었다. 유스티누스는 그 의식을 성찬식 바로 앞에 놓는다.[6] 우리는 바울 시대에 그 의식이 교회에서 차지한 역할을 확실히 알 수 없다. 하지만 그것이 광범위하게 언급된 사실은 정기적으로 시행된 관례였음을 시사한다. 그러나 클라슨(Klassen)이 주장한 바 그리스도인들이 만날 때마다, 또 모임에서나 대중 앞에서나 어디서든지 서로 입맞춤을 했다고 말한 것은 지나치다.[7]

이성 간의 입맞춤은 의문을 제기하게 했다. 2세기 후반 아테나고라스(Athenagoras)는 다음과 같은 으스스한 경고를 예수님의 말씀으로 보았다. "로고스는 다시 우리에게 말한다. '어떤 사람이 그에게 기쁨을 주기 때문에 두 번 입맞춤을 하면, (그는 죄를 범하는 것이다).' '그러므로 입맞춤 또는 인사는 매우 조심스럽게 해야 한다. 그것에 조금이라도 더러운 생각을 뒤섞는다면, 그것은 우리를 영생에서 배제시킨다.'"[8] 같은 시기에 알렉산드리아의 클레멘트는 말 그대로 입맞춤을 하는 것에서 사랑의 내적 감정으로 강조점이 옮겨지기를 원했다. "사랑은 입맞춤이 아니라 다정한 감정으로 증명된다. 그러나 교회에 입맞춤 소리가 울려 퍼지게 만드는 것 외에 아무것도 하지 않는 자들이 있다. 그들의 마음속에는 사랑이 전혀 없다."[9] 얼마 후 테르툴리아누스도 "형제들 누구나와 입맞춤을 교환하는"[10] 그의 아내에 대해 걱정을 많이 했다. 적어도 4세기 초까지의 사도헌장은 다음과 같이 가르쳤다. "남자는 남자에게 그리고 여자는 여자에게 주님의 입맞춤을 하게 하라."[11] 아우구스티누스 때 입맞춤은 동성 간에 이루어졌을 뿐만 아니라, 교회에서

---

3. Fee, *Thessalonians*, 232 n. 91은 이것이 양 뺨에 하는 입맞춤이었다고 진술하지만, 증명하기 어려운 주장이다. 알렉산드리아의 Clement가 입맞춤은 입을 다물고 해야 한다고 명령한 사실은 입맞춤이 초대 교회의 관례였음을 암시한다. Clement of Alexandria, *Paed.* 3.11 (*ANF* 2:291)과 G. Stählin, "φιλέω, etc.," *TDNT*, 9:142에서 Clement의 진술에 대해 분석한 것을 보라.
4. William Klassen, "The Sacred Kiss in the New Testament: An Example of Social Boundary Lines," *NTS* 39 (1993): 122–35에 수록된 탁월한 분석을 보라. 특히 128, 130을 보라. 또한 Klassen, "Kiss," *ABD*, 4:89–92를 보라. "Kiss of Peace" in *Oxford Dictionary of the Christian Church*, 937도 보라.
5. *Perpetua and Felicitas* 6.4 (*ANF* 3:705).
6. Justin Martyr, *1 Apol.* 65.2 (*ANF* 1:185).
7. Klassen, "The Sacred Kiss," 130.
8. Athenagoras, *Leg.* 32 (*ANF* 2:146). "로고스"에 나오는 말씀은 아그라폰, 즉 정경 복음서나, 다른 정의에 따라 정경의 어디에도 포함되지 않은 예수님의 말씀으로 간주되어야 한다. Athenagoras는 계속해서 부부의 성생활은 생식만을 위한 것으로 엄격히 제한되어야 한다고 진술한다.
9. Clement of Alexandria, *Paed.* 3.11 (*ANF* 2:291).
10. Tertullian, *Ux.* 2.4 ("To his Wife"; *ANF* 4:46). 다른 한편으로, Tertullian은 *Or*.18 (*ANF* 3:686–87)에서 금식을 하면서 입맞춤을 삼가는 자들에 대해 불평한다.
11. *Apos. Con.* 2.57 (*ANF* 7:422); 8.11 (*ANF* 7:486).

이성은 분리되었다.[12]

5:27 내가 주를 힘입어 너희를 명하노니 모든 형제에게 이 편지를 읽어 주라(Ἐνορκίζω ὑμᾶς τὸν κύριον ἀναγνωσθῆναι τὴν ἐπιστολὴν πᾶσιν τοῖς ἀδελφοῖς). 바울은 이제 데살로니가인들에게 데살로니가서를 널리 읽어주라고 엄숙하게 명령한다. '명하다'라는 동사는 하팍스 레고메논(hapax legomenon)이기 때문에 영어로 번역하기가 쉽지 않다. 그것은 '마치 너희 자신이 맹세한 것처럼, 이에 내가 너희로 하나님 앞에 책임지게 만든다'라는 의미이다. 어원이 같은 언어가 가장 인상적으로 사용된 예는 유대인 대제사장이 한 말에서 찾아볼 수 있다. 그는 예수님께 "내가 너로 살아 계신 하나님께 맹세하게(ἐξορκίζω)하노니"(마 26:63)라고 말한다. 이 동사는 이중 목적격, 즉 명하는 대상인 "너희"(ὑμᾶς)와 "주를 힘입어"(τὸν κύριον, 분명히 주 예수, 다시 신의 속성을 추정함)를 목적어로 취한다.

이 맹세는 행동을 강요한다. 그러한 경우 이 서신은 큰 소리로 '읽어야 한다'(ἀναγνωσθῆναι). 바울은 "모든 형제"가 그것을 들어야 한다고 분명히 말한다. 이것은 모든 데살로니가 그리스도인을 의미한다. 말허비는 바울이 이렇게 말한 이유를 탁월하게 분석한다. 그는 교회가 모든 사람이 그 말씀을 주의해서 들어야 할 만큼 빠른 속도로 성장하고 있었다고 주장한다. 게다가 "이 서신은 계속 진행 중인 의사소통 과정의 일부이며, 바울은 그것이 가능한 한 널리 전달되기를 원한다."[13] 하지만 바울의 말은 한 걸음 더 나아가 모든 마게도냐인부터 시작해서(살전 1:8; 4:10) 그들이 접촉하게 된 모든 그리스도인에게 적용될 수 있다. 비슷한 맥락에서, 바울은 라오디게아인과 골로새인에게 그들이 받은 서신들을 서로 주고받으라고 지시한다(골 4:16).[14]

5:28 우리 주 예수 그리스도의 은혜가 너희에게 있을지어다(Ἡ χάρις τοῦ κυρίου ἡμῶν Ἰησοῦ Χριστοῦ μεθ' ὑμῶν). 바울은 주님이 그들에게 은혜를 베풀어주시기를 간구하는 축도로 끝을 맺는다.[15] 여기에 사용된 단어는 로마서 16:20과 16:24(다수 본문) 및 데살로니가후서 3:18에 쓰인 것과 비슷하다. 신적 은혜를 주시는 분은 주 예수님이다. 따라서 그분은 신적 존재의 특성을 취하신다.

---

12. Augustine, *Civ.* 2.28.1 (*NPNF*¹ 2:41). "이성 간의 적절한 분리가 준수되고 있다."
13. Malherbe, *Letters to the Thessalonians*, 345.
14. 이 점에 대해서는 Raymond F. Collins, *Studies on the First Letter to the Thessalonians* (BETL 66; Leuven: Leuven Univ. Press, 1984), 370을 보라. 골 4:16에 대해 "그것은 예배를 드리는 모임에서 기독교 문서를 읽었음을 증명할 뿐만 아니라, 기독교 '서신들'이 오고 가는 편지를 능가하는 중요성을 지녔음을 나타낸다." Collins는 바울이 죽은 후 곧 그렇게 되었다고 단언한다. 하지만 나는 바울이 살아 있을 때에도 마찬가지였다고 생각한다.
15. 민 6:25과 신 28:3-6을 행 14:26; 롬 15:15; 고전 1:4; 딛 2:11; 벧전 5:12과 비교하라. 또한 살후 1:12에 대한 설명을 보라.

적용에서의 신학

1. 데살로니가의 신학

엑소디움이 한 서신의 주요 주제를 암시하는 것처럼(1:1-10, '문학적 전후 문맥'을 보라), 끝맺는 말도 마찬가지이다. 따라서 마지막 부분에서 바울이 데살로니가인들의 성화 문제로 돌아가는 것은 놀랍지 않다. 이 서신은 간결하지만 그리스도인의 성결에 대해 가장 강력한 가르침을 담고 있다.

데살로니가인들은 거룩하게 성장하는 것이 부분적으로는 그들 자신의 책임이라는 점을 안다. 바울은 그들에게 "더욱 많이 힘쓰라"(4:1)고 권고한다. 그리스도인들은 하나님의 주된 목표가 그들의 거룩함이라는 것을 이해한다(4:3). 그들은 하나님의 명령을 거부하는 것이 아니라 받아들여야 한다(4:8). 그들 자신의 본질을 이해하는 신자들은 그것에 따라 살아야 한다(5:6-8).

또한 신자들은 미래에 초점을 맞추고 살아야 한다. 3:11-13에 기록된 바울의 기도는 사도적 중보를 포함한다. "너희 마음을 굳건하게 하시고 우리 주 예수께서 그의 모든 성도와 함께 강림하실 때에 하나님 우리 아버지 앞에서 거룩함에 흠이 없게 하시기를 원하노라"(13절). 종말론적 관심의 대상은 이 서신의 결어에서 다시 등장한다. "하나님이 친히 너희를 온전히 거룩하게 하시고 또 너희의 온 영과 혼과 몸이 우리 주 예수 그리스도께서 강림하실 때에 흠 없게 보전되기를 원하노라"(5:23). 독자는 다른 구절에서도 비슷한 메시지를 듣게 될 것이다. 특히 빌립보서 1:6을 보라. "너희 안에서 착한 일을 시작하신 이가 그리스도 예수의 날까지 이루실 줄을 우리는 확신하노라." 이것 역시 기도라는 사실이 중요하지만 거의 주목받지 못했다. "간구할 때마다 너희 무리를 위하여 기쁨으로 항상 간구함은…우리는 확신하노라"(빌 1:4-6).

2. 성경 신학

성화 교리는 오랫동안 가톨릭, 개혁파, 웨슬리파 및 다른 그룹들 사이에서 심각한 논쟁의 대상이 되어왔다. 그 논란은 해결하기가 어렵기 때문에 여기서 그 점을 제대로 다루기가 불가능하다.[16] 데살로니가전서가 특별히 공헌한 점은 다음과 같다.

- 완전한 성결은 종말론적이다. 이 서신에서는 완전한 성결이 파루시아 전에 이를 수 있는 것인지 아니면 파루시아 때만 얻을 수 있는 것인지 말하지 않는다. 바울은 거룩함

---

16. *Five Views on Sanctification* (ed. Stanley N. Gundry; Grand Rapids: Zondervan, 1987)에서 이런 관점들에 대해 충분히 논의한 것을 보라.

가운데 계속 성장하게 해달라는 기도와 종말론적인 거룩함을 위한 기도를 동시에 할 수 있다(5:23).
- 성결은 하나님의 부르심과 이미 우리를 낮과 빛의 자녀로 변화시키시는 하나님의 예비하심에 근거한다.
- 성결은 결정을 내리고 행동하면서 걸어나가는 것이다.
- 성결은 부분적으로 우리의 삶 가운데 다른 신자들이 적극적으로 참여하는 것에서 이루어진다. 우리가 다른 그리스도인들을 위해 기도할 때, 단지 그들이 갖고 있는 문제들이 아니라 그들이 거룩함 가운데 성장하도록 기도할 때 이런 일이 눈에 띄게 일어난다.
- 끝으로 우리는 우리가 도달한 성결 수준에 기뻐하지 말아야 한다. 오직 하나님만이 그분의 뜻을 우리에게 계시하시고 우리가 그 뜻을 실행하도록 도와주심으로써, 그분을 기쁘시게 하는 수단을 주실 수 있다.

3. 이 본문이 오늘날의 교회에 주는 메시지

성화의 문제를 다룰 때 사람들은 다음과 같이 추론하기가 쉽다. 부활이 자동적으로 성화의 일을 완성하리라는 것을 우리가 믿는데, 왜 내가 그리스도가 다시 오실 때 형제자매가 거룩한 상태에 있도록 기도하기를 힘써야 하는가(3:13; 5:23)? 진실로 이것은 우리가 그 신비를 온전히 이해하고, 기도가 우리 가족을 온전히 거룩하게 만드는 일이 될 수 있는지 알기 위해, 하나님의 가르침을 따라야 하는 영역이다.

한 그리스도인이 다른 그리스도인을 위해 기도하는 것은 성경에 근거하며, 각 사람의 마음을 아시는 성령의 인도하심을 따르는 것이다. 기도는 그들의 필요에 따라 일반적일 수도 있고 구체적일 수도 있다. 예를 들어, 5:23에서 바울은 데살로니가인들이 거룩해지도록 기도한다. 반면 3:12에서는 그들의 사랑이 풍성해지도록 더 구체적으로 기도한다.

복음주의 그리스도인들은 신자들이 서로 지는 개인적 책임의 가치를 새롭게 발견하기 시작했다. 이것은 탁월한 관례이며, 널리 실행되어야 한다. 하지만 단순히 다른 그리스도인과 자신의 시련이나 승리를 나눈다고 해서 성화되지는 않을 것이다. 오직 성령만이 내적으로 참된 변화를 가져다주실 수 있다. 따라서 우리는 하나님께 기도로 나아가야 한다.

CHAPTER 9
데살로니가후서 1:1-12

문학적 전후 문맥

바울과 데살로니가인들이 주고받은 것은 이 두 개의 짧은 서신뿐만이 아니었다. 사도들은 데살로니가에서 피드백을 받았는데, 아마 그것은 인사말과 그들이 보낸 편지 등이었을 것이다. 가장 결정적인 것은 디모데의 훈련된 눈으로 관찰한 내용이었을 것이다.

데살로니가후서에서 바울은 이러한 대화에 한 부분을 더한다. 바울은 다시 한번 발신자와 수신자를 밝히고, 기독교적 인사말을 하는 전형적인 서신 형식으로 시작한다(1:1-2). 데살로니가전서와 같이 바울은 이어서 감사의 말을 한다. 그는 엑소디움(서론, 살전 1:1-10의 '문학적 전후 문맥'을 보라)에서 자신의 사랑을 표현한다. 하지만 그들이 받는 고난을 인지하고 공감하면서 그들을 위해 기도한다. 엑소디움에서 보통 그러하듯, 바울은 편지를 읽는 사람들로 하여금 서신 나머지 부분에서 자신이 무엇을 다룰지에 대해 생각하게 한다.

바울은 그들에 대해 긍정적인 말을 하는 도중에 갑자기 하늘로부터 진노가 내리기를 빈다(1:6-10). 그것은 시편의 언어로 다음과 같이 표현할 수 있었을 것이다.

오, 의인을 핍박하는 자들의 악함이여!
오, 그리스도가 나타나실 때 그들이 복수의 불을 받을 것이라!

바울이 주로 관심을 갖는 것은 악인의 운명이 아니다. 오히려 바울은 하나님이 정의로우신 분이라는 사실을 강조하고 싶어 한다. 거룩하신 하나님 앞에서 인류의 일부만이 장차 올 나라에 합당하다고 여김을 받을 것이다. 이것은 2:1에 나오는 주의 날에 대한 질문으로 이어진다. 그 구절의 밑바탕에 있는 주제는 비슷하다. 누가 배교자이고 누가 아닌가, 누가 사탄에게 속임을 받고 누가 아닌가, 누가 복음을 믿었고 누가 거절하는가 하는 것이다.

> I. 서언(1:1–2)
> II. 환난을 겪고 있는 신자들을 위한 감사와 기도(1:3–12)
>   A. 사도팀이 데살로니가인들의 믿음과 그들이 서로 사랑하는 것 때문에 감사함(1:3)
>   B. 사도들은 그들이 박해를 잘 견디며 사는 것에 대해 만족함(1:4–10)
>   C. 사도들은 어려운 환경에 처해 있는 데살로니가인들을 위해 기도함(1:11–12)
> III. 종말에 대한 가르침(2:1–12)

주요 개념

하나님의 심판은 의롭다. 그렇기 때문에 주님이 다시 오실 때, 주님은 박해받은 자들을 해방하시고 그들을 자신의 나라로 데려가실 것이다. 주님은 또한 '종말론적 대역전'을 일으키실 것이다. 교회의 악한 박해자들을 영원한 멸망으로 벌하시는 것이다.

번역

데살로니가후서 1:1-12

1a	발신자	바울과 실루아노와 디모데는
b	신분	하나님 우리 아버지와 주 예수 그리스도 안에 있는
c	수신자	데살로니가인의 교회에 편지하노니
2a	기원	하나님 아버지와 주 예수 그리스도로부터
b	인사말	은혜와 평강이 너희에게 있을지어다
3a	원인	형제들아 우리가 너희를 위하여
b	시간	항상
c	감사	**하나님께 감사할지니**
d	비교	이것이 당연함은
e	목록/원인	너희의 믿음이 더욱 자라고
f	목록	너희가 다 각기 서로
g	목록	사랑함이 풍성함이니

4a	결과	그러므로…우리가 친히 자랑하노라
b	환경	너희가 견디고 있는 모든 박해와
c	환경	환난 중에서
d	목록	너희 인내와
e	목록	믿음으로 말미암아
f	목록	하나님의 여러 교회에서
5a	추론	이는 하나님의 공의로운 심판의 표요
b	결과	너희로 하여금 하나님의 나라에 합당한 자로 여김을 받게 하려 함이니
		그 나라를 위하여
c	확인	너희가 또한 고난을 받느니라
6a	추론	너희로 환난을 받게 하는 자들에게는
b		환난으로 갚으시고
7a	대조	환난을 받는 너희에게는…안식으로 갚으시는 것이 하나님의 공의시니
b	연관	우리와 함께
c	시간	주 예수께서…나타나실 때에
d	연관	자기의 능력의 천사들과 함께
e	기원	하늘로부터
f	방식	불꽃 가운데에
8a	목록	하나님을 모르는 자들과
b	목록	우리 주 예수의 복음에 복종하지 않는 자들에게
c	주장	형벌을 내리시리니
9a	8절의 신원 확인	이런 자들은… 형벌을 받으리로다
b	9a절의 묘사	주의 얼굴과
c	9a절의 묘사	그의 힘의 영광을 떠나
d	9a절의 묘사	영원한 멸망의
10a	시간	[그가 영광을 받으시고 놀랍게 여김을 받으실] 그 날에
b	시간	그가 강림하사 그의 성도들에게서 영광을 받으시고
c	시간	모든 믿는 자들에게서 놀랍게 여김을 얻으시리니
d	원인	이는 (우리의 증거가 너희에게 믿어졌음이라)
11a	원인	이러므로 **우리도**…**기도함은**

		항상 너희를 위하여
b	목록/내용	우리 하나님이 너희를 그 부르심에 합당한 자로 여기시고
c	목적	모든 선을 기뻐함과
d	목적	믿음의 역사를
e	목록	능력으로 이루게 하시고
12a	목적	[우리가 계속 기도함은]
b	비교	우리 하나님과
		주 예수 그리스도의
		은혜대로
c	목적	우리 주 예수의 이름이 너희 가운데서 영광을 받으시고
		너희도 그 안에서 영광을 받게 하려 함이라

구조

이 장 처음 몇 구절에서는 데살로니가전서 1장에 나오는 말을 그대로 되풀이하면서 신자들을 향한 사도들의 감사, 사도들이 그들을 자랑스러워하는 마음, 교회의 고난에 대한 언급 등이 나온다. 이 서신은 전형적인 그리스-로마 형식으로서 발신자와 수신자의 이름, 인사말 등으로 시작된다(1:1-2). 최상의 증거에 따르면, 이 두 서신의 차이는 인사말에 덧붙여진 표현에 있다. 즉, "하나님 우리 아버지와 주 예수 그리스도로부터"라는 말이다.

첫 번째 서신과 마찬가지로, 바울은 1:3에서 데살로니가인들에 대해 하나님께 감사한다(살전 1:1-10의 '구조'를 보라). 그 뒤에 나오는 내용 전체를 지배하는 주제는 "우리가⋯하나님께 감사할지니 이것이 당연"(1:3)하다는 것이다. 뒤이어 나오는 절들은 그런 생각을 신속하게 전개한다. 언제? "항상"(πάντοτε). 누구를 위해? "형제들아 너희를 위하여." 그리고 그 행동이 합당하다는 말인 "이것이 당연함은"(καθώς)에 이어서 그 행동의 이유로 그들의 믿음과 사랑을 든다.

바울은 이어서 감사의 결과(ὥστε)를 보여준다(1:4). 사도들은 데살로니가인들이 환난 속에서도 어떻게 잘 성장하고 있는지 다른 교회들에 자랑한다. 데살로니가인들의 인내는 그들이 천국을 향하고 있다는 증거이다(1:5). 바울은 간결한 언어를 사용하여 이 모든 것이 하나님이 공정하게 판단하신다는 사실을 보여준다고 말한다. 하나님이 그렇게 판단하실 때, 그 결과는 데살로니가인들이 하나님 나라에 들어가기에 합당한 자로 여김을 받으리라는 것이다. '합당한 자로 여기다'(1:5b에 나오는 καταξιόω, 1:11b에 나오는 ἀξιόω와 마찬가지로)라는 말은 종말론적이다. 그것은 최후의 심판을 나타내는 언어이다.

6절은 종말론적 역전이라는 세부 주제를 다룬다. 이어서 나오는 내용은 새로운 부분으로 볼 수도 있겠지만, 더 광범위한 전후 문맥을 훑어보면 바울이 데살로니가인들 때문에 감사한다는 주요 주제에서 벗어나지 않았음을 알 수 있다. 1:7과 10절에서 바울은, 자신의 주된 관심사가 여전히 악인의 운명(그 자체가 흥미로운 주제인)에 대한 것이 아니라, 하나님이 그분의 제자들을 정당하다고 입증하시는 것임을 보여준다. 바울이 후에 1:11-12에서 제자들을 위한 기도로 돌아가 하나님께 데살로니가인들을 합당한 자로 여겨달라고 간구할 때, 이 분석이 옳음을 증명할 것이다. 그래서 1:6, 8-9은 삽입구로 보는 것이 적절하다. 예수님의 재림은 또한 믿지 않는 자들에게 형벌을 가져오기 위함이라는 것이다. 하나님이 이 일을 하실 것이다. '왜냐하면'(1:6a, εἴπερ는 조건부가 아니라 받아들여진 사실을 나타내는 표시로 사용됨, 개역개정에는 번역되어 있지 않음-역주) 그것이 공의롭기 때문이다.

1:6-10의 구문은 전혀 유려하지 않다. 부분적으로는 일부 자료가 삽입구적 성격을 갖고 있기 때문이다. 또한 바울이 감람산 강화와 구약 전승에서 나온 단편적 이야기들을 여기저기 집어넣기 때문이다(1:7f, 8c, 9b-c, 10a-b; 또한 1:12c). 1:10a에는 생략이 하나 나온다. 거기에서 "그날에"는 앞에 나온 말에 이어서 나오지 않는다. 이 책은 바울이 무슨 말을 하려는 것인지 제시하기 위해, '그가 영광을 받으시고 놀랍게 여김을 받으실'이라는 구절을 보완했다.

바울 사도는 기도에 대한 보고로 다시 돌아온다(1:11-12). 그는 그 부분을 "이러므로"(원인의 의미를 지닌 εἰς ὅ)라는 말로 시작한다. 데살로니가전서 1:2-3과 3:9-10에서처럼 바울은 데살로니가후서 1:2과 함께 인클루지오를 형성했다. 사도들이 어떻게 기도하는가 하는 것은, 우선 하나님이 그들을 합당한 자로 여겨달라는 '것'(that)과 하나님이 그들 가운데서 그분의 뜻을 다 이루시리라는 것으로 설명된다. 바울은 이제 목적을 나타내는 단어를 사용하여 그들의 기도를 더 풀어 설명한다. 곧, 예수님이 오실 때 영광을 받으실 것이며, 제자들 역시 예수님 안에서 영광을 받으리라는 것이다.

석의적 개요

→ I. 서언(1:1-2)
   II. 환난을 겪고 있는 신자들을 위한 감사와 기도(1:3-10)
      A. 사도 팀이 데살로니가인들의 믿음과 그들이 서로 사랑하는 것 때문에 감사함(1:3)
      B. 사도들은 그들이 박해를 잘 견디며 사는 것에 대해 만족함(1:4-10)
         1. 사도들은 데살로니가인들에 대해 환난 중에 그들이 보여준 인내와 믿음에 대해 다른 교회들에게 자랑함(1:4)
         2. 하나님은 박해를 사용하셔서 그들이 종말론적 나라를 위해 준비하게 하심(1:5)
         3. 하나님은 그리스도가 다시 오실 때 데살로니가에 있는 그분의 백성이 옳다고 입증하실 것임(1:6-10)
            a. 환난을 일으키는 자들은 환난을 받을 것이다(1:6)

　　　　b. 환난을 받는 사람들은 안식을 얻을 것이다(1:7)
　　　　c. 하나님의 형벌을 받는 사람은 불신자로서, 그들은 주님과 분리되어 "영원한 멸망"을 받을 것이다(1:8-9)
　　　　d. 그리스도는 성도들에게 영광을 받으러 오실 때 형벌을 중단하실 것이다. 그분의 성도에는 데살로니가인들이 포함된다(1:10)
　　III. 사도들은 어려운 환경에 처해 있는 데살로니가인들을 위해 기도함(1:11-12)
　　　A. 하나님이 그들을 그분의 부르심에 합당한 자로 만들어주시기를(1:11b)
　　　B. 하나님이 그들의 역사를 능력으로 이루시기를(1:11c-e)
　　　C. 그리스도의 이름이 그들 가운데서 그리고 그들 안에서 영광을 받으시기를(1:12)

본문 설명

1:1 바울과 실루아노와 디모데는 하나님 우리 아버지와 주 예수 그리스도 안에 있는 데살로니가인의 교회에 편지하노니(Παῦλος καὶ Σιλουανὸς καὶ Τιμόθεος τῇ ἐκκλησίᾳ Θεσσαλονικέων ἐν θεῷ πατρὶ ἡμῶν καὶ κυρίῳ Ἰησοῦ Χριστῷ). 바울과 실라는 여전히 사랑하는 교회로부터 고아와 같이 '떠나' 있다(살전 2:17). 디모데만 데살로니가로 왕래할 수 있다. 수신지와 수신인(하지만 인사말은 아님)은 전에 쓴 서신과 사실상 똑같다. 발신자(주격), 수신자(여격)의 이름이 나오고 그다음에 축복의 말 혹은 인사말이 나온다. 바울은 보통 하듯이 '이러저러한 도시에 있는 교회'가 아니라, 데살로니가전서 1:1처럼 "데살로니가인의 교회"를 상대로 말한다.

또한 데살로니가전서처럼 바울이 저자이기는 하지만, 실라와 디모데도 어느 정도는 이 서신서를 쓰는 데 관여하고 있다. 즉, 복수 동사와 대명사("우리", "우리를")는 '서신용' 복수가 아니라, 정말로 여러 사람이 있었다는 점을 반영한다. 디모데는 다시 한번 데살로니가인들과 친밀하게 관계를 맺음으로써 데살로니가인들과 사도들, 곧 바울과 실라 사이에서 다리 역할을 한다. 그래서 이 세 명의 이름이 나오는 것은 적절하다. 데살로니가인들과 만났던 디모데는 바울이 글을 쓸 때 사도들과 같이 있었다. 첫 번째 서신처럼, 바울은 강조하고 싶을 때 '나'라는 말을 살짝 끼워넣는다(2:5). 또한 그는 위조된 서신이 생겨날 가능성을 줄이기 위해(2:1-2) 친필로 문안하고 서명한다(3:17).

1:2 하나님 아버지와 주 예수 그리스도로부터 은혜와 평강이 너희에게 있을지어다(χάρις ὑμῖν καὶ εἰρήνη ἀπὸ θεοῦ πατρὸς [ἡμῶν] καὶ κυρίου Ἰησοῦ Χριστοῦ). 당시의 서신들처럼, 바울은 그의 수신자에게 인사말을 한다. 대부분의 사본은 "하나님 아버지"라는 말 사이에 '우리'(ἡμῶν)라는 말을 덧붙인다. 그것은 공인 본문(Textus Receptus)과 KJV에는 빠져 있다. '우리'라는 말을 추가하면, 이 인사말은 로마서 1:7, 고린도전서 1:3, 고린도후서 1:2, 갈라디아서 1:3, 에베소서 1:2, 빌립보서 1:2, 빌레몬서 1:3과 똑같다. 그것은 데살로니가전서 1:1에 나오는 인사말보다 더 길다. 더 나은 사본들에는 "은혜와 평강이 너희에게 있을지어다"라고 되어 있다.

은혜와 평강은 주 예수 그리스도로부터 온다. 여기에서 벌써 신적 특권이 그분께 부여되고 있다. 그 말은

1:8-10에 나오는 예수님의 영광스러운 강림과 2:8의 '신의 현현'을 예시한다. 그 본문들은 구약에서 야훼가 오시는 것을 표현하는 언어에서 끌어낸 것이다.

1:3a-d 형제들아 우리가 너희를 위하여 항상 하나님께 감사할지니 이것이 당연함은(Εὐχαριστεῖν ὀφείλομεν τῷ θεῷ πάντοτε περὶ ὑμῶν, ἀδελφοί, καθὼς ἄξιόν ἐστιν). 바울은 이제 감사(1:3-10)와 그들의 기도에 대한 보고(1:11-12)를 시작한다. 처음 몇 문구 이후부터는 바울의 말이 긍정적이기는 하지만, 첫 번째 서신에 나오는 말(살전 1:1-10)처럼 열광적이지 않다는 것이 분명해진다. 하지만 그 팀에게는 여전히 기쁨이 있다. 또 그들은 교회가 주의 날에 대해 혼동하고 무질서한 신자들이 존재한다고 해서 실망하지도 않는다. 오히려 데살로니가전서가 예외이다. 그 서신은, 그들이 교회에서 어떤 소식이 있기를 노심초사하며 기다리다가 하나님을 통해 안도한 후 쓰였기 때문이다. 데살로니가후서는 바울 서신의 통상적 어조에 더 가깝다. 그것은 빌립보서와 비슷한데, 빌립보서도 일반적으로 교회에 대해 긍정적 이미지를 단언한다.

"감사할지니"(εὐχαριστεῖν)라는 말은 기도의 언어로, 바울이 데살로니가전서 1:2에서 사용한 정형 동사(εὐχαριστοῦμεν)를 반영하는 부정사다. 이 부정사는 '우리는 의무 아래 있다'(we are under obligation, ὀφείλομεν, 개역개정에는 "이것이 당연함은"-역주)는 조동사를 보완해준다.[1] "우리가 마땅히…하나님께 감사해야 한다"(we ought…to thank God, NIV)는 그리 좋은 번역이 아니다. 영어에서 그 말은 확실한 의견을 언급하지 않고 어물쩍거리는 듯한 인상을 줄 수 있기 때문이다. "우리는 마땅히 그렇게 해야 한다. 하지만 그렇게 하지 않을 수도 있다." 오히려 그 팀은 데살로니가 교회에서 일어나고 있는 일에 대해 하나님께 감사해야 할 엄숙한 의무를 지고 있다고 느낀다. 그렇게 하지 않는 것은 하나님이 마땅히 받으셔야 할 영광을 빼앗는 것이다.

데살로니가전서 1:2처럼 바울과 그의 팀은 "항상"(πάντοτε) 감사할 수밖에 없다. 이 부사는 어디에 연결되어 있는가? 그들이 항상 감사해야 하는가 아니면 항상 그것이 당연한 것인가? 전자를 지지하는 것은 "감사할지니"라는 부정사에 πάντοτε를 붙이는 것이 조금 더 매끄럽다는 것이다. 이뿐 아니라, 결정적인 것은 데살로니가전서 1:2에 나오는 평행 구문에서 바울이 "우리가…항상 감사하며"라고 진술한다는 것이다. 바울은 또한 그가 전에 사용한 단어들을 그대로 반복해서, 그의 팀이 "너희로 말미암아"(because of you, 개역개정에는 "너희를 위하여"-역주) 감사한다고 말한다. 데살로니가전서 1:2에는 "너희 모두로 말미암아"라고 되어 있다.

바울은 [하나님 앞에서] 이것이 당연함은"(καθὼς ἄξιόν ἐστιν)이라는 비교 문구를 덧붙인다. 문자적으로 번역하면 '감사하는 것은 당연하다'라고 할 수 있다. '당연함'(worthy, ἄξιόν)이라는 말은 중성 형용사로, 전형적인 부정사 수식어다. 이 책에서는 여기에 '하나님 앞에서'라는 말을 덧붙였다[just as it is worthy (before God)]. 적절한 행동이 무엇인가에 대한 암시된 기준은 하나님이기 때문이다. 다양한 영어 번역을 보면, 몇몇 역본에서는 "옳은 대로"(as is right) 혹은 "적절한"(fitting)이라는 말로 되어 있다. '합당한'(worthy)이라는 영어 단어는 흔히 쓰이지 않지만, 1:3과 1:5의 유사점을 포착한다. 1:5에서 데살로니가 사람들은 하나님 나라에 합당하다고 언급될 것이다.

1:3e-g 너희의 믿음이 더욱 자라고 너희가 다 각기 서로 사랑함이 풍성함이니(ὅτι ὑπεραυξάνει ἡ πίστις ὑμῶν καὶ πλεονάζει ἡ ἀγάπη ἑνὸς ἑκάστου πάντων ὑμῶν εἰς

---

[1] Wallace, *Grammar*, 598-99를 보라.

ἀλλήλους). 디모데는 이제 고린도로 돌아와서 그들의 믿음과 사랑이 전에 보여주었던 영적 부요함보다 더욱 더 자라났다고 말한다. 이제 바울은 그 감사의 동기를 설명한다. 그들의 믿음과 사랑은 데살로니가 사람들이 자랑해야 하는 미덕이 아니다. 바울은 이것을 하나님이 데살로니가에서 역사하고 계시는 증거로 여긴다. 그래서 언제나 하나님께 감사해야 한다. 바울의 진술은 데살로니가전서 1:3과 부분적으로 유사하다. 거기에서 그들의 믿음, 사랑, 소망은 그들의 기독교적 행동의 기초를 제공한다.

'자라다'(ὑπεραυξάνει)라는 말은 복합동사로, 전치사가 붙음으로써 '자라다'라는 의미에서 '놀랍게 자라다'라는 의미로 바뀐다. 그것은 신약에서 단 한 번 나오는 말(하팍스 레고메논)이다. 바울은 예수님과 마찬가지로 복음의 성공에 대해 말할 때 농업의 비유를 즐겨 사용했다(마 13:3-9; 고전 3:6-9). 데살로니가 사람들은 풍성하고 지속적인 추수가 어떤 모습인지 보여주는 좋은 사례이다. 이는 마태복음 13:8에 나온 것과 같다("백 배, 육십 배, 삼십 배"). 그들이 복음을 받은 첫날부터 믿음이 존재했다. 하지만 1:3에서 놀라운 사실은, 그들을 넘어지게 할 수도 있었을(마 13:21) 극렬한 환난 속에서도 그들의 믿음이 자랐다는 것이다.

그들의 "사랑"(ἀγάπη) 역시 '풍성하게 자랐다'(πλεονάζει). 이 동의어도 풍성한 혹은 심지어 남아돌 정도로 풍성한 성장이라는 의미를 지닌다. 여기에 데살로니가전서와 놀랍게 유사한 점이 또 하나 있다. 거기에서 바울은 "주께서 우리가 너희를 사랑함과 같이 너희도 피차간과 모든 사람에 대한 사랑이 더욱 많아(πλεονάσαι) 넘치게 하사"(3:12)라고 기도하면서 그들의 가족 사랑을 긍정했다(4:9-10). 사도들과 데살로니가 사람들은 기도하면 하나님이 어떻게 개입하시는지 이미 목격했다.

이 구절 끝부분은 헬라어에서 매끄럽게 이어진다. '너희 각자의 사랑'(ἡ ἀγάπη ἑνὸς ἑκάστου, 개역개정에는 "너희가 다 각기 사랑함"—역주)이라는 말은 주격 소유격으로, '각기 사랑함'(each one loves, 혹은 좀 더 매끄럽게 표현하면 '각기 서로 가지고 있는 사랑')을 의미한다. "너희가 다"라는 말은 "너희 각기"를 수식한다. "서로"(for the other)라는 말은 상호적 형용사의 독특한 기독교적 용법이다. 데살로니가에서 어느 누구도 '받기만 하는 사람'은 없다. 모두가 주는 사람이다. 크리소스톰은 그 진술이 지닌 함축에 감명을 받고 다음과 같이 말했다.

당신이 이러저러한 사람을 많이 사랑한다는 것은 무슨 이점이 있는가? 그것은 전적으로 인간의 능력 안에 있는 사랑이다. 하지만 그것이 단순히 인간적인 사랑이 아니라면 그리고 당신이 하나님을 위해 사랑한다면, 모든 사람을 사랑하라. 하나님이 그렇게 명령하셨기 때문이다. 심지어 우리 원수까지도 사랑하라고 하셨다. 그리고 하나님이 원수를 사랑하라고 명하셨다면, 우리에게 어떤 슬픔도 주지 않은 다른 그리스도인들은 얼마나 더 사랑해야 하겠는가? 당신은 말하기를, "나는 사랑하기는 하지만, 단지 그런 식으로 하지 않을 뿐이다"라고 말한다. 그렇다면 당신은 전혀 사랑하지 않는 것이다.[2]

데살로니가인들의 사랑이 풍성해지고 있다는 사실은, 그들이 박해가 가져오는 가장 큰 덫 중 하나를 기적적으로 피하고 있다는 표시다. 그 덫이란 많은 사람이 서로 미워하고 배신할 것이며 많은 사람의 사랑이 식어지리라는 것이다(마 24:10, 12).[3] 각 신자들은 실직, 가족의 화합, 심지어 육체적 안전 등으로 자신만의 특별한 부담에 직면해 있었다. 하지만 데살로니가인들은 자신

---

[2] 요점을 더 분명히 하기 위해 John Chrysostom, *Homilies on Second Thessalonians* 2 (*NPNF*¹ 13:381)의 번역을 풀어 썼다.

[3] 베드로전서 1:22에서 위험에 처한 신자들에게 한 또 다른 진술, 곧 "마음으로 뜨겁게 서로 사랑하라"는 말도 주목할 만하다.

이 속한 집단의 일원을 배신해서 박해자에게 넘기거나, 한 신자가 다른 이보다 더 고난받을 때 분개심을 키우지 않았다.

1:4 그러므로 너희가 견디고 있는 모든 박해와 환난 중에서 너희 인내와 믿음으로 말미암아 하나님의 여러 교회에서 우리가 친히 자랑하노라(ὥστε αὐτοὺς ἡμᾶς ἐν ὑμῖν ἐγκαυχᾶσθαι ἐν ταῖς ἐκκλησίαις τοῦ θεοῦ ὑπὲρ τῆς ὑπομονῆς ὑμῶν καὶ πίστεως ἐν πᾶσιν τοῖς διωγμοῖς ὑμῶν καὶ ταῖς θλίψεσιν αἷς ἀνέχεσθε). 데살로니가전서처럼, 바울은 그저 사도 팀이 얼마나 기뻤는지 언급만 하고 끝내지 않는다. 바울은 한 걸음 더 나아가, 그들이 다른 교회에서 데살로니가에 대해 어떻게 말하는지 이야기한다. 이 구절은 전체가 "그러므로"(so that, ὥστε)라고 시작하는 결과절이다. 그래서 이 책은 그것을 '그 결과(as a result)로 번역했다. 강조의 대명사(αὐτοὺς ἡμᾶς)는 "우리가 친히"라고 번역된다. 즉, 사도 팀은 교회에 대한 좋은 소식을 듣고 있는 것만이 아니라(살전 1:8) 그들이 직접 그 소식을 말하고 있었다.

"자랑하노라"(ἐγκαυχᾶσθαι)라는 희귀 동사는 칠십인역에서 거만하게 자랑하는 것을 언급할 때 사용된다.[4] 하지만 여기에서 그 말은 옳은 것을 칭찬하는 것을 가리킨다. 그것은 하나님의 영광을 위해 행해지기 때문이다. 5년 후 바울은 고린도후서 8:1-5에서 마게도냐 그리스도인들(분명 데살로니가인들이 포함될 것이다)을 자랑할 것이다. 그리고 그 배후에 있는 것은 "하나님께서 마게도냐 교회들에게 주신 은혜"(고후 8:1)에 대한 감사다. 바울은 데살로니가인들에게 스스로 잘하고 있다는 확신이 필요했다고 암시하는 것이 아니다.[5] 바울은 단지 그들이 올바른 길로 가고 있다는 것을 상기시킬 뿐이다.

그러면서 계속 그 길로 가야 한다는 무언의 메시지를 준다. "우리가 친히 자랑하노라"는 말을 다른 서신에 나오는 "우리는 아무 말도 할 것이 없노라"(살전 1:8)는 말과 대조할 필요는 없다. 마치 데살로니가에 대한 좋은 소식이 이제 고갈되어서 사도들이 그런 소식을 부추겨야 했던 것처럼 말이다.

그들은 "하나님의 여러 교회"에서 자랑한다. 바울 서신의 다른 곳에서도 교회들을 이렇게 지칭하는 말이 나온다. 특히 데살로니가전서 2:14에서 유대 회중에 대해 그렇게 말한다. 바울은 어떤 교회들을 언급하고 있는가? 자연히 고린도 교회와 아덴 교회가 여기에 해당된다. 하지만 '교회들'이라는 말은 두 교회 이상을 나타내는 듯하다. 우리는 1세기 로마 제국에서 비교적 소통이 쉬웠다는 점을 또 다시 떠올리게 된다. 정상적인 상황에서는 기독교 교회들이 서로 소통할 수 있었다. 특히 그들이 도시 중심부에 있었다면 더욱 그랬다. 너무 혼란스러워서 사도 팀의 신참 한 명만 어떤 교회와 만나기 위해 살그머니 들어가서 소식을 가지고 고참 사도들에게 돌아올 수 있었던 때는 물론 예외다. 데살로니가전서와 후서 사이의 몇 달 간, 사도들은 교회의 참을성 있는 인내에 대해 많은 것을 들었을 것이다. 그리고 나서 그들은 데살로니가에 대해 좋은 소식을 퍼뜨렸을 것이다.

그들은 교회들에게 "너희 인내(에 대해)"(ὑπὲρ τῆς ὑπομονῆς ὑμῶν) 말하고 있다. 데살로니가전서 1:3에 따르면, 그들은 소망을 갖고 있기 때문에 인내한다. 신약 도처에서, 인내는 단지 믿음을 고수하는 것이 아니라, 환난 속에서도 굳게 붙잡는 것이다. 주의 전승에서(눅 21:36) 제자들은 그리스도가 오실 때까지 환난을 견뎌야 한다. "이러므로 너희는 장차 올 이 모든 일을 능

---

4. "포악한 자여 네가 어찌하여 악한 계획을 스스로 자랑하는가" 시 52:1 (51:3 LXX를 보라); 또한 74:4 (73:4 LXX). *1 Clem.* 21.5. "하나님보다 자신을 높이고 자랑하면서 교만한 말을 하는 어리석고 지각 없는 사람들."

5. Malherbe, *Letters to the Thessalonians*, 389.

히 피하고 인자 앞에 서도록 항상 기도하며 깨어 있으라"(참고, 행 14:22에 나오는 가장 강력한 평행 구절). 어떤 그리스도인도 어려운 시기가 오기를 소망해서는 안 되며, 오히려 고요하고 평안함이 다스리도록 정부를 위해 기도해야 한다(딤전 2:1-2). 하지만 삶이 녹록하지 않고 힘겨울 때도 여전히 그리스도인은 환난에서 오는 유익을 믿을 수 있다. 그것이 더 많은 인내로 이끌 수 있다는 것이다(롬 5:3; 약 1:3을 보라). 이 경우 데살로니가인들은 단순히 이를 갈면서 더 좋은 때가 오기를 소망한 것이 아니다. 오히려 하나님이 그들 안에서 역사하셔서 그들이 견디게 하시고 착실하게 자라게 하셨다.

바울은 데살로니가인들이 겪고 있는 것을 경시하지 않는다. 그는 현실적으로 그리고 목회적으로 말한다. 그들의 사도는 한 서신(그들은 그 서신을 큰 소리로 읽는 것을 듣는다)에서 그들의 고난의 깊이를 이해한다고 말한다. 바울은 다른 교회들에게 데살로니가 신자가 되는 것이 얼마나 어려운 일인지 말하며, 그 이유 때문에 "너희가"와 "너희"라는 말을 강조한다. 그렇지만 그들은 인내와 믿음을 유지한다.

모든 박해(διωγμοῖς) 중에서
[모든] 환난(θλίψεσιν) [중에서]
너희가 견디고 있는(ἀνέχεσθε) [박해와 환난]

세 용어는 모두 "인내"(ὑπομονή)라는 말과 함께 신약 어휘 목록에서 매우 흔한 말이며, 초대교회의 경험 및 고금을 막론한 교회에 대해 많은 것을 나타낸다. "그때에 사람들이 너희를 환난에 넘겨주겠으며 너희를 죽이리니 너희가 내 이름 때문에 모든 민족에게 미움을 받으리라"(마 24:9). 하지만 데살로니가인들은 하나님을 신뢰하고 있다. 그리고 바울은 구원의 손길이 임하고 있다고 확신하며(1:7), 하나님이 그 모든 것이 잘 끝나게 해 주시기를 기도한다(1:11).

1:5 이는 하나님의 공의로운 심판의 표요 너희로 하여금 하나님의 나라에 합당한 자로 여김을 받게 하려 함이니 그 나라를 위하여 너희가 또한 고난을 받느니라(ἔνδειγμα τῆς δικαίας κρίσεως τοῦ θεοῦ, εἰς τὸ καταξιωθῆναι ὑμᾶς τῆς βασιλείας τοῦ θεοῦ, ὑπὲρ ἧς καὶ πάσχετε). 바울은 교회의 고난을 나타내는 표현을 사용했다. 감람산 강화에 따르면, 교회의 고난은 이 세대에 계속되며 종말 때 단계적으로 확대될 것이다. 바울은 이제 그들의 고난에서 하나님의 손 안에 있는 종말을 추론한다.

이 구절은 원문에서는 비교적 분명하다. 하지만 헬라어 문장은 종종 일반적인 영어 용법에 비해 애매하므로 풀어 설명해야 한다. 여기서 "표"(evidence, ἔνδειγμα)는 무엇인가? 1:3부터 시작되는 감사 내용 전체를 다시 살펴보는 것이 가장 좋다. 1:3-4에서 바울은 왜 그들이 하나님께 감사하는 것이 당연한지 보여준다. 그것은 데살로니가 제자들의 명백한 믿음과 사랑 때문이고, 환난 중에서 그들이 드러낸 믿음과 인내 때문이다.[6]

그런데 이것은 무엇에 대한 표인가? 바울의 의도를 보여주는 두 개의 소유격 명사가 나온다. 첫째, "하나님의 공의로운 심판"(τῆς δικαίας κρίσεως τοῦ θεοῦ의 문자적 번역)은 "표"라는 말을 행동 명사로 보는 것으로 결정된다. 이것은 '증언하는(giving evidence) 누군가의 행동을 나타낸다는 의미다.[7] 환난 중에 데살로니가인들의 행동은 "하나님이 공정하게 심판하신다는 것을 보여준다."[8] '하나님이 심판하신다'는 뜻의 주격 소유격인 "하나님의 심판"(κρίσεως τοῦ θεοῦ)이라는 표현도 비슷하다. 종말론적인 본문에서 그것은 미래에 대한 언급일 가능성이 크다. 종말에 '하나님이 심판하실 것이다' 혹은 '판결을 내

---

6. Morris, *Thessalonians* (NICNT), 197을 보라.

7. "목적 소유격"에 대해서는 Wallace, *Grammar*, 116-19를 보라.

8. CEV처럼; GNB, NJB와 유사하게; Malherbe, *Letters to the Thessalonians*, 394.

리실 것이다.'

데살로니가의 이방인 신자들은 아브라함과 같은 믿음을 지니고 있다. 그 믿음은 "세상을 심판하시는 이가 정의를 행하실 것이 아니니이까"(창 18:25)라는 수사학적 질문에 표현되어 있다. 그런데도 그들은 시련으로 부당하게 맹포격을 당하고 있는 반면, 그들을 박해하는 자들은 아무 근심 없이 살고 있다. 이런 긴장은 언제나 신자에게 고뇌를 일으켰다. 그들은 힘이 법보다 앞서는 세계를 지켜본다. 옛 시편 기자들도 똑같은 문제에 직면했다. 한편으로 그들은 "온 백성은 기쁘고 즐겁게 노래할지니 주는 민족들을 공평히 심판하시며 땅 위의 나라들을 다스리실 것임이니이다"(시 67:4)라고 단언했다. 하지만 동시에 그들은 "여호와여 어느 때까지니이까 나를 영원히 잊으시나이까…내 원수가 나를 치며 자랑하기를 어느 때까지 하리이까"(시 13:1-2)라고 숙고했다.

데살로니가 사람들 역시 의로우신 하나님에 대한 믿음과 부당한 세상을 목격하는 격심한 '인지 부조화' 속에서 살았다. 사도는, 좋은 종말론이 두 진리를 적절히 조화해주는 방법임을 안다. 하나님은 하나님 나라를 향해 움직이는 사람들과 불시에 최후의 심판을 당할 사람들을 근본적으로 구분하신다. 데살로니가인들은 스스로 복수할 필요가 없으며 "모든 사람"(살전 5:15)에게 선을 행할 수 있다. 또한 그들은 하나님의 정의를 절대 의심할 필요가 없다.

5b절은 εἰς τό+부정사를 사용하여 앞에 나온 말의 결과를 제시한다. 이것은 1:11과 매우 유사하다.

> 데살로니가후서 1:5 "너희로 하여금 하나님의 나라에 합당한 자로 여김을 받게 하려 함이니."
>
> 데살로니가후서 1:11 우리는 '하나님이 너희를 부르심에 합당한 자로 여기시'도록 하기 위해 기도한다.

1:11에서 하나님이 동사의 명백한 주어라면, 1:5에 나오는 "하나님의 나라에 합당한 자로 여김을 받게 하려"한다는 것은 '신적 수동태'로 보아야 한다. '하나님이 너희를 하나님의 나라에 합당한 자로 여기시리라'는 것이다. 바울은 어떤 이유로 이런 결론에 이르게 되는가? 그것은 그들이 환난을 당했다는 것만이 아니다. 그것은 하나님의 심판이 공정하다는 근본적인 확신이다. 그런 진리가 있기 때문에, 핍박에 대한 경험을 근거로 그들이 장차 하나님 나라에 들어갈 수 있다는 확신으로 곧바로 나아갈 수 있다. 데살로니가전서 2:12의 '하나님 나라에 합당한' 것에 대한 설명을 보라.

데살로니가후서 1:5에서 완전한 형태로 된 "하나님의 나라"가 바울 서신에서 처음으로 나오고, 또한 신약에서 처음으로 나온다. ἄξιος 단어군은 종종 심판과 관련되어 있다(참고. 신 25:2; 눅 12:48; 23:15).[9] 바울의 두 진술은 누가복음 20:35에 나오는 사두개인들의 질문에 대한 예수님의 반응과 비슷하다. "저 세상과 및 죽은 자 가운데서 부활함을 얻기에 합당히 여김을 받은(καταξιωθέντες) 자들은 장가 가고 시집 가는 일이 없으며." 그것은 미래 시대를 언급한다. 그때 모든 신자는 영원히 주님과 함께 있을 것이다. 데살로니가인들은 그 점을 잘 안다(살전 4:17). 데살로니가전서 2:12처럼, 바울은 하나님의 미래의 나라에 맞는 삶의 방식에 대해 말한다.

바울은 불필요하게 중복되는 느낌이 들 정도로 "또한"(καί)이라는 말을 덧붙인다. 그리고 그는 고난을 하나님 나라와 연결하기 위해 그 절을 뒤집는다. "그 나라를 위하여 너희가 또한 고난을 받느니라(ὑπὲρ ἧς καὶ πάσχετε)." 전치사 ὑπέρ는 '그것을 위해' 혹은 '그것을 위해서'라는 의미이다. 바울은 이미 데살로니가전서 2:14에서 데살로니가인들과 유대 그리스도인들이 경험한 것을 묘사하기 위해 '고난을 받는다'라는 동사를 사

---

9. 소유격은 Wallace가 "특정 형용사들(및 부사들) 다음에 나오는 소유격"이라고 부른 것에서 형용사 혹은 ἀξιόω와 καταξιόω 같은 동사 다음에 나온다. Wallace, *Grammar*, 134-35.

용했다.

"합당한 자로 여김을 받[다]"와 관련해서 두 개의 신학적 질문이 있다. 첫째, 하나님의 참된 백성이 고난을 받는다면, 그 반대, 곧 핍박을 받는 사람들이 하나님의 백성으로 입증된다는 것도 사실인가? 전혀 그렇지 않다. 역사를 살펴보면 그것을 입증할 수 있다. 어느 종교에서든 그 종교를 가진 사람은 어느 시점에 그 믿음 때문에 고난을 받았다. 오늘날 자신의 고난이 그 신앙고백의 진실성을 입증하는 증거라고 말하는 두 집단이 있다. 여호와의 증인은 과거 한 세기 반 동안 받은 고난이, 자신들이 남은 자라는 표시라고 주장한다. 바하이(Baha'i)교도는 그들의 고난, 특히 이란 혁명 이래 받은 고난을 그들이 옳다는 증거로 사용한다. 하지만 이 논리는 바울에게 해당되지 않을 것이다. 바울은 주위 사람들이 내내 고난받는 것을 보았다. 복음 안에서 하나님 나라로 사람을 인도하는 것은 그리스도를 위해 받는 고난이다.

둘째로, 환난은 구원을 가져오는가? 즉, 바울은 환난을 받는 것이 종말론적 구원으로 이어지는 길이라고 가르치는가? 그렇지 않다. 1:5은 하나님이 어떻게 미래에 심판하실 것인지에 대한 증거를 말한다. 바울의 말은 신약의 다른 가르침과 조화를 이룬다. 신약의 가르침은 박해가 하나님 나라를 향해 가는 삶에 동반되지만, 그 나라로 들어가기 위한 입장권은 아니라고 본다. 환난과 하나님 나라를 유업으로 받는 것은 예수님의 가르침과 마찬가지로(마 5:3-11; 롬 8:17; 딤후 2:11-12) 바울의 가르침에서도 밀접하게 관련되어 있다. 바울과 바나바는 갈라디아 제자들에게 "우리가 하나님의 나라에 들어가려면 많은 환난을 겪어야 할 것이라"(행 14:22)고 말했다. 그들은 "우리가 많은 고난을 받았기 때문에, 하나님 나라에 들어가는 것이 허락될 것이다"[10]라고 말하지

않았다. 사람들이 미래 시대에 들어가게 하는 것은 고난이 아니라, 하나님의 의로운 판단이다. 구원받은 사람을 규정하는 것은 복음에 대한 믿음이다(1:10). 그리고 종종 신자를 구분하는 것은 고난이다.

1:6-7b 너희로 환난을 받게 하는 자들에게는 환난으로 갚으시고 환난을 받는 너희에게는 우리와 함께 안식으로 갚으시는 것이 하나님의 공의시니(εἴπερ δίκαιον παρὰ θεῷ ἀνταποδοῦναι τοῖς θλίβουσιν ὑμᾶς θλῖψιν καὶ ὑμῖν τοῖς θλιβομένοις ἄνεσιν μεθ᾽ ἡμῶν). 우리가 하나님의 정의에 대해 말한다면, 또한 그분의 심판에 대해서도 말해야 한다. 이 장에서 사도는 두 집단을 주의 깊게 구분한다. 곧, 하나님 나라에 합당한 자들 그리고 복음을 거절하고(1:8) 하나님의 진노에 직면할 자들이다. 하나님의 분노는 적극적으로 하나님의 백성을 박해하는 사람들에게 가장 강력하게 임한다(1:6). 교회의 원수들은 더 나아가 하나님의 원수이기 때문이다.[11] 교회가 이 시대에 겪는 시련을 보고 그것을 전조로 여길 수 있다. "하나님은 이렇게 악인들을 잠시 살려두시고 그분의 백성이 받은 해악을 눈 감아주시지만, 앞으로 올 하나님의 심판은 거울로 보듯 우리에게 보여지기"[12] 때문이다.

'그러므로' 혹은 '왜냐하면'(εἴπερ, 개역개정에는 번역되어 있지 않음-역주)은 번역하기가 쉽지 않은 불변화사이다. 그래서 BDAG 어휘 사전의 세심한 연구에 도움을 받아야 한다. BDAG는 "만일 실로, 만일 결국, …하므로" 등의 번역을 제시한다. 다른 문맥에서는 이 단어가 어느 정도 조건성을 표현할 수 있다. 여기와 같은 문맥에서 그 말은 받아들여진 사실을 언급하며 "…하므로"[13]라는 의미다. 몇 개의 역본은 이 부분에서 새로운 문장을 시작한다. 특히 CEV가 그렇다. "하나님이 너희에게 문제를 일으키고 있는 모든 사람을 벌하시는 것은 오직 옳

---

10. S. J. Hafemann, "Suffering," *DPL*, 919-21.
11. 찬성 의견으로 Rigaux, *Thessaloniciens*, 610-11.
12. Calvin, *Thessalonians*, 313.
13. εἴπερ에 대해서는 BDAG, εἰ 6. 1을 보라.

을 뿐이다." 하지만 NRSV의 번역이 더 낫다. "왜냐하면 그것은 실로 하나님께 정의롭기 때문이다"라는 번역이 앞 절과의 연관성을 보여주기 때문이다.

'하나님이 공의로운 심판을 하실' 것이기 때문에, 1:5에서 데살로니가 성도들은 종말의 하나님 나라에 합당한 자로 여김을 받을 것이다. 6절에서 그 의로운 판결은 '실로 하나님의 공의시니'라고 풀어서 표현된다. 만일 하나님의 정의가 데살로니가인들이 하나님 나라에 들어가리라는 것을 뜻한다면, 그 동일한 신적 정의는 하나님이 그들을 박해하는 자들에게 "갚으시"(ἀντα-ποδοῦναι)리라는 것을 의미한다. 데살로니가전서 3:9에서 바울은 하나님께 감사로 보답하는 것을 말하면서 같은 동사를 사용한다. 이제 그는 보복이라는 견지에서 말한다. 바울(롬 12:19)과 히브리서(히 10:30) 둘 다 신명기 32:35을 인용한다. "원수 갚는 것이 내게 있으니 내가 갚으리라"(개역개정에는 "내가 보복하리라"–역주). 모세오경에서도 하나님의 백성에게 주는 이 약속이 나온다. "네가 그의 목소리를 잘 청종하고 내 모든 말대로 행하면 내가 네 원수에게 원수가 되고 네 대적에게 대적이 될지라"(출 23:22).

6절 나머지 부분은 "환난"과 같은 어원인 말들로 가득 차 있다. 그것을 문자적으로 딱딱하게 재연하면 다음과 비슷할 것이다. "그분은 환난을 일으키는 자들(동사 θλίβω의 분사)에게는 환난으로(θλῖψις의 대격) 갚으실 것이며, 환난을 당하는(또 다른 분사) 너희에게는 안식으로 갚으실 것이다"(계 16:5-6의 평행 구절을 보라). 그것은 데살로니가인들에게 사도들이 정당하다고 입증될 뿐만 아니라, 그들도 "우리와 함께", 즉 사도팀과 함께 그렇게 입증되리라고 위로하려는 것이었다. 여기에는 동사가 없다. 동사는 이 절 앞부분에 나온 것을 근거로 추정된다 ('갚다', ἀνταποδοῦναι). 하지만 이번에는 '보상하다'라는 중간적 의미이다.

하나님은 그들에게 종말론적 '안식'(ἄνεσιν)을 주실 것이다. 이 표현은 '부담을 제거하는 것'을 뜻한다. 그 부담은 그리스도인으로서 사는 것과 세상의 박해에 직면하는 것이다. 다른 유대교 및 기독교 문헌에서 "안식"이라는 말은 미래의 하나님 나라 혹은 심지어 순교를 뜻하는 은유이다. "그들이 수고를 그치고 쉬리니 이는 그들의 행한 일이 따름이라"(계 14:13). 이와 대조적으로 짐승을 따르는 자들은 밤낮 쉼을 얻지 못할 것이다(계 14:11).

1:7c-f 주 예수께서 자기의 능력의 천사들과 함께 하늘로부터 불꽃 가운데에 나타나실 때에(ἐν τῇ ἀποκαλύψει τοῦ κυρίου Ἰησοῦ ἀπ' οὐρανοῦ μετ' ἀγγέλων δυνάμεως αὐτοῦ). 바울은 이제 1:7a를 통해 명백하게 드러난 의미를 강화한다. 종말에 그리스도가 구원하시고 심판하시러 오시는 것을 다루고 있다는 것이다. "…에"(at, ἐν)라는 말은 "기간을 나타내는 표시"[14]다. 그것은 보통 파루시아(고전 15:23; 살전 2:19; 3:13) 혹은 다른 종말론적 사건들에 사용된다. 여기서와 고린도전서 1:7에서 바울은 그리스도가 오시는 것을 말하기 위해 '나타나심'(ἀποκάλυψις)이라는 표현을 사용한다. 같은 어원에서 나온 동사(ἀποκαλύπτω)는 데살로니가후서 2:3, 6, 8에서 불법의 사람이 나타나는 것을 말하고, 로마서 1:18에서는 종말에 하나님의 진노가 나타나는 것을 언급한다. '주 예수의'(개역개정에는 "주 예수께서"–역주)는 목적 소유격일 것이다. 하나님이 이 행동을 하시는 분이라는 것이 암시되어 있다. 그래서 이것은 "[하나님이] 주 예수를 나타내신다"[15]는 뜻이다.

앞에서 바울과 그의 팀이 데살로니가인들을 처음 전도했을 때 마태복음 24장과 비슷한 것을 가르쳤다고 제안했다('데살로니가전후서 서론'을 보라). "인자"라는 말을 그리스도를 나타내는 다른 호칭들로 바꾸기는 했지만

---

14. BDAG, ἐν 10.

15. Wallace, *Grammar*, 116.

말이다. 마태복음에 나온 전승은 또한 다니엘 7:13에 근거를 둔다.

> 단 7:13 "내가 또 밤 환상 중에 보니 인자 같은 이가 하늘 구름을 타고 와서 옛적부터 항상 계신 이에게 나아가 그 앞으로 인도되매."
>
> 마 24:30 "그때에 인자의 징조가 하늘에서 보이겠고 그때에 땅의 모든 족속들이 통곡하며 그들이 인자가 구름을 타고 능력과 큰 영광으로 오는 것을 보리라."

다니엘서와 에녹 1서와 에스라 4서 그리고 정경의 복음서들과 요한계시록 같은 책에 나오는 "인자"가 메시아를 나타내는 호칭인지에 대해서는 많은 연구가 이루어졌다.[16] 조심스럽게 최상의 결론을 내리자면, "다니엘 7장에서 그 문구는 '사람과 같은' 누군가를 말하기 위해 비전문적으로 사용되었다. 그래서 그것은 그렇게 묘사되는 사람을 언급하는 수단이 되었다. 예수님은 그 문구의 이런 의미를 취하셨으며, 자신의 역할을 다니엘 7장에 나오는 인물의 역할과 동일시하셨다."[17]

1:7에서 바울은 예수님의 영광, 구름, 천사, 심판을 묘사한다. 바울은 마지막 사항에 특히 관심을 가진다. 악한 자가 벌을 받는 것은 핍박받는 성도들에게 안식을 주는 것과 같은 자명한 결과다. 예수님은 "하늘로부터"(ἀπ' οὐρανοῦ) 나타나신다. 그것은 사도행전 1:11과 데살로니가전서 4:16의 방식으로 '강림'하는 것으로 보아야 한다. 예수님은 천사들과 함께 오신다(마 16:27; 25:31; 살전 3:13을 보라).

"자기 능력의 천사들과"(μετ' ἀγγέλων δυνάμεως αὐτοῦ)라고 번역한 문구는 둘 중 하나의 의미로 받아들일 수 있다. 첫째, "능력"이라는 말은 서술적 소유격으로, '그의 능력 있는 천사들'(the powerful angels of him) 혹은 '그의 능력의 천사들'(his powerful angels)[18]이라는 문구가 될 수 있다. 전후 문맥을 볼 때 이런 견해는 일리가 있으며, 그것을 반대하는 타당한 논증은 없다. 하지만 "능력"을 '그의'와 연결하는 것도 가능하다. 즉, 그들이 '그의 능력의'(of his power) 천사들이라는 것이다.[19] 첫 번째 견해는 개연성이 있다. 능력 있는 천사들은 종말론적 본문에 고정적으로 등장하는 핵심 존재이기 때문이다. 비종말론적 본문은 말할 것도 없다(시 103:20을 주목하라. "능력이 있어 여호와의 말씀을 행하며 그의 말씀의 소리를 듣는 여호와의 천사들이여 여호와를 송축하라"; 또한 벧후 2:11의 "더 큰 힘과 능력을 가진 천사들"이라는 말을 보라).

하지만 이들은 누구의 천사들인가? 구문은 분명하지가 않다. 바울은 '주 예수께서 자기의(하나님 자신의) 능력의 천사들과 함께…나타나실 때에…환난으로 갚으시는 것이 하나님의 공의시니'라는 의미로 말하는 것일 수 있다. 하지만 "하나님"이 문장에서 훨씬 더 뒤에 있는 점에 비추어볼 때, 그런 해석은 더 어색하다. 게다가 천사들이 예수님의 천사들이었다는 기독교적 가르침이 이미 존재했다(마 25:31). "주 예수"라는 말이 더 가까이 있으므로, 천사들을 예수님의 천사들로 보는 것이 가장 좋다. 다시 한번, 야훼의 속성이 주 예수께 전가된다. 천군천사와 함께 오시는 만군의 여호와가 이제 자신의 천사 군대와 함께 오시는 주 예수로 여겨진다.

---

16. 1 *En.* 46:2–3 (Charles edition). "그리고 나는 나와 함께 가면서 나에게 숨겨진 모든 것을 보여준 천사에게 그 인자에 대해, 그가 누구이고, 그가 어디에서 왔고, 왜 그가 날들의 우두머리(Head of Days)와 함께 왔는지 물었다. 그리고 그는 이렇게 대답했다. 이분은 의를 가지고 계시고, 의와 함께 거하시며, 모든 숨겨진 보물들을 드러내신 인자다. 영들의 주님이 그를 택하셨기 때문이며, 그분의 운명은 영원토록 올바르신 영들의 주님 앞에서 탁월함을 지니고 있다." *4 Ezra* 13은 다니엘서에 나오는 인자에 대해 간접적으로 언급한다.

17. 그 자료에 대한 철저한 검토 및 학문적 논의에 대해 I. H. Marshall, "Son of Man" in *Dictionary of Jesus and the Gospels* (ed. J. B. Green, S. McKnight, and I. H. Marshall; Downers Grove, IL: InterVarsity Press, 1992), 775–81을 보라.

18. Bruce, *1 & 2 Thessalonians*, 151.

19. Wanamaker, *Thessalonians*, 226; Malherbe, *Letters to the Thessalonians*, 399; Fee, *Thessalonians*, 256.

1:8 하나님을 모르는 자들과 우리 주 예수의 복음에 복종하지 않는 자들에게 형벌을 내리시리니(ἐν πυρὶ φλογός, διδόντος ἐκδίκησιν τοῖς μὴ εἰδόσιν θεὸν καὶ τοῖς μὴ ὑπακούουσιν τῷ εὐαγγελίῳ τοῦ κυρίου ἡμῶν Ἰησοῦ). 바울은 이제 박해자들이 하나님께 받을 불 심판에 대한 생각으로 넘어간다. 1:7-8에 대한 가장 자연스러운 해석은 동일한 그리스도의 강림에서 성도들을 구하시기도 하고 악인들에게 벌을 내리시기도 한다는 것이다.[20]

이 책은 NA[27]과 앞의 문장에 "불꽃 가운데"라는 말을 첨부하는 많은 역본을 따른다. 바울이 이 두 서신에서 하는 말의 기저에는 이사야 66장이 깔려 있는 듯하다. 여기에서는 그 사실이 더욱 분명히 드러난다.

> "여호와의 손은 그의 종들에게 나타나겠고 그의 진노는 그의 원수에게 더하리라 보라 여호와께서 불에 둘러싸여 강림하시리니 그의 수레들은 회오리바람 같으리로다 그가 혁혁한 위세로 노여움(ἀποδοῦναι ἐκδίκησιν)을 나타내시며 맹렬한 화염으로(ἐν φλογὶ πυρός) 책망하실 것이라"(사 66:14b-15).

"형벌을 내리시리니"(διδόντος ἐκδίκησιν)라는 문구는 소유격 분사를 포함한다. 1:7에 나오는 소유격 "주 예수"(τοῦ κυρίου Ἰησοῦ)와 조화를 이루기 위함이다. 이것은 '주 예수께서 나타나실 때에…내리시리니'라는 의미가 된다. 바울은 또 하나의 구약 언어를 인정하는데, 그것은 이사야 66:15에 대한 또 다른 언급이다. 이사야서에서 야훼가 심판하러 오시는 것처럼, 데살로니가후서에서는 주 예수가 심판하러 오신다.[21]

누가 이 불 심판을 받을 것인가? 첫 번째 문구는 "하나님을 모르는 자들"이다. 이것은 데살로니가전서 4:5에 나오는 "하나님을 모르는 이방인"과 비슷한 말이다. 그들은 하나님을 모르기 때문에 성적으로 난잡한 삶을 영위한다(또한 엡 5:6을 보라). 두 번째 문구는 "우리 주 예수의 복음에 복종하지 않는 자들"이다. '복음에 복종한다'는 말은 오늘날 흔하게 쓰이는 말은 아니지만(우리는 '영접한다' 혹은 '믿는다'라는 말을 더 좋아한다), 신약에는 그 말이 종종 나온다. 바울은 "진리"를 거부하는 것에 대해(롬 2:8), "교훈의 본"을 순종하는 것에 대해(6:17), "복음"을 받아들이는 것에 대해(10:16) 말한다. 갈라디아서에서 그것은 "진리를 순종"하는 것이다(갈 5:7, 바울 서신 외의 것으로는 히 5:9; 벧전 4:17을 보라). 복음에 순종하는 것은 그 복음을 믿는 것을 의미한다. 하지만 이것은 단순한 동의가 아니다. 복음을 순종하는 사람들은 우상을 버리고 돌아와(살전 1:9) 거룩한 삶으로 돌이킬 (4:1-2) 것이다.

바울은 여기에서 두 집단을 묘사하려는 것인가? 마치 A라는 집단은 하나님을 모르는 사람들(이방인들?)이고, B라는 집단은 복음을 알고 거절하는 사람들(유대인?)인 것인가?[22] 바울이 설교했던 많은 상황에 비추어 볼 때 분명히 구분하기는 어렵다. 우리는 성경 용어에서 '하나님을 모르는 것'은 정보가 없다는 뜻이 아니라는 점을 고려해야 한다. 성경의 일부 등장인물들(유대인이든 이방인이든)은 하나님 '알기'를 혹은 인정하기를 자발적으로 거부한다. 이것은 예레미야 9:6과 같다. "그들은…나를 알기를 싫어하느니라 여호와의 말씀이니라"(출 5:2에 나오는 바로를 보라). 이 외에도 데살로니가후서 2:12에 나오는 저주받은 자들에 대한 세 번째 묘사를 고려해야 한다. 거기에서는 그들이 "진리를 믿지 않"

---

20. 이렇게 구원과 심판을 나란히 놓는 것은 환난 전 휴거 견해에 큰 문제들을 야기한다. Paul D. Feinberg in Reiter, *Three Views on the Rapture*, 227은 환난 전 휴거가 7년 후에 있을 악인들에 대한 환난 후 징벌과 서로 겹친다는 난해한 주장을 하려 애쓴다. "요점은 종말론적 사건들 전체에서 하나님이 데살로니가 사람들에게 안식을 가져오시는 동시에 그들을 박해하는 자들에게는 응보를 가져오신다는 것이다."

21. Weima, "1 and 2 Thessalonians," 883-84.

22. 찬성 의견으로 Marshall, *1 and 2 Thessalonians*, 177-78. 반대 의견으로 Green, *Thessalonians*, 290; Wanamaker, *Thessalonians*, 227.

는 사람들이라고 말한다. 이 모든 용어는 중복되며, 어느 정도는 서로 바꾸어 사용할 수 있다.[23]

데살로니가후서를 주해한 일부 주석 학자는, 데살로니가의 상황을 고려해볼 때 바울이 적극적으로 교회를 박해하던 소수의 사람에게 벌을 주는 것에만 관심이 있다고 수상한다. 그런 주상은 지옥에 시년할 만한 사람들의 숫자를 과감히 줄임으로써 지옥 교리를 개선하는 것으로 여겨진다. 하지만 그렇지 않다. 바울이 1:6에서 핍박자들에게 초점을 맞추고 있다면, 그는 1:8-9과 2:10-12에서 모든 불신자가 그리스도가 가져오실 심판을 면할 수 없다는 점을 분명히 하는 것이다.

1:9 이런 자들은 주의 얼굴과 그의 힘의 영광을 떠나 영원한 멸망의 형벌을 받으리로다(οἵτινες δίκην τίσουσιν ὄλεθρον αἰώνιον ἀπὸ προσώπου τοῦ κυρίου καὶ ἀπὸ τῆς δόξης τῆς ἰσχύος αὐτοῦ). 바울은 이어서 악인의 멸망을 묘사한다. 마침내 그는 이것을 종말과 단단히 연결한다. "받으리로다"(τίσουσιν은 τίνω에서 유래)라는 말은 미래 시제 동사이기 때문이다. "τίνω는 신약에서 데살로니가후서 1:9에서 단 한 번 나오는 말로, 고전 저자의 글에서처럼 사용된다…δίκην과 함께 쓰여 '벌을 받다'라는 의미이다."[24] 이 동사는 하나님의 응보를 말하는 성경 본문에 나온다. "너는 악을 갚겠다(τείσομαι는 τίνω의 중간태) 말하지 말고 여호와를 기다리라 그가 너를 구원하시리라"(잠 20:9c NETS=잠 20:22 MT). 독자들은 이것을 1:6-7과 연결해야 한다. 거기에서 교회의 복수를 하는 것은 그리스도인들이 아니라 하나님께 달려 있다.

우리는 '적용에서의 신학' 부분에서 "영원한 멸망"(ὄλεθρον αἰώνιον)을 둘러싼 신학적 문제들을 다룰 것이다. 여기서는 기본적인 해석적 질문을 제기하겠다. "영원한"으로 번역된 형용사는 '시대'(age) 혹은 '무한히 긴 시대'(eon, αἰών)라는 명사에 기초를 둔다. 일부 학자는 유대인(그래서 유대인 그리스도인)에게는 "영원한"에 해당하는 단어가 없었다거나, αἰώνιος가 '영구적인' 혹은 '끝이 없는'이 아니라 '많은 시대 동안'이라는 뜻이라고 주장한다. 그런 주장이 함축하는 것은 그 말이 오랜 시간 동안의 벌을 말하나 영원한 벌을 말하지 않는다는 것이다.

이런 논증은 두 가지 오류를 담고 있다. 첫째, 어떤 종족 집단의 언어에 다른 언어의 '영원한'에 상당하는 언어가 없다면, 그 종족은 '영원한' 등의 개념을 파악하지 못한다는 것이다. 예를 들어, 때로 사람들은 "x-y-z 부족에는 질투에 해당하는 단어가 없었다"라고 말한다. 그 말이 함축하는 의미는 그들이 전혀 질투를 경험하지 않는다는 것이며, 설사 그들이 질투를 보더라도 그것을 묘사하는 말이 없다는 것이다. '영속적인'이라는 말의 경우 그 논증은, 헬라어에 '영원한'에 해당하는 정확한 단어들이 있었지만, 유대인은 '대단히 긴 시간'보다 더 긴 것을 묘사할 수 없었다는 것이다. 하지만 이 모든 것은 부정확한 추론이다.

두 번째 오류는 모든 신학생이 주의해야 하는 것으로, 단어의 의미를 그 어원에 근거해서 해석하는 것이다. 사실상 단어의 의미는 최종적으로 그 어원보다 실제 용법에서 드러난다. 주석 학자가 관심을 갖는 것은 형용사의 용법이며, 신약에 나오는 αἰώνιος의 용법에 대한 연구는 그 말이 명백히 '영원한'이라는 의미를 담고 있음을 보여준다(살후 2:16; 히 5:9; 벧전 5:10; 벧후 1:11). 단 하나의 예외는 그 말이 '시간의 시작 전부터'(개역개정에는 "영원 전부터"-역주, 딤후 1:9)에 사용된 때다. 그것이 영구적인 것을 뜻한다는 사실은 "영원한 생명"이라는 문구에서 사용되었을 때 특히 명백하다. 그 말이 바울 서신에서는 '매우 긴 시간 동안의 미래의 생명'이 아니라, '내세에서의 끝없는 부활의 생명'을 의미한다.[25]

---

23. Best, *Thessalonians*, 259-60을 보라.
24. MM, 636.
25. 예를 들어, Morris, *Thessalonians* (NICNT), 204를 보라. 또한 G. S. Shogren, "Hell, Abyss, Eternal Punishment," *DLNT*, 459-62. 또한 H.

주후 1세기의 그리스도인과 유대인은 "영원한"을 나타낼 수 있는 언어를 가지고 있었다. αἰώνιος라는 형용사는, 길지만 유한한 시간을 의미할 수 있는 같은 어원의 명사(αἰών)와 관련되어 있다. 하지만 그것은 기독교적 본문에서는 끝없는 시간을 말한다. 주후 2세기에, 유스티누스는 '영원한 형벌'이 '오랜 시간 동안의 형벌'과 다르다는 인식을 보여주었다. 오히려 그것은 "그들의 영혼에 다시 결합된 같은 육체를 지닌 악한 자들에게 임하는" 것으로, 그 육체는 "플라톤이 말한 것처럼 1천 년 동안만이 아니라 이제 영구적인 형벌(αἰωνίαν κόλασιν)을 받아야 한다."[26]

바울은 "영원한 멸망"(ὄλεθρον, "멸망"의 동의어는 ἀπώλεια다)의 벌에 대해 말한다. 여기에서 바울의 말은 고난 및 미래에 정당하다고 입증될 것에 대해 말하는 마카베오 전승과 비슷하다. 의로운 자들을 괴롭히는 자들은 "당연히 신적 정의로 인해 불로 인한 영원한 고통을 받을"(4 Macc 9:9) 것이다.

세상 사람들은 그리스도가 다시 오실 때 "멸망이 갑자기...이르"(αἰφνίδιος...ὄλεθρος, 살전 5:3)는 것을 경험하게 될 것이다. "멸망"(ὄλεθρος)과 그 동족어들은 칠십인역에서 하나님의 징벌을 가리켜 사용된다. 예를 들어, 황폐하게 되는 것(laying waste)에 대한 말 등이다[예를 들어, "그 땅은 황폐하리라"(the land would be for annihilation), 겔 14:16 NETS]. 즉, 그것은 어떤 절대적 의미에서 '전멸되었다'(annihilated)기보다는 황폐하게 되었다(desolated)는 것이다. 히브리서 11:28에서 애굽의 장자가 멸망당하는 것 혹은 고린도전서 10:10에서 이스라엘이 뱀에게 멸망당한 것(또한 행 3:23을 보라)에 대해서도 마찬가지다. 마귀는 또한 파괴자다. 그것은 마귀의 대리자인 불법의 사람을 "멸망의 아들"(살후 2:3)이라고 칭하는 것에서 볼 수 있다. '적용에서의 신학' 부분에서 "멸망"의 의미를 다시 살펴볼 것이다.

바울은 "영원한 멸망"의 의미를 풀어 설명하는 것을 돕는 두 개의 전치사구를 사용하고, 둘 다 ἀπό라는 단어와 함께 나온다. 우리는 그 문구가 소유격의 '탈격' 용법에 기초한 것으로 보는데, 그것은 분리를 의미한다.[27] 그 전치사는 "몇몇 표현에서, 특히 바울의 글에서 소외를 나타내고, 고전 언어에는 그것과 직접 대응되는 말이 없다."[28] '주의 얼굴과 그의 힘의 영광으로부터'는 이사야서에 나오는 표현으로, 이사야는 우상 숭배자들이 야훼의 신적 현현에서 피하는 것을 묘사한다(사 2:10, 19, 21, "여호와의 위엄과 그 광대하심의 영광", NETS). 이 책은 그것을 구약 인유(allusion)로 구분한다. 칠십인역과 대조되지만 히브리어 원어와는 비슷하게, 바울의 글에는 '두려워하다'라는 단어가 없다.[29] 히브리어 본문은 야훼의 임재에 대해 말하지만, 바울은 그것을 형벌의 일부인 주 예수님에게서 분리되는 것으로 사용한다.

신약에는 다음과 같은 유사한 구절들이 나온다. "나를(ἀπ' ἐμοῦ, 즉 인자의 임재로부터) 떠나...영원한 불에 들어가라"(마 25:41), "저주를 받아 그리스도에게서(ἀπό) 끊어질지라도"(롬 9:3). 그것은 그리스도의 재림 때 악인들이 그 자리에 없다는 점을 암시할 수도 있다. 하지만 유대교와 기독교의 가르침에 기초한 더 나은 해석은, 주 예수가 오실 때 그들을 그분의 임재에서 추방한다는 것이다.

두 번째 전치사구로 "그의 힘의 영광을 떠나"가 나온다. 그것은 첫 번째의 '...로부터'(ἀπό) 문구와 유사하고, 설명적 보충, 즉 같은 진리를 다른 문구로 진술하는

Balz, "αἰώνιος," *EDNT*, 1:46-47을 보라. "신약 전체에서 αἰώνιος는 영원한(eternal)이라고 번역될 수 있다." LXX에서 그렇게 사용되는 것과 같다.

26. Justin, *1 Apol.* 8 (*ANF* 1:165). 이 책은 *ANF*의 '영들'(spirits)이라는 번역을 바꿨다. 원문에 '영혼들'(souls) ψυχῶν이 나오기 때문이다.
27. BDF §180을 보라.
28. BDF §211.
29. Weima, "1 and 2 Thessalonians," 885.

것인 듯하다. "주의 힘 있는 영광에서 주님으로부터 분리되어"[30]라는 것이다. 그것은 베드로전서 4:13의 "오히려 너희가 그리스도의 고난에 참여하는 것으로 즐거워하라 이는 그의 영광을 나타내실 때에 너희로 즐거워하고 기뻐하게 하려 함이라"는 말과 유사하다. 주님이 이런 속성을 지니셨다고 보는 것이 중요한 이유는 이 시대에 그분이 유대에서 죽임을 당하셨고(살전 2:15; 4:14; 고전 2:8, 그들은 '영광의 주를 십자가에 못 박았다'), 그분을 따르는 자들도 당연히 핍박을 받기 때문이다.

그런데 주님이 오실 때 그분은 영광 중에 오신다. 구약에 나오는 야훼의 신적 현현과 연관된 영광이다. 예를 들어, 야훼가 시내 산에서 모세와 만나셨을 때, "산 위의 여호와의 영광이 이스라엘 자손의 눈에 맹렬한 불 같이 보였"다(출 24:17). "여호와께서 시내 산에서 오시고 세일 산에서 일어나시고 바란 산에서 비추시고 일만 성도 가운데에 강림하셨고 그의 오른손에는 그들을 위해 번쩍이는 불이 있도다"(신 33:2 CEV). 이제 그분의 신적 "힘"[ἰσχύος, 하나님(엡 1:19; 계 7:12을 보라)과 그리스도(계 5:12)의 속성 중 하나]를 드러내는 쉐키나 영광으로 오시는 분은 주 예수님이시다.

심층 연구 — **예수님은 종말 때 다시 오실 것이라고 가르치셨는가?**

프랜시스 글래슨(Francis Glasson)에 따르면, 그리스도가 장차 영광 중에 오실 것이라는 개념은 예수님의 가르침에 나오지 않는, 신학적으로 새로 도입된 것이었다. 글래슨은 요한네스 바이스(Johannes Weiss)가 시작하고 알베르트 슈바이처(Albert Schweitzer)가 보급한 소위 복음에 대한 '일관된' 종말론에 반대했다. 글래슨은 여러 출판물에서 예수님이 인자가 긴급히 오시는 것이나, 하나님의 묵시적 나라에 대해 가르치지 않으셨다고 주장했다. 오히려 예수님의 설교는 지금 여기에 있는 하나님 나라와 관계가 있었으며, 예수님이 영광을 예언하신 것은 그분의 부활과 관계가 있었다. 하지만 후에 교회가 예수님의 진술들을 왜곡해서, 대환난과 불법의 사람으로 가득한 번지르르한 종말 사건 꾸러미를 만들어냈다.

이 무명의 그리스도인들은 어디에서 이런 개념들을 생각해냈는가? 글래슨에 따르면, 데살로니가전후서에 나오는 종말론은 "예수님의 가르침에 나오는 어떤 것으로도 설명할 수 없으며, 분명 구약에서 나온 것이다." 그래서 "초대교회는 완전히 형성된 신학으로 시작되지 않았으며, 그리스도에 대한 그들의 믿음을 설명하고 해석하기 위해 구약에 의지했다."[31] 글래슨은 파루시아 때 메시아가 하늘에서 내려오는 모습은 신구약 중간기 문서에 나오는 특징이 아니라고 지적하는데, 이것은 어느 정도 타당하다. 하지만 그는 이어서 예수님이 그런 개념을 가르치지 않았으며, 복음서에 나오는 종말론적 본문들은 예수님의 가르침이나 그 가르침에 대한 적절한 이해를 나타내지 않는다고 주장한다. 그렇기 때문에, 데살로니가전후서는 오순절 이후에 남아 있는 가장 이른 시기의 저술로서 예수님 전승을 이어가는 교회에 대한 묘사가 아니라, 바로 그때 파루시아 교리를 만들어내고 있는 교회에 대한 묘사다. 결과적으로 글래

---

[30] Malherbe, *Letters to the Thessalonians*, 403–4를 보라.

[31] T. Francis Glasson, "Theophany and Parousia," *NTS* 34 (1988): 261.

슨에 따르면, 교회는 후에 발달하고 있는 예수 전승(감람산 강화로 다시 구체적으로 표현될 구전적 가르침)에 그런 개념을 다시 가져오며, 마치 데살로니가인들이 처음부터 내내 예수 전승을 따랐던 것처럼 보이게 만든다.

이런 주장은 분명 설득력이 없다. 교회 안에서 그리스도의 재림을 언급한 가장 초기의 문서는, 예수님 이후 약 20년이 지난 후 쓰인 데살로니가전서 1:10이다. 하지만 교회가 예수님의 가르침을 완전히 새로운 것으로 바꿀 시간이 있었을까? 데살로니가전서를 쓸 때는 없었다. 그 서신에서 바울은 그리스도가 종말에 오시리라는 개념을 확정된 것으로 추정한다. 그 전에도 그럴 만한 시간은 없었다. 데살로니가전서는 이전부터 내려오던 구전적 가르침에 기초하는데, 그 가르침은 분명 적어도 40년대 중반부터 바울의 케리그마의 일부였을 것이다. 데살로니가전후서와 공관 복음서의 종말론적 가르침이 일관된 것처럼 보인다면(그들이 부활 교리를 제대로 파악하지 못하는 것과는 별개로, 살전 4:13-18), 그것은 최초의 신자들이 예수님의 확실한 가르침을 마음속으로 신봉하고 전달했기 때문이다. 특히 그들이, 예수님이 최근에 예언하셨던 환난에 처해 있을 때는 더욱 그러했다.

1:10 그 날에 그가 강림하사 그의 성도들에게서 영광을 받으시고 모든 믿는 자들에게서 놀랍게 여김을 얻으시리니 이는 (우리의 증거가 너희에게 믿어졌음이라)ὅταν ἔλθῃ ἐνδοξασθῆναι ἐν τοῖς ἁγίοις αὐτοῦ καὶ θαυμασθῆναι ἐν πᾶσιν τοῖς πιστεύσασιν, ὅτι ἐπιστεύθη τὸ μαρτύριον ἡμῶν ἐφ᾽ ὑμᾶς, ἐν τῇ ἡμέρᾳ ἐκείνῃ. 모든 데살로니가 제자는 그리스도가 다시 오시는 것이 그분의 백성을 구원하기 위한 것임을 안다(살전 1:10; 5:9을 보라). 바울은 이제 그들에게 예수님이 '강림하실'(ἔλθῃ의 가정법) 때 나머지 인류의 운명이 어떻게 될지 보여준다. 주석 학자는 가정법을 극단적으로 단순하게 정의하는 것을 경계해야 한다. 마치 영어로 그것을 번역할 때마다 '…해야 한다'(should) 혹은 '…할 수 있을 것이다'(might)라고 말해야 하는 듯 생각해서는 안 된다는 것이다. 여기에서 그것은 가정법이다. "그날에"(when, ὅταν)라는 시간적 불변화사 뒤에 나오기 때문이다. ὅταν+부정과거 가정법이 주동사 뒤에 나올 때(여기에 적용되는 조건들) 그것은 단지 '그때' 혹은 '…할 때'를 의미하고, 실제로 다른 종말론적 구절에서 사용된다(예를 들어, 마 24:15-16, 33; 고전 15:28, 54; 골 3:4을 보라).

그리스도는 '영광을 받으시기'(ἐνδοξασθῆναι) 위해 오실 것이다. 현존하는 문헌에서 이 동사는 유대교 및 기독교 본문에서만 나온다. 칠십인역에서는 열한 번, 하지만 신약에서는 데살로니가후서 1:10, 12에서만 나온다. 키텔(Kittel)이 말하듯이, 현재의 본문은 야훼의 신적 현현을 나타내는 말(하나님이 영광 가운데 나타나시는 것을 나타내는 말)이 이제 κύριος, 즉 그리스도가 오시는 것에 적용되는 또 다른 사례이다.[32] 우리는 특히 시편 88:7-8 칠십인역(NETS; 시 89:6-7 MT)을 주목한다.

"무릇 구름 위에서 능히 여호와(칠십인역에서는 κύριος, MT에서는 야훼)와 비교할 자 누구며 신들 중에서 여

---

32. G. Kittel, "ἔνδοξος, ἐνδοξάζομαι," *TDNT*, 2:254–55.

호와(또 다시 κύριος/야훼)와 같은 자가 누구리이까? 하나님은 거룩한 자(ἀγίων)의 모임 가운데서 매우 무서워할 이시오며(ἐνδοξαζόμενος ἐν) 둘러 있는 모든 자에게 더욱 두려워할 이시니이다."

시편 88:7-8의 칠십인역과 데살로니가후서 1장의 유사한 점으로는 '비교할 수 없는' 주님, 하늘의 존재들, 신적 영광, 거룩한 자들 등이 있다. 시편에 나오는 거룩한 자들이 천사적 존재라는 사실 때문에, 어떤 사람들은 데살로니가후서 1:10에 나오는 '거룩한 자들'(개역개정에는 "성도들"-역주)을 천사로 해석한다.[33] 앞에서 데살로니가전서 3:13의 '거룩한 자들'(개역개정에는 "성도들"-역주)에 부여한 해석이다. 하지만 바울은 그의 논증에서 성경을 사용할 때 언제나 원래의 지시 대상을 고수하지는 않았다. 또한 종말론적 '영광'은 이 서신에서 그의 거룩한 백성과 연관되어 있는 듯하다(살후 2:14, "이를 위하여 우리의 복음으로 너희를 부르사 우리 주 예수 그리스도의 영광을 얻게 하려 하심이니라"). 가까운 전후 문맥인 "우리 주 예수의 이름이 너희 가운데서 영광을 받으시고"(1:12)라는 말은 그분의 천사가 아니라 그분의 백성과 명확하게 관련되어 있다. 그러므로 시적 평행법 때문에 유사한 용어들은 두 집단(천사들, 신자들)이 아닌 한 집단을 나타낸다.

"그날에 그가 강림하사 그의 성도들에게서 영광을 받으시고."
그리고
"모든 믿는 자들에게서 놀랍게 여김을 얻으시리니."

'영광을 받다'라는 의미는 두 번째 부정사(θαυμασθῆναι)와 유사하다. 호메로스 이래 이 부정사(종종 '놀랍게 여김을 얻다'라는 의미의)는 또 다른 의미를 띠었다. "존경하다, 찬탄하다, 예배하다."[34] 이 두 개의 부정사는 "그의 성도들에게서 영광을 받으시"는 것과 '믿는 자들에게 예배를 받았다'는 의미로 이해될 수 있다. 전치사(ἐν)는 전세계 회중이 우주적으로 드리는 예배를 말하는 것이다(예를 들어, 롬 1:5; 15:6). 신자는 주님의 영광스러운 오심을 누리고 거기에 참여하는 반면, 악인들에게는 그 동일한 영광이 멸망을 의미할 것이다. 요한계시록 6:16-17에 따르면, "산들과 바위에게 말하되 우리 위에 떨어져 보좌에 앉으신 이의 얼굴에서와 그 어린양의 진노에서 우리를 가리라 그들의 진노의 큰 날이 이르렀으니 누가 능히 서리요 하더라."

"모든 믿는 자들에게서"(ἐν πᾶσιν τοῖς πιστεύσασιν)라는 표현은 "모든"을 사용하는 점이 주목할 만하다. 이 말은 데살로니가전후서에 흔하게 나오는 주제다. 바울은 마게도냐의 혹은 아가야의(살전 1:7) 모든 신자에게만 한정해서 말하는 것이 아니다. 오히려 바울은 보편적인 언어를 사용하고 있다. 고린도전서 15:51의 "우리가 다 잠 잘 것이 아니요…다 변화되리니"와 같다. 그것은 바울이 데살로니가후서 2:12에서 전파하는, 불신자를 향한 보편적 정죄와 유사하다. "진리를 믿지 않고 불의를 좋아하는 모든 자들로 하여금 심판을 받게 하려 하심이라."

"믿는 자들"(τοῖς πιστεύσασιν)이라는 문구는 다양하게 번역할 수 있다. 우리는 부정과거 분사가 자연히 과거의 행동 혹은 특정한 때에 일어나는 행동을 나타내야 한다는 해석적 함정에 주의해야 한다.[35] 그 문구를 '믿

---

[33]. 찬성 의견으로 BDAG, ἅγιος 2. d. α.
[34]. LSJ, θαυμάζω를 보라. 어떻게(p.37) "공관 복음서와 사도행전, 요한의 저술들, 바울과 요한계시록이 이 단어군의 사용에서 강력한 차이를 나타내는지" 알기 위해 G. Bertram, "θαῦμα, θαυμάζω, θαυμάσιος, θαυμαστός," TDNT, 3:27-42를 살펴볼 만하다.
[35]. Wanamaker, *Thessalonians*, 231; Morris, *Thessalonians* (NICNT), 207을 보라.

은 자들'(those who believed)이나 '믿은'(have believed)이나 '영단번에 믿은'(believed once and for all) 혹은 '영단번에 믿고, 절대 돌이키지 않는'(believed once and for all, never to turn back)으로 번역하고 싶은 사람은 부정과거 시제를 그 증거로 제시하지 말아야 한다. 이것은 데살로니가전서 1:6에서 다루었던 문제와 비슷하다(해당 구절의 설명을 보라). 그 분사는 '신자들'(believers)이나, 문맥에서 그다음에 나오는 내용 때문에 더 매끄럽게 보이는 '모든 믿은 자들'(all who have believed)로 번역될 수 있다.

바울은 다시 그의 종말론적 가르침을 복음 전파에 단단히 고정한다. "이는 우리의 증거가 너희에게 믿어졌음이라." 여기에서는 말이 생략된다. 즉, 구문론적으로 한 절이 빠져 있다. 하지만 그것은 상식으로 쉽게 보완할 수 있다. '[주께] 모든 믿는 자들에게서 영광을 받으실 것이고 너희도 그 숫자 안에 포함될 것이다. 우리의 증거가 너희에게 믿어졌기 때문이다.' '믿어졌다'(ἐπιστεύθη)는 것은 부정과거 수동태이며 복음에 복종하지 않는 사람들(1:8)과 반대로, '너희 데살로니가인들은 복음에 대한 우리의 증거를 믿게 되었다'는 뜻이다. 그 동사의 주어는 "우리의 증거"(τὸ μαρτύριον)다. 바울은 자신이 제자들에게 준 가르침을 말하기 위해 데살로니가전서 2:11에서 어원이 같은 동사인 '경계했다'(implored, μαρτύρομαι)와 4:6에서 '증언했다'(warned, διαμαρτύρομαι)라는 말을 사용한다. 명사 형태는 증인의 증언(행 4:33을 보라)이라는 의미와 전반적인 엄숙한 메시지(고전 1:6; 딤후 1:8; Pol. Phil. 7.1)라는 의미를 띤다. 이 책은 보다 일반적인 '메시지'라는 말을 택한다. '증언'(testimony)이라는 말은 복음주의 교회에서 다른 뜻을 암시하기 때문이다.

문장의 흐름상 오해가 있을 수도 있겠지만, 바울은 "그날에"(ἐν τῇ ἡμέρᾳ ἐκείνῃ)라고 진술할 때 데살로니가인들이 복음을 믿었던 날을 말하는 것이 아니다. 오히려 바울은 "주의 날"을 가리키는 관례적인 성경의 언어를 사용하는 것이다. 이것은 밤에 도둑같이 오는 "날"과 동일하다(살전 5:2, 4; 살후 2:2, 3; 그리고 살전 5:2; 살후 2:2에 대한 설명을 보라). 이 구절은 아마 이사야 2:11에 뿌리를 두었을 것이다(또한 사 2:17을 보라). "그날에(ἐν τῇ ἡμέρᾳ ἐκείνῃ, 살후 1:10에 나온 것과 똑같음) 눈이 높은 자가 낮아지며 교만한 자가 굴복되고 여호와(LXX에서 κύριος)께서 홀로 높임을 받으시리라." 이사야 2장에서 주의 날은 '많은 사람'에게 구원의 날인 동시에 우상 숭배자들에게 멸망의 날이다. "그들이 현재 어떤 상황에 처해 있든지, 모든 어려움과 고난에도 불구하고 바울은 하나님의 심판이 원수들에게 임하는 것을 그들이 목격할 것이라고 장담한다."[36]

1:11 이러므로 우리도 항상 너희를 위하여 기도함은 우리 하나님이 너희를 그 부르심에 합당한 자로 여기시고 모든 선을 기뻐함과 믿음의 역사를 능력으로 이루게 하시고(εἰς ὃ καὶ προσευχόμεθα πάντοτε περὶ ὑμῶν, ἵνα ὑμᾶς ἀξιώσῃ τῆς κλήσεως ὁ θεὸς ἡμῶν καὶ πληρώσῃ πᾶσαν εὐδοκίαν ἀγαθωσύνης καὶ ἔργον πίστεως ἐν δυνάμει). 바울은 이제 1:11-12로 이 단락을 마무리한다. 그것은 기도에 대한 보고로, 1:3의 "우리가 너희를 위하여 항상 하나님께 감사할지니 이것이 당연함은"이라는 표현과 인클루지오를 형성한다. 하지만 바로 이 시점에서 감사는 중보로 넘어간다. "이러므로"(for this reason) 혹은 '그 때문에'(that is why)라는 말은 '…때문에, 왜냐하면'(εἰς)이라는 전치사가 관계 대명사 '것'(ὅ)과 함께 나오는 것에서 형성되었다.[37] "우리도…기도함은"(προσευχόμεθα)이라는 말은 문자 그대로의 복수로 바울, 실라, 디모데를 언급한다. 데살로니

---

36. Fee, *Thessalonians*, 262.

37. 이것이 Wallace가 관계사의 "부사적/접속사적 용법"이라고 말하는 것으로, 전치사 다음에 사용된다. "그런 경우 그 관계 대명사는 선행사가 없거나, 아니면 그 선행사는 문법적인 것이 아니라 개념적인 것이다." Wallace, *Grammar*, 342. 그는 이 구절을 하나의 예로 언급한다.

가전서 1:2은 너희 "모두"라는 말을 덧붙이지만, 데살로니가전서 1:2처럼 그들은 "항상"(πάντοτε) 그리고 "너희를 위하여"(περὶ ὑμῶν) 기도한다.

"…하시고"(that, ἵνα)는 목적보다는 기도의 내용을 보여준다. "우리는 이것이 일어나도록 기도한다."[38] 다시 한번 바울은 그들의 기도가 데살로니가 제자들이 하나님 앞에서 살아갈 삶의 질에 실제로 영향을 미친다고 추정한다. 즉, 이 기도는 건강이나 직업 등의 문제로 국한된, 순진하고 천편일률적인 종교적 언어나 간구가 아니다. 그들의 기도에 응답해서 하나님이 그들의 성화를 이루시기 위해 행동하실 것이다. 데살로니가인들은 다른 사람이 될 것이다.

바울은 두 가지를 간구한다. 첫째는 "우리 하나님이 너희를 그 부르심에 합당한 자로 여기시(ὑμᾶς ἀξιώ-σῃ…ὁ θεὸς ἡμῶν)"기를 구한다. '합당하게 여기다'(ἀξιόω)라는 말은 데살로니가후서 1:5의 '합당한 자로 여기다'(καταξιόω)와 마찬가지로 사법적 언어다.[39] 무엇을 합당하게 여기는가? "부르심"(τῆς κλήσεως)을 합당하게 여기라는 것이다. 거기에는 '하나님' 혹은 '그분의'라는 말이 암시되어 있다.[40] '부르심을 받았다' 혹은 '호출을 받았다'는 사실은 그들이 그리스도인이 되는 경험에 선행한다. 그것은 복음 전파를 통해 온다(살후 2:14). 하나님은 그리스도인을 그분의 미래의 나라로(살전 2:12), 도덕적 정결함 가운데 살도록(4:7) 그리고 고난으로(특히 살후 1:5에 암시되어 있음) 부르신다. 바울은 데살로니가전서 2:12에서처럼, 하나님의 부르심에 합당한 방식으로 사는 것에 대해 말한다. 바울과 그의 팀은 데살로니가인들에게 '너희를 부르시는 하나님께 합당히 행하라'고 가르쳤다. 그래서 데살로니가후서 1:5, 11에서는 장차 하나님이 그들이 합당하게 행했는지 아닌지 결정하실 것임을 추론할 수 있다.

두 번째 간구는 하나님이 이미 시작하신 일을 "능력으로 이루게 하시"(πληρώσῃ)기를 구한다.[41] 암시된 주어는 또 다시 하나님이시다. 그것이 기도 요청에 걸맞기 때문이다. 이것은 명백히 종말론적 진술이다. 하나님은 그 세대 동안 데살로니가인들을 통해 계속해서 역사하실 것이고 종말 때까지 그렇게 하시리라는 것이다(참고. 빌 1:6, 거기에서는 동의어인 '이루다, 성취하다, ἐπιτελέω라는 말이 사용됨).

그다음에 나오는 내용은 NASB처럼 부자연스럽고 딱딱하게 번역하면 큰 어려움이 생긴다. 사도들은 하나님이 '선을 향한 모든 소원(개역개정에는 "선을 기뻐함"–역주)과 믿음의 역사를 능력으로 이루게 하시'기를 기도한다. 이것은 누구의 소원인가? 어떤 선인가? 누가 '역사' 하는가? 능력이 어떻게 거기에 들어맞는가?

제일 먼저 해야 할 것은 어휘 연구이다. 그들의 기도의 첫 번째 직접 목적어는 '바라다' 혹은 '뜻하다'(εὐδοκίαν)라는 단어로서 해석하기 어렵다. "그것은 거의 유대교 및 기독교 문헌에만 국한되어 있는" 것으로, 일반적으로 시편과 다른 지혜서에 나온다.[42] 그것은 빌립보서 1:15의 "어떤 이들은 투기와 분쟁으로, 어떤 이들은 착한 뜻(goodwill)으로 그리스도를 전파하나니"에서처럼 인간의

---

38. BDAG, ἵνα 2. a. γ를 보라. 또한 마 24:20; 26:41; 막 14:35을 보라.

39. BDAG, ἀξιόω; Green, *Thessalonians*, 296을 보라. LSJ 역시 동사 ἀξιόω가 대격 및 소유격과 함께 사용될 때, 그것은 "대격이 그 소유격에 합당하다고 생각한다"는 의미라고 말한다. 하지만 W. Foerster는 오로지 "κλῆσις의 의미만을 고려할 때, ἀξιόω는 합당하다고 판단한다는 의미가 아니라, '1. 합당하게 하다'라는 의미. 데살로니가후서 1:11의 경우에 이런 의미로 받아들여야 한다"라고 말한다. "ἀξιόω, καταξιόω," *TDNT*, 1:380을 보라. 아마 *TDNT*는 성경 번역자들에게 영향을 끼쳤을 것이다. CEV, ESV, GNB, NJB, NRSV는 그것을 '합당하게 하다'(make worthy)라고 번역하기 때문이다.

40. 그것은 우리가 데살로니가후서 1:5에 대한 설명에서 언급했던 것과 똑같은 이유로 여격으로 되어 있다. '합당한'(ἄξιος)과 같은 특정한 말 다음에는 여격이 나올 수 있다는 것이다.

41. BDAG, πληρόω 3; 또한 G. Delling, "πληρόω," *TDNT*, 6:297.

42. G. Schrenk, "εὐδοκία," *TDNT*, 2:742–51. 한편, 헬레니즘 시대의 헬라어에서는 그것과 어원이 같은 말인 '선한 기쁨'(εὐδόκησις)이라는 형태를 더 선호했다.

'선의'(goodwill)를 의미할 수도 있다. 하지만 이것은 일반적 용법이 아니다. 슈렝크(Schrenk)는 '바라다'(εὐδοκίαν)는 때로 인간의 의도에 적용되기도 하지만, 신적 뜻 혹은 계획을 나타내는 전문적인 용어로서 하나님의 "생각"(counsel), "뜻", "목적"과 동의어라고 주장한다.[43]

이것은 바울의 다른 사상과 잘 맞는다. 예를 들면, 데살로니가전서 4:3의 "하나님의 뜻"은 4:1에 나오는 "하나님을 기쁘시게" 하도록 사는 것을 뜻한다. 여기에서도 우리는 그것이 신적 뜻을 말하는 것이라고 추정할 수 있다. 그 반대를 나타내는 표시가 아무것도 없기 때문이다. "뜻"(εὐδοκία)이 '신적 선의'를 의미한다면, "선"(ἀγαθωσύνης)은 목적 소유격이 되어야 한다. 즉, 하나님이 자신의 목적에 따라 이루고자 하시는 선한 일이라는 것이다. 다른 마게도냐 서신에도 유사한 점이 나타난다. "너희 안에서 행하시는 이는 하나님이시니 자기의 기쁘신 뜻(εὐδοκίας)을 위하여 너희에게 소원을 두고 행하게 하시나니"(빌 2:13; 또한 엡 1:5, 9을 보라. 참고. 엡 1:11).

바울은 또한 하나님이 '너희가 믿는 것으로부터 나오는 역사'(ἔργον πίστεως, 개역개정에는 "믿음의 역사"–역주)를 이루실 것을 구한다. 이 말은 데살로니가전서 1:3을 생각나게 하는데, 거기에서 믿음은 데살로니가인들의 선한 "역사"를 낳는다(해당 구절에 대한 설명을 보라). 여기에서 바울은 그들의 믿음의 역사가 계속되고 하나님의 심판을 위해 적절한 수확을 낼 것을 기도한다. 하지만 제자들이 이룩할 선한 역사는 결국 그들이 헌신한 수고의 열매가 아니라, 궁극적으로 하나님의 선물이다. 바울은 그 선물을 위해 기도한다. 그들이 하나님 나라에 들어가는 것은 하나님이 사전에 취하신 행위에 입각한 것이다. 몇십 년 후 로마의 클레멘트(Clement of Rome)는 그 말에 동의할 것이다. "아담에서부터 오늘날에 이르기까지 모든 세대는 사라졌다. 하지만 하나님의 은혜로 사랑 안에서 완전하게 된 사람들은 경건한 자들 가운데 있다. 그들은 그리스도의 나라가 우리를 방문할 때 나타날 것이다"(*1 Clem.* 50:3; 또한 고전 1:8을 보라).

이 구절의 마지막 부분은 "능력으로"(ἐν δυνάμει)라는 전치사구이다. 문법적으로 그 말을 "역사"에 붙일 수도 있지만, 그것은 어색해 보인다. 이 서신에서 능력으로 역사하시는 분은 하나님이다(살전 1:5; 참고. 살후 1:7). 더 나은 독법은 그것을 '이루다'라는 동사에 붙이는 것이다. 그래서 하나님이 그분의 능력의 행위로 신자들의 삶 가운데 자신을 알리시고, 그들을 종말론적 미래로 데리고 가신다.

1:12 우리 하나님과 주 예수 그리스도의 은혜대로 우리 주 예수의 이름이 너희 가운데서 영광을 받으시고 너희도 그 안에서 영광을 받게 하려 함이라(ὅπως ἐνδοξασθῇ τὸ ὄνομα τοῦ κυρίου ἡμῶν Ἰησοῦ ἐν ὑμῖν, καὶ ὑμεῖς ἐν αὐτῷ, κατὰ τὴν χάριν τοῦ θεοῦ ἡμῶν καὶ κυρίου Ἰησοῦ Χριστοῦ). 바울은 감사와 기도의 언어로 사도적 기도를 마무리함으로써 이 단락을 끝낸다. 이 구절은 '…하게 함이라'(in order that) 혹은 단순히 '…라고'(that, ὅπως)라는 말로 시작한다. 이 단어는 기도의 목적을 소개한다.[44]

이 책은 1:12이 1:11a의 "이러므로 우리도 항상 너희를 위하여 기도함은"이라는 기도 보고와 그 기도의 내용과 연결된다는 해석을 받아들인다. 그렇게 되면 이 '목적' 구절(12절)의 가장 완전한 선행사는 1:11 전체가 된다. 그래서 이 책은 대부분의 다른 영어 역본과 대조가 되는 NIV를 따른다. "우리는 우리 주 예수 그리스도의 이름이…하도록 이것을 기도한다"(We pray this so that the name of our Lord Jesus…).

---

43. Schrenk, "εὐδοκία," 2:747을 보라. "하지만 (에베소서 1장에 나오는) 이 점증적 서술의 목표에 비추어 εὐδοκία를 이같이 시간이 생기기 전에 있었던 신적 결심의 특별한 측면을 표현하는 것으로 보아야 한다."

44. BDAG, ὅπως 2를 보라.

바울은 그것을 기반으로 더 추론하면서 사도들이 소망하는 결과가 무엇인지 보여준다. 첫째, 예수님의 이름이 "영광을 받으시"(ἐνδοξασθῇ)는 것이다. 이 동사는 바울이 1:10에서 사용한 것과 같다. 그때 예수님은 강림하셔서 성도들에게 영광을 받으신다. 여기에서 다시 우리는 야훼의 신적 현현을 나타내는 말이 예수님께 적용되는 것을 본다. 이사야 66:5 칠십인역(NETS), "여호와의 이름이 영광을 받으시고"(ἵνα ὄνομα κυρίου δοξασθῇ). 그것은 이 절에서 "예수"라는 말이 추가되어 있는 사실을 주목할 때 분명하게 알 수 있다. "우리 주 예수의 이름이 너희 가운데서 영광을 받으시게 하려 함이라." 이사야서 본문은 하나님의 원수라는 문맥에서 나온다. 그 원수들은 "여호와의 말씀으로 말미암아 떠는" 경건한 사람들을 미워한다. 또한 우리는 파루시아의 언어를 다루고 있고, 바울의 말을 공관 복음 전승과 비교할 수 있을 것이다. "누구든지 사람 앞에서 나를 시인하면 나도 하늘에 계신 내 아버지 앞에서 그를 시인할 것이요 누구든지 사람 앞에서 나를 부인하면 나도 하늘에 계신 내 아버지 앞에서 그를 부인하리라"(마 10:32–33). "누구든지 이 음란하고 죄 많은 세대에서 나와 내 말을 부끄러워하면 인자도 아버지의 영광으로 거룩한 천사들과 함께 올 때에 그 사람을 부끄러워하리라"(막 8:38).

두 번째 추론은 더 복잡하다. '그것 안에서' 혹은 "그 안에서"(ἐν αὐτῷ)의 선행사가 무엇인지 분명하지 않기 때문이다. 문법적으로 그것은 "이름"(τὸ ὄνομα)이라는 중성 명사를 말할 수도 있고, "우리 주 예수"를 말할 수도 있다. 첫 번째 견해는 특이해 보일 것이다. 두 번째 견해는 대부분의 번역자가 택한 것이다. 이것은 그 말이 대명사와 더 가까이 있고, 좀 더 눈에 띄게 바울 특유의 언어라는 이점을 지닌. "영광"은 부활의 용어이다. 그리스도는 영광 가운데 오신다. 그리고 그리스도께 속한 사람들은 그 동일한 영광에 덧붙여지며 그 영광을 함께 나눈다(특히 롬 2:7; 5:2; 8:17–21, 30; 9:23; 또한 딛 2:13을 보라). 이것은 영원한 (부활) 생명을 받아들이는 것과 동의어다. "모든 사람이 죄를 범하였으매 하나님의 영광에 이르지 못하더니"(롬 3:23)는 적어도 부분적으로는 종말론적 진술이다. 그리스도를 떠나서는 하나님의 영광으로 부활할 소망이 없다는 것이다. 사도들은 데살로니가 사람들이 종말론적 영광을 경험할 것을 위해 기도한다.

"우리 하나님과 주 예수 그리스도의 은혜대로"라는 표현에는 하나님과 그리스도에 대해 바울이 전형적으로 사용하는 이름이 나온다. 이 말이 친숙하게 들린다면, 그것은 "하나님 우리 아버지와 주 예수 그리스도 안에 있는 데살로니가인의 교회"(1:1)라는 말 때문이다. 바울은 신학적으로 현재와 미래의 구원의 뿌리를 하나님과 그리스도의 은혜 안에 둔다. 바울은 또한 기도 보고를 마치고 있는데, 그런 맥락에서 신적 이름을 부르는 것은 적절하다.

적용에서의 신학

이제 우리는 영원한 멸망의 본질로 넘어간다. 오늘날 그 주제를 둘러싸고 있는 질문에 비추어 볼 때, 이 부분은 다른 부분보다 더 광범위하다.

1. 데살로니가의 신학

복음이 데살로니가에 이르기 전에, 대부분의 유대인은 부활 및 최후의 심판 교리를 고수했다. 소수의 유대인과 이방인은 영혼이 죽음 이후까지 생존하지 않는다고 믿었다. 그럼에도 대부분의 데살로니가인은 죽은 자들이 '가련하고 무기력한 유령'으로 음울하고 희미한 내세에 처할 운명이라고 확신했다. 오디세우스는 "수많은 유령이 내 주위를 둘러쌌으며 너무나 섬뜩하게 부르짖었다"[45]라고 전했다.

그리스도인은 참되신 하나님이 종말에 악인을 처벌하시고 의인에게 상을 주실 것을 알게 되었다. 하나님은 불신자에게 심판을 행하실 뿐만 아니라(2:12), 하나님의 일은 그분의 "노하심"(살전 1:10; 2:16; 5:9), "[예상치 않은] 멸망"(5:3), "환난"(살후 1:6), "형벌"(1:18)로 이해하는 것이 적절하다. 악인은 주님에게서 분리되는 것과 "영원한 형벌"(살후 1:9)을 경험할 것이다.

하나님은 그리스도인들을 특별히 주목하고 계시고, 그들의 고난을 무시하지 않으실 것이다. 교회는 그들을 박해하는 자들이 그 행동으로 인해 고난받을 것임을 알게 된 반면, 박해자들은 신자들을 반대했다는 이유가 아닌 다른 이유로 멸망할 것이다. 그것은 크리소스톰이 1:8을 설명한 것과 같다. "바울은 여기에서 '너희를 괴롭힌 자들에게'라고 말하지 않고 '복종하지 않는 자들에게'라고 말한다. 그래서 데살로니가인들 때문이 아니라 하나님 자신 때문에 그들을 벌해야 하는 것이다."[46]

2. 성경 신학

사람들이 이 교리에 대해 매우 감정적인 반응을 보이기 때문에 섣불리 미리 추정하지 말고, 다양한 본문의 의미를 이해해야 한다.[47] 또한 건전한 주석을 위해 다른 신자들이 이 본문들에 부여한 해석을 감안해야 한다.[48]

---

45. Homer, *Odyssey* (trans. Butler), Book 9.
46. John Chrysostom, *Homilies on Second Thessalonians* 2 (*NPNF*¹ 13:382)를 보라. 나는 그것을 원문에서 풀어 썼다. 데살로니가후서 1장에 나오는 바울의 가르침은 교회에 분명한 사회학적 정체성을 부여했다. Wanamaker (*Thessalonians*, 88)가 보여주는 것과 같다.
47. 부자와 나사로의 비유, 스올과 하데스의 의미, 그리스도가 십자가 처형과 부활 사이에 '지옥으로 내려갔는지' 여부에 대한 문제 같은 다른 중요한 점들을 논하는 것은 이 주석의 범위를 벗어난다.
48. W. Crockett이 편집한 *Four Views on Hell* (Grand Rapids: Zondervan, 1992)은 그 책에서 자신 있게 약속한 점을 제대로 이행하지 못한다. 저자들끼리 상충되는 이야기를 하고 있으며, 그들의 입장을 지지하는 본문들에 초점을 맞추기 때문이다.

1:9과 다른 본문들에 나오는 영원한 형벌에 대한 가장 가능성 있는 설명은 다음과 같다.

1. 영원한 형벌은 정죄받은 사람들이 영원히 저주받으며, 의식이 있는 상태에서 영원히 형벌을 경험할 것을 의미한다.[49]
2. 영원한 형벌은 정죄받은 사람들이 영원히 저주받으나, 그들이 의식이 있는 상태에서 영원히 고난받지는 않을 것을 의미한다.[50]

성경 연구자는 모든 관련 본문을 연구하고 초대교회 교부들을 참고해야 하지만, 다음과 같은 구절이 특히 중요하다.

마 25:41 "저주를 받은 자들아 나를 떠나 마귀와 그 사자들을 위하여 예비된 영원한 불에 들어가라."
계 14:10b–11a "[짐승을 따르는 자들은] 거룩한 천사들 앞과 어린양 앞에서 불과 유황으로 고난을 받으리니 그 고난의 연기가 세세토록 올라가리로다."
계 20:10 "또 그들을 미혹하는 마귀가 불과 유황 못에 던져지니 거기는 그 짐승과 거짓 선지자도 있어 세세토록 밤낮 괴로움을 받으리라"(또한 19:20; 21:8을 보라).

요한계시록 20:10은 적어도 한 존재(마귀라면 좋겠지만)가 불못에서 영원토록 의식을 가진 상태에서 고통받을 것을 보여준다. 짐승과 거짓 선지자가 제도나 은유가 아니라 개인적 인간이라면, 적어도 두 명의 인간이 영원히 고통받을 수 있고, 받을 것이다. 즉, 우리는 '영원히 의식을 갖고 고통받는 것'을 인간이 처할 수 있는 상태로 취급할 수 있다. 그 운명에 대한 가장

---

49. 데살로니가후서의 주석가들, 적어도 이러저러한 관점을 표현하는 사람들은 일반적으로 이 해석을 선호한다. Green, *Thessalonians*, 292; Beale, *Thessalonians*, 188–89; Witherington, *1 and 2 Thessalonians*, 196–97; Malherbe, *Letters to the Thessalonians*, 402를 보라. John Chrysostom, *Homilies on Second Thessalonians* 3 (*NPNF*¹ 13:384)에 따르면 "자신들의 죄를 그만두는 것에 의해서가 아니라, 지옥이 사람들이 말하는 것처럼 그렇게 끔찍한 곳이 아니고, 위협받는 것보다 엄하지 않으며, 영원한 것이 아니라 일시적인 것이라고 생각함으로써 기분 좋은 소망을 품는 사람들이 많다. 그리고 그들은 이것에 대해 철학적으로 해석한다." 그러고 나서 그는 1:9을 인용하면서 말한다. "그렇다면 영원한 것이 어떻게 일시적인가?"

50. 데살로니가후서에 대한 주석 중 이런 관점을 지지하는 책은 드물다. Wanamaker, *Thessalonians*, 228은 '멸절에 반대하는 주장을 한다. Gaventa, *First and Second Thessalonians*, 105–7은 그 문제를 직접 다루지 않는다. 하지만 그는 그리스도의 불 심판에 대해 생각하고 싶어 하지 않는 회중에게 '심판을 선포하는 것'에 대한 흥미로운 글을 제시한다. 이 두 번째 관점에서 어떤 사람들은 '멸절설'과 '조건적 불멸설'을 구분한다. John Stott가 쓰듯이, "(조건적 불멸설)에 따르면, 하나님이 생명을 주시는 사람들(그들은 그렇기 때문에 본성에 의해서가 아니라 은혜에 의해 불멸하다) 외에는 어느 누구도 죽음 이후까지 살아남지 못하는 반면, (멸절설)에 따르면, 모든 사람은 죽음 이후까지 살아남고 심지어 부활할 것이다. 하지만 회개하지 않는 사람들은 최종적으로 멸망할 것이다." David L. Edwards and John Stott, *Essentials: A Liberal-Evangelical Dialogue* (London: Hodder & Stoughton, 1988), 316을 보라. Stott의 관점은 보편주의와 구별되어야 한다. 보편주의는 모든 사람 혹은 거의 모든 사람이 결국 가서 구원을 받을 것이라고 주장하는 견해다. 두 번째 해석은 Rob Bell의 *Love Wins: A Book about Heaven, Hell, and the Fate of Every Person Who Ever Lived* (New York: HarperOne, 2011)를 제대로 포함하지 않는다. 그것은 이 책에서 고려하기에는 너무 늦게 출판되었다.

중요한 본문은 요한계시록 14:10-11이다. 이 본문에는 다른 곳에서 명백하게 나타나지 않는 중대한 정보가 나오는데, 그것은 "그 고난의 연기가 세세토록 올라가리로다"라는 것이다. 이 절은 다음과 같이 두 가지 의미로 해석할 수 있다.

1. 그들이 고통받았을(일정 기간 고통을 받았지만, 영원히 그런 것은 아님) 곳에서 나온 연기가 세세토록 계속해서 올라갈 것이다.
2. 그들은 세세토록 의식이 있는 상태에서 고통받을 것이다. 따라서 그 고통의 장소에서 나오는 연기 역시 영원토록 올라갈 것이다.

요한계시록 14:10-11을 20:10과 비교해볼 때, 독자들은 "그 고난의 연기가 세세토록 올라가리로다"(14:11)라는 말이 "세세토록 밤낮 괴로움을 받으리라"(20:10)와 똑같은 시간을 가리킨다고 보아야 한다. 요한계시록 14:11은 사람들이 다 타버리고 나서 오래 지난 후 연기가 계속 올라가는 것을 암시하기 위해서가 아니라, 영원히 불타는 것을 나타내는 이미지로서 올라가는 연기를 언급한다.

수십 년 먼저 쓰인 서신을 설명하기 위해 요한계시록을 참조하는 것이 공정한가? 이 경우에는 그렇다. 바울은 서신서 저자로서 다른 장르로 글을 쓰고 있지만, 그는 묵시록의 사고 세계 안에서 움직인다. 그리고 우리는 그 둘 사이에 개념적인 유사점이 많다는 사실을 발견한다. 둘 다 마태복음 25:41과 같은 주님의 가르침에 뿌리를 두고 있다. 게다가 바울이 생각하기에는(행 23:6; 24:15) 다니엘서(단 12:2), 예수 전승(마 10:28; 요 5:25-29), 요한계시록(계 20:11-13)과 마찬가지로, 저주받은 사람들은 영원한 형벌에 들어가기 위해 부활한다.[51] 그렇기 때문에 영원한 지옥 교리는 2세기에 인간 영혼이 불멸하다는 헬라 사상이 도입된 후 만들어낸 것이 아니었다. 신약은 이미 한 쌍의 진리를 단언한다. 인간은 본성상 죽을 수밖에 없다는 것 그리고 그들은 부활 때문에 지옥에서 언제라도 생존해 있을 수 있다는 것이다.[52]

특히 데살로니가후서 1:9과 관련해서, 바울이 즉각적 멸망을 말하고 있다고 이해하는 사람은 거의 없다. "멸망"은 '멸망하는 지속적 상태에 있는 것'을 의미하는 듯하다. 심지어 조건적 불멸이라는 관점조차 일반적으로 저주받은 사람이 멸망하는 과정으로 들어가는 것은 받아들인다. 설사 그들의 멸망이 긴 시간에 걸쳐 일어난다 하더라도 그렇다. 이로 인해 퍼지(Fudge)는 자기모순에 빠진다. 첫째, 그는 "데살로니가후서(1:9)에 나오는 바울의 말에서 어떤

---

51. Justin, *1 Apol.* 8 (*ANF* 1:165)도 그렇게 말한다. 2세기에, Justin Martyr는 영원한 고통에 대한 가장 강력한 지지자였다. Justin, *1 Apol.* 8, 12, 17, 20, 44를 보라.

52. 속사도 시대의 교사들 역시 불멸은 인류가 고유하게 가지고 있는 특성이 아니라 종말론적으로 주어지는 것이라고 가르쳤다 (*Didache*; *1 Clement*; Ignatius; *2 Clement*; Hermas; Polycarp; *Martyrdom of Polycarp*; Justin Martyr). G. S. Shogren, "Mortality and Immortality," *DLNT*, 776-77을 보라. *Diogn.* 6,8은 그런 합의된 견해와 상충되는 듯이 보인다. "불멸하는 영혼이 죽을 수밖에 없는 것 안에 거한다." 이런 변화는 아마 헬라화된 Wisdom of Solomon (Wis 9:15; 16:14를 보라)에 의지했기 때문일 것이다.

것도 불멸의 죄인들이나 영원의 고통을 요구하거나 암시하는 것조차 없다…그들은 멸망할 것이고, 파괴될 것이며, 불에 탈 것이고, 영원히 사라질 것이다"[53]라고 말한다. 하지만 둘째로, 그는 "처벌의 정도가 다를 것이며, 파괴 과정은 그것을 위한 수많은 기회를 허용할 것이다…(하지만) 불의한 자들은 모두 **최종적으로 죽을 것이다**"[54]라고 주장한다.

여기에 그 논리가 지닌 문제가 있다. 일단 저주받은 자들이 그리스도가 오시는 순간이 아니라 오랜 시간에 걸쳐 멸망할 수 있도록 허용된다면, 그들이 하나님의 형벌을 견디기 위해 변화될 것을 추정해야 한다. 그렇기 때문에, 만일 부활한 사람들이 '오랜 시간에 걸쳐' 멸망한다면, 논리적으로 그들은 영원히 멸망할 수 있을 것이다. 데살로니가후서 1:9(그리고 살전 5:3)의 돌연하고 영원한 멸망은 악인들의 즉각적 멸절을 말하는 것이 아니다. 오히려 그것은 불신자들이 영원한 형벌의 결정적 저주로 들어가는 첫 장이다.[55]

영원히 의식을 가진 상태에서 형벌을 받는다는 교리는 언제나 대다수 사람이 주장하는 관점이었다. 지난 몇십 년간 몇몇 저명한 복음주의자는 그 전통적 해석에 의문을 제기했다.[56] 그런 사상가들이 나를 설득하지 못했다 해도 그것은 그들의 능력이 부족하다거나 훌륭한 복음주의자가 아니라는 의미는 아니다. 나는 단지 그들의 논증이 설득력이 있다고 생각하지 않는 것뿐이다.

3. 이 구절이 오늘날의 교회에 주는 메시지

여기에서는 그리스도가 다시 오실 때 하나님이 내리시는 영원한 형벌을 나타내기 위해 '지옥'이라는 말을 사용할 것이다. 같은 이유로, 영원한 복에 대해서는 '하늘나라'라는 말을 사용할 것이다.

지옥에 대한 어떤 책이든 집어 들어보라. 영원한 형벌에 대한 어떤 설교든 들어보라. 아니면 그리스도인들 사이의 그리고 그리스도인과 불신자의 대화를 들어보라. 그리스도인은 분명

---

[53] Edward William Fudge and Robert A. Peterson, *Two Views of Hell: A Biblical and Theological Dialogue* (Downers Grove, IL: InterVarsity Press, 2000), 60.

[54] 같은 책, 82(강조체 저자). p.33에서 Fudge는 악인들은 형벌에 들어가기 위해 부활할 것이라는 점, 즉 지옥을 견딜 수 있는 육체를 받을 것이라는 점을 인정한다.

[55] 특히 Green, *Thessalonians*, 292; Marshall, *1 and 2 Thessalonians*, 179를 보라. 그렇기 때문에 우리는 데살로니가후서 1:9을 2세기의 *Barn.* 20.1과 진정 유사한 것이라고 볼 수 있다. 거기에서는 "형벌이 있는 영원한 죽음"이 "검은 자"를 따르는 자들의 운명이라고 말한다. 즉, "영원한 죽음"이라는 개념은 지속적이고 영구적인 형벌과 완전히 조화를 이룬다. 마찬가지로, *Mart. Pol.* 2.3은 "영원한 고통"에 대해 경고한다.

[56] 예를 들어, 다른 면에서는 복음주의자라고 하기에 아무런 문제도 없는 사람인 John Stott. Edwards and Stott, *Essentials*, 313-20을 보라. 마찬가지로, 예수 재림론자(Adventists) 및 다른 집단들은 오랫동안 조건적 불멸설을 신봉해왔다. 때로는 '은유적' 불이 아니라 '문자적' 지옥불을 신봉하는 것이 복음주의적으로 정통 여부를 가르는 기준이 되기도 했다. 이것은 유감스러운 일이다. 성경은 악인의 종말에 대해 말할 때 다른 표현도 사용하기 때문이다. 지옥은 불 속에 있는 것과도 같다. 하지만 그것은 또한 벌레 먹은 시체가 되는 것과도 같다. 어떤 것은 주님 및 다른 사람들과 분리되는 것이다(살후 1:9; 눅 16:23). 『지옥에 대한 네 가지 견해』(*Four Views on Hell*)에서 편집자들은 지옥에 대한 문자적 견해와 은유적 견해를 분리해서 서로 대립시킨다. 사실상 그 두 견해는 같은 입장을 표현하는 것이다.

그리스도인이 되기 위한 자격, 변증, 중세적 신념들과 거리 두기, 하나님은 매우 사랑이 많으시다는 확신 등으로 시작할 것이다. 사실상 서구 사회에서 지옥을 언급하는 것은 사람들을 침묵하게 하는 가장 빠른 길이다.

영원한 안전의 교리는 일부 사람에게 지옥이 복음주의 회중에게 적절한 주제가 아니라는 것을 의미하는 듯하다. 왜 사람들이 절대 보지 않을 무언가로 그들을 위협하는가? 어떤 사람들은 "지옥에 대해 너무 많이 들어왔다. 이제 그들은 은혜에 대해 들어야 한다"라고 말한다. 또 다른 사람들은, 정죄받을 만한 죄는 교회 밖에서 찾을 수 있다고 여겨지는 죄들(예를 들어, 동성애, 낙태)이며, 교회 안에 있는 죄는 아니라고 암시하는 듯 보인다. 특히 많은 목사는 지옥이라는 주제에 대해 극도의 저항이 있음을 감지하는 것 같다. 교인들이 복음주의 신앙 진술에 서약하든 안 하든, 그들은 사실상 전형적인 북미 사람들이 표현하는 의견에 동참할 것이다. 그것은 모든 선한 사람들은 하늘나라로 간다는 것, 지옥은 히틀러 같은 사람이나 가는 장소라는 것 그리고 무엇보다도 "나는 분명 지옥에 가지 않으리라는"[57] 것이다.

그 밖에 북미 교회들을 다른 시대, 다른 장소의 교회와 구분하는 사회학적 요소들이 있다. 21세기 서구의 메시지는 기독교에 대한 대부분의 다른 표현과 상충된다.[58]

1. 우리는 다른 시대와 장소에서는 하나님의 진노로 해석될 만한 사건들(전염병, 기근, 폭풍, 홍수, 가뭄)이 (a) 물리적으로 완화되는, 심지어 직접 고난을 받는 사람들도 보통 음식과 쉼터를 발견할 수 있는, (b) 신학적이기보다 오로지 과학적 견지에서만 해석되는, (c) 하나님께 대한 죄가 아니라 오로지 생태학적 부주의함 등과 같은 인간의 어리석음의 탓으로만 여겨지는 사회에 산다.
2. 우리는 축소되고 있는 세계에 산다. 그것은 다른 대륙들에 사는 정체불명의 대중을 지옥으로 추방하는 것이 더 어렵다는 뜻이다. 전세계적 공동체에서는 구원받지 못한 사람들이 누구인지 잘 알 수 있다.
3. 우리는 이슬람과 '기독교 세계' 사이에 오랫동안 이어져온 전투가 다시 부상된 세상에 산다. 구원받지 못한 무슬림에 대한 진술은 우리가 바라는 것보다 더 많은 지정학적 의

---

57. 이것은 Barna Group, "Americans Describe Their Views about Life after Death," Oct 21, 2003, www.barna.org/barna-update/article/5-barnaupdate/128-americans-describe-their-views-about-life-afterdeath?q=@#!*%에 근거를 둔다. 거기에서 나온 조사 결과에 따르면, "대부분의 미국인은 지옥을 직접 경험할 것으로 예상하지 않는다. 1퍼센트의 절반이 그들이 죽으면 지옥에 갈 것이라고 예상한다. 미국인의 거의 3분의 2(64퍼센트)가 자신이 천국에 갈 것이라고 믿는다. 성인 20명 중 1명(5퍼센트)은 자신들이 다른 생명 형태로 환생할 것이라고 주장하는 반면에, 같은 비율의 사람들(5퍼센트)은 자신이 전혀 존재하지 않게 될 것이라고 주장한다."

58. 서머나 순교자들은 지옥에 대한 견해 때문에 고난을 겪었다. "그리고 그리스도의 은혜를 바라보면서 그들은 이 세상이 주는 고문들을 경멸하고 한 시간이라는 비용을 지불해서 영원한 형벌에서 면제되었다. 그리고 그들을 비인간적으로 고문하는 불은 그들에게 차갑게 느껴졌다. 그들은 자신이 결코 꺼지지 않는 영원한 불에서 벗어나는 모습을 눈앞에 그리고 있었기 때문이다" (*Mart. Pol.* 2.3). 영원한 형벌의 교리가 다른 상황들에 어떻게 적용되었는지 알기 위해 다른 초기 교부들의 말을 보라. *1 Clem.* 11.1–2; *Herm. Sim.* 9.18.2; Justin, 1 *Apol.* 17.

미를 부여하는 것 같다.

그렇다면 북미의 믿음 체계에 직면하여, 우리는 어떻게 영원한 정죄에 대해 사도들이 했을 만한 방식으로 접근하고 설교할 수 있을까?

1. 죄를 더 진지하게 생각하고 더 공개적으로 죄에 대해 설교해야 한다. 동시에 그것이 왜 하나님의 영원한 형벌을 받아 마땅한지 보여주어야 한다.
2. 모든 죄에 반대하는 설교를 해야 한다. 단지 교회 밖 사람들만이 아니라 회중 안에 있는 사람들이 저질렀을 만한 죄에 많은 주의를 기울여야 한다.
3. 지옥에 대한 설교가 어렵기 때문에, 우리는 그것을 분명하고 적절하게 설명하기 위해 열심히 노력해야 한다. '심층 연구: 지옥의 적절성을 보여주는 법'을 보라.
4. 지옥이 엄청나게 악한 사람들만 가는 곳이 아니라, 기본적으로 모든 사람의 운명이라는 점을 강조해야 한다.
5. 교회 출석자들이 손을 들어 예수님을 영접하고 출석하기로 결정만 하면 확실히 지옥에 가지 않게 된다는 생각을 제거해야 한다.
6. 행위는 정죄를 가져오지만 구원은 그리스도 안에만 있다는 점을 강조해야 한다. 이것은 하늘나라가 선하고 진실한 사람이 가는 곳이라고 여기는 많은 북미인(많은 복음주의자를 포함해서)이 공유하는 견해와 어긋난다.

심층 연구 **지옥의 적절성을 보여주는 법**

한번은 십대 후반과 이십대 초반의 사람들에게 지옥의 위협을 제대로 알리고 싶었다. 나는 그들이 '지옥불' 설교에 면역되어 있지 않을까 하는 생각이 들었다. 그래서 그들의 허를 찌르는 내용을 준비했고, 그 연령대의 몇몇 사람에게 몇 가지 질문을 던졌다. 그들은 젊은 사람들이 얼마나 다른 사람들과 연관을 맺는 일에 몰두하는지 강조했다. 그들은 특히 통신 매체를 언급했다.

나는 지옥이 어떻게 "바깥의 어둠"[59] 가운데 고립되어 있는 것을 의미하는지 설교하기로 했다. '지옥불'이라는 개념도 중요하지만, 예수님, 바울, 베드로, 유다는 또한 저주받은 사람들의 운명이 '주님의 임재에서 끊어지는 것' 혹은 "밖"이나 "영원한 어둠"에 있는 것이라고 말했다는 점을 지적했다.

어떤 사람들은 죽음이 아무것도 아니라고 여기고, 찰칵 하고 꺼버리면 끝나버리는 거라고 생각하니

---

59. 이것은 Sartre가 언급한 "지옥은 곧 타인"이라는 말과 완전히 반대된다. Jean-Paul Sartre의 유명한 연극 'No Exit' (1944)를 보라.

다. 하지만 그렇지 않습니다. 그리스도가 없는 사람에게 죽음이란 어둠 속에 있는 것입니다. 여러분은 영원토록 의식을 갖고 있습니다. 손전등을 들고 어두운 지하실에 내려갔는데 거기에는 빛이 없고, 여러분의 눈은 절대 적응이 되지 않는다고 상상해 보십시오…그리고 여러분은 여전히 거기에 있습니다. 더 이상 존재하지 않는 것보다 더 나쁜 것이 있습니다. 그리고 바깥 어둠 가운데 산다는 것은 '혼자 좀 한가한 시간을 가져야겠어'라는 멋진 것이 아닙니다. 오히려 그것은 '나는 어느 누구와도 절대 다시는 접촉할 수가 없을 거야'라는 뜻입니다. 죽은 영웅들이 지금 무엇을 하고 있든(나는 마약 과다 복용으로 죽은 록가수에 대해 말했다), 그들은 자기 친구들과 계속 접촉하고 있지 않습니다. 교회에 가면 여러분의 핸드폰을 꺼야 하는 것이 너무하다고 생각하나요? 그런데 지옥에 가면 문 앞에서 여러분의 장비들을 다 검사합니다. 문자도 못 보내고, 핸드폰도 사용하지 못하며, 페이스북도, 심지어 이메일도 사용하지 못합니다. 또한 얼굴을 마주보지도, 카푸치노를 마시면서 내세에 대한 의견을 나누지도 못합니다. "지옥에서 보자"구요? 아니, 그렇게 하지 못할 것입니다….

나는 내 설교의 부제가 "지옥에서 문자를 보낼 수 있을 것인가?"였다고 농담했다. 우리 중 나이 든 사람들은 상상하기가 어렵겠지만, 어떤 사람들에게 접속을 끊고 잊히는 것은 불못보다 더 무시무시한 일이다. 그리고 그것은 똑같이 성경적이다.

CHAPTER 10
데살로니가후서 2:1-12

문학적 전후 문맥

바울은 데살로니가후서 1장에서, 심판에 대한 생생한 언어를 사용하여 그리스도가 악한 자들을 처벌하시기 위해 다시 오시는 것을 말했다. 하지만 바울은 거기서 서신서를 끝낼 수가 없었다. 디모데가 종말의 때에 관한 질문을 가지고 돌아왔기 때문이다. 바울은 자신의 구전적 가르침, 마태복음의 전승, 다니엘서, 데살로니가전서에 나오는 그리스도의 다시 오심에 대한 말들을 한데 모아 놓는다. 하지만 현대 독자는 바울이 이전에 무엇을 가르쳤는가에 대해 잘 알지 못하는 상태로 본문을 해석해야 한다. 우리는 조각이 빠져 있는 퍼즐을 마주하고 있다. 몇 조각이 있는지 혹은 그 퍼즐이 무엇을 담고 있는지 우리는 확실히 알지 못한다. 그러나 바울의 주요 관심사는 분명하다. 그리스도가 악한 자들을 심판하시고 자기 백성을 위해 복수하러 오신다는 것이다. 사람들이 마귀의 거짓말을 따른다면, 그것은 그들이 하나님의 백성이 아니라는 확실한 표시이다.

불법의 사람에 대한 묘사가 그 중요도에 비해 지나치게 많이 다뤄지는 것처럼 보일 수 있다. 결국 바울은 '배교와 불법의 사람이 주의 날보다 먼저 일어나야 한다. 그러므로 그날은 오지 않았다'라고 단순하게 말할 수도 있었을 것이다. 하지만 바울은 2:4-12에서 "막는 것"에 대한 이야기, 불법의 사람이 어떻게 멸망하는지에 대한 선언 그리고 이 악의 출처가 사탄이라는 주장 등을 이어간다. 그렇게 하면서 바울은 그 부분이 데살로니가후서의 더 큰 메시지 안에서 중요한 역할을 하는 것을 보여준다. 그 메시지는 의가 있고, 악이 있다는 것이다. 하나님은 정의롭고 참되시며, 마귀는 속이는 자이다. 어떤 사람들은 그리스도를 따르지만 대부분의 사람은 사탄의 속임수 아래 있다. 무엇보다도 복음은 데살로니가인들과 같은 사람들을 구해주는 메시지이며(2:13-17), 사도들이 고린도 선교에서 성공을 거둔 메시지일 것이다(3:1-2).

```
    II. 환난을 겪고 있는 신자들을 위한 감사와 기도(1:3–12)
➡   III. 종말에 대한 가르침 (2:1–12)
        A. 데살로니가인들은 종말에 대해 혼란스러워하지 말아야 함(2:1–3a)
        B. 올바른 신앙을 지키는 데 필요한 정보를 이미 알고 있다는 점을 상기시킴(2:3b–12)
    IV. 두 번째 감사, 권고 및 데살로니가인들을 위한 기도(2:13–17)
```

주요 개념

데살로니가인들은 주의 날이 임했다는 소문을 들어도 흔들리지 말아야 한다. 그 사건은 배교와 불법의 사람이 오기 전에는 일어나지 않을 것이다. 그들은 주의 재림에 대한 거짓말, 속임수, 혼동이 언제나 있을 수 있다는 사실과 그런 것들은 사탄의 간계로 말미암은 것임을 기억해야 한다.

번역

데살로니가후서 2:1-12

1a	간청	형제들아 **우리가 너희에게 구하는 것은**
b	참조	우리 주 예수 그리스도의 강림하심과
c	참조	우리가 그 앞에 모임에 관하여
2a	수단/목록	영으로나 또는
b	목록	말로나 또는
c	목록	우리에게서 받았다 하는 편지로나
d	2a, b, c절의 내용	주의 날이 이르렀다고 해서
e	간청	**쉽게 마음이 흔들리거나 두려워하거나 하지 말아야 한다는 것이라**
3a	간청	누가 어떻게 하여도 **너희가 미혹되지 말라**
b	목록/조건	먼저 배교하는 일이 있고
c	목록	저 불법의 사람
d	신원 확인	곧 멸망의 아들이 나타나기 전에는
e	원인	그 날이 이르지 아니하리니

4a	목록/신원 확인		그는 대적하는 자라
b	목록		신이라고 불리는 모든 것과
			숭배함을 받는 것에 대항하여
			그 위에 자기를 높이고
c	결과		하나님의 성전에 앉아
d	결과		자기를 하나님이라고 내세우느니라
5	상기시키는 말	내가 너희와 함께 있을 때에 이 일을 너희에게 말한 것을 기억하지 못하느냐	
6a	목적		너희는 지금 그로 하여금
b	시간		그의 때에 나타나게 하려 하여
c	상기시키는 말	막는 것이 있는 것을 아나니	
7a	원인	불법의 비밀이 이미 활동하였으나	
b	조건	지금은 그것을 막는 자가 있어	
c	시간		그 중에서 옮겨질 때까지 하리라
8a	순서	그 때에 불법한 자가 나타나리니	
b	신원 확인		주 예수께서…그를 죽이시고
c	수단		그 입의 기운으로
d	수단		강림하여 나타나심으로
e	신원 확인		폐하시리라
9a	주장		악한 자의 나타남은
b	목록/수단		사탄의 활동을 따라
c	목록		모든 능력과 표적과 거짓 기적과
10a	목록		불의의 모든 속임으로
b	불이익		멸망하는 자들에게 있으리니
c	원인		이는 그들이 진리의 사랑을 받지 아니하여
d	결과		구원함을 받지 못함이라
11a	10c절의 결과	이러므로 하나님이 미혹의 역사를 그들에게 보내사	
b	11a절의 결과		거짓 것을 믿게 하심은
12a	신원 확인		진리를 믿지 않고

	b 신원 확인	불의를 좋아하는 모든 자들로 하여금
	c 결과 혹은 목적	심판을 받게 하려 하심이라

구조

바울은 '그리고 이제'(δέ, 개역개정에는 번역되어 있지 않음-역주)라는 말로, 종말론적 정의를 제시하는 것에서 데살로니가후서의 중심이 되는 교리적 문제를 다루는 것으로 넘어간다. 그것은 주의 날이 오는 것에 대한 혼란이다. 바울은 "형제들아 우리가 너희에게 구하는 것은"이라는 말로 주의를 환기시킨다. 바울은 곧바로 구체적인 사항, 즉 주의 날이 이르렀는가(2:2d) 하는 문제를 다루지 않고, 듣는 사람들이 서너 절 더 기다리게 하면서 그들로 하여금 더욱 세심하게 주의를 집중하게 한다. 이 문제는 파루시아와 관련이 있다(ὑπέρ). 그것은 또한 성도의 '모임'이다. 후자에 대해서 바울은 데살로니가전서에 나왔던 말(4:14)과 감람산 전승(마 24:31)으로 돌아간다.

바울은 신자들에게(2:2) 현혹시키는 정보 때문에 넘어지지 말라고 촉구한다. 그런 정보는 갖가지 매체를 통해 올 것이다. 아마 예언이나 서신일 것이다. 또한 바울은 2:3a에서 요점을 말한다. "누가 어떻게 하여도 너희가 미혹되지 말라"는 것이다. 데살로니가인들이 직면한 문제는 종말이 가까웠는가 아닌가 하는 것이었지만, 2:1-12의 중요한 주제는 "불의의 모든 속임"(2:10a)이다. 그 속임은 사탄이 불러일으키는 것이다. 바울의 청중은 주의 날에 대한 혼란이 사소한 오해가 아니라는 것을 깨달아야 한다. 그것은 그리스도가 오시는 바로 그 순간까지 거짓말을 퍼뜨리고 사람들을 하나님에게서 꾀어내어 다른 길로 빠지게 하려는 사탄의 더 큰 음모이다.

데살로니가의 진짜 문제는 '사탄의 속임수'이다. 따라서 독자들은 2장이 주로 불법의 사람 혹은 막는 자에 대한 것이 아니라는 사실을 쉽게 엿볼 수 있을 것이다. 오히려 바울이 이 모든 사항을 말하는 요점은 2:3a에 느닷없이 나오는 진술에 요약되어 있다. "누가 어떻게 하여도 너희가 미혹되지 말라"는 것이다. 바울은 또한 그가 이미 데살로니가인들에게 종말에 대해 경고했음을 상기시킨다(2:5, 6c). 속임수의 씨가 교회 안에 심어졌다면, 좋은 사도는 그것이 더 많은 해를 끼치기 전에 쓸어버려야 한다는 점을 안다.

바울은 2:3e에서 불완전한 문장을 사용하여 말을 생략한다. "먼저 배교하는 일이 있고 저 불법의 사람 곧 멸망의 아들이 나타나기 전에는…." 엄밀히 말하면, 이것은 부정확한 구문이지만, 바울은 사고가 문법보다 앞서갈 때 말을 생략하는 것을 꺼리지 않는다. 최후의 배교와 불법의 사람이 저지르는 궁극적인 신성모독이 반드시 주의 날보다 먼저 일어나야 한다(2:3-4). 그래서 주의 날은 이미 왔을 수가 없다. 바울은 최후의 배교에 대해 더 상세하게 말하지 않는다. 하지만 그는 이어서 다니엘서와 공관복음 전승에 나오는 말을 사용하여 이 불법의 사람을 묘사한다.

바울은 계속해서 사건의 흐름을 묘사한다. 막는 자는 이제 적극적으로 활동한다(2:6). 그는 막는 것이 옮겨질 때까지 일할 것이다(2:7). 핵심 문구가 그다음에 나오는데, 2:6에 나오는 현재의 때와 대조하기 위함이다. 그것은 "[그리고] 그때"(καὶ τότε), 오직 그때에만 불법의 사람이 나타날 것(2:8)이라는 말이다. 그리고 나서 바울은 1:6-10에서 보여주었던 거친 문체로 돌아오는데(2:8) 이 또한 같은 이유에서이다. 즉, 바울은 삽입구적으로 말하고 있으며, 성경 언어의 단편들을 다루고 있다. 불법의 사람은 파루시아 때 주 예수께 죽임당할 것이다.

이 사람은 이 장에서 중요한 등장인물이다. 바울 사도는 막는 자가 여전히 제자리에 있다는 것과 주의 날이 이르지 않았음을 입증하기 위해, 부재중에도 결전을 벌여야 한다. 이것은 종말론에 대한 수련회에서 다루는 흥미진진한 주제가 아니다. 오히려 사람들은 영원한 멸망을 향해 가고 있다(1:8). 참된 복음을 믿지 않음으로 구원받지 못했기 때문이다(2:10). 데살로니가 사람들이 2:1-2에서 방금 경험한 것, 그들이 대수롭지 않게 여길 수 있는 것("나는 참으로 어리석다! 세상이 끝나고 있다고 생각했으니!")은, 이교도 이웃들을 하나님의 불 같은 진노에 직면하게 하는 것과 똑같은 행동이었다.

11절은 이 주제를 더 묘사한다. 충격적이게도 거기에는 하나님이 보내신 미혹의 역사가 포함된다. 하나님은 그들이 거짓말을 믿도록 영향을 미치실 것이다. 그들이 모두 하나님께 심판을 받게 되는 '결과를 가져오거나' 그렇게 '되게 하기 위해'(2:12c에서 ἵνα의 용법은 분명하지 않다)서다. 잃어버린 바 된 자들이 멸망한다는 것은 복음과 대칭을 이룬다. 악인들은 믿음을 가지고 있다. 하지만 그들이 믿는 대상은 거짓말이다(2:10-11a). 그들은 그리스도가 아니라 사탄을 따른다. 비록 그들 대부분이 부지불식간에 그렇게 하지만 말이다. 그들은 구원받지 못할 것이며 멸망할 것이다(2:10, 12). 그래서 바울은 두 집단을 가능한 한 강력하게 구분함으로써 결론을 내린다. 그 두 집단이란 진리를 영접하는 사람들과 거짓말을 믿는 사람들이다. 사도들은 그다음 부분이 시작될 때 데살로니가인들이 진리를 믿음으로 구원받는 것에 대해 하나님께 감사를 드린다(2:13). 또한 그 어떤 데살로니가 그리스도인도 사탄이 종말의 시기에 대해 현혹할 때, 사탄의 '사소하고 악의 없는 거짓말'이라도 믿지 않기를 바란다.

석의적 개요

➡ I. 데살로니가인들은 종말에 대해 혼란스러워하지 말아야 함(2:1-3a)

    A. 그들의 초점은 그리스도의 파루시아와 교회를 모으는 것임(2:1)

    B. 주의 날이 이르렀다는 거짓 정보 때문에 교회가 고민에 빠지게 되었을 수도 있음(2:2)

    C. 그들은 미혹되지 않도록 주의해야 함(2:3a)

II. 끝까지 올바른 신앙을 지키는 데 필요한 정보를 그들이 이미 알고 있다는 점을 상기시킴(2:3b–12)

A. 종말의 배교와 불법의 사람이 나타나는 것이 주의 날에 선행될 것임(2:3b–e)
B. 불법의 사람은 자신을 다른 모든 종교 위에 신으로 세우는 궁극적 신성모독을 범할 것임(2:4)
C. 데살로니가인들은 이미 바울의 가르침을 통해 이 모든 것을 알고 있음(2:5)
D. "막는 자"는 불법의 사람을 적절한 때가 될 때까지 억누를 것임(2:6–8a)
E. 주 예수는 재림하실 때 불법의 사람을 멸망시키실 것임(2:8b–e)
F. 불법의 사람은 사탄과 같은 능력, 곧 표적, 기사, 불신자들을 속이는 것 등의 일을 행할 것임(2:9–10a)
G. 불신자들이 속는다면, 그것은 그들이 복음을 거부하기 때문임(2:10b–d)
H. 사탄의 속임수에 더하여, 하나님이 불신자로 하여금 확실하게 속게 하실 것임(2:11–12)

본문 설명

2:1 형제들아 우리가 너희에게 구하는 것은 우리 주 예수 그리스도의 강림하심과 우리가 그 앞에 모임에 관하여(Ἐρωτῶμεν δὲ ὑμᾶς, ἀδελφοί, ὑπὲρ τῆς παρουσίας τοῦ κυρίου ἡμῶν Ἰησοῦ Χριστοῦ καὶ ἡμῶν ἐπισυναγωγῆς ἐπ᾽ αὐτόν). 이 구절에는 데살로니가후서의 주요 교리적 가르침이 담겨 있다. 데살로니가전서 4:13–18과 달리 바울은 그 내용이 데살로니가인들에게 놀라운 것이 아니라는 점을 나타낸다. 바울은 그들이 이미 알고 있어야 하는 것을 상기시키고 있다. 주제는 또 다시 파루시아이다(살전 4:15; 살후 2:8). 파루시아의 한 측면은 신자들을 그리스도께 모으는 것이다(살전 4:14, 17; 살후 2:1). 사도들(복수)은 데살로니가인들이 침착함을 유지하고 터무니없는 공포에 빠지지 말라고 '구한다'(ἐρωτῶμεν). 우리는 디모데가 데살로니가 제자들과 함께 있었을 때 이 주제에 대해 침묵했다고 생각할 필요가 없다. 그럼에도 바울 역시 그 진리를 글로 써 보낸다. 그래서 사람들이 왈가왈부하는 문제가 있다면, 그것을 진정시킬 수 있도록 디모데에게 자신의 서명이 첨부된 서신을 들려 다시 돌려보내는 것이다.

"우리가"(our, ἡμῶν)라는 말은 목적 소유격으로 '그가 우리를 그리스도께로 함께 모은다(ἐπισυναγωγῆς)'는 의미를 부여한다. 여기에 암시된 주어는 '하나님'이다. 데살로니가전서 4:14에서 이렇게 모으시는 분은 하나님이다. 칠십인역은 '모으다'라는 말을 비슷한 방식으로 사용하여 이스라엘을 그들의 땅에 다시 모으는 것을 말한다.[1] 예레미야가 그것을 알게 되었을 때, 그는 그들을 꾸짖고 이렇게 선언했다. "그 장소는 하나님이 자기 백성을 다시 함께 모으시고(συναγάγῃ) 그분의 긍휼을 보여 주실 때까지 알려지지 않은 채 있을 것이다"(2 Macc 2:7; 참고. 사 27:13).

---

[1] Best, *Thessalonians*, 274에서 지적하는 바와 같이.

택함 받은 자들을 모으는 것은 마태복음 24:31에서 천사들이 하는 일이다. 거기에서는 같은 어원에서 나온 동사인 '모으다'(ἐπισυνάγω)를 사용한다. 성도들을 모으시는 분은 주 예수님이다. "예수 그리스도는 또한 나를 그분의 택하신 자들과 함께 모아 그분의 하늘나라로 데려가실 것이나"(*Mart. Pol.* 22.3b; 또한 *Did.* 9.4를 보라). 두 개의 주요 명사(τῆς παρουσίας···καὶ···ἐπισυναγωγῆς)를 문자적으로 번역하면, '강림하시는 것과 함께 모으는 것' 혹은 '강림하시는 것, 즉 함께 모으는 것'이 된다. 하지만 '강림하시는 것과 모으는 것'이라는 헬라어 구문은 그랜빌 샤프 법칙[Granville Sharp Rule, 격(格)이 같은 두 명사가 καί로 연결될 때 첫 번째 명사에는 정관사가 붙지만, 두 번째 명사에는 정관사가 붙지 않는다. 이때 두 번째 명사는 첫 번째 명사와 항상 동일한 것을 가리킨다-역주]이라는 낮익은 유형을 따른다. 그것은 '관사-명사-καί-명사'의 순서로 나온다. 이 규칙은 파루시아와 '모으는 것'을 같은 사건으로 혹은 동일화되는 사건으로 이해해야 함을 나타낸다. 바울은 그리스도가 그분의 파루시아 때 교회를 모으신다는 의미로 말한다. 그때 그리스도는 또한 불법의 사람을 멸망시키신다(2:8에 나오는 παρουσία를 보라).[2]

2:2e 쉽게 마음이 흔들리거나 두려워하거나 하지 말아야 한다는 것이라(εἰς τὸ μὴ ταχέως σαλευθῆναι ὑμᾶς ἀπὸ τοῦ νοὸς μηδὲ θροεῖσθαι). 앞으로 올 주의 날에 직면해서 보일 수 있는 한 가지 나쁜 반응은 "평안하다, 안전하다"(살전 5:3)라고 느끼는 것이다. 또 다른 거짓 가르침의 양상이 있다. 그것은 '주의 날이 왔다. 우리는 공포에 질려야 한다'고 가르치는 것이다. 데살로니가인들은 침착해야 한다. 바울은 긍정적인 진술을 하기 위해 곡언법(부정을 부인하는 것)을 사용한다(살전 1:2에 대한 설명을 보라). '쉽게 마음이 흔들리지 말아야 한다'는 말은 '확고부동하라'는 긍정을 나타내는 간접적 표현이다.[3] 문법적으로 볼 때, 그들이 이미 신경과민을 경험하고 있는지 아니면 바울이 그렇게 될 가능성을 예방하려 하는 것인지는 분명하지 않다. 전자일 가능성이 너 크기 때문에, '쉽게'(부사 ταχέως)라는 말은 미묘한 책망을 담고 있을 수 있다. 이 그리스도인들은 교리에 정통했다. 따라서 그들은 거짓 가르침을 섣불리 받아들여서는 안 된다.

바울은 "마음이 흔들리"(σαλευθῆναι···ἀπὸ τοῦ νοός)는 것과 "두려워하"(θροεῖσθαι)는 것이라는 두 가지 유형의 염려에 관심을 두는 것이 아니다.[4] 오히려 이것은 데살로니가전후서에 흔하게 나오는 중언법의 또 다른 사례이다. 중언법은 두 개의 단어가 같은 것을 말하는 것이다. '흔들리다'와 '두려워하다'(disturbed)라는 말은 다른 문맥에서는 물리적인 움직임을 말할 수 있다. 하지만 여기에서는 심리적 상태를 나타낸다. 바울이 예수님의 종말론적 어휘를 반영한다는 사실을 인식하는 주석은 거의 없다. '흔들리다'(σαλεύω)라는 말은 마태복음 24:29에서 인자의 임박한 나타나심에 대한 표시다. 하늘의 권세들(전후 문맥에서 볼 때, 해, 달, 별)이 물리적 의미에서 '흔들릴' 것임을 나타낸다. 예수님은 또한 요엘 2:10 칠십인역(사 4:16 LXX=3:16 MT)을 가리키신다. 그것은 '흔들린'이라는 말과 같은 뜻의 동사를 사용한다.

'두려워하다'(θροέω) 역시 마태복음의 종말론적 강화를 통해 알려진 말이다. 거기에서 예수님은 제자들에게 고난이 처음 시작될 때 일어나는 몇 가지 표시에 직면해서 "두려워하지 말라"(마 24:6)고 경고하신다. 사탄이 박해를 가함으로써 성도에게 해를 끼칠 수 없을 때

---

2. Wallace는 Granville Sharp Rule을 이 구절에 적용하는 것에 회의적이다. 문제의 두 명사는 한 사람을 말하기보다 비인격적인 사건들을 말하기 때문이다. *Grammar*, 290을 보라. 그는 이렇게 결론을 내린다. "이것은 본문에서 환난 후 휴거를 볼 수 없다는 말이 아니다. 설사 그 두 말이 똑같은 지시 대상을 취하고 있지 않다 해도, 동시적인 지시 대상을 취할 수 있었기 때문이다."

3. 영어 역본들은 그 부정사구를 간접 화법, 즉 2:1에서 "우리가 구하는 것은"(ἐρωτῶμεν)이라는 말로 시작하는 문장에 삽입된 명령이라고 해석한다.

4. Fee, *Thessalonians*, 273이 제안하는 바와 같이.

(살전 3:3), 성도를 혼란에 빠지게 하여 무력하게 한다는 것은 성경의 진리다. 바울은 2:3에 암시되어 있고, 2:5에 명시되어 있는 것을 미리 예시한다. 그들은 이미 적절한 사도의 가르침을 받았고, 마귀가 일으킬 만한 모든 염려에 대해 해결책을 가지고 있다는 것이다.

2:2a–c 영으로나 또는 말로나 또는 우리에게서 받았다 하는 편지로나(μήτε διὰ πνεύματος μήτε διὰ λόγου μήτε δι' ἐπιστολῆς ὡς δι' ἡμῶν). 바울은 데살로니가인들을 미혹할 만한 세 가지 수단을 언급한다. 처음 두 가지는 막연하게 표현되어 있다. 아마 그것들이 이미 알려져 있는 바울의 관용구이기 때문일 수도 있고, 바울이 가능한 모든 사건을 다 포괄하고 싶어 하기 때문일 수도 있다. '영/성령'(πνεῦμα)이라는 말에 대한 바울의 용법은, 반대 증거가 없는 한 성령을 가리킨다.[5] 그 말은 데살로니가전서 5:19–20과 대응된다(해당 구절의 설명을 보라). 그래서 이 구절은 '성령을 통한 예언의 말에 의해'라는 의미가 된다(REB는 "예언적 말"이라고 번역함). 원칙적으로 회중은 사도의 추가적인 도움 없이 그들 스스로 거짓 예언을 판별하고 거부할 수 있어야 했다(살전 5:21–22; 참고. 고전 14:29).

두 번째 절은 더 어렵다. "말"(λόγος)이라는 단어가 함축할 수 있는 광범위한 의미에 비추어볼 때 그렇다. 데살로니가전서 1:5과 데살로니가후서 2:15을 비교하면, 그 단어는 말로 하는 의사소통을 암시한다. "말로나"(διὰ λόγου)라는 표현은 사도들에게서 나왔다고 주장하는 메시지나, "계시"라고 주장하는 것(NLT처럼), 혹은 다른 어떤 유형의 의사소통, 심지어 "설교"(GNB)까지도 가리킬 수 있다.

세 번째로 나오는 "편지로나"(δι' ἐπιστολῆς)라는 말은 더 분명하다. '…했다 하는'(ὡς)이라는 말은 "객관적으로 틀린 혹은 잘못된"[6] 것을 나타낸다. 이 경우에는 사도 팀이 보냈다고 잘못 말한 것을 의미한다. 그 당시에는 정말 사도들이 보낸 편지가 맞는지 신속히 전화를 걸어 확인할 수가 없었다. 바울의 경쟁자나 대적이 바울이 쓴 듯한 느낌을 주는 말들을 엮어서 설득력 있는 편지(혹은 적어도 쉽게 논박할 수 없는 편지) 한 통을 만들어 내는 것은 매우 쉬웠다.[7] 3:17은 바울이 친필 서명을 함으로써 이 문제를 부분적으로 어떻게 해결하는지 보여준다. 바울은 2:15에서 데살로니가 사람들에게 말이나 (진짜) 편지를 통해 주어진 진정한 사도적 가르침에 주의를 기울이라고 단언한다. 바울은 서신이라는 매체를 포기하지 않을 것이다. 서신은 50년대 초에 주된 가르침의 도구로 막 성장하기 시작했다.

왜 바울은 이렇게 거짓 가르침을 경고하는가? 왜 그는 제자들에게 종말의 연대적 전후관계를 상기시켜야 한다고 생각하는가? 이 질문들은 표면적으로 보이는 것보다 더 어렵다. 특히 두 서신의 순서 및 디모데가 몇 번 방문한 것의 전후 순서를 놓고 씨름해야 할 경우에는 더 그렇다. 디모데가 맨 처음에(살전 3:6) 그들이 두려움에 취약한 상태에 있다는 소식을 바울에게 가지고 왔을 수도 있다. 만일 그렇다면, 데살로니가인들은 디모데가 바울을 방문하기 위해 그들을 떠난 후 그리고 데살로니가전서를 가지고 돌아오기 전까지 그 덫에 빠졌을 것이다. 즉, 교회가 첫 번째 편지를 받기도 전에 새로운 염려에 빠졌다는 말이다. 편지로 장거리 대화를 나누는 것의 어려움은, 교회가 한 가지 문제에 대한 대답을 받을 때쯤 새로운 문제들이 생겨나는 것이다.

---

5. NASB의 "a spirit"이라는 번역은 바울이 흔히 쓰는 말투와 다르다.
6. BDAG, ὡς 3. c.
7. 완전한 위조 문서인 주후 4세기의 「라오디게아인들에게 보낸 편지」는 위조된 바울 서신이 어떤 형태를 취할 수 있는지 보여준다. 예를 들어, 3–4절에서 "나의 모든 기도에서 그리스도께 감사하는 것은 너희가 계속해서 그분 안에 있고 그분의 역사 가운데 참고 견디면서, 심판의 날에 약속을 고대하기 때문이라. 살며시 들어온 어떤 헛된 이야기들로 인해 혼란에 빠져 내가 전파한 복음의 진리로부터 떠나가지 않도록 하라."

그럼에도 우리는 데살로니가에서 이런 문제가 전혀 일어나지 않았을 가능성을 가볍게 넘어서는 안 된다. 즉, 거짓 예언도, "말"도, 날조된 편지도 전혀 없었고, 바울은 단지 잠재적 위험을 경계하고 있었다는 것이다.[8] 바울은 공관 복음의 종말론을 근거로, 예수님을 따르는 사람들이 격렬하지만 '통상적인' 박해를 공포에 빠질 만한 이유로 해석할 수 있었음을 알았다(마 24:6a). 예수님은 원래 제자들에게 공포에 빠지지 말 것과, 종말론적 표시처럼 보이는 것들이 나타나지만 "아직 끝은 아니니라"(24:6b)고 경고하셨다. 결국 바울은 실제 편지나 예언을 꼭 집어서 말하지 않는다. 만일 디모데가 데살로니가 교인들에 대한 소식을 가져왔다면, 그것을 언급하고 보다 구체적으로 논박했을 것이다.[9] 우리는 바울이 이 구절을 쓰게 된 이유를 알지 못한다. 하지만 어떤 경우이든, 데살로니가후서 2장에서 바울이 대략적으로 묘사하는 이유는, 그가 잘못된 정보의 출처를 몰랐기 때문일 수도 있다.

이 장은 헬라어 지식이 있다고 해도 저자의 의도를 곧바로 명쾌하게 해명할 수 없음을 입증하는 본문 중 하나이다. 이 경우 바울은 내용을 간단히 전하고 있다. 부분적으로는 데살로니가 사람들이 전에 바울이 말로 전한 가르침을 받았기 때문이고(2:5 등), 그들이 이미 디모데와 이야기를 주고받았기 때문이다. 또한 디모데가 그들의 또 다른 문제들에 답해줄 수 있기 때문이고, 바울이 반로마적 정서로 여겨질 수 있는 내용을 글로 쓰지 않으려 했기 때문일 수도 있다.

2:2d 주의 날이 이르렀다고 해서(ὡς ὅτι ἐνέστηκεν ἡ ἡμέρα τοῦ κυρίου). 데살로니가 사람들은 주의 날과 그리스도의 강림하심이 임박해 있다고 믿었다. 뒤에서 그 점을 설명할 것이다. 많은 사본[D², 다수 본문(Majority Text), 공인 본문(Textus Receptus)], KJV, NKJV 등에서는 이 구절을 "주의 날"이 아닌 "그리스도의 날"이라고 표현한다 ("날"이라는 말에 대한 분석으로는 살전 5:2에 대한 설명을 보라). "주의 날"이라는 표현을 지지하는 것은 중요한 옛 사본들이다. 몇몇 세대주의 집단에서 "그리스도의 날"이라는 이문은 '마치 휴거가 이미 온 것처럼'이라는 의미로 사용되었다. 하지만 그것은 의미가 통하지 않는다. 바울의 증거가 불법의 사람과 대배교와 관련된다는 점에서 그렇다. 그것은 세대주의적 개요에서 볼 때 휴거보다 앞서면 안 되는 표시이다. 많은 세대주의자가 인정하듯 그들의 문제는 "주의 날"이라는 더 나은 독법을 따름으로써 부분적으로 해결된다. 다음의 '심층 연구'를 보라.

---

8. 반대 의견으로 Fee, *Thessalonians*, 273; Green, *Thessalonians*, 302–3은 명확히 어떤 소문이 돌고 있었다고 믿는다.

9. 교부 Hippolytus는 그의 책 *Commentary on Daniel* 4.19 (AD 235)에서 본도의 한 사람에 대해 말했다. 그 사람은 꿈을 꾸었으며 "형제자매들이여, 심판이 1년 안에 일어나리라는 것을 깨달으라"고 그의 교회에 선언했다. 사람들은 공포에 사로잡혔으며 많은 사람이 일터를 떠나고, 재산을 팔았으며, 결혼 계획을 취소했다. Boring, Berger, and Colpe, eds., *Hellenistic Commentary*, 496–97을 보라. 본도와 데살로니가의 유사점은 놀랍다. 그럼에도 Hippolytus의 이야기는 데살로니가후서 3장에 나오는 일하지 않는 사람들이 종말론적 추측 때문에 일하지 않았음을 입증하지 않는다.

| 심층 연구 | 데살로니가후서에서 비평 본문과 공인 본문 |

'그리스도'라는 이름은 데살로니가후서 2:2에서 중요한 본문상의 요소이다. 따라서 여기에서 오직 공인 본문(Textus Receptus Only)파 혹은 오직 흠정역(King James Only)파가 신약의 비평적 헬라어판 및 그에 기초한 번역들에 공통적으로 가하는 공격은 살펴볼 만하다. 예를 들어, 그들은 NIV가 주 예수의 이름을 178번 지워버린 것이 주 예수의 인격 혹은 권위에 대한 공격이라고 말한다.

TR 혹은 다수(비잔틴) 본문을 선호하는 서너 진영이 있다. 일부는 그것이 비평적 본문보다 원래 본문을 더 잘 나타낸다고 믿기 때문에 그렇게 한다. 또 어떤 진영들은 더 나아가 음모론을 만들어낸다. 그 이론에 따르면 비평적 본문의 편집자들이 신약에서 그리스도의 주 되심을 제거하기 위해 음모를 꾸몄다는 것이다.

하나의 시험 사례로 데살로니가후서를 검토해보자. 예수라는 이름은 어떤 식으로 조합된 것이든 약 22번 언급된다.[10] 이 중에서 18번은, TR의 1550 엘지비어(Elzevir)판과 가장 최근의 비평판 NA²⁷ 사이에서 아무런 차이가 나지 않는다.

각 판에서 실제로 차이를 보이는 네 구절은 다음과 같다.

- TR의 "우리 주 예수 그리스도"가 비평 본문에서는 "우리 주 예수"로 되어 있다(1:8).
- "우리 주 예수 그리스도"는 "주 예수"로 되어 있다(1:12에 나오는 첫 번째 언급).
- 2:2에서 "그리스도의 날"은 "주의 날"이다.
- 2:8에서 "주"는 "주 예수"이다(즉, 비평적 본문에 "예수"라는 추가 이름이 나온다).

이 차이는 편집자의 변덕으로 생긴 것이 아니라, 신약의 더 나은 사본이라고 여겨지는 것에 기초하고 있다. 이 원리에 더해서, 오랜 세월 동안 경건한 서기관이 사본들을 필사하면서 신적 이름을 확장하는 경향이 있었다는 명백한 사실을 명심해야 할 것이다. 예를 들어, "예수 그리스도"를 "주 예수 그리스도"로 늘리는 것이다. 이에 대한 좋은 예는 고린도전서 5:4에서 찾아볼 수 있다. 거기에 나오는 "우리 주 예수 그리스도"(첫 번째 언급)는 초기 사본들에서 "우리 주 예수"로 되어 있다. 데살로니가후서에 나오는 22개의 사례 중에서 TR과 NA²⁷의 중대한 차이는 "그리스도의 날"에서 "주의 날"로 바뀐다는 것이다. 두 번에 걸쳐 "주 예수 그리스도"가 "주 예수"가 된다. 하지만 비평 본문은 다른 9번을 "그리스도"라고 놔둔다. 2:8에서 다른 변화는 신적 이름을 "주"에서 "주 예수"로 사실상 확장한다는 것이다. 게다가 비평 본문이 데살로니가전서 1:1에서 "주 예수 그리스도"에 대한 언급을 포함한다는 점을 주목해야 한다. 그것은 TR에는 빠져 있는 언급이다. 이러한 자료들은 음모론자의 상상력을 한껏 확대한다. 그들은 그리스도의 인격을 축소하는 음모에 가담한 자들이 왜 그런 엉성한 일을 했는지 설명해야 한다.

---

10. 이런 언급은 살후 1:1, 2, 7, 8, 9, 12(2번); 2:1, 2, 8, 14, 16; 3:1, 3, 4, 5(2번), 6, 12, 16(2번), 18에 나온다.

데살로니가전서 5:2을 보면 그날은 "밤에 도둑같이" 올 것이다(해당 구절의 설명을 보라). 그날은 예수님의 강림하심을 준비하지 않은 사람들에게는 파괴하는 도둑같이 온다. 신자는 그 사건에 놀랄 수도 있지만, 주의 날에 주님을 마주하도록 계속 깨어 있는 것에 초점을 맞추어야 한다. 신자에게는 주의 날이 구원이 될 것이다. 그러나 불신자에게는 심판이 된다.

바울의 종말론이 왜곡되어 뜬소문으로 떠돌고 있었다(혹은 그럴 가능성이 있었다). 2:2에 대한 주요 해석은 다음과 같다.

1. 주의 날이 이미 이르렀다.[11] 대부분의 영어 역본은 어떤 형태로든 '이르렀다'(has come) 혹은 '여기 있다'(is here)라고 표현한다.
2. 주의 날이 가까이 왔다. 몇몇 번역은 이런 관점을 따른다[예를 들어, KJV는 '가까이 있다'(is at hand)라고 표현한다].[12]

NLT의 "이미 시작되었다"(has already begun)는 번역은 두 개의 해석을 결합한 것이다. 즉, '그것은 시작되었고, 그것은 성취되는 과정에 있으며, 장차 완전히 이룰 것이다.'

주동사를 어떻게 번역하는가에 따라 많은 점이 달라진다. '왔다'(has come, ἐνέστηκεν)는 말은 ἐνίστημι의 완료 시제로, 때로 어떤 사건이 도래한 것에 사용되는 동사이다. 미래 시제는 디모데후서 3:1에서 종말론적 사건에 사용된다(KJV). "말일에 위험스러운 때가 올 것이다(shall come)." 이에 대해서는 더 깊이 어휘 연구를 해야 한다. 우선 BDAG는 "바야흐로 일어날 일로 위협하는, 임박한, 절박한 등을 함축할" 가능성을 시사한다. 문제는 주어진 예들이 모호하고, '현재 존재하는'(to be present)이라고 쉽게 번역될 수 있다는 것이다.

하지만 더 살펴보면 LSJ 어휘 사전에 '시작하다' 혹은 '가까이 있다'라는 정의에 대한 더 확고한 증거가 있음을 알 수 있다.[13] 예를 들어, 폴리비우스의 글(Polibius, *Hist.* 1.71.4, Shuckburgh 번역)은 이렇게 표현한다. "그들은 더욱 어렵고 가공할 만한 전쟁의 발발에 직면하고 있었다(문자적으로는 '그것이 임박했다', ἐνίστημι의 미완료 시제)"(또한 *Hist.* 3.97.1을 보라). 즉, 그 동사는 일반적으로는 오다(to come)라는 뜻이지만, 몇몇 경우에는 임박하다(to be impending)라는 의미를 지닌다.

어휘 사전의 증거에 덧붙여, 초기 역본들은 교회가 그 동사를 '임박한'의 의미로 이해했음을 보여준다. 예를 들어, 라틴어 불가타 성경에는 '*instet*'(*insto*에서 나온), 곧 '바로 가까이에 있는'이라는 말이 나온다. 아우구스티누스는 옛 라틴어(역시 '*instet*')를 사용하여, 그 절이 "주의 강림하심이 이미 바로 가까이에 있었다"는 것과 "마지막 날의 임박함"을 의미한다고 풀어 해설했다.[14] 크리소스톰은 코이네 헬라어를 사용하는 청중에게 설교하면서 이렇게 말했다. "여기에서 그는 어떤 사람들이 마치 바울에게서 받은 것처럼 서신을 하나 위조해 보여주면서 주의 날이 가까이에 있다고, 그래서 그들이 많은 사람을 오류로 이끌 것이라고 암시하는 듯하다."[15] 크리소

---

11. Best, *Thessalonians*, 276은 "지금 존재한다"(is present)라고 번역한다. Malherbe, *Letters to the Thessalonians*, 417은 "왔다"(has come)라고 번역한다. Fee, *Thessalonians*, 273은 "왔다"라는 번역을 받아들이지만, 오류를 범한 사람들이 그 말을 무슨 의미로 사용했는지 알 수 없다는 점을 인정한다.
12. 찬성 의견으로 A. Oepke, "ἐνίστημι," *TDNT*, 2:544; Green, *Thessalonians*, 305.
13. 그 동사에는 '계류 중'(pending)이라는 법적 의미가 있었다. 임박한 사건이라는 의미에서 계류 중이라는 것이 아니라, 계속되는 소송이라는 의미다. 이 전문적인 법적 의미는 데살로니가후서 2:2에서 적용되지 않는다.
14. Augustine, Letter 199.1.2, Gorday, *Colossians, 1–2 Thessalonians, 1–2 Timothy, Titus, Philemon* (ACCS), 108에서 찾아볼 수 있다. Ambrosiaster, *Commentaries on Galatians-Philemon*, 114도 그렇게 말한다.
15. John Chrysostom, *Homilies on Second Thessalonians* 3 (*NPNF¹* 13:386).

스톰은 바울의 말을 풀어 설명하면서 바울이 말한 '왔다'(ἐνίστημι)라는 동사보다는 '가까이 있다'(ἐφίστημι)는 것을 분명히 의미하는 동사를 사용한다. 다시 말해, 크리소스톰은 두 개의 복합 동사를 동일한 것으로 생각하여, 그 거짓 가르침을 주의 날이 가까이 있지만 현재는 존재하지 않는다는 것으로 해석한다.

마지막 어휘 자료는 앞에서 언급된 주후 2세기의 소문에서 나온다. 히폴리투스(Hippolytus)는 본도(Pontus)의 한 사람에 대해 말한다. 그 사람은 꿈을 꾸고 나서 자기 교회에 "형제자매들이여, 심판이 1년 후에 일어날 것이오"라고 알렸다. 히폴리투스는 "그들은 그의 말을 마치 주의 날이 가까이 있다는 말처럼 들었다"[16]라는 말로 그 사람의 가르침을 요약했다. 헬라어 본문은 데살로니가후서 2:2d에 나온 것과 똑같다. 아마 그 편지 본문은 거짓 선지자나 히폴리투스 혹은 둘 다 썼을 것이다. 중요한 점은, 2:2의 말을[문제의 동사(ἐνέστηκεν) 용법을 포함해서] 그날이 아직 도래하지 않았지만 임박했다고 말하는 것으로 사용할 가능성이 있다는 것이다.

그것이 첫 번째 견해의 '주의 날이 이미 왔다'는 뜻이었다면 바울은 무엇을 말하고 있는 것인가? 바울의 말이 '최후의 환난기가 이르렀다'는 의미였을 가능성은 별로 없다. 선지서, 공관 복음 전승, 바울의 어휘에서 주의 날은 최후의 사건으로 이어지는 징조들을 포함하지 않는다. 마태복음 24장에서는 그날 자체가 인자의 강림하심 혹은 파루시아와 동일하게 여겨진다.

그렇기 때문에 어떤 사람들은 이 소문과 '부활이 이미 지나갔다'(딤후 2:18, "이미", ἤδη라는 부사를 사용해서)는 교리가 연관된다고 본다. 즉, 데살로니가인들이 주의 날을 '영적으로 해석'하게 되었다는 것이다. 예를 들어, 주이트는 "데살로니가후서 2:2이 함축하는 것은 그리스도가 이러저러한 형태로 이미 다시 오셨다는 것이다. 그래서 예언자 집단에서 더 이상 파루시아를 준비할 필요가 없다는 신탁이 나오게 되었다는 것"[17]이라고 말한다. 이 견해의 약점은 본문에 나오는 어떤 것도 급진적으로 실현된 종말론을 말하지 않는다는 점이다.

두 번째 견해인 '주의 날이 가까이 왔다'는 것은 그것을 뒷받침하는 어휘적 자료도 약간 있고, 2:1-12의 전후 문맥에서 나온 증거도 매우 많다. 바울의 논박은 영적으로 해석된 주의 날의 부활과 관련된 것이 아니다. 그것은 데살로니가인들이 예수님이 말씀하시고 그다음에 바울이 말한 그날의 도래에 대한 연대적 순서를 정확하게 적용하지 못하는 것과 관련된다.[18] 예수님은 "그 날" 혹은 "끝"(마 24:14)이 올 것이지만, 다른 표적들이 일어나기 전에 오지는 않을 것이라고 경고하셨다. 또한 예수님은 제자들이 시대의 표적들을 세상의 종말이 임박했다는 전조로 잘못 해석할 수도 있다고 경고하셨다. 데살로니가인들에 대해 말하자면, 그들은 특정한 사건이 먼저 일어나야 한다는 점을 이미 안다. 그들은 주위에서 두려운 일들이 일어나고 있었지만, 최후의 배교와 불법의 사람이 아직 나타나지 않았다는 것을 쉽게 관찰할 수 있다.

데살로니가에서 급진적으로 실현된 모종의 종말론이 문제였다면, 바울의 대답은 핵심을 벗어난 것이 된다. 브루스가 지적하듯 "3-8절에서 나오는 것처럼 미래에 일어날 종말론에 대해 더 듣는 것은 그들이 처한 상황에 도움이 되지 않았을 것이다."[19] 만약 누군가가 바울이 거짓 가르침을 이해하지 못했을 것이라고 반대한다면, 고린도전서 15장을 주목해야 한다. 거기에서 바

---

16. Boring, Berger, and Colpe, *Hellenistic Commentary*, 497. *Commentarium in Danielem* 4.19.4 (SC)에서 나온 헬라어 본문.
17. Jewett, *Thessalonian Correspondence*, 100; 또한 Malherbe, *Letters to the Thessalonians*, 428-29. Schmithals, *Paul & the Gnostics*, 203-5는 그 오류의 뿌리가 영적 부활이라는 영지주의적 교리에 있다고 본다.
18. 찬성 의견으로 Best, *Thessalonians*, 276-77.
19. Bruce, *1 & 2 Thessalonians*, 166. 또한 Green, *Thessalonians*, 305. 그는 "우려하는 관심사는 그날이 이미 왔는가 아닌가 하는 것이 아니라, 그날의 임박성에 대한 것이었다"라고 결론을 내린다.

울은 몸의 부활에 대한 고린도인들의 반대를 성경, 사도적 전통, 논리, 철학적 추론을 가지고 능숙하게 분석해서 설명한다. 데살로니가의 경우, 혼동의 가능성은 거의 사라졌다. 디모데는 이제 세 번째로 그들에게 갔다. 그는 교회 그리고 바울과 실라 사이를 왔다갔다하면서 보고 들은 것을 증언하고, 있는 그대로 서술한다.

따라서 당시 떠돌던 소문은 대략 다음과 같았다고 볼 수 있다. '종말의 표적이 이미 우리에게 임했다. 그 표적은 선지자들과 주 예수님이 하신 예언을 성취한다. 그러므로 주의 날과 그리스도의 재림이 임박했다.' 바울은 이미 그들이 아는 것에 기초하여 주의 날과 파루시아가 임박할 수 없음을 보여줌으로써, 소문에 이의를 제기한다. 만일 불법의 사람이 나타나지 않았다면, "막는 자"가 여전히 그 자리에 있다. 바로 그 사실로 말미암아 주의 날은 오지 않았으며, 심지어 가까이 있지도 않았다. 따라서 그들은 근심하지 말아야 한다.

2:3a 누가 어떻게 하여도 너희가 미혹되지 말라(μή τις ὑμᾶς ἐξαπατήσῃ κατὰ μηδένα τρόπον). 바울의 말은 단호하다. 하지만 그가 독자에게 하는 책망이라고 할 만큼 강하지는 않다. 미혹은 마귀의 도구이다. 그리고 마귀는 맨 마지막까지 그것을 사용할 것이다. 이것은 다른 어느 곳보다 2:9-11에서 명백히 나타난다. 바울은 다시 한번 강력한 복음 전통에 의거해서 말한다. 예수님이 종말에 대해 질문을 받으셨을 때, 처음으로 하신 대답은 "너희가 사람의 미혹을 받지 않도록 주의하라"(마 24:4)는 것이었다. 거짓 선지자들이 많은 사람을 미혹할 것이다 (24:11). 가짜 파루시아, 가짜 메시아, 현혹하는 표적이 나타날 것이다(24:23-24).

바울이 '미혹되다'(ἐξαπατήσῃ)라는 동사를 사용하는 것은 적절하다. 그것은 사탄의 계교를 묘사하는 데 흔히 사용되는 동사이다. 창세기 3:13은 하와가 뱀을 비난하는 것에 대해 단순한 형태(ἀπατάω)를 사용한다. 바울은 여기에서와 고린도후서 11:3에서 복합적 형태인 '미혹하다'(ἐξαπατάω)를 사용한다. 그리고 바울은 디모데전서 2:14에서 뱀이 하와를 속인 것에 대해 말하기 위해 두 동사를 모두 사용한다. 이러한 속임은 그저 어떤 인간 교사가 말한 대안적 해석이 아니다. 그것은 교회를 당황스럽게 만들어(또한 롬 16:18을 보라) 취약하게 하려는 마귀의 책략이다.[20]

2:3b-e 먼저 배교하는 일이 있고 저 불법의 사람 곧 멸망의 아들이 나타나기 전에는 그 날이 이르지 아니하리니(ὅτι ἐὰν μὴ ἔλθῃ ἡ ἀποστασία πρῶτον καὶ ἀποκαλυφθῇ ὁ ἄνθρωπος τῆς ἀνομίας, ὁ υἱὸς τῆς ἀπωλείας). 바울은 그들이 진정하는 데 도움을 주는 정보를 제공한다. 주의 날은 다른 두 사건이 일어난 뒤에야 오리라는 것이다.

바울은 원인을 나타내는 말(ὅτι, '왜냐하면', 개역개정에는 번역되어 있지 않음-역주)을 사용하는데, 그것은 말의 생략, 곧 불완전한 문장으로 이어진다. 이 구절은 문자적으로 '왜냐하면 배교하는 일이 먼저 있지 않다면'인데, 뒤이어 '그렇다면' 절이 나오지 않는다. NAB는 그것을 문자적으로 번역해서 2:5에 나오는 '상기시키는 말'로 끝나는 불완전한 문장으로 만든다. "왜냐하면 만일 배교하는 일이 먼저 있고 불법의 사람이 나타나지 않는다면…너희는 내가 너희와 함께 있을 때에 이런 일들을 너

---

20. 거짓 가르침이 임의적인 것이 아니라 의식적인 속임수의 일부라는 것을 인정하고 나면, 정보 수집의 세계에서도 유사한 점을 발견할 수 있다. 스파이 활동은 적이 비밀로 간직하기 원하는 지식을 습득하는 것이다. 역스파이 활동은 적에게 거짓말을 흘리는 것이다. 영리한 스파이는 대부분 입증할 수 있는 일련의 정보를 모은 다음, 그 자료에 위조된 정보를 포함해서 그것이 진리처럼 보이도록 만든다. 데살로니가에서도 그랬을 수 있다. 아마 거짓 가르침은 대부분 사실이었을 것이며(그리스도가 오고 계시다, 주의 날은 심판의 날이다. 그리스도는 의인의 정당함을 입증하시고 악인을 처벌하실 것이다), 작은 한 부분이 잘못되었을 것이다(그날이 우리에게 임했다. 그러니 당황하라!).

희에게 말한 것을 기억하지 못하느냐?" 이 문맥에서 조건절 혹은 '만일'(ἐάν) 절은 어떤 가상적인 가능성이 아니라, 일어날 일에 대해 바울이 자신 있게 말하는 것이다.

미래의 사건은 "배교하는 일" 혹은 '배반'(ἡ ἀποστασία)이라고 나온다. 그 단어는 정치적 반란을 나타낼 수 있다. 요세푸스는 갈릴리 유다가 로마에 대항해 일으킨 '반란'을 나타내기 위해 그 단어와 같은 어원에서 나온 동사(ἀφίστημι)를 사용했다[Josephus, *Ant.* 13.7.1(§219)]. 칠십인역에서 '배반'(ἀφίστημι)이라는 단어군은 도처에서 발견된다. 하지만 '반역'(ἀποστασία)이라는 명사 형태는 정경에 속한 책에서는 여호수아 21:22, 역대하 29:19, 예레미야 2:19에만 나온다. 위경에서 유대인은 마카베오1서 2:15에서 안티오쿠스 4세 치하에 배교했다(NRSV). "배교를 집행하는 왕의 관리들이 그들이 헬라 신들에게 제사를 드리게 하기 위해 모데인(Modein) 성으로 왔다." 바울은 디아스포라 유대인의 가르침을 모독했다고, (문자적으로) "모세로부터 배교"(행 21:21)했다고 비난받았다. 또한 그 동사 형태는 히브리서 3:12의 배교에 대한 경고에서 그리고 누가복음에 나오는 씨 뿌리는 자의 비유에서 박해 때문에 배반하는 사람들(눅 8:13)을 가리켜 사용된다. 바울은 디모데전서 4:1에서 종말에 배반하는 것에 대해 ἀφίστημι를 한 번 사용한다. 바울은 데살로니가후서 2:3에서만 명사 형태(ἀποστασία)를 사용한다.[21]

그 같은 종말 때의 배교는 유대 종말론에서 널리 퍼져 있는 주제였다. 대다수는 하나님의 율법을 버리는 반면, 소수의 남은 자는 의로움을 지킨다.

그 이후에 일곱째 주간에 한 배교자 세대가 일어날 것이다.
그 행동은 많이 일어날 것이며, 그것은 죄악일 것이다(*1 En* 93.9, ed. Charlesworth).

예수님은 최후 종말 때 배교가 일어나리라 예언하셨다[마 24:10, '배반하다'(σκανδαλίζω)에 해당하는 동의어를 사용함]. 데살로니가후서 2:5에 암시된 것은 바울이 데살로니가에 있는 동안 그들에게 최후의 배교에 대해 가르쳤다는 것이다. "내가 너희와 함께 있을 때에 이 일을 너희에게 말한 것을 기억하지 못하느냐."[22] 목회 서신에는 부분적으로 당면한 미래를 언급하는 것일 수 있지만, 묵시적 언어로 표현되어 있는 한 쌍의 예언이 나온다.

딤전 4:1 "그러나 성령이 밝히 말씀하시기를 후일에 어떤 사람들이 믿음에서 떠나 미혹하는 영과 귀신의 가르침을 따르리라 하셨으니."
딤후 3:1 "너는 이것을 알라 말세에 고통하는 때가 이르러."

일부 세대주의자는 2:3을 "배교"가 아니라 "제거" 혹은 "떠남"이라고 번역해야 한다고 주장했다.[23] 분명 같은 어원에서 나온 동사(ἀφίστημι)의 의미 중 하나는 '떠나다'이다(눅 2:37; 행 15:38). 하지만 같은 어원에서 나온 명사에 단순히 그 의미를 부여할 수는 없다. 명사 형태(ἀποστασία)는 종교적 배교를 나타내는 유대교 및 기독교의 전문 용어로, 가룟 유다, 적그리스도, 종말 때의 종교적 반역을 묘사하는 데 사용되었다. 여기에서 그 말은 바로 그런 의미이다.

---

21. W. Bauder, "Fall, Fall Away," *NIDNTT*, 1:606-11에 나오는 이 단어군에 대한 개관을 보라. Lampe의 *A Patristic Greek Lexicon*은 헬라 교회에서 ἀποστασία가 보통 종교적 '반역, 변절'을 의미한다는 것을 보여준다.

22. Malherbe, *Letters to the Thessalonians*, 418에서 언급하는 바와 같이.

23. Reiter, *Three Views on the Rapture*, 32를 참고하라. 오래전, 세대주의자인 Kenneth Wuest와 Schuyler English는 이것이 '떠남', 즉 휴거라고 말했다. 또한 H. W. House "Apostasia in 2 Thessalonians 2:3: Apostasy or Rapture?" in *The Return: Understanding Christ's Second Coming and the End Time* (ed. Thomas Ice and Timothy J. Demy; Grand Rapids: Kregel, 1999)을 보라. John Walvoord와 대부분의 다른 세대주의자는 '휴거'라는 해석을 거부했다.

앞에서는 바울의 종말론적 가르침이 마태복음의 전승을 직접 인용한 것은 아니지만, 곳곳에서 그 전승과 유사해 보이는 점을 살펴보았다('데살로니가전후서 서론'을 보라).

제자들은 놀라지 말아야 한다.
속이는 것과 거짓 선지자들이 나타날 것이다.
많은 사람이 배교할 것이다.
적그리스도적 인물이 나타날 것이다.

그것은 특정한 종말론적 사건을 말하기 때문에, 이 책에서는 "배교하는 일"(Apostasy)[24]에 대문자를 사용한다. 종말 때에 누가 배교할 것인가? 주요 견해로는 (1) 세상 일반,[25] (2) 유대 민족,[26] (3) 교회[27]가 있다.

(1)번과 (2)번의 견해가 지닌 난점은 극복할 수 없는 듯 보인다. 정의상 배교는 어떤 사람이 이미 신앙을 고백했을 때만 가능하다. 따라서 이것은 그리스도를 인정하지 않는 사람들은 배제하는 것 같다. 또한 마태복음 24장에서 종말론적 가르침을 받는 대상은 예수님의 제자들이다.[28] 박해와 사탄의 속임수로 말미암아 제자들은 복음에 대한 믿음에서 떠날 위험에 처해 있다. '많은' 사람이 떠날 것이다. 그리고 끝까지 견디는 자는 구원을 얻을 것이다(24:10, 13). 예수님은 마태복음 13:21에서 경고하셨던 "넘어지는" 위험이 고조되는 것을 묘사하시는 것이다.[29] 심지어 교회가 처음 세워진 지 몇 년도 안 되어 사람들은 배교에 빠지고 있었다. 바울 팀의 일원인 데마는 분명 믿음을 떠났다(딤후 4:10). 요한의 신학에서 '적그리스도'는 종말론적이다. 그런데 그의 '영'은 신자 가운데 역사하면서, 그들이 오류에 빠지게 하고 공동체에서 떨어져나가게 한다(요일 2:18-19; 또한 2:22; 4:3; 요이 1:7). 요한 서신이 쓰일 무렵 본도(북부 터키)의 일부 그리스도인은 박해에 처하자 신앙을 부인했다. 소 플리니우스(Pliny the Younger) 총독은 이렇게 기록했다.

밀고자에게 고발당한 다른 사람들은 자신이 그리스도인이라고 단언했다. 그러고 나서 그들은 자신이 그리스도인이었지만, 약 3년 전 그리스도인이 되지 않기로 했다고, 어떤 사람들은 더 오래전에, 또 다른 사람들은 25년 전에 그렇게 했다고 주장하면서, 자신이 그리스도인임을 부인했다. 그들은 모두 신의 형상과 조각상을 숭배했고, 그리스도를 저주했다.[30]

하지만 마태복음과 데살로니가 서신이 가르치는 긍정적 측면이 있다. 예수님은 "택하신 자들"은 미혹당하거나 배반하지 않을 것이라고 강조하신다. 그들에게는 그날들이 감해질 것이고(마 24:22), 모이게 될 것이다 (24:31). 하지만 예수님의 말씀을 듣는 자들과 예수님을 따르는 자들이 하나님 나라에 들어가고자 하는 소망을 계속 지니고 싶다면 끝까지 견뎌야 한다(24:13; 살후 1:5). 많은 그리스도인은 하나님 나라에 자신의 자리가 보장되어 있다고 생각하지만, 환난이 심해지면서 그리스도를 버리게 될 것이다. 하지만 우리는 마태복음 13:24-25과 데살로니가 서신에 나오는 동일한 긴장을 만난다. '반드시 끝까지 견디라'와 '선택받은 자들은 견딜 것이라'

---

24. 이것이 '그' 배교('the' Apostasy)라는 것은 ἀποστασία가 정관사를 갖고 있기 때문이 아니다. 더 정확히 말하면, 그것이 최후의 종말론적 배교임을 보여주는 것은 전후 문맥이다.
25. Bruce, *1 & 2 Thessalonians*, 166.
26. 찬성 의견으로 Best, *Thessalonians*, 282-83; Wanamaker, *Thessalonians*, 244.
27. Malherbe, *Letters to the Thessalonians*, 431. 반대 의견으로 Fee, *Thessalonians*, 281-82. Fee는 공관 복음 전승 및 디모데전후서에 나오는 배교자 제자들에 대한 경고를 마땅히 고려하지 않으면서 '교회'라는 해석을 거부한다.
28. 일부 세대주의자가 하듯이, 감람산 강화를 들은 열두 제자를 예수님의 전형적인 추종자들이 아니라, 환난 동안 이스라엘의 대표로 해석해야 한다는 것은 이성에 특별히 호소하는 것이다.
29. Green, *Thessalonians*, 307을 보라.
30. "Medieval Sourcebook: Pliny on the Christians, Letters 10.96-97"; www.fordham.edu/halsall/source/pliny1.html을 보라.

는 말은 모순이 아닌 같은 종류의 진리라는 것이다.

종말에 대한 또 다른 필수불가결한 표적은 "불법의 사람"이 나타나는 것이다. '나타났다'(ἀποκαλυφθῇ)는 말은 우리가 종말에 들어가고 있다는 것을 암시한다. 이것은 데살로니가후서 2:6의 "그의 때"와 2:7의 "비밀"이라는 말이 나타내는 바와 동일하다. 그 동사는 소위 '신적 수동태'[그가 나타나신다(he is revealed)=하나님이 그를 나타내신다(God reveals him); 참고. 롬 1:18]의 한 사례이다. 하나님은 역사에 대한 주권자이시다. 그리고 종말 때 일어나는 사건들에서 하나님의 주권은 점점 더 눈에 보이게 드러난다.

이 인물에 대해 사용된 용어(ὁ ἄνθρωπος와 ὁ υἱός)는 남자 인간을 언급한다고 해석되어야 한다. 첫째는 이 남성 용어들 때문이며, 둘째는 6절의 '그'(αὐτόν)가 총칭적인 '어떤 사람'이 아니라 남성이기 때문이다. 바울은 그를 소위 서술적 소유격과 동일하게 여긴다. 그 사람은 불법으로 특징지어질 것이다. "불법의 사람"이라는 말은 수많은 사본과 다수 본문(Majority Text)에서 "죄의 사람"이라고 표현된다. 시내 산 사본(Sinaiticus)과 바티칸 사본(Vaticanus)은 '불법'(lawlessness, ἀνομίας)이라는 독법을 지지한다. 비평 본문 편집 위원회는 '불법'이라는 말을 택했다. 그것은 그 단어가 바울에게서 비교적 드물게 나타나기 때문이고, 그것이 2:7의 "불법의 비밀"이라는 말에 전제된 것처럼 보이기 때문이다.[31] 불법이 성하리라는 것은 마태복음에 나오는 묵시의 또 다른 측면이다 (24:12; 참고. 13:41).[32] '불법'(ἀνομία)이라는 말을 '모세 율법이 없는' 등의 의미로 제한할 필요는 없다. 오히려, 그 말은 보다 광범위하게 "창조주이신 하나님의 권위에 복종하기를 거부하는 것, 하나님을 하나님으로 인정하기를 거부하는 것"[33]을 가리킨다. 바울은 두 번째 묘사를 한다. 그가 "멸망의 아들"(τῆς ἀπωλείας)로서 앞으로 올 하나님의 심판의 위협 아래 살리라는 것이다. 신학적 언어에서 "…의 자녀"가 무엇을 뜻하는지에 대해서는 데살로니가전서 5:4-5을 보라.

브루스는 다음과 같이 설득력 없는 의견을 내놓는다. 바울이 "그의 독자들이 누구에게서 혹은 언제 적그리스도가 오는 것에 대해 들었는지 말하지 않는다. 그것은 초대 기독교적 종말론의 공통 요소였다."[34] 데살로니가 제자들이 일정 기간 동로마제국 주변의 여러 그리스도인 회중에게 퍼져 있는 다양한 전승을 흡수했다면, 이러한 해석이 받아들여질 것이다. 하지만 그들의 이야기가 시작된 지 얼마 안 된 지금, 그들이 기독교에 대해 알고 있던 대부분의 내용은 바울의 팀이 전해준 것이었다. 바울은 그저 사도들이 이미 그들에게 가르친 것을 상기시킨다.

2:4 그는 대적하는 자라 신이라고 불리는 모든 것과 숭배함을 받는 것에 대항하여 그 위에 자기를 높이고 하나님의 성전에 앉아 자기를 하나님이라고 내세우느니라(ὁ ἀντικείμενος καὶ ὑπεραιρόμενος ἐπὶ πάντα λεγόμενον θεὸν ἢ σέβασμα, ὥστε αὐτὸν εἰς τὸν ναὸν τοῦ θεοῦ καθίσαι, ἀποδεικνύντα ἑαυτὸν ὅτι ἔστιν θεός). 사도는 2:3의 생각을 이어가면서, 불법의 사람의 신원에 대해 데살로니가인들이 아는 용어로 훨씬 상세히 설명한다. 바울은 이 사람을 실명사적 분사로 묘사한다. '대적하는 자 그리고 그 위에 자기를 높이는 사람'이라는 것이다. 두 행동이 밀접하게 연관된다는 사실은, 이 둘이 '그리고'(καί)로 연결된 것과, 두 번째 분사 앞에 관사가 빠져서 이것이 그랜

---

31. Metzger, *Textual Commentary*, 567.
32. 흥미로운 여담으로 Justin Martyr는 그를 "배교의 사람"이라고 언급함으로, 이 구절에 나오는 종말의 두 표적을 하나로 묶는다. Justin, *Dial.* 110 (ANF 1:253)을 보라.
33. Gaventa, *First and Second Thessalonians*, 111. 또한 W. Gutbrod, "ἀνομία," *TDNT*, 4:1085-86; Malherbe, *Letters to the Thessalonians*, 419를 보라.
34. Bruce, *1 & 2 Thessalonians*, 179.

빌 샤프 법칙의 예가 된다는 것으로 증명된다.[35] '대적하다'(ἀντικείμενος)라는 말은 적대감이라는 의미를 지닌다. '그는…의 적이다.'[36] '자기를 높이다'(ὑπεραιρόμενος)라는 말은 교만하게 자신을 위로 올리는 것을 말한다.

그 사람의 신성모독은 광범위하다. 그것은 단지 하나님께만 대항하는 것이 아니라, "신이라고 불리는 모든 것과 숭배함을 받는 것"[37]에 대항하는 것이다. 후자의 용어는 광범위하다. "그 대적은 경외감의 대상이 될 수 있는 모든 것 위에 자신을 높인다. 바울은 가능한 한 일반적이고 포괄적으로 진술한다."[38]

하나님의 원수는 "하나님의 성전"에 앉는다. 이 문맥에서 '앉다'(καθίσαι)라는 말은 제의적이다. 즉, 그가 '스스로 예배의 대상으로 취임한다(install himself)'는 것이다. 이 해석은 그다음에 나오는 내용으로 강화된다. 즉, 그가 자신을 하나님이라고 주장하는 것이다. "하나님의 성전"이 이교 신의 신전을 가리킨다고 말한다면(마치 그것이 데살로니가의 제의의 중심이라도 되는 양), 큰 어려움이 따른다. 바울이 그의 구전적 가르침에서 달리 이야기한 바가 없다면, 듣는 사람들은 자연히 예루살렘 성전을 생각할 것이다. 그 성전은 20년 이상 더 서 있을 것이다. "성전" 혹은 '성소'(ναός)라는 말은 거룩한 장소와 내적 성전[39]을 합친 것을 가리킬 수 있다. 아니면 그것은 거룩한 장소로 국한될 수 있다.[40] 가증한 것에 대한 마태복음의 비슷한 이야기에서(마 24:15) 그 가증한 것은 "거룩한 곳"에 서 있다('앉아 있는' 것이 아니라). 마가복음 13:14은 그것이 "서지 못할 곳에 선 것"이라고 말한다. 마태복음은 다니엘서의 언어를 반영하는데, 거기에서는 주전 167년 안티오쿠스 4세 에피파네스가 예루살렘을 황폐하게 한 것을 가리킨다(단 9:27; 11:31; 12:11). 안티오쿠스의 신성모독 행위는 지성소가 아니라 주된 제단에서 일어났다[1 Macc 1:54(NRSV)을 보라. "그들은 번제단 위에 황폐하게 하는 신성모독을 세웠다."]

'자기를 내세우다'(proclaiming himself)라는 동사는 때로 누군가 어떤 것을 큰 소리로 선언하는 것을 나타낸다. 여기에서 그 말은 행동으로 보이는 것을 말한다(고전 4:9). 불법의 사람은 특정한 방식으로 '자신이 신/하나님이다'(ὅτι ἔστιν θεός)라는 그의 신성모독을 전한다. 이것은 영어에서 참된 하나님을 대문자로(God) 그리고 이교 신들을 소문자로(god) 말하는 것이 문제가 되는 경우에 해당한다. 구절 끝부분의 θεός가 무엇을 가리키는지 확실하지 않기 때문이다. 거기에는 관사가 없다. 그 사람은 자신을 신 혹은 하나님으로 내세울 것이다. 그리고 헬라어로는 두 경우 모두 같을 것이다. NAB는 그것을 "신"(a god)이라고 번역하는 반면, 대부분의 다른 영어 역본은 "하나님"(God)이라고 번역한다.

자신을 '신' 혹은 '하나님'으로 만드는 것은 진리를 배반하는 일이 될 것이다. 그래서 전후 문맥을 보면 둘 다 말이 된다. 불법의 사람은 이미 "신이라고 불리는" 온갖 신성에 대항했다. 참되신 하나님께뿐만 아니라, 그가 혹은 누군가가 실재로든 신화로든 상상할 수 있는 모든 다른 신에 대해서도 마찬가지이다. 또 다른 증거는 NAB가 옳으며, 바울이 가리키는 것이 '신'이라는 점을 시사한다. 이것은 주전 3세기 셀레우코스 왕의 이름인 안티오쿠스 2세 테오스(Antiochus II Theos)에 담긴 의미이다. 그는 신적 존재였으나 그(the) 하나님은 아니었다. 그것은 또한 사도행전 12:22에서 무리가 아그립바 1세를 "신"이라고 환호했을 때 그 말에 담긴 의미였다.[41] 마게도냐가 복음화되기 단 몇 년 전, 가이오 황제(갈

---

35. Wallace, *Grammar*, 270-73을 보라.
36. BDAG, ἀντίκειμαι. *1 Clem.* 51.1, "대적의 계략"(the tricks of the adversary)을 보라.
37. σέβασμα는 사도행전 17:23에서 아덴 사람들의 다양한 숭배 대상을 언급한다.
38. W. Foerster, "σέβασμα," *TDNT*, 7:173.
39. 찬성 의견으로 Jos., *Ant.* 15.11.3 (§391).
40. 찬성 의견으로 Bruce, *1 & 2 Thessalonians*, 168 (왕상 6:5을 보라).

리굴라)는 정신적 균형을 잃었고, 유럽 제국에서 성행하고 있었던 황제 숭배를 문자 그대로 받아들여 자신을 신으로 만들었다. 가이오는 유대인을 모욕하기 위해 자신의 장군 페트로니우스(Petronius)에게 예루살렘 성전에 자신의 조각상을 세워두라고 명했다. 그러자 수많은 유대인이 성전을 방어하기 위해 목숨을 버리겠다고 자원했다. 그로 인해 페트로니우스는 목숨을 걸고 황제에게 반항했다. 페트로니우스는 주후 41년 갈리굴라가 암살당했다는 소식을 들으면서 목숨을 건졌다.

신약은 안티오쿠스 4세 에피파네스의 죄가 궁극적이고 종말론적인 신성모독의 전조가 된다고 전제한다. 그 관련성은 데살로니가후서에 나오는 말이 "신"을 가리킨다는 해석에 더 무게를 실어준다. 안티오쿠스는 예루살렘 성전에 자신을 야훼로 세운 것이 아니라, 불법의 사람이 하는 것과 똑같은 방식으로 신성모독을 저질렀다. 다니엘은 이렇게 해설한다. "그 왕은…스스로 높여 모든 신보다(πάντα θεόν) 크다 하며 비상한 말로 신들의 신을 대적하며"(단 11:36).

독자들은 다니엘서, 제2성전 역사, 감람산 전승이라는 맥락 안에서만 그 사람의 신성모독적 행동의 의미를 발견할 수 있다. 주목할 만한 신성모독자 세 명, 곧 안티오쿠스 4세 에피파네스, 가이오 갈리굴라 황제, 유다 왕 헤롯 아그립바 1세는 이와 매우 유사한 사례가 된다.

- 안티오쿠스 4세 에피파네스, 가이오, 아그립바 1세처럼 불법의 사람은 숭배를 받는다.
- 안티오쿠스와 가이오처럼 그는 숭배를 강요한다. 요한계시록에 나오는 유사한 내용을 보면 "둘째 짐승"이 첫째 짐승에게 경배하지 않으려는 사람들을 벌한다.
- 이 셋 모두와 마찬가지로 불법의 사람은 고삐 풀린 신성모독적 교만이 특징이다(또한 계 13:4-6을 보라).
- 안티오쿠스와 가이오는 예루살렘 성전을 기습적으로 모독했다. 안티오쿠스는 성공했으나 가이오는 그러지 못했다. 아그립바는 죄를 지었을 때 예루살렘에서부터 이틀이 걸리는 여정에 있었고, 성전을 더럽히려는 의도가 없었다.

예수님은 마태복음 24:15과 마가복음 13:14에서 "멸망의 가증한 것"을 예언하신다. 누가복음 21:20에서 "멸망"은 로마군에 의한 예루살렘 멸망으로 바뀐 듯하다. 세 복음서는 모두 동일한 예수님의 가르침에서 나온 것처럼 보인다. 마태복음과 마가복음에는 다니엘서의 표현이 조금 더 많이 나온다. 이 책은 본문이 현재 상태 그대로 주후 70년에 로마가 취한 행동 및 종말론적 사건을 둘 다 가리킨다는 가설을 채택한다. 그 말은 결국 안티오쿠스에게서 이미 성취되었다. 그리고 그 일이 다시 일어난다면, 미래에 두 번 더 똑같이 성취될 것이다. 즉, 로마와 불법의 사람으로 말미암아 성취될 수 있다.[42]

바울은 주후 40-41년에 있었던 가이오 사건을 알고 있었다. 제2성전 기간에 신성모독자들이 드문드문 나타났다. 하지만 바울은 최악의 경우는 아직 나타나지 않았다고 확신했다. 종말에 나타날 불법의 사람은 그 전에 나타났던 괴물 같은 존재와 마찬가지로 자신을 '신'으로 만들 것이다. 그는 자신을 무시할 수 없는 초자연적

---

41. 사도행전의 이야기는 세부 사항이 약간 다르지만, Josephus, *Ant.* 19.8.2 (§343-52)와 유사하다. Josephus 역시 그(θεός)가 신으로 갈채를 받았다고 진술한다. Agrippa는 그것을 거부하지 않고 자랑스럽게 생각했다. 또한 에스겔 28:2에 나오는 두로 왕을 보라. 대부분의 역본은 그가 "나는 하나님이라"가 아니라 "나는 신이라"고 말했다고 되어 있다.

42. 바울이 다니엘의 "멸망의 가증한 것"에 영향받은 것처럼 보인다는 사실은, 예수님이 그것에 관해 다니엘서의 언어로 예언하셨다는 것과, 공관 복음 본문들이 단순히 주후 70년의 실제 사건들 이후에 구전으로 예수님이 말씀하셨다고 전해진 예언-소위 *vaticinium ex eventu*, 혹은 사실 다음에 나오는 예언-이 아니라는 것을 보여주는 증거이다.

권세라고 선포할 것이다. 새롭게 유일신론을 취하기 때문이 아니라, 교만이 그를 궁극적 신성모독으로 이끌기 때문이다.

본문은 "하나님의 성전"이라는 말로 돌아온다. 이 말은 해석자에게 수많은 가능성을 제시한다.[43]

1. 제2성전: 다니엘서에 나오는 말은 분명 예루살렘 성전을 가리킨다. 가이오는 제국의 주위에 황제 숭배를 촉진했다. 유대인이 동요한 주요 이유는 황제 숭배가 성전 경내에 들어오는 것이었다.[44] 또 다른 해석은 예루살렘 성전의 멸망은 인자가 영광을 받으신다는 표시인데, 그 일은 주후 70년에 일어난다는 것이다[이것은 일종의 과거주의자(preterist, 예언이 이미 이루어졌다고 믿는 사람들-역주)의 입장이다].
2. 제3성전: 이 성전은 종말 때에 더럽혀질 것이다.[45] 이것은 오늘날 세계 전역에서 대단히 인기 있는 해석이다. 그리스도인 대중은 성경이 종말의 때에 대한 표시로 예루살렘 성전의 재건을 예언한다고 확신하기 때문이다. 한 통치자가 미래의 성전에서 예배를 중지할 것이고, 그다음에 그 성전 안에서 신성모독이 일어날 것이다(단 9:27).
3. 은유적 성전: "성전"이라는 말은 예루살렘에 있는 문자적 성전을 다루는 전승에서 나온 말이다. 하지만 이 예언에서와 마태복음 24:15 및 그 평행 구절들은 현재나 미래의 특정한 건물을 말하는 것이 아니다. 그것은 넓은 의미에서 신이라고 주장하는 것을 나타내는 은유이다.[46]
4. 하늘나라의 성전: 불법의 사람은 하늘에 있는 하나님의 성전을 조종하려 할 것이다. 이는 요한계시록 12:7에서 예언하는 바와 같다.[47]
5. 참된 성전, 즉 기독교 교회(고전 3:16-17; 고후 6:16; 엡 2:21-22).[48]

이 중에서 어떤 견해를 취해야 하는가? 바울은 그리스도인 개인 혹은 기독교 교회를 말하기 위해 실제로 "성전"이라는 말을 사용한다. 더구나 5번의 견해는 데살로니가후서 2:3에 나오는 최후의 배교와 유사한 점이 있을 것이다. 그 구절에서는 불법의 사람이 교회에서 하나님의 자리를 차지할 때 배교가 일어날 것이라고 한다. 그럼에도 바울이 데살로니가후서처럼 이른 시기에 그 은유를 사용했다는 증거는 없다. 다니엘도, 예수님도, 요한계시록도 "성전"이라는 말을 '하나님의 백성'을 나타내는 암호로 명백하게 사용하지는 않는다. 이 두 해석에 대한 주장은 설득력이 별로 없다.

4번의 견해에 따르면, 요한계시록 12:7은 하늘 성전

---

43. 여러 견해에 대해서는 특히 Green, *Thessalonians*, 310-13을 보라.
44. Wanamaker, *Thessalonians*, 248; Witherington, *1 and 2 Thessalonians*, 211-12.
45. 이것이 *Barn.* 16.4에서 의도한 의미일 것이다. 그것은 유대인이 그들의 성전을 신뢰하는 것에 대해, (명백히) 곧 그 성전을 재건하려는 그들의 계획에 대해 정죄한다. "그들이 전쟁을 했기 때문에, 그것은 적들에 의해 허물어졌다. 그리고 이제 그 적들의 종들이 그것을 재건할 것이다." 제3성전에 대한 예언은 많은 대중적 복음주의에서 주된 요소이다. 예루살렘에 있는 소위 성전 연구소(Temple Institute, www.templeinstitute.org/를 보라)는 제3성전을 예견하는 사람들의 관심을 끌었다. 그들의 목표를 지지하는 일부 그리스도인은 다음과 같은 논리를 따르는 듯하다. 성전을 재건하라. 그러면 불법의 사람이 모독할 무언가가 있을 것이다. 그러면 환난이 시작될 것

이며, 그리스도가 곧 오실 것이라는 것이다. 신약이 찬성하지 않는 것 그리고 분명 바울 서신에서 존재하지 않는 것은 바로 이런 식의 묵시적 계산이다.

46. Bruce, *1 & 2 Thessalonians*, 169; Best, *Thessalonians*, 286-87. 다른 입장들은 그에게 너무 어렵게 생각되기 때문이다. 반대 의견으로 Wanamaker, *Thessalonians*, 247. 예수 재림파의 입장은 이런 '은유적' 견해의 한 표현에 포함할 수 있을 것이다. 뒤의 내용을 보라.
47. James E. Frame, *A Critical and Exegetical Commentary on the Epistles of St. Paul to the Thessalonians* (ICC; Edinburgh: T&T Clark, 1912), 256-57.
48. Beale, *Thessalonians*, 220을 보라. "예언된 말일의 성전은 교회 공동체의 형태로도 나타나기 시작했다(2:4에 대한 설명을 보라). 2:7은 적그리스도가 이미 그 안에 들어와 더럽히기 시작했다고 말한다."

을 차지하려는 쿠데타를 기록한다. 이것은 빅토리누스(Victorinus)가 주후 2세기 후반 요한계시록에 대한 주석에서 말한 견해였다. 사탄의 멸망은 "적그리스도의 시작"이고, (아마 빅토리누스에 따르면) "배반하는 것"의 시작이다.[49] 이것은 데살로니가후서 2:4을 해석하는 적절하지 못한 방법인 것 같다. 적그리스도라는 인물(본문에 나오는 불법의 사람)은 요한계시록 12:7은 물론이고 13장까지 나오지 않는다. 즉, 요한계시록에는 사건의 순서가 역전되어 있다.

1번의 견해와 관련해서, 예수님은 황폐하게 하는 신성모독 이전과 이후에 둘 다 거짓 종교가 나타날 것이라고 예언하셨다. 여기에서 바울이 관심을 갖는 것은 최후의 배교와 불법의 사람이다. 그것은 유일무이하고도 의심의 여지가 없는 미래의 표시이다. 바울은 주의 날을 언급하는데, 그 말이 가리키는 것은 다름 아닌 데살로니가전서 5:1-2의 예기치 않은 날, 즉 그리스도의 파루시아와 죽은 자들의 몸의 부활이 일어나는 때다. 불법의 사람이 이렇게 종말론과 결부되는 것에 더하여, 2세기 교회는 여전히 성전이 황폐하게 되는 것을 미래에 있을 종말론적인 사건으로 간주했다.[50]

2번의 견해는 함축에 근거하고 있다. 환난 때 성전이 황폐하게 된다면 그리고 주후 70년 이래 예루살렘 성전이 없었다면, 그 중간에 성전이 반드시 재건되어야 한다는 것이다. 하지만 성경 어디에서도 결국 성전이 황폐하게 되는 것을 보기 위해 누군가가 성전을 재건할 것이라는 예언은 나오지 않는다. 다니엘서 9:24을 이렇게 이해할 수 있다. 하지만 그것은 단지 하나의 해석일 뿐이다.[51] 어떤 사람들은, 새 언약에서는 성전이 필요하지 않다고 말함으로써 2번의 견해를 논박한다. 히브리서 10:9의 "그 첫째 것을 폐하심은 둘째 것을 세우려 하심이라"에서 말한 것과 같다는 것이다. 기독교적 관점에서 보면 이것은 사실이다. 하지만 그것이 교회 시대 동안 예루살렘에 성전이 설 수 없다는 뜻은 아니다. 1세기에 40년 동안 성전이 세워져 있었기 때문이다.

예수 재림론자(Adventist)의 입장은 은유적 관점인 3번의 견해가 변형된 것이다. 불법의 사람이 다니엘서 7:25의 "작은 뿔" 예언(그는 "지극히 높으신 이의 성도를 괴롭게 할 것이며 그가 또 때와 법을 고치고자 할 것"이다)에서 예고된(KJV) 로마 가톨릭 교회라는 것이다. 그들은 로마가 예배의 날을 토요일에서 일요일로 바꿈으로써, 마치 자신이 하나님 자리에 앉아 있다는 듯 하나님의 율법을 모독했다고 주장한다.[52] 이 해석은 어떤 개인도 불법의 사람에 대한 예언을 성취할 수 없다고 강조한다. 불법의 사람의 일은 수십 세기에 걸쳐, 그리스도가 오실 때까지 일어나기 때문이다. 이 경우 '하나님이라고 내세우는' 것은 실제로 문자적인 것이 아니라 하나님의 특권 중

---

49. Victorinus, *Commentary on the Apocalypse*, on Rev 12:7-9 (*ANF* 7:356).

50. Irenaeus, *Haer.* 3.6.5 (*ANF* 1:420), "그리고 적그리스도는 들어 올려질 것이다"; Tertullian, *Res.* 24 (*ANF* 3:563), 불법의 사람은 로마 제국이 멸망한 후에 나타날 것이다; Lactantius, *Inst.* 7.17 (*ANF* 7:214-15). 이것은 예언이 이미 이루어졌다고 보는 과거주의적(preterist) 해석에 큰 의문 부호를 찍을 것이다. 그것은 어느 누구도 주후 70년 주의 날이 온 다음에는 종말론적 표적을 찾을 생각을 하지 않으리라는 것을 의미한다. 하지만 최초의 교부들은 계속해서 데살로니가후서 2:4을 전적으로 미래의 것으로 간주했다. 그 밖에 예언이 이미 이루어졌다고 보는 사람들은 어떤 한 역사적 인물을 불법의 사람과 만족스럽게 동일시하는 일이 매우 어렵다는 것을 발견했다. Wanamaker, *Thessalonians*, 248은 주후 70년 이후 "그 본문은 더 이상 타당한 것으로 이해될 수 없다"라고 진술한다.

51. 예를 들어, J. E. Goldingay는 그것이 하스몬가(Hasmoneans) 치하에서 새로운 거룩한 장소를 봉헌하는 것을 말한다고 믿는다. *Daniel* (WBC 30; Nashville: Nelson, 1989), 260을 보라.

52. 이 전통적인 예수 재림파의 접근 방식은 유명한 TV 프로그램인 *Amazing Facts*에서 취한다. www.amazingfacts.org/FreeStuff/OnlineLibrary/tabid/106/ctl/ViewMedia/mid/4 47/IID/8/LNG/en/7/The-Beast-The-Dragon-and-The-Woman/SC/R/Default.aspx#!을 보라. 또한 The Sabbath Truth Research Institute at SabbathTruth.com도 그런 접근 방식을 취한다. 공식적인 제칠일 안식일 예수 재림교(Seventh-day Adventist)의 웹사이트인 SeventhDayAdventist.org는 보다 정치적이며 가톨릭 교회 자체를 비판하지 않는다.

일부를 주장한다는 뜻이다. 그것은 죄를 사하는 권리, 구원의 유일한 수단이 되는 것 그리고 그리스도인에게 절대적 충성을 요구하는 것 등이다. 이 견해가 지닌 난점은 (a) '때와 법을 고치고자 하는' 것은 일반적 진술이고, 어떤 행동에나 적용될 수 있다는 것이다. (b) 콘스탄티누스가 그리스노인이 예배하는 날을 바꾸려 했다는 증거가 전혀 없다. 그는 단지 교회의 오래된 관행을 확인해주었을 뿐이다.[53] (c) 예수님도, 바울도, 요한계시록도 성전모독을 안식일 폐지와 연결하지 않는다.

결론을 내리면, 3번의 은유적 견해가 이 본문을 잘 이해하게 해준다. 그리고 그것은 오컴의 면도칼(Ockham's razor, 어떤 사항을 설명하기 위한 가설의 체계는 간결해야 한다는 원리-역주) 시험도 통과한다. 그것은 다른 해석보다 더 적게 가정해야 하기 때문이다.[54] 은유적 해석이 참이라면, "내세우느니라"(proclaiming)는 분사는 수단의 부사적 분사로 보아야 한다. "그는 자기를 신이라고 내세움으로써 하나님의 성소 안에 자리를 잡는다"[55]는 것이다.

이 영적 범죄는 예루살렘에 있는 특정한 성전 경내에서 이루어질 수도 있을 것이다. 그렇기 때문에 우리는 2번 견해를 배제할 필요가 없다. 그럼에도 2:4의 핵심은 무엇이 일어나느냐와 그 일이 언제 일어나느냐 하는 것이지, 신성모독이 어디에서 일어나는가 하는 것은 아니다. 주의 날이 오기 전에, 사탄의 힘을 받은 단지 사람에 불과한 존재가 다른 모든 신(참되신 하나님을 포함해서) 및 모든 종교적 대상을 대적하고, 자신을 신이라고 높일 것이다. 이 해석은 그 진술을 '단순한' 은유로 만들지도 않으며, 그 행위의 극악함을 경감하지도 않는다.

2:5 내가 너희와 함께 있을 때에 이 일을 너희에게 말한 것을 기억하지 못하느냐(Οὐ μνημονεύετε ὅτι ἔτι ὢν πρὸς ὑμᾶς ταῦτα ἔλεγον ὑμῖν;). 상기시키는 말(살전 1:5에 대한 설명을 보라)은 제자들에게 이미 그 해답이 있다는 사실을 떠오르게 해준다. 그것은 새롭고 당혹스러운 정보 같은 것에 직면할 때, 공포를 느끼지 않도록 대비하는 데 도움이 된다. 일반적인 상기시키는 말처럼, 바울은 "너희가 기억하지 못하느냐"라는 수사학적 질문을 사용한다. 불변화사 οὐ는 바울이 긍정적 대답을 기대하고 있음을 나타낸다('너희는 기억하고 있다. 그러지 않느냐?', μή는 그 반대다). 이 교수 방안은 위로를 주는 효과가 있다. 사도들이 이미 그들의 필요를 예견하고, 그것에 대비했다는 것이다.

바울은 데살로니가인들이 데살로니가전후서에 나온 자료에 기초해서 그들의 종말론을 종합적으로 형성하리라 기대하지 않았다. 오히려 그는 이전에 말로 가르치면서 표현했던 광범위한 신학에 의지한다. 그들이 이미 알고 있던 바는 다음과 같다.

- 배교는 주의 날 이전에 일어날 것이다.
- 불법의 사람은 주의 날 이전에 나타날 것이다.
- 불법의 사람은 자신을 하나님이라고 내세울 것이다.
- 불법의 사람이 나타나지 못하게 막는 것이 있다.
- 데살로니가 사람들은 그 막는 것이 누구/무엇인지 안다.
- 그들은 막는 것이 현재 제 역할을 하고 있다는 것을 안다.

---

53. 행 20:7; 또한 Ign. *Magn.* 9.1. 그리스도인들은 "더 이상 안식일을 지키는 것이 아니라 주의 날에 따라 살고 있다. 그날에 우리의 삶 역시 그분을 통해 일어났다." 또한 *Diogn.* 4; Justin, *Dial.* 10. *From Sabbath to Lord's Day: A Biblical, Historical, and Theological Investigation* (ed. D. A. Carson; Grand Rapids: Zondervan, 1982)에 나오는 탁월한 논의를 보라.

54. 찬성 의견으로 Bruce, *1 & 2 Thessalonians*, 169; Malherbe, *Letters to the Thessalonians*, 421.

55. Wallace, *Grammar*, 628-30. 그것은 원인의 분사로도 똑같이 볼 수 있을 것이다. 같은 책, 631-32를 보라.

2:6 너희는 지금 그로 하여금 그의 때에 나타나게 하려 하여 막는 것이 있는 것을 아나니(καὶ νῦν τὸ κατέχον οἴδατε, εἰς τὸ ἀποκαλυφθῆναι αὐτὸν ἐν τῷ ἑαυτοῦ καιρῷ). 바울은 2:5의 상기시키는 말을 다시 반복하며("너희는…아나니", οἴδατε) 2:3-4에 언급된 불법의 사람에 대한 묘사로 돌아간다. 하지만 이제 바울은 한 가지 새로운 요소를 추가한다. "지금"이라는 말은, "너희는…아나니"에 포함된 것일 수도 있고[56] 아니면 "막는 것"(τὸ κατέχον)에 포함된 것일 수도 있다.[57] 전자의 구문이 더 적절하다. 그리고 이 책은 '현 상황에서 너희는 안다'(as it is, you know)라는 번역을 채택한다.

복합동사인 '막다'(κατέχω=κατά+ἔχω)라는 말은 이 본문에서 결정적으로 중요하다. 이 동사는 칠십인역에 흔히 나오고, 헬라어 신약에서 17번 나온다. 2:6, 7을 빼고 그 말이 데살로니가 서신 다른 곳에 나오는 경우는 데살로니가전서 5:21이다. 거기에서 교회는 은사적 계시를 통해 오는 좋은 것을 "취하"라는 지시를 받는다. 데살로니가후서 2장에서는 그 의미가 다르다. 여기에서 그 말의 의미는 '저지하다' 혹은 '억제하다'이다.[58] 이 구절에서 바울은 '막는(억제하는) 것'(τὸ κατέχον)이라는 중성분사를 사용한다. 2:7에서 그것은 중성에서 남성으로 바뀐다.

그 억제는 특정 목적을 위해 불법의 사람에게 가해진다. 적절한 때가 되어야만 그가 나타나게 "하려 하"는 것이다. "그의 때"(ἐν τῷ αὐτοῦ καιρῷ)라는 말은 "그가 나타나는 것이 옳은 때에"[59]라고 풀어 쓸 수 있다. 앞에서 살펴보았듯이, 이것은 묵시적 표현이다. "그가 나타나게 하려 하여"라는 말은, '하나님이 그가 나타날 때라고 말씀하실 때에만 그를 나타나게 하기 위해'라는 뜻이다.

2:7a 불법의 비밀이 이미 활동하였으나(τὸ γὰρ μυστήριον ἤδη ἐνεργεῖται τῆς ἀνομίας). 바울은 불법의 사람이 나타나는 것이 지연되는 것과 막는 자의 활동 사이의 관계를 더 탐구한다. 불법의 사람이 나타나는 것을 둘러싼 한 가지 비밀이 있다. 이러한 문맥에서 비밀이란 하나님이 알고 계시며 오직 계시를 통해서만 인간에게 알려지는 일련의 원인과 결과를 말한다. 예를 들어, 다니엘은 μυστήριον을 "대단히 확실한 신학적 의미로, '종말론적 비밀'이라는 의미로 사용한다. 하나님이 명하신 환상이 미래에 일어나리라는 것이다."[60] 다니엘은 "오직 은밀한 것을 나타내실 이는 하늘에 계신 하나님이시라 그가 느부갓네살 왕에게 후일에 될 일을 알게 하셨나이다"(단 2:28)라고 선포한다. 사탄은 불법을 널리 전파하고 있다. 하지만 하나님은 그 행동을 자신의 계획에 맞게 이용하고 계신다. 우리는 바울의 말을 이렇게 풀어 쓸 수 있다. '불법은 이미 역사하고 있다. 하지만 하나님이 막는 것을 옮기실 때까지, 부분적으로 그것은 하나의 비밀로 '지하에서' 활동할 수밖에 없다.'

비밀은 '활동한다' 혹은 '작용한다'(ἐνεργεῖται). 데살로니가 신자들은 하나님의 말씀이 그들 안에서 "역사하"는 복을 받았다(살전 2:13). 하지만 사탄 역시 역사한다. 데살로니가후서 2:9의 진술에 의하면, 불법의 사람이 오는 것은 사탄의 역사에 따른 것이다(같은 어원에서 나온 명사인 '역사, 작용, 활동,' ἐνέργεια; 또한 2:11을 보라). 불법이 어떻게 이미 역사하고 있는지 직접 언급되지는 않는다. 이 두 서신은 사탄이 사도들에게 반대함으로 역사하는 것을 보여준다(살전 2:18). 사탄은 그리스도인을 속이려 애쓴다(살후 2:1-3). 그리고 사탄은 불신자가 복음을 거부하게 하는 일을 하고 있다(2:10). 그 외에도 사

---

[56]. CEV, KJV, NIV, NKJV, NJB는 그렇게 말한다.
[57]. ESV, NASB, NRSV, GNB, HSCB. 바울이 H. Hanse, "κατέχω," TDNT, 2:829-30에서 주장하는 것처럼 '바로 지금' 일어난 최근의 사건을 언급하는 것 같지는 않다.
[58]. 찬성 의견으로 BDAG, κατέχω 1. 예를 들어, 눅 4:42; 몬 1:13, "(오네시모를) 내게 머물러 있게 하여."
[59]. BDAG, καιρός 1. a를 보라.
[60]. G. Finkenrath, "μυστήριον," NIDNTT, 3:502.

탄은 교만해져서 스스로 신이라고 선포하는 몇몇 사람을 돕는다. 그들은 안티오쿠스 4세 에피파네스, 가이오, 헤롯 아그립바 1세 등이다. 요한의 언어에서 비슷한 유형을 찾아볼 수 있다. 현재의 활동이 미래의 절정에 이르는 것이다. '적그리스도'는 현재에 그리고 종말 때에 역사한다. "이것이 곧 적그리스도의 영이니라 오리라 한 말을 너희가 들었거니와 지금 벌써 세상에 있느니라"(요일 4:3).

2:7b-c 지금은 그것을 막는 자가 있어 그 중에서 옮겨질 때까지 하리라(μόνον ὁ κατέχων ἄρτι ἕως ἐκ μέσου γένηται). 바울은 2:6에서 말한 것을 고쳐 말하면서 그의 생각을 마무리한다. 그는 '오직'(개역개정에는 번역되어 있지 않음-역주)이라는 말을 사용하여 거기로 되돌아간다. 방해하는 자가 특정한 때까지 그렇게 하리라는 것은 하나님의 계획이다. 특정한 때가 되면, 막는 자는 비켜날 것이고 그때 불법의 사람이 신성모독적 행위를 하려고 나타날 것이다.

"지금은"(ἄρτι)이라는 말은 "막는 자"에 속한다. 그것은 '시간'을 나타내는 또 다른 단어로 그때와 지금 사이를 묘사한다. "…까지"(ἕως)라는 말은 '…이다'(is, γένηται)라는 말과 어울린다. 전치사구 "…중에서"(ἐκ μέσου)는 한 가운데서 이동하다 혹은 제거되다의 개념을 부여한다. 독자는 인간적인 삼차원적 이동을 넘어서 생각할 수 있어야 한다. 영적 세력은 눈에 보이지 않는 수준에서 '막거나' '옮겨질' 수 있다.

바울은 "막는 것"(2:6)이라는 중성 실명사적 형용사를 "막는 자"(ὁ κατέχων)라는 남성으로 바꾼다. 바울이 수수께끼를 내는 것처럼 보일 수 있다. 막는 것은 무엇인가? 그것은 '그것'(it)인가, '그'(he)인가? 이것 때문에 많은 독자는 '그가 성령이다'라는 결론을 내렸다. 성령은 '그'(he)이기 때문이다. 하지만 그것은 '성령'(πνεῦμα)이라는 중성 명사로 표현되기도 한다. 어떤 사람들은 다른 입장을 취해서, 바울이 그 사람이고 '복음'(εὐαγγέλιον)이 중성 명사라고 보았다. 하지만 빠진 자료가 없기 때문에 이것은 추측일 뿐이다. 그리고 단어가 가리키는 대상을 순전히 단어의 성에 기초해서 해석하는 것은 거의 불가능한 일이다.[61]

잘 알려진 대로, 그 막는 것이 무엇인가에 대해서는 많은 해석이 있다. 복음 전파,[62] 하나님,[63] 보다 구체적으로는 지상 교회에 거하시는 성령(교회의 휴거로 막는 자를 제거하거나 제거하지 않는),[64] 행정 당국, 아마 로마 제국,[65] 천사의 세력, 심지어 적절한 때가 오기 전까지 불법의 사람을 저지하는 마귀[66] 등이다. 데살로니가 사람들은 분명 이 수수께끼에 대한 답을 안다. 적어도 우리보다는 더 많이 알 것이다. 우리의 이론은 모두 추론에 따른 것이고, 증거가 부족하다는 점을 겸손히 인정해야 한다.[67]

---

61. 유사한 해석적 문제에 대해서는 고린도전서 13:10을 보라. "온전한 것(τὸ τέλειον)이 올 때에는." 일부 독자는 "온전한 것"이 어떤 사물임이 분명하다고 추정한다. 다른 사람들은 만일 "온전한 것"이 문법적으로 중성이라면, 그 말의 지시 대상은 중성 명사임이 분명하다고 결론을 내린다. 두 추론 다 반드시 타당하지는 않다.

62. Oscar Cullmann, *Christ and Time: The Primitive Christian Conception of Time and History* (Philadelphia: Westminster, 1950), 164–66; Cullmann은 마태복음 24:14과 평행 구절들에 호소하며 또한 "막는 자"를 사도로 이해한다.

63. R. D. Aus, "God's Plan and God's Power: Isaiah 66 and the Restraining Factors of 2 Thess 2:6–7," *JBL* 96/4 (1977): 537–53을 보라.

64. 찬성 의견으로 House, "Apostasia in 2 Thessalonians 2:3," 162–63; Hiebert, *Thessalonians*, 313–14. Ryrie와 함께 Hiebert는 휴거 이전에 성령이 지상에 '거주하시는 것'과 성령이 모든 곳에 '임재'하시는 것을 예리하게 구분한다.

65. Tertullian 이후의 대중적인 견해에 대해서는, *Res.* 24 (*ANF* 3:563)를 보라. "'그리고 이제 너희는 그가 그의 때에 나타나도록 무엇을 붙잡고 있는지 안다. 악의 비밀이 이미 역사하고 있기 때문이다. 지금 막고 있는 자는 그가 제거될 때까지 막아야 한다.' 로마 국가 외에 어떤 장애물이 있는가? 로마가 열 개의 왕국으로 흩어져서 사라지게 되면 (그 폐허) 위에 적그리스도가 등장할 것이다."

66. Frame, *Thessalonians*, 265; Paul S. Dixon, "The Evil Restraint in 2 Thess 2:6," *JETS* 33/4 (1990): 445–49.

67. Best, *Thessalonians*, 295–301의 요약을 보라. 또한 Malherbe, *Let-*

한 가지 적절한 방향은 바울의 사고 세계를 출발점으로 삼는 것이다. 바울은 묵시적 세계관을 지니고 있다. 그 세계관 안에서 하나님과 사탄은 복음 전파를 놓고 전쟁 중이다. 특히 복음이 이방인 가운데 전파되는 것과 이방인이 우상을 버리는 것 때문이다. 바울은 영적 세계를 '비신화화'하지 않았다. 실제로 데살로니가전후서에서 '막는' 것의 다른 예는 데살로니가전서 2:18에 나온다. 사탄이 바울과 실라가 데살로니가로 돌아가는 것을 막았다는 것이다. 거기에서는 '막다'(κατέχω 대신 ἐνκόπτω)라는 동의어가 사용된다. 다니엘서의 전통에는 막는 천사들과 신성모독적 왕이 둘 다 포함된다. 그래서 다니엘서는 '막는 것'이라는 주제에 관한 가장 좋은 출처이다.

실제로 다니엘서 10장은 네 명의 주요 천사를 포함하는 전투를 기록한다. 둘은 하나님에게서 오고, 나머지 둘은 악하며 다른 두 천사를 반대한다. 첫 번째 선한 천사(이름이 나오지 않는)는 나타나서 다니엘에게 "바사 왕국의 군주"가 21일 동안 그를 막았다고 말한다. 능력 있는 천사 군주 미가엘이 도와주러 와서 첫 번째 천사가 다니엘에게 가는 동안 바사 군주를 물리친다. 그다음에 그는 돌아올 것이며, 미가엘은 헬라 군주뿐만 아니라 바사 군주와도 싸울 것이다. 즉, 다니엘서에는 천사들이 서로 싸우고 막는 것을 포함하는 긴 부분이 나온다. 후에 다니엘 12:1에서 미가엘은 이스라엘 백성을 위해 일어난다.

이러한 천사들의 전투는 신약에도 나온다. 유다서 1:9에서 미가엘은 모세의 시체를 놓고 마귀와 다툰다. 미가엘은 요한계시록 12:7-9에서 천사들과 함께 하늘에서 온 용과 그의 사자들을 내쫓는다. 또한 요한계시록 7:1에는 사방의 바람을 붙잡는 네 천사가 등장한다. 거기에서는 '저지하다'(κρατέω)에 해당하는 또 다른 동의어가 나온다. 마찬가지로, 한 천사는 유브라데 강에 결박한 네 천사를 놓아주라는 지시를 받는다(9:13-15). 그들은 사람의 3분의 1을 죽이기 위해 풀려난다. 그들은 "그 년 월 일 시에…준비된 자들이더라." 즉, 불법의 사람과 매우 비슷하게, 그들은 하나님의 계획이 준비될 때까지 하나님에 의해 결박당해 있었고, 그다음에 멸망의 일을 하도록 하나님에 의해 풀려난다. 같은 관점을 보여주는 또 다른 본문은 9:1(그리고 아마 20:1-3)이다. 거기에서는 천사가 무저갱의 열쇠를 갖고 있는데, 마귀 및 다른 귀신들을 가둘 수도 있고 풀어줄 수도 있다.[68]

이와 같이 데살로니가후서 2장의 막는 천사가 하나님이 자신의 때까지 사탄의 역사를 저지하도록 보내시는 대행자임을 시사하는 상당히 많은 배경이 있다.[69] 이 장은 데살로니가전후서의 묵시적 배경의 일부인 천사들 사이의 전투와 전쟁이라는 이미지와 적절하게 조화된다. 아마 데살로니가인들은 바울에게서 다음과 같은 말을 들었을 것이다. 한 위대한 천사가 지금 불법의 사람을 막고 있다. 그 불법의 사람이 적절한 때 나타나도록 하기 위해서다. 사탄은 배후에서 역사하면서 불법을 요구하고 있다. 하지만 천사는 하나님이 그를 옮겨버리실 때까지 그 힘을 막을 것이다.

---

ters to the Thessalonians, 432-34; Green, Thessalonians, 314-16. Fee, Thessalonians, 286-88은 억제하는 자의 신원을 밝히는 일에서 감탄할 만한 자제력을 보인다.

68. 천사가 누군가를 묶는 것에 대한 다른 자료들이 있다. Tob 8:3과 같은 경우다. 거기에서 Raphael은 마귀의 손과 발을 묶는다. Acts Pil. 22 (Descr. 6) (ANF 8:437)는 '지옥의 참혹함'에 대해 말한다. "그때 영광의 왕이 괴수 사탄의 머리를 붙잡았다. 그리고 그를 자신의 천사들에게 넘겨주고 말했다. '쇠사슬로 그의 손과 그의 발 그리고 그의 목과 그의 입을 묶으라.' 그러고 나서 그 왕은 사탄을 하데스에게 넘겨주고 말했다. 그를 데려가라. 그리고 내가 두 번째로 나타날 때까지 그를 엄중히 감금해두라."

69. 이것은 Colin Nicholl, From Hope to Despair in Thessalonica에 훌륭하게 논증되어 있다. JETS 48/2 (2005): 396-97에 나오는 나의 논평을 보라. 그는 다니엘 12:1을 미가엘이 "물러날"[step aside, 대부분이 그 말을 이해하는 것처럼 "일어날"(arise) 것이 아니라]것이라는 의미로 이해한다. 즉, 그는 사탄을 막는 일을 멈출 것이며, 그 시점에 교회는 환난에 들어가리라는 것이다. Witherington, 1 and 2 Thessalonians, 208-12는 그의 견해를 따른다.

2:8 그 때에 불법한 자가 나타나리니 주 예수께서 그 입의 기운으로 그를 죽이시고 강림하여 나타나심으로 폐하시리라(καὶ τότε ἀποκαλυφθήσεται ὁ ἄνομος, ὃν ὁ κύριος [Ἰησοῦς] ἀνελεῖ τῷ πνεύματι τοῦ στόματος αὐτοῦ καὶ καταργήσει τῇ ἐπιφανείᾳ τῆς παρουσίας αὐτοῦ). 불법의 사람을 막는 것이 제거된 후, "그때에" 그는 사탄의 음모가 아니라 하나님의 계획에 따라 나타날 것이다. 바울은 "나타나리니"(ἀποκαλυφθήσεται)라는 미래 수동태 동사를 사용한다. 그것은 이 문맥에서 하나님이 종말론적으로 정체를 드러내시는 것을 나타내는 전문 용어이다.

바울이 정말로 관심을 갖고 있는 것은 불법의 사람의 최후이다. 그것은 확실하고, 그런 만큼 갑작스러울 것이다. 예수님은 '그의 영으로' 혹은 더 나은 표현으로는 그 입의 "기운으로"(τῷ πνεύματι) 그를 죽이신다.[70] 바울은 두 개의 미래 동사를 사용하고 그다음에 수단 혹은 도구의 여격 절이 나오게 해서 교차 대구법으로 말한다.

주 예수께서 그 입의 기운으로 그를 죽이시고
그리고
강림하여(παρουσία) 나타나심으로(ἐπιφανείᾳ) [그를] 폐하시리라.

이것은 예수님이 오시는 것을 두 개의 주요 종말론적 용어인 신의 현현과 파루시아로 묘사하는 유일한 신약 구절이다. "나타나심"(ἐπιφανεία)이라는 말은 칠십인역에서, 특히 마카베오 2서에서 성도들을 구하고 대적을 짓밟기 위한 신적 개입을 가리키는 데 사용되었다.[71] 더 광범위한 용법으로 그 말은 "더 높은 권세들의 눈에 띄는 개입을 나타내는 데"[72] 사용되었다. 더 중요한 목적으로, 그것은 하나님(참고. 행 2:20) 혹은 신들의 영광을 말하는 데 사용되었다.

헬레니즘에서 신성을 주장하는 교만한 인간 통치자들이 그 단어군을 자신에게 적용할 때, 상황이 불길하게 악화되었다. 가장 중요한 한 예는 안티오쿠스 4세 에피파네스(문자적으로는 신적으로 영광스러운 안티오쿠스)이다. 가이오의 '즉위'는 신적 현현으로 분류되었다.[73] 예수님이 오시는 것을 신의 현현이라고 보는 개념은, 부분적으로 로마 황제들이 찬탈하는 신적 영광을 의도적으로 부각하는 말일 것이다. 가이사가 아니라 예수님이 하나님의 영광의 참된 표현이라는 것이다. "그의 눈에 보이는 임재 혹은 재림은 승리의 강림이 될 것이다. 황제가 어떤 도시를 방문하거나 그 도시에 즐겁게 입성할 때, 그의 신하들에게는 은총(*philanthrōpa*)을 내리지만 대적은 벌하는 것과 동일하다."[74]

당시의 정치적 배경이 바울에게 적절한 자료를 제공한 것은 사실이다. 하지만 칠십인역 및 필로와 다른 제2성전 자료에서는 그 단어군이 깊은 유대적 뿌리를 가지고 있다는 것을 잊지 말아야 한다. 데살로니가후서 1장에 나타난 것처럼, 예수님이 오시는 것은 야훼가 심판하시고, 그의 대적들을 멸하시며, 구원하시기 위해 영광스럽게 오시리라는 예언의 성취였다. 그뿐 아니라, 파루시아 때 예수님이 나타나시는 것은 야훼, 곧 참되신 하나님이시고, 자신이 하나님인 체하는 종말론적 사탄의 세력의 치명적 대적이 오시는 것이다. 2:8에 더하여, "영광"은 이 서신에서 특히 복음의 그리고 예수님의 강림하심의 특징이다(1:9–10, 12; 2:14; 3:1을 보라).

이곳을 제외하면, '나타남'이라는 말은 바울 저작에

---

70. "그의 진노의 콧김"에 대해서는 출 15:8; 삼하 22:16; 욥 4:9; 시 18:15을 보라. 데살로니가후서 2:8에 대해 KJV를 제외한 모든 주요 영역본은 '콧김'(breath)이라고 되어 있다.
71. Spicq, "ἐπιφαίνω, ἐπιφανεία, ἐπιφανής," *TLNT*, 2:67을 보라.
72. MM, 250.
73. BDAG; LSJ; MM에서 ἐπιφανεία를 보라.
74. Spicq, "ἐπιφαίνω, ἐπιφανεία, ἐπιφανής," *TLNT*, 2:67.

서 목회 서신에만 나온다(딤전 6:14; 딤후 1:10; 4:1; 4:8; 딛 2:13). 디모데후서 1:10에서 그것은 예수님이 성육신하셔서 이 땅에 오시는 것을 말한다. 다른 곳에서 그 말은 영광스러운 재림이라는 의미로 쓰인다. 디도서 2:13의 "[그의] 영광이 나타나심(ἐπιφανεία)"과 같은 경우가 그렇다. 어떤 사람들은 데살로니가후서에 ἐπιφανεία라는 말이 쓰인 것을 지적함으로써 그 서신이 진짜가 아니라는 논증을 강화했다. 소위 바울 이후 용어로 추정되는 말이 사용된 것 때문에 목회 서신에 대한 바울의 저작권이 공격받는 것과 마찬가지로, 데살로니가후서에 대해서도 의문이 제기되어 그것이 쓰인 연대가 유대 전쟁 후인 바울 시대 이후로 추정되었다. 이것은 필연적인 추론이 아니다. 바울은 일반적으로 παρουσία를 사용하지만 그 용어를 고집하지는 않는다(예를 들어, 고전 1:7, 또한 살후 1:7에 나오는 '나타나심', ἀποκάλυψις를 보라). '나타남'(ἐπιφανεία)이라는 말은 바울의 헬라어 성경, 다른 유대교 저술들 그리고 당시의 정치적 언어 도처에서 찾아볼 수 있다. 50년대에 글을 쓰는 사도라면 잘 알려진 상징으로 쉽게 와닿는 말을 사용했을 것이다.

하나님이 왜 불법의 사람이 나타나는 것을 막기 원하셨는지 혹은 미래의 어떤 시점에 하나님이 그 불법의 사람을 풀어주도록 허용하실 것인지는 언급되지 않는다. 유사한 구절을 보면 도움이 될 것이다. 베드로후서 3:9-10은 종말이 지체되는 것이 인류에게 유익이라고 약속한다. "주의 약속은 어떤 이들이 더디다고 생각하는 것같이 더딘 것이 아니라 오직 주께서는 너희를 대하여 오래 참으사 아무도 멸망하지 아니하고 다 회개하기에 이르기를 원하시느니라 그러나 주의 날이 도둑같이 오리니." 바울은 후에 "이방인의 충만한 수"에 대한 그의 신학을 상세하게 말한다. 그것은 비유대인 신자의 수가 완성에 이를 때다(롬 11:25). 바울 사도는 데살로니가후서 2장도 그런 경우인지 말하지 않는다.

2:9-10b 악한 자의 나타남은 사탄의 활동을 따라 모든 능력과 표적과 거짓 기적과 불의의 모든 속임으로 멸망하는 자들에게 있으리니(οὗ ἐστιν ἡ παρουσία κατ᾽ ἐνέργειαν τοῦ Σατανᾶ ἐν πάσῃ δυνάμει καὶ σημείοις καὶ τέρασιν ψεύδους καὶ ἐν πάσῃ ἀπάτῃ ἀδικίας τοῖς ἀπολλυμένοις). 바울은 불법의 사람이 오는 것을 "나타남"(παρουσία)이라고 묘사한다. 그 표현은 그리스도의 재림을 나타내는 전문 용어이거나, 문맥에 따라서 바울이나 다른 사람이 오는 것을 나타내는 말이다. 그럼에도 불법의 사람의 파루시아와 주 예수의 파루시아의 균형은, 바울이 대조하기 위해 의도적으로 그 단어를 택했음을 보여준다.

불법의 사람은 자신이 신이라고 주장할 뿐 아니라, 그를 통해 나타나는 사탄의 놀라운 역사로써 사람들을 속일 수 있다. 그가 오는 것은 사탄의 강력한 영향력을 "따라" 혹은 그 영향력에 "의해"(κατά에서 나온 κατ᾽) 이루어진다.[75] 여기에서 '강력한 영향력'(ἐνέργεια, 개역개정에는 "활동"-역주)이라고 번역된 명사는 이런 문맥에서 '역사' 혹은 '작용'을 의미하고, 이 시대에 일어나고 있는 사탄의 활동(2:7)을 상기시킨다.[76] 칠십인역에서(신약에서와 마찬가지로) 그 명사는 "거의 신적 혹은 마귀적 권세의 역사에 대해"[77] 사용된다.

마지막으로, 2:3부터 그 이면에 무엇이 숨어 있었는지 볼 수 있다. 그것은 불법의 사람의 후원자가 사탄이라는 것이다. 마귀는 막는 자가 제거되기 전에 할 수 있었던 것보다 지금 더 많은 거짓 기적을 행할 수 있다. 바울의 예언은 거짓 선지자가 많이 있으리라는 감람산 강화와 완전히 부합한다(마 24:11; 막 13:22). 마가복음은

---

75. BDAG의 κατά 5. a.
76. 그것은 하나님의 속성으로 볼 수도 있고[고전 12:10(일부 사본들), 엡 1:19; 3:7; 골 1:29; 2:12; 살후 2:11] 사탄의 속성으로 볼 수도 있다. 하지만 언제나 "초월적 존재"(BDAG, ἐνέργεια)에 대해 사용된다.
77. G. Bertram, ἐνέργεια, TDNT, 2:652.

이렇게 말한다. "거짓 그리스도들과 거짓 선지자들이 일어나서 이적과 기사를 행하여 할 수만 있으면 택하신 자들을 미혹하려 하리라"(13:22). 누가는 예수님의 이름으로 오는 사람들에게 초점을 맞춘다(눅 21:8). "이르시되 미혹을 받지 않도록 주의하라 많은 사람이 내 이름으로 와서 이르되 내가 그라 하며 때가 가까이 왔다 하겠으나 그들을 따르지 말라."

실제로 데살로니가가 복음화되기 단 몇 년 전, 두다라는 사람이 로마에 대한 유대인의 반란을 이끌면서 요단 강물을 가르겠다고 주장했다. 요세푸스는 "많은 사람이 그의 말에 미혹되었다"라고 말한다. 하지만 그때 로마군이 그를 재빨리 해치웠다.[78] 바울은 아마 그 사건을 알고 있었을 것이다. 하지만 바울은 그것을 종말 때의 표시라고 말하지니, 그것을 불법의 사람과 연관 짓지 않는다. 종말 때 나타날 인물의 정체에 대한 자세한 설명은 다음의 '심층 연구'를 보라.

심층 연구

불법의 사람은 누구인가?

바울은 궁극적 배교에 대해 해설한 정경 교사 중 한 명일 뿐이었다. 그 배교는 원래 다니엘서에서 나온 것이다. 데살로니가 교회의 유대인 교인은, 바울에게 듣기 전부터 모종의 종말론적 환난 및 적그리스도에 대해 믿고 있었을 것이다. 최근에 이루어진 상세한 연구는 제2성전 기간에 매우 다양한 견해가 유포되어 있었음을 보여준다. 하나님의 원수가 바울보다 시기적으로 앞선다는 사실은, 데살로니가후서가 예루살렘 멸망 혹은 네로의 죽음 이후에야 기록될 수 있었다는 견해를 반대하는 증거이다.[79]

종말에 등장할 신성모독자는 신약 도처에 나온다. 요한 서신에서는 세 번에 걸쳐(요일 2:18, 22; 4:3; 요이 1:7) "적그리스도"가 그리스도인 사이에서 종말론적인 악의 사람을 나타내는 용어였다는 증거가 나온다. 정경에는 명백하지 않지만, "멸망의 가증한 것", "불법의 사람", "적그리스도", 요한계시록 13장의 두 "짐승" 중 하나가 동일한 종말론적 인물임이 분명히 암시되어 있다. 또한 그다음 세기의 교회에서는 일반적으로 불법의 사람과 적그리스도를 동일 인물로 이해했다. 예를 들어, 이레나이우스는 "적그리스도"

---

78. Josephus, *Ant.* 20.5.1 (§97–99).

79. Brant Pitre, *Jesus, the Tribulation and the End of the Exile: Restoration Eschatology and the Origin of the Atonement* (WUNT 2/204; Tubingen: Mohr Siebeck, 2005), 41. 이 주제에 대한 고전적 저술은 Wilhelm Bousset, *The Antichrist Legend: A Chapter in Christian and Jewish Folklore* (trans. A. H. Keane; 1896; reprint, Atlanta: Scholars, 1999)이다. 오늘날 Bousset의 글은 주의를 기울여 읽어야 한다. 그는 다양한 유대교 계층에서 나온 요소들로부터 하나로 통합된 모델을 만들어내려 하기 때문이다. 그 자료들은 하나의 일관된 묘사를 만들기 위해 잘 처리되어야 한다. 더 유익하고 더 최근에 나온 저술은 다음과 같다. G. W. Lorein, *The Antichrist Theme in the Intertestamental Period* (JSPSup; Sheffield: Sheffield Academic, 2004)와 L. J. Lietaert Peerbolte, *The Antecedents of Antichrist: A Traditio-Historical Study of the Earliest Christian Views on Eschatological Opponents* (JSJSup 49; New York: Brill, 1996). 또 Gregory C. Jenks, *The Origins and Early Development of the Antichrist Myth* (New York: de Gruyter, 1991)를 보라. p. 361에서 그는 완전히 발전된 적그리스도의 가르침은 유대교 가운데서만 재구성될 수 없다고 진술하면서 Bousset을 반박한다. 사실상 그것은 적그리스도를 참된 그리스도를 돋보이게 하는 존재로 만드는, 그리스도 중심의 복음에서만 이치에 맞는다. 더 접근하기 쉬운 글은 F. F. Bruce, *1 & 2 Thessalonians*, "Excursus on Antichrist," 179–88에 나온다.

80. Irenaeus, *Haer.* 5.30.4 (*ANF* 1:560). 그는 적그리스도가 데살로니가후서 2장의 성취라는 것에 대해 여러 번 말한다. 예를 들어, *Haer.* 3.6.5 (*ANF* 1:420)에서 그는 데살로니가후서 2:4을 인용한다. *Barn.* 4.4–5는 적그리스도를 다니엘 7장에 나온 "작은 뿔"과 동일시한다.

가 예루살렘에서 3년 반 동안 앉아 있을 것이라고 가르쳤다.[80]

신약은 불법의 사람이 누구인지 밝히지 않는다. 요한계시록에서 짐승의 표(666, 계 13:18)는 수많은 방식으로 해석되어왔다. 그것이 '네로 카이사르'(Nero Caesar)라는 이름의 순열을 나타낸다는 개념이 가장 많은 지지를 받았다. 하지만 그것은 다수 의견은 아니었다. 다른 후보로는 모하메드, 로마 가톨릭 교회(개신교회에 의해, 웨스트민스터 신앙고백을 보라), 개신교 운동(가톨릭에 의해) 등이 있다.

브루스는 주후 50년 데살로니가의 배경에 초점을 맞춤으로써 연구의 범위를 좁히려 한다.

불법의 비밀의 정체는, 그것이 데살로니가후서를 처음 받은 그리스도인이 이해할 수 없었던 것이라면 받아들일 수 없다. 사도가 한 말들을 주로 어떻게 적용할지 결정할 때, 기독교 역사에서 그 이후에 등장한 개인이나 제도는 고려할 수 없다.[81]

하지만 이런 논평에는 단서를 달아야 한다. 즉, 초자연적 예언을 믿는 사람은 바울이 사실상 미래에 대해 예언했다는 것과 그 예언의 성취가 1세기 그리스도인이 이해할 수 있는 범위를 넘어설 것임을 인정해야 한다는 것이다. 게다가 바울이 불법의 사람이 누구인지 기록하지 않는다면, 바울이 그의 정체를 알지 못했다고 보는 것도 그럴듯하다. 불법의 사람의 정체에 대해서는 완전히 해결되지 않은 상태이다.

ψεύδους(번역하면 '현혹하는', 문자적으로는 '거짓말의', 개역개정에는 "거짓"-역주)가 쓰인 것 때문에 구문론적 문제가 등장한다. 이 책에서는 그것을 '서술적 소유격'으로 본다. 즉, 그 단어가 이전에 나온 명사 혹은 명사의 속성과 같은 역할을 한다는 것이다. 문제는 "능력과 표적과 기적"(δυνάμει καὶ σημείοις καὶ τέρασιν)의 목록에서 이 속성의 기능은 어디까지 해당되는가 하는 것이다. 몇몇 영어 역본은 그 말이 마지막 용어에만 해당한다고 본다(τέρασιν, "능력과 표적과 속이는 기적", NRSV). 어떤 역본들은 마지막 두 용어(σημείοις καὶ τέρασιν, "거짓을 섬기는 표적과 기적", NIV)에 그리고 또 다른 역본들은 세 단어 모두("위조 능력과 표적과 기적", NLT, GNB도 비슷하다)에 해당된다고 본다. 이 세 단어는 의미가 중복되므로 NLT와 GNB의 견해가 가장 낫다.

이것은 바울 당시 사람들에게나 후대의 성경 독자들에게 한 가지 신학적 문제를 안겨준다. 바울이 일으킨 기적들은 참된 사도직의 증거였다. 고린도후서 12:12에서 바울은 "사도의 표가 된 것은 내가 너희 가운데서 모든 참음과 표적과 기사와 능력을 행한 것이라"고 말했다. 이것은 애굽의 마술사들 앞에 선 모세의 모습을 생각나게 한다(출 7:10-13; 7:22; 8:7; 8:18-19; 9:11에 나오는 점진적인 단계를 보라). 지극히 큰 사도들은 표적을 행하지 못한 반면, 바울은 표적을 행했다. 그렇다면 이 원리를 "막는 자"가 제거되고 사탄이 표적을 행하기 위해 들어오는 때 일어날 일과 어떻게 조화시킬 수 있는가?

첫째, 사탄이 실제로 초자연적 행동을 수행할 수 있다는 견해가 있다. 하지만 억제하는 기간에 복음은 열방에 퍼져나가는 반면, 사탄의 기적은 제한되어 있어서 일반적으로 거짓 선지자들과 사도들은 사도적 표적을 행하지 않는다. 그렇다면 막는 자가 제거될 때, 그의 능

---

81. Bruce, *1 & 2 Thessalonians*, 187.

력이 나타날 것이며 혼란을 유발할 것이다. 이 "능력과 표적과 거짓 기적"은 "사람들이 거짓을 믿도록 인도하는 진정으로 초자연적인 활동"[82]을 의미한다. 이 독법은 신명기 13:1-3로 뒷받침되는 듯하다. 거짓 선지자들은 "이적과 기사"를 일으킬 수 있는데, 그것은 속기 쉬운 이스라엘 사람들을 배교로 이끌 수 있다.

둘째, 종말론적 시기에 제멋대로 행할 수 있도록 풀려나는 것은 사탄이 지닌 기적을 행하는 능력이 아니라, 속이는 능력이라는 견해가 있다. 여기에서 "거짓"(ψεύδους)은 다음과 같이 사용된다. "능력과 표적과 거짓 기적"은 '가짜 기적'이라는 뜻이다. 즉, 사람들이 더 속기 쉬워지고 초자연적이지 않은 위조와 속임수에 속는다는 것이다.[83] CEV는 대부분의 영어 역본과 함께 이런 견해를 표현한다. "사탄은 온갖 종류의 기적, 기사, 표적을 행하는 체할 것"이다. 비슷한 표현이 Jos. *Ant.* 2.13.3(§284)의 속임수를 쓰는 마술에 대해서도 사용된다. 바로는 모세가 "그를 놀라게 하기 위해 교묘한 속임수와 기사와 마술"을 행한다고 비난했다. 또 다른 유사한 내용은 사도행전 13:6-12(바예수는 거짓 선지자이자 마술사이다. 하지만 바울은 그의 눈을 멀게 한다)과 고린도후서 11:13-15, 12:12(지극히 큰 사도들은 자랑하지만, 사도적 기적을 수행하지는 않는다)에 나온다.

가장 좋은 해결책은 데살로니가후서의 전후 문맥이 아니라, 오히려 다른 본문에 있을 것이다. 바울은 이 진술을 백지 상태에서 쓰는 것이 아니기 때문이다. 바울은 자신이 이미 그들에게 가르친 자료를 상기시키고 있다. 거기에는 마태복음에 나오는 묵시의 기저에 있는 묵시적 세계관이 포함된다. 예수님은 "거짓 그리스도들과 거짓 선지자들이 일어나 큰 표적과 기사를 보여 할 수만 있으면 택하신 자들도 미혹하리라"(마 24:24; 참고. 막 13:22)고 가르치셨다. 예수님이 교묘한 속임수를 말씀하신다는 표시는 없다. 모든 것은 초자연적인 능력이 드러나는 것을 나타낸다. 그러므로 이 책에서는 2:9을 '능력과 표적과 그릇 인도하는 기적'(power and signs and wonders that mislead)이라고 번역한다.[84]

데살로니가인들이 어느 누구든, 어떤 식으로든 자신을 속이지 못하게 주의해야 한다면(2:3) 그리고 사탄이 거짓 예언으로 그들을 성공적으로 막고 혼란시켰다면(2:2), 그들은 그것을 기반으로 주의 날이 정말로 가까이 오고 있을 때 어떤 일이 일어날지 추정해야 한다. "막는 자"가 있는 동안 사탄은 복음 진리를 거부하는 사람들을 속인다(2:10, 12; 그것을 2:13과 대조해보라. 참고. 계 20:7-8). 하지만 장차 세상은 사탄의 폭발적인 맹공격에 직면할 것이다. 사탄은 "모든 속임"으로 공격할 것이다. 사탄의 속임수는 "불의"(ἀδικίας)한 것으로, 그것은 서술의 소유격이다. 그의 표적은 "멸망하는 자들"이다. 이것은 고린도전서 1:18과 비교할 수 있다. 거기에서 "멸망하는 자들"은 '구원받는' 사람들과 대조된다. 멸망하는 자들에게 복음 메시지는 어리석은 것이다.

2:10c-d 이는 그들이 진리의 사랑을 받지 아니하여 구원함을 받지 못함이라(ἀνθ᾽ ὧν τὴν ἀγάπην τῆς ἀληθείας οὐκ ἐδέξαντο εἰς τὸ σωθῆναι αὐτούς). 우리는 이제 한 바퀴 완전히 돌아서 구원의 메시지로 돌아왔다. 누구든지 믿음으로 복음을 받아들이고, 하나님의 진노를 피하며, 하나님 나라에 들어갈 수 있다는 것이다(1:3-10). 하지만 세상은 하나님께 돌이키기를 원하지 않는다. 왜 그러한가?[85] 불신자는 "진리의 사랑을 받지" 않았기 때문이다.

---

82. 찬성 의견으로 Best, *Thessalonians*, 306; Morris, *Thessalonians* (NICNT), 232; Malherbe, *Letters to the Thessalonians*, 425; 특히 Fee, *Thessalonians*, 293-94.

83. Green, *Thessalonians*, 321-22.

84. Witherington, *1 and 2 Thessalonians*, 223-26에 나오는 동일한 해법을 보라.

85. BDF §208(1)에 나오는 "왜냐하면"(ἀνθ᾽ ὧν)에 대한 분석을 보라.

"진리의 사랑"(τὴν ἀγάπην τῆς ἀληθείας)이라는 말에서 "사랑"은 행동 명사로, 목적 소유격이 첨부되어 있다. 곧, '그들은 진리를 사랑(하지 않는다)'는 것이다. 바울은 누군가가 복음을 받아들인다면, 그 호의적 반응은 하나님이 주신 것이라고 암시한다.

'구원함을 받도록'이라는 말은 목적이나 결과로 이해할 수 있다. 그 차이는 무시해도 될 만큼 사소하다. 부정과거 부정사인 '구원함을 받다'라는 말은 구원이 과거에 일어난 것임을 입증하지 않는다. 또한 마치 영원한 안전의 교리를 보여주는 것처럼 구원이 필연적으로 영 단번에 일어난 것도 아니다. 부정과거 부정사는 시간과 상관없이 그리고 행동의 본질에 관한 정보를 주지 않고서, 단지 행동의 사실만을 묘사한다. 바울은 보통 구원을 종말론적 행위로 말하는데(살전 1:10; 살후 1:7), 신학적으로 볼 때 여기에서도 그런 의미로 쓰인 듯하다. '그래서 그들이 예수님이 오실 때 우리와 함께 하나님의 진노에서 구해지도록'이라는 것이다.

2:11 이러므로 하나님이 미혹의 역사를 그들에게 보내사 거짓 것을 믿게 하심은(καὶ διὰ τοῦτο πέμπει αὐτοῖς ὁ θεὸς ἐνέργειαν πλάνης εἰς τὸ πιστεῦσαι αὐτοὺς τῷ ψεύδει). 하나님이 이제 이야기에 다시 등장하신다. 불신자는 진리를 거부했다. 그 진리를 사랑할 수 있는 능력을 거절한 것이다. 이제 하나님은 그들의 완고함을 확증하시기 위해 행동하실 것이다. 바울은 '보내다'(πέμπει)라는 현재 시제를 사용한다. 그런데 전후 문맥에서 이것은 미래의 사건이다. 사람들이 사탄과 불법의 사람의 속임수를 따른 후에 일어나기 때문이다.

바울은 놀랍게도 2:9에서 사탄의 소행이라고 나왔던 명사를 사용한다. "미혹의 역사"(ἐνέργειαν πλάνης)라는 말은 목적 소유격을 취하는 행동 명사다('그는 미혹을 역사한다'). 그 생각은 간접적으로 표현되어 있다. 마치 바울은 하나님이 속임수를 행하실 수 있다고 직접 선언하는 것을 피하고 싶어 하는 것처럼 보인다. 2:9과 11절이 비슷하게 번역되면서도 의미가 잘 통하지 않는 것에 비추어볼 때, 의역이 제시된다. NIV에는 "사탄의 역사 방법"(how Satan works, ἐνέργειαν) 그리고 그다음에는 "하나님이 그들에게 미혹의 역사(ἐνέργειαν)를 보내신다"(God sends them a powerful delusion)라고 나온다. ASV는 정확하지만 운치가 없는데, 거기에는 "사탄의 역사"와 "오류의 역사"(GNB도 비슷하다)라고 표현된다. 이 책은 '강력한 영향력'(powerful influence)이라는 번역을 택한다. 그것은 의미상 "역사"(ἐνέργεια)라는 명사의 범위 안에 있고, 두 절에서 모두 중요한 것을 강조한다. 하나님 혹은 사탄이 인간의 의견에 강력한 영향력을 끼치는 일에 전념한다는 것이다.

로마서 1:24, 26, 28에서처럼, 반역하는 사람들은 하나님께 더욱 타락하고 반역하게 되는 벌을 받는다. 예수님과 사도들의 사역에서뿐만 아니라 이사야의 사역에서도 감지되는 한 가지 진리는, 하나님이 때로는 사람들의 마음을 굳어지게 하시기 위해 그의 사자들을 보내신다는 것이다(사 6:9-10). 아합과 여호사밧의 경우, 하나님은 그들의 사악한 동맹을 무너뜨리시기 위해 거짓 선지자들이 활동하도록 한 영을 보내셨다(왕상 22:19-23; 대하 18:18-22을 보라). 마지막으로, 요한계시록 17:17은 하나님이 땅의 왕들로 하여금 그들의 권위를 짐승에게 줄 수밖에 없게 하신다는 점을 보여준다. 바울은 성령이 사람들에게 영향을 끼쳐 복음을 받아들이도록 하신다고 가르친다. 동시에 하나님은 복음에 대한 사람들의 거부를 굳게 하신다.

세상은 거짓말을 사랑한다. 그리고 종말 때 세상은 더 깊이 속임수에 빠질 것이다. 어떤 사람들은 "거짓 것"(the lie)이라는 말의 헬라어 관사에 너무 많은 의미를 부여한다. 그들은 그것을 로마서 1:25과 연결한다. 거기에서 헬라어 관사가 붙어 있는 "거짓 것"은 조물주보다 피조물을 경배하는 것을 말한다. 그러므로 어떤 사람들은 그 표현이 그 거짓말(the lie), 터무니없는 거짓말(Big Lie)을 가리키는 것이 분명하다고 주장한다. 하지만 그렇지 않다. 헬라어 관사는 영어 관사와 기능이 다르다. 그리고 그 말은 영어로 그 거짓말(the lie) 혹은 하나의 거짓말(a lie)로 번역할 수 있다. 거짓말은 사탄이 인간에게 복음 진리의 대안으로 제시하는 모든 것을 의미한다.

2:12 진리를 믿지 않고 불의를 좋아하는 모든 자들로 하여금 심판을 받게 하려 하심이라(ἵνα κριθῶσιν πάντες οἱ μὴ πιστεύσαντες τῇ ἀληθείᾳ ἀλλὰ εὐδοκήσαντες τῇ ἀδικίᾳ). "모든 자들로 하여금 심판을 받게"라는 말은 구문론적으로 목적 혹은 결과를 나타낸다. 목적절이 가장 흔한 용법이다. 하지만 결과로 보는 것이 불가능하지는 않다. 이 접속사(ἵνα) 용법에서 그것을 구분하기는 어려울 듯하다.

많은 경우 목적과 결과는 분명하게 구분할 수 없다. 그래서 ἵνα는 주어의 목적 혹은 하나님의 목적에 따라 그다음에 나오는 결과를 나타내는 데 사용된다. 셈어와 그리스-로마 사상에서 그렇듯이, 신적 뜻을 선언하는 것에서 목적과 결과는 똑같다.[86]

하나님이 불신자를 속이신다는 개념 때문에 불쾌해하는 사람에게는, '결과'이든 '목적'이든 어떤 해석도 만족스럽지 못할 것이다. 하나님은, 악한 생활 방식을 '좋아하고' 복음을 확고하게 거부하는 사람들에게 속이는 권세를 보내신다. "모든 자들로 하여금 심판(정죄)을 받게 하려 하심"이다.

동사 '심판을 받다'의 주어는 "진리를 믿지 않고 불의를 좋아하는 모든 자"이다. 이들은 별개의 두 집단이 아닌 한 집단이다. 종말론적 응보의 대상은 믿지 않는 "모든 자들"이다. 그들은 악을 행할 뿐만 아니라, 그것을 '좋아한다.' 선을 행하여 하나님이 기뻐하시는 일을 이루는 신자와 달리(살후 1:11), 이 사람들은 적극적으로 악을 추구한다. 바울의 정죄에 암시되어 있는 것은, 그들의 상태가 부분적으로 2:10에 나오는 사탄의 활동의 결과라는 것이다. 사탄은 그들을 불의로 이끈다. 하지만 그에게 속아 넘어가는 사람들은 다른 방도가 없을 것이다. "불의"(ἀδικία)는 "불의의 속임"(2:10)과 관련되어 있을 것이다. 이것은 마게도냐 교회가 종말의 때 이전에 느끼는 표적이다.

데살로니가전서 1:10, 5:9, 특히 데살로니가후서 1:8에서처럼, 바울은 여기에서 세 번째 범주, 곧 자신의 양심의 빛을 따르며 사실상 회당 후견인보다 더 의롭게 사는 '의로운 이교도'라는 범주는 고려하지 않는다(롬 2:14-16과 표준 주석을 보라). 오히려 그의 종말론은 로마서 2:12a과 비슷하다. "무릇 율법 없이 범죄한 자는 또한 율법 없이 망하고." 데살로니가의 작은 교회 경계 밖에는 거짓말과 불의 가운데 사는 수많은 사람이 있다. 바울은 1장에서 교회의 박해자에 대한 정죄에 초점을 맞춘 반면, "믿지 않는" 사람들에게 그리스도의 심판이 있음을 예언한다(현재 본문과 1:8에서).

---

86. BDAG, ἵνα 3.

적용에서의 신학

이 부분을 처음 읽는 독자는 이 장이 전개되는 방식에 놀랄 수도 있다. 결국 중심이 되는 목회적 문제는, 주의 날이 가까웠는가 아닌가 하는 것이다. 배교와 불법의 사람이 아직 나타나지 않았으므로, 바울은 단순히 그렇지 않다고 말하고 넘어갈 수 없었을까? 대신 바울은 여러 구절에 걸쳐 불법의 사람에 대해 상세히 말한다. 거기에는 소위 "막는 자"에 대해 정경에만 나오는 정보가 포함된다. 바울이 이렇게 명백히 돌아가는 길을 택하는 이유가 있다. 이야기 속으로 더 깊이 들어가면, 주인공은 불법의 사람이 아니라 거짓말을 하는 사탄이기 때문이다. 2:1-12을 빈 종이에 복사한 뒤 거짓말, 속임수, 진리와 관련된 것을 표시해보면, 본문의 대부분이 해당된다는 것을 알 수 있다. 따라서 주된 신학적 적용은 명령이 될 것이다. 곧, 속임수를 주의하라는 것이다.

1. 데살로니가의 신학

바울은 2:2에서 데살로니가 사람들을 부드럽게 꾸짖는다. 그들이 이미 염려에 굴복했든 아니든, 그들은 "쉽게 마음이 흔들리거나 두려워"하지 말아야 한다. 쉽게 흔들리고 두려워하는 것은, 감람산 전승에 나오는 바, 예수님이 경고하셨던 바로 그 시험에 빠지는 것이다. 곧, 놀라운 사건이 일어날 때 그것을 두려워해야 한다고 여기고 붙잡고 늘어지는 것이다(마 24:4-8). 사탄과 불법의 사람의 권세는, 그들이 그리스도인을 두려움에 빠지게 할 수 있다는 사실에 있다. 그의 꼭두각시인 적그리스도는 "두 개의 무기를 가지고 싸우는데, 그 무기는 능력과 거짓말이다."[87] 불신자 사이에서는 장차 많은 속임수가 일어날 것이다. 한편으로는 사탄이 부추기는 것이고, 다른 한편으로는 하나님이 강화하시는 것이다(2:11-12). 이 속임수는 종말론적이지만, 데살로니가인들이 현재 경험하는 것을 떠오르게 한다. 그들 주변의 이교 및 유대인 이웃이 마귀와 협조해서 하나님을 거부하고 하나님의 택하신 자들을 박해하고 있다. 그렇다면 모든 막는 것이 풀어지고 사탄과 하나님이 인간을 위한 최후의 전투를 벌일 종말에는, 이 진리 체계의 충돌이 얼마나 더 많이 드러나겠는가?

2. 성경 신학

주의 날이 오기 전에 단지 사람에 불과한 존재가 자기를 신으로 내세울 것이다. 그는 마귀의 능력으로 도움을 받을 것이며, "막는 자"가 제거되었기 때문에 완전히 풀려날 것이다. 바울 시

---

[87]. Stauffer, *New Testament Theology*, 213.

대에 표적과 기사는 참된 복음을 통해 하나님이 활동하시는 증거였다. 반면 종말에는 그것들이 마귀에게서 올 수 있고, "거짓 기적"(2:9)이 될 수 있다.

구속 역사에 나오는 세 개의 사건은 이 종말론적 속임수와 유사하다.

1. 에덴에서 뱀은 여자에게 하나님이 질투심 때문에 선악을 알게 하는 지식을 인간이 갖지 못하게 막으셨다고 말함으로써 여자를 속였다(창 3:4-5). 하와와 그 다음에 아담은 열매를 따먹었다. 그것은 그들이 사탄의 거짓말을 받아들였다는 표시였다. 그들의 배교는 하나님을 향한 모든 반역의 원형이다.
2. 출애굽 기간에 이스라엘은 모세를 거부했고, 더 나아가 야훼를 거부했다(출 32장; 행 7:35).
3. 예수님은 마태복음 4:8-10(눅 4:5-8)에서 천하만국을 주는 대가로 사탄을 신으로 섬기라는 권유를 받으셨다.

네 번째 인물로 소위 '마술사'였던 사마리아의 시몬을 언급할 수 있다(행 8:9-11, 13, 18-24). 그는 처음에 자칭 신적 능력의 현현이라고 주장했고, 기적을 행하는 것으로 여겨졌다. 그는 회심한 것처럼 보인다. 하지만 저자는 그가 배교자인지의 여부는 미결 상태로 남겨둔다. 시몬은 사도행전에서 짧게 등장하지만, 2세기 교부들에게는 크게 다가온다. "그로부터 온갖 (영지주의적) 이단들이 기원"[88]했다. 이레나이우스는 요한일서 4:3의 선례를 따라, 거짓 교사들을 적그리스도의 선구자라고 거리낌없이 불렀다.[89]

성경은 하나님의 진리와 사탄의 거짓이 있다고 진술한다. 또한 성경은 오늘날의 독자로 하여금 진리에 관한 가정을 평가하도록 도전한다.

1. **이성주의**: 여기에서 우리는 진리를 발견하고 거짓이 무엇인지 분별하기 위한 이성주의적 접근에 대해 말할 수 있다. 하지만 하나님의 진리를 발견하는 것은 진리를 추구하는 사람이 영적 세력이 제시하는 타협에 취약한 한, 순전한 과학이 될 수 없다.
2. **자아 구축**: 오늘날 사람들은 '나는 선택할 자유가 있다' 그리고 '나는 내 선택의 총합이다'라는 신조에 광적으로 헌신한다. 하지만 그들은 자신이 생각하는 것만큼 자유롭지 않다는 현실을 알아야 한다. 심지어 그들은 무엇이 그들의 선택을 막고 있는지 혹은 강요하는지조차 모른다. 그러한 경우, 바울의 신학은 그들에게 자신의 선택이 지닌 능력을 덜 확신하고, 기도에 응답하시는 하나님을 더 신뢰하라고 상기시킬 것이다.
3. **포스트모더니즘**: 바울은 하나님의 진리가 존재하고, 거기에서 벗어난 것은 잘못이라고

---

[88]. Irenaeus, *Haer.* 1.23.1-2 (*ANF* 1:347-48).   [89]. 같은 책. 1.13.1 (*ANF* 1:334).

추정하면서 이 장을 쓴다. 포스트모더니즘의 배경에서 사는 그리스도인은 만일 하나님이 계시다면, 만일 하나님이 진리가 중요하다고 말씀하셨다면, 진리에 대한 한 견해가 다른 견해만큼 타당하다는 것을 기독교는 인정하지 않는다고 선언해야 한다.

세 경우에서 이것 혹은 저것이 참이라고 말하는 틀을 제공하는 것은, 그리스도 안에 있는 하나님의 진리이다. 세상에서 그리스도인의 품행을 가장 잘 포착하는 것은 하나님을 신뢰하는 데서 나오는 겸손, 화평, 인내이다.

3. 이 구절이 오늘날의 교회에 주는 메시지

인자도 천사들도 파루시아가 언제 올지 모르기 때문에, 사탄도 그 "때와 시"를 알지 못한다. 따라서 사탄은 불법의 사람이 언제 나타나기로 예정되어 있는지 알지 못한다. 종말이 가까이 다가오기 시작하고, 이러저러한 후보가 그 사람(the Man)을 방해하지 않고 등장할 수 있을 때, 어쩌면 사탄은 "불법의 사람들(Men)"(나폴레옹, 스탈린, 히틀러 같은 사람들)을 내세워 그날이 오는 것을 막고 있는지도 모른다.[90]

교회 역사에 관한 책을 읽어보라. 그러면 사탄이 그리스도인의 관심을 중요한 것에서 다른 곳으로 돌리게 함으로써 그들을 조롱하기를 좋아한다는 결론을 내릴 수 있을 것이다. 즉, 사탄은 '거짓 메시아들'로 세상을 속이고 싶어 하는 것과 마찬가지로, 교회가 적그리스도로 여겨지는 존재를 추적하게 함으로써 혼란에 빠지게 하는 것을 즐긴다. 그동안 막는 자는 여전히 제자리에 있다. 그다음에 불법의 사람이 마침내 나타날 때, 지옥의 모든 세력이 풀려나 그리스도인과 비그리스도인에게 그가 보이는 것과 다른 존재라고 설득할 것이다. 교활함이 지옥 전략의 핵심이다.

인을 떼고 성경의 예언을 해석할 자격이 있는 분은 누구인가? 복음주의 진영에서는 종말에 대해 그들이 새로 알게 된 지식을 자랑하고자 하는 종말 날짜 계산과 추측이 난무한다. 진정한 성경 연구자는 이런 사람들을 웃어넘기고 싶다고 생각할지도 모르지만, 그것은 위험하다. 우리는 교회를 이런 종류의 위험에서 보호해야 한다. 신자가 어떤 새로운 종말론적 유행을 따라 방황할 때마다, 그 예언들이 이루어지지 않을 때 누군가는 치유할 수 없는 영적 상처를 입을 것이다. 이에 관해 여호와의 증인 등과 같은 집단만 제한하는 것이 아니다. 그들의 과거 추종자들 중 이전의 신자(exbeliever)로 여겨질 수 있는 복음주의 교사도 논의의 대상이다. 이것은 우리가 데살로니가후서나 요한계시록을 읽을 때 예상해야 하는 것에 불과하다. 사탄은 단지 속기 쉬운 인간을 가지고 노는 것이 아니다. 사탄은 파괴자다.

---

90. 이 유용한 생각에 대해서 나는 Dr. Robert C. Newman의 도움을 받았다. 그의 수많은 논문과 발표 자료는 www.ibri.org에 나와 있다.

사탄이 은사주의적 말이나 편지 같은 1세기 미디어를 활용했다면, 그는 현대의 미디어 역시 조종하는 법을 안다. 나는 하루가 멀다 하고 적그리스도의 정체나 세계통합주의나 짐승의 표에 대한 갖가지 이론에 관한 이메일을 받는다. 어떤 사람들은 중동의 평화가 흔들리고 있기 때문에 종말이 가까이 왔음이 분명하다고 말한다. 또 다른 때는 이 말을 한 바로 그 사람들이 평화가 완성되고 있는 듯 보이기 때문에 종말이 왔음이 분명하다고 말한다. 나는 사람들이 영국의 찰스(Charles) 황태자가 불법의 사람임이 분명하다고 주장하는 것을 들은 적이 있다. 또한 스페인어를 사용하는 사람들이 스페인의 후안 까를로스(Juan Carlos) 왕이 적그리스도라고 입증하는 것도 들었다.

건전한 그리스도인은 '엑스 파일' 유형의 논리에 반감을 가져야 한다. 이를테면 '사라지는 히치하이커' 같은 도시 괴담을 탐지해내는 법을 알아야 한다. 이 이야기에서는 한 낯선 사람이 자동차 뒷자리에서 사라지기 직전 예수님의 강림이 코앞에 와 있다고 말한다.[91] 그리스도는 "거짓 선지자가 많이 일어나 많은 사람을 미혹하겠으며"(마 24:11; 또한 24:23-24을 보라)라고 가르치셨다. 외부 사람이나 국외자는 알 수 없는 '내막'이 은사주의적 말을 통해서 오든, 성경에 대한 사적인 암호 해독을 통해 오든, 그것은 중요하지 않다. 그런 사람들은 오늘날 살아 있으며 당연히 '거짓 선지자들'이다.

---

[91]. Jan Harold Brunvand, *The Vanishing Hitchhiker: Urban Legends and Their Meanings* (New York: Norton, 1989), 24-46을 보라. 이 이야기는 여러 형태로 오랫동안 유포되었다. 나는 1960년대에 처음 그 이야기를 들었으며, 그것은 오늘날에도 여전히 퍼지고 있다.

데살로니가후서 2:13-17

문학적 전후 문맥

바울은 1:3을 떠올리게 하는 말로, 악인에 대한 정죄(2:1-12)에서 신자들 때문에 하나님께 감사하는 것으로 넘어간다. 데살로니가 제자들이 하나님의 사랑을 받고 선택을 받은 것은 명백하다. 2:1-12의 사탄의 거짓말 가운데 행하는 잃어버린 바 된 자들과는 대조적이다. 그다음 부분(3:1-5)에서 바울은, 데살로니가인들에게 다른 사람들이 능력의 복음을 듣도록 기도하라고 요청한다.

> III. 종말에 대한 가르침(2:1-12)
> ➡ IV. 두 번째 감사, 권고 및 데살로니가인들을 위한 기도(2:13-17)
>   A. 사도들은 하나님의 택하심과 부르심 때문에 감사함(2:13-14)
>   B. 사도들은 데살로니가인들이 사도적 교리를 굳게 지켜야 할 책임이 있음을 상기시킴(2:15)
>   C. 사도들은 구원의 하나님이 데살로니가인들을 격려하시고 강건하게 만들어주시기를 기도함(2:16-17)
> V. 데살로니가인들에게 요청하는 기도(3:1-5)

주요 개념

바울은 세 개의 신학적 진술을 하기 위해 세 개의 장르를 한데 모아놓는다. 그것은 데살로니가인들을 택하시고 부르신 하나님을 향한 감사, 그들이 배운 것을 따라야 할 책임을 상기시키는 말, 하나님이 그들을 강하게 하시고 격려하시기를 바라는 기도이다.

번역

데살로니가후서 2:13-17

13a	묘사	주께서 사랑하시는 형제들아
b	주장	우리가…
		마땅히 하나님께 감사할 것은
c	시간	항상
d	이점	너희에 관하여
e	원인	하나님이…너희를 택하사
f	목적/결과의 묘사	처음부터
		구원을 받게 하심이니
g	수단	성령의 거룩하게 하심과
h	수단	진리를 믿음으로
14a	주장	이를 위하여…너희를 부르사
b	수단	우리의 복음으로
c	결과	우리 주 예수 그리스도의 영광을 얻게 하려 하심이니라
15a	권고	그러므로 형제들아
		굳건하게 서서
b	수단	말로나 우리의 편지로
c	권고	**가르침을 받은 전통을 지키라**
16a	기도	우리 주 예수 그리스도와… **하나님 우리 아버지께서**
b	묘사/목록	우리를 사랑하시고
c	목록	영원한 위로와
d	목록	좋은 소망을
e	수단	은혜로 주신
17a	기도	**너희 마음을 위로하시고**
b	관련	모든 선한 일과 말에
c	기도	**굳건하게 하시기를 원하노라**

구조

이 부분은 대조를 통해 앞부분을 완벽하게 돋보이게 해준다. 데살로니가인들은 "진리를 믿음으로"(2:13b) 구원받는다. 이교도들은 거짓말을 믿는다(2:10-11). 하나님은 자기 백성을 구원과 의로 택하시고 부르셨다(2:13). 하나님은 불의를 좋아하는 자들이 더욱 미혹되도록 하신다(2:11-12). 무엇보다도 성도는 주 예수 그리스도의 영광을 얻을 것이다(2:14c). 악인은 정죄를 받을 것이다(2:12). 마지막 요점은 1:5-11에 깊이 뿌리를 박고 있다.

우리는 이 구절을 세 부분으로 깔끔하게 나눌 수 있다. 바울이 이 생각을 하나님을 향한 감사(2:13-14), 권고(2:15), 그들의 지속적인 기도에 대한 보고(2:16-17)라는 견지에서 진술하는 것은 적절하다.

감사는 '그러나 우리 편에서, 우리는'(ἡμεῖς와 연관되는 δέ에 대한 확장된 번역)라는 말로 표시된다. 그들의 감사(2:13b)는 의무(ὀφείλομεν)이다. 이것은 1:3에서 이미 본 것과 같다. 다시 한번 바울은 "항상"이라는 말과 "너희에 관하여"라는 말을 사용한다(2:13c-d). 그들이 감사하는 원인(ὅτι)은 하나님의 택하심(2:13)과 부르심(2:14)이다.

권고 부분(2:15)에서 하나님은 처음부터 데살로니가인들 가운데 역사하셨다. '따라서' 제자들은 사도적 가르침을 굳게 잡아야 한다. 여기에서도 바울은 앞부분에 나왔던 말을 가리킨다. 서신을 위조하거나 바울의 가르침을 조작하는 것이 가능하다 해도(2:2), 그 누구도 서신이나 가르침이라는 매체가 적절하게 사용될 때 그것을 무시하는 결정을 내리지 말라는 것이다.

셋째(2:16-17), 바울은 축도를 제공한다. 데살로니가인들이 복음이 요구하는 방식으로 살 수 있게 하기 위해서다. 이것은 '이제'(now, 개역개정에는 번역되어 있지 않음-역주)라는 말로 표시된다. 그것은 앞에서 말했듯이, 기도를 소개하는 말이 될 수 있다(살전 3:11; 5:23). 그 간구는 주로 데살로니가인들에게 초점을 맞춘다. 그들은 격려를 받고 굳건하게 되어 선한 일에서 자랄 것이다.

석의적 개요

→ I. 사도들은 하나님의 택하심과 부르심 때문에 감사함(2:13-14)
    II. 사도들은 데살로니가인들이 사도적 교리를 굳게 지켜야 할 책임이 있음을 상기시킴(2:15)
    III. 사도들은 구원의 하나님이 데살로니가인들을 격려하시고 강건하게 해주시기를 기도함(2:16-17)

본문 설명

2:13a-d 주께서 사랑하시는 형제들아 우리가 항상 너희에 관하여 마땅히 하나님께 감사할 것은(Ἡμεῖς δὲ ὀφείλομεν εὐχαριστεῖν τῷ θεῷ πάντοτε περὶ ὑμῶν, ἀδελφοὶ ἠγαπημένοι ὑπὸ κυρίου). 바울은 데살로니가에서 하나님이 이루신 일에 다시 한번 감사를 드린다. 바울은 전문 용어로 인클루지오를 사용한다. 이것은 본문 시작 부분과 끝부분에서 비슷한 말을 사용하여 원래의 생각이 한 바퀴 돌아 다시 원점으로 돌아오게 하는 것이다. 바울은 1:3에서 "형제들아 우리가 너희를 위하여 항상 하나님께 감사할지니 이것이 당연함은"이라고 말했다. 그다음에 바울은 믿음을 갖지 않은 사람들이 어떻게 하나님의 진노에 직면할 것인지에 대해 상세하게 논의한다. 그는 이제 데살로니가 사람들로 인해 하나님께 감사하는 것으로 되돌아온다. 여기서 "너희"는 그들, 곧 '외인들'이 아니다. "너희"는 하나님의 백성으로 구별된 존재다. 그리고 그것은 모두 하나님의 개입으로 말미암은 것이다(1:3 및 살전 1:2-4에 대한 설명을 보라). 완료 분사 '사랑받는'(ἠγαπημένοι)은 데살로니가전서 1:4을 반영하고, 데살로니가후서 2:16에 나오는 그들을 향한 하나님 아버지의 사랑을 내다본다. 여기에서 데살로니가 사람들을 사랑하는 분은 "주"이시다. 이 말이 바울이 통상 사용하는 의미라면, 그것은 주 예수를 가리킨다.

2:13e-h 하나님이 처음부터 너희를 택하사 성령의 거룩하게 하심과 진리를 믿음으로 구원을 받게 하심이니(ὅτι εἵλατο ὑμᾶς ὁ θεὸς ἀπαρχὴν εἰς σωτηρίαν ἐν ἁγιασμῷ πνεύματος καὶ πίστει ἀληθείας). 바울은 감사를 표현한다. 회심자들이 존재하기 때문만이 아니라, 이 개인들이 특히 하나님께 속해 있기 때문이다.

이 구절에 대한 이문이 있는데, 한 글자가 상당한 의미의 차이를 가져온다.

- 하나님은 그들을 "처음부터"(ἀπ' ἀρχῆς), 즉 태고의 시작부터 택하셨다(KJV, HCSB, NASB, NJB, NJKV, REB).
- 하나님은 그들을 "첫 열매로"(ἀπαρχήν) 택하셨다 (CEV, ESV, GNB, NIV, NRSV).

두 독법 모두 견고한 사본상의 증거가 있으며, 둘 다 뜻이 통한다. UBS 위원회는 ἀπαρχήν을 택했다. 그것은 바울식 표현인 반면, 전자는 그렇지 않기 때문이다. 하나님은 "너희"를(대격의 ὑμᾶς) "첫 열매"(두 번째 대격 ἀπαρχήν)가 되도록 택하셨다는 것이다. 이것은 문법적으로 이의가 있을 수 없는 이중 대격이다. 하지만 일부 서기관은 그것을 "처음부터"라는 더 간단한 말로 다듬고 싶은 유혹을 느꼈을 수도 있다.

이교에서와 마찬가지로, 유대교에서도 사람들은 성전에서 "첫 열매"를 드릴 것이다. 그것은 그해 농산물 중 첫 번째 것을 드리는 것이었다. 또한 미래의 더 큰 추수(출 23:16)에 대한 예시였다. 바울은 때로 사람들에 대해 추수라는 말을 사용했다. 고린도전서 15:20에서 그리스도는 부활(완전한 종말론적 추수)의 "첫 열매"이다. "첫 열매"는 또한 '첫 회심자'를 나타내는 은유였다. 에배네도는 '아시아의 첫 회심자'(롬 16:5, 개역개정에는 "아시아에서 그리스도께 처음 맺은 열매"-역주)이고, 스데바나의 집은 아가야의 첫 열매이다(고전 16:15). 바울은 사람들이 무엇의 첫 열매인지는 구체적으로 말하지 않는다. 예를 들어, 스데바나의 집은 그 시대의 아가야에 있었던 더 큰 추수를 예상하는 첫 열매의 일부인가? 부활에서인가? 데살로니가인들의 경우, 바울은 그들의 지리적 위치를 언급하지 않는다. 그래서 우리는 바울이 말하려는 바가 그들이 데살로니가/마게도냐의 처음 회심자라는 것인지, 아니면 그들이 이방인 세계에서 최초로 복음에 회심한 사람들 중 일부였다는 것인지 결정할 수 없다.

"하나님이…너희를 택하사…구원을 받게 하심이니." 바울은 이런 식으로 2:10–12에서 제자들과 세상을 분명하게 대조한다. 악인은 진리를 믿기를 거부하며, 하나님은 그들이 거짓말을 더 확실히 좋아하게 하셨다. 하지만 데살로니가인들의 경우, 하나님은 그들이 복음을 받고 구원에 들어갈 사람들의 첫 열매가 되도록 택하셨다. 구원은 데살로니가전후서에서처럼 종말론적으로 이해되어야 한다. 제자들은 그리스도가 다시 오실 때 하나님의 진노에서 구원받는다. 하나님이 그들을 택하셨기 때문이다. 선택의 교리는 데살로니가서를 이해하는 열쇠이다. 뒤의 '적용에서의 신학'에서 이 주제를 다룰 것이다.

"성령의 거룩하게 하심"(ἁγιασμῷ πνεύματος)은 하나님이 신자를 구원하실 수단이다. 보통 바울은 인간의 영보다는 성령을 언급하기 위해 '영'(spirit/Spirit)이라는 말을 사용한다. 이것 자체가 '성령'(Spirit)이라는 번역을 자연스러운 것으로 만든다. 그럼에도 바울은 데살로니가전서 5:23("하나님이 친히 너희를 온전히 거룩하게 하시고 또 너희의 온 영과 혼과 몸이 우리 주 예수 그리스도께서 강림하실 때에 흠 없게 보전되기를 원하노라")에서 인간의 영에서 행하시는 하나님의 거룩하게 하시는 역사를 말할 수 있음을 보여주었다. 만일 그렇다면, '성령이 행하시는 거룩하게 하심'(주격 소유격) 대신 '(너희) 영을 거룩하게 하심'(목적 소유격)이라고 볼 수도 있다. 이렇게 해석될 가능성이 있기는 하지만, 그것은 미약하다. 따라서 영어 역본들이 그것을 언급하지 않는 것은 이해가 된다.

데살로니가전후서에서 바울의 말의 일반적인 취지는 성령이 사람들을 거룩하게 하신다는 것이다. "성령"이라는 단어가 나오기 때문에, 이 구절은 궁극적으로 삼위일체에 대한 암시적 언급을 포함하는 본문 중 하나로 볼 수 있다. 주(예수)가 그들을 사랑하시고, 하나님이 그들을 택하시며, 성령이 그들을 거룩하게 하신다는 것이다(마찬가지로 벧전 1:2을 보라).[1]

거룩하게 되는 것을 과거의 사건으로 말하는 다른 본문들이 있다. 그 사건에서 하나님은 남자와 여자를 거룩한 백성이 되도록 구별하셨다(고전 6:11, "주 예수 그리스도의 이름과 우리 하나님의 성령 안에서 씻음과 거룩함과 의롭다 하심을 받았느니라"). 하지만 데살로니가전후서에서 바울이 강조하는 바는 그것이 아니다. 여기에서 거룩함은 언제나 목표이고, 성화는 협력하여 그리스도인이 그 목표에 도달하게 될 계속 진행되는 신적 역사이다.[2]

그들이 "진리를 믿음"(πίστει ἀληθείας)은 목적 소유격이다. '그들이 진리를 믿었다'는 것이다. 바울은 이 부분에서 앞뒤로 왔다갔다하면서 진리를 따르는 사람들과 사탄을 따르는 사람들을 구분한다. 사탄을 따르는 사람들은 "거짓"을 믿고(2:9, 11) 진리를 싫어한다(2:10). 이와 대조적으로, 그리스도인은 복음을 하나님의 말씀으로 받았다(1:10; 또한 살전 2:13).

2:14 이를 위하여 우리의 복음으로 너희를 부르사 우리 주 예수 그리스도의 영광을 얻게 하려 하심이니라(εἰς ὃ ἐκάλεσεν ὑμᾶς διὰ τοῦ εὐαγγελίου ἡμῶν, εἰς περιποίησιν δόξης τοῦ κυρίου ἡμῶν Ἰησοῦ Χριστοῦ). 하나님은 데살로니가인들을 택하셨을 뿐만 아니라, 그들을 복음 전파를 통한 구원으로 부르셨고 그들을 미래에 영화롭게 하신다.

중성 대명사와 함께 나오는 "…으로"(εἰς ὅ)는 일반적으로 독자가 앞으로 돌아가 중성 선행사를 찾게 할 것이다. 하지만 여기에 중성 단수 명사는 없다. 이것은 알려진 용법이고, 월리스가 대명사 "이"(this, τοῦτο)의 중성의 '개념적 선행사' 용법이라고 부르는 것과 비슷하다. 그것은 되돌아가서 특정한 단어보다는 일반적인 개

---

[1] Fee, *Thessalonians*, 300의 논평을 보라. 그는 바울의 글 전체에 걸쳐 거의 40개에 달하는 그런 본문이 있다고 말한다.

[2] 살전 3:13; 4:1, 3, 7, 10; 5:23–24; 살후 1:11; 2:14, 17; 3:5을 보라.

념을 가리킨다.[3] 에베소서 2:8에서 사용된 사례가 가장 유명하다. "너희는 그 은혜에 의하여 믿음으로 말미암아 구원을 받았으니 이것(τοῦτο)은 너희에게서 난 것이 아니요 하나님의 선물이라"(즉, '이 전체 과정'). 데살로니가후서 2:14의 '이 구원 사역'은 13절을 적절히 요약한 것이다.

하나님은 "너희를 부르사"(ἐκάλεσεν ὑμᾶς)의 암시된 주어이며 그것은 하나님의 부르심에 대한 다른 언급과 유사하다(살전 2:12; 4:7; 5:24; 살후 1:11). 언제나 그렇듯이, 하나님의 부르심은 복음 전파와 분리해서 고찰되지 않는다('적용에서의 신학'에서 '부르심'의 다양한 수준을 보라). 다른 유사점은 이 구절과 데살로니가전서 5:9에서 찾아볼 수 있다. 거기에서 바울은 종말에 구원 얻는 것에 대해 말한다. "[종말 때의] 영광을 얻게 하려 하심"(εἰς περιποίησιν δόξης)이라는 문구도 목적 소유격을 포함한다.[4]

"영광"은 최후의 부활을 나타내는 바울의 상징이다. 신자는 하나님 나라의 영광에 들어갈 것이다(살전 2:12). 종말에 그들은 그리스도께 영광을 돌릴 것이고, 그리스도에 의해 영광을 받을 것이다(살후 1:12; 참고. 롬 8:30). 영광은 의인이 추구하는 것이다(롬 2:7). 성도는 그렇게 하기를 원한다(롬 5:2; 8:17-23; 고후 4:17; 딤후 2:10). 데살로니가후서 2장에서처럼, 그것은 하나님의 택하심과 부르심의 목표이다(롬 8:30). 부활체는 "영광"의 몸이다(고전 15:40, 41, 43).

"우리 주 예수 그리스도의"라는 소유격은 두 가지로 해석될 가능성이 있다. 곧, 원천(예수님이 너희에게 영광을 줄 것이다) 혹은 서술(예수님이 갖고 계신 것과 같은 영광)의 소유격으로 볼 수 있다. 다른 마케도냐 서신의 유사 구절(빌 3:21)은 두 번째 견해를 시사한다. 그리스도인은 그분의 '영광의 몸'과 같은 몸을 받는다는 것이다(또한 골 3:4을 보라).

2:15 그러므로 형제들아 굳건하게 서서 말로나 우리의 편지로 가르침을 받은 전통을 지키라(ἄρα οὖν, ἀδελφοί, στήκετε, καὶ κρατεῖτε τὰς παραδόσεις ἃς ἐδιδάχθητε εἴτε διὰ λόγου εἴτε δι᾽ ἐπιστολῆς ἡμῶν). 바울은 이 서신에서 처음으로 권고한다. "그러므로"(ἄρα οὖν)는 앞에서 말한 것을 가리키며, 데살로니가전서 5:6에서처럼 모든 것을 포괄하는 무엇보다 중요한 권고로 이끈다. 바울은 그들이 얻은 것 혹은 사도의 가르침을 통해 배우게 될 것을 보존하라고 말하는 것이다. 바울은 "형제들아"(ἀδελφοί)라는 말로 그들이 더욱 주의를 기울이게 한다. 바울은 진심으로 사람들이 그의 말을 경청하고 진지하게 받아들이기를 원한다.

이 구절에 나오는 두 개의 명령형은 물리적 의미('어떤 것을 움켜잡다')가 아니라 은유적 의미를 지닌다. "지키라"(κρατεῖτε)는 말은 확고한 헌신을 암시한다. 이 본문을 제외하면, 이 동사는 바울 서신에서 골로새서 2:19에서만 나온다. 거기에서 오류를 범하던 자들(errorist)은 (문자적으로) '머리를 굳게 붙잡지 않고' 있었다. "굳건하게 서서"(στήκετε)라는 말은 데살로니가전서 3:8과 다른 바울 서신에 등장한다.

데살로니가인들은 "가르침을 받은 전통(παραδόσεις)"에서 계속 흔들리지 말아야 한다. 바울은 고린도전서 11:2, 23과 15:3에 나오는 교의적인 말을 가리킬 때 '전통을 전달하다'(παραδίδωμι)라는 동사 형태를 사용한다. 15:3은 "내가 받은 것(παρέδωκα)을 너희에게 전하였노니"[5]라고 말한다. 하지만 데살로니가후서 2:15에 나오는 바울의 사고를 교의에만 국한할 필요가 없다. 그것은

---

3. Wallace, *Grammar*, 333-35를 보라.
4. Wallace, *Grammar*, 116-19.
5. Caroline Vander Stichele, "The Concept of Tradition in 1 and 2 Thessalonians," in *The Thessalonian Correspondence* (ed. Raymond F. Collins; BETL 87; Leuven: Leuven Univ. Press, 1990), 499-504에서 바울의 전통 언어에 대한 분석을 보라.

말로 한 것이든 글로 쓴 것이든("말로나 우리의 편지로") 모든 가르침을 포함할 만큼 광범위하다. 거기에는 바로 가까이에 있는 두 서신서의 내용 전체가 포함된다(살후 3:14은 그렇게 말한다).

바울은 여기에서 주의깊은 균형을 유지해야 한다. 그는 전통의 중요성을 강조하는 동시에, 초대교회의 다양한 매체에 도사린 함정도 경고해야 한다(2:2과 그에 대한 설명을 보라). 데살로니가 제자들은 진짜 사도의 가르침, 즉 그들이 이미 받은 것과 장차 더 받을 교훈에 온전히 주의를 기울여야 한다. 아마 사도들이 몇 번 더 그들을 방문할 것이고, 적어도 두 개의 서신이 있었을 것이다. 편지를 보내는 것에는 위험이 따랐지만(바울은 3:17에서 그것을 경감하려 애쓴다), 바울은 글을 통한 의사 전달을 포기할 생각이 없음이 분명하다.

심층 연구   **데살로니가후서 2장에 나오는 "전통"**

"전통"이라는 말은 사람의 종교적 배경에 따라 갖가지 다른 방식으로 들린다. 동방정교회와 로마 가톨릭에게 전통은 기록된 정경보다 더 광범위한 진짜 사도적 진리의 저장소이다. 로마 가톨릭교회는 다음과 같이 표현한다.

> 주의 명령에 따라 복음은 두 가지 방식으로 전달되었다. 말로는 "전달한 사도들, 그들이 전파한 말, 그들이 보여준 본보기, 그들이 확립한 제도, 그들이 직접 받은 것(그리스도의 입으로든 그분의 삶의 방식과 사역으로든지 혹은 그들이 성령의 고무하심으로 그것을 배웠든지)으로" 전달되었다. 글로는 "사도들 및 사도들과 연관된 사람들, 곧 동일한 성령의 영감을 받아 구원의 메시지를 기록하는 일에 헌신한 사람들을 통해"[6] 전달되었다.

즉, 사도들의 가르침, 교부들의 글, 가톨릭교회의 살아 있는 사도적 권위는 모두 전통의 원천으로, 신약과 함께 교회에 하나님의 뜻을 알리는 데 기여한다. 이것은 유감스럽게도 대중적 가톨릭에서 '사제가 성경이 의미하는 바를 말해준다'는 의미로 축소된다.

웨스트민스터 신앙고백은 개혁주의 관점을 표현한다.

> 하나님의 모든 뜻…은 성경에 명백히 표현되어 있거나, 선하고 필요한 결과에 의해 성경으로부터 추론하거나 둘 중 하나다. 어떤 경우에도, 성령의 새로운 계시에 의해서든 사람들의 전통에 의해서든 거기에 아무것도 추가되어서는 안 된다.[7]

전통에 대한 신약 언급의 일부(하지만 절대 전부는 아님)는 전통의 이 같은 부정적 의미를 강화한다.[8]

---

[6]. 가톨릭 교회의 교리문답(www.vatican.va/archive/catechism/p1s1c2a2.htm#I)을 보라.
[7]. Westminster Confession of Faith 1.6.
[8]. 마태복음과 마가복음에서 일관되게, 그리고 갈 1:14; 골 2:8. 또한 딤후 2:2을 보라. "또 네가 많은 증인 앞에서 내게 들은 바를 충성된 사람들에게 부탁하라 그들이 또 다른 사람들을 가르칠 수 있으리라." 목회 서신이 사도 이후 시대의 것이며, 교회는 설립자들의 역동적 신학과 설교를 넘어 성장하고 '건전한 가르침'을 전달하는 일에 매달렸다는 해석은 자유주의적 개신교에서 나온다. 목회서신은 소위 '초기 가톨릭교'의 한 예라고 여겨졌다.

여기에 나오는 바울의 진술과 관련해서, 가톨릭교도는 바울이 기록된 서신들과 완전히 동일하지 않은 전통을 언급하고 있다는 것 그리고 데살로니가전서를 쓰기 전에는 신약이 없었지만 참된 사도적 교리가 이미 존재하고 있었다는 것을 강조할 것이다. 오늘날의 관점에서 볼 때, 개신교도는 이렇게 대답할 것이다. 교회는 신약 본문을 제외하고 어떤 확실한 사도적 전통도 가지고 있지 않고,[9] 가톨릭교회의 '사도적 전통' 중 대다수가 역사적으로 사도 이후의 것이고 신학적으로 성경과 맞지 않는다는 점을 입증할 수 있으며, 하나님이 정경으로만 교회의 가르침을 구성하도록 하셨다[10]는 것이다.

알 수 있음(knowability)에 대한 문제는 인식론적이고 역사적이다. 즉, 우리가 어떻게 하나님의 모든 진리에 접근할 수 있는가 하는 문제이다. 로마 교회는 그 전통이 정경 본문에서 완전히 입증될 수 없는 역사적 내력이라고 주장한다. 개혁주의 신앙은 동일한 성경 본문으로 입증될 수 있는 자료에 초점을 맞춘다. 주석 학자의 참된 과업을 강조하는 것은 바로 그러한 개혁주의적 입장이다. 즉, 본문이 있고, 그 본문에서 끌어낼 수 있는 추론이 있다는 것이다. '데살로니가인들이 무엇을 알았고 그들이 언제 그것을 알았는가' 하는 문제와 관련해서, 바울의 음성을 듣기 위해 서신 본문(혹은 사도행전이나 다른 책들에서 나온 추론들) 배후를 조사할 수 없다. 권위 있는 가르침에 관한 한, 본문이 바로 '그 가르침'이다.

마찬가지로, 데살로니가인들이 무엇을 알았는가 하는 것만 알고 싶고 그 이상도 이하도 알고 싶지 않은 사람들은 자료 손실을 감안해야 한다. 1세기 중반이라는 시간 속에서 데살로니가인들은 불법의 사람을 막는 것이 무엇인지 혹은 누구인지에 관해 우리보다 더 많이 알았다(2:6-7). 유사한 경우에서, 이레나이우스(*Haer.* 5.30.3)는 자신이나 어떤 그리스도인도 요한계시록 13장에 나오는 666의 의미를 알지 못한다고 진술한다. 하지만 이레나이우스는 아마 요한이 그것을 알았겠지만 기록하지 않았을 것이라고 믿는다. 이러한 예는, 주석 학자들이 겸손함을 유지해야 한다는 경고로 작용한다.

2:16 우리 주 예수 그리스도와 우리를 사랑하시고 영원한 위로와 좋은 소망을 은혜로 주신 하나님 우리 아버지께서(Αὐτὸς δὲ ὁ κύριος ἡμῶν Ἰησοῦς Χριστὸς καὶ [ὁ] θεὸς ὁ πατὴρ ἡμῶν, ὁ ἀγαπήσας ἡμᾶς καὶ δοὺς παράκλησιν αἰωνίαν καὶ ἐλπίδα ἀγαθὴν ἐν χάριτι). 바울은 기도/축도로 넘어간다. 그것은 소망과 선행을 강조하는 첫 두 장의 요소를 반영한다. 이 문장은 2:17로 이어진다. 거기에는 주동사가 나오는데, 그 동사는 주라는 말이나 하나님 우리 아버지라는 말에 모두 붙을 수 있다. 이것은 데살로니가전서 3:11-13과 매우 유사하며, 두 본문을 비교하는 것은 유익을 준다. 3:11에서는 신적 이름이 역순으로 나온다. 곧, "하나님 우리 아버지"가 먼저 나오고 "우리 주 예수"가 나온다. 게다가 주어는 복수로 되어 있는데, 그다음에 나오는 기원법 동사들은 단수 형태이다. 그다음 문

---

[9]. 심지어 유용한 책인 *Teaching of the Twelve Apostles, the Didache*마저도 오래 되었고 1세기에 약간의 뿌리를 두고 있지만, 열두 제자로부터 나온 것이라고 신뢰할 수는 없다.

[10]. 우리는 성경해석학에서 전통의 역할에 대한 탐구를 시작조차 하지 않는다. 꼭 포스트모던주의자가 되지 않더라도 종교적 문화와 경험의 총합이 지닌 중력을 인식할 수 있다. 하지만 사도들의 기록된 말이, 사람들이 듣고, 이해하고, 순종할 수 있는 것이며, 또 성령은 영감된 본문을 듣는 사람들이 가설에서 벗어나 다시 진리로 향하게 하시는 하나님의 대행자라는 점을 잊지 말아야 한다.

장(3:12)에서 바울이 기도하는 결과는 "주" 예수가 시행하실 것이다.

이에 반해, 데살로니가후서에서는 "주 예수 그리스도" 다음에 "하나님 우리 아버지"가 나오며, 행동하시는 분은 아버지이시다. 이것은 '우리를 사랑하시고 우리에게 주신'(ὁ ἀγαπήσας ἡμᾶς καὶ δοὺς)이라는 두 개의 속성 분사와 2:17에 나오는 기원법 동사로 드러난다. 유사한 바울의 기도 두 개를 비교함으로써 독자는 그리스도의 신성을 미묘하지만 확고하게 인증하게 된다. 두 경우 모두, 기도에서 하나님 아버지와 주 예수께 간구한다. 바울이 명백한 명제들로 몇 번에 걸쳐 탐구한 내용(롬 9:5; 빌 2:6; 딛 2:13)은, 그가 기도하면서 하나님과 주 예수께 의지할 때 분명하게 나타난다. 바울은 기도를 통해 자신이 주 예수를 누구라고 생각하는지를 보여준다.

헬라어 분사는 행동이 일어난 때가 언제인지 나타내지 않는다. 따라서 헬라어에서 "우리를 사랑하시고 우리에게 주신"이라는 두 개의 부정과거 분사가 과거를 의미하는지 의심스럽다. 여기에서 유일하게 도움을 줄 만한 것은 전후 문맥이다. 그것은 아마 과거에 하나님이 그들을 택하신 사랑을 가리킬 것이다. 그분은 그때 복음 메시지를 받는 것을 통해 그리스도인에게 소망을 주신 하나님이다.

하나님은 데살로니가인들에게 "영원한 위로와 좋은 소망을 은혜로"(παράκλησιν αἰωνίαν καὶ ἐλπίδα ἀγαθὴν ἐν χάριτι) 주셨다. "은혜로"라는 말은 두 개의 문구 모두에 연결된 것이다. 두 개의 직접 목적어는 흔하게 나오지 않는다. "영원한 위로"는 2:17의 "너희 마음을 위로하시고"라는 기원법이 나올 것을 예견한다. 그 위로는 영원한 특성을 지닌 것만을 의미하지 않는다. 바울은 그것이 앞으로 올 세대까지 확장된다는 의미로 말한다. "좋은 소망"도 마찬가지이다. 데살로니가인들은 그들이 그 나라로 들어갈 때 환영받을 것을 기대할 수 있다(1:5).

2:17 너희 마음을 위로하시고 모든 선한 일과 말에 굳건하게 하시기를 원하노라(παρακαλέσαι ὑμῶν τὰς καρδίας καὶ στηρίξαι ἐν παντὶ ἔργῳ καὶ λόγῳ ἀγαθῷ). 바울은 데살로니가전서 3:11-13을 떠오르게 한다. 이 기도/축도의 주동사는 부정과거 기원법인 '위로하다'(παρακαλέσαι, 기원법에 대한 논평으로는 살전 3:11을 보라)이다.

이 책은 동사의 목적어(ὑμῶν τὰς καρδίας)를 "너희 마음"(your hearts)으로 번역하지 않는다(이 책은 your whole person이라는 번역을 채택함-역주). 영어에서 마음이라는 단어의 의미가 헬라어와 다르기 때문이다(살전 3:13에 대한 설명을 보라. 거기에서 '너희를 굳건하게 하다'라는 번역에 대한 논평도 보라). 바울은 그들이 복을 받거나 확고부동하게 해달라고 청하는 것이 아니다. 그는 하나님과 주님께 "선"(ἀγαθῷ, 참고. 살전 4:3)한 삶을 영위할 능력을 그들에게 주시기를 구한다. 이 형용사는 두 개의 명사를 모두 수식한다. 그리스도인의 삶은 가장 깊숙한 내면에서부터 그리고 외적으로는 말과 행동으로 다른 사람과 상호작용하는 것으로, 즉 총체적으로 표현된다.

적용에서의 신학

우리는 데살로니가전후서를 연구할 때 신적 택하심이 지닌 중요성에 감명받을 수밖에 없다.

1. 데살로니가의 신학

바울의 청중 대다수(바울의 말에 귀를 기울여 듣기까지 한 사람은 비교적 소수였음)는 복음을 거절하고 심지어 비아냥거렸다. 바울이 이 서신을 구술하고 있을 때도, 고린도의 대중은 바울의 말을 "미련한 것"(고전 1:18)이라고 칭했다. 하지만 바울이 마게도냐에서 세 번, 아가야에서 두 번 머물 때, 몇몇 사람은 철저히 다른 반응을 보였다. 그들은 '말씀을 받았다.' 바울에게 기쁨이 되는 것으로, 데살로니가 사람들은 복음에 따라 행동했고, 지독한 환난을 겪으면서도 복음을 고수했으며, 적극적으로 그것을 전파하기까지 했다. 바울은 바로 그것을 모체로 하나님 나라 안에서의 인과 관계에 대해 생각한다.

아마도 우리는 강의실과 카페에 앉아 택하심과 인간의 의지 문제를 토론할 것이다. 하지만 바울은 하나님의 택하심이라는 주제를 꺼낼 때, 무미건조한 환경에서 할 수가 없었다. 바울은 실제 사람들의 전도자와 목사로서 말한다. 바울은 데살로니가 사람들이 택하심 받았다는 것을 안다고 주장하며, 그들의 행동 유형이 사도가 보기에 어떻게 신적 택하심의 열매가 될 수 있는지 보여준다. 칼뱅이 말하듯이, 바울은 "그들에게 단순히 가르침만 전달된 것이 아니었다"[11]라고 상기시킨다. 기적과 성령의 임재 그리고 그것을 전한 사람들의 마음속에 있는 복음 진리에 대한 확신도 같이 전달되었다(살전 1:5). 그렇기 때문에, 혼란과 역경과 죽음 한가운데 있는 데살로니가인은 탁월한 복음 전문가에게서 다음과 같은 말을 듣는다. "우리의 말을 믿으라. 너희가 경험한 것은 진짜이다. 우리는 어디서든 그것을 인정할 것이다." "하나님이 너희를 택하셨다"는 것으로 일어난 사도팀의 기쁨은 결과적으로 신자의 확신을 북돋고, 그들이 더욱 경건에 매진하도록 촉구한다.

데살로니가인들이 하나님의 택하신 자라는 모든 표시를 보여주었고 하나님 나라로 가는 도상에 있었다 해도(살전 2:12; 살후 1:5), 택하심이라는 단 하나의 교리만 고려해야 하는 것은 아니다. 택하심과 부르심을 받았다는 표시를 보여주었던 그들은 구원을 받으려면 끝까지 견뎌야 한다. 구원은 주로 종말론적인 목표이다(살전 1:10; 5:9; 살후 1:10-12; 2:14, 16). 그리고 거기까지 가는 도중에 재앙을 만날 수도 있다(살전 3:5). 예수님의 가르침과 다른 서신들 및 요한계시록의 가르침에서처럼, 분명히 선택받은 자들도 배교할 수 있고 그들이 시작할 때 목표했던 것을 받지 못할 수도 있다.

---

[11]. Calvin, *Thessalonians*, 240.

2. 성경 신학

우리는 택하심과 견인이라는 껄끄러운 교리를 어떻게 다룰 수 있는가? 바울을 따르기 위해, 자유의지 대 예정의 문제에 대한 토론으로 시작하지 않을 것이다. 그 대신 데살로니가서 본문을 보며 이런 실상들을 인정할 것이다.

1. 자료의 스펙트럼이 존재한다. 우리는 모든 성경의 증거를 진지하게 다루기로 동의해야 한다. '하나님이 너희를 택하셨다'(참고. 살전 1:4; 살후 2:13)는 것과 '너희가 메시지를 받았다/믿었다'(참고. 살전 1:6; 살후 2:13)는 것에 동일하게 주의를 기울여야 한다. 그들의 전도 사역이 "헛되게"(살전 3:5) 되지 않을까 하는 바울의 염려 역시 데이터 풀(data pool)에 포함될 것이다. 우리는 상충하는 것처럼 보이는 자료를 통합하면서도 그 자료들이 나란히 존재하도록 허용할 수 있다는 것을 보여주어야 한다.[12]

2. 구원으로 '부르심'은 전후 문맥에 따라 두 가지 의미를 지니는 것처럼 보인다. 데살로니가전서 2:12은 하나님이 데살로니가인들을 그분의 종말론적 나라로 부르시는 것 혹은 소환하시는 것을 말한다. 4:7은 하나님이 정결함으로 부르시는 것을 말한다. 5:24은 추가적인 세부 사항 없이 하나님의 부르심을 말한다. 마찬가지로, 데살로니가후서 1:5은 그분의 부르심에 합당하게 되는 것을 말한다. 2:14은 복음을 제시함으로써 그들을 부르시는 것에 대해 말한다.

한편으로, 하나님은 모든 사람이 믿도록 부르시기 위해 전파하는 자들을 사용하신다(롬 1:5). 다른 한편으로, 그리스도인이 되라는 '부르심'이 있는데, 그것은 믿은 사람들만 경험한 것이다. 이 때문에 바울은 로마서 1:6에서 "너희도 그들 중에서 예수 그리스도의 것으로 부르심을 받은 자니라"고 말할 수 있다. 전후 문맥에서 보면 예정된 사람들만 그 부르심을 받는(롬 8:28; 8:30; 11:29을 보라) 반면, 논리적으로 다른 사람들은 그렇게 부르심을 받지 못한다. 또한 요한계시록 17:14의 "[어린 양과 함께] 부르심을 받고 택하심을 받은 진실한 자들"이라는 구절을 보라.

알미니안주의자와 칼뱅주의자의 논쟁점 중 하나는 바로 두 번째 종류의 부르심의 본질이었다. 전자는, 하나님의 부르심이 '선행되는 은혜'라는 맥락 안에서 이루어졌다고 주장했다. 즉, 아담이 타락한 후 하나님은 모든 사람에게 그들의 완악함을 극복하고 복음을 받아들이기에 충분한 정도의 은혜를 주셨다는 것이다. 다른 견해는 하나님의 은혜가 그분의 택하시는 의지를 수행함에 있어 효과적이라는 것이다. 그래서 「웨스트민스터 신앙고백」 10.1은 이렇게 말한다. "하나님은 자신이 생명으로 미리 정하신 모든 사람 그리고 그 사람들만을 그분이 정하시고 받아들이신 때에 효과적으로 부르시기를…효과적으로 그들을 예수 그리스도께로 이끄시기를

---

12. 자료가 매우 다양하다는 사실은 그 자료들을 다른 식으로 해석하는 방법에 주의 깊게 귀를 기울여야 한다는 의미다. J. Matthew Pinson, ed., *Four Views on Eternal Security* (Grand Rapids: Zondervan, 2002)는 유용한 자료가 되어야 했지만, 다소 실망스럽다. 여기에서 저자들은 갖가지 다른 쟁점을 다룬다. 그들은 서로 다른 이야기를 하고 있다.

기뻐하신다." 이 정의에서 매우 중대한 것, 그러면서 때로 간과되는 것은 수식어이다. "그들은 하나님의 은혜로 말미암아 자유의지를 갖고, 가장 자유롭게 나아온다"라는 것이다.[13]

3. 하나님은 '택하심'의 목적어가 아니라 주어이다. 데살로니가전서 1:4의 "택하심"(were chosen)과 데살로니가후서 2:13의 "택하사"(has chosen) 그리고 신약에 나오는 다른 동사들 혹은 행동 명사들은 하나님 편에서 자유로운 선택을 하신다는 점을 단언한다. 그 때문에 칼뱅은(이전의 아우구스티누스와 마찬가지로) 그를 비방하는 사람이 그가 '예정 및 운명'을 가르친다고 비난했을 때 격노했다. 칼뱅은 그 두 개념을 혼동하는 것은 "가장 반대되는 것들을 분간하지 못하는…모든 품위를 어기는" 일이라고 말했다.

스토아학파에 따르면, 운명은 변덕스럽고 복잡한 미궁에서 나오는 필연성이고, 어느 정도 하나님 자신을 구속한다. 성경의 가르침을 받아, 나는 예정을 하나님의 자유로운 뜻이라고 규정한다. 하나님은 그 뜻에 의해 그분 자신의 엄청난 지혜와 불가해한 정의에 따라, 인류를 그리고 우주의 모든 개별적 부분을 규제하신다.[14]

인격적이시고 살아 계신 하나님은 무한히 자유로우신 분으로, 아직 태어나지 않은 사람들과 관계를 맺기로 하신다. 바울은 에베소서 1:4에서 그 일이 창조보다 먼저 일어났다고 진술한다.

4. 사도들은 서로 다른 맥락 안에서 택하심에 대해 말한다. 신적 택하심에 대한 주목할 만한 본문은 로마서 8:28-30, 데살로니가전서 1:4, 베드로전서 1:2이다. 모두가 박해라는 맥락에서 택하심을 말하는 것은 놀랍다. 즉, 저자들은 의심이 생길 만한 상황에서 하나님의 택하심과 사랑을 말한다. 다른 상황에서는 청중에게 배교를 경고하기 위해(히브리서 여러 곳) 혹은 그들에게 "더욱 힘써 너희 부르심과 택하심을 굳게 하라"(벧후 1:10)고 권면하기 위해 그 교리를 사용하는 듯하다.

5. 교회와 개인 둘 다 '택하심'을 받았다고 말할 수 있다. 베드로전서 2:9에 따르면, 공동체로서 하나님의 백성은 "택하신 족속"이다. 하지만 데살로니가전서 1:4의 택하심을 '공동적'인 것으로 본다면 어색할 것이다. 그렇게 되면 바울이 동어 반복(필연적으로 참인, 그래서 말할 가치가 없는 진술)을 하는 셈이다. 바울은 하나님이 데살로니가 교회를 택하신 것을 확신했다. 그들이 복음을 받아들였기 때문이다. 바울이 신자 개개인 안에서 발견한 믿음을 염두에 두고 있는 것이라면 의미가 더 잘 통한다.

6. 택하심은 그것이 인간의 행위에 미치는 영향에 의해서만 밖으로 드러날 수 있다. 소위

---

[13]. 칼빈주의적 입장에서 비전문가들을 위해 쓴 책으로 Robert A. Peterson, *Election and Free Will: God's Gracious Choice and Our Responsibility* (Phillipsburg, NJ: Presbyterian and Reformed, 2007)가 있다. 그는 대단히 평화적인 정신으로 대적들을 상대하면서 그들이 그의 말에 귀를 기울이게 한다.

[14]. John Calvin, *On Secret Providence* (trans. John Lillie; New York: Robert Carter, 1840), xi-xii.

'자유 은혜 신학'(free grace theology)은, 선행이 그리스도를 믿는 믿음을 입증하기 위해 필요한 증거는 아니라고 주장한다. 실제로 이 견해는, 눈에 보이는 행위를 고집하는 사람들은 믿음으로 의롭게 된다는 것을 참으로 믿지 않는 것이라고 말한다. 한 인기 있는 설교자는 견인에 대해 이렇게 쓴다.

> 자기 백성에 대한 하나님의 사랑은 너무나 크기에 믿음에서 떠난 사람도 하나님의 손에서 빠져나갈 가능성이 조금도 없다…(우리는) 영속적인 믿음을 지니고 있기 때문에 구원받는 것이 아니다. 우리는 시간상의 한 시점에 우리의 영속적 주님에 대한 믿음을 표현했기 때문에 구원받는다.[15]

이런 개념은 절대 바울에게 통하지 않을 것이다. 바울은 그들이 시간상의 어떤 시점에 믿음을 고백한 사실 때문이 아니라, 그들의 삶을 영위하는 방식을 검토함으로써 그들이 하나님의 백성이라는 사실에 만족했다. 바울은 예수님의 가르침을 따른다(마 7:16-20; 요 3:8). 한 사람과 하나님 아버지와의 관계는, 회심한 후에야 알아볼 수 있는 변화된 삶의 증거를 보고 다른 사람들이 간파할 수 있다는 것이다.[16]

7. 택하심의 교리는 기도를 가치가 없는 것으로 만들기는커녕, 그것을 성도의 견인에서 중대한 요소로 만든다. 그리스도인의 삶에서 성공하는 것은 하나님의 역사이며, 하나님은 목회적 인물의 기도를 통해 강력하게 역사하신다(살전 3:12; 5:23; 살후 2:17). 물론 신학자는 기도, 견인, 택하심의 정확한 관계가 무엇인가를 놓고 논쟁을 벌일 수 있다. 신자는 택하심을 받았기 때문에 견인되는가? 아니면 그들이 계속 믿음 가운데 있기 때문에 여전히 택하심을 받은 채로 있는가? 그들이 견인되도록 하나님이 역사하신다는 것은 분명하다(살전 5:23; 살후 3:3; 참고. 빌 1:6). 신자들이 견인되도록 기도하고, 함축적으로 목회적 기도와 노력이 그들이 버티는 데 중요한 요소가 된다고 바울이 믿는다는 것(딤후 2:10을 보라) 역시 분명하다.

---

15. Charles Stanley, "For Those Who Stop Believing," in *Eternal Security: Can You Be Sure?* (Nashville: Nelson, 1991), 74, 80. 이런 진술은 다른 곳에서도 나온다. "설사 어떤 신자가 실제적인 목적으로 불신자가 된다 해도 그의 구원은 위험에 처하지 않는다"(93); "그들의 믿음을 잃어버리거나 버린 신자들은 그들의 구원을 계속 지니고 있을 것이다. 하나님은 여전히 신실하시기 때문이다"(94).

16. I. H. Marshall, "Election and Calling to Salvation in First and Second Thessalonians," in *The Thessalonian Correspondence* (ed. Raymond F. Collins; BETL 87; Leuven: Leuven Univ. Press, 1990), 265를 보라. "그들이 택하심을 받은 것을 안다는 바울의 주장은 그들의 회심을 아는 것과 관련되어 있다." 칼빈주의자인 Grudem은 "그들이 믿음으로 나아오자마자 바울은 오래전에 하나님이 그들을 택하셨다고, 그렇기 때문에 그가 설교했을 때 그들이 믿었다고 결론을 내렸다"[Wayne Grudem, *Systematic Theology: an Introduction to Biblical Doctrine* (Grand Rapids: Zondervan, 1995), 672]고 말했다. 두 진술 모두 본질적으로 옳긴 하지만, 사도들이 데살로니가인들이 택함 받은 자들 가운데 있다고 믿게 된 것은 단지 처음의 회심 순간 때문이 아니라, 디모데가 데살로니가에서 고린도로 떠나는 순간까지 그들이 믿음 안에서 견디고 있었기 때문임을 덧붙여야 한다. Witherington, *1 and 2 Thessalonians*, 67은 그것을 이렇게 표현한다. "바울은 자기뿐만 아니라 데살로니가인들도 그들이 하나님의 택하신 자들이라는 것을 '알' 수 있다고 말한다…이렇게 '아는' 것은 복음에 대한 긍정적인 반응, 곧 기쁨과 변화된 삶으로 복음을 받고 우상을 버리고 살아 계신 하나님께 돌아오는 것을 인식한 것에서 나온다. 실로 택하심을 받은 사람들은 눈에 두드러지게 보이며, 그 때문에 박해를 견디고 있다."

8. 택하심의 교리는 잃어버린 자를 찾는 일을 억제하는 것이 아니라 그 일에 박차를 가한다. 바울은 그의 제자들을 위한 본보기다. 바울은 기도와 감사가 복음 역사의 중대한 일부임을 보여준다(살후 3:1; 또한 골 4:2-3a을 보라). 우리가 복음이 받아들여지기를 바라며 기도할 때, 그 기도는 성공적으로 이루어진다. 하나님은 사람들이 믿음으로 그리스도께 돌아오도록 역사하신다.

지금까지 살펴본 내용을 요약하겠다. 하나님은 사람과 집단(데살로니가 교회와 그 교인들을 포함한) 둘 다를 택하시고 그분의 언약적 사랑을 주셨다. 하나님이 개입하시고 새 언약에서 약속된 성령이 오시자 옛 이스라엘이 일관되게 실패했던 일이 이루어진다. 이방인이 우상을 치우고, 하나님을 섬기며, 환난의 시대를 살면서 종말론적 사랑, 기쁨, 소망을 경험한다. 그리고 미래의 구원을 기다린다. 하나님 백성의 일부가 된다는 것은 그분을 섬기는 삶을 요구한다. 즉, 성령의 역사는 택하심에 필요한 부속물이다. 그 때문에 마귀가 데살로니가 사람들을 '흔들려' 했을 때, 바울은 진짜 두려움을 느꼈고, 그들이 사탄의 맹렬한 공격을 견뎠다는 디모데의 증언을 제외하고는 확신하지 못했다.[17] 바울은 사람들이 복음을 받아들이는 것과 인내하는 것의 한 요인을 기도라고 보았다.

3. 이 구절이 오늘날의 교회에 주는 메시지

택하심이 성경적 교리라면, 복음을 선포하고, 받아들이며, 구체화하는 일에서 그리스도인이 적극적 행위자라는 것 역시 분명하다. 나는 택하심에 대한 개혁주의 교리를 확신하면서 말할 것이다. 하지만 다른 신학적 범주에 속한 형제자매도 이 설명으로 유익을 얻을 수 있을 것이다.[18]

전도 방법론에 관해 생각해보자. 바울은 핵심 도시들에서 자가 증식하는 일련의 회중을 세운 영리한 전략가였다. 우리는 사도행전을 통해 바울이 메시지를 상황화하는 방법을 알았음을 볼 수 있다. 바울은 명확하지 않은 설교나 엉성한 조직을 견디지 못하는 사람 같은 인상을 준다.

그럼에도 어떤 사람들은 전략화를 너무 강조한 나머지 방법을 우상화한다. 하나님이 우리

---

[17] I. H. Marshall, "Election and Calling," 261을 보라. "[바울의] 두려움은 진짜 두려움이었다. 바울은 '하지만 물론 내가 너희를 위해 가진 이 두려움은 전적으로 정당하지 않은 것이다. 나는 하나님이 어떤 일이 일어나든 상관없이 너희를 지키실 것임을 알기 때문이다'라고 말하지 않는다. 대신에 바울은 그들이 계속해서 믿음과 사랑을 보였다고 말한다. 그리고 하나님께 그들을 보존해달라고 기도한다." 우리는 인내와 배교를 다루는 본문을 주의 깊게 주석한 두 권의 책을 추천한다. 첫째는 I. Howard Marshall, *Kept By the Power of God: A Study of Perseverance and Falling Away* (reprint, Minneapolis: Bethany Fellowship, 1974)이다. 둘째는 보다 최근에 나온 책으로 Thomas R. Schreiner and Ardel B. Caneday, *The Race Set Before Us: A Biblical Theology of Perseverance and Assurance* (Downers Grove, IL: InterVarsity Press, 2001)이다. 그들은 158-60에서 감람산 강화에 나온 "끝까지 견디는 자는 구원을 받으리라"는 말에 대한 논의를 제공한다. Marshall은 웨슬리주의 관점에서 말하며, Schreiner와 Caneday는 칼빈주의 관점에서 말한다. 두 권 모두 칭찬할 만하다. 저자들이 어떤 신학적 체계를 본문에 가져오는 것이 아니라, 본문이 스스로 말할 수 있도록 주의를 기울이기 때문이다.

[18] 모든 독자들은 작은 고전이라 할 수 있는 J. I. Packer, *Evangelism and the Sovereignty of God* (Downers Grove, IL: InterVarsity Press, 2009; orig. 1961)으로부터 유익을 얻을 것이다. 첫 장에서 그는 다른 사람들이 구원받도록 기도하는 것은 의무임을 보여준다.

의 가설(전통적인 것이든, 오순절주의적인 것이든, 새로 떠오르는 것이든) 밖에서는 역사하실 수 없거나 그러지 않으실 것이라고 결정한다. 택하심의 교리는 "교회가 된다는 것이 하나님이 시작하신 활동에 참여하는 것임을 현대 교회에 상기시킨다."[19] 우리는 하나님이 새로운 백성을 택하셨으며, 다른 때가 아닌 이때에 권능으로 개입하셨기 때문에 존재한다. 우리의 회심은 이 이야기 속에서 최근에 쓰인 장이고, 우리의 개인적 행동은 성령의 역사보다 한참 뒤에 일어나는 일이다. 이러한 생각은, '내가 내린 선택이 나를 만들어나간다'는 말이 날마다 들리는 오늘날 받아들이기 어렵다.

바울, 실라, 디모데는 데살로니가전후서에서 우리의 '본보기'이다. 그들은 단지 하나님의 역사와 기도에 대한 논문을 제공하는 것이 아니다. 오히려 그들은 자신이 어떻게 하나님께 말하는지와 그분이 하고 계시는 일에 참여하는지를 보고한다. 그리고 데살로니가 사람들과 우리에게 함께 참여하라고 권한다. 칼뱅주의자와 알미니안주의자, 곧 모든 그리스도인은 사람들이 신자가 되도록 이끌고 그들이 계속 그 상태에 머물러 있게 하는 일에서 중보기도가 지닌 효력에 동의해야 한다.[20] 하나님이 사람 안에서 행하시는 역사에 대해 기도하고 감사할 때보다 하나님이 하시는 일의 실상과 더 긴밀히 연결되는 경우는 없다.

둘째로 택하심의 교리에 대해 지나치게 많이 생각하는 경우를 살펴보겠다. 대부분의 그리스도인은 택하심의 교리를 충분히 생각하지 않는다. 반면 하나님의 주권의 신비를 곰곰이 생각하고 나서 무기력에 빠질 위험에 처하는 사람들도 있다. 누군가는 이런 식으로 생각해보라고 말한다. 아브라함이 이미 하나님의 심판 아래 있었던 평원의 성들을 위해 중보했을 때, 아마도 그는 하나님께 도전한 것이다. 그러한 경우, 그들이 이미 하나님의 정죄 아래 있는지도 모를 일인데 그들을 위해 기도해야 하는지 아닌지 누가 알겠는가?

나는 예전에 하나님이 특정한 사람을 위해 기도하거나 나의 신앙을 나누기 원하신다는 것을 깨달은 일이 있었다. 하지만 그런 경험을 곧 성령님이 전도하기 좋은 대상이라고 귀띔해주실 때만 누군가를 위해 기도해야 한다는 의미라고 해석할 수는 없다. 이런 관점은 사도적 유형과 조화를 이루지 못한다. 바울은 집단과 개인이 그리스도께 나아오도록 기도했고, 자신이 하나님의 주권을 위반하리라고 염려하지는 않았던 듯하다. 자신이 영적으로 매우 예민하기 때문에, 자기 마음속의 냉담함을 성령님이 '기도하느라 애쓰지 말라'고 말씀하시는 것으로 오해하지 않으리라고 생각하는가? 반드시 분별을 위해 기도하자. 하지만 기도와 전도라는 적극적 생활 방식 안에서 그렇게 하자.

---

19. Donfried and Marshall, *Shorter Pauline Epistles*, 74(강조체 원저자). 또한 John Chrysostom, *Homilies on First Thessalonians* 1 (*NPNF*[1] 13:324)을 보라. "그들로 인해 하나님께 감사를 드리는 것은 그들의 큰 진전을 증명하는 사람의 행동이기 때문이다. 그들 자신이 칭찬을 받을 뿐만 아니라 또한 그들로 인해 하나님께 감사한다. 하나님 자신이 그 모든 일을 하셨기 때문이다. 그는 그들에게 또한 절도를 지키라고 가르친다. 그것은 모두 하나님의 능력이라고 말하는 것이나 마찬가지다."

20. 예를 들어 Calvin은 그렇게 기도했다. 참고. 딤전 2:1에 대한 그의 주석에 나오는 그의 강력한 말.

CHAPTER 12
데살로니가후서 3:1-5

문학적 전후 문맥

바울은 새로운 주제를 소개하는데, 그것은 그를 통해 회심한 사람들이 사도들을 위해 기도해야 한다는 것이다. 이제 이런 요청을 할 만한 상황이 되었다. 2:13-17에 나오는 바울의 공식적인 기도는 사도가 기도할 만한 여러 분야를 보여준다. 그중에서도 특히 불신자의 회심에 대한 분야가 눈에 띤다. 바울은 이제 복음 사역의 현 단계를 위해 기도해달라고 그들에게 도움을 구한다. 3:6-15과 관련해서는 복음 전도가 데살로니가후서 3장의 주제가 된다.

IV. 두 번째 감사, 권고 및 데살로니가인들을 위한 기도(2:13-17)
→ V. 데살로니가인들에게 요청하는 기도(3:1-5)
    A. 사도들이 데살로니가인들에게 바울의 팀이 현재 수행하는 전도 사역에 성공할 수 있도록 기도를 요청함(3:1)
    B. 사도들이 악한 사람들에게서 선교팀이 구조될 수 있도록 기도를 요청함(3:2)
    C. 사도들은 주님이 신실하셔서 데살로니가인들을 보호해주실 것이라고 단언함(3:3)
    D. 사도들은 주님의 신실하심을 통해 데살로니가인들이 사도적 명령을 수행할 것이라고 확신함(3:4)
    E. 사도들은 데살로니가인들이 특히 사랑 및 인내와 관련해 자랄 수 있도록 기도함(3:5)
VI. 권면: 무질서한 데살로니가 제자들의 문제(3:6-15)

주요 개념

바울은 데살로니가에서 그를 통해 회심한 사람들을 불러 모아 기도로 사도들을 후원하게 한다. 이 맥락에서는 그들이 아가야의 고린도에서 수고하는 동안 기도로 도우라는 것이다. 기도에 대한 언급을 통해 바울은 데살로니가인들이 계속해서 자랄 것이라고(특히 사랑과 순종에서) 단언하기에 이른다.

번역

데살로니가후서 3:1-5

1a	간청	끝으로 형제들아 너희는 **우리를 위하여 기도하기를**
b	내용	주의 말씀이…퍼져 나가
c	비교	너희 가운데서와 같이
d	내용	영광스럽게 되고
2a	내용	또한 우리를 부당하고 악한 사람들에게서 건지시옵소서 하라
b	원인	**믿음은 모든 사람의 것이 아니니라**
3a	대조	**주는 미쁘사**
b	묘사	너희를 굳건하게 하시고 악한 자에서 지키시리라
4a	주장	너희에 대하여는…**우리가 주 안에서 확신하노니**
b	내용	우리가 명한 것을
c	내용	너희가 행하고
d	내용	또 행할 줄을
5a	기도	**주께서 너희 마음을 인도하여**
b	방향	하나님의 사랑과
c	방향	그리스도의 인내에 들어가게 하시기를 원하노라

구조

바울은 '그 밖에도'(beyond that, τὸ λοιπόν, 개역개정에는 "끝으로"–역주)라는 말로 이 짧은 단락의 방향을 바꾼다. 이 문구는 마치 결론을 나타내는 것과 같은 '마지막으로'라는 표현이 아니다. 오히려 이것은 서신의 주요 가르침 이후에 나오는 새로운 방향을 가리킨다(특히 빌 3:1을 보라). 바울이 여기에서 탐구하는 근원적 가정은 신자와 세상의 차이점이다.

데살로니가인들은 바울의 팀의 전도 사역을 위해 기도해야 한다(3:1-2). 바울은 그들의 기도를 통해 무엇이 이루어지기를 바라는지 묘사한다. 하나님의 말씀이 잘 퍼져 나가고, 듣는 사람들이 그것을 시인하여 받아들이며, 그 팀이 하나님의 원수에서 보호받게 되는 것이다. "…와 같이"(καθώς)라는 비교급은 데살로니가인들에 대한 사도들의 기쁨을 더욱 강조한다. 데살로니가인들이 참으로 말씀을 받았다는 것이다. 바울은 '너희'와 '그들'의 현격한 차이에 대해 더 말한다. 세상에는 악하고 나쁜 사람들이 있는데, 그 이유는(γάρ) "믿음은 모든 사람의 것이 아니"기 때문이다.

3절에서 바울은, 세상의 악함에서 데살로니가인들의 영적 생활로 방향을 돌린다. 첫째로, 그들은 하나님 중심으로 생각해야 한다. 하나님이 그들 안에서 역사하신다. 하나님은 그들을 굳건하게 하시고 지키실 것이다(3:3). 둘째로, 사도들은 그들에게 확신을 가지고 있다. 그것은 데살로니가인들이 사도들의 가르침을 순종할 것에 대해 "우리가 주 안에서 확신"(3:4)하기 때문이다.

이 단락은 또 다른 기도로 끝난다. 그것은 '이제'(now, δέ, 또한 살전 3:11; 5:23; 살후 2:16을 보라, 개역개정에는 번역되어 있지 않음-역주)라는 말로 표시된다. 사도들은 데살로니가인들이 사랑과 인내가 충만한 가운데 살기를 기도한다(3:5).

석의적 개요

- I. 사도들이 데살로니가인들에게 바울의 팀이 현재 수행하는 전도 사역에 성공하도록 기도를 요청함(3:1)
- II. 사도들이 악한 사람들에게서 선교팀이 구조될 수 있도록 기도를 요청함(3:2)
- III. 사도들은 주님이 신실하셔서 데살로니가인들을 보호해주실 것이라고 단언함(3:3)
- IV. 사도들은 주님의 신실하심을 통해 데살로니가인들이 사도적 명령을 수행할 것이라고 확신함(3:4)
- V. 사도들은 데살로니가인들이 특히 사랑 및 인내에서 자랄 수 있도록 기도함(3:5)

본문 설명

3:1 끝으로 형제들아 너희는 우리를 위하여 기도하기를 주의 말씀이 너희 가운데서와 같이 퍼져 나가 영광스럽게 되고(Τὸ λοιπὸν προσεύχεσθε, ἀδελφοί, περὶ ἡμῶν, ἵνα ὁ λόγος τοῦ κυρίου τρέχῃ καὶ δοξάζηται καθὼς καὶ πρὸς ὑμᾶς). '그 밖에도'(τὸ λοιπόν, 개역개정에는 "끝으로"-역주)는 여기에서 '마지막으로'라는 뜻이 아니라, '이제, 다른 주제에 대해서는'[1]이라는 뜻이다. 바울은 그들에게 '기도하라'고 요청한다. 기도 사역은 데살로니가전후서에서 특히 명확하게 나타난다. 바울의 팀은 초대교회의 관행을 따랐기 때문이다. "우리는 오로지 기도하는 일과 말씀 사역에 힘쓰리라"(행 6:4).

바울은 방금 그들로 말미암아 감사하고, 그들을 위해 기도했다(2:13, 16-17). 이제 바울은 그들에게 서로 복을 빌어줄 것을 구한다. "우리를 위하여 기도하라"(살전 5:25). 바울이 생각하기에, 그의 제자들이 바울에게 구원의 메시지를 받은 다음 해야 할 의무는 복음이 다른 지역으로 퍼져나가는 것을 위해 기도하는 일이었다(고후 1:11; 엡 6:19-20; 골 4:3). 또한 사람들은 사도들이 하는 사역의 다른 측면을 위해서도 기도할 수 있을 것이다. 예를 들어, 바울은 로마에 있는 사람들에게 그가 예루살렘에 예물을 전달하고, 후에 로마를 방문할 수 있도록 기도해달라고 부탁한다(롬 15:30-32). 히브리서 저자는 감옥에서 풀려나도록 기도를 요청한다(히 13:18-19).

이 구절에서 기도의 구체적인 목적은 "주의 말씀이 너희 가운데서와 같이 퍼져 나가 영광스럽게 되[는]" 것이다. 바울은 아마 시편 147편을 염두에 두었을 것이다.

"그의 명령을 땅에 보내시니 그의 말씀이 속히 달리는도다"[시 147:15 LXX(NETS); 시 147:15 MT].

마찬가지로, 사도행전 및 다른 서신은 말씀이 자라고 전진하는 것에 대해 말한다(예를 들어, 행 12:24; 13:49을 보라). "영광스럽게 되[다]"(δοξάζηται)는, 데살로니가전후서에서 그 말이 담고 있는 의미처럼 종말론적 의미를 나타낼 수도 있다. 즉, 말씀을 받은 사람들은 그리스도가 다시 오실 때 그리스도의 영광에 참여한다는 것이다(살전 2:12; 살후 1:10-12; 특히 2:14). 그럼에도 바울은 "너희 가운데서와 같이"라고 말한다. 따라서 이 구절은 '시인하여 받아들임으로 영광을 받다'라는 뜻인 것이 거의 확실하다. 이와 비슷하게 하나님의 말씀이 영광스럽게 되는 것에 대한 언급이 있다. 예를 들어, "이방인들이 듣고 기뻐하여 하나님의 말씀을 찬송하며(glorifying)"(행 13:48 ESV; 참고, 시 138:2).

"너희 가운데서와 같이"(καθὼς καὶ πρὸς ὑμᾶς)라는 비교 문구의 의미는 매우 분명하다. 전치사(πρός)가 이 문맥에서 "…와 같이"(with)라는 의미이기 때문이다.[2] 데살로니가인들은 복음의 성공을 보여주는 놀라운 예였다. 바울은 그들에게 고린도 및 다른 곳에서 동일한 성령의 역사가 재연되도록 기도해달라고 요청한 것이다.

3:2 또한 우리를 부당하고 악한 사람들에게서 건지시옵소서 하라 믿음은 모든 사람의 것이 아니니라(καὶ ἵνα ῥυσθῶμεν ἀπὸ τῶν ἀτόπων καὶ πονηρῶν ἀνθρώπων· οὐ γὰρ πάντων ἡ πίστις). 바울은 그들의 기도로 무엇이 이루어지기를 바라는지 기술한다. 그는 '건져지'(ῥυσθῶμεν)기를 원한다. 이 동사는 신적 수동태다. '우리가 건져지기를'이라는 말은 '하나님(혹은 주 예수)이 우리를 건지시기를'이라는 뜻이다.

그 팀을 괴롭히는 사람들은 누구인가? 분명 "부당하

---

1. BDAG, λοιπός 3. b.; MM, 380. 참고, 살전 4:1; 살후 3:1; 빌 3:1.   **2.** BDAG, πρός 3. g.

고 악한"(ἀτόπων καὶ πονηρῶν) 특정 "사람들"이다. 첫 번째 형용사(ἄτοπος)는 비교적 드물게 나오는 단어다. KJV의 "불합리한"(unreasonable)이라는 번역은 그 말의 의미를 포착하지 못한다. "고집불통"(bigoted, NJB)이라는 번역은 본문에 실제보다 많은 의미를 부여한다. 대부분의 영어 역본에 나오는 "악한"(wicked)이라는 말이 적절하다.

바울은 에둘러 말하는 함축적 문구에서 "믿음은 모든 사람의 것이 아니니라"고 말한다. 이 문맥에서 바울은 복음에 대한 믿음을 언급하고 있다. 데살로니가인들이 지닌 믿음은 악명을 얻은 반면, 다른 사람들에게 기독교적 믿음이 없는 것은 유해한 열매를 거두었다. 모든 사람이 믿지는 않는다는 바울의 말은 상당히 절제된 말이다.

3:3 주는 미쁘사 너희를 굳건하게 하시고 악한 자에게서 지키시리라(πιστὸς δέ ἐστιν ὁ κύριος, ὃς στηρίξει ὑμᾶς καὶ φυλάξει ἀπὸ τοῦ πονηροῦ). 바울이 훨씬 더 흥미를 보이는 것은 힘든 상황에서 주님이 무엇을 하실 수 있는가 하는 것이다. 그래서 바울은 '그러나(δέ, 개역개정에는 번역되어 있지 않음-역주)라는 말로 초점을 바꾼다. 이 시점에서 바울은 앞 절의 "우리"라는 말에서 다시 "너희", 곧 데살로니가인들을 향해 말하는 것으로 바꾼다. 바울은 3:4-5에서 그들을 향한 권고와 기도로 나아간다.

"믿음"(faith, πίστις, 2절)이라는 말과 '미쁨'(faithful, πίστις)이라는 말에는 언어유희가 나타난다. 믿음은 모든 사람의 것이 아니다. 하지만 하나님은 미쁘시다(딤후 2:13에 나오는 유사한 문구를 보라). 주가 미쁘시다는 것(고전 1:9; 10:13; 살전 5:24)은 바울의 글에만 나오는 색다른 주제가 아니며, 구약 언약에 그 뿌리를 둔다. "그런즉 너는 알라 오직 네 하나님 여호와는 하나님이시요 신실하신 하나님이시라 그를 사랑하고 그의 계명을 지키는 자에게는 천 대까지 그의 언약을 이행하시며 인애를 베푸시되"(신 7:9). 다시 말하지만, 바울이 말하는 "주"는 예수님으로, 그분은 언약적으로 미쁘신(hesed) 야훼시다. 데살로니가전서 5:24에서 바울은 그들의 성화를 이루시는 하나님은 미쁘시다고 말한다(참고. 빌 1:6).

관계대명사 '그'(who, ὅς)는 주 예수의 인격에 대해 부연 설명한다. 두 개의 미래 시제 동사가 나온다. 그분은 "너희를 굳건하게 하[실]" 것(στηρίξει, 살전 3:13; 살후 2:17에 대한 설명을 보라)이고, 너희를 '지키실'(φυλάξει) 것이다. 그다음에 나오는 내용은 주기도문의 변형에서 나온 것이 거의 확실하다. 3:2에서 '건지다'라는 말이 나오고, 이어서 3:3에 "악한 자에게서"(ἀπὸ τοῦ πονηροῦ)라는 표현이 나온다(마 6:13을 보라). 주기도문에서와 같이, 실명사적 형용사를 "악한 자"라고 볼 수도 있다. 하지만 그 말이 무엇을 의도하는지 입증하는 것은 어렵다.

3:4 너희에 대하여는 우리가 명한 것을 너희가 행하고 또 행할 줄을 우리가 주 안에서 확신하노니(πεποίθαμεν δὲ ἐν κυρίῳ ἐφ᾽ ὑμᾶς, ὅτι ἃ παραγγέλλομεν [καὶ] ποιεῖτε καὶ ποιήσετε). 데살로니가인들이 순종할 것이라는 바울의 단언은 격려가 되고, 서신의 일반적인 어조를 이해하는 열쇠가 된다. 바울은 3:6-15에서 몇몇 교인의 노동 윤리를 바로잡을 것이지만, 결함이 있는 회중에게 말하고 있는 것은 아니다.

바울은 "우리가 확신하노니"(πεποίθαμεν)라는 말로 사도팀이 교회를 어떻게 생각하고 있는지 표현한다. 그 말은 완료 시제이지만, '어떤 것을 매우 확신해서 그것을 신뢰한다'[3]는 현재적 의미를 띤다. 이 확신은 주로 데살로니가인들의 행동이 아니라 "주 안에" 근거를 둔 것이다. 즉, 바울은 방금 주님이 그들 안에서 계속 역사하시

---

3. BDAG, πείθω 2. a.

4. Wallace, Grammar, 109-10.

는 것에 대해 말했고, 그 범위 안에서 그들에 대해 더 쉽게 안심할 수 있다.

사도들은 데살로니가인들이 '우리가 명한 것은 무엇이든'(ἃ παραγγέλλομεν) 순종하리라고 확신했는데, 관계절은 그들의 일반적인 가르침을 가리킨다. 이것은 데살로니가후서 2:15로 돌아가게 한다. 거기에서 바울은 그들에게 가르침을 받은 전통을 잘 붙잡으라고 말한다. 또한 그것은 바울이 3:6-15에서 말할 내용을 예상한다. 일하고 싶어 하지 않는 사람들은 사도들의 말을 듣고 그들의 행동을 바꿀 것이다. 나머지 교인들은 사도들의 말을 듣고 불순종하는 자들에게 적절한 태도를 취할 것이다. 바울은 '행하다'(ποιέω)라는 동사의 두 시제(현재 그리고 그다음에는 미래)를 사용함으로써 그의 확신을 강조한다. '이미 행하고 있는 그리고 계속해서 행할'(개역개정에는 "행하고 또 행할"-역주)이라는 말은 대조를 잘 보여준다.

3:5 주께서 너희 마음을 인도하여 하나님의 사랑과 그리스도의 인내에 들어가게 하시기를 원하노라(Ὁ δὲ κύριος κατευθύναι ὑμῶν τὰς καρδίας εἰς τὴν ἀγάπην τοῦ θεοῦ καὶ εἰς τὴν ὑπομονὴν τοῦ Χριστοῦ). 바울이 서신의 마무리 구절이 나오기 전에 축복의 말 혹은 기도를 삽입하는 것은 특이하지 않다. 여기에서 우리는 이 작은 서신에 나오는 네 개의 기도 중 두 번째를 본다.

바울은 데살로니가전서 3:11에서와 같이 '주께서 인도하시기를'(κατευθύναι)이라는 기원법을 사용한다. 거기서도 바울은 문자적 의미로 말했다. 그는 하나님과 그리스도가 '그들의 발걸음을 인도'하사 다시 한번 데살로니가인들을 보러 갈 수 있게 해달라고 구했다. 여기에서 바울은 같은 형태를 사용하여 주 예수가 데살로니가인들의 영적 걸음을 목적지로 인도하시는 것을 말한다. 앞에서는 "마음"(καρδία)으로 번역되는 단어를 '너희 전 인격'(your entire person)이라고 번역했다. 하지만 여기에서 사도팀은 감정의 소재지가 아니라 전 인격의 소재지인 마음에 대해 말한다(살전 2:4; 3:13에 대한 설명을 보라). 마찬가지로, 바울은 데살로니가전서 5:23에서 그들의 전체 "영과 혼과 몸"을 위해 기도했다.

바울이 언급하는 두 개의 덕은 데살로니가전후서의 많은 부분의 기초를 이룬다. 그것은 사랑과 인내라는 덕이다.

'하나님으로부터 오는 사랑'(εἰς τὴν ἀγάπην τοῦ θεοῦ).
'그리스도로부터 오는 인내'(εἰς τὴν ὑπομονὴν τοῦ Χριστοῦ).

둘 중에서 "그리스도의 인내"(문자적 번역)라는 문구가 더 쉽다. 이것은 원천의 소유격일 것이다.[4] 즉, 바울은 데살로니가인들이 환난 때 그리스도께로부터 인내를 받게 되기를 기도하는 것이다. "하나님의 사랑"이라는 소유격은 더 어렵다. 데살로니가전서 1:3에 나오는 "사랑의 수고"라는 말처럼 이 문구는 하나님을 향한 사랑 혹은 다른 사람을 향한 사랑을 의미할 수 있다. 상호 사랑이라는 주제가 데살로니가전후서 도처에 나오는 것에 비추어볼 때, 데살로니가전서 1:3에서는 두 번째 해석인 다른 사람을 향한 사랑이라고 보는 것이 더 나았다. 따라서 이 본문에서도 '하나님으로부터 오는 사랑'이라고 보는 것이 좋다. 둘 다 원천의 소유격으로 해석하는 것이다. 데살로니가후서 1:3f-4에 다른 신자를 향한 사랑과 인내가 모두 언급된다는 사실은, 3:5이 인클루지오를 마무리한다는 것을 나타낸다.

살후 1:3f-4e "너희가 다 각기 서로 사랑함이 풍성함이니 그러므로 너희가 견디고 있는 모든 박해와 환난 중에서 너희 인내와 믿음으로 말미암아."
살후 3:5 "주께서 너희 마음을 인도하여 하나님의 사랑과 그리스도의 인내에 들어가게 하시기를 원하노라."

적용에서의 신학

1. 데살로니가에서의 신학

바울은 데살로니가인들에게 고린도에서 그가 하고 있는 일을 위해 기도해달라고 청한다. 몇 날 선 이름 없는 다른 사람들이 마게도냐에서 바울이 하는 일을 위해 중보했던 것처럼, 바울을 위해 기도해달라는 것이다. 이 무렵쯤이면 그들이 평신도 전도자들을 위해 기도하는 일이 낯설지 않았을 것이다. 바울의 팀 외에도, 데살로니가 제자들은 자신의 교회에서 파송한 선교사들을 위해 기도할 것이다.

데살로니가인들은 단지 추상적인 교리로만이 아니라, 실제로 바울 팀과 함께 기도하면서 기도를 배웠다. 그들은 교회가 세워진 후 처음 몇 달 동안 깨달은 바가 있다. 위대한 선교사도 사탄의 방해로 이방인에게 가지 못한다는 사실(살전 2:18)과 악의 세력에 맞서 하나님의 강력한 개입을 요청하는 것이 그들의 의무(2:17-19; 살후 3:2)라는 것이다.

2. 성경 신학

선교사들을 위한 기도에는 수비와 공격의 요소가 모두 담겨 있다. 수비적 측면은 데살로니가 전후서에 강조되어 있다. 바울은 악한 사람(롬 15:30-32에 나오는 유사한 말을 보라)과 보이지 않는 영적 세력에 맞서게 될 것이다. 어떤 그리스도인들은 돌 밑에도 마귀가 있다고 생각했던 반면, 또 다른 그리스도인들은 마귀와 마주치는 것조차 상상하지 못한다. 지옥 자체가 두 극단을 모두 지지한다. 둘 중 어떤 것도 그리스도인과 의미 있는 기도를 연결해주지 않기 때문이다. 사탄은 할 수 있는 한 모든 수단을 사용해서 새로 신자가 된 사람들의 추수를 망치려 애쓴다. 사탄은 말씀을 전파하는 사람을 죽이고 창피스럽게 하며, 새로 제자가 된 사람들이 피상적으로 말씀을 받아들이게 하고 주의를 산만하게 하며, 핍박(마 13:3-9, 18-23을 보라)함으로써 신자를 마구 흔든다. 사탄은 주변 그리스도인의 어리석음을 이용하여 옳은 길을 가고 있는 사람들을 낙심하게 할 수도 있다. 바울은 여기에서 이런 영향에 반격을 가하려 한다. 신자는 이런 공격에 대비해 기도해야 한다는 것이다.

다른 본문에서도 찾아볼 수 있는 기도의 공격적 측면은 필수적인 것이다. 예수님은 마태복음 9:38에서 밭에 들어갈 "추수할 일꾼"을 보내달라고 주인에게 기도하는 것을 말씀하셨다. 그 말에는 긴박감이 돈다. 준비가 되었을 때, 하지만 태양에 타버리거나 비 때문에 수확물이 해를 입기 전에 추수해야 한다는 것이다. 다른 비유에서는 비용에 구애받지 않고 일꾼들을 데려온다(마 20:1-16을 보라). 그리스도인이 예수님의 가르침을 따른다면, 그들은 추수하는 수고를 할 뿐 아니라 하나님이 일꾼들을 불러 모아주시도록 기도한다.

에베소서 6:10-20은 신자가 천사 같은 세력에 맞서 싸우기 위해 하나님의 전신갑주를 입어야 한다고 말한다. 거기에도 공격용 무기가 등장한다. 성령의 검은 하나님의 말씀, 곧 그리스도의 복음이다(엡 6:17). 에베소인들은 바울이 데살로니가에서 했던 것과 마찬가지로(살전 1:5), 그가 담대하게 복음을 선포하게 해달라고 기도해야 한다(엡 6:19-20). 이것은 사탄을 향해 교회가 가하는 반격이다. 그것은 단지 선교사들을 지켜달라는 기도가 아니라, 그들이 사탄의 견고한 진을 무너뜨리게 해달라는 기도이다.

3. 이 본문이 오늘날의 교회에 주는 메시지

교회와 연관된 각 선교사는 반드시 기도에 의지할 수 있어야 한다. 전교인이 함께 기도하는 것은 물론이고, 훨씬 중요한 것으로 다양한 교인이 소규모로 모여 기도해야 한다.

우리는 바울의 회중이 기도 시간에 건강이나 직장 등과 같은 교인의 필요를 위해 간구했으리라 추정할 수 있다. 하지만 서신에서 추론해볼 때, 그들은 병자보다 선교사들을 위해 더 많이 기도했을 것이다. 또한 그들은 선교지 사정을 훤히 알고 있는 상태에서 선교를 위해 기도했을 것이다. 우리는 의사소통 기술이 급속히 발전하는 시대에 살고 있다. 하지만 우리는 이전 시대의 신자가 우리보다 훨씬 뛰어난 이해력을 지니고 기도한 것에 부끄러워하지 않을 수 없다. 물론 선교사들은 '고국'의 교회에 소식을 전하는 데 주의를 기울여야 한다. 어떤 선교사들은 매일 정보를 전해온다. 또 다른 사람들은 "너무 오랜만에 소식을 드려 죄송합니다. 그간 너무 바빴습니다"라는 말로 드물게 소식을 전하기도 한다. 바울 같은 성격의 선교사들은 기도가 상황을 바꾼다는 점을 교회에 가르치는 것이 얼마나 중요한지 안다. 선교사가 외부와 연락이 끊겼다면, 그것은 기도가 별로 효과 없다는 메시지를 전달한다.

선교사들은 여러 선택 사항을 나열하고, 각 항목마다 표시할 수 있는 칸을 달아 기도 카드를 나눠주고는 한다. 그 카드를 받는 사람들은 재정 지원이나 기도 후원 중 하나를 선택해야 할 것이다. 아마 그들은 '기도 후원을 해야겠어. 그게 둘 중 더 쉬우니까'라고 생각할 것이다. 하지만 기도 후원이 더 쉬운 것은 아니다. 우리 가족이 선교비를 모금하러 갈 때는, 한 가정이나 개인에게 한 달에 50달러 정도를 헌금해줄 것을 제시한다. 또한 사람들에게 우리를 위해 기도하는 일에 헌신해달라고 부탁한다. 누군가가 우리와 함께 기도 협력자가 되는 헌신을 계속 이행한다면(날마다, 집중해서, 실제적인 방식으로), 나는 그것이 돈을 내는 것보다 훨씬 많은 시간과 노력을 요한다고 확신한다.

데살로니가후서 3:6-15

문학적 전후 문맥

대체로 데살로니가 교회는 사도들의 명령에 순종했다(3:4). 하지만 몇몇 문제아가 있었다. 전후 문맥의 문제는 혼란을 일으키는 사람들이 누구였는지, 그들이 정확하게 무엇을 하고 있었는지에 대한 수수께끼로 복잡해진다. 이 책은 일부 주석가가 말하듯, 바울이 단순히 '빈둥거리는 사람들'을 다루고 있지 않다고 본다. 오히려 소수의 데살로니가인이 사역을 위해 재정 후원을 받는 사도의 권리를 가로챘다. 바울은 그런 사람들에게 교회에서 생활비를 받아 살 것을 기대하지 말라고 경고하기 위해, 이전에 말했던 사도적 노동 윤리로 돌아간다.

이 단락은 서신의 흐름에 잘 들어맞는다. 첫째, 이 단락은 윤리적 권고를 담고 있다. 서신

V. 데살로니가인들에게 요청하는 기도(3:1–5)

→ VI. 권면: 무질서한 데살로니가 제자들의 문제(3:6–15)

    A. 교회는 혼란시키는 삶을 사는 교인들과 거리를 두어야 함(3:6)

    B. 교회는 그리스도인들이 자립하기 위해 일해야 한다는 점을 매우 잘 알고 있음(3:7–10)

    C. 일부 그리스도인들이 일은 하지 않고 남의 일에 간섭하면서 혼란시키는 삶을 살고 있음(3:11)

    D. 사도들은 이런 무질서한 사람들에게 생계를 위해 일하고, 또 문제를 일으키는 행동을 그만두라고 명령함(3:12)

    E. 교회는 이런 새로운 골칫거리 때문에 선행을 포기하지 말아야 함(3:13)

    F. 교회는 무질서한 교인들과 거리를 두어야 하지만, 그들을 교회의 교제에서 배제하지 말아야 함(3:14–15)

VII. 결어(3:16–18)

의 끝자락에서 권면을 하는 것은 바울 특유의 방식이다. 둘째, 이 단락은 바울이 3:1-5에서 말한 것과 일치한다. 거기에서 바울은 자신의 선교가 계속되는 것과 데살로니가 교회가 꾸준히 순종할 것을 생각한다.

주요 개념

바울은 교회의 '무질서한' 지체들의 문제를 다룬다. 그들은 자기 손으로 일하여 독립하지 못하고, 다른 그리스도인들의 도움으로 생계를 꾸리려 함으로써 혼란을 일으킨다. 바울은 그런 혼란을 일으키는 사람들에게서 떠나고, 그들에게 양식을 주지 말라고 교회에 말하면서 그 상황을 처리하는 법에 대한 교훈을 준다.

번역

데살로니가후서 3:6-15

6a	권고	형제들아…**너희를 명하노니**
b	기원	우리 주 예수 그리스도의 이름으로
c	묘사	게으르게 행하고
d	묘사	우리에게서 받은 전통대로 행하지 아니하는
e	내용 1	모든 형제에게서 떠나라
7a	원인	어떻게 우리를 본받아야 할지를
		너희가 스스로 아나니
b	묘사	우리가 너희 가운데서 무질서하게 행하지 아니하며
8a	묘사	누구에게서든지 음식을 값없이 먹지 않고
		오직 수고하고 애써 주야로
b	묘사	일함은
c	목적	너희 아무에게도 폐를 끼치지 아니하려 함이니
9a	예상과 반대	우리에게 권리가 없는 것이 아니요
b	대조	오직 스스로 너희에게 본을 보여
c	목적	우리를 본받게 하려 함이니라
10a	시간	우리가 너희와 함께 있을 때에도
b	권고	**너희에게 명하기를**

	c	내용	누구든지 일하기 싫어하거든 먹지도 말게 하라 하였더니
11a	원인	우리가 들은즉 너희 가운데 게으르게 행하여
	b	방식	도무지 일하지 아니하고
	c	대조	일을 만들기만 하는 자들이 있다 하니
12a	권고	이런 자들에게 우리가 명하고 주 예수 그리스도 안에서 **권하기를**
	b	내용	조용히 일하여 자기 양식을 먹으라 하노라
13	권고	형제들아 너희는 선을 행하다가 낙심하지 말라
14a	조건	누가 이 편지에 한 우리 말을 순종하지 아니하거든
	b	내용	그 사람을 지목하여 사귀지 말고
	c	목적	그로 하여금 부끄럽게 하라
15a	내용	그러나 **원수와 같이** 생각하지 말고
	b	대조	형제 같이 권면하라

구조

바울은 이 서신을 새로운 방향으로 끌고 간다. '그리고 이제'(δέ, 개역개정에는 번역되어 있지 않음-역주)라는 말로 사람들을 주목시키는 마지막 윤리적 권고이다. 데살로니가전서에서는 권면 부분이 "우리가 너희에게 구하노니"(살전 5:12)라는 말로 시작되었다. 반면 데살로니가후서 3:6에서는 더 강한 동사가 사용되고('내가 너희를 명하노니'), 바울은 자신의 권위의 원천으로 우리 주 예수 그리스도의 이름에 호소하기까지 한다. 데살로니가전서 5:12–22에서는 일반적인 가르침을 전했다. 그런데 데살로니가후서 3장에서는 면도날처럼 날카롭게 접근하고, 한 문제에 초점을 맞추고 있다. 그것은 교회가 '무질서하게 행동하는 형제자매들을 어떻게 다루어야 하는가'에 대한 문제였다. 본문에서 바울은 교회 전체를 대상으로 말한다. 3:12에서만 무질서한 사람들에게 짧은 명령을 할 뿐이다.

3:6에 나오는 바울의 권고는 교회가 무질서한 사람들에게서 "떠나라"는 것이다. 떠난다는 것이 무슨 의미인지는 끝부분에 나온다(3:14-15). 이 두 명령 사이에서 바울은 독자에게 무슨 일이 일어나고 있었는지에 관해 조금이나마 암시를 준다. 일부 교인이 사도들의 가르침과 맞지 않는 행동을 하고 있었다는 것이다(3:6c, 7b, 11a). '본문 설명' 부분에서 ἀτάκτος 단어군을

'게으른'이 아닌 '무질서한'이라고 번역하는 것을 본문 해석의 핵심으로 제시할 것이다(3:6에 대한 설명을 보라). 또한 바울은 문제의 사람들이 '쓸데없이 간섭하는'(3:11c, 개역개정에는 "일을 만들기만 하는"-역주, 또한 이 행동의 해석에 대해서는 뒤를 보라) 자들이었다는 말을 들었다. 마지막으로, 그들은 다른 그리스도인들에게 매일 먹을 양식을 구하고 있었을 수 있다(3:10, 12).

바울은 3:7a에서 원인을 나타내는 '왜냐하면'(γάρ, 개역개정에는 번역되어 있지 않음-역주)이라는 말을 사용한다. 그 표현에는 3:6d-10의 모든 내용이 포함된다. 사도들은 그들을 가르쳤으며 제자들이 본받을 모범을 제공했다. 바울은 이 부분에서 대조법을 사용하는데, 이것은 그가 두 서신에서 즐겨 사용하는 기법이다['이것이 아니라, 그러나(ἀλλά) 저것이다']. 이처럼 그 문제는 사도들이 이미 그들의 첫 방문에서 다루었기에 문제가 될 것이 전혀 없는 사안이었다.

바울은 3:11에서 다시 '왜냐하면'(γάρ, 개역개정에는 번역되어 있지 않음-역주)을 사용한다. 이 표현은 그가 왜 그 명령을 다시 논의해야 할 필요성을 느끼는지를 말해준다. 사도들은 데살로니가 사람들이 그 명령에 불순종하고 있다고 들었다. 바울은 여기에서도 대조법을 사용한다. 그들은 '도무지 일하지 아니하고, 그러나(ἀλλά) 일을 만들기만 하는 자들'이다. 바울은 '그래서'(3:12의 δέ, 개역개정에는 번역되어 있지 않음-역주)라는 말로 이런 혼란을 일으키는 사람들에게 직접 말하면서, 그들에게 돈을 벌 수 있는 일자리를 찾아 스스로 부양하라고 말한다. 3:13의 권고는 3:12에 나오는 것과 꼭 닮은 한 쌍으로 보인다. 따라서 이 책은 '그리고 너희에 대해서는'(and as for you, ὑμεῖς δέ)이라고 번역했다. 내내 올바르게 행동해왔던 데살로니가 사람들은 낙심하지 말아야 한다. 즉, 무질서한 동료들 때문에 냉소적으로 변하거나 낙담하지 말아야 한다.

이 부분은 시작할 때와 마찬가지로 '그런데'(δέ, 개역개정에는 번역되어 있지 않음-역주)라는 말로 끝난다. 이는 결론을 내리기 위함이다(3:14). 바울은 일부 사람이 계속 혼란을 일으킨다면 무엇을 해야 할지 교회 전체에 명한다. 그들을 먹이지 말고 그들과 사귀지 말라는 것이다(3:14). 바울은 또 다른 대조법을 사용하여(3:15) 그들을 원수로 취급하지 말고 그리스도인 가족의 일원으로 대하라고 말한다. 그들은 무질서한 사람들을 만나서 그들이 행동을 단념하도록 설득해야 한다.

이 책은 3:16을 이 단락의 결론으로 보는 NA²⁷의 구절 구분을 따르지 않는다. 오히려 그 구절은 데살로니가후서의 마무리 단락(3:16-18)을 시작한다.

석의적 개요

➡ I. 교회는 혼란시키는 삶을 사는 교인들과 거리를 두어야 함(3:6)
   II. 교회는 그리스도인들이 자립하기 위해 일해야 한다는 점을 매우 잘 알고 있음(3:7-10)
      A. 바울과 그의 팀은 행동으로 그들에게 본보기를 제공했음(3:7-9)

B. 바울과 그의 팀은 바로 이런 상황에 관해 말로 가르쳤음(3:10).

III. 일부 그리스도인이 일은 하지 않고 남의 일에 간섭하면서 혼란시키는 삶을 살고 있음(3:11)

IV. 사도들은 무질서한 사람들에게 생계를 위해 일하고, 문제를 일으키는 행동을 그만두라고 명령함 (3:12)

V. 교회는 이런 새로운 골칫거리 때문에 선행을 포기하지 말아야 함(3:13)

VI. 교회는 무질서한 교인들과 거리를 두어야 하지만, 그들을 교회의 교제에서 배제하지 말아야 함 (3:14–15)

본문 설명

3:6 형제들아 우리 주 예수 그리스도의 이름으로 너희를 명하노니 게으르게 행하고 우리에게서 받은 전통대로 행하지 아니하는 모든 형제에게서 떠나라(Παραγγέλλομεν δὲ ὑμῖν, ἀδελφοί, ἐν ὀνόματι τοῦ κυρίου ἡμῶν Ἰησοῦ Χριστοῦ, στέλλεσθαι ὑμᾶς ἀπὸ παντὸς ἀδελφοῦ ἀτάκτως περιπατοῦντος καὶ μὴ κατὰ τὴν παράδοσιν ἣν παρελάβοσαν παρ᾽ ἡμῶν). 바울은 이 한 쌍의 서신에서 중대한 윤리적 권고에 의지한다. 그는 '우리가 명하노니'(παραγγέλλομεν)라는 진지한 말로 청중의 주의를 끌고, 청자를 "형제들"(ἀδελφοί)이라고 부르면서 주의를 환기시킨다. 데살로니가전서 4:1에서처럼 바울은 주의 권위에 의지하여 말한다.

'떠나다'(στέλλεσθαι)라는 동사는 3:14–15에 나오는 구체적인 지시와 비교해볼 필요가 있다. 그것은 사도들이 정한 행위의 경계선 밖에 사는 사람들을 어떻게 상대할 것인가에 관한 것이다. "행하고"(who lives)라는 말은 생활 방식을 가리킨다[문자적으로는 '걷다'(walks), περιπατέω, 살전 2:12에 대한 설명을 보라]. 그들은 '무질서한 방식으로'(살후 3:6, 11에 나오는 ἀτάκτως, 개역개정에는 "게으르게"–역주) 행하고 있다. 바울은 "게으르게"라는 말에 대해 데살로니가전서 5:14에 사용된 형용사의 부사형을 사용한다(해당 구절의 설명을 보라). 바울은 데살로니가후서 3:7에서 사도팀이 "무질서하게 행하지 아니"했다는 것을 진술하기 위해 같은 어원에서 나온 동사(ἀτακτέω)를 사용한다.

어휘 사전들은 '무질서한' 혹은 '혼란을 일으키는'이라는 말과 유사한 정의를 제시하면서 '무질서한'(ἀτακτ-)이라는 단어군의 의미에 대해 일치된 의견을 제시한다 (BDAG, LSJ; LEH; MM; *TDNT*; *TLNT*를 보라). 칠십인역에서는 이 단어군을 단 한 번 사용하는데, 거기에서는 형용사(ἄτακτος)에 대해 그 의미를 분명하게 보여준다. "방금 자신의 결혼식을 위해 옷을 차려입은 사람들이 행사 장소로 정해진 방을 뛰쳐나와 도시를 가로질러 미친 듯이(즉, 무질서하게) 돌진했다"(3 Macc 1:19 NETS). 몇몇 영어 역본은 그 형용사를 적절하게 번역하는 반면, 다른 역본들은 "게으른"(lazy, GNB), "한가한"(idle, NIV, NLT, NRSV) 혹은 그것을 최대한 확대 해석해서 "게으름을 피우는"(loaf around, 3:11, CEV)이라고 번역한다.[1] 이 번역가들은 본문에 실제로 나와 있는 것보다 더 많은

---

[1] 영어에서 '한가한'(idle)이라는 말과 '게으른/나태한'(lazy/indolent)이라는 말은 정확히 동의어가 아니다. 사람들은 게으름이 아닌 다른 이유들 때문에 한가할 수 있다. 공교롭게도 주 예수님은 일거리를 찾을 수 없었기 때문에 한가했던(idle) 농장 노동자들에 대해 말씀하실 때

것을 말하는 것이다. 분명 그들은 다음과 같은 추론에 기초해서 번역했을 것이다.

> 일부 데살로니가 사람들은 일하고 싶어 하지 않지만, 기부 물품은 받고 싶어 한다.
> 바울은 그들의 행동을 묘사하기 위해 ἀτάκτως라는 헬라어 단어를 사용한다.
> 그러므로 그 헬라어 단어(ἀτάκτως)는 분명 한가하거나 게으른 사람을 의미할 것이다.

하지만 이 논리는 엉성하다. 다음과 같은 스피크의 불평은 전적으로 정당하다.

> 몇몇 주석학자들이 ataktos("자기 자리에 남아 있지 않는 것, 질서가 없는 것, 규율이 없는 것")에 대해 '한가한, 게으른'이라는 번역을 제안하지 않았다면, 그 말의 의미를 역설할 필요가 없을 것이다. 하지만 코이네 헬라어에서, 특히 주후 1세기에 그 동사, 형용사, 부사의 용법을 보면, 그 단어가 의무나 관습에 대한 모든 위반과 전반적인 삶의 무질서를 포괄한다는 것을 확증할 수 있다. 그리고 그 용법은 결정적이다.[2]

물론 그 혼란을 일으키는 제자들은 사도의 "전통"(παράδοσιν)에 따라 보수를 받는 일에 일에 종사해야 한다. 그들에게 사도들이 말로 전한 모든 가르침에 순종해야 할 의무가 있었던 것과 마찬가지이다(2:15).[3] 전통에 대한 언급은, 사실상 사람들의 무질서함이 구체적으로 무엇이었는지를 드러내는 데 도움을 준다.

3:7 어떻게 우리를 본받아야 할지를 너희가 스스로 아나니 우리가 너희 가운데서 무질서하게 행하지 아니하며(αὐτοὶ γὰρ οἴδατε πῶς δεῖ μιμεῖσθαι ἡμᾶς, ὅτι οὐκ ἠτακτήσαμεν ἐν ὑμῖν). 바울은 또 다시 자신과 실라와 디모데를 본보기로 제시한다. 데살로니가인들은 단순히 구전적 전통을 따를 필요만 있는 것은 아니다. 그들은 또한 지도자가 보였던 모범을 본받아야 한다. 바울은 데살로니가후서에서 두 번째로 상기시키는 말을 사용한다. 이번에는 그들로 하여금 사도들이 질서를 유지했던 방식을 기억하게 하기 위함이다. 바울은 데살로니가전서 1:6에서 그들을 잘 본받는 것에 대해 일반적으로 말했다. 하지만 일부 사람은 사도의 모범을 따르지 않았다.

그다음 절은 구문론적으로 볼 때 앞에 나오는 내용과 밀접하게 연결되어 있지는 않다. 이 책은 매끄럽게 하기 위해 접속사(ὅτι)를 '…에서'(in that, 이 부분을 직역하면, '우리가 너희 가운데서 무질서하게 행하지 아니한 것에서 어떻게 우리를 본받아야 할지를'-역주)라고 번역했다. 여기에서 바울은 '무질서하게 되다'(ἀτακτέω)와 같은 어원에서 나온 동사를 참조한다. 3:6에서 보았듯이, 본문은 '우리가 게으르지 않았다'고 말하지 않고 '우리가 무질서한 방식으로 행하지 않았다'고 말한다.

3:8 누구에게서든지 음식을 값없이 먹지 않고 오직 수고하고 애써 주야로 일함은 너희 아무에게도 폐를 끼치지 아니하려 함이니(οὐδὲ δωρεὰν ἄρτον ἐφάγομεν παρά τινος, ἀλλ' ἐν

이 점을 예시하신다. 그럼에도 그들은 게으르지(lazy) 않았다. 그들은 일거리를 얻을 수 있었을 때 즉시 그 일에 뛰어들었기 때문이다(포도원의 비유, 마 20:1-16).

2. Spicq, "ἀτακτέω, ἄτακτος, ἀτάκτως," *TLNT*, 1:223; 특히 C. Spicq, "Les Thessaloniciens 'inquiets' étaient-ils des paresseux?" *Studia Teologica* 10 (1956): 1-13. G. Delling in "ἄτακτος(ἀτάκτως), ἀτακτέω," *TDNT*, 8:48의 논평도 예리하다. "기독교 외에서 그 동사는 일에 적용될 때, 우선 게으름을 강조하지 않고 오히려 일해야 하는 의무에 대한 무책임한 태도를 강조한다." Rigaux, *Thessaloniciens*, 704-5는 이 사람들이 수동적(게으른)이 아니라 능동적(참견하기 좋아하는 사람들)이라고 언급한다.

3. 이것은 큰 소리로 읽어야 하는 본문 중 하나다. 데살로니가인들이 들었던 것처럼, π라는 글자를 끊어 읽는 것을 듣기 위해서다.

κόπῳ καὶ μόχθῳ νυκτὸς καὶ ἡμέρας ἐργαζόμενοι πρὸς τὸ μὴ ἐπιβαρῆσαί τινα ὑμῶν). 바울은 데살로니가에서 사도들이 한 행동을 상세히 묘사하면서 '…하지도 않고'(nor, οὐδὲ)라는 말로 한 걸음 더 나아간다. "값없이"(대격 형태 δωρεάν이 부사로 사용됨)는 바울이 고린도후서 11:7에서 사신이 고린도인들에게 값없이(gratis) 복음을 전했다고 말할 때 사용한 것과 같은 형태이다. 바울이 사도행전 20:33-35과 사무엘의 전통(삼상 12:3-5)에서 주장하듯이, 그는 누구에게서도 어떤 것을 취했다고 비난받을 수 없었다. 그는 심지어 "음식"(ἄρτον, 문자적으로는 일용할 양식을 나타내는 환유법으로서의 '빵')도 얻어먹지 않았다. 하루치 양식을 확보하는 것이 결코 쉽지 않았던 경제 상황에서 음식을 요청하는 것은 경고의 징후가 될 수 있다. 거짓 사도들은 양식을 구할 때 그들의 참된 동기를 드러낼 것이다(Did. 11.6, 9를 보라).

바울은 그다음에 데살로니가전서 2:9의 표현과 거의 같은 말인 "수고와 애쓴 것"을 언급한다(해당 구절에 대한 설명을 보라).

3:9 우리에게 권리가 없는 것이 아니요 오직 스스로 너희에게 본을 보여 우리를 본받게 하려 함이니라(οὐχ ὅτι οὐκ ἔχομεν ἐξουσίαν, ἀλλ᾽ ἵνα ἑαυτοὺς τύπον δῶμεν ὑμῖν εἰς τὸ μιμεῖσθαι ἡμᾶς). 바울이 일반적으로 하듯이, 그는 자신에게 주어진 권리를 행사하지 않지만, 그 권리를 자신이 원하는 대로 사용하거나 그러지 않을 수 있다는 말을 덧붙인다. 이 구절은 3:7처럼 원어를 살펴보면 매끄럽게 이어지지 않는다. 따라서 이 책은 약간 풀어서 번역했다[Not that we lacked the authority to do so; but (we lived this way) in order that we might provide you a model so that you might imitate us].

데살로니가전서 2:7에서 바울은 사도로서 '비록 우리는 지극히 중요한 사람인 것처럼 행동할 것을 고집하고 너희에게 짐이 될 수도 있었으나'(개역개정에는 "마땅히 권위를 주장할 수 있으나"-역주)라는 말로 그 생각을 표현했다. 여기에서 바울과 그의 팀은 데살로니가에서 사역하는 동안 그들의 재정적 후원을 요구할 "권리"(ἐξουσίαν)를 갖고 있었다. 하지만 그들은 일을 했다. 첫째는, 복음이 장애물 없이 앞으로 나아갈 수 있도록 하기 위함이었다. 둘째는, 기독교적 노동 윤리의 "본"(τύπον)을 제공하기 위함이었다.

3:10 우리가 너희와 함께 있을 때에도 너희에게 명하기를 누구든지 일하기 싫어하거든 먹지도 말게 하라 하였더니(καὶ γὰρ ὅτε ἦμεν πρὸς ὑμᾶς, τοῦτο παρηγγέλλομεν ὑμῖν, ὅτι εἴ τις οὐ θέλει ἐργάζεσθαι μηδὲ ἐσθιέτω). 바울과 그의 동료들은 데살로니가인들과 "함께 있을 때" 구체적인 가르침을 주었다. "우리가…명하기를"(παρηγγέλλομεν)이라는 동사는 바울이 이 부분을 시작하기 위해 사용하는 동사의 한 형태이다(3:6).

바울은 단순 조건문을 사용한다. 조건절 혹은 '만일'절은 그들 앞에 닥친 상황을 예상한다. 어떤 사람이 일하기 "싫어하"(οὐ θέλει)는 때 무슨 일이 일어나는가? 그 동사(θέλω)는 어떤 사람의 개인적 취향('일하는 것을 원치 않다')을 말하는 것일 수도 있다. 하지만 이 문맥에서 바울은 의지적 행동(오늘날에는 '일하지 않기로 선택하다'라고 말할 수 있다)을 묘사할 가능성이 더 크다. 다만 무엇 때문에 그 결정에 이르렀는지는 밝히지 않는다. 바울은 일을 하라고 강요받지 않았지만, "자의로" 일하기로 결정했다(고전 9:17). 무질서한 사람들은 그와 반대되는 결정을 내렸다. 분명 데살로니가 사람들이 적절한 일자리를 찾지 못한 것은 아니었다.

'일하다'(ἐργάζεσθαι)라는 부정사의 의미에 대해 논평하는 주석가는 거의 없다. 이 동사는 고전 헬라어 및 코이네 헬라어에서 다양한 의미로 사용된다. 그 말은 자동사, 즉 직접 목적어 없이 사용될 때, 종종 '노동' 혹은 '손으로 일하는 것'[4]이라는 의미를 띠었다. 바울은 몇몇 본문에서 그것을 육체노동과 연관해서 사용한다(예를 들어, 고전 4:12; 엡 4:28; 살전 4:11; 아마 살전 2:9). 이 증거는 아마 바울이 데살로니가후서 3:10에서 육체노동을 말하고 있음을 나타낼 것이다. "누구든지 (자기 손으로) 일하기 싫어하거든." 그런 해석은 두 서신의 문맥과 잘 어울린다. 사도들은 그들의 손으로 일했다. 모든 그리스도인 역시 그렇게 해야 한다(살전 4:11-12). 그리고 데살로니가후서 3장에 나오는 무질서한 사람들도 그렇게 해야 한다.

귀결절 혹은 '그렇다면' 절은 교회가 그런 상황을 어떻게 다루어야 하는지 보여준다. 그 사람은 '먹지 말아야 한다'(μηδὲ ἐσθιέτω). 이런 행동을 하게 하는 주체는 교회 당국이 될 것이다. NJB(또한 ESV를 보라)가 그렇게 말하는 것과 같다. "일하기를 거부하는 사람은 어느 누구도 먹지 말게 하라." 이것은 근면함에 대한 바울의 본을 따르지 않는 사람들이 신자 개인에게나 모임에 혹은 그 지도자에게 초청받아 값없이(*gratis*) 먹게 두어서는 안 된다는 말이다.

바울이 교회가 이미 무질서한 사람들에게 음식을 주고 있다고 말하지 않는다는 사실은 지적할 만하다. 3:10의 의미는 그렇게 주고 있다는 것일 수도 있다. 하지만 명백하지는 않다. 바울은 단지 그들에게 앞으로 그렇게 하지 말라고 경고하는 것일 수도 있다.

3:11 우리가 들은즉 너희 가운데 게으르게 행하여 도무지 일하지 아니하고 일을 만들기만 하는 자들이 있다 하니(ἀκούομεν γάρ τινας περιπατοῦντας ἐν ὑμῖν ἀτάκτως, μηδὲν ἐργαζομένους ἀλλὰ περιεργαζομένους). 바울은 마침내 두 서신에서 처음으로 데살로니가 교회에 알려진 특정 죄를 분명히 지적한다. '우리가 지금 이것을 말하는 것은'(we say this now, 개역개정에는 번역되어 있지 않음-역주)이라는 표현은, 원인의 접속사 '왜냐하면'(γάρ)을 확장한 것이다. "우리가 들은즉"(ἀκούομεν)은 디모데가 전한 소식을 가리킨다. 어쩌면 제삼자가 그 소식을 전해주었을 수도 있다(살전 1:8-9을 보라).

바울은 헬라어에서는 효과적이지만 영어에서는 그렇지 않은 언어유희를 한다. 그들은 일을 하지 않고 일을 만든다(they do not work, but meddle, μηδὲν ἐργαζομένους ἀλλὰ περιεργαζομένους)는 것으로, 두 번째 용어는 첫 번째 용어의 복합어다. NIV(ESV도 비슷하다)는 "바쁘지는 않으나, 바쁘게 참견하는 사람들"(not busy; they are busybodies)이라고 훌륭한 시도를 한다.

다시 한번, 헬라어 본문은 '게으르게 행하다'(loafing around), '게으르다'(lazy), '빈둥거리며 시간을 허비하다'(idling their time away, REB) 혹은 '…외에는 아무것도 하지 않다' 등을 전혀 말하지 않는다는 점을 명심해야 한다. 이것은 모두 자기 해석(eisegesis), 곧 본문에 어떤 의미를 부여하는 것이다. 바울이 실제로 말하는 것은 그들이 '일하는 것'보다는 '일을 만드는 것'(περιεργαζομένους)에 종사하고 있다는 것이다.

심층 연구 '일을 만들다'(meddle, περιεργάζομαι)에 대한 사전적 정보

이 동사는 두 가지 의미로 볼 수 있다. 보다 일반적인 용법은 분명 이 문맥에 잘 맞는다. 그것은 다른 사람들에게 사회적으로 참견하는 것으로, 다른 사람의 시간을 낭비하고 그들이 매일 이행해야 할 책임들

---

4. LSJ를 보라. Homer, *Od.* 2.272 (포로로 잡힌 군인들은 강제 노동을 해야 했다); Herodotus, *Hist.* 2.124.3 (채석장에서 일함); Demosthenes, *Orat.* 42.31 (광산에서 일함); Thucydides, *Hist.* 2.72.3 (땅을 경작함).

에서 정신이 분산되게 하는 것이다. 여기에서 '참견하기 좋아하는'(meddlesome) 사람은 주위 사람을 괴롭힐 뿐 아니라, 자기 일도 소홀히 할 것이다. 그들은 "다른 사람의 일에 참견하는 것 외에는 아무 일도 하지 않는다"(GNB). 유사한 구절에서 젊은 과부(딤전 5:13)는 집안일에 집중하지 않고, 돌아다니며 쓸데없는 말을 하면서 '일을 만드는 사람'(같은 어원에서 나온 명사 περίεργοι)이 되기 쉽다. 그리스-로마 철학자를 경멸하는 말에는 도움이 되는 유사점이 있다. 사람들은 통상 그들을 '참견쟁이'라고 불렀는데, 그들은 자신이 중요한 일로 바쁘다고 대답했다고 한다. "이처럼 바울은 당시 사람들이 잘 알고 있던 불명예스러운 용어를 사용한다. 그것은 자신이 더 높은 가치를 대표한다고 생각하는 사람에게 적용되던 용어이다."[5]

두 번째는 주석에서는 거의 언급되지 않지만 헬레니즘, 유대교, 기독교적 헬라어에서 매우 규칙적으로 등장하는 것으로, 신적 문제에 부적절하게 파고드는 것이라는 의미.[6] 신적 영역에 그렇게 주제넘게 침범하는 것은, 이웃의 시간을 낭비하는 것뿐만이 아니다. 그것은 하나님/신들을 불쾌하게 하는 일이다. 그 단어군이 지닌 이런 의미는 데살로니가후서 3:11에 부합할 수 있다. 바울은 그들이 일을 만든다는 것의 성질을 밝히지 않는다. 하지만 그들은 주의 일의 영역에 간섭하면서 선을 넘어, 그들이 감히 가서는 안 되는 영역으로 들어갔을 수도 있다. 웃사가 궤를 만진 것처럼(삼하 6:6-7) 그리고 웃시야가 성전에 침입한 것처럼(대하 26:16-21), 그들은 거룩한 영역을 침범했다.

두 의미 중 하나를 선택하는 것이 어려운 이유는, 실제로 두 의미가 중복되는 경향이 있기 때문이다. 하나님의 일에 참견하는 사람들은 또한 수평적 차원에서도 성가신 사람이 되는 경향이 있다(골 2:18; 딤전 1:3-7을 보라, 또한 아주 오래 전부터 있었던 수많은 분파운동을 보라). 그들의 악행에 대한 분석은 뒤에 나오는 '심층 연구'(요약과 결론: 이 혼란을 일으키는 사람들은 누구였는가?)를 보라.

3:12 이런 자들에게 우리가 명하고 주 예수 그리스도 안에서 권하기를 조용히 일하여 자기 양식을 먹으라 하노라(τοῖς δὲ τοιούτοις παραγγέλλομεν καὶ παρακαλοῦμεν ἐν κυρίῳ Ἰησοῦ Χριστῷ ἵνα μετὰ ἡσυχίας ἐργαζόμενοι τὸν ἑαυτῶν ἄρτον ἐσθίωσιν). 바울은 마지막으로 δέ라는 말로 "이런 자들"에 관한 명령으로 넘어간다. 그의 말은 교회 전체를 향해 명령한 바 무질서한 사람들을 떠나라는 말(3:6)을 반영한다. 또 다시 바울은 그 명령에 매우 엄숙한 분위기를 부여하기 위해 주 예수 그리스도의 이름에 의지하여 말한다.

신자들은 열심히 일해야 한다(앞에 나온 ἐργάζομαι의 정의를 보라). 그들은 "조용히"(μετὰ ἡσυχίας) 살아야 한다.

---

5. Malherbe, *Letters to the Thessalonians*, 453.
6. 다른 언급으로는 다음을 보라. *Let. Aris.* 315 (ed. Charlesworth). "그것이 그의 참견하기 좋아하는(meddlesome) 마음, 곧 하나님의 것들을 일반 사람에게 드러내고자 하는 욕구로 인한 것이었음이 꿈에 계시되었다." Philo, *Names* 72는 하나님의 우주적 비밀에 침입하려는 사람들을 비판한다. "무슨 이유로 그대는 별들의 움직임과 주기들을 조사하는가…? 그것은 단지 그런 일들에 관한 당신의 호기심(περιεργάζομαι에서 나온)을 충족시키려는 것인가? 그리고 이 모든 호기심(περίε-ργος에서 나온)은 당신에게 어떤 이익을 줄 수 있는가?" 사도행전 19:19에서, 에베소에는 마술을 '행하던'(meddle) 사람들이 있다. Josephus, *Ant.* 12.2.14 (§112)는 주전 3세기 이집트의 Ptolemy 2세를 언급한다. "그가 신적 문제들(즉, 유대 율법)에 지나친 호기심을 갖고 심취해 있는 동안 그의 심신에 병이 발생했다." Herm. *Sim.* 9.2.7. "네가 볼 수 없는 것은 그냥 놔두라. 그리고 그것으로 인해 스스로 괴로워하지(trouble) 혹은 그 일에 참견하지(meddle in it) 말라." Plato, *Apol.* 19b는 Socrates가 하늘과 땅의 일에 참견했다는 죄목을 보고했을 때 그 동사를 이런 의미로 사용했다.

그것은 바울이 그들에게 가르친 이상이었다(살전 4:11-12). 3:8에서처럼 "자기 양식을 먹으라"(τὸν ἑαυτῶν ἄρτον ἐσθίωσιν)는 것은 환유법으로, 그들이 자신의 생활비를 벌고 교회 가족들에게 문제를 일으키지 않는 것을 나타낸다. 바울은 이 본문에서 일의 또 다른 목적(그렇게 하면 불우한 이웃들을 도울 수 있다는 것)은 말하지 않는다(행 20:35; 엡 4:28을 보라).

3:13 형제들아 너희는 선을 행하다가 낙심하지 말라(ὑμεῖς δέ, ἀδελφοί, μὴ ἐγκακήσητε καλοποιοῦντες). 바울은 '혼란을 일으키는' 데살로니가 사람들에서 더 큰 집단에 눈을 돌려 "형제들아"라는 말로 그들의 주의를 환기시킨다. '선을 행하는 것'(καλοποιοῦντες)은 하팍스 레고메논으로 정경 외에서는 생소한 단어이다. 바울은 후에 갈라디아서 6:9에서 약간 다른 언어로 같은 것을 말하는데(τὸ καλὸν ποιοῦντες), 그것 역시 기독교 공동체에 봉사하는 것을 강조한다. 바울의 진술은, 선한 양심을 지닌 사람들이 자신을 이용한 사람들에게 혐오감을 느껴 관대함을 베푸는 것에 냉소적이 될 만한 상황에서 특히 적절하다.

3:14 누가 이 편지에 한 우리 말을 순종하지 아니하거든 그 사람을 지목하여 사귀지 말고 그로 하여금 부끄럽게 하라(εἰ δέ τις οὐχ ὑπακούει τῷ λόγῳ ἡμῶν διὰ τῆς ἐπιστολῆς, τοῦτον σημειοῦσθε, μὴ συναναμίγνυσθαι αὐτῷ, ἵνα ἐντραπῇ). 바울은 교회 전체를 대상으로 말하면서 혼란을 일으키는 사람들에게 어떻게 해야 하는지를 지시한다. 바울은 3:6로 되돌아간다. 하지만 그들에게 "전통"을 상기시키기보다는, 그가 "편지"로 전한 메시지에 대해 말한다. 교회는 일어나고 있는 일을 무시하거나 묵인하는 것이 아니라 행동을 해야 한다. 중간태로 된 '지목하다'(σημειοῦσθε)라는 말은 '주목하다, 유의하다'라는 의미로, 이따금 찬성하지 않으면서 주목한다는 뜻이다.[7] 신자들은 아무리 친절한 사람이 되고 싶어도 (3:13), 문제를 일으키는 사람들과 "사귀"거나 '섞이지'(συναναμίγνυσθαι) 말아야 한다. 이 동사는 3:6에 나오는 "떠나라"(στέλλεσθαι)는 말과 비교할 수 있다.

바울은 고린도전서 5:9, 11에서 교회가 악행을 저지르는 사람들과 "사귀지"(συναναμίγνυσθαι) 말아야 한다고 쓸 것이다. 그 본문에 같은 동사가 사용되었지만, 고린도의 경우 그 죄는 훨씬 심각했다. 교회 안의 누군가가 근친상간을 저질렀다. 그런 사람은 사탄에게 내주어야 하며(고전 5:5) 교회에서 쫓아내야 한다. "이 악한 사람은 너희 중에서 내쫓으라"(고전 5:13). 신명기를 보면 이런 말 다음에 사형하라는 명령이 따라 나온다.

데살로니가에서 적절한 징계는 고린도전서 5장에 나오는 것보다 덜 엄격하다. 종교 공동체에는 보통 징벌의 단계가 있다는 것을 기억해야 한다. 예를 들어, 쿰란 공동체의 규율집(1QS)은 완전히 추방하는 것(고린도에서처럼)을 허용했지만, 또한 일시적 징계도 허용했다. 다른 교인이 말하고 있을 때 끼어드는 것 등의 사소한 범죄를 저지르면 열흘 간 벌을 받아야 했다.[8]

데살로니가 교회에 내린 바울의 지시는, 사회적 반대라는 수단을 사용하여 잘못된 행동을 바로잡는 것이다. "그로 하여금 부끄럽게 하라"(ἵνα ἐντραπῇ). 영어 역본들은 그 동사가 죄인이 느끼는 감정을 묘사하는 말인 것처럼 번역하기도 한다. "그가 자신에 대해 부끄러워할 때까지"(REB) 혹은 "그들이 부끄러워하도록"(NIV)이라는 것이다. 그러나 '그들이 부끄러움을 당하도록'(that they might be shamed)이라는 번역이 더 정확하다. 그것은 바울 시대의 사회적 상호작용 기저에 있는 수치와 명예 제도를 고려하기 때문이다. 오늘날에는 자존감을 갖

---

7. MM, 573; Polybius, *Hist.* 5.78.2를 보라. 거기에서 일식은 나쁜 징조로 '주목되었다'("noted").

8. 1QS VII, 9–10 (Martínez and Tigchelaar, 1:87).

는 것이나 그것이 없는 것을 개인적인 문제로 여긴다. 1세기에 부끄러움은 외부에서 개인에게 압박으로 주어졌다. 데살로니가에서 잘못을 범한 신자들은 그들과 섞이기를 거부하는 사람들에게 '부끄러움을 당할' 것이다. 바울이 그들을 교회 밖으로 내보내기를 원하는지는 말하지 않는다.

3:15 그러나 원수와 같이 생각하지 말고 형제 같이 권면하라 (καὶ μὴ ὡς ἐχθρὸν ἡγεῖσθε, ἀλλὰ νουθετεῖτε ὡς ἀδελφόν). 여기에서 접속사(καί)는 대조를 나타내는 "그러나"라는 뜻으로 쓰인 것이 분명하다. 바울은 그들을 가혹하게 대하라고 조언하지 않는다. 이런 차원의 죄가 이 서신의 기본을 이루는 가족 관계를 깨뜨리지는 않기 때문이다.

'간주하다' 혹은 '취급하다'(개역개정에는 "생각하다"–역주)라는 말은 바울이 그런 사람들을 어떻게 분류하는지 알려준다. "원수와 같이 생각하지 말[라]"(μὴ ὡς ἐχθρόν)는 말은, 교회의 징계가 후원을 독촉받은 사람들이 상대에게 적대감을 품는 것에 관한 문제가 아님을 나타낸다. 위반자들은 여전히 하나님의 가족의 일부다. 형제는 교회의 범위 안에 있으며, 원수는 밖에 있다(롬 5:10을 보라). 이 특정한 경우, 분명 그들을 "피해야"[9] 한다. 곧, 모든 접촉을 거부해야 한다. 고린도에서 근친상간한 사람의 경우와 동일하다. 교회는 계속해서 무질서한 그리스도인들에게 말해야 한다. 그들을 "권면"(νουθετεῖτε)하기 위함이다. 교회는 그들을 타이르고 하나님의 도를 가르쳐야 한다.

바울은 이 특정한 경우에 광범위한 징계를 개략적으로 진술했다. 한편으로는 그들을 불신자로 취급하지 말라는 것이고, 다른 한편으로는 그들을 멀리하라는 것이다. 이것은 교회가 어떻게 해야 할지를 보여줄 만큼 분명한 지시는 아니다. 그런 점에서 말허비의 논평은 매우 적절하고 유익하다. "그는 이 서신의 전달자가 수신자에게 세세한 사항을 말해주기를 기대했거나, 아니면 그의 명령을 수행하는 한 절차 문제는 교회에 맡겨두었을 가능성이 크다."[10]

2세기에 폴리캅은 '돈을 사랑한' 장로와 그의 아내에 대해 말하는 맥락에서 데살로니가후서 3:15을 인용했다(Pol. *Phil.* 11.4).

그러므로 형제들아, 나는 그와 그의 아내로 말미암아 매우 슬프다. 주께서 그들에게 참된 회개를 주시기를. 그러므로 너희는 이 문제를 합당하게 처리해야 한다. 그런 사람들을 '원수와 같이 생각하지 말고', 아프고 빗나간 구성원으로 여겨서 그들을 회복하게 하라. 이는 너희의 몸을 온전히 다 구원할 수 있게 하기 위함이다. 이렇게 함으로써 너희는 서로를 세우기 때문이다.

빌립보 교회가 그 상황을 어떻게 다루었는가 하는 것 역시 나오지 않는다. 아마 폴리캅이나 그의 서신의 수신자들은 이미 사실을 잘 알고 있었을 것이다.

바울이 쓴 빌립보서는 또 다른 차원을 보여준다. 바울은 특정한 교사들을 그리스도의 십자가의 "원수"라고 밝힌다(빌 3:18). 즉, 하나님의 가족의 울타리 밖에 있는 사람이라는 것이다. 데살로니가후서에서 데살로니가에 차마 입에 담을 수 없는 죄가 있었음을 나타내는 것은 단 하나도 없다. 하지만 바울은 빌립보서 1:15-17에서 또 다른 집단을 다룬다. 비열한 동기, 바울에 대한

---

9. Witherington, *1 and 2 Thessalonians*, 256은 "물러난다는 것은 모든 측면에서 절대적으로 피하는 것을 의미할 수 없다"라고 말한다. 반대 의견으로 Wanamaker, *Thessalonians*, 289-90을 보라. 그는 바울이 그들을 출교시키라고 조언하고 있으며, 그 교인들은 모임 밖으로 출교된 사람들을 '책망한다'고 생각한다. Green, *Thessalonians*, 354- 55는 바울이 정확히 무엇을 원했는지 결정하기가 어렵다는 점을 보여준다. Green은 그들은 출교당하지 않지만, '성찬에 참여하지'(in communion) 못한다고 말한다.

10. Malherbe, *Letters to the Thessalonians*, 460.

11. 분명 이런 이유 때문에 Fee, *Thessalonians*, 332는 혼란을 일으키는

악의적 경쟁심으로 참된 복음을 전파하는 전도자들이다. 그들이 아무리 화나게 하는 존재들이라 해도, 그들은 하나님의 가족의 일원이다. 아마 무질서한 사람들의 죄는 빌립보서 1장에 나오는 죄의 수준에 더 가까웠을 것이다.

심층 연구   **요약과 결론: 이 혼란을 일으키는 사람들은 누구였는가?**

우리에게는 부분적 자료만 있다. 따라서 해석자들은 주의를 기울여야 한다.

I. 이 사람들은 어느 시점에 일하기를 그만두었는가? '언제'의 문제는 사실상 중요한 단서이다. 데살로니가전후서에 나오는 다른 자료들을 살펴봄으로써 그 가능성을 좁혀볼 수 있다.

- 사도들은 첫 번째로 방문했을 때 그리스도인의 노동 습관에 대해 가르쳤다.
- 바울은 후에 그들이 열심히 일하는 것을 칭찬했다(살전 1:3). 바울은 그들에게 그 방향으로 계속 나아가고 그들의 수고를 소홀히 하지 말라고 말했다(살전 4:11).
- 바울은 그들에게 교회 안의 모든 '무질서한' 사람(ἄτακτ 단어군)을 훈계하라고 말했다(살전 5:14). 앞에서 살펴보았듯이, 이 단어군은 '게으른'이라는 뜻이 아니다.
- 후에 어떤 사람들은 실제로 "무질서하게" 되었다(살후 3:10–11). 그들은 일하고 싶어 하지 않았고, "일을 만들기만 하는 자들"이었다(3:6–15).
- 아마 그 '무질서한' 사람들은 개인이나 회중에게 후원해달라고 요청했을 것이다(살후 3:8). 아니면 바울이 단지 그럴 가능성을 예상하고 있을 수도 있다.
- 누군가(아마도 디모데)가 그들에 대해 바울에게 말했다(살후 3:11).

디모데가 처음에 데살로니가를 정찰한 후 바울은 그 문제가 (아직) 심각하지 않다고 판단했다. 그래서 그가 첫 번째 편지에서 '경고 사격'을 했다고(살전 4:11–12; 5:14) 추론하는 것이 가장 좋을 듯하다. 디모데가 두 번 방문하는 사이에 상황이 악화되었고, 바울이 데살로니가후서 3장에서 상세한 의견을 말하게 되었다.

II. 그들이 무질서하게 된 동기는 무엇이었는가? 바울은 그들이 사도들의 본보기를 거부한 것에 대해 전혀 설명하지 않는다.[11] 주요 가설은 다음과 같다.

1. 그들은 종말의 날이 가까이 왔다면, 계속 일할 필요가 없다고 결정했다.[12]
2. 그들은 모종의 은사주의적 '열광자들', 성령에 사로잡혀서 통상적인 세상 관심사를 소홀히 하는 사람들이었다.[13]

행동의 원인을 설명하지 않는다.

12. Best, *Thessalonians*, 334. 또한 Morris, *Thessalonians* (NICNT), 253.

13. Mearns, "Early Eschatological Development in Paul: The Evidence of 1 Corinthians," 23은 그렇게 말한다. "많은 데살로니가인의 경우 본업을 포기하는 것은 아마 '지금 하늘나라'에 살면서 낙원을 미리 누리고

3. 그들은 자신의 성품상의 약점 때문에 일하고 싶어 하지 않았다.[14]
4. 그들은 '후견' 문화를 따랐다. 즉, 강력한 후견인 혹은 '대부' 같은 인물을 지지했다. 후견인들은 그의 '피후견인'에게 충분한 기본 생활비를 제공했다.[15]
5. 그들은 바울과 실라를 모방해서 전도 사역을 했다. 하지만 사도들과 달리, 그들은 교회에게 후원받을 자격이 있다고 주장했다.[16]

많은 주석가는, 첫 번째 견해가 본문을 문학적 전후 문맥 안에서 읽은 자연스러운 결과라고 생각한다. 종말론적 공포가 사로잡고 있던 때, 몇몇 사람은 일을 그만두고 교회의 공동 기금에 의지해서 살았다. 바울은 데살로니가후서 2:1-12에서 잘못된 신학을 일축하고, 3:6-15에서 그것이 행동으로 나타나는 결과를 다룬다. 그래서 베스트는 한 가지에서 다른 한 가지로 비약한다. "소수의 사람이 왜 일하지 않는지는 나오지 않는다. 그리고 데살로니가전서 4:11에서처럼, 종말론적인 분위기 때문에 그들이 '끝이 가까이 왔으니 일하는 것은 시간 낭비'라고 스스로 추론했다고 **짐작할 수밖에 없다**."[17]

하지만 데살로니가후서에 대한 이런 해석은 '앞에 나오는 것이 곧 원인이다'(post hoc, ergo proter hoc)라는 오류에 기초하는 것일 수 있다. 즉, A가 일어난 후 B가 일어난다면, A가 분명 B의 원인이라는 것이다. 물론 그릇된 종말론이 잘못된 노동 윤리의 원인이었을 가능성도 있다. 하지만 우리가 가지고 있는 자료를 가지고 그것이 필연적 결론이라고 말하기는 어렵다. 예를 들어, 우리는 역사적 순서도 확실히 알지 못한다. 일에 관한 문제가 실제로 종말론적 공포('공포'가 있기나 했다면) 이후에 일어났는가? 문학적 순서와 관련해서는 바울은 데살로니가후서에서 종말론적 문제를 먼저 다루고, 윤리적 문제를 두 번째로 다룬다. 그런데 이것은 바울이 통상적으로 사용하는 방식이다. 바울은 윤리적 문제를 서신의 끝부분에 다루는 그리스-로마의 수사학을 따르기 때문이다. 그렇다고 해서 그 일들이 그 순서대로 일어났다는 것은 아니다. 사람들은 종말론적 혼란에 대한 어떤 징후가 있기 전에, 일을 안 하고 있었을 수도 있다.

디모데가 데살로니가에서 돌아와 바울에게 데살로니가후서 2:1-12을 써야 함을 알리기 전에, 바울은 이미 데살로니가전서 2:9과 4:11-12에서 기독교적 노동 윤리를 강화할 필요를 느꼈다. 위더링턴

자 하는 열광적 동기 때문이라고 추정할 수 있다."

[14]. Malherbe, *Letters to the Thessalonians*, 457은 이 범주에 들어가는 듯하다. 몇몇 데살로니가인은 "일하지 않기로 비뚤어진 결심"을 했다. Malherbe(같은 책, 454-57)는 본문을 주의 깊게 분석한다. 하지만 왜 사람들이 일하려 하지 않는지에 관해서는 해법을 제시하지 않는다.

[15]. '후견인' 관점은 최근 인기가 상승했다. Green, *Thessalonians*, 341-42; Witherington, *1 and 2 Thessalonians*, 247-49; Wanamaker, *Thessalonians*, 286; Andrew D. Clarke, *Serve the Community of the Church: Christians as Leaders and Ministers* (Grand Rapids: Eerdmans, 2000), 200-201; R. Russell, "The Idle in 2 Thess 3,6-12: An Eschatological or a Social Problem?" *NTS* 34 (1988): 105-19; Bruce W. Winter, "'If a Man Does Not Wish to Work….' A Cultural and Historical Setting for 2 *Thessalonians* 3:6-16," *TynBul* 40 (1989): 303-15를 보라.

[16]. Jewett, *Thessalonian Correspondence*, 105를 보라.

[17]. Best, *Thessalonians*, 334(강조체 저자). 일부 사람은 자연스럽게 한 서신을 살펴보고 한 개의 웅대한 통합 이론(예들 들어, 영지주의, 혹은 종말론적 열정)으로 모든 자료를 설명하려 한다. 다른 한편으로, 데살로니가후서를 읽는 목사는 다른 방법을 가지고 있을 수도 있다. 한 회중이 다양한 문제를 경험할 수 있다는 것을 알기 때문이다. 이 집단은 종말론에 열광하고 있고, 이 사람은 일자리를 계속 유지할 수 없는 것처럼 보인다. 또 이 사람은 성적인 죄에 강력한 유혹을 느낀다. 그리고 그들의 다양한 문제는 서로 아무런 연관이 없을 수도 있다.

(Witherington)이 데살로니가후서 3:6-15의 윤리적 권고와 데살로니가인들의 종말론이 아무 연관도 없다고 강조한 것은 분명 옳다. "게으름 문제와 종말론 문제를 연결하려 하는 것은, 바울이 세 개의 기도로 두 가지 문제를 의도적으로 분리하는 것을 깨닫지 못하는 것이다."[18]

'사회학적' 해석(네 번째 견해)과 관련해서, 바울은 데살로니가전서 4:11-12이나 데살로니가후서 3:6-15 어디에서도 누군가 일하고 싶어 하지 않는 이유를 언급하지 않는다. 바울은 그들의 동기가 개인의 게으름 때문인지 아니면 종말론이나 다른 것, 이를테면 '후견'에 의지하는 것 때문인지 말하지 않는다. 후자의 견해를 주장하는 사람들은 후견 제도가 문화 속에 너무 뿌리 깊게 자리잡고 있어서 바울이 그것을 언급할 필요가 없었다고 말한다. 이것은 네 번째 견해가 첫 번째 견해와 비슷하게 침묵 논법(argument from silence)이라는 점을 나타낸다.

'열광주의' 관점(두 번째 견해) 역시 본문에서 증거를 찾을 수 없다. '게으름' 때문으로 해석하는 것(세 번째 견해)은 경미하기는 하지만 약간의 증거가 있다. 바울은 3:10에서 이 사람들이 단지 일하고 '싶어 하지'(feel like) 않는다고 말하는 것일 수 있다(θέλω의 한 가지 가능한 해석). 그럼에도 바울은 절대 게으름이 문제라고 말하지 않는다. 게으른 사람들이 혼란을 일으킬 수도 있다. 하지만 무질서한 사람들이 반드시 게으르지는 않다.

데살로니가의 상황을 가장 잘 설명하는 것은 다섯 번째 견해이다.

a. 바울이 노동 윤리에 대해 말할 때, 그것은 언제나 그의 사역 및 그가 그들에게 제시한 모범과 관련되어 있다. 다시 말해, 바울은 단지 그리스도인의 행동만이 아니라, 구체적으로 말해 복음을 전하는 그리스도인의 행동을 위한 본보기이다.

b. 바울은 자급이라는 구체적 이상을 고수한다. 바울은 그것을 자신, 실라, 바나바에게 적용했다. 사도는 그의 교회로부터 먹고 마실 권리가 있지만(고전 9:4, 6, 14), 개척 전도자들은 육체노동을 통해 스스로 생활비를 버는 것이 더 낫다.

c. 데살로니가전서 1-2장에서 보여주었듯이, 데살로니가인들은 전도를 매우 잘하는 것으로 널리 알려졌다. 앞에서 바울이 2:1-2에서 사도의 일을 묘사한 이유가 자기를 변호하기 위함이 아니라, 오히려 데살로니가인들(특히 모든 데살로니가 전도자를 포함하여)을 위한 본보기를 제공하는 것이라고 설명한 바 있다.

d. 후기 기독교 본문을 보면, 교회에 물건이나 돈을 바라는 식객 같은 교사들 때문에 교회가 통상적으로 문제를 겪었다는 강력한 암시를 보게 된다.

- 자신의 가르침을 들고 가정에 침투했던 거짓 교리의 교사들: "이런 자들이 더러운 이득을 취하려고 마땅하지 아니한 것을 가르쳐 가정들을 온통 무너뜨리는도다"(딛 1:11; 마찬가지로 딤전 3:3, 8; 6:5; 딤후 3:2; 딛 1:7, 11; 벧후 2:3).

---

18. Witherington, *1 and 2 Thessalonians*, 245.

- 그들의 교리가 아니라 경제적 부적절함 때문에 정죄를 받는 '사도들': "너희에게로 오는 모든 사도를 마치 주님이 오신 것처럼 환영하라. 하지만 그는 필요한 경우가 아니면 하루 이상 머물러서는 안 된다. 필요한 경우에는 하루 더 머물 수 있다. 하지만 그가 사흘간 머문다면, 그는 거짓 선지자이다. 그리고 그 사도는 떠날 때 다음 날 밤에 묵을 곳을 발견할 때까지 먹을 떡 외에 아무것도 가지고 가면 안 된다. 하지만 그가 돈을 달라고 한다면, 그는 거짓 선지자이다"(Did. 11.4-6). 교사들이 어떤 성읍에 와서 교회에서 돈을 받고 싶어 한다면, 그들은 "그리스도를 거래의 도구로 이용하고" 있는 것이다(Did. 12.5). 디다케는 데살로니가후서 3장과 비슷한 용어를 사용한다. 그들이 자기 손으로 일하고 '무직 상태'에 있지 않는 것이 더 낫다는 것이다(12.4).[19] 디다케 전통은 1세기에 뿌리를 두고 있었을 것이며, 아마 50년대에 이미 시작된 문제에 대한 응답이었을 것이다.

어떤 사람들은, 이 견해는 데살로니가후서가 바울 당시보다 상당히 더 나중에(1세기 말 혹은 2세기 초) 쓰인 경우에만 설득력이 있다고 주장했다.[20] 하지만 이미 40년대 중반부터 50년대 중반까지 바울은 재정 문제가 어떻게 복음 사역을 방해할 수 있는지 매우 민감하게 느꼈고, 또한 사람들에게서 부당하게 돈을 취하는 사람들을 알고 있었던 것에 비추어볼 때(참고, 예를 들어, 고후 11:5-9), 반드시 그렇지는 않다.

그렇다면 바울은 무엇을 말하고 있는가? 첫째, 사도로서 그들은 비록 주의 일을 하고 있었지만 자신의 생활비를 벌기 위해 일했다. 그것은 모든 그리스도인이 자기 힘으로 살아가야 하기 때문이다. 사도팀은 "무질서하게 행하지" 않았다(3:7). 데살로니가인들도 그렇게 해서는 안 된다(살전 5:14). 하지만 좀 더 구체적으로 적용했을 수도 있다. 사도들은 주의 일을 하고 있는 동안에도 자신의 생활비를 벌기 위해 일했다.[21] 그러므로 교회에서 전도하러 나가는 사람들도 사도들의 모범을 따라야 한다.

III. "일을 만들기만 하는 자들"(busybody)은 어떤 행동을 하는 것인가(살후 3:11)? 데살로니가후서 3:11은 무질서한 그리스도인들이 '참견하기 좋아하는'(meddling, περιεργάζομαι, 3:11에 대한 설명을 보라) 사람들임을 나타낸다. 그 동사에는 현재 구절에 적절한 특별한 의미가 있다. 그들은 자신의 사역을 위해 재정 후원이라는 특권을 찬탈함으로써, 그들의 일이 아닌 신적 문제를 침범하고 있다. 그들은 주제넘은 침입자들이다. 그들은 심지어 자신이 선한 일을 하고 있고, 그것에 대한 보수를 받아야 한다고 정당화했을 것이다.

---

19. 이 본문에서 '무직 상태'라는 말은 ἄτακτός가 아니라 동의어인 ἀργός이다. The Holmes 판 Didache는 그것을 '한가한'(idle)이라고 번역했다. 하지만 '무직 상태'(unemployed) 혹은 '유급으로 고용되지 않은'(not gainfully employed)이 ἀργός의 더 나은 번역일 것이다. 고용되지 않은 품꾼들의 비유에서 그 형용사는 비경멸적인 의미를 지니고 있다(마 20:3, 6). 신약에 나오는 ἀργός의 다른 모든 용법에서, 그 말은 부정적인 의미를 지니고 있다(마 12:36; 딤전 5:13; 딛 1:12; 약 2:20; 벧후 1:8).

20. Marshall, *1 and 2 Thessalonians*, 219에 나오는 개관을 보라.

21. 바울의 규칙은 절대적인 것이 아니었다. 사실상 바울도 데살로니가전후서를 썼을 무렵 고린도에서 전임으로 사역을 하고 있었다(사도행전 18:5은 아마 그런 의미일 것이다). 게다가 바울은 고린도전서 9:4, 6-7에서 어떤 사도든 재정 후원을 받을 권리가 있다고 단언한다. 다른 상황에서, Chrysostom은 사역하는 사람들이 "가르치고, 또 그 일에 전적으로 전념하고" 있다면, 교회의 후원을 받아야 한다고 인정한다. John Chrysostom, *Homilies on Second Thessalonians* 5 (NPNF[1] 13:394)를 보라.

> 앞에서 주장한 견해에는, 다른 모든 견해와 마찬가지로 짐작의 요소가 포함되어 있다. 하지만 그 견해는 모든 자료를 고려한 것이고, 가장 적은 추정에 의지한다. 데살로니가전후서는 전도와 일하는 것을 이렇게 연결하기 때문에, 이 본문에 대한 가장 좋은 해석은 다음과 같다. 일부 데살로니가인은 바울과 그의 팀이 취하지 않았던 사도적 권리를 이용하고 있었다. 데살로니가 혹은 그들이 개척하고 있는 새로운 교회에 후원을 요청한 것이다. 그들은 게으르지 않았고, 아마 매우 바빴을 것이다. 하지만 그들은 보수를 받는 직업을 갖지 않았고, 혼란을 일으키는 존재로 판명되었다.

적용에서의 신학

바울은 이 부분에서 기독교적 노동 윤리를 다루고 있다. 그것은 말씀 사역자와 일반 신자에게 적용되는 윤리이다. 이 책은 데살로니가에 있던 문제가 가난한 자들을 위한 공동 기금이 아니라, 자신의 복음 사역이 재정 후원을 받을 자격이 있다고 믿었던 특정 그리스도인들이었음을 보여주려 했다.

1. 데살로니가의 신학

데살로니가 교회는, 스스로 생활비를 벌기 위해 육체노동을 했던 한 팀에게 복음을 받았다. 새로 제자가 된 사람들은 가르침을 받는 입장에서 전도자이자 가르치는 자로 바뀌었다(살전 1:6-8). 바울은 데살로니가전서 2:1-12에서 바울의 팀이 했던 일을 수행하려면 반드시 따라야 하는 생활 방식을 상세히 설명했다. 2:9에는 그들이 자기 손으로 힘써 일했다는 내용이 담겨 있다. 그것이 사도팀이 제자들에게 사랑을 보인 방식이었기 때문이다. 자격이 부족한 사람들이 사도적 권리를 대담하게 이용한 것에 반해, 바울은 자신이 가진 사도적 권리를 이용하지 않겠다는 결심을 강조한다.

오늘날 젊은이들은 무수한 직업 중에서 하나를 선택해야 한다. 그리고 직업과 소명에 대해 도움이 필요한 것은 놀라운 일이 아니다. 단 몇십 년 전까지도 사람들은 자신에게 요구된 대로 일했다. 남자아이는 아버지의 뒤를 따르거나, 아버지가 하라고 명하는 일을 했다. 여자아이는 결혼하거나 비서, 교사, 하녀로 일했다. 바울은 개인이 선택할 수 있는 직업이 훨씬 제한된 사회에 살았다. 대다수의 사람에게 자기 손으로 일하는 것은 도둑질, 노예 생활, 혹은 동정을 피할 수 있는 유일한 대안이었다. 바울은 데살로니가전서 4:10-12에서 모든 그리스도인이 질서 있고, 조용하며, 선한 일꾼이 되어야 한다는 말을 반복한다. 바울은 이 교리를 죽은 자들의 부활에 관해 혼동한 것이나(살전 4:13-18), 데살로니가전서 5:1-11 혹은 데살로니가후서 1-2장의 종말론적 가르침에 대해 혼동한 것과 연관 짓지 않는다.

그다음에 데살로니가후서 3:6-15에서 일에 관한 문제가 다시 표면화된다. 바울은 일하기 싫어하는 특정한 사람들에게 '혼란을 일으키는'이라는 꼬리표를 붙인다. 이 전도자/교사들은 데살로니가의 집집마다 돌아다니거나 혹은 심지어 마게도냐 전역을 다니면서 후원을 구하고, 스스로 대단한 것처럼 우쭐해하면서 부주의하게 해를 끼쳤다. 그들은 예수님이 "일꾼이 자기의 먹을 것 받는 것이 마땅함이라"(마 10:10; 또한 갈 6:6; 딤전 5:17-18)고 가르치셨다고 판단했다. 바울은 그들이 거짓 교사라고 보지 않는다.[22] 그럼에도 바울은 그들에게 '본업에 충실하라'고 말한다.

데살로니가인들은 또한 다른 사람에게 사랑을 행하는 것으로 유명했다(살전 4:9-10). 이 인정 많은 사람들은 그들의 후원금을 받을 자격이 있어 보이는 그리스도인에게 이용당할 여지를 주었을 것이다. 바울은 모든 사람에게 가장 좋은 해결책을 이렇게 제시했다. 교회는 그들과 가족 관계를 유지하되, 그들을 후원하는 일은 친절하지만 단호하게 거절해야 한다.

2. 성경 신학[23]

하나님은 인간이 낙원에서 일하도록 창조하셨다. 하지만 타락은 그 선물을 사람들을 비인간화하는 단조롭고 고된 일로 왜곡했다. 이제 그리스도가 오셨으므로 하나님은 일을 구속하기 시작하셨다. 심지어 미래의 하나님 나라에서도 하나님의 백성은 여전히 그리스도와 함께 후사 된 자로서 함께 일할 것이다(딤후 2:12). 그리스도인은 의미 있는 직업에 종사하고 '조용한' 삶을 살 때 사랑을 나타낸다. 이것은 스토아주의의 이상처럼 괴로운 마음에서 벗어난 내적 자유도, 쾌락주의자가 사회에서 물러나 추구한 고요함도 아니다. 오히려 그것은 성령의 초자연적 능력 안에서 하나님 및 교회와 친교를 나누는 데서 오는 평온함이다.

개신교의 종교 개혁은 '소명'(vocation)이라는 성경의 교리를 되찾으려 애썼다. 하나님은 특별한 섬김을 위해 어떤 사람들을 부르셨을 수 있지만, 기능 면에서 성직자와 평신도 간의 구분은 줄었다. 모든 신자는 제사장이므로 선행은 어떤 신자가 행한 것이든 모두 하나님께 드리는 신성한 예물이다. 그렇기 때문에 우리의 일은 유쾌함, 정직함, 성실함, 탁월함으로 행해져야 한다. 칼뱅이 말하듯이, "당신이 그 부르심에 순종한다면, 어떤 과업도 너무 추하고 천해

---

22. Schmithals, *Paul & the Gnostics*, 198은 유용한 논평을 한다. "바울이 데살로니가에 머무는 동안 보인 모범에 대한 언급은 시사하는 바가 크다. 그것은 공동체 구성원들에게 바울이 했던 것과 비슷한 선교 활동을 명하는 것이다." 그럼에도 Schmithals는 이 데살로니가 설교자들을 영지주의와 연결하려 한다. 그리고 그것은 놀라운 일이 아니다. 영지주의자들은 내세적이라고 여겨졌다. 그들의 신학이 그것을 장려했기 때문이다. "그들의 행동이 무질서한 이유는 그들이 선교적으로 분주한 나머지 이 세상에서의 삶을 소홀히 여기기 때문이다." 다시 한번, Schmithals는 더 단순한 문제였을 가능성이 많은 것의 배후에서 정교한 신학적 구조를 탐지한다.

23. 경제학에 대한 성경의 가르침 모두를 포괄적으로 다룬 책으로 Craig L. Blomberg, *Neither Poverty Nor Riches: A Biblical Theology of Material Possessions* (New Studies in Biblical Theology; Grand Rapids: Eerdmans, 1999)를 강력하게 추천한다.

서 빛을 낼 수 없는 것이나 하나님이 보시기에 매우 귀하지 않은 것은 없다."[24] 오늘날 개혁주의자의 견해가 전적으로 적절하지 않은 한 영역이 있는데, 그것은 그들이 직업을 바꾸는 것에 반대론을 내세웠다는 것이다. 그 문화에서는 직업을 바꾸는 것이 뿌리가 없다는 표시였기 때문이다. 하지만 오늘날 산업화와 과학 기술로 인한 변화와 더불어 사람들은 종종 가치 있는 기여를 하기 위해 직업을 바꾸도록 부르심을 받는다.

이 주제를 연구하면서, 나는 모든 그리스도인의 배경이 나와 비슷하지 않다는 점을 발견했다. 나는 종종 들었던 메시지에 맞추어 논평을 해보겠다.

- 근면함은 번영으로 이어질 것이다(잠 6:6-11).
- 생활 보조비를 받아 살아서는 안 된다(살후 3:11-12에 기초해서).
- 자신이 가지고 있는 것에 만족해야 한다. 즉, 그들은 더 높은 보수를 바라거나 추구해서는 안 된다(딤전 6:6).
- 일꾼은 모든 일에서 자기 상사에게 순종해야 한다(골 3:22; 엡 6:5-6; 딤전 6:1; 딛 2:9; 또한 벧전 2:18). 그런데 상사가 명백하게 잘못된 것을 하라고 요구한다면, 존중하는 태도를 갖추어 그런 식으로 행동할 수 없다고 말해야 하고, 필요하다면 다른 일자리를 찾아 나서야 한다.[25]

이런 메시지에서 잘못된 점은 무엇인가? 여기에는 성경이 몇 번이고 되풀이하는 몇 가지 핵심 교리가 빠져 있다.

1. 성경은 활기찬 근면함을 긍정한다. 하지만 그런 근면이 언제나 번영으로 혹은 최저생활 수준으로 이어지지는 않을 것임을 인식한다. 탕자의 비유(눅 15:15-17)와 포도원 일꾼의 비유(마 20:1-16)를 들 수 있다. 그 비유들은 허구이지만 현실에 충실하고, 사람들이 수고하지만 일용할 양식을 충분히 얻지 못하는 환경을 나타낸다. '근로 빈곤층'(working poor)은 초대교회에 매우 적절한 범주였다. 제3세계의 많은 지역과 심지어 서구에서도, 많은 사람은 밤낮으로 일해도 먹고 살 만한 일자리를 찾지 못한다.
2. 데살로니가후서 3장에서, 바울은 가난한 사람들을 위한 교회의 자선금에 의지하는 사람들을 다루는 것이 아니다. 교회는 아주 이른 시기부터 회당의 모범을 따랐다(Tob 1:8). 예를 들면, 예루살렘에 있는 과부들에게 매일 식량을 나누어주었다(행 6:1). 신약 나머지

---

24. Calvin, *Institutes* 3.10.6 (trans. Battles, 725).
25. 이런 관점의 전형적인 예는 John MacArthur, Submission in the Workplace, Part 1. Online: www.biblebb.com/files/mac/sg60-26.htm 이다. "하나님은 주권적으로 사회 질서를 확립하셨기 때문에, 우리는 주님을 섬기듯이 우리 고용주를 섬겨야 한다(참고. 골 3:17, 22-25). 고용주가 부당하다면, 하나님이 그들을 처리하실 것이다. 명령은 파업이나 데모를 하라는 것이 아니라 복종하라는 것이다." 신약에서 노예와 상전에 대한 본문을 찾기 위해 인터넷을 검색해 본다면, 수많은 북미 교회가 같은 메시지를 전하고 있음을 발견할 것이다.

부분에 매일 나누어주었다는 언급이 거의 없지만, 아마 그것은 문제가 일어나지 않는다면 언급할 가치가 없는 일반적 관행이었을 것이다(예를 들어, 딤전 5:3-16, 특히, 5:8에 나오는 바울의 신랄한 말). 2세기 중반 유스티누스는 "우리 가운데 있는 부유한 자들이 궁핍한 자들을 돕는다"[26]라고 교회를 칭찬했다. 초대교회는 언제나 일부 사람이 스스로 생계를 유지할 수 없다는 점을 인식했으며 그들을 위해 필요한 것을 나누어주었다. 그에 비추어 생각힐 때, 데살로니가후서 3장에는 일이나 경제에 대한 다방면에 걸친 윤리가 포함되지 않는다.

3. 바울이 자신이 가진 것에 만족하는 것을 말할 때(딤전 6:8), 그는 적절한 음식과 옷을 갖고 있지만 그것을 넘어 부자가 되려 하는 사람들에게 말하는 것이다. 사람들이 참된 길에서 멀어져 온갖 종류의 문제에 빠지게 하는 것은 바로 그런 욕구이다. 바울은 어떤 자유노동자나 노동조합이 더 높은 임금을 받기 위해 경영진과 협상하는 상황을 말하는 것이 아니다. 그 본문에 기초해서 임금 협상을 비기독교적인 일이라고 낙인찍는 것은 근거 없는 해석의 비약이다.

4. 바울이 순종에 대해 말할 때, 그는 노예제라는 배경에서 말하고 있다. 바울은 노예의 노동과 자유인의 노동의 차이를 대단히 잘 알고 있다(고전 7:21-24). 에베소서 6:5-8과 다른 본문들을 취해서 별 생각 없이 '종'을 '피고용인'으로 '상전'을 '고용주'로 바꾸는 것은 해석학적으로 정당화되지 않는다. 물론 하나님을 기쁘시게 하기 위해 일하는 것, 도둑질하지 않는 것, 존중을 보이는 것 등의 원리는 모든 상황에서 적절하다.

5. 바울은 그의 서신 어디에서도 자유노동자의 고용주를 상대로 말하지 않는다. 하지만 성경 저자는 바울만 있는 것이 아니다. 구약 율법은 일꾼과 종들에게 말하는 것보다 고용주 혹은 노예 주인에게 더 자주 말한다. 선지자들이 설교할 때, 하루 일을 제대로 하지 않는 것에 대해 일꾼들을 꾸짖는 경우는 드물고, 주로 주인과 고용주에게 일꾼을 착취하는 것을 꾸짖는다(렘 22:3; 겔 22:29). 신약에서 야고보는 궁핍한 자들을 소홀히 하는 사람들(약 1:27; 2:14-17), 근로 빈곤층을 멸시하는 사람들(2:1-7), 일꾼들을 착취하는 사람들(5:1-6) 혹은 높은 이윤을 열망하는 사람들(4:13-17)을 향해 설교한다. 목사들은 자신이 부당한 경영 관행에 반대하는 설교를 마지막으로 한 적이 언제였는지 자문해야 한다.

3. 이 구절이 오늘날의 교회에 주는 메시지

나는 몇 년 동안 신학교 학생의 학업 프로그램을 지도한 적이 있다. 우리가 살펴본 분야 중

---

26. Justin, *1 Apol.* 67 (*ANF* 1:185).

하나는 학부 훈련이었다. 다음과 같은 말을 거듭 들을 때마다 얼마나 경악했는지 모른다. "나는 회계학(혹은 경영학 혹은 화학)을 공부했지만 그런 세속적 분야는 이제 끊었어. 이제 나는 주를 섬기기 위해 준비하고 싶어!"[27] 그들에게 가르친 교훈은, 하나님이 그리스도 안에서 그들이 공부한 모든 분야를 구속하신다는 것이었다. 그리고 그들이 그 안에서, 그것을 통해 하나님을 섬기는 법을 배워야 한다는 것이다.

여기에는 소위 소명을 받은 기독교 사역과 관련된 두 개의 또 다른 문제가 있다. 첫째, 바울은 현대의 목사(종종 전임으로 사례비를 받고 오로지 교회 일만 하는)에게 무엇이라고 말할까 하는 것이다. 목회 직분은 대중의 생각과는 반대로, 소명의 사다리에서 가장 높은 가로대가 아니다. 복음주의자는 목사의 역할을 격상하는 경향이 있고, 많은 복음주의 문화에서 그것은 장로 집단(사도적 관습에서 그랬던 것처럼)이 아니라 단 한 명의 사람을 의미한다. 어떤 목사들은 모든 신자의 제사장직과 은사라는 교리를 역설하지 않고, 교회에서 자신의 역할을 확대한다. 사역에 대해 말할 때, 그들은 다른 사람들을 통해서가 아니라 목사를 통해 하나님이 무엇을 하고 계시는지 말한다. 이런 기형적인 교리의 극단적 형태는 "하나님에게는 한 사람(a man)이 있다"라는 개념이다[그리고 그것은 보통 여자(woman)가 아니라 남자(man)를 가리킨다]. 그것은 옛 언약에서는 어느 정도 정당화될 수 있지만, 새 언약에서는 적용되지 않는 개념이다.

신약은 한 명의 전임 목사가 전임 사례비를 받는 조직체를 가르치지 않는다. 신약은 장로 집단이 교회에서 하는 일에 대해 재정적 보상을 받을 수 있다는 것을 암시한다(딤전 5:17). 그럼에도 모든 상황에 적용할 수 있는 일반적 계획을 제시하는 것은 신약의 의도가 아니다. 여기에 성경 원리를 적용하는 방식에 대한 하나의 예가 있다. 오래전 내가 아는 한 목사는 작은 교회에서 사역하면서 동시에 회사(인사부)에서 전임으로 일하면서 평생을 보냈다. 이 이중의 짐은 그를 지치게 했지만, 직장 생활을 경험한 덕분에 그는 교인에게 탁월한 상담가의 역할을 감당할 수 있었다. 교인들은 그가 '자기들과 같은 사람'이라고 느꼈다.

바울의 가르침은 선교사에게 어떤 도움을 주는가? 교회가 하나님의 가치에 관심을 가지고 있다는 사실을 보여주는 한 가지 방식은 선교를 담당하는 것이다. 그것은 다른 문화권에 교회를 개척하는 것, 우물을 파는 것, 혹은 제3세계에서 기독교 일꾼을 훈련하는 것이 건물을 확장하는 일이나 직원을 늘리는 일보다 더 가치 있다는 점을 보여준다.

선교사 편에서는, 재정에 대한 바울의 접근 방식을 어떻게 상황에 적용할지 비판적으로 평가해야 한다. 바울은 스스로 부유하게 되는 것에 전적으로 반대했다(살전 2:5; 또한 고후 11:20을 보라). 정도는 덜하지만 바울은 자기 일에 대한 보수를 받는 개척 전도자들을 못마땅하게 여겼다. 그의 '자비량 선교'는 사역에 대한 적법한 대안적 모델이었다. 하지만 바울은 똑같이 강력하게 다음과 같이 선언했다. 사도들이 진정으로 하나님이 보내신 사람들인 한, 그들은 개

---

[27]. 이런 태도는 내가 남미에서 사역하기 때문에 더 심한 것이라고 결론을 내렸다. 남미 문화는 성직자와 평신도에 관해 가톨릭 교리에 흠뻑 젖어있으며, 그것의 영향력은 심지어 복음주의자들 사이에서도 앞으로 몇 세대 동안 더 느껴질 것이다.

척 활동에 대한 보수를 받을 '권리'가 있다는 것이다(고전 9:1-18).

나는 어떤 집단이 발표한 문서를 읽은 적이 있는데, 그들은 자비량 선교가 바로 그(the) 성경적 유형이라고 주장한다. 하지만 그렇지 않다. 바울의 자비량 선교 방식은 하나의(a) 사도적 모델이다. 그리고 오랜 세월 동안 좋은 열매를 맺어온 모델이다. 하지만 그것은 성경이 제시하는 유일한 가능성은 아니다. 바울에게 그것은 실용주의적 이유를 근거로 취한 결정이었다. 바울은 독신 성인으로서 자신을 부양하기 위해 그에게 필요한 만큼만 일했다. 그는 시장(*agora*)에서 일했기 때문에, 사람들과 상호 작용을 할 수 있는 자연스러운 공간이 있었다. 바울은 일하면서 여전히 구도자나 거리의 사람들에게 말할 수 있었다. 복음에 대해 논할 수도 있었고, 고객에게 관심을 돌릴 수도 있었다. 바울은 자영업자였고 그의 일은 전임 선교사가 되는 일에 거의 방해가 되지 않았다. 오늘날 사무실에서 그리고 당신이 그 나라의 언어를 모르는 곳에 가서 이렇게 해보라.

오늘날 '자비량'은 문이 닫힌 나라에 창의적으로 접근하는 데 필요한 수단이다. 그것은 또한 가난한 나라에서 파송되며 고국의 후원에 의지할 수 없는 선교사들에게 중요한 대안이기도 하다. 하지만 모든 경우에, 선교사는 반드시 냉철한 현실주의자가 되어야 한다. 많은 경우, 자비량 선교는 문제를 해결하는 만큼이나 문제를 일으킨다는 점을 인식해야 한다.

데살로니가후서 3:16-18

문학적 전후 문맥

이 짧은 단락은 서신서를 마무리짓는 부분이다. 이 결론이 갑작스러워 보인다면, 그것은 서신의 마지막 권면(윤리적 가르침)에서 다룰 문제가 단 하나였기 때문이다. 바울이 서명을 언급한 것은 데살로니가후서 2:2에 나오는 위조 편지의 가능성으로 돌아간다.

> VI. 권면: 무질서한 데살로니가 제자들의 문제(3:6-15)
> → VII. 결어(3:16-18)
>   A. 사도들이 데살로니가인들에게 평강의 복을 빌어줌(3:16)
>   B. 서신이 진짜임을 증명하기 위해 바울이 친필로 문안함(3:17)
>   C. 사도들이 데살로니가인들에게 축도함(3:18)

주요 개념

바울은 두 가지 축복을 하면서 편지를 끝낸다. 또한 그는 문안 인사말을 쓰면서 어떻게 그의 이름을 서명하는지 보여준다. 위조 편지의 가능성을 줄이기 위해서다.

번역

데살로니가후서 3:16-18

16a	묘사	평강의 주께서
b	축도	친히
c	시간	때마다
d	방식	일마다
e	축도	너희에게 평강을 주시고
f	축도	주께서 너희 모든 사람과 함께 하시기를 원하노라
17a	문안	나 바울은 친필로 문안하노니
b	묘사	이는 편지마다 표시로서
c	설명	이렇게 쓰노라
18	축도	우리 주 예수 그리스도의 은혜가 너희 무리에게 있을지어다

구조

이 책은 3:16을 앞부분의 결론으로 취하는 NA²⁷의 형태를 따르지 않는다. 데살로니가전서 5:23처럼 축도를 데살로니가전후서의 결론의 시작으로 보는 것이 더 자연스럽다.

구조는 단순하며 바울의 특징을 잘 나타낸다. 바울은 3:16에서 이중의 축도로 시작한다. 그것은 '이제'(δέ, 2:16에서처럼, 개역개정에는 번역되어 있지 않음-역주)라는 말로 표시된다. 평강의 주님이 그들에게 평강을 주신다는 말은, 혼란을 일으키는 사람들을 교회의 평강에 대한 적으로 간주하는 3:6-15과 대조를 이룬다. 그리고 나서 바울은 주님이 데살로니가인들과 함께하시기를 기도한다. 이 본문에는 바울이 서신의 결론부에서 전형적으로 하는 것처럼, 이 복을 표시하는 연결어가 나오지 않는다. 또한 그다음 두 부분인 문안 및 마지막 축도를 표시하는 연결어도 없다.

두 번째 요소는 바울이 친필로 문안을 드린다는 것이다(3:17). 고대의 편지 쓰기 관행에 비추어볼 때, 바울이 아마도 3:16-18 전부를 친필로 썼을 가능성이 크다. 바울의 서명은 분명히 어떤 독특한 방식으로 표현되었을 것이다. 바울이 "이렇게(οὕτως) 쓰노라"고 말할 때, 지금은 잃어버린 이전의 편지들을 암시하는 것일 수 있다.

세 번째는 마지막 축도이다(3:18). 데살로니가전서 5:28처럼, 그것은 주 예수 그리스도의 은혜가 너희와 함께 있으라는 기도이다. 유일한 차이는 바울이 이 서신에서는 "너희 무리"라고 말한다는 것이다. 그리스도 중심적인 두 서신서가 모두 주 예수의 신적 은혜로 결론을 맺는 것은 적절하다.

석의적 개요

→ I. 사도들이 데살로니가인들에게 평강의 복을 빌어줌(3:16)
　II. 서신이 진짜임을 증명하기 위해 바울이 친필로 문안함(3:17)
　III. 사도들이 데살로니가인들에게 축도함(3:18)

본문 설명

3:16 평강의 주께서 친히 때마다 일마다 너희에게 평강을 주시고 주께서 너희 모든 사람과 함께 하시기를 원하노라(Αὐτὸς δὲ ὁ κύριος τῆς εἰρήνης δῴη ὑμῖν τὴν εἰρήνην διὰ παντὸς ἐν παντὶ τρόπῳ. ὁ κύριος μετὰ πάντων ὑμῶν). 바울은 데살로니가후서를 마무리하면서 데살로니가인들에게 또 다른 축도를 한다. 여기에서도 평강을 주시는 분은 '주님 자신'(Lord himself, 개역개정에는 "주"–역주)이시다. 이 문구는 데살로니가전서 3:11에 나오는 기도와 비슷하다. 데살로니가후서 3:6, 12과 3:18처럼, 이것은 주 예수 그리스도를 가리킨다. 주동사는 기원형 '주다'(give, δῴη)로, 이 책에서는 '부여하다'(bestow)라는 고어처럼 들리는 단어로 번역했다. 바울은 그의 기도에서 구식 언어를 사용하기 때문에 여기서 가능한 그런 분위기를 재연하려 했다. 기도의 언어에서 기원법을 사용하는 다른 용례에 대해서는 데살로니가전서 3:11–12, 5:23 그리고 주석들을 보라.

로마서 15:33에서 바울은 "평강의 하나님"께 복을 구한다. 특히 놀라운 점은 그것이 민수기 6:26에 나오는 아론의 축도와 유사하다는 것이다. "여호와는…평강 주시기를 원하노라"(κύριος…δῴη σοι εἰρήνην). 히브리어에서 칠십인역의 "주"(κύριος)라는 말 배후에는 야훼가 있다. 예수님은 암시적이기는 하지만 명확한 용어로 야훼의 역할을 맡으신다. 이는 그분의 파루시아에서(살전 4:13–18) 그리고 그분이 악인을 심판하러 오시는 신의 현현에서(살후 1:7–10)도 마찬가지이다.

이사야는, 하나님 나라의 복음을 가져오는 사람들이 평화의 소식을 가져올 것이라고 예언했다(사 52:7). 그것은 악인의 거짓 안전(렘 6:14 외; 참고. 살전 5:3)과 대조를 이룬다. 주님의 평강은 두 가지로 수식된다. 첫째, "때마다"로 수식된다. 둘째, 바울은 그 축도를 모든 환경으로 확대한다("일마다").

바울은 이에 만족하지 않고, 주 예수의 임재가 모든 데살로니가 그리스도인에게 있기를 빈다. "주께서 너희 모든 사람과 함께하시기를 원하노라"(ὁ κύριος μετὰ πάντων ὑμῶν). 이것은 보아스가 그의 밭에서 추수하는 자들에게 인사하면서 "여호와께서 너희와 함께하시기를 원하노라"(혹은 LXX에 나와 있듯이, κύριος μεθ' ὑμῶν; 룻 2:4; 또한 딤후 4:22을 보라)고 인사하는 것과 비슷하다.

3:17 나 바울은 친필로 문안하노니 이는 편지마다 표시로서 이렇게 쓰노라(Ὁ ἀσπασμὸς τῇ ἐμῇ χειρὶ Παύλου, ὅ ἐστιν σημεῖον ἐν πάσῃ ἐπιστολῇ· οὕτως γράφω). "친필로"라는 말은 편지가 진짜 바울의 것임을 표시하는 서명이다. 이 행동은 중성 관계대명사(ὅ)로 요약되는데, 바울의 모든 서신에서 "표시"(σημεῖον)가 된다.[1]

그 당시의 파피루스 편지의 일반적인 형식은 발신자가 메시지를 구술하고, 그다음에 끝에 가서 편지에 서명하고 개인적 문안을 하는 것이었다. 바울 역시 독특하고 인식할 수 있는 방식으로 자신의 이름을 서명했던 것처럼 보인다. 나의 제2의 조국인 코스타리카에서는 각자 정교한 서명을 디자인한다. 솜씨를 뽐내려는 것이기도 하지만, 위조를 방지하려는 이유가 크다. 바울은 데살로니가전서에서 '서명'을 언급하지 않지만, 그가 데살로니가전서 5:23-28의 일부 혹은 전부를 썼을 가능성이 있다. 그렇지 않다면, 데살로니가인들은 데살로니가후서와 비교할 수 있는 필체 표본이 없었을 것이다.

바울은 고린도전서 16:21, 갈라디아서 6:11, 골로새서 4:18, 빌레몬서 1:19에서 친필로 문안한다고 명백히 말한다. 바울은 로마서 16:22에서 필사자 더디오가 그의 친필로 문안하는 것을 허용한다. 언젠가 우리가 바울 서신의 1세기 사본을 발견한다면, 한두 문장이 다른 필적으로 끝난다고 해도 바울의 원래 자필 원고 후보로 볼 수 있을 것이다.

놓치기 쉬운 것은, 구절 끝에 나오는 "이는 편지마다 표시로서 이렇게 쓰노라"는 말이다. "편지마다"라는 언급은 데살로니가전후서만 가리키는 것일 수 없다. 바울이 '지금부터 편지마다 내가 이렇게 할 것이다'라고 말하는 것이라 여길 수도 있다. 그러나 바울이 이미 다른 편지들을 썼을 가능성이 더 크다. 오늘날 우리는 바울의 편지 중 일부만 보유한 상태이다. 특히 고린도인들에게 보낸 편지를 예로 들 수 있다(고전 5:9; 아마 고후 7:8에서 또 다른 편지). 또한 바울은 아라비아, 다메섹, 수리아, 길리기아, 구브로에 있는 제자들에게도 글을 썼을까? 우리는 그저 추측만 할 수 있을 뿐이다. 하지만 편지가 그 당시 매우 보편적인 매체였다는 사실에 비추어볼 때, 충분히 그럴 가능성이 있다.

3:18 우리 주 예수 그리스도의 은혜가 너희 무리에게 있을지어다(ἡ χάρις τοῦ κυρίου ἡμῶν Ἰησοῦ Χριστοῦ μετὰ πάντων ὑμῶν). 마지막으로, 바울은 그들을 위해 주 예수의 은혜를 빈다. 동사는 나와 있지 않다. 그것은 '있다'(to be, εἰμί)의 한 형태였을 것이다. 여기서 다시 주목할 만한 점은 바울의 편지에 드러나는 그리스도 중심성이다. 한 사람의 신학을 알아보려면, 그가 예배에서 누구에게 의지하는지 그리고 어떤 식으로 기도하는지 지켜보면 된다. 바울에게 하나님에 대한 모든 경험은 주 예수 그리스도 및 그분의 은혜와 관련되어 있다. 바울은 이 은혜가 "너희 무리에게" 있기를 바란다. 그것은 데살로니가전후서의 주제를 또 다시 반복하는 것이다. 그는 이렇게 편지를 마무리한다. '모든 데살로니가 신자 한 명 한 명이 그리스도 안에서 하나님을 충만히 경험하기를!'

---

1. LSJ, σημεῖον 1. b.는 "의사소통의 진실성에 대한 증거"로 이 용어의 예들을 인용하면서 몇몇 *koinē* 사례를 제시한다.

적용에서의 신학

데살로니가인들은 환난 중에 있고, 어쩌면 교인들이 죽음에 내몰리고 있으며, 속임을 당하고, 헬레니즘 환경 속에서 온갖 방식으로 시달림당하고 있었다. 그런 그들이 평강의 하나님에게서 오는 "평강"을 받으라는 말을 들었다는 것을 상상하면 참으로 놀랍다. 이 내적 평강은 이따금 고요한 장소에서 받는 선물이 아니라 "때마다" 받는 것이다. 그것은 특별한 환경에서 느끼는 것이 아니라 "일마다" 느낄 수 있는 것이다. 성경에 나오는 야훼이시며 평강의 주님이신 예수 그리스도가 그분의 임재를 통해 그들의 안녕을 보장해주실 것이다. 그분은 언제나 그들과 함께 계실 것이기 때문이다. 새로 제자가 된 사람들이 그리스도 안에서 누리는 삶에 대해 이보다 더 적절한 찬사의 말로 결론을 맺을 수 없을 것이다.

데살로니가전·후서의 신학

데살로니가전후서는 때때로 '종말론적 서신'으로 분류된다. 매 장마다 파루시아에 대한 설명이 나오는 점을 고려할 때, 이러한 평가는 부분적으로 타당하다. 바울의 사상 세계에는 영적 존재, 불 심판, 불법의 사람 그리고 다른 종말론적 요소들이 포함된다. 하지만 두 서신을 종말론에 국한하는 것은 환원주의이다. 두 서신은 무엇보다도 목회적이다. 바울의 '자녀들'은 속이는 자의 공격을 당하고 있기 때문에, 사도들이 전한 진리를 떠올려야 한다. 바울의 가르침은 제자들이 이교 세계 한복판에 있는 기독교 전초 기지에서 번성할 수 있도록 돕는 것을 목표로 한다.

데살로니가전후서에서 찾아볼 수 있는 거의 모든 자료는, 제자들이 이미 바울과 실라에게서 들었던 가르침이다. 하지만 바울은 데살로니가인들에게 믿음을 신실하게 지키고 성장하는 데 필요한 것을 주기 위해, 이미 알려진 것('상기시키는 말'로 표시됨)에 약간의 새로운 자료를 추가해 설명한다. 이런 주제에 대해 자세히 알려면 이 책의 관련 부분들을 참고해야 한다.

창조주 하나님

대부분의 데살로니가 그리스도인은 대중적인 이교의 배경에서 왔고, 이전에 회당과 접촉한 경험이 없었다. 그들의 신들 중에는 창조주가 포함되어 있지 않았다. 그들의 신들은 물질적 우주의 근원이 아니었다. 그 신들은 인간을 창조하지 않았고, 미래의 심판 때 인류에게 책임을 묻지도 않을 것이다. 하늘은 내전을 하는 전쟁터였다. 신들이 끊임없이 싸우면서 우위를 점하기 위해 동맹을 결성했다. 이 억제와 균형의 시스템을 벗어나서 신들은 인간과 똑같이 운명에 종속되었다.

사도들은 새로운 패러다임을 전했다. 이것이 데살로니가전후서가 하나님을 체계적인 방식으로 소개하지 않는 이유이다. 사도들은 청중에게 하나님에 대한 기독교적인(그리고 성경적인) 개념이 있다고 가정할 수 있다. 예를 들어, 그들은 하나님이 정의의 하나님이심을 안다. 예수님이 악한 자들을 심판하러 오실 때 하나님은 자신의 백성을 구출하실 것이다(살전 5:10; 살후 1:6-9).

데살로니가인들은 이제 하나님의 관심이 삶의 모든 부분에 확대된다는 점을 확인한다. 그것은 단순히 시민 종교 및 가정 종교의 영역에 국한되지 않는다. 다시 말해, 그들은 전통이나 관습이나 철학적 추론을 통해서가 아니라, 바로 하나님의 성품 안에서 거룩함에 대한 참된 윤리를 찾았다(살전 4:3). 이것 역시 지난 날 이교도였던 사람들의 상상력을 확장하는 패러다임의 전환이 된다. 이제 성 윤리, 우정과 형제 사랑(philadelphia)의 재정의, 육체노동의 존엄성 그리고 상상할 수 있는 인간 존재의 모든 질문을 포함해서, 모든 문제가 '종교적' 주제가 되었기 때문이다. 그리고 참된 하나님은 속일 수 없다. 그분은 모든 사람의 "마음", 즉 내적 동기를 감찰하시기 때문이다(살전 2:4).

바울이 데살로니가전서를 쓰기 전에 선포한 대로, 하나님은 "우리 각 사람에게서 멀리 계시지 아니하[신데]"(행 17:27). "살아 계시고 참되신" 하나님(살전 1:9)은 운명에 얽매이시지도 않고, 실패하시거나 신들과 경쟁해서 좌절을 겪으시지도 않는다. 하나님은 그분의 자유의지로 사람들과 관계를 맺기로 '선택하실' 수 있다(1:4). 우리는 이것이 헬레니즘 문화에서 회심한 사람들의 삶에 일으킨 변화가 얼마나 대단한지 상상할 수도 없다. 그들은 우주의 창조주와 개인적이고 공동적인 관계를 맺을 수 있다는 점과, 그분이 그들을 구원하러 오실 때 아무것도 그분을 방해하지 못했다는 점을 인식하게 되었다. 이렇게 찾으시는 하나님은 그리스도 안에서 계시된다.

기독론

바울은 개인과 공동체의 자기 이해를 형성할 수 있는 신화의 힘을 잘 안다. 하지만 그는 예수님을 전하면서 단순히 사람들에게 옛 신화를 새 신화로 대체하라고 요청하지 않는다. 오히려 바울은 그들에게 지식의 한 범주로서 신화를 버리고, 유대에서 최근에 특별한 방법으로 죽었다가(살전 2:15; 4:14) 부활한 자를 따르라고 요구한다(1:10; 4:14). 바울의 신학에서는 복음의 역사적 기반을 받아들여야만 그것의 윤리적, 실존적 특징을 받아들일 수 있다.

바울에게 예수님은 '주님'이시요, 모든 세계가 책임을 져야 할 분이다. 그리스도인은 그분의 권위를 따라야 한다(살전 4:1-2; 살후 3:6-12). 그분의 말씀은 신적 계시이다(살전 4:15). 하지만 "주"는 단순히 어떤 종류의 권위를 가진 어떤 사람을 의미하지 않는다. 바울은 성경에 나오는 주제들을 자주 인용한다. 그리고 칠십인역에서 "주"(κύριος)에 대한 언급으로 번역된 야훼가 히브리 성경에서 말씀하신 절도 인용한다. 이 절들은 바울의 손에서 주 예수께 적용될 수 있다. 예를 들어, 예수님이 오실 때 사람들은 "주의 얼굴과 그의 힘의 영광"(살후 1:9)에서 분리될 것이다. 바울의 언어는 이사야 2:10에서 가져온 것이다. 거기에서 야훼는 악한 자에게 공포를 불러일으키는 심판자이다.

예수님과 성부 하나님은 여러 절에서 역할과 행동을 교환하신다. 현대의 그리스도인은 이런 사실에 당황스러워하지 않을지 모르지만, 그것의 취지는 바울에게 지대한 영향을 끼쳤다. 이전에 바리새인이었던 자가 십자가 처형을 당하고 부활한 사람에게 기도했다. 그는 성부 하나님께 한 것처럼 성자에게 찬양과 감사를 드렸다. 그는 성부가 기도에 응답하실 것처럼 그리스도가 응답하실 것을 기대했다(참고. 살전 3:11-13; 살후 2:16-17). 민수기 6:24-26에 나오는 아론의 축복("여호와는 네게 복을 주시고 너를 지키시기를 원하며 여호와는 그의 얼굴을 네게 비추사 은혜 베푸시기를 원하며 여호와는 그 얼굴을 네게로 향하여 드사 평강 주시기를 원하노라")에 대해 매주 들었을 바울은, 이제 선택받은 백성에게 주 예수의 이름으로 축복한다. "평강의 주께서 친히 때마다 일마다 너희에게 평강을 주시고 주께서 너희 모든 사람과 함께 하시기를 원하노라…우리 주 예수 그리스도의 은혜가 너희 무리에게 있을지어다"(살후 3:16, 18). 예수님은 야훼 사바오스(Yahweh Sabaoth), 천군의 주님이다(살후 1:7). 그분은 신적 복수자이시며(살전 4:6), 신적 구세주이시다(1:10).

데살로니가전후서는 종말론이 핵심이고, 그리스도 중심적이다. 이것 역시 시대의 종말을 예수님의 재림과 동일하게 여기도록 교육받은 우리에게는 평범해 보일 수 있다. 하지만 제2성전 유대교에서 메시아는 전형적으로 최후의 심판에서 보조적인 역할을 담당했다. 종말론은 하나님 자신이 오심으로써 이루어졌다. 또한 하나님은 다윗 계열의 왕이나 천사나 하늘의 인자를 사용하실 수도 있다. 그러나 초점은 언제나 하나님께 있었고, 영광스러운 현현은 하나님이 오시는 것이었다. 나는 이 책 전체에 걸쳐 바울이 데살로니가인들에게 마태의 감람산 강화를 가르쳤을 것이라고 말했다. 감람산 강화에서도 예수님의 가르침은 인자로서 그분의 강림에 초점이 맞추어져 있었다. 예수님은 하나님 나라의 도래를 가르치셨다. 그러나 이 시대가 끝날 때 하나님은 어디에 계신가? 바울은 이런 사고방식을 그대로 따라서 하나님의 나라가 예수님 안에서 그리고 그분을 통해 온다고 주장한다.

데살로니가전서 3:13에는 이 점이 가장 분명하게 나타난다. 앞에서는 그 절을 '우리 주 예수께서 그의 모든 천사들과 함께 강림하심'으로 해석했다. 여기에서 바울이 야훼의 강림에 대한 한 구절을 예수님께 적용할 때, 그는 스가랴 14:5과 마태복음 24:31에 분명히 동의한 것이다. "나의 하나님 여호와께서 임하실 것이요 모든 거룩한 자들이 주와 함께하리라." 예수님의 파루시아는 신적 현현이다. 그때 그분은 불법의 사람을 죽이실 것이다(살후 2:8). 그분이 오실 때 영화롭게 되는 것은 바로 예수님의 이름이다(살후 1:12). 구약 선지서에 나오는 야훼의 날은 주 예수 그리스도의 날로 바뀌었다(살전 5:2에 대한 설명을 보라). 성도들에게 영원은 주 예수와 함께 영원히 있는 것으로 규정된다(살전 4:17; 또한 5:10; 살후 2:1을 보라).

성령

성령에 대한 특별한 언급이 몇 가지 나온다. 바울은 따로 언급하지 않을 때도, 성령의 활동을 추정하는 듯 보인다. 성령은 사도들이 데살로니가에 복음을 전했을 때 기적을 일으키셨다(살전 1:5-6). 몇몇 신자에게 예언하도록 영감을 불어넣으신 것도 성령이다(5:19-20). 성령은 그리스도인들이 거룩하게 살 수 있는 능력을 부여하셨다. 심지어 이방의 배경에서 온 사람에게도 마찬가지였다(4:8; 살후 2:13). 바울은 성령에서 비롯된 데살로니가인들의 기쁨을 언급할 때(살전 1:6), 갈라디아서 5:22-23에서 "성령의 열매"에 대해 가르칠 것을 예견한다.

제2성전 유대교는 야훼의 성령을 옛 선지자들의 배후에 있는 능력으로 생각했다. 성령은 또한 새 언약의 일부로서 말일에 올 것이다(겔 36:22-32). 이 유대 신학은 교회가 성령의 백성이라는 새로운 이해와 현저히 대조된다. 바울은 초기에 쓴 서신에서는 갈라디아서, 고린도전서 그리고 로마서에서처럼 성령의 교리를 자세히 설명하지 않는다. 하지만 그는 성령의 종말론적 은사가 현시대에 왔다는 진리를 강조한다(살전 4:8).

사탄

사탄은 구약에도 나타나지만, 하나님의 주적으로 두드러지게 모습을 드러내기 시작하는 것은 제2성전 유대교와 신약에서다. 데살로니가전후서에서 사탄은 그가 수행하는 것으로 잘 알려진 여러 역할 가운데 나타난다. 그는 거짓 신들 뒤에 숨어 있고(살후 2:4, 9-10; 참고. 살전 1:9), 인간을 속이며, 그들을 살아 계신 참된 하나님에게서 멀어지게 한다.

따라서 사람들이 하나님 측에 가담하면, 사탄이 그들을 해치려 하는 것은 당연하다. 사탄은 신자들을 시험하고, 그들이 복음을 포기하도록 압박한다(살전 3:5; 또한 사탄은 데살로니가후서 1:4에서 박해하는 것으로 보인다). 속이는 자인 사탄은, 현재 일어나는 박해가 주의 날이 왔음을 가리킨다는 소문을 퍼뜨리고 그리스도인에게 두려움을 불러일으키려 한다. 아마도 가장 잔인한 일은, 사탄이 새로운 제자들을 사도들에게서 떼어놓아 영적으로 영양 공급을 받지 못하게 하는 것이다(살전 2:18).

바울이 데살로니가전후서에서 명백하게 진술하지는 않지만, 예수님이 사탄의 대리자인 불법의 사람을 말살하러 오실 때, 그분은 사탄을 심판하기 위해서도 오시는 것이다. 바울이 전하는 말은 감람산 강화와 일치한다. 감람산 강화는 마귀와 그 사자들을 위해 예비된 영원한 불을 예견한다(마 25:41).

새 언약

하나님은 원래 이스라엘에게 제시하셨던 일련의 예언을 이교적인 마게도냐에 실현시키셨다. 수 세기 전 이스라엘 사람이 토라에 순종하게 하기 위해 새 언약이 마음속에 다시 쓰일 것이라 약속되었다(겔 36:27).

주후 50년 유대 민족은 새 언약 안에서 삶을 누리고 있어야 했다. 하지만 오직 소수만이 그리스도를 받아들였다. 유대 권력자는 예수님을 죽이는 일에 참여하기까지 했고, 그분의 메시지가 열방에 퍼져나가는 것을 방해했다(살전 2:14-16). 데살로니가 회당은 특히 소리를 높여서 복음을 거부했다(행 17:5-7, 13).

그러나 새 언약은 일부 유대인과 많은 이방인 사이에서 놀랄 정도로 진척되고 있었다. 먼저 새 언약 안에서 성령이 어떻게 그들을 "빛의 아들이요 낮의 아들"(살전 5:5)로 변화시켰는지 인식하지 못하면 데살로니가인들의 경험을 이해할 수 없다.

목사로서의 사도들

데살로니가전후서가 정경에서 디모데전서와 함께 나오는 것은 역사적 사건에 의한 것이다. 그런데 세 서신을 비교해보면, 데살로니가전후서가 '목회적'으로 보인다. 사도의 일은 데살로니가전서 2:7-12에 요약되어 있다. 그들은 "밤낮으로" 일했다. 그들은 제자들을 "유모가 자기 자녀를 기름과 같이" 그리고 "자녀들 둔 아버지처럼" 양육했다. '그것이 우리가 너희에게 간청한 방식이다. 그것이 우리가 너희를 위로한 방식이다. 그것이 우리가 너희에게 너희를 부르신 하나님 앞에 합당하게 행하라고 요청한 방식이다.' 그들이 하는 일은 단순한 직업도, 달성해야 할 목표도 아니었다. 그들은 다른 사람의 유익을 위해 자신을 희생했다. 크리소스톰은 그것에 대해 훌륭하게 말했다. "그저 설교만 하는 것은 영혼을 주는 것과 똑같은 것이 아니기 때문이다."[1]

제자들을 양육하는 자로서 바울의 팀은 미메시스를 널리 사용했다. 그것은 제자들이 따라야 할 모범을 몸소 제공하는 방식이었다. 이 모델은 종종 시각적으로 매우 생생한 효과가 있었다. 예를 들어, 바울은 손으로 직접 일하는 자신과 실라의 이미지를 그들의 감각 기억에 새겼다. 동시에 그들은 살아가는 방법을 말로 '가르쳤다'(노동 윤리와 관련해서, 살전 4:11; 살후 3:6, 10, 12를 보라).

---

1. John Chrysostom, *Homilies on First Thessalonians* 2 (NPNF[1] 13:330).

기도의 역사

어떤 각도에서 보면, 데살로니가전서를 하나의 기도 보고로 간주할 수 있다. 또한 그 서신은 순회하는 사도의 가르침을 포함하는 것처럼 보인다. 사도들의 기도에는 중보와 감사가 담겨 있다. 기독교 기도는 마술처럼 우주적 법칙을 조종하는 것이 아니다. 오히려 그것은 전능하신 하나님의 임재 앞에 나가서 그분의 개입을 요청하는 것이다. 그들은 사탄의 일에 맞서 기도하지만, 주로 제자들이 믿음 가운데 성장하도록 기도한다. 여기에서도 바울과 그의 팀은 새로운 회심자들을 위한 모범 역할을 한다. 그로써 기도로 하나님의 임재 가운데 들어가는 방법을 그들에게 가르치기 위함이다.

전도와 제자도

바울은 서신에서 전도자가 되는 것에 대해 거의 가르치지 않는다. 이 점을 가장 설득력 있게 설명하는 주장은, '전도의 기본'은 제자도의 초기에 다룬 주제였기 때문에 서신서에서 이야기할 필요가 없었다는 것이다.[2] 데살로니가의 경우, 복음은 작은 교회에서 큰 지역으로 힘차게 퍼져나갔다. 바울은 그저 그들에게 복음을 전하기에 합당한 사람이 되는 방법을 상기시킨다. 그는 차마 복음의 평판을 떨어뜨릴 사람이나, 하나님을 불쾌하게 함으로써 변화시키는 능력을 무력화할 사람이 복음을 전파하도록 둘 수 없었다. 그러므로 바울이 '우리는 이렇게 했고, 저렇게 하지 않았다'고 말할 때(살전 2:1-12), 그는 오직 자신과 실라와 디모데에 대해서만 말하는 것이 아니다. 그는 제자들을 양육하는 모든 사람을 위해 그들이 보인 모범을 이야기하는 것이다. 전도자는 자신을 아낌없이 바쳐야 하고(2:8), 고된 일을 할 준비를 해야 하며, 육체노동도 마다하지 않아야 한다(2:9). 전도자는 박해를 포함해서 부정적인 반응을 맞이할 각오를 해야 한다(2:2, 15).

사도행전에 따르면, 주님은 바울에게 "그 눈을 뜨게 하여 어둠에서 빛으로 사탄의 권세에서 하나님께로 돌아오게 하라"(행 26:18)고 위임하시고, 그를 "멀리 이방인에게로" 보내셨다(22:21). 몇 년 후, 바울과 그의 팀은 다메섹으로부터 수백 킬로미터 떨어진 곳에서 하나님의 말씀인 '복음'을 전했다.[3]

---

[2] 디모데전서는 아마도 그 원칙에 대한 예외일 것이다. 에베소 교회는 신화와 족보를 따지는 신비주의에 빠져서(딤전 1:3-4, 2:1-2이 나타내는 바) 외부 세계에 대한 관심을 잃어버렸다. 디모데는 모범을 보임으로써 전도자가 되는 것에 대해 다시 가르쳐야 한다(딤후 4:5).

[3] 기독교 메시지라는 의미에서 "말씀"(언제나 λόγος, 결코 ῥῆμα가 아님)은 "하나님의 말씀"(살전 2:13), "주의 말씀"(1:8; 살후 3:1) 혹은 단순히 "말씀"(살전 1:6; 2:13)으로 불린다. 이런 경우 "말씀"은 기록된 경전이 아니라 입으로 하는 선포를 언급한다. 그것은 또한 더 일반적으로 '메시지'를 의미하는 것으로 사용된다(살전 3:14). "복음"은 "그리스도의 복음"(살전 3:2), "우리 주 예수의 복음"(살후 1:8), "하나님의 복음"(살전 2:2, 8, 9), 혹은 단순히 "(우리) 복음"(살전 1:5; 2:4; 살후 2:14)이다. 그것과 어원이 같은 동사인 "기쁜 소식을 전하

구원의 메시지는 그리스도의 사역을 중심으로 한다. 그리스도는 자신의 백성을 구원하시기 위해 죽으시고 다시 살아나셨다(살전 4:14; 5:9-10). 하지만 기본적인 복음과 소위 '양육'이나 제자도로 불리는 것을 분리할 수 없다. 사도들은 믿는 순간부터 주 되신 예수님을 따르고 거룩하게 성장하는 일이 중단되지 않고 연속된다고 생각한다.

우리는 '복음 전도'를 이런저런 방법으로 제한할 필요가 없다. 또한 바울이 항상 강단에서 무리에게 이야기를 했다고 생각할 필요도 없다. 말씀 사역은 큰 모임, 소그룹, 개인적 대화에서 이루어질 수 있다. 성공적인 메시지 선포는 그 메시지가 사람이 아니라 하나님에게서 온 것을 인정하고, 그것을 받아들이며, 회개할 때 일어난다(살전 2:13). 사도들은 복음이 성공하려면 하나님의 도움을 구해야 한다고 믿었다(살후 3:1). 복음의 전파를 방해하는 것은 끔찍한 죄이고(살전 2:16), 그렇게 하는 자들은 마귀의 계획에 참여하는 것이다. 복음을 받아들이는 것에 정반대되는 가증한 일은 "거짓말"을 믿고 따르는 것이다(살후 2:10-12).

노동 윤리

사도들에게 육체노동은 그들이 교회를 사랑한다는 구체적 증거였다. 따라서 바울은 데살로니가 교회에서 사도적 노동 윤리의 "전통"에 어긋나는 집단을 주저 없이 책망한다(살후 3:6-15). 분명 몇몇 사람은 생계를 꾸리기 위해 일하기보다 교회에 의존해서 일용품을 해결했다. 앞의 '본문 설명'에서는, 이런 사람들을 예수님이 허락하셨던(마 10:11) 후원받을 권리를 주장했던 자칭 전도자와 교사들로 해석했다.

교회는 가족이다

교회는 쉽게 '가상 가족'이라는 사회학적 범주에 들어갈 수 없다. 즉, 교회는 사람들이 마치 자신의 동료들이 가족인 '것처럼 행동하는' 조직이 아니라는 말이다. 교회는 정말로 가족이다. 성령은 각 사람을 성부 하나님의 자녀로 만드시고, 서로를 형제자매로 만드신다. 새 언약 안에서 '가족 가치'는 교인 사이에 이루어지는 일에서 가장 중요한 참고 사항이 된다. 남녀노소나 사회적 계층을 막론하고 각 사람은 서로에게 속한다. 교인들은 서로에게 거룩한 가족의 입맞춤을 할 만큼 가깝다(살전 5:26).

교회 모임 안에서(살전 5:12-22) 서로 후원해주는 것과 기도 그리고 예언과 그에 수반되는

다"(εὐαγγελίζομαι)는 한 번 나타나지만(살전 3:6), '전도하다'의 의미가 아니다. 바울은 또 "전통"(παράδοσις)이라는 용어를 사용해 사도적 메시지의 내용을 언급한다(살후 2:15; 3:6).

'분별력'이 역동적으로 나타났다. 바울이 교회 지도자들의 존재를 암시하기는 하지만(5:12-13), 그들은 결코 교회 사역의 주된 초점이 아니다. 다시 말해, 교회 사역은 회중이 이루어나간다. 그 집단의 책임 있는 참여자로서 각 교인은 바울이 가르친 내용을 알고 있어야 한다(5:27).

성 윤리

성화는 단순히 인간적인 몸부림이 아니다. 성화는 새 언약 안에서, 그리스도인이 이미 "낮과 빛"에 속해 있음을 실현하는 것이다(살전 5:4-8). 하지만 데살로니가인들은 거룩함에도 주력해야 한다. 바울이 그들에게 쓴 대로 "더욱 많이 힘[써야]"(4:1) 한다. 데살로니가전서에는 기독교적 성에 대해 가장 강력한 사도적 가르침의 일부가 담겨 있다. 그것은 이교적인 마게도냐의 환경에서 필요했던 가르침이었다. 바울은 아내와 남편이 있는 남자와 여자에게 거룩함과 존귀함에 대해 말한다(4:4).

인간의 거룩함에 대한 이런 신적 관심은 부분적으로 부활 교리의 결과이다. 즉, 하나님은 마음이나 영혼은 물론이고, 육체적 몸에서 이루어지는 일에도 관심을 두신다는 것이다. 따라서 데살로니가전서 4:13-17에 나오는 부활 교훈의 앞부분에서 바울이 성에 대해 말하는 것은 적절하다. 바울은 몸을 포함한 모든 측면에서 그들이 거룩해지기를 바라는 기도로 서신을 끝낸다(5:23). 이레나이우스가 다음 세기에 말한 대로, "그것은 의롭다고 여겨지는 행동들이 몸 가운데서 수행되는 것이 명백하기 때문이다."[4]

종말론

이방인 그리스도인은 역사를 이해하는 새로운 방식을 배웠다. 그들은, 역사는 목표가 없거나 순환하는 것이 아니라 목적이 있다는 것을 깨달았다. 다시 말해, 역사는 전능하신 하나님의 통제 아래 있는 끝을 향해 움직인다는 것이다. 그 미래 시점에서만 하나님은 진노와 구원을 온전하게 나타내실 것이다. 그 일은 변덕스럽게 이루어지지 않고 하나님의 성품에 맞추어 이루어질 것이다.

빛과 낮에 대한 바울의 가르침은, 파루시아 때 나타날 하나님의 구원(살전 1:10)과 이 시대 동안 역사하시는 성령에 근거를 둔다. 그리스도의 재림 전까지 시간이 길든지 짧든지, 신자는 하나님을 섬기는 데 필요한 것을 지니고 있다.

---

4. Irenaeus, *Haer*. 2.29.2 (ANF 1:403).

이 두 서신은 신약의 나머지와 같이, 종말론적 세부 사항에 대해 별로 말하지 않는다. 또한 때와 시기를 계산하는 것을 단념시킨다. 종말에 대한 각 언급은 청중이 하나님께로 향하게 하기 위해 선포되고, 그 결과 그들은 행동을 바꾸게 된다. 데살로니가전서 5:6은 신약의 패턴을 보여주는 탁월한 사례이다. "그러므로 우리는 다른 이들과 같이 자지 말고 오직 깨어 정신을 차릴지라."

바울은 여러 가지 종말론적 문제를 다룬다.

박해

바울의 청중의 다수는 복음을 거부하고 조롱하기까지 했다. 그들은 바울이 전하는 복음에 귀를 기울여 듣기까지 했던 비교적 소수의 사람이었다. 바울이 이 서신들을 구술하고 있던 바로 그 순간에, 고린도의 많은 사람은 그의 메시지가 "미련한 것"이라고 말했다(고전 1:18). 하지만 바울이 마게도냐에 세 번 그리고 아가야에 두 번 가서 머무르는 동안 몇몇 사람은 전혀 다른 반응을 보였다. 그들은 '말씀을 받아들였다.' 그들은 사도들처럼 환난을 경험했다. 바울은 예수님의 경고를 연상시키는 용어로 그것을 묘사한다. 바울이 크게 기뻐할 만큼, 데살로니가인들은 복음에 따라 행동했을 뿐만 아니라, 맹렬한 시련 앞에서도 복음을 굳게 지켰다.

속임수

주의 날이 오기 전에, 사람인 존재가 신을 자처하고 나설 것이다. 그는 마귀가 준 능력으로 나타날 것이며, "막는 것"이 제거될 것이기 때문에 완전히 나타날 것이다. 바울 당시 이적과 기사는 하나님이 임재하신다는 강력한 증거였다. 하지만 종말에 그것들이 마귀에게서 나와서 사람들을 속이는 "거짓 기적"이 될 수 있다(살후 2:9). 주님의 재림이 가깝든 멀든, 신자들은 잘못된 길로 가지 않도록 언제나 깨어 있어야 한다(2:1-3).

배교

데살로니가 그리스도인들은 지금까지는 배교에 맞서 견고하게 서 있었다. 그러나 바울은 종말이 오면 진리를 저버리는 무시무시한 일이 발생할 것을 알았다(살후 2:3). 그런 일은 사탄이 추진할 것이고, 미혹의 사람을 통해 교묘하게 이루어질 것이다.

이 마지막 배교는 유대교 종말론의 주요소였다. 구약 선지자들은 보통 계속되는 국가의 배교에 초점을 맞춘 반면, 제2성전 유대교는 종말론적인 "배교 세대"를 훨씬 강조했다(*1 En.* 93.9; 또한 *Jub.* 23:14-23; 1QM XIII, 7-9를 보라). 또한 종말론적 배교는 예수님의 가르침의 특징을 이룬다. "그때에 많은 사람이 실족하게 되어 서로 잡아주고 서로 미워하겠으며"(마 24:10). 세상은 사탄에게 끌려가지만, 그리스도인은 계속 깨어 있어야 한다. 끝까지 신실하게 인내하는 자는 구원을 받을 것이다(마 24:13). 사도 시대에 교회는 단기간이든(행 20:29-30) 아니면 한정되지 않은 "후일"(딤전 4:1)이든 배교에 대한 예언적 말씀을 받았다.

데살로니가후서 2장에서 배교는 그리스도인이 믿음을 저버리는 것이다. 디모데전서 4:1과 디모데후서 3:1에 나오는 예측과 마찬가지이다(또한 베드로후서와 유다서; 요한일서 2:18-19; 요한계시록을 보라). 바울은 여러 배교의 사례에 부딪혔다. 몇몇 갈라디아인이 복음에서 떠나기 시작했고(갈 1:6), 데마는 다른 곳으로 갔다(딤후 4:10). 데살로니가 그리스도인들은 하나님이 택하신 자들이지만(살후 2:13), 그들도 조심해서 굳건하게 서 있어야 한다(2:15). 결국 그들과 똑같아 보이는 사람들이 종말에 사탄의 거짓말에 속아서 피해를 당할 것이다.

깨어 있음

구원은 주로 미래의 종말론적 목표이다(살전 1:10; 5:9; 살후 1:10-12; 2:14, 16). 그 길을 따라가는 동안 실제로 재앙을 만날 수 있다(살전 3:5). 따라서 모든 신자는 끊임없이 조심해야 한다(5:1-11).

종말의 순서

바울은 현재의 형편을 고려하여, 주후 50년에 주의 날이 목전에 다가왔을 수 없다고 말한다. 마지막 불법의 사람이나 배교가 나타나지 않았다. 그 두 사건은 주님이 오시기 전에 일어날 것이다(살후 2:1-12). 아마도 앞의 설명에서 천사장 중 하나로 제안한 것처럼, 하나님이 불법의 사람을 제거하기로 결정하실 때까지(2:6-8) 하나님의 대행자가 그 사람의 나타남을 '막고' 있다.

불신자의 멸망

제자들은 하나님이 의로우시다는 이야기를 듣는다. 즉, 하나님은 종말에 의인에게 상을 주시고 악한 자에게는 "진노"를 퍼부으실 것이다(살전 1:10; 2:16; 5:9). 이것은 예수님의 파루시아 때 나타날 것이다. 그때 예수님은 "갑작스러운 멸망"(5:3), "환난"(살후 1:6; 참고, 2:12) 그리고 "형벌"(1:8)을 가져오실 것이다. 불신자는 주님에게서 분리되고 "영원한 멸망"(1:9)을 경험할 것이다. 하나님의 심판은 그분이 창조와 떨어져 계시지 않는다는 증거이다. 또 다른 체계에서처럼, 그분이 불의하거나 변덕스럽지 않으시다는 증거이다.

데살로니가후서 1:5-10은, 악한 자들에 대한 영원한 의식적 고통을 예측하는 요한계시록 14:10-11과 적절하게 연결될 수 있다. 악한 자들은 즉시든 아니면 일정 기간의 고통 이후든 멸절되지 않을 것이다.

부활

아마도 마태복음이 세상에 나오기 몇 년 전이겠지만, 바울은 마태복음 형식의 감람산 강화와 유사한 것을 가르친다. 따라서 마태복음 24-25장이 성도의 '모임'을 말하는 반면(24:31), 성도의 부활에 대해서 말하지 않는다는 점은 주목할 만하다.

하지만 바울이 서둘러 떠난 후 데살로니가전서를 쓰기 전까지의 짧은 기간에 몇몇 교인이 죽었다(살전 4:13). 그들이 어떻게 죽었는지는 알 수 없다. 많은 사람이 죽었다거나 또는 순교로 죽었다고 생각할 필요가 없다. 심지어 한두 사람이 죽었다 하더라도 작은 '가족'에게는 큰 충격을 주었을 것이다. 따라서 가장 합리적으로 해석하건대, 바울은 그들이 과거에 들었지만 잊어버린, 더 좋게 말해서 적용하는 법을 잊어버린 교리를 그들에게 가르친다. 그것은 바로 성도의 부활에 대한 교리이다. 바울은 데살로니가인들을 위해 그 자료를 한데 모은다. 예수님은 죽은 자 가운데서 다시 살아나셨다. 그분은 우리의 종말론적 구세주이시다. 그러므로 예수님은 파루시아 때 우리를 죽은 자 가운데서 일으키심으로써 우리를 구원하실 것이다(살전 4:13-18). 바울이 그들의 부활을 연결하는 방식은, 후대에 작성된 한 서신에서 온전한 설명이 이루어질 것을 예견한다(고전 15장).

맺는 말

사도들 이후 수십 년이 지나서 그리스도인들은 성찬식을 다음과 같은 기도로 끝냈다.

> 주님, 당신의 교회를 기억하소서
> 교회를 모든 악에서 구하소서
> 교회를 당신의 사랑으로 온전하게 만들어주소서
> 그리고 사방에서 거룩하게 된 자들을 당신이 예비하신 나라로 모이게 하소서
> 권세와 영광이 영원히 주님께 있사옵나이다.[5]

이 기도는 데살로니가전후서의 핵심을 잘 요약해준다. 그것은 보통 말하는 종말의 때에 대한 매료가 아니라, 교회가 거룩함 가운데 자라고 그리스도의 오심을 기대하도록 목회적으로 돕는 일이다.

바울은 책상 앞에서 연구만 하는 신학자가 아니라 그들의 목사로서 데살로니가인들이 하나님의 선택을 받고 새로운(그리고 더 참된) 가족에 들어간 것의 의미, 그들이 세상 속에서 복

---

5. *Did.* 10.5.

음을 가르치고 모범을 보여야 하는 방식, 그들이 받는 박해가 영원히 지속되지 않으리라는 사실 그리고 그리스도의 재림이 불신자에게 끼치는 영향 등을 가르친다.

다른 무엇보다도 바울은 그리스도를 중심으로 하는 우주적 세계관을 설명한다. 현존하는 가장 이른 시기의 이 기독교 본문의 여러 구절에서, 주 예수님은 구원하시고 심판하실 야훼의 개입에 관련된 구약의 구절들을 성취하신다. 주후 40년대에 나온 메시지로서 부활절에 대한 가장 이른 시기의 증언이고, 가장 이른 시기의 기독교 선포에 뿌리를 둔 문서에는 다음과 같은 기록이 있다. "죽은 자들 가운데서 다시 살리신 그의 아들…이는 장래의 노하심에서 우리를 건지시는 예수시니라"(살전 1:10).

이것이 예수님 안에서는 죽는 것조차도 비극이 아닌 이유이다. 죽음은 비통하지만, 부활하신 주님을 따르는 자들에게 그 권세는 일시적이다. 그리고 참된 생명의 초점은 바로 예수님 자신이시다.

아무것도 잃어버리지 않았다

너무나 분명히 보이는 당신의 팔꿈치를 흔들면서
"이리로 오시오"라고 천사가 재촉하는 듯 말을 건넨다.
이제 그 팔에는 비할 바 없을 만큼 힘이 넘친다.
멋진 머리카락은 안에서부터 뿜어 나오는 온전한 영광으로 빛난다.
각종 감각은 눈이 부실 정도로 훌륭하고 충만하다.

올라가보니, 그 길이 점점 붐비기 시작한다.
고대인과 현대인이 한데 섞여 있다.
토가, 삼바, 신사복을 입은 사람들이 무수히 보인다.
각 언어의 모든 단어와 음색과 흡착음이 쉽게 해독되니
사람들은 소리를 지르며 놀란다.

교인, 순교자, 어린이, 몇 대에 걸친 자손,
이 세상에서 살 때보다 더 잘 알아볼 수 있는 사람들이 인사를 한다.
하지만 아주 매력적인 존재가 영원히 중심에 있다.
그 중심은 인격적인 분, 인자와 같은 분이시다.
그분 안에서 죽음으로써 당신은 아무것도 잃어버리지 않았다.

게리 S. 쇼그렌

성구 찾아보기

창세기
2:17 209
3:4–5 322
3:5 143
3:13 302
3:19 209
5:24 204
15:16 124
17:1 116
18:25 269
31:49–50 105
38:24 172

출애굽기
5:2 273
7:10–13 317
7:22 317
8:7 317
8:18–19 317
9:11 317
20:1–3 231
22:16 172
23:16 328
23:22 271
24:17 276
32 322
32:11–12 84
34:6 61

레위기
18:6–18 172
18:16 179
18:22–23 172

19:18 179
19:29 173
20:10 172
20:13 172
20:26 170
21:7 173

민수기
6:24–26 377
6:26 371
11:12 113
16:1–40 105

신명기
6:4 85
6:5 254
7:9 344
9:25 64
13:1–3 318
17:14–17 91
22:5 172
22:20–21 172
25:2 269
27:22 179
32:35 271
33:2 157, 276

여호수아
21:22 303

룻기
2:4 371

사무엘상
1:17 62
8:5 91
8:11–18 91
12:3 91
12:3–5 354
12:5 106
21:5 176
26:7 224
26:12 224

사무엘하
6:6–7 356
13:1–22 179

열왕기상
11:14 142
22:19–23 319

역대상
28:9 104

역대하
18:18–22 319
26:16–21 356
29:19 303
36:15–16 121

느헤미야
9:26 121
9:30 245

욥기
1:1 116
1:6 142
1:12 144
2:6 144
31:1 186

시편
13:1–2 269
16 182
16:7 182
26:1–7 104
27:1 222
44:22 99
51:4 188
67:4 269
77:13 170
79:10 179
88:1–2 64
103:13 116
103:20 272
105:4 243
117:1 243
138:2 343
139:1 104
147 343

잠언
6:6–11 365
6:10 224
29:5 104

이사야
2 279
2:10 275, 376
2:11 279
2:17 279
2:19 275
2:21 275
6:9–10 319
9:2 221, 222
13 221
13:6–9 220
13:9 218
27:13 295
35:3 241
35:4 240
40:18–24 80
41:21–24 80
44:9–20 80
44:17 82
44:20 82
45:17 83
46:5–7 80
49 149
49:4 149
49:6 149
51:20 224
52:5 130
52:7 62, 371
54 182
54:5 154
54:13 182
55:11 119
56:10 224
59:17 216, 226
60:1 222
66 76, 273
66:7 221
66:13 113
66:15 273
66:15–16 76

예레미야
2:19 303
2:30 121
6:14 220, 371
9:6 273
17:10 102
22:3 366
23:17 105
46:10 218

예레미야애가
2:22 218

에스겔
22:29 366
34:4 240
36:22–32 70, 378
36:27 180, 187, 188, 379

다니엘
2:28 311
5:1–31 224
7 272
7:13 158, 272
7:25 309
8:2 124
8:23 124
9:24 309
9:27 306, 308
10 313
10:10–15 144
10:13 155, 201
10:21 155
11:31 306
11:36 307
12:1 201
12:2 195, 285
12:2–3 207
12:11 306

호세아
1:2 172

요엘
1:15 218
2:28–29 70
2:31 218
3:16 201

아모스
2:14–15 215, 221

나훔
1:15 62

스바냐
1:14 220
1:15 227

스가랴
14:5 158, 377
14:9 85

말라기

4:5 218

마태복음

3:7 126
3:12 126
4:3 149
4:8–10 322
4:17 118
4:23 118
5:3–11 270
5:10–12 243
5:12 121
5:14–16 222
5:28 186
5:38–47 242
6:7 64, 161
6:13 344
6:21 132
6:25 149
7:15–20 245
7:16 150
7:16–20 337
9:38 346
10:7 118
10:10 364
10:11 381
10:11–14 79
10:16–25 120
10:17–18 36, 79
10:19–20 71
10:22 37
10:28 285
10:32–33 282
11:25 112
12:28 118, 125, 200
12:50 169
13:3–9 266, 346
13:8 266
13:18–23 346
13:20–21 74
13:21 266, 304
13:22 133
13:24–25 304
13:25 224
13:29 204
13:39 158
13:41 158, 305
13:49 158
14:23 64
16:27 156, 158, 272
19:9 172
19:14 123
20:1–16 346, 365
22:30 38
22:37 254
22:39 103
23 121
23–24 121
23:13–15 130
23:29–31 245
23:29–36 121
23:31 121
23:32 124
23:33 221
23:34 121
24 41, 83, 271, 301
24–25 42, 385
24:4 302
24:4–5 36, 217
24:4–8 321
24:6 36, 126, 296
24:6–8 217
24:8 36, 221
24:9 268
24:9–12 37
24:10 36, 155, 266, 303, 304, 383
24:11 36, 245, 302, 315, 324
24:12 36, 66, 155, 266, 305
24:13 36, 37, 126, 304, 384
24:14 41, 118, 126, 301
24:15 36, 306, 307, 308
24:15–16 277
24:19 220
24:21 73, 147
24:22 304
24:23–24 302, 324
24:24 150, 318
24:29 147, 218, 296
24:30 36, 204, 272
24:30–31 42, 83
24:31 36, 37, 42, 158, 194, 197, 202, 293, 296, 304, 377, 385
24:32–34 217
24:33 205, 277
24:36 36, 158, 217
24:37–39 220
24:41–46 28
24:42 36, 217, 223
24:42–43 219
24:43 36, 219
24:43–44 219
24:49 36
24:49–50 217
25:1 37
25:1–13 228
25:5 224
25:6 37
25:31 117, 272
25:32 145
25:41 275, 284, 285, 378
26:63 256

마가복음

1:1 100
1:35 64
7:9 180
8:38 282
9:50 239
11:16 174
12:14 105
12:30 254
13 35
13:4 217
13:8 221
13:13 66
13:14 306, 307
13:22 315, 316, 318
14:62 158
16:20 70

누가복음

1:3 218
2:37 303
4:5–8 322

6:27–36 242
7:30 180
8:13 303
10:16 180
11:20 125
11:47–51 121
12:39 219
12:48 269
15:15–17 365
16:8 222
16:15 104
17:24 219
17:30 219
18:1 64
20:35 269
21:8 316
21:12 120
21:20 307
21:23 152
21:36 267
23:15 269

요한복음

1:4–9 222
1:12 116
3:8 70, 337
5:25–29 285
5:41 106
5:44 106
6:38 202
6:45 182
7:18 106
8:12 222
11 195
11:11 195
11:24 207
11:24–27 196
11:35 196
12:13 205
12:43 106
14:3 206
14:26 199

사도행전

1:3 118

1:6–7 217
1:7 217
1:8 217
1:9 204
1:11 202, 204, 272
1:20–26 107
2:17–21 218
2:20 314
3:23 275
4:2 123
4:3 122
4:13 71
4:17–21 123
4:29 71
4:31 71
4:33 279
5:29 167
5:39 119
6:1 249, 365
6:4 86, 343
6:5 121
7:35 322
7:52 121, 245
8 123
8:1 38
8:1–3 123
8:2 196
8:9–11 322
8:12 118
8:13 322
8:18–24 322
8:39 204
9:1 38
9:4–5 119
9:29 122
10 123
11:2–3 123
11:18 186
11:19 122
11:28 34
12:20–23 105
12:22 105, 306
12:24 343
13:2 143
13:6–12 318

13:10 101, 142
13:15 247
13:45–51 124
13:47 149
13:48 343
13:49 343
14:5 98
14:14 107
14:15 79
14:22 74, 118, 268, 270
14:23 238
15:1 123
15:1–29 25
15:5 123
15:19 79
15:20 172, 186
15:21 115
15:26–27 122
15:27 61
15:28 169
15:28–29 172
15:29 169, 186
15:30 61
15:32 61, 122, 143, 199
15:38 303
15:40 25, 61
16:1–3 25, 61
16:1–5 146
16:4 172
16:6–7 143, 144
16:6–8 25
16:6–10 143
16:7 144
16:9–10 25, 143
16:11–40 25
16:14–15 79
16:18 99
16:19 99
16:20–21 99
16:22–23 99
16:37–38 61
16:37–39 99
17 26, 140
17:1–2 23
17:2 25

17:3 227
17:4 28
17:5 26, 124
17:5–7 379
17:5–9 66
17:6 26, 30
17:7 26, 79
17:10 140
17:10–15 26
17:11 79
17:13 379
17:14 27
17:15 27
17:16 80
17:22–32 82
17:27 376
17:30–31 230
17:31–32 211
18:1 27
18:2 34, 76
18:3 115
18:5 27, 154
18:11–12 34
19:8 118
19:21–22 154
19:22 21, 147
19:29 31
20:1 31
20:2–3 31
20:3 31
20:4 28
20:6 31
20:17–35 27, 91
20:22–23 143
20:25 118
20:25–35 131
20:26 117
20:28 27
20:29–30 384
20:29–31 91
20:31 115
20:33–35 354
20:35 357
20:37 255
21:10–14 143

21:21 303
21:25 172
22:17–21 122
22:21 380
23:6 38, 285
24 203
24:15 38, 203, 209, 285
26:11 122
26:17–18 222
26:18 79, 142, 223, 380
26:20 79
26:22 117
27:2 31
28:23 118
28:31 70, 118

로마서

1:4 156
1:5 278, 335
1:6 335
1:7 264
1:8 63
1:9 63, 65, 105, 151
1:10 140
1:11 114
1:11–12 151
1:13 26, 140
1:16 70, 119
1:17 125
1:18 83, 125, 271, 305
1:21 173
1:24 319
1:25 319
1:26 177, 319
1:28 319
2:4 241
2:7 198, 282
2:8 273
2:14–16 320
2:17–24 130
2:19 223
2:21 115
2:24 130
3:2 102
3:10–18 127

3:19 127
3:27 145
5:2 117, 282, 330
5:3 147, 268
5:6 227
5:8 227
5:10 358
5:12 209
6 38, 82
6:17 273
6:19 171
6:22 171
6:23 198
8:8 103
8:11 209
8:17 270
8:17–18 117
8:17–21 282
8:17–23 330
8:19 221
8:22–23 221
8:27 104
8:28 335
8:28–30 336
8:29 181
8:30 125, 282, 330, 335
8:35 147
8:36 99
9–11 129
9:1–5 127
9:2 196
9:3 275
9:5 333
9:11 68
9:22 241
9:23 282
10:9 82
10:16 273
10:17 69, 119
10:21 129
11:5 68
11:25 315
11:28–29 68
11:29 335
11:31 129

12-13 233
12:1 233
12:2 169
12:8 114, 238
12:16 249
12:17-21 239
12:18 239
12:19 271
13:9-10 179
13:11-14 224
13:12 223, 226
13:13 185, 225
14:15 227
14:17 74
15:1-3 103
15:2 103
15:6 278
15:11 243
15:17 145
15:19 70
15:22 140
15:22-29 134
15:30-32 254, 343, 346
15:33 371
16:3-15 63
16:5 328
16:7 107
16:16 255
16:18 105, 302
16:19 76
16:20 256
16:21 146
16:22 372
16:24 256

고린도전서

1:3 264
1:6 279
1:7 145, 271, 315
1:8 254, 281
1:9 344
1:10 240, 249
1:11 78
1:18 318, 334, 383
1:23 129

1:30 171
1:31 145
2 72
2:3 72, 243
2:4-5 72
2:8 276
3:1 113
3:6-9 266
3:9 146
3:13 218
3:16-17 308
4:3-4 102
4:9 306
4:12 114, 354
4:14 238
4:15 116
4:16 87
4:20 59, 69
5 357
5:1 173
5:4 299
5:5 357
5:9 357, 372
5:11 225, 357
5:12-13 186
5:13 357
6:2-3 72
6:9-10 117, 174
6:9-11 162
6:10 225
6:11 329
6:13-14 174
6:14 200
6:15 154
6:15-16 172
6:18-20 188
6:19 177
7 176, 187
7:1 78
7:2 174
7:5 142
7:10 199
7:21-24 366
7:26 152
8:1 229

8:4-13 80
8:7 241
8:12 184
8:13 246
9 87
9:1 107
9:1-18 368
9:1-27 107
9:4 361
9:5-6 107
9:6 361
9:14 361
9:17 354
9:22 241
9:24-25 145
10:1 195
10:6-13 173
10:10 275
10:13 344
10:33-11:1 103
11:1 87
11:2 330
11:5 248
11:21 225
11:23 167, 199, 330
11:25 188
11:27-32 38
11:34 251
12:1 195
12:10 246
13 184
13:4 241
13:11-12 110
13:13 65
14 244
14:3 116, 246
14:4 184
14:5 246
14:13-19 184
14:26 30, 246, 248
14:27-33 244
14:29 245, 246, 297
14:30-31 246
14:39 244
14:40 185

15 82, 205, 301, 385
15:1–3 167
15:3 167, 227, 330
15:3–8 80
15:4 82
15:8 107
15:10 98
15:12 197
15:20 328
15:23 271
15:24 126
15:28 277
15:31 145
15:35 203
15:35–49 202
15:40 330
15:41 330
15:43 330
15:50 209
15:51 199, 204, 278
15:51–53 210
15:52 197, 202, 203, 205
15:53–54 198
15:54 277
16:1–3 103
16:9 154
16:15 328
16:20 255
16:21 372

고린도후서

1:2 264
1:6 66
1:8 195
1:11 254, 343
1:19 25
2 110
2:14 110, 111
3:6 188
3:12 70
3:16 79
3:18 254
4:2 105
4:14 200
4:17 330

5:10 145, 179, 212
5:14 227
5:15 227
5:17 231
6:4 152
6:7 226
6:8 101
6:10 196
6:16 308
7 90
7:1 156, 254
7:4 70
7:5 31
7:8 372
7:15 141
8:1 267
8:1–5 31, 267
8:2 74
8:23 107
10:17 145
11:3 302
11:5–9 362
11:7 354
11:9 105, 106, 115
11:12 90
11:13–15 318
11:14 142
11:20 367
11:23–27 200
11:27 114
11:28 64
12:2 204
12:4 204
12:7 142, 144
12:10 152
12:12 317, 318
12:16 106
13:11 249
13:12 255

갈라디아서

1:3 264
1:6 243, 384
1:10 103
1:11 119

1:19 107
2:7 102
2:11–14 249
3:5 70
3:26–29 67
3:28 120
4 110
4:9 79
4:19 110
4:21–5:1 129
4:24 188
4:27 182
5 74
5:3 116
5:6 120
5:7 273
5:12 243
5:19 101
5:19–21 117, 174
5:20 240
5:21 225
5:22 74, 241, 242, 253
5:22–23 378
6:3–4 102
6:6 364
6:9 357
6:10 181
6:11 372

에베소서

1:2 264
1:4 68, 336
1:5 281
1:9 281
1:11 281
1:16 59, 63, 151
1:19 276
1:21 83
2:8 330
2:21–22 308
3:5 107
3:20 238
4:17 116
4:28 114, 186, 354, 357
5:1 170

5:3 174
5:5 117, 174
5:6 273
5:8 223
5:8-18 225
5:14 224
5:18 224
5:28 113
6:5-6 103, 365
6:5-8 366
6:10-20 346
6:11-17 226
6:16 244
6:17 347
6:19-20 119, 343, 347

빌립보서

1 359
1:1 238
1:2 264
1:3-4 151
1:4-6 257
1:6 257, 280, 337, 344
1:8 105
1:9 184
1:15 280
1:15-17 358
1:17 147
1:20 70
1:29-30 100
1:30 98
2:1-4 249
2:4 185
2:6 333
2:13 119, 281
2:19 148, 152
2:23 148
2:25 107
2:27 196
3:1 242, 342
3:17 74
3:18 358
3:20 81, 202
3:21 330
4:1 145

4:2 184
4:4 242
4:6 149
4:10-20 105
4:16 26, 142

골로새서

1:3 61
1:4 61
1:9 61
1:10 167
1:12-13 222
1:13 117, 223
2:1 64, 100, 140
2:2 71
2:18 356
2:19 330
3:4 117, 277, 330
3:5 174, 177
3:12 68
3:22 365
4:3 343
4:3-4 254
4:5 186
4:8 61
4:10 31
4:10-11 31
4:11 118
4:12 64
4:16 256
4:18 372

데살로니가전서

1 56, 59, 79, 85, 90, 95, 99, 119
1-2 72, 361
1:1 55, 142, 264, 299
1:1-2 251
1:1-10 257, 259, 262, 265
1:2 22, 59, 62, 63, 65, 96, 98, 118, 173, 250, 265, 280, 296
1:2-3 104, 139, 151, 263
1:2-4 328
1:2-5 55
1:2-10 55
1:3 59, 63, 77, 114, 119, 135, 145, 147, 151, 152, 155, 185, 193, 226, 233, 234, 254, 266, 267, 281, 345, 359
1:3-5 59
1:3-2:1 109
1:4 59, 67, 69, 114, 159, 225, 234, 254, 328, 335, 336, 376
1:4-5 101, 118
1:5 22, 66, 69, 70, 72, 95, 98, 100, 104, 114, 115, 119, 168, 281, 297, 310, 334, 347
1:5-6 104, 378
1:6 27, 30, 59, 69, 71, 73, 74, 90, 91, 279, 335, 353, 378
1:6-7 96, 119
1:6-8 363
1:7 59, 69, 75, 76, 86, 155, 183, 278
1:7-8 76, 150
1:7-10 59
1:8 30, 66, 78, 90, 95, 114, 119, 129, 130, 256, 267
1:8-9 355
1:8-10 119
1:9 26, 28, 70, 75, 79, 98, 130, 150, 159, 173, 273, 376, 378
1:9-10 77, 79, 216
1:10 80, 81, 82, 83, 84, 92, 118, 127, 143, 145, 191, 195, 197, 222, 226, 227, 230, 277, 283, 319, 320, 334, 376, 377, 382, 384, 386
2 90, 98, 103, 110, 111, 117
2-3 26, 155
2:1 91, 100, 114, 130, 150, 234
2:1-2 95, 101, 361
2:1-12 27, 56, 72, 89, 90, 96, 140, 147, 162, 363, 380
2:1-13 95, 134
2:1-16 90
2:2 25, 71, 91, 95, 104, 380
2:3 89, 95, 101, 106, 116, 180
2:3-8 111
2:3-12 95
2:4 59, 69, 78, 95, 103, 112, 122, 140, 156, 168, 345, 376
2:5 106, 111, 115, 367
2:6 142
2:6-13 109

2:7 100, 107, 108, 109, 111, 112, 116, 140, 354
2:7–8 110
2:7–12 379
2:8 113, 114, 130, 146, 380
2:8–9 100
2:9 26, 77, 91, 96, 106, 114, 153, 185, 237, 354, 360, 363, 380
2:9–12 95
2:10 67, 96, 106
2:10–12 96
2:11 279
2:11–12 96, 110
2:12 67, 85, 117, 118, 162, 167, 168, 178, 229, 240, 251, 269, 280, 330, 334, 335, 343, 352
2:13 56, 65, 69, 73, 96, 104, 118, 180, 311, 329, 381
2:13–16 33
2:14 30, 37, 72, 96, 98, 267, 302
2:14–15 82, 91, 121
2:14–16 23, 27, 95, 96, 127, 221, 379
2:15 30, 91, 168, 242, 276, 376, 380
2:15–16 36, 125, 143, 155
2:16 68, 92, 96, 118, 123, 138, 191, 200, 234, 283, 381, 384
2:17 110, 138, 153, 264
2:17–18 89, 146, 151
2:17–19 346
2:17–3:6 61, 142
2:17–3:10 89, 138
2:17–3:13 56, 135
2:18 61, 138, 142, 143, 146, 153, 311, 313, 346, 378
2:19 67, 82, 145, 156, 271
2:19–20 56, 138, 146
3:1 98, 147, 243
3:1–2 27, 79, 146, 148
3:2 30, 101, 138, 148, 152, 156, 229
3:3 37, 114, 149, 297
3:3–4 73
3:3–5 30
3:4 147
3:5 36, 56, 61, 66, 98, 118, 146, 243, 334, 335, 378, 384

3:5–6 65
3:6 21, 27, 56, 66, 90, 134, 150, 234, 297
3:6–8 138
3:7 37, 152, 229
3:7–10 138
3:8 167, 330
3:9 67, 145, 153, 242, 271
3:9–10 56, 139, 263
3:10 159, 161, 238
3:11 327, 332, 333, 342, 345, 371
3:11–12 154, 371
3:11–13 135, 138, 139, 167, 257, 332, 333, 377
3:12 36, 66, 77, 135, 184, 234, 253, 258, 333, 337
3:13 29, 36, 67, 82, 156, 158, 171, 191, 195, 202, 204, 251, 253, 254, 257, 258, 271, 272, 278, 333, 344, 345, 377
3:16 253
4 39, 41, 42, 203
4:1 27, 101, 155, 162, 168, 177, 178, 179, 184, 185, 229, 257, 281, 352, 382
4:1–2 273, 376
4:1–8 85
4:1–11 167
4:1–12 40, 191, 195
4:2 167, 168, 169, 179
4:3 156, 165, 169, 171, 174, 177, 178, 180, 257, 281, 333, 376
4:3–4 178, 254
4:3–5 163, 173, 178
4:3–8 165, 178
4:4 165, 169, 171, 176, 177, 178, 180, 382
4:4–5 165
4:5 177, 273
4:6 106, 163, 165, 178, 179, 188, 242, 279, 377
4:7 101, 117, 165, 169, 171, 178, 251, 280, 330, 335
4:7–8 165
4:8 169, 177, 188, 257, 378
4:9 29, 165, 180, 182, 215, 229
4:9–10 66, 135, 163, 233, 234, 364
4:9–12 165
4:10 101, 155, 165, 182, 229, 256

4:10–12 363
4:11 165, 185, 354, 359, 360, 379
4:11–12 103, 163, 240, 355, 357, 359, 360, 361
4:12 167
4:13 30, 40, 66, 177, 193, 194, 198, 200, 224, 385
4:13–17 42, 82, 382
4:13–18 38, 81, 153, 162, 191, 199, 213, 295, 363, 371, 385
4:14 37, 193, 198, 204, 227, 276, 293, 295, 376, 381
4:14–15 40
4:15 102, 107, 169, 193, 201, 204, 206, 215, 219, 228, 295, 376
4:15–16 199
4:15–17 83
4:16 195, 197, 198, 202, 203, 272
4:16–17 36, 193
4:17 36, 37, 40, 194, 199, 200, 201, 202, 203, 204, 228, 269, 295, 377
4:17–18 191, 227
4:18 193, 194, 210, 216, 228, 229, 239
5:1 182, 191, 215
5:1–2 200, 228, 309
5:1–10 83
5:1–11 191, 236, 363, 384
5:2 33, 36, 41, 82, 215, 219, 220, 227, 279, 298, 300, 377
5:3 36, 41, 84, 176, 206, 215, 230, 239, 275, 283, 286, 296, 371, 384
5:3–5 215, 228
5:4 150, 215, 218, 219, 279
5:4–5 215, 224, 305
5:4–6 221
5:4–8 231, 382
5:4–11 213
5:5 223, 225, 231, 379
5:6 216, 224, 225, 330, 383
5:6–7 36, 224, 227, 228
5:6–8 36, 223, 257
5:6–10 224
5:7 216, 224
5:8 65, 155, 225, 226, 227, 234
5:9 82, 83, 84, 150, 191, 216, 218, 226, 228,

230, 277, 283, 320, 330, 334, 384
5:9–10   216, 381
5:10   195, 197, 216, 224, 227, 228, 231, 376, 377
5:10–11   227
5:11   101, 184, 206, 216, 229, 239
5:12   30, 234, 236, 238, 239, 350
5:12–13   236, 382
5:12–22   213, 350, 381
5:13   36, 66, 239, 249
5:13–22   239
5:14   116, 229, 239, 240, 243, 352, 359, 362
5:14–15   185, 236, 239, 243
5:15   239, 269
5:16   56, 242
5:16–18   236, 244
5:16–22   234
5:17   63, 64, 65
5:18   56
5:19–20   70, 237, 245, 246, 297, 378
5:19–21   30
5:19–22   121, 234, 236
5:20   199, 244, 245
5:20–21   102
5:20–22   246
5:21   237, 243, 244, 246, 311
5:21–22   297
5:22   239, 244, 246
5:23   139, 154, 156, 191, 213, 231, 252, 253, 254, 257, 258, 327, 329, 337, 342, 345, 370, 371
5:23–24   254
5:23–28   372
5:24   251, 252, 330, 335, 344
5:25   251, 253, 343
5:26   182, 251, 253, 381
5:27   22, 61, 251, 253, 382
5:28   253, 370
15:50   117

데살로니가후서

1   126, 278, 290
1:1   61, 282
1:1–2   59, 259, 262
1:2   62, 263

1:3   36, 62, 66, 155, 262, 265, 266, 268, 279, 325, 327, 328
1:3–4   56, 268
1:3–10   265, 318
1:4   66, 73, 119, 262, 378
1:4–8   37
1:5   85, 98, 117, 118, 262, 265, 269, 2/1, 280, 304, 333, 334, 335
1:5–9   83
1:5–10   82, 384
1:5–11   327
1:6   262, 263, 270, 271, 274, 283, 384
1:6–7   30, 274
1:6–9   84, 127, 230, 376
1:6–10   259, 263, 294
1:7   145, 158, 219, 263, 268, 272, 273, 281, 315, 319, 377
1:7–8   76, 273
1:7–10   36, 371
1:8   127, 177, 179, 270, 279, 283, 294, 299, 320, 384
1:8–9   263, 274
1:8–10   265
1:9   220, 274, 283, 284, 285, 286, 376, 384
1:9–10   314
1:10   119, 157, 158, 206, 219, 263, 270, 277, 278, 279, 329
1:10–12   334, 343, 384
1:11   268, 269, 280, 281, 320, 330
1:11–12   263, 265, 279
1:12   277, 278, 281, 299, 314, 330, 377
1:18   283
2   298, 311, 313, 330, 384
2:1   37, 42, 193, 197, 259, 295, 377
2:1–2   40, 185, 200, 213, 217, 219, 229, 234, 264, 294
2:1–3   311, 383
2:1–12   83, 230, 293, 301, 321, 325, 360, 384
2:2   33, 36, 121, 185, 199, 245, 246, 279, 293, 299, 300, 301, 318, 321, 327, 331, 369
2:2–3   150
2:3   41, 74, 150, 223, 271, 275, 279, 297, 303, 305, 308, 315, 318, 383
2:3–4   293, 311

2:3–8   301
2:4   309, 310, 378
2:4–12   290
2:5   246, 264, 293, 297, 298, 302, 303, 311
2:6   271, 294, 305, 311, 312
2:6–7   29, 202, 332
2:6–8   384
2:7   294, 305, 311, 315
2:8   83, 145, 219, 265, 271, 294, 295, 296, 299, 314, 377
2:9   142, 143, 311, 318, 319, 322, 329, 383
2:9–10   378
2:9–11   302
2:9–12   36
2:10   84, 115, 294, 311, 318, 320, 329
2:10–11   327
2:10–12   150, 329, 381
2:11   294, 311, 319, 329
2:11–12   321, 327
2:12   83, 230, 273, 278, 283, 294, 318, 327, 384
2:13   68, 169, 171, 294, 318, 327, 330, 335, 336, 343, 378, 384
2:13–14   327
2:13–17   68, 290, 340
2:14   117, 227, 278, 280, 314, 327, 330, 334, 335, 343, 384
2:15   152, 297, 327, 330, 345, 353, 384
2:16   68, 229, 274, 328, 334, 342, 370, 384
2:16–17   327, 343, 377
2:17   332, 333, 337, 344
3   340, 350, 355, 359, 362, 365, 366
3:1   75, 76, 119, 131, 300, 314, 338, 381
3:1–2   290, 342
3:1–5   325, 349
3:2   344, 346
3:3   337, 342, 344
3:4   342, 348
3:4–5   344
3:5   66, 342, 345
3:6   169, 186, 350, 352, 353, 354, 356, 357, 371, 379
3:6–9   26
3:6–12   376
3:6–15   114, 240, 340, 344, 345, 359, 360,

361, 364, 370, 381
3:6–16 77
3:7 74, 352, 354, 362
3:8 106, 114, 115, 357, 359
3:10 168, 351, 355, 361, 379
3:10–11 359
3:11 185, 351, 356, 359, 362
3:11–12 365
3:12 101, 266, 350, 351, 371, 379
3:13 351, 357
3:14 331, 351
3:14–15 241, 350, 352
3:15 351, 358
3:16 370, 377
3:16–13 72
3:16–18 351, 370
3:17 33, 264, 297, 331, 370
3:18 253, 256, 370, 371, 377
4:9–10 266

디모데전서

1:3–4 169
1:3–7 356
1:11 102
1:17 198
2:1–2 268
2:2 184
2:8 116
2:15 171
3:3 131, 361
3:4–5 238
3:7 103
3:8 131, 361
3:8–10 102
3:13 70
4:1 303, 384
4:12 75, 87, 105
4:14 29
5:3–16 366
5:8 366
5:11 176
5:13 185, 356
5:15 142
5:16 115
5:17 238, 367

5:17–18 364
6:1 365
6:3–10 131
6:5 133, 361
6:6 365
6:8 366
6:12 100
6:14 315

디모데후서

1:3 65, 115
1:4 151
1:8 279
1:9 274
1:10 315
2:10 330, 337
2:11–12 270
2:12 364
2:13 344
2:17 141
2:18 203, 301
2:21 177
2:24 109
2:24–26 241
3:1 303, 384
3:2 361
3:2–3 66
3:6 176
4:1 315
4:8 315
4:9 141
4:10 31, 304, 384
4:21 141
4:22 371

디도서

1:3 102
1:7 131, 361
1:8 116
1:11 361
2:5 176
2:7 75, 87
2:7–8 105
2:9 365
2:13 282, 315, 333

3:12 141

빌레몬서

1:3 264
1:4 59, 63, 151
1:8–9 107
1:19 372
1:24 31

히브리서

2:4 70
2:15 196
3:12 303
4:2 116, 118
4:10 125
5:9 273, 274
5:12 182
6:1–2 203
6:4–6 150
6:11 71
9:28 83
10:9 309
10:22 71
10:28 180
10:30 271
10:32–33 99
11:28 275
11:34 244
12:1 100
12:2 87
12:14 171
13:4 177
13:7 237
13:18–19 343
13:23 61
13:25 61

야고보서

1:3 268
1:27 366
2 232
2:1–7 366
2:14–17 366
4:5 151
4:13–17 366

5:1–6 366
5:14 241

베드로전서
1:2 62, 171, 329, 336
2:1 101
2:2 151
2:9 223, 336
2:11 172
2:17 181
2:18 365
2:23 242
3:7 176, 177, 241
4:4 120
4:13 276
4:15 185
4:17 273
5:3 75
5:10 274
5:14 255

베드로후서
1:2 62
1:8 155
1:10 68, 336
1:11 274
2:3 361
2:11 272
3:9–10 315
3:10 218, 219

요한일서
1:8 254
1:10 254
2:9 233
2:18 316

2:18–19 304, 384
2:22 82, 304, 316
4:1 102
4:1–3 246
4:3 304, 312, 316, 322

요한이서
1:3 61
1:7 304, 316

요한삼서
1:9–12 86
1:11 87

유다서
1:9 201, 313
1:14 125, 157, 204

요한계시록
1:1 100
1:5 62
1:7 158
1:9 118
1:11 181
2:2–3 66
2:20 245
2:23 104
3:3 219
3:7 181
3:10 66
5:12 276
6:12–17 218
6:16–17 278
6:17 218
7:1 313
7:12 276

7:14 147
9:1 313
9:13–15 313
10:1 202
11:11–12 204
12:7 201, 308, 309
12:7–9 313
13 309, 316, 332
13:4–6 307
13:10 66
13:18 317
14:10–11 285, 384
14:11 271, 285
14:13 271
15:6 157
16:5–6 271
16:6 122
16:14–15 219
16:15 219, 223
17:14 335
17:17 319
18:1 202
19:7–8 157
19:10 244
19:14 157
19:20 284
20:1 202
20:1–3 313
20:7–8 318
20:10 284, 285
20:11–13 285
20:13 212
21:3 154
21:8 284
21:14 107
22:21 62